Tableau de conjugaison

Verbes réguliers

	présent	passé composé	futur simple
parler	je parle	j'ai parlé	je parlerai
	tu parles	tu as parlé	tu parleras
	il/elle/on parle	il/elle/on a parlé	il/elle/on parlera
	nous parlons	nous avons parlé	nous parlerons
	vous parlez	vous avez parlé	vous parlerez
	ils/elles parlent	ils/elles ont parlé	ils/elles parleront
finir	je finis	j'ai fini	je finirai
	tu finis	tu as fini	tu finiras
	il/elle/on finit	il/elle/on a fini	il/elle/on finira
	nous finissons	nous avons fini	nous finirons
	vous finissez	vous avez fini	vous finirez
	ils/elles finissent	ils/elles ont fini	ils/elles finiront
perdre	je perds	j'ai perdu	je perdrai
	tu perds	tu as perdu	tu perdras
	il/elle/on perd	il/elle/on a perdu	il/elle/on perdra
	nous perdons	nous avons perdu	nous perdrons
	vous perdez	vous avez perdu	vous perdrez
	ils/elles perdent	ils/elles ont perdu	ils/elles perdront

Verbes irréguliers

	présent	passé composé	futur simple
être	je suis	j'ai été	je serai
	tu es	tu as été	tu seras
	il/elle/on est	il/elle/on a été	il/elle/on sera
	nous sommes	nous avons été	nous serons
	vous êtes	vous avez été	vous serez
	ils/elles sont	ils/elles ont été	ils/elles seront
avoir	j'ai	j'ai eu	j'aurai
	tu as	tu as eu	tu auras
	il/elle/on a	il/elle/on a eu	il/elle/on aura
	nous avons	nous avons eu	nous aurons
	vous avez	vous avez eu	vous aurez
	ils/elles ont	ils/elles ont eu	ils/elles auront
aller	je vais	je suis allé(e)	j'irai
	tu vas	tu es allé(e)	tu iras
	il/elle/on va	il/elle/on est allé(e)	il/elle/on ira
	nous allons	nous sommes allé(e)s	nous irons
	vous allez	vous êtes allé(e)(s)	vous irez
	ils/elles vont	ils/elles sont allé(e)s	ils/elles iront
faire	je fais	j'ai fait	je ferai
	tu fais	tu as fait	tu feras
	il/elle/on fait	il/elle/on a fait	il/elle/on fera
	nous faisons	nous avons fait	nous ferons
	vous faites	vous avez fait	vous ferez
	ils/elles font	ils/elles ont fait	ils/elles feront

Vis-à-vis

SECOND EDITION

Vis-à-vis

BEGINNING FRENCH

EVELYNE AMON

....

JUDITH A. MUYSKENS
Colby-Sawyer College

....

ALICE C. OMAGGIO HADLEY
University of Illinois, Urbana-Champaign

....

With contributions by:
THIERRY COURCHESNE
GREGORY A. FULKERSON
H. JAY SISKIN

Boston Burr Ridge, IL Dubuque, IA Madison, WI New York San Francisco St. Louis
Bangkok Bogotá Caracas Lisbon London Madrid
Mexico City Milan New Delhi Seoul Singapore Sydney Taipei Toronto

McGraw-Hill Higher Education 𝒪

A Division of The **McGraw-Hill** Companies

This is an  book.

Vis-à-vis
Beginning French

This book is printed on acid-free paper.

3 4 5 6 7 8 9 0 VNH VNH 9 0 9 8 7 6 5 4 3 2 1

ISBN 0-07-365512-0 (Student's edition)
ISBN 0-07-231063-4 (Instructor's edition)

Vice president/Editor-in-chief: *Thalia Dorwick*
Sponsoring editor: *Leslie Hines*
Developmental editor: *Rachèle Lamontagne*
Marketing manager: *Karen W. Black*
Project manager: *Christine Osborne*
Production supervisor: *Rich DeVitto*
Designer: *Francis Owens, Amy Feldman*
Art editor: *Nora Agbayani*
Compositor: *York Graphic Services, Inc.*
Typeface: *New Aster*
Printer: *Von Hoffmann Press*

Cover art: Jeannette Perreault, "Matin dans le Quinzième," 1997, courtesy of the artist and Galerie Jean-Pierre Valentin; Cover photo: Will & Deni McIntyre/©Tony Stone Images

Because this page cannot legibly accommodate all the copyright notices, credits are listed after the index and constitute an extension of the copyright page.

Library of Congress Cataloging-in-Publication Data

Amon, Evelyne
   Vis-à-vis : beginning French / Evelyne Amon, Judith A. Muyskens, Alice C. Omaggio Hadley.—2nd ed.
       p. cm.
   Includes index.
   ISBN 0-07-365512-0 (alk. paper)
   1. French language—Textbooks for foreign speakers—English. I. Title: Beginning French. II. Muyskens, Judith A. III. Hadley, Alice Omaggio, 1947- IV. Title.

PC2129.E5 A48 1999
448.2'421—dc21
                                                                        99-054595

http://www.mhhe.com

Contents

Correspondance

Perspectives (Leçon 4)

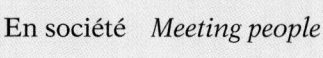

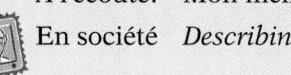

Paroles (Leçon 1)	*Structures (Leçons 2 et 3)*

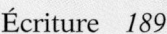
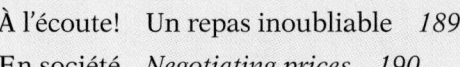

Paroles (Leçon 1)	*Structures (Leçons 2 et 3)*

Correspondance

Perspectives (Leçon 4)

Paroles (Leçon 1)

Structures (Leçons 2 et 3)

Correspondance

Perspectives (Leçon 4)

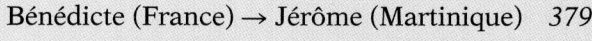
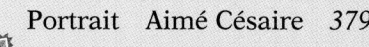

Preface

Welcome to the exciting second edition of *Vis-à-vis,* a complete beginning French program. The overall goal of the revision remains the same as that of the first edition: to promote a balanced four-skills approach to learning French through a variety of listening, speaking, reading, and writing activities, while introducing students to the richness and diversity of the francophone world. In response to the success of the first edition, we have retained in the second edition those features that were praised by reviewers and that set *Vis-à-vis* apart from other beginning French programs.

- a unique chapter organization that divides the sixteen chapters into four distinct **leçons**

- vocabulary, grammar, and culture that work together as interactive units

- an abundance of practice materials ranging from form-focused to communicative

- a feature that links four young people in France—by postcard, letter, or e-mail—to four other correspondents in the francophone world

- an integrated video that features the upbeat adventures of university students in Paris

- a complete supplementary package coordinated with the core text

New to This Edition

In response to feedback about the first edition of *Vis-à-vis*, we have made the following major changes in the new edition:

- updated cultural information in the **Portrait** and **Flash** sections, followed by **En avant!**, which includes discussion questions and Web-based activities, **On est branché!**, that connect students to the French-speaking world

- virtually all new readings, most of them taken from French and francophone magazines and websites

- a new **Proverbe** feature thematically related to each chapter

- a new video-based feature, **En société,** that offers new functional video segments with dialogues, activities, and role plays

- a new book-specific website with a variety of features for both instructors and students

Vis-à-vis and the National Standards
●●

The second edition of *Vis-à-vis* provides a vehicle for focusing on the following "Five C's of the Foreign Language Education" outlined in *Standards for Foreign Language Learning: Preparing for the 21st Century*.

- **Communication**: *Vis-à-vis* encourages students to communicate in French in meaningful contexts.

- **Culture**: Students learn about and develop an understanding of French-speaking cultures.

- **Connections**: The videos, readings, activities, and exercises together encourage students to connect their French language study to other disciplines and to their personal lives.

- **Comparisons**: *Vis-à-vis* helps students realize the interrelationships between language and culture and to compare the French-speaking world with their own.

- **Community**: *Vis-à-vis* offers many opportunities for learners to relate to communities of French-speaking people through a variety of interactive resources, including the Internet.

Please turn the page for a fully illustrated guided tour of the second edition of *Vis-à-vis*.

Organization of Vis-à-vis

As in the first edition, the second edition of *Vis-à-vis* features a clear, user-friendly organization. The sixteen chapters are divided into four lessons, each easily located through a color-coded tabbing system, along with a central two-page cultural section called **Correspondance**.

Each chapter opens with a postcard, a letter, or an e-mail from one of the correspondents to help launch the chapter theme. The first part of **Vidéothèque, Initiation**, asks students a few brief questions about the video. An outline of the chapter's content also appears: communicative objectives, thematic vocabulary, and grammar points.

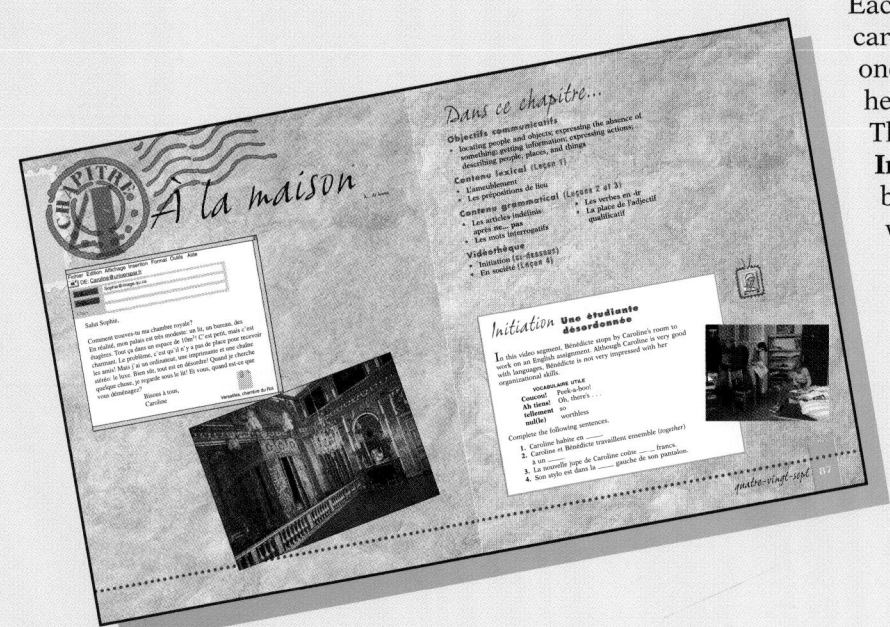

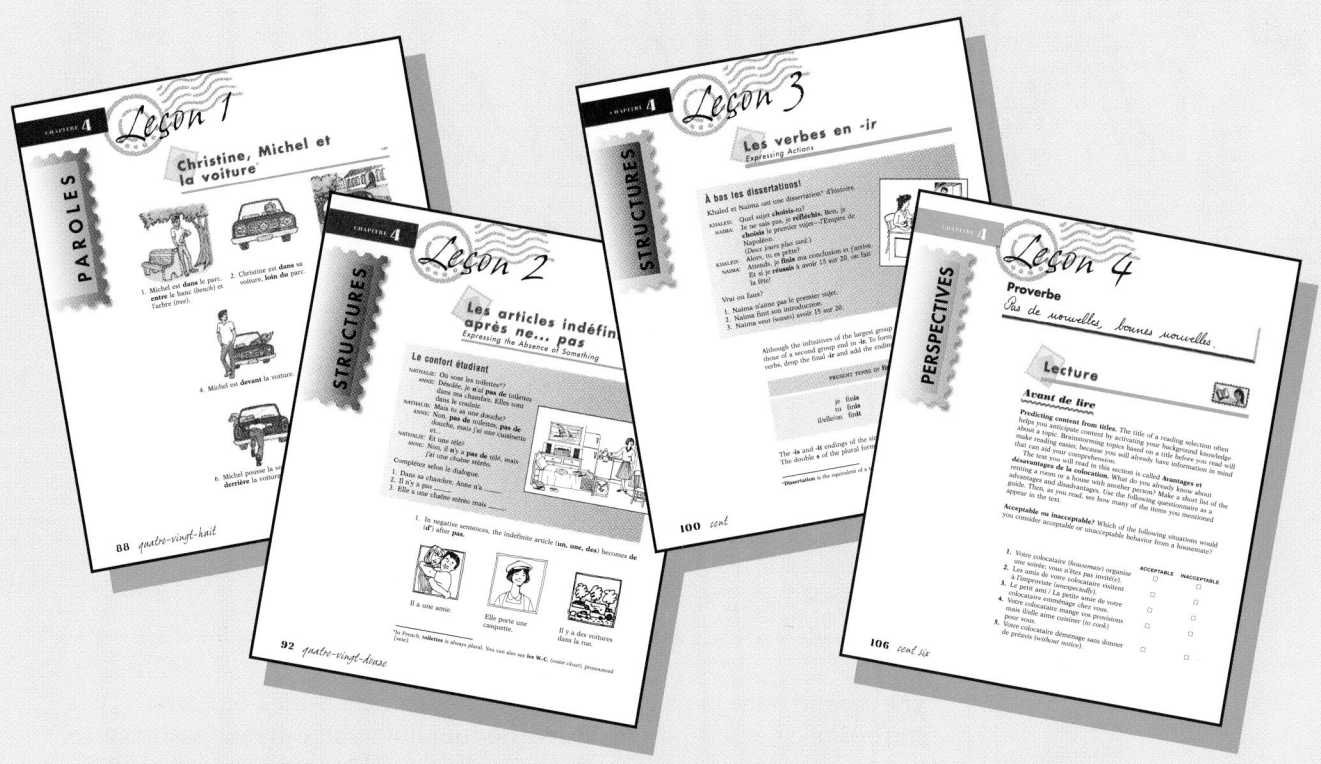

Leçon 1: Paroles offers visual presentations of the thematic chapter vocabulary and a wealth of enjoyable and engaging activities.

Leçons 2 and 3: Structures each offer two grammar topics, introduced via brief dialogues that illustrate communicative contexts from everyday conversation. Clear presentations in English follow, along with an abundance of examples in French. A variety of exercises and activities ranging from controlled and form-focused to open-ended and communicative complete each grammar topic.

Mots-clés boxes feature lexical items for communication and linked to an activity. They appear twice a chapter within the **Paroles** and **Structures** lessons.

Leçon 4: Perspectives integrates the vocabulary and grammar from the first three **leçons** in a rich and stimulating selection of skill-building activities: **Lecture** (pre-reading strategy, followed by a reading selection and comprehension activities); **Écriture** (brief writing assignment based on the chapter's grammar and vocabulary); **À l'écoute!** (listening comprehension); and the new functional video section, **En société**, complemented by vocabulary, a cultural note, and role plays.

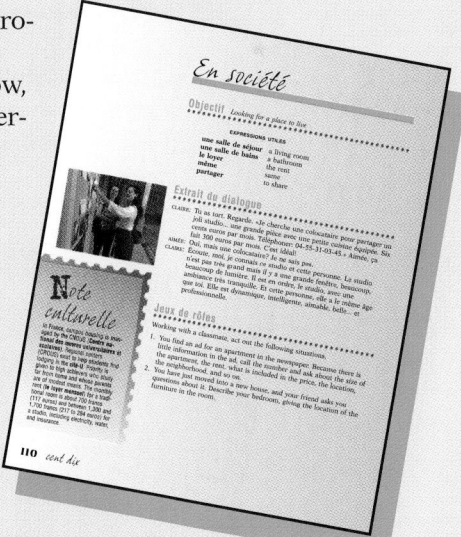

Video and Interactive Multimedia

Vidéothèque

The second edition of *Vis-à-vis* has two integrated video features. **Initiation**, the first part of **Vidéothèque**, links the **Correspondance** section and the four main characters in the text. Appearing on every chapter-opening page of the second edition, it features an image from the video, an overview of the video segment, and a post-viewing activity. A new feature, **En société**, is the second part of **Vidéothèque**. **En société** features dialogues that focus on everyday functional language, followed by useful vocabulary and a cultural note. In the accompanying **Jeux de rôles** activity, students make use of the functional expressions they hear and see.

The *Vis-à-vis* CD-ROM

Available in dual platform format for both IBM and Macintosh, the *Vis-à-vis* CD-ROM presents a variety of interactive activities related to the content of the textbook. Many of the activities provide practice with the vocabulary and grammar of a given chapter. In addition, students can also view the video segments from **Initiation** and the new interactive functional vignettes linked to **En société**. Recording and printing capabilities make the CD-ROM a true four-skill ancillary. The CD-ROM also contains a link to the *Vis-à-vis* website, a talking dictionary, helpful verb charts, and a computerized software program, the McGraw-Hill Electronic Language Tutor (MHELT), that provides focused practice with the grammar and vocabulary of each chapter.

Vis-à-vis and the World Wide Web

The *Vis-à-vis* website brings France and the French-speaking world to students and instructors alike. Here are just a few of the features you will find on the site.

For students:

- questions and links for the **On est branché!** activity from the **Correspondance** section
- additional chapter-ending exercises and activities
- study hints that offer students suggestions for improving their language skills

For instructors:

- electronic bulletin boards to post and share messages about *Vis-à-vis* with colleagues around the country
- examples of key supplements

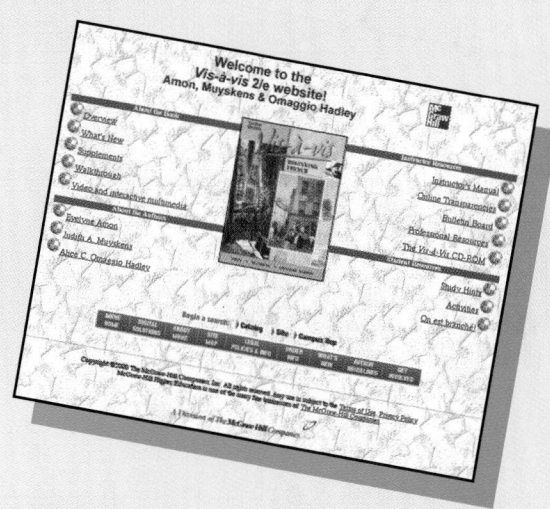

Visit the site at **www.mhhe.com/visavis**.

Unified Culture Presentation

he cultures of the French-speaking world are an integral part of every page of *Vis-à-vis*. In particular, they are prominently displayed in the central **Correspondance** section of each chapter. Located between **Leçons 2** and **3, Correspondance** brings to life the immense richness and variety of French and Francophone cultures in a single, easy-to-use section.

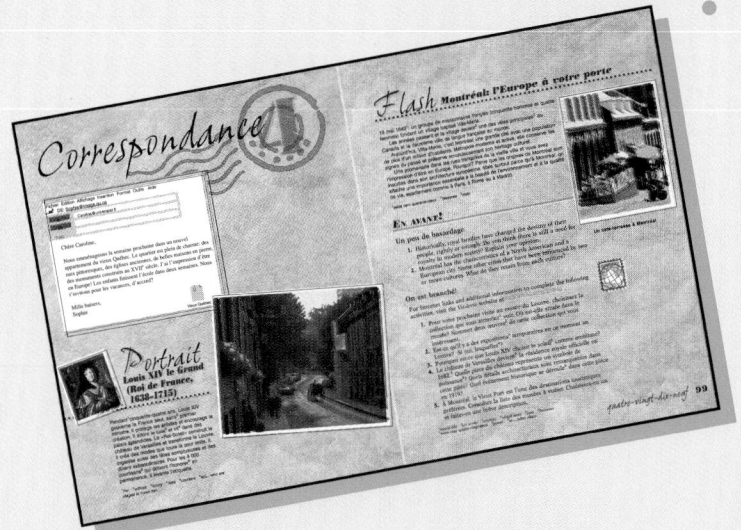

- A response to chapter-opener postcard, letter, or e-mail message opens each **Correspondance** section. Throughout the sixteen chapters of *Vis-à-vis*, Paul, Bénédicte, Michel, and Caroline, four university students living in Paris, exchange postcards, letters, and e-mail messages with their friends and relatives abroad. Their correspondence takes students to France and to four main regions of the francophone world:

  Chapitres 1 to 4 highlight Québec, as the students follow the correspondence between Caroline (from **Initiation**) and her sister Sophie, who lives in Canada.

  Chapitres 5 to 8 focus on French-speaking Africa, with an exchange of cards and letters between Michel (from **Initiation**) and his friend Malik in Senegal and the Ivory Coast.

Chapitres 9 to 12 spotlight French-speaking Europe, as students witness the interaction between Paul (from **Initiation**) and his former girlfriend Nathalie, a journalist traveling through France, Switzerland, and Belgium.

Chapitres 13 to 16 provide a spirited exchange between Bénédicte (from **Initiation**) and Jérôme, a tennis instructor at Club Med in Martinique, in the Antilles.

- **Portrait**: Introduces an outstanding individual (contemporary or historic) from the French-speaking world.

- **Flash**: Lively, incisive reports on an aspect of the chapter theme bring your students up-to-date on fascinating issues in contemporary French and francophone society.

- **En avant!** is divided in two parts. First, **Un peu de bavardage** provides questions to launch group conversation and expand on the content of **Portrait** and **Flash**. Then, **On est branché!**, a series of lively questions, connects your students to the Web and the French-speaking world.

Supplements

The supplements listed here may accompany the second edition of *Vis-à-vis*. Please contact your local McGraw-Hill Higher Education representative for details concerning policies, prices, and availability, as some restrictions may apply.

For the Student

- Packaged with every new student text is a free **Student Cassette** or **Audio CD** that contains the passages coordinated with the **À l'écoute!** sections in the main text.

- The combined **Workbook/Laboratory Manual** contains a variety of exercises on vocabulary, grammar, and culture; a guided writing section as well as a journal writing feature; and complete listening and pronunciation programs. Its sixteen chapters correspond to those in the main text. The Workbook/Laboratory Manual is designed primarily for independent study; your students can check their answers to single-response exercises against those given at the back of the Manual.

- A **Student Audio Program,** available on either audio CD or cassette, correlates with the Laboratory Manual portions of the Workbook/Laboratory Manual.

- A **CD-ROM** offers a variety of innovative exercises and activities focusing on the theme of each chapter. This ancillary is complemented with a talking dictionary and the MHELT.

- A text-specific **website** provides links to other culturally authentic sites and offers additional activities for each chapter of the text.

- A **Practical Guide to Language Learning**, by H. Douglas Brown (San Francisco State University), provides beginning foreign language students with a general introduction to the language learning process.

- The **Rand-McNally New Millennium World Atlas on CD-ROM**, available for student purchase, contains detailed maps along with visuals and textual information (in English) about key events in history, famous figures, important cities, and so on. The detail and information provided significantly enhance the foreign language experience from a cultural, historical, and geographical perspective.

For the Instructor

- The **Instructor's Edition** of the text includes teaching hints, suggestions for vocabulary recycling, and additional cultural information. This second edition has been heavily revised, with new activities and additional hints for language instruction.

- The **Instructor's Manual** offers more detailed teaching suggestions, sample lesson plans, and scripts for **À l'écoute!** and **Vidéothèque** sections.

- The **Audiocassette or Audio CD Program**, recorded by native speakers of French, contains exercises and listening passages to guide your students in speaking practice and listening comprehension (free of charge to institutions). An **Audioscript** is also available.

- The **Testing Program** consists of three sets of tests for each chapter of *Vis-à-vis*, as well as quarter and semester exams.

- Available in both Windows and Macintosh formats, the **Computerized Testing Program** contains the tests found in the printed Testing Program, but provides the flexibility of electronically modifying or adapting the tests to suit the needs of your students.

- A set of **overhead transparency acetates**, many in full color, contains drawings from the text and supplementary material for use in vocabulary and grammar presentations.

- A **CD-ROM** (see under The *Vis-à-vis* CD-ROM)

- A **Video Program**, **Vidéothèque**, that combines **Initiation** and **En société**. Both series are filmed on location (Paris and Aix-en-Provence) and are integrated into the text.

- A **training / orientation manual** for use with teaching assistants, by James F. Lee (University of Indiana at Bloomington), offers practical advice for beginning language instructors and language coordinators.

- The **McGraw-Hill Library of Authentic French Materials** is composed of one volume of French music videos and one volume of French commercials, each accompanied by an Instructor's Guide.

Acknowledgments

The authors and publisher would like to express their gratitude to the following instructors across the country whose valuable suggestions contributed to the preparation of this new edition. The appearance of their names in this list does not necessarily constitute their endorsement of the text or its methodology.

Theresa A. Antes
    Wayne State University

D. Stella Behar
    University of Texas Pan American

Rosa Bobia
    Kennesaw State University

Mary Ellen Bradley
    Mesa State College

Dale H. Britton
    Montreat College

Laura Ceia
    University of California, Davis

Antipas Rupin Desai
    Columbia College

Rosemary B. Dumas
    Macon State College

Dennis F. Essar
    Brock University, Ontario, Canada

Scott Fish
    Augustana College

Sue P. Glander
    Ohio University-Lancaster

Patricia Jordahl
    Roanoke College

Kevin B. Kenny
    United States Military Academy

Nancy A. Leatherman
    Shippensburg University of
    Pennsylvania

Sonia Malloy
    County College of New Jersey

Scarlett McGlumphy
    Alderson-Broaddus College

Kathleen M. McKain
    Saint Martin's College

Elizabeth S. Nott
    Brenau University

Ginny C. Reich
    Lane Community College

Frederick L. Toner
    Ohio University

Marina Valenzuela-Smith
    Antelope Valley College

Jerry Wagnild
    University of California, Davis

Ann Walz
    Grand Rapids Community
    College

Halsey Ewing Werlein
    Motlow State Community
    College

Ann Williams-Gascon
    Metropolitan State College of
    Denver

Mallory Young
    Tarleton State University

The authors also wish to acknowledge the editing, production, and design team at McGraw-Hill: Diane Renda, Francis Owens, Sharla Volkersz, Nora Agbayani, Amy Feldman, and Christine Osborne. Margaret Metz, Karen Black, and the marketing and sale staff of McGraw-Hill are much appreciated for their loyal support of *Vis-à-vis*. Finally, many thanks are owed to our editors Leslie Hines and Rachèle Lamontagne, who followed the book through its writing and production phases and provided us with much needed encouragement and assistance, as well as to our publisher, Thalia Dorwick, for her continuing support and enthusiasm.

About the Authors

Evelyne Amon studied at the Université de Paris-Sorbonne. She holds a DEA in modern literature, a Diplôme de didactique des langues in French as a second language, and a CAPES in modern literature. She teaches French language and literature at both the secondary and university levels, and, for many years, has led a training seminar in Switzerland for professors on advances in methodology and pedagogy. She has written several reference volumes for Larousse (*Le Vocabulaire du commentaire de texte, Le Vocabulaire pour la dissertation, Les Auteurs de la littérature française, Grandes œuvres de la littérature française*), textbooks for Hathier (*Littérature et Méthode*), and is currently working on a collection of textbooks (*Méthode, Anthogie littéraire*) for Magnard. She resides in Paris and New York.

Judith A. Muyskens, Ph.D., Ohio State University, is Professor of Humanities at Colby-Sawyer College, New Hampshire, where she is Academic Vice President and Dean of Faculty. She continues to teach French language courses when time allows, especially first- and second-year language classes. For many years, she taught courses in methodology and French language and culture and supervised teaching assistants at the University of Cincinnati. She has contributed to various professional publications, including the *Modern Language Journal, Foreign Language Annals,* and the ACTFL Foreign Language Education Series. She is a coauthor of several other French textbooks, including *Rendez-vous: An Invitation to French* and *À vous d'écrire.*

Alice C. Omaggio Hadley, Ph.D., Ohio State University, is a Professor in the Department of French at the University of Illinois at Urbana-Champaign, where she teaches courses in methodology, supervises teaching assistants, and directs basic language courses. She is a coauthor of the college French texts *Rendez-vous: An Invitation to French* and *Kaléidoscope,* and is also the author of a language teaching methods text, *Teaching Language in Context.* Her publications have appeared in various professional journals, and she has given numerous workshops throughout the country.

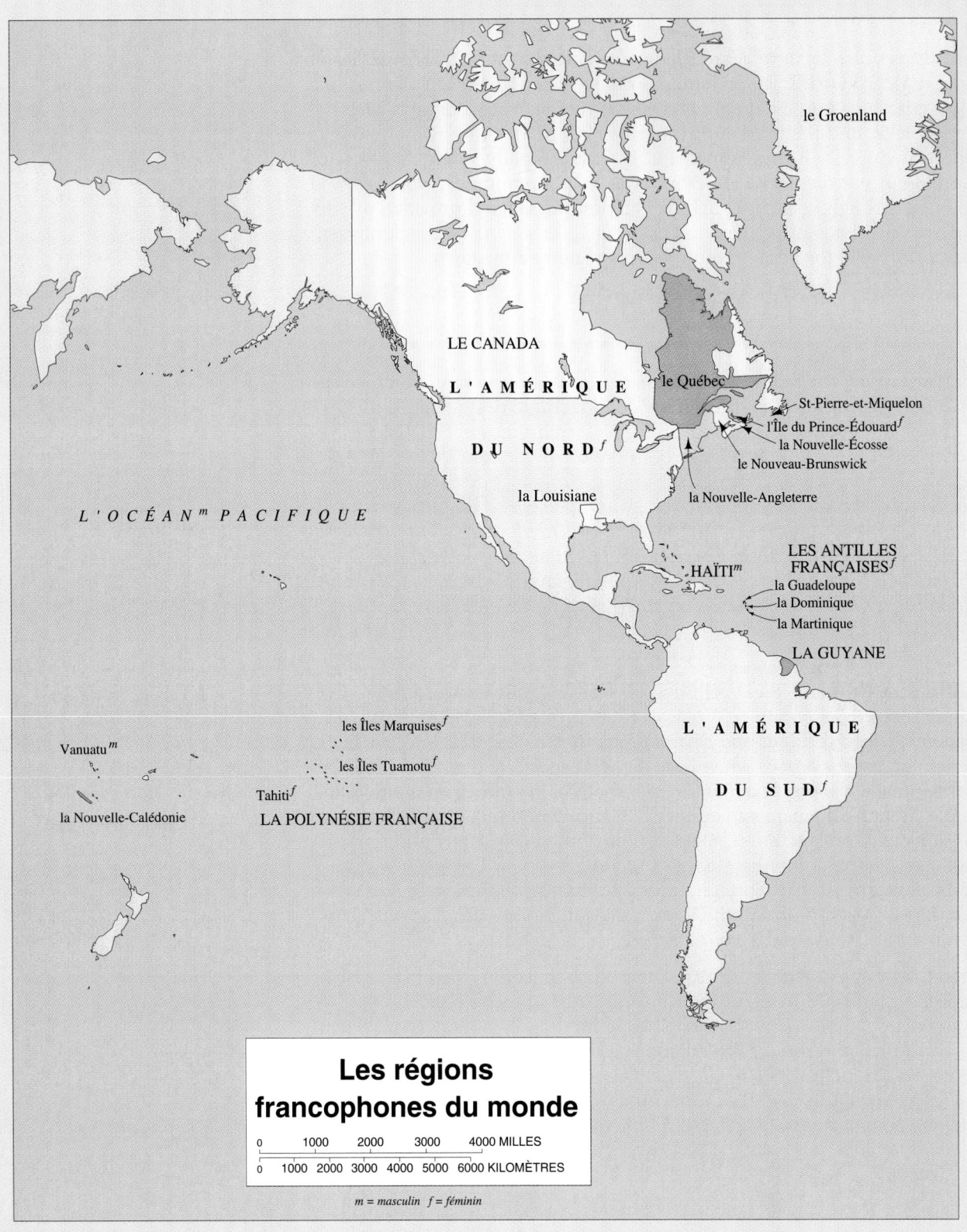

le Groenland

LE CANADA

L'AMÉRIQUE

le Québec

St-Pierre-et-Miquelon
l'Île du Prince-Édouard^f
la Nouvelle-Écosse
le Nouveau-Brunswick

DU NORD^f

la Louisiane

la Nouvelle-Angleterre

L'OCÉAN^m PACIFIQUE

HAÏTI^m

LES ANTILLES
FRANÇAISES^f
la Guadeloupe
la Dominique
la Martinique

LA GUYANE

L'AMÉRIQUE

les Îles Marquises^f

Vanuatu^m

les Îles Tuamotu^f

DU SUD^f

Tahiti^f

la Nouvelle-Calédonie

LA POLYNÉSIE FRANÇAISE

Les régions
francophones du monde

| 0 | 1000 | 2000 | 3000 | 4000 MILLES |

| 0 | 1000 | 2000 | 3000 | 4000 | 5000 | 6000 KILOMÈTRES |

m = masculin   f = féminin

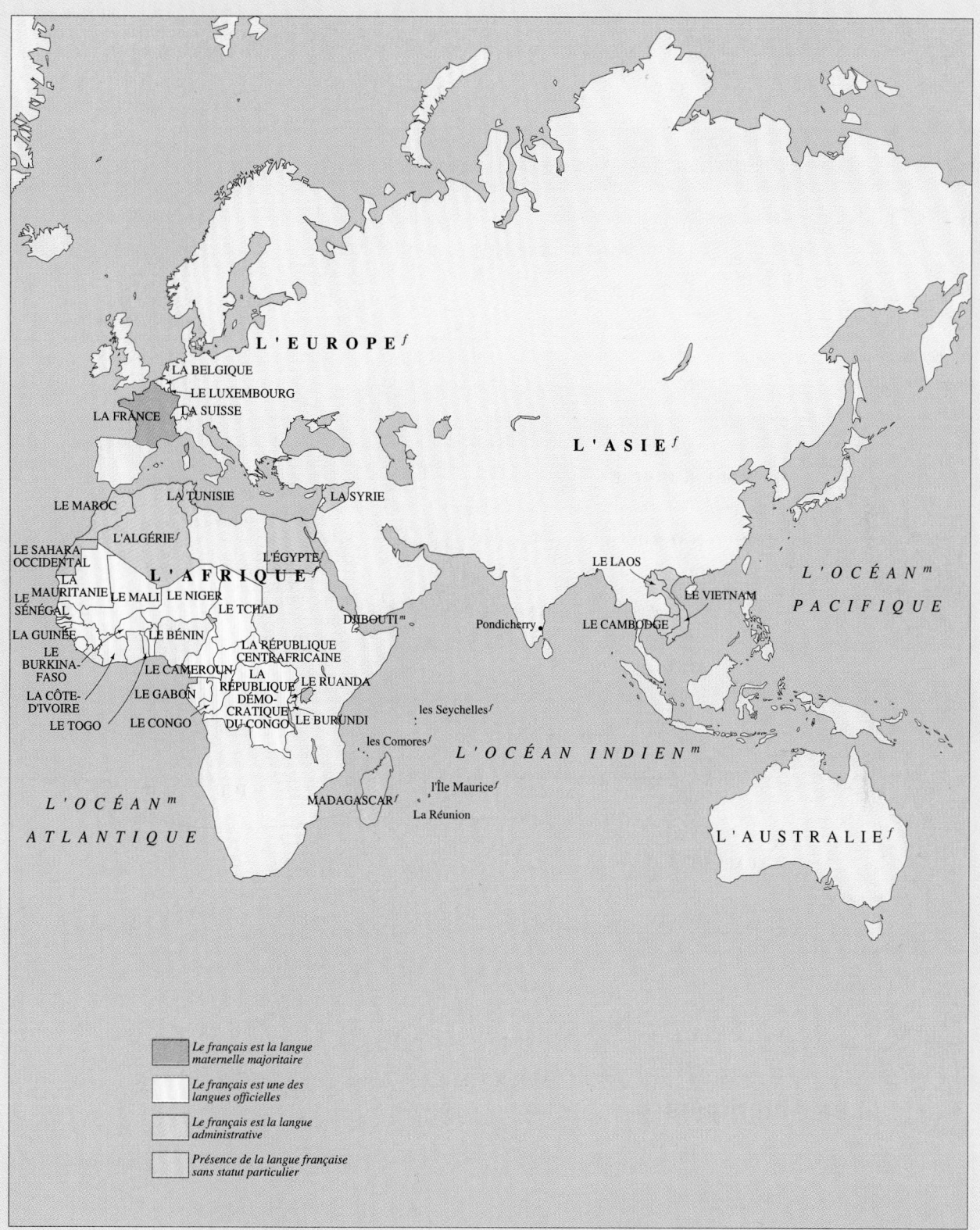

L'EUROPE *f*

LA BELGIQUE
LE LUXEMBOURG
LA SUISSE
LA FRANCE

LE MAROC
LA TUNISIE
LA SYRIE

L'ALGÉRIE

L'ÉGYPTE

L'ASIE *f*

LE SAHARA
OCCIDENTAL
LA
MAURITANIE
LE MALI   LE NIGER
LE
SÉNÉGAL
L'AFRIQUE

LE TCHAD

DJIBOUTI *m*

LE LAOS

L'OCÉAN *m*
PACIFIQUE

LA GUINÉE
LE BÉNIN
LE
BURKINA-
FASO
LE CAMEROUN
LA CÔTE-
D'IVOIRE
LE GABON
LE TOGO
LE CONGO
LA RÉPUBLIQUE
CENTRAFRICAINE
LA
RÉPUBLIQUE
DÉMO-
CRATIQUE
DU CONGO
LE RUANDA
LE BURUNDI

Pondicherry
LE CAMBODGE
LE VIETNAM

les Seychelles *f*

les Comores *f*
L'OCÉAN INDIEN *m*

L'OCÉAN *m*
ATLANTIQUE

MADAGASCAR *f*
l'Île Maurice *f*
La Réunion

L'AUSTRALIE *f*

Le français est la langue
maternelle majoritaire

Le français est une des
langues officielles

Le français est la langue
administrative

Présence de la langue française
sans statut particulier

L'OCÉAN ARCTIQUE^m

le Groenland

l'Alaska^m

le Yukon

les Territoires^m du Nord-Ouest

le Nunavut

la Colombie-Britannique

L'OCÉAN^m ATLANTIQUE

LA BAIE D'HUDSON

la Saskatchewan

l'Alberta^f

le Manitoba

LE CANADA

L'AMÉRIQUE

l'Ontario^m

le Québec

Terre-Neuve^f

St-Jean

Charlottetown

St-Pierre-et-Miquelon (Fr.)

LES MONTAGNES ROCHEUSES^f

le fleuve St-Laurent

Québec
Montréal

l'Île du Prince-Édouard^f
la Nouvelle-Écosse
le Nouveau-Brunswick
Fredericton
la Nouvelle-Angleterre

DU NORD

LES ÉTATS-UNIS^m

la Louisiane   Baton Rouge

La Nouvelle-Orléans

L'OCÉAN^m
PACIFIQUE

LE MEXIQUE

HAÏTI^m

Cap-Haïtien

Port-au-Prince

LA MER   DES   CARAÏBES

la Guadeloupe

Pointe-à-Pitre

Basse-Terre

Roseau
la Dominique

Fort-de-France
la Martinique

L'AMÉRIQUE^f

CENTRALE

LE VENEZUELA

LA COLOMBIE

Cayenne

LA GUYANE

L'AMÉRIQUE^f DU SUD

Le français est la langue maternelle majoritaire

Le français est une des langues officielles

Le français est la langue administrative

Présence de la langue française sans statut particulier

Les Amériques^f

0 100   500   1000   1500 MILLES
0   500 1000 1500 2000 2500 KILOMÈTRES

m = masculin   f = féminin

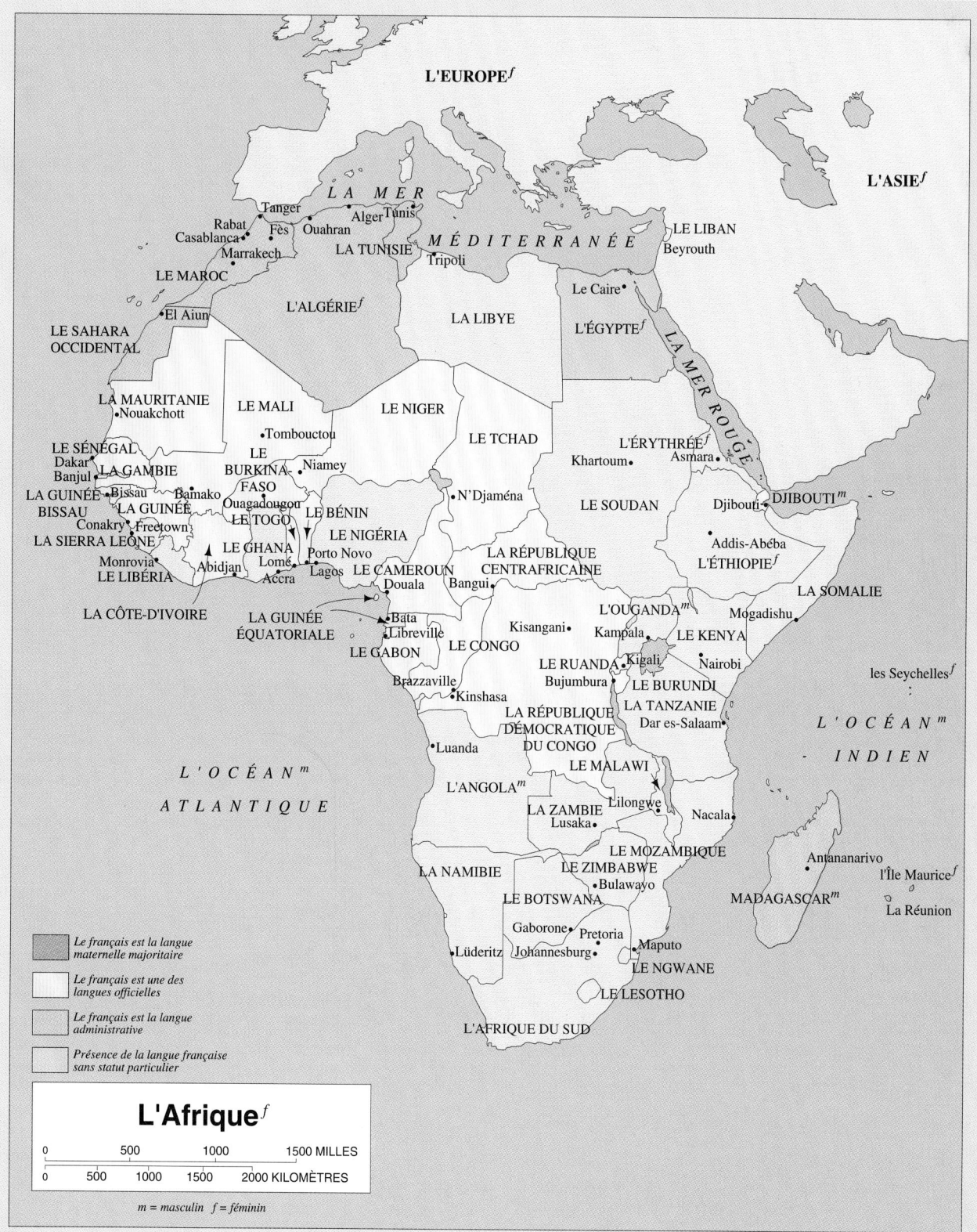

L'EUROPE^f

L'ASIE^f

LA MER
Tanger
Alger Tunis
Rabat
Fès Ouahran
MÉDITERRANÉE
Casablanca
LE LIBAN
Marrakech
LA TUNISIE
Tripoli
Beyrouth
LE MAROC
Le Caire
El Aiun
L'ALGÉRIE^f
LA LIBYE
L'ÉGYPTE^f
LE SAHARA
OCCIDENTAL
LA MAURITANIE
Nouakchott
LE MALI
LE NIGER
LE TCHAD
L'ÉRYTHRÉE
Tombouctou
Khartoum
Asmara
LE SÉNÉGAL
LE
Dakar
BURKINA-
Niamey
Banjul
LA GAMBIE
FASO
LA GUINÉE
Bissau
Bamako
N'Djaména
DJIBOUTI^m
BISSAU
LA GUINÉE
Ouagadougou
LE SOUDAN
Djibouti
Conakry
Freetown
LE TOGO
LE BÉNIN
LA SIERRA LEONE
LE GHANA
LE NIGÉRIA
Addis-Abéba
Monrovia
Lomé
Porto Novo
L'ÉTHIOPIE^f
LE LIBÉRIA
Abidjan
Accra
Lagos
LE CAMEROUN
Douala
Bangui
LA SOMALIE
LA CÔTE-D'IVOIRE
LA RÉPUBLIQUE
CENTRAFRICAINE
L'OUGANDA^m
Mogadishu
LA GUINÉE
Bata
Kisangani
Kampala
ÉQUATORIALE
Libreville
LE KENYA
LE CONGO
LE RUANDA
Kigali
Nairobi
LE GABON
Bujumbura
les Seychelles^f
Brazzaville
LE BURUNDI
Kinshasa
LA TANZANIE
LA RÉPUBLIQUE
Dar es-Salaam
L'OCÉAN^m
DÉMOCRATIQUE
DU CONGO
INDIEN
Luanda
LE MALAWI
L'OCÉAN^m
Lilongwe
L'ANGOLA^m
Nacala
ATLANTIQUE
LA ZAMBIE
Antananarivo
Lusaka
l'Île Maurice^f
LE MOZAMBIQUE
LA NAMIBIE
LE ZIMBABWE
MADAGASCAR^m
La Réunion
Bulawayo
LE BOTSWANA
Gaborone
Pretoria
Lüderitz
Johannesburg
Maputo
LE NGWANE
LE LESOTHO
L'AFRIQUE DU SUD

Le français est la langue
maternelle majoritaire

Le français est une des
langues officielles

Le français est la langue
administrative

Présence de la langue française
sans statut particulier

L'Afrique^f

| 0 | 500 | 1000 | 1500 MILLES |
| 0 | 500 | 1000 | 1500 | 2000 KILOMÈTRES |

m = masculin   f = féminin

L'Europe *f*

	Le français est la langue maternelle majoritaire
	Le français est une des langues officielles
	Le français est la langue administrative
	Présence de la langue française sans statut particulier

0 50 100 200 300 400 500 MILLES

0 100 200 300 400 500 600 700 800 KILOMÈTRES

m = masculin f = féminin

Reykjavik
L'ISLANDE *f*

LA SUÈDE

LA FINLANDE

LA NORVÈGE

Helsinki

St-Pétersbourg

LA RUSSIE

Oslo

Tallinn
L'ESTONIE *f*

Moscou

Stockholm

LA MER BALTIQUE

Riga
LA LETTONIE

L'ÉCOSSE *f*

LA MER DU NORD

Copenhague

LA LITUANIE

L'IRLANDE DU NORD *f*

LA GRANDE-

LE DANEMARK

Tver Vilnius

Minsk

L'IRLANDE *f* Dublin

BRETAGNE

LA BIÉLORUSSIE

LE PAYS DE GALLES

L'ANGLETERRE *f*

Amsterdam

Berlin

Varsovie

Londres

LES PAYS-BAS *m*

L'ALLEMAGNE *f*

LA POLOGNE

Kyev

LA BELGIQUE

Bonn

Jersey

Bruxelles

Prague

L'UKRAINE *f*

Luxembourg

LE LUXEMBOURG

LA RÉPUBLIQUE TCHÈQUE

LA SLOVAQUIE

Paris

L'OCÉAN ATLANTIQUE *m*

LA FRANCE

Vienne

Bratislava

LA MOLDAVIE

Berne

L'AUTRICHE *f*

Budapest

Chisinau

Lausanne LA SUISSE

LA HONGRIE

Genève

Ljubljana

le Val d'Aoste

LA SLOVÉNIE

Zagreb

LA ROUMANIE

LA MER NOIRE

L'ITALIE *f*

LA CROATIE

Belgrade

Bucarest

LA BOSNIE-HERZÉGOVINE

LE PORTUGAL

L'ANDORRE *f*

LA MER ADRIATIQUE

Sarajevo

LA SERBIE

LA BULGARIE

La Corse

Madrid

LE MONTÉNÉGRO

Sofia

Istanbul

Lisbonne

Ajaccio

Rome

Titograd

Skopje

L'ESPAGNE *f*

Tirana

LA MACÉDOINE

LA TURQUIE

L'ALBANIE *f*

LA GRÈCE

LA MER ÉGÉE

Athènes

LA MER MÉDITERRANÉE

L'AFRIQUE *f*

LA CRÈTE

La France

LES PAYS-BAS *m*

L'ANGLETERRE *f*

LA MANCHE

L'ALLEMAGNE *f*

Dunkerque
Calais
Boulogne
Lille
LA BELGIQUE

la Picardie

LE LUXEMBOURG

Dieppe
Amiens

Le Havre
Rouen
Cherbourg
la Seine
Verdun
la Lorraine

Caen
Reims
la Champagne
Nancy
Strasbourg

la Normandie
Paris
Versailles
l'Ile-de-France *f*
l'Alsace *f*

Chartres

LES VOSGES *f*

Brest
la Bretagne
Rennes
Orléans
Blois
Dijon
Besançon
LA SUISSE

Angers
Tours
la Touraine
la Loire
la Bourgogne
la Saône

Nantes
la Loire
Bourges
LE JURA

la Vendée

La Rochelle
le Poitou
Limoges
Clermont-Ferrand
Lyon
la Savoie
Grenoble
LES ALPES *f*
L'ITALIE *f*

L'OCÉAN *m*
ATLANTIQUE

l'Auvergne *f*

le Rhône

le Dauphiné

Bordeaux
la Garonne
LE MASSIF
CENTRAL
Nîmes
Avignon
la Provence
Nice
MONACO *m*

Toulouse
Arles
Aix-en-Provence
Cannes
Montpellier
Marseille
St-Tropez

Biarritz
Carcassonne
le Languedoc

LES PYRÉNÉES *f*

L'ESPAGNE *f*
Perpignan

L'ANDORRE *f*

la Corse

Ajaccio

LA MER MÉDITERRANÉE

La France

| 0 | 50 | 100 | 150 MILLES |
| 50 | 100 | 150 | 200 | 250 KILOMÈTRES |

m = masculin   f = féminin

Vis-à-vis

CHAPITRE 1

Une nouvelle *new*
aventure

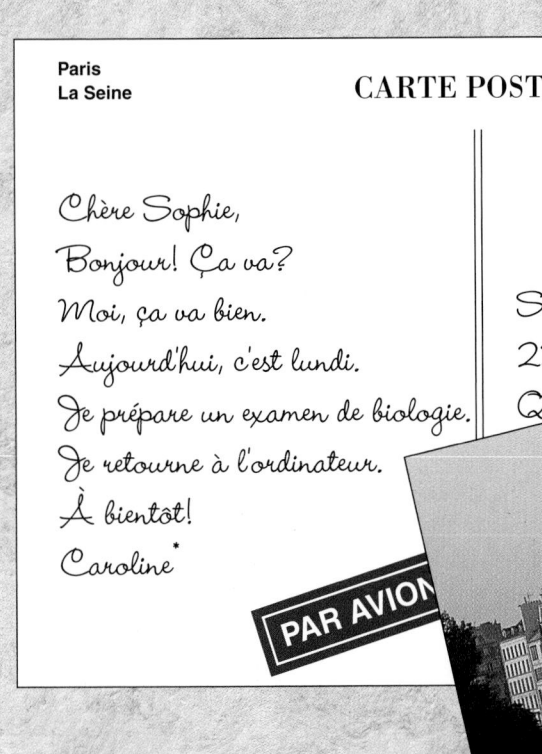

Paris
La Seine

CARTE POSTALE

J.J. Audubon
Buse
pattue

RÉPUBLIQUE FRANÇAISE — LA POSTE 1995

4,40

Chère Sophie,
Bonjour! Ça va?
Moi, ça va bien.
Aujourd'hui, c'est lundi.
Je prépare un examen de biologie.
Je retourne à l'ordinateur.
À bientôt!
Caroline*

Sophie Tibéri
23, rue Ste-Geneviève
Québec

PAR AVION

Enjoy the postcards, letters, and e-mail messages in *Vis-à-vis*! You will gain the most by reading them for pleasure and not being concerned about the unfamiliar words you will occasionally encounter. English equivalents are available in Appendix F, but try to use this resource only as needed.

*In **Chapitres 1–4** of *Vis-à-vis*, you will follow the correspondence between Caroline (one of the characters in the *Vis-à-vis* video) and Sophie, her older sister in Québec. See **Initiation,** the first section of **Vidéothèque,** and **Étape 1** in this chapter for more information on this special feature of *Vis-à-vis*.

Dans ce chapitre...

Objectifs communicatifs
- spelling; greeting people; giving numerical information; introducing yourself; identifying people, places, and things; expressing the date

Contenu lexical (Étapes 1 et 2)
- L'alphabet
- Les bonnes manières
- Les nombres de 0 à 60
- Les jours et les mois
- La salle de classe

Contenu grammatical (Étape 3)
- Les articles indéfinis

Vidéothèque
- Initiation (ci-dessous)
- En société (Étape 4)

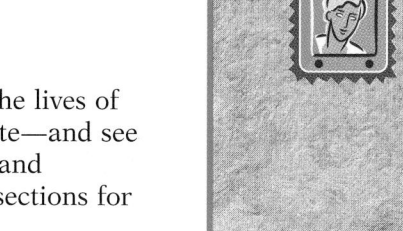

Initiation Les comédiens

As you work your way through *Vis-à-vis,* you will follow the lives of four college students—Caroline, Michel, Paul, and Bénédicte—and see how they interact with each other. Their interests, desires, and adventures appear in **Initiation,** the first of the two video sections for each chapter in *Vis-à-vis.*

VOCABULAIRE UTILE°		*useful*
j'habite	I live	
je travaille	I work	
j'aime	I like	
je suis né(e)	I was born	
j'étudie	I study	
modeste	humble	

Paul
Bénédicte
Michel
Caroline

Complete the sentences with the words provided.

1. Caroline: «Je _m'appelle_ Caroline.»
2. Michel: «J'habite chez mes _parents_.»
3. Bénédicte: «J'étudie les _sciences_ politiques.»
4. Paul: «Je suis _intelligent_.»

intelligent
m'appelle
parents
sciences

Étape 1

P A R O L E S

Bienvenue!°

Welcome!

Welcome to *Vis-à-vis*, welcome to French and to **la francophonie,** the French-speaking world! In the **Correspondance** section, you will follow an exchange of cards, letters, and e-mail messages between Caroline, Michel, Paul, and Bénédicte and some of their friends and relatives in French-speaking areas abroad. Here are the four people they write to:

Sophie

Malik

Nathalie

Jérôme

- **Chapitres 1–4:** Caroline's sister Sophie, a mother of two children living in Québec (city)
- **Chapitres 5–8:** Michel's friend Malik, a professional tour guide working in West Africa
- **Chapitres 9–12:** Paul's former girlfriend Nathalie, a freelance journalist traveling through France, Switzerland, and Belgium
- **Chapitres 13–16:** Bénédicte's friend Jérôme, a tennis instructor at Club Med in Martinique

Take a look at the maps preceding this chapter and locate the four students from the video as well as Sophie, Malik, Nathalie, and Jérôme.

Le monde francophone°

Le... The French-speaking world

More than 100 million people in the world speak French, either as their native language or as a second language used in the workplace. French-speaking regions are found throughout the world.

Allez-y! °

Go ahead!

La francophonie. Find these places on the maps and read their names aloud.

1. four European countries where French is a principal language
2. three North African countries where French is an administrative language
3. areas in the Americas where French is spoken
4. the Francophone African nations bordering on the Atlantic
5. the Francophone nations in the interior of Africa
6. five Francophone island nations in the Indian Ocean

L'alphabet français

a	a	**h**	hache	**o**	o	**v**	vé
b	bé	**i**	i	**p**	pé	**w**	double vé
c	cé	**j**	ji	**q**	ku	**x**	iks
d	dé	**k**	ka	**r**	erre	**y**	i grec
e	e	**l**	elle	**s**	esse	**z**	zède
f	effe	**m**	emme	**t**	té		
g	gé	**n**	enne	**u**	u		

Les accents

Accents or diacritical marks sometimes change the pronunciation of a letter, and sometimes distinguish between two words otherwise spelled the same. A French word written without its diacritical marks is misspelled.

é   e **accent aigu**
à   a **accent grave**
ô   o **accent circonflexe**
ï   i **tréma**
ç   c **cédille**

Allez-y!

A. À vous! Spell your name in French. Then spell the name of a city, and see if your classmates can figure out which one it is.

B. Inscription. Several students are signing up for classes. Spell their names and cities for the clerk in registration.

DUPONT Isabelle	Paris	GUEYE Jérôme	Dakar
EL AYYADI Allal	Rabat	HUBERT Hélène	Lille
GOUTAL Françoise	Papeete	PASTEUR Loïc	Montréal

Les mots apparentés°
Les... *Cognates*

French and English have many cognates, or **mots apparentés:** words spelled similarly with similar meanings. Their pronunciation often differs dramatically in the two languages.

Here are a few patterns to help you recognize cognates.

FRANÇAIS	ANGLAIS	
ét-	*st-*	**ét**at → *state*
-ie, -é	*-y*	cit**é** → *city*
-eux, -euse	*-ous*	séri**eux** → *serious*
-ique	*-ic, -ical*	prat**ique** → *practical*
-iste	*-ist, -istic*	matéri**aliste** → *materialistic*
-ment	*-ly*	rapide**ment** → *rapidly*
-re	*-er*	ord**re** → *order*

Be aware that there are also many apparent cognates, called **faux amis** (*false friends*). A few examples:

collège *secondary school*   université *college, university*
librairie *bookstore*   bibliothèque *library*
rester *to stay, remain*   se reposer *to rest*

Allez-y!

A. Répétez, s'il vous plaît! Pronounce these French cognates as your instructor does.

1. attitude	**4.** bracelet	**7.** injustice	**10.** parfum
2. police	**5.** passion	**8.** hôpital	**11.** magazine
3. balle	**6.** conclusion	**9.** champagne	**12.** présentation

B. Les mots apparentés. Try to figure out the English equivalents for the first five words. Then figure out the French equivalents for the last five words.

MODÈLES: étranger → *stranger*
generally → généralement

1. logique
2. centre
3. étude
4. liberté
5. courageuse

6. imperialistic
7. strange
8. tender
9. logically
10. historic

Les bonnes manières°

Les... *Good manners*

In the French-speaking world, different greetings reflect the differing degrees of familiarity between people. Formality is the general rule; informal expressions are reserved for family, friends of long standing, and close associates and peers (for example, fellow students). All formal greetings are followed by a title: **Bonjour, madame!**

1. —Bonjour, mademoiselle.
—Bonjour, madame.

2. —Bonsoir, monsieur.
—Bonsoir, madame.

3. —Je m'appelle Éric Martin. Et vous, comment vous appelez-vous?
—Je m'appelle Marie Dupont.

4. —Comment allez-vous?
—Très bien, merci. Et vous?
—Pas mal, merci.

5. —Salut, ça va?
—Oui, ça va bien. Et toi, comment vas-tu?
—Comme ci comme ça.
(Ça peut aller.)
(Ça va mal.)

6. —Comment? Je ne comprends pas. Répétez, s'il vous plaît.

7. —Oh, pardon! Excusez-moi, mademoiselle.

8. —Merci (beaucoup).
—De rien.

9. —Au revoir!
—À bientôt!

Allez-y!

A. Répondez, s'il vous plaît. Respond in French.

1. Je m'appelle Maurice Lenôtre. Et vous, comment vous appelez-vous? **2.** Bonsoir! **3.** Comment allez-vous? **4.** Merci. **5.** Ça va? **6.** Au revoir! **7.** Bonjour.

B. Soutenu ou familier? (*Formal or informal?*) Decide if each situation shown is formal or informal, then provide an appropriate expression for it.

1.

2.

3.

4.

5.

6.

C. Le bon choix. (*The right choice.*) Indicate if the following expressions are used in a formal or informal context.

1. Comment vous appelez-vous?
2. Et toi?
3. Répète, s'il te plaît.
4. Comment vas-tu?
5. Comment t'appelles-tu?
6. Bonjour!
7. Et vous?
8. Salut!
9. Répétez, s'il vous plaît.
10. Comment allez-vous?

Une affiche parisienne de Chéret

Les nombres de 0 à 60°

Les... *Numbers from 0 to 60*

0	zéro	6	six	11	onze	16	seize
1	un	7	sept	12	douze	17	dix-sept
2	deux	8	huit	13	treize	18	dix-huit
3	trois	9	neuf	14	quatorze	19	dix-neuf
4	quatre	10	dix	15	quinze	20	vingt
5	cinq						

21	vingt et un	26	vingt-six	40	quarante
22	vingt-deux	27	vingt-sept	50	cinquante
23	vingt-trois	28	vingt-huit	60	soixante
24	vingt-quatre	29	vingt-neuf		
25	vingt-cinq	30	trente		

Allez-y!

A. Problèmes de mathématiques. Alternating with a partner, do the following math problems.

VOCABULAIRE UTILE

+ **plus, et**   − **moins**   × **fois**   = **font**

Combien font 3 plus 10?   *How much is 3 + 10?*

MODÈLE: $6 + 2 \rightarrow$
        É1*: Combien font six plus (et) deux?
        É2:   Six plus (et) deux font huit.

1. $8 + 2$	**4.** $3 + 8$	**7.** $56 - 21$	**10.** 3×20
2. $5 + 9$	**5.** $43 - 16$	**8.** $49 - 27$	**11.** 6×5
3. $4 + 1$	**6.** $60 - 37$	**9.** 2×10	**12.** 7×3

B. Les numéros de téléphone. In French, telephone numbers are said in groups of five two-digit numbers. Look in Claire's address book and, alternating with a partner, read out loud some of her most frequently called numbers.

MODÈLE: É1: L'université de Nantes?
            É2: 02.40.29.07.39

MES AMIS			
nom	*prénom*	*adresse*	*tél.*
Duclos	Alain	60, blvd. de l'Égalité	02.41.48.05.52
Bercegol	Fabienne	98, avenue Patton	02.41.46.42.60
de Bailleux	Bénédicte	83, rue des Renardières	02.41.57.13.44
Koehnlein	Valérie	7, rue de Vernouil	02.41.35.21.08
Université	de Nantes	4400 Nantes	02.40.29.07.39

---

*É1 and É2 stand for **Étudiant(e) 1** and **Étudiant(e) 2** (*Student 1* and *Student 2*). These abbreviations are used in partner/pair activities throughout *Vis-à-vis*.

Quel jour sommes-nous?°

Quel... *What day is it?*

La semaine (*week*) de Claire

lundi	examen de biologie
mardi	examen de chimie
mercredi	chez¹ le dentiste
jeudi	tennis avec² Vincent
vendredi	laboratoire
samedi	théâtre avec Vincent
dimanche	en famille

¹*at* ²*with*

In French, the days of the week are not capitalized. The week begins with Monday.

—Quel jour sommes-nous (aujourd'hui)? / Quel jour est-ce (aujourd'hui)?

What day is it (today)?

—Nous sommes mardi. / C'est mardi.

It's Tuesday.

 **Allez-y!**

La semaine de Claire. Look over Claire's calendar. Then, alternating with a partner, tell what day of the week it is.

MODÈLE: Claire est au (*is at the*) laboratoire. →
É1: Claire est au laboratoire. Quel jour est-ce? (Quel jour sommes-nous?)
É2: C'est vendredi. (Nous sommes vendredi.)

1. Claire va (*goes*) au théâtre avec Vincent.
2. Claire est chez le dentiste.
3. Claire a (*has*) un cours de biologie.
4. Claire est en famille.
5. Claire joue au (*is playing*) tennis avec Vincent.
6. Claire a un examen de chimie.

Quelle est la date d'aujourd'hui?

LES MOIS

décembre	mars	juin	septembre
janvier	avril	juillet	octobre
février	mai	août	novembre

In French, the day is usually followed by the month: **Nous sommes le 21 mars** (abbreviated as 21.3). The word **le** (*the*) usually precedes the day of the month.

Dates in French are expressed with cardinal numbers (**le 21 mars**), with the exception of the first of the month: **le 1er (premier) janvier.**

Allez-y!

A. Fêtes (*Holidays*) **américaines.** What months do you associate with the following holidays?

1.
2.
3.
4.

5.
6.
7.

B. La fête des patrons. (*Saint's day.*) In France, each day of the year is associated with a particular saint. Look over the list of names and dates on the following page. Choose six of them and, with a partner, ask and answer questions about name days.

MODÈLE: É1: Quand est (*When is*) la fête de Didier?
É2: Le vingt-trois mai. Et la fête de Gilbert?

Mots-clés

Les années (*Years*)

1999	mil neuf cent quatre-vingt-dix-neuf
2000	deux mille
2001	deux mille un

---

fêtes à souhaiter[1]

a

ADOLPHE	30	juin
ADRIEN	8	sept
AGNES	21	janv
AIME	13	sept
AIMEE	20	fév
ALAIN	9	sept
ALBAN	22	juin
ALBERT	15	nov
ALEXANDRE	22	avril
ALEXIS	17	fév
ALFRED	15	août
ALICE	16	déc
ALINE	20	oct
ALPHONSE	1	août
AMAND	6	fév
ANATOLE	3	fév
ANDRE	30	nov
ANGE	5	mai
ANGELE	27	janv
ANNE	26	juil
ANSELME	21	avril
ANTOINE	17	janv
ANTOINETTE	28	fév
ANTONIN	2	mai
ARISTIDE	31	août
ARLETTE	17	juil
ARMAND	8	juin
ARMEL	16	août
ARNAUD	10	fév
ARTHUR	15	nov
AURORE	13	déc

b

BAUDOUIN	17	oct
BEATRICE	13	fév
BENJAMIN	31	mars
BENOIT	11	juil
BERNADETTE	18	fév
BERNARD	20	août
BERTHE	4	juil
BERTRAND	6	sept
BRIGITTE	23	juil

c

CAMILLE	14	juil
CARINE	7	nov
CAROLE	17	juil
CATHERINE	25	nov
CECILE	22	nov
CELINE	21	oct
CHANTAL	12	déc
CHARLES	2	mars
CHRISTEL (LE)	24	juil
CHRISTIAN	12	nov
CHRISTINE	24	juil
CHRISTOPHE	21	août
CLAIRE	11	août
CLAUDE	6	juin
CLEMENCE	21	mars
CLEMENT	23	nov
CLOTILDE	4	juin
COLETTE	6	mars
CORINNE	18	mai
CYRILLE	18	mars

d

DANIEL	11	déc
DAVID	29	déc
DELPHINE	26	nov
DENIS	9	oct
DENISE	15	mai
DIDIER	23	mai
DOMINIQUE	8	août

e

EDITH	13	sept
EDMOND	20	nov
EDOUARD	5	janv
ELIANE	4	juil
ELIE	20	juil
ELISABETH	17	nov
ELISE	17	nov
ELOI	1	déc
EMILE	22	mai
EMILIENNE	5	janv
EMMANUEL	25	déc
ERIC	18	mai
ERNEST	7	nov
ESTELLE	11	mai
ETIENNE	26	déc
EUGENE	13	juil
EVA	6	sept
EVELYNE	27	déc

f

FABIEN	20	janv
FABRICE	22	août
FELIX	12	fév
FERDINAND	30	mai
FERNAND	27	juin
FRANÇOIS	4	oct
FRANÇOISE	12	déc
FREDERIC	18	juil

g

GABRIEL (LE)	29	sept
GAEL	17	déc
GAETAN	7	août
GASTON	6	fév
GAUTIER	9	avril
GENEVIEVE	3	janv
GEOFFROY	8	nov
GEORGES	23	avril
GERALD	5	déc
GERARD	3	oct
GERAUD	13	oct
GERMAIN	31	juil
GERMAINE	15	juin
GERVAIS	19	juin
GHISLAIN	10	oct
GILBERT	7	juin
GILBERTE	11	août
GILLES	1	sept
GINETTE	3	janv
GISELE	7	mai
GODEFROY	8	nov
GONTRAN	28	mars
GREGOIRE	3	sept
GUILLAUME	10	janv
GUSTAVE	7	oct
GUY	12	juin

h

HELENE	18	août
HENRI	13	juil
HERVE	17	juin
HONORE	16	mai
HORTENSE	5	oct
HUBERT	3	nov
HUGUES	1	avril

i

IRENE	5	avril
ISABELLE	22	fév

j

JACINTHE	30	janv
JACQUELINE	8	fév
JACQUES	25	juil
JEAN	24	juin
JEANNE	30	mai
JEROME	30	sept
JOACHIM	26	juil
JOEL	13	juil
JOHANNE	30	mai
JOSEPH	19	mars
JOSETTE	19	mars
JOSSELIN	13	déc
JULES	12	avril
JULIEN	2	août
JULIENNE	16	fév
JULIETTE	30	juil
JUSTE	14	oct

k

KARINE	7	nov

l

LAETITIA	18	août
LAURENT	10	août
LEA	22	mars
LEON	10	nov
LILIANE	4	juil
LINE	20	oct
LIONEL	10	nov
LISE	17	nov
LOIC	25	août
LOUIS	25	août
LOUISE	15	mars
LUC	18	oct
LUCIE	13	déc
LUCIEN	8	janv
LUDOVIC	25	août

m

MADELEINE	22	juil
MARC	25	avril
MARCEL	16	janv
MARCELLE	31	janv
MARIANNE	9	juil
MARIANNICK	15	août
MARIE	15	août
MARIE-THERESE	7	juin
MARTHE	29	juil
MARTIAL	30	juin
MARTINE	30	janv
MARYVONNE	15	août
MATHILDE	14	mars
MATTHIAS	14	mai
MATTHIEU	21	sept
MAURICE	22	sept
MICHEL	29	sept
MICHELINE	19	juin
MIREILLE	15	août
MONIQUE	27	août
MURIEL	15	août

n

NATHALIE	27	juil
NELLY	18	août
NICOLAS	6	déc
NICOLE	6	mars
NOEL	25	déc

o

ODETTE	20	avril
ODILE	14	déc
OLIVIER	12	juil

p

PASCAL	17	mai
PATRICE	17	mars
PAUL	29	juin
PAULE	26	janv
PHILIPPE	3	mai
PIERRE	29	juin
PIERRETTE	31	mai

r

RAOUL	7	juil
RAPHAEL	29	sept
RAYMOND	7	janv
REGINE	7	sept
REGIS	16	juin
REMI	15	janv
RENAUD	17	sept
RENE (E)	19	oct
RICHARD	3	avril
ROBERT	30	avril
RODOLPHE	21	juin
ROGER	30	déc
ROLAND	15	sept
ROLANDE	13	mai
ROMAIN	28	fév
RONALD	17	sept
ROSELINE	17	janv
ROSINE	11	mars

s

SABINE	29	août
SAMUEL	20	août
SANDRINE	2	avril
SEBASTIEN	20	janv
SERGE	7	oct
SIMON	28	oct
SOLANGE	10	mai
SOPHIE	25	mai
STANISLAS	11	avril
STEPHANE	26	déc
SUZANNE	11	août
SYLVAIN	4	mai
SYLVESTRE	31	déc
SYLVIE	5	nov

t

TANGUY	19	nov
THERESE	1	oct
THIBAUT	8	juil
THIERRY	1	juil
THOMAS	3	juil

v

VALENTIN	14	fév
VALENTINE	25	juil
VALERIE	28	avril
VERONIQUE	4	fév
VICTOR	21	juil
VINCENT de Paul	27	sept
VIRGINIE	7	janv
VIVIANE	2	déc

w

WALTER	9	avril
WILFRIED	12	oct

x

XAVIER	3	déc

y

YOLANDE	11	juin
YVES	19	mai
YVETTE	13	janv
YVON	19	mai

[1]fêtes... *celebrating Saints' days*

Correspondance

Québec, le Château Frontenac

CARTE POSTALE

Chère Caroline,

Merci pour la carte!

Moi, ça va comme ci commme ça.

Aujourd'hui, nous sommes dimanche.

À Québec, c'est l'automne et il y a

encore des touristes!

Bon courage pour l'examen!

Bisous,

Sophie

$1 CANADA

LOON   HUARD

Caroline Tibéri

Cité universitaire

21, Boulevard Jourdan

75014 Paris

FRANCE

PAR AVION By Air Mail

Portrait
George Sand (écrivain[1] français, 1804–1876)

Une femme scandaleuse: elle choisit le prénom masculin «George» et fume[2] le cigare. Une femme passionnée: c'est la maîtresse de l'écrivain Alfred de Musset et du compositeur Chopin. Une femme libre[3] et indépendante: elle critique le mariage, la religion et l'argent.[4] Un écrivain à succès: c'est une figure importante du Romantisme au XIXe siècle.[5]

[1]writer [2]smokes [3]free [4]money [5]XIXe... = dix-neuvième siècle *19th century*

Welcome to **Correspondance!** Here, at the center of each chapter of *Vis-à-vis*, you will find:

- The *response* to the postcard or letter that opened the chapter. In **Chapitres 1–4**, the correspondents are Caroline, from the Video to accompany *Vis-à-vis*, and her sister Sophie in Québec.
- **Portrait**, an introduction to an eminent individual (historic or contemporary) from the French-speaking world.
- **Flash**, up-to-date information about some aspect of the chapter theme as it relates to life in France, Québec, Africa, French-speaking Europe, or the Antilles.
- In the two-part section **En avant!**, you will expand on the content of **Portrait** and **Flash**. First, **Un peu de bavardage** offers general questions on contacts between cultures around the world. Then, in **On est branché!**, Web-based activities related to the content of **Portrait** and **Flash** connect you to the French-speaking world.

Remember that English translations are available in Appendix F. **Amusez-vous bien!** (*Have fun!*)

Flash Bisous, bisous[1]!

En France, le baiser[2] est un signe d'affection et d'amour.

Pour dire «bonjour» ou «au revoir», on donne[3] deux, trois ou quatre baisers sur la joue[4]—selon[5] la région.

Le «bisou» est un petit baiser. Le terme «bisou» a une connotation affectueuse: on l'utilise avec les enfants,[6] avec les amis et... avec les petits amis et les petites amies[7]!

[1]Bisous... *Love and kisses* (at the end of a letter)   [2]*kiss*   [3]*on... one gives*   [4]*cheek*
[5]*depending on*   [6]*children*   [7]*petits... boyfriends and girlfriends*

Bisous à l'arrivée, bisous au départ.

En avant!

Un peu de bavardage

1. What do you think people thought of George Sand in the 19th century? Do you think she was viewed as too daring by some?
2. Try to name other women (from the French-speaking world or other cultures) who had an impact on the literary world in the past. What did they do?
3. In your culture, what do you do when you meet someone for the first time? What do you do when you meet friends or family members?
4. Do you know of any greeting customs from other cultures?

On est branché!

For Internet links and additional information to complete the following activities, visit the *Vis-à-vis* website at www.mhhe.com/visavis.

1. Quel est le vrai[1] nom de George Sand?
2. Quel est son surnom[2]?
3. Quelles sont les qualités dominantes d'une personne qui s'appelle George?
4. Quel jour est la fête de George?
5. Il y a[3] une fête pour votre prénom[4]?

[1]*real*   [2]*son... her nickname*   [3]*Il... Is there*   [4]*votre...your first name*

Étape 3

Dans la salle de classe°

Dans... *In the classroom*

3. un tableau
4. un écran
6. une porte
7. une fenêtre
8. un étudiant
9. un crayon
5. un professeur
10. un magnétoscope
11. un ordinateur
12. une souris
13. un rétroprojecteur
18. un cahier
15. un stylo
14. une table
16. une étudiante
17. un livre
1. une chaise
2. un bureau

Allez-y!

A. Qu'est-ce que c'est? (*What is it?*) **Qui est-ce?** (*Who is it?*) Alternating with a classmate, identify the people and objects in the drawing above.

MODÈLE: É1*: Le numéro un, qu'est-ce que c'est?
        É2: C'est un (une...) (*It's a . . .*)
        É1: Le numéro cinq, qui est-ce?
        É2: C'est un professeur.

---

*É1 and É2 stand for **Étudiant(e) 1** and **Étudiant(e) 2** (*Student 1* and *Student 2*). These abbreviations are used in partner/pair activities throughout *Vis-à-vis*.

B. Combien? (*How many?*) Taking turns with a classmate, ask and answer questions about the number of people and objects there are in the illustration. Use the expression **Il y a.**

> MODÈLE: étudiants →
> É1: Il y a combien d'étudiants?
> É2: Il y a quatre étudiants.

Les articles indéfinis
Identifying People, Places, and Things

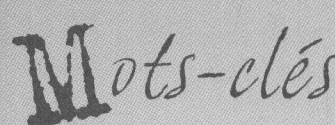

Mots-clés

Il y a

The expression **il y a** (*there is, there are*) is used to state the existence of something or to specify the quantity.

Il y a un cours de français.

There is a French class.

Il y a quatre étudiants dans la classe.

There are four students in the classroom.

La rentrée[1]

CHRISTINE: Tu es prêt pour la rentrée?

ALEX: Oui, dans ma serviette, j'ai **un** crayon, **une** gomme et **des** cahiers. Et toi?

CHRISTINE: Moi? J'ai **un** ordinateur!

Vrai ou faux?
1. Alex a un crayon.
2. Christine a une gomme.

Singular Forms of Indefinite Articles
• •

In French, all nouns (**noms**) are either masculine (**masculin**) or feminine (**féminin**), as are the articles that precede them.

Here are the forms of the singular indefinite article in French, all corresponding to *a* (*an*) in English.

[1]Translations of mini dialogues are in Appendix G.

MASCULINE		FEMININE	
un ami	*a friend (m.)*	**une** amie	*a friend (f.)*
un accent	*an accent*	**une** action	*an action*

Un is used for masculine nouns and **une** for feminine nouns. **Un** and **une** can also mean *one,* depending on the context.

Voilà **un** café.	*There's a café.*
Il y a **une** étudiante.	*There is one student.*

The Gender of Nouns

Because the gender (**le genre**) of a noun is not always predictable, it is best to learn it along with the noun. For example, learn **un livre** rather than just **livre.** Here are a few general guidelines to help you determine gender. Don't try to learn them all right now. You will become more familiar with nouns in all of these categories as you work through the chapters of *Vis-à-vis.*

1. Nouns that refer to males are usually masculine; nouns that refer to females are usually feminine.

un homme	*a man*
une femme	*a woman*

2. Sometimes the ending of a noun is a clue to its gender.

MASCULINE		FEMININE	
-eau	un bur**eau**	**-ence**	une différ**ence**
-isme	un pr**isme**	**-ion**	une réact**ion**
-ment	un monu**ment**	**-ie**	une librair**ie**
		-ure	une lect**ure**
		-té	une universi**té**

3. Nouns borrowed from other languages are usually masculine.

   un Coca-cola, un couscous, un baklava

4. The names of languages are masculine. They are not capitalized.

   Elle parle un français impeccable!   *She speaks French perfectly!*

5. Some nouns that refer to people can be changed from masculine to feminine by adding **-e** to the noun ending.

un ami *a friend (m.)*	une ami**e** *a friend (f.)*
un étudiant *a student (m.)*	une étudiant**e** *a student (f.)*
un Français *a French man (m.)*	une Français**e** *a French woman (f.)*

Note: Final **t, n, d,** and **s** are silent in the masculine form. When followed by **-e** in the feminine form, they are pronounced.

6. Many nouns that end in **-e** have only one singular form, used to refer to both males and females. Sometimes the gender is indicated by the article.

un touriste	*a tourist (m.)*
une touriste	*a tourist (f.)*

Sometimes even the article is the same for both masculine and feminine.

un médecin	*a doctor* (male or female)

[Allez-y! A]

Note: The information between brackets refers you to an exercise for that grammar point. In this case, **Allez-y!**, exercise A on page 20 will allow you to practice this point.

Plural Forms of Indefinite Articles

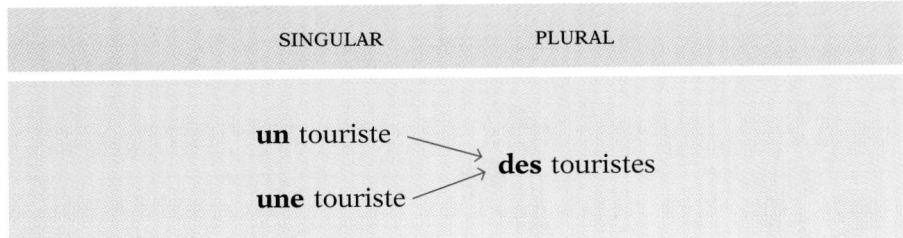

	SINGULAR	PLURAL
	un touriste	**des** touristes
	une touriste	

The plural form (**le pluriel**) of the indefinite articles is always **des.*** Usually, an **s** is added to the noun:

un ami → **des** ami**s**	*a friend; some friends, friends*
une question → **des** question**s**	*a question; some questions, questions*

[Allez-y! B-C]

Note: You are now ready to do exercises B and C.

---

*In French, the final **s** of the article is usually silent, except when followed by a vowel or vowel sound: **des étudiants; des hommes.** In these cases, the **s** is pronounced like the letter **z.** This linking is called **liaison.**

Allez-y!

A. Qu'est-ce que c'est? (*What is it?*) Working with a partner, identify the following items and people.

MODÈLE: →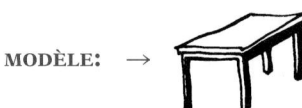

É1: Qu'est-ce que c'est?
É2: C'est une table.

1.  2.  3.

4.  5.  6.

7.  8.

B. Dans une salle de classe. Give the plural.

MODÈLE: un stylo → Voilà (*Here are*) des stylos.

1. une table
2. un écran
3. une chaise
4. un ordinateur
5. une porte
6. un cahier

C. C'est trop! (*It's too much!*) Give the singular.

MODÈLE: Des jours? → Non, un jour!

1. Des livres?
2. Des problèmes?
3. Des chaises?
4. Des ordinateurs?
5. Des tables?
6. Des mois?

Étape 4

Proverbe

Il y a un commencement à tout.

Lecture°

Reading

Avant de lire°

Avant... Before reading

Recognizing cognates. French is a Romance language derived from Latin. English was also heavily influenced by Latin, with the result that the two languages share vocabulary items similar in form and meaning. As you already know (see **Étape 1**), these words are called cognates (**mots apparentés**). Here are a few additional patterns:

FRANÇAIS	ANGLAIS	
-eur	-or	od**eur**; od**or**
-é(e)	-ed	modifi**é**; modif**ied**

Over the centuries, the French and English languages have borrowed heavily from each other. Although French has absorbed many borrowings from English, some people view these **anglicismes** as threats to the integrity of the language and culture. Words like **champagne** and **cologne** were borrowed directly from French. Can you think of any others?

The ads on the following page describe new products that were introduced to the French market in time for the Christmas holiday. Read the ads, and then underline once all the words you recognize as cognates and circle the words you don't understand.

Compréhension

Quel mot? (*Which word?*) After you have read the ads on page 22, find the word in the preceding texts that means:

1. liberates
2. choice
3. comfort
4. coffeemaker
5. accessories

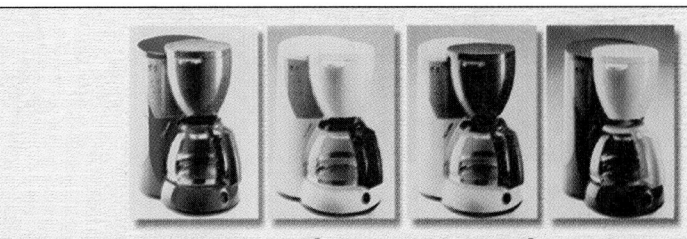

MELITTA TOUT L'ARÔME DU CAFÉ

À l'occasion des fêtes de fin d'année, MELITTA, fort de son savoir-faire en matière de préparation du café, crée l'événement en lançant LOOK FUN, une gamme de quatre cafetières électriques aux formes modernes et arrondies et aux couleurs très "tendance". Dotées de toutes les caractéristiques techniques essentielles en matière d'électroménager, les nouvelles cafetières LOOK FUN permettent de réaliser facilement et rapidement du bon café.

Les cafetières LOOK FUN de MELITTA sont disponibles en grandes et moyennes surfaces.

■ Prix public indicatif : 199,00 francs (4 coloris : vert, jaune, bleu, blanc).

SUZUKI AUTOMOBILES
JIMNY : NOUVEAU CONCEPT POUR NOUVEAU STYLE DE VIE

Le 29 septembre, le Top Model Carla Bruni a dévoilé en première européenne au Mondial de l'Automobile, le nouveau 4X4 de loisirs de SUZUKI : le nouveau JIMNY.

Le JIMNY est un 4X4 de sport compact qui, à travers un design jeune et sympathique, affiche à la fois un grand potentiel tout-terrain et tout le confort nécessaire à un usage quotidien agréable.

Le SUZUKI JIMNY se démarque par son positionnement tarifaire sans concurrence, son look jeune et adorable et par un très large choix d'accessoires utiles ou décoratifs.

PIERRE CLARENCE
LIBÈRE L'HOMME DU STRESS DE LA CHEMISE

Pierre Clarence lance MOVEMAX, une chemise 100% confort, extensible du col aux poignets !

MOVEMAX est une chemise en coton/Lycra élaborée après deux ans de recherche et de développement par Pierre Clarence en collaboration avec Du Pont de Nemours.

MOVEMAX est une chemise d'un nouveau type entièrement dédiée au confort qui conserve l'allure et les attributs d'une chemise classique tout en bénéficiant de toutes les revendications de la modernité.

MOVEMAX : TOUT LE CONFORT DU WEEK-END DANS UNE CHEMISE DE VILLE

Écriture°

Writing

Carte d'identité. Fill out the ID card, giving the information requested. Then, following the guidelines, write a short paragraph about yourself.

> **prénom et nom:**
>
> **âge:**
>
> **date de naissance** (jour / mois):
>
> **informations supplémentaires*:**

*Give information on something you own.

_____ (*your name*). J'ai _____ ans. Je suis né(e) le _____. J'ai _____, _____ et _____.

À l'écoute!°

À... Listening

The **À l'écoute!** section in *Vis-à-vis* offers a variety of recorded listening passages to develop your skills in understanding French, including conversations, interviews, stories, and advertisements. The passages appear on your student tape or audio CD only and are not printed in your textbook.

Make an effort to listen for general meaning, without worrying about understanding every word. The activities in your textbook check that you have understood the passage and do not require you to produce any language from what you hear.

Les bonnes manières. You will hear some people greeting each other. First, look at the drawings. Next, listen to the conversations. Then, mark a letter (*a* through *e*) under each drawing to indicate which conversation it represents. Replay the recording as often as you need to. (See Appendix H for answers.)

1. _____   2. _____   3. _____   4. _____   5. _____

En société

Objectif   *Interacting in the classroom*
• •

Note: Review **La communication en classe** on the inside cover of your text.

EXPRESSIONS UTILES

pour exprimer	to express
asseyez-vous là-bas	sit down over there
à côté de	next to

Extrait° du dialogue   *Excerpt*
• •

LE PROF: Il y a des questions?

CLAIRE: J'ai une question. Comment est-ce qu'on dit «aimer» en anglais?

LE PROF: En anglais, il y a deux verbes pour exprimer «aimer».

AIMÉE: Oui, c'est moi, monsieur.

LE PROF: Excusez-moi?

AIMÉE: Mon prénom, monsieur, je m'appelle Aimée... Aimée Narbonne.

CLAIRE: Est-ce que je peux...

LE PROF: Un instant. Répétez votre prénom, s'il vous plaît.

AIMÉE: Aimée, monsieur.

Jeux de rôles
• •

Working with a classmate, use the expressions in **La communication en classe** to act out the following situations. Then, repeat the activities with different classmates.

1. You're meeting a new classmate and you ask his/her name. You don't understand and you ask him/her to repeat.
2. Introduce yourself to a student in your class and ask him/her to work with you.
3. Using the new vocabulary of **Chapitre 1,** ask your partner how to say certain words in French.

Note culturelle

Throughout *Vis-à-vis*, you will see samples of French handwriting. Children are taught to write in cursive from the beginning of their educational experience, and they develop a very distinctive style. Can you see some characteristics of typical French handwriting in the **Proverbe** or in the professor's handwriting in the video?

CHAPITRE 1 *Vocabulaire*

Les bonnes manières

À bientôt. See you soon.
Au revoir. Good-bye.
Bonjour. Hello. Good day.
Bonsoir. Good evening.
Ça peut aller. All right. Pretty well.
Ça va? How's it going?
Ça va bien. Fine. (Things are going well.)
Ça va mal. Things are going badly.
Comme ci comme ça. So so.
Comment? What? (How?)
Comment allez-vous? / Comment vas-tu? How are you?
Comment vous appelez-vous? / Comment t'appelles-tu? What's your name?
De rien. Not at all. Don't mention it. You're welcome.
Et vous? / Et toi? And you?
Excusez-moi. / Excuse-moi. Excuse me.
Je m'appelle... My name is . . .
Je ne comprends pas. I don't understand.
madame Mrs. (ma'am)
mademoiselle Miss
Merci (beaucoup). Thank you (very much).
monsieur Mr. (sir)
Pardon. Pardon (me).
Pas mal. Not bad(ly).
Répétez / Répète. Repeat.
Salut! Hi!

S'il vous plaît. / S'il te plaît. Please.
Très bien. Very well (good).

Les nombres de 0 à 60

un, deux, trois, quatre, cinq, six, sept, huit, neuf, dix, onze, douze, treize, quatorze, quinze, seize, dix-sept, dix-huit, dix-neuf, vingt, vingt et un, vingt-deux, etc., **trente, quarante, cinquante, soixante**

Dans la salle de classe

un bureau a desk
un cahier a notebook
une chaise a chair
un crayon a pencil
un écran a screen
un étudiant a (male) student
une étudiante a (female) student
une fenêtre a window
un livre a book
un magnétoscope a VCR
un ordinateur a computer
une porte a door
un professeur a professor, instructor (male or female)
un rétroprojecteur an overhead projector
une salle de classe a classroom
une souris a mouse
un stylo a pen
une table a table
un tableau a chalkboard

Les jours de la semaine

Quel jour sommes-nous/est-ce? What day is it? **Nous sommes / C'est... lundi, mardi, mercredi, jeudi, vendredi, samedi, dimanche.** It's... Monday, Tuesday, Wednesday, Thursday, Friday, Saturday, Sunday.

Les mois

janvier January
février February
mars March
avril April
mai May
juin June
juillet July
août August
septembre September
octobre October
novembre November
décembre December

Mots et expressions divers

aujourd'hui today
beaucoup very much, a lot
c'est un (une)... it's a . . .
combien de how many
il y a there is/are
non no
oui yes
Quelle est la date? What is the date?
Qu'est-ce que c'est? What is it?
Qui est-ce? Who is it?

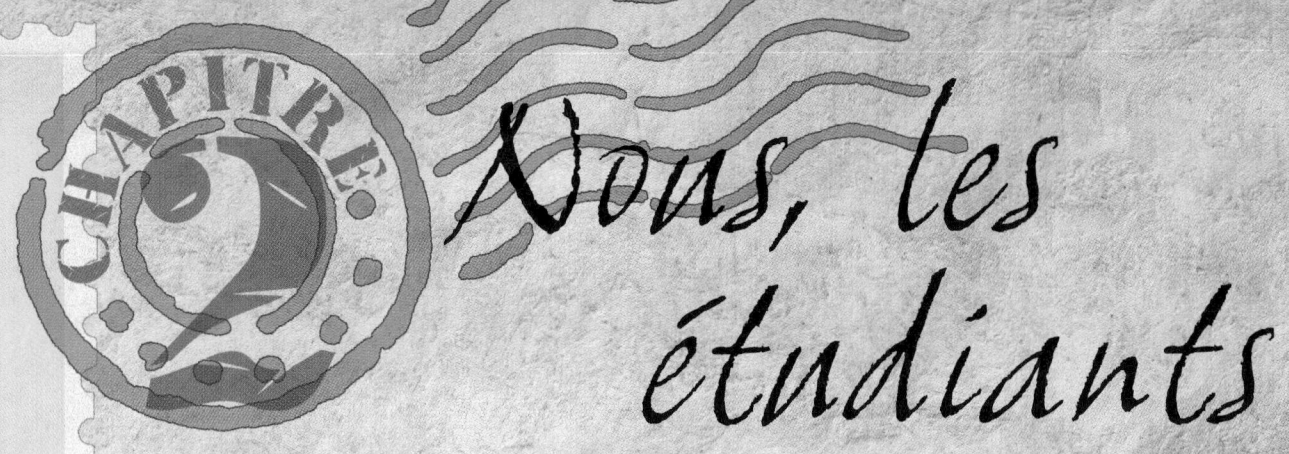

Petit Séminaire de Québec
École d'architecture, Université Laval

CARTE POSTALE

Chère Caroline,

Nous avons une étudiante américaine au pair. Elle s'appelle Lisa. Elle habite et mange avec nous. Elle adore les enfants et les enfants l'adorent.

Elle étudie le français à l'Université Laval. Elle a l'intention de visiter la France. Une amie pour toi, peut-être?

À bientôt!
Bisous, bisous
Sophie*

*Enjoy reading the postcards, letters, and e-mail messages in *Vis-à-vis*! Although you will occasionally encounter unfamiliar expressions and structures, make an effort to read simply for pleasure. If you feel you need help, turn to Appendix F at the back of the book, where English equivalents of the correspondence are given. However, try to use this resource only as necessary. Have fun!

Dans ce chapitre...

Objectifs communicatifs

- identifying people, places, and things; talking about academic subjects; talking about nationalities; expressing actions; expressing disagreement

Contenu lexical (Leçon 1)

- Les lieux
- Les matières
- Les pays et les nationalités
- Les distractions

Contenu grammatical (Leçons 2 et 3)

- Les articles définis
- Les verbes réguliers en -er
- Le verbe **être**
- La négation **ne... pas**

Vidéothèque

- Initiation (ci-dessous)
- En société (Leçon 4)

Initiation L'anniversaire

Caroline and Paul have come to Michel's birthday party. Michel introduces them to his family, who has gathered for the occasion. Pay close attention to the different greetings used throughout this video episode.

VOCABULAIRE UTILE

Bon anniversaire!	Happy birthday!
Je vais vous présenter...	I am going to introduce to you . . .
Enchanté(e)!	A pleasure!
Vous connaissez...	You know . . .
Je suis heureux de vous revoir.	I am happy to see you again.

Vrai ou faux? Are the following sentences true (**vrai**) or false (**faux**)?

1. V F   C'est l'anniversaire de Michel.
2. V F   Caroline connaît déjà (*already knows*) M.* Chartier.
3. V F   Michel a une petite sœur (*sister*).
4. V F   Caroline habite (*lives*) chez ses (*her*) parents.

---

*Abréviations: Monsieur = M.; Madame = Mme; Mademoiselle = Mlle

Leçon 1

PAROLES

Les lieux°

Les... *Places*

Voici l'amphithéâtre (l'amphi).

Voici la cité universitaire (la cité-U).   *dorm*

Voici le restaurant universitaire (le resto-U).

Voici la bibliothèque.

AUTRES MOTS UTILES

le gymnase	gymnasium
le laboratoire de langues	language lab
la librairie	bookstore
la salle de classe	classroom

Allez-y!

A. Une visite. Associate the following nouns with their location.

MODÈLES: un examen de français → l'amphithéâtre
un coca → le restaurant universitaire

1. un dictionnaire
2. une radio
3. un casque d'écoute (*headset*)
4. un livre
5. une télévision
6. un cours de français
7. un sandwich
8. une encyclopédie

B. C'est bizarre? C'est normal? Give your opinion!

MODÈLE: Un match de football et le restaurant universitaire... →
Un match de football et le restaurant universitaire, c'est
bizarre!

1. Un cours de français et l'amphithéâtre...
2. Une radio et la bibliothèque...
3. Un examen et la cité universitaire...
4. Un café et l'amphithéâtre...
5. Un dictionnaire et la bibliothèque...
6. Un magazine et la librairie...

Les matières°

Les... *Academic subjects*

À la faculté des lettres et sciences humaines, on étudie (*one studies*)...

la littérature
la linguistique
les langues étrangères
    (*foreign languages*)
    (**l'allemand** [*German*],
    l'anglais, le chinois,
    l'espagnol, l'italien,
    le japonais)
l'histoire
la géographie
la philosophie
la psychologie
la sociologie

À la faculté des sciences, on étudie...

les mathématiques (les maths)
l'informatique (*computer science*)
la physique
la chimie (*chemistry*)
les sciences naturelles
(la géologie et **la biologie)**

AUTRES MOTS UTILES
le commerce business
le droit law
l'économie economics

A. **Les études et les professions.** Imagine what subjects are necessary for the following professions.

MODÈLE: un(e) diplomate → On étudie les langues étrangères.

1. un(e) psychologue
2. un(e) chimiste
3. un professeur de physique
4. un professeur d'histoire
5. un(e) ingénieur

B. **Mes** (*My*) **cours à l'université.** Look back over the lists of **matières,** then tell about yourself by completing the following sentences.

1. J'étudie (*I study*)...
2. J'aime étudier (*I like to study*)...
3. Je n'aime pas (*don't like*) étudier...
4. J'aimerais bien (*would like*) étudier...

C. **Et vos camarades?** Find out what three classmates are studying this term.

MODÈLE É1*: Moi, j'étudie le français, l'histoire et l'informatique. Et toi?

É2: Moi, aussi (*too*), j'étudie le français, et j'étudie la philosophie et la chimie.

---

*É1 and É2 stand for **Étudiant(e) 1** and **Étudiant(e) 2**. These abbreviations are used in partner/pair activities throughout *Vis-à-vis*.

Les pays et les nationalités°

Les... *Countries and nationalities*

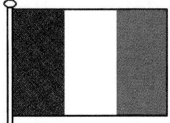
la France

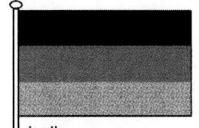
l'Allemagne

l'Espagne

les États-Unis

LES PAYS	LES NATIONALITÉS	
	PERSONNES	**ADJECTIFS**
l'Algérie	l'Algérien, l'Algérienne	algérien, algérienne
l'Allemagne	l'Allemand, l'Allemande	allemand, allemande
l'Angleterre	l'Anglais, l'Anglaise	anglais, anglaise
la Belgique	le/la Belge	belge
le Canada	le Canadien, la Canadienne	canadien, canadienne
la Chine	le Chinois, la Chinoise	chinois, chinoise
la Côte-d'Ivoire	l'Ivoirien, l'Ivoirienne	ivoirien, ivoirienne
l'Espagne	l'Espagnol, l'Espagnole	espagnol, espagnole
les États-Unis	l'Américain, l'Américaine	américain, américaine
la France	le Français, la Française	français, française
l'Italie	l'Italien, l'Italienne	italien, italienne
le Japon	le Japonais, la Japonaise	japonais, japonaise
le Liban	le Libanais, la Libanaise	libanais, libanaise
le Maroc	le Marocain, la Marocaine	marocain, marocaine
le Mexique	le Mexicain, la Mexicaine	mexicain, mexicaine
le Québec	le Québécois, la Québécoise	québécois, québécoise
la République Démocratique du Congo	le Congolais, la Congolaise	congolais, congolaise
la Russie	le/la Russe	russe
le Sénégal	le Sénégalais, la Sénégalaise	sénégalais, sénégalaise
la Suisse	le/la Suisse	suisse
la Tunisie	le Tunisien, la Tunisienne	tunisien, tunisienne

The adjective of nationality is identical to the noun except that it is written in lowercase. Example: **un Anglais; un étudiant anglais.**

l'Angleterre

le Mexique

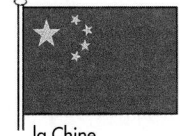
la Chine

la Tunisie

Allez-y!

A. Les villes (*Cities*) **et les nationalités.** What nationality are the following people? Ask a classmate to name the nationality.

Karim / Tunis   Djamila / Tunis

la Tunisie

MODÈLES: É1: Karim habite à (*lives in*) Tunis.
             É2: Ah! il est (*He is*) tunisien, n'est-ce pas?
             É1: Djamila habite à Tunis.
             É2: Ah! elle est (*She is*) tunisienne, n'est-ce pas?

Mots-clés

La préposition à

À indicates location or movement. Used before the name of a city, it means you are in the city or going to the city.

J'habite **à** Genève.

I live in Geneva.

Vous allez **à** Montréal.

You are going to Montreal.

1. Gino / Rome

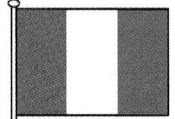
l'Italie

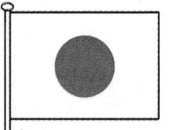

2. Kai / Kyôto

le Japon

3. Mme Roberge / Montréal

le Canada

4. Evelyne / Beyrouth

le Liban

5. Léopold / Dakar

le Sénégal

6. Françoise / Bruxelles

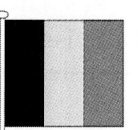
la Belgique

7. Salima / Casablanca

le Maroc

8. Claudine / Genève

la Suisse

B. Les nationalités et les langues. Working with a partner, give the nationality and probable language(s) of the people from Activity A.

MODÈLES: Karim → É1: Karim?
É2: Karim est tunisien. Il parle (*He speaks*) arabe et français.
Djamila → É2: Djamila?
É1: Djamila est tunisienne. Elle parle (*She speaks*) arabe et français.

Langues: allemand, anglais, arabe, flamand (*Flemish*), français, italien, japonais

Les distractions°

Les... *Entertainment*

| Julien | Fatima | Rémi | Anne-Laure | Marc | Thu | Sophie | Allal |

LA MUSIQUE	LE SPORT	LE CINÉMA
la musique classique	le tennis	les films d'amour
le rock	le jogging	les films
le jazz	le ski	d'aventures
la musique internationale	le basket-ball	les films de
le rap	le football américain	science-fiction
	le football	les films d'horreur

Préférences. What do these people like?

MODÈLE: Rémi → Rémi aime le rock.

1. Et Thu? **3.** Et Julien? **5.** Et Allal? **7.** Et Marc?
2. Et Sophie? **4.** Et Anne-Laure? **6.** Et Fatima?

Leçon 2

STRUCTURES

Les articles définis
Identifying People, Places, and Things

Dans *le* quartier universitaire*

Alex, un étudiant américain, visite **l'**université avec Anne, une étudiante française.

ANNE: Voilà **la** bibliothèque, **la** librairie universitaire et **le** resto-U.
ALEX: Il y a aussi un café?
ANNE: Oui, bien sûr! **Les** étudiants aiment bien **le** café. C'est **le** centre de **la** vie universitaire.
ALEX: En effet! Il y a vingt ou trente personnes ici et une étudiante à **la** bibliothèque!

Complétez les phrases selon le dialogue.

1. Anne et Alex visitent ___à la___ bibliothèque et ___à la___ librairie universitaire.
2. ___Les___ étudiants aiment ___le___ café.

Singular Forms of Definite Articles
. . . .

Here are the forms of the singular definite article (**le singulier de l'article défini**) in French, all corresponding to *the* in English.

MASCULINE	FEMININE	MASCULINE OR FEMININE BEGINNING WITH A VOWEL OR MUTE **h**[†]
le livre *the book* **le** cours *the course*	**la** femme *the woman* **la** table *the table*	**l'**ami *the friend (m.)* **l'**amie *the friend (f.)* **l'**homme *the man (m.)* **l'**histoire *the story (f.)*

---

*Translations of mini dialogues are in Appendix G.
[†]In French, **h** is either *mute* (**muet,** *nonaspirate*) or *aspirate* (**aspiré**). In **l'homme,** the **h** is called *mute,* which simply means that the word **homme** "elides" with a preceding article (**le** + **homme** = **l'homme**). Most **h**'s in French are of this type. However, some **h**'s are aspirate, which means there is no elision; **le héros** (*the hero*) is an example of this. The **h**

1. The definite article in French is used to indicate a specific noun.

   Voici **le** resto-U.   *Here's the university restaurant.*

2. In French, the definite article is also used with nouns employed in a general sense.

   J'aime **le** café.   *I like coffee.*
   C'est **la** vie!   *That's life!*

[Allez-y! A]

Plural Forms of Definite Articles

	SINGULAR	PLURAL
Masculine	**le** touriste	**les** touristes
Feminine	**la** touriste	**les** touristes
Before a vowel	**l'**artiste	**les** artistes

The plural form (**le pluriel**) of the definite article is always **les.***

   le livre, **les** livres   *the book, the books*
   la femme, **les** femmes   *the woman, the women*
   l'examen, **les** examens   *the exam, the exams*

Note that in English, the article is omitted with nouns used in a general sense. In French, the definite articles **le, la, l',** and **les** are used.

   J'aime **le** ski.   *I like skiing.*
   Les Français aiment **le** vin.   *(Generally speaking) French people like wine.*

Plural of Nouns

Most French nouns are made plural by adding an **s** to the singular, as seen in the preceding examples. Here are some other common patterns.

* **-s, -x, -z** → no change

   le cour**s** → les cour**s**   *the course, the courses*
   un choi**x** → des choi**x**   *a choice, some choices*
   le ne**z** → les ne**z**   *the nose, the noses*

---

*As with the indefinite article **des,** there is a **liaison** with a vowel or a vowel sound: **les étudiants; les hommes.**

- **-eau, -ieu → -eaux, -ieux**

  le tab**leau** → les tab**leaux**   *the board, the boards*
  le bur**eau** → les bur**eaux**   *the desk, the desks*
  le **lieu** → les **lieux**   *the place, the places*

- **-al, -ail → -aux**

  un hôpit**al** → des hôpit**aux**   *a hospital, hospitals*
  le trav**ail** → les trav**aux**   *the work, tasks*

Note that the masculine form is used in French to refer to a group that includes at least one male.

un étudian**t** et sept étudian**tes** → des étudian**ts**
un Français et une Français**e** → des Français

[Allez-y! B-C]

Allez-y!

A. Pensez-y! (*Think about it!*) Figure out the gender of the following words. Then add the definite article.

MODÈLE: femme → féminin, la femme

1. appartement *m*
2. division *fem*
3. italien
4. tableau *m*
5. Coca-Cola *m*
6. biologie *f*

7. université *f.*
8. aventure *f.*
9. personne *f. la*
10. tourisme *famille*
11. science *f. la*
12. homme *m.*

B. Suivons le guide! (*Let's follow the tour guide!*) Show your guests around campus, using the plural of these expressions.

MODÈLE: la salle de classe → Voilà les salles de classe.

1. la bibliothèque
2. l'amphi(théâtre)
3. le professeur

4. l'étudiant
5. le laboratoire de langues
6. le bureau

C. Continuons la visite! (*Let's continue the tour!*) Give the plural forms.

MODÈLE: un bureau → Voilà des bureaux.

1. l'écran
2. un ordinateur
3. la bibliothèque

4. une étudiante
5. le tableau
6. une chaise

Les verbes réguliers en *-er*
Expressing Actions

Rencontre d'amis à la Sorbonne

XAVIER: Salut, Françoise! **Vous visitez** l'université?
FRANÇOISE: Oui, **nous admirons** particulièrement la bibliothèque. Voici Paul, de New York, et Mireille, une amie.
XAVIER: Bonjour, Paul. **Tu parles** français?
PAUL: Oui, un petit peu.
XAVIER: Bonjour, Mireille. **Tu étudies** à la Sorbonne?
MIREILLE: Non, **je travaille** pour la bibliothèque.

Trouvez (*Find*) la forme correcte du verbe dans le dialogue.

1. Vous _____ l'université?
2. Nous _____ particulièrement la bibliothèque.
3. Tu _____ français?
4. Tu _____ à la Sorbonne?
5. Je _____ pour la bibliothèque.

Subject Pronouns and parler

The subject of a sentence indicates who or what performs the action of the sentence: *L'étudiant* **visite l'université.** A pronoun (**un pronom**) is a word used in place of a noun (**un nom**): *Il* **visite l'université.**

SUBJECT PRONOUNS AND **parler** (*to speak*)	
SINGULAR	**PLURAL**
je parle *I speak*	nous parlons *we speak*
tu parles *you speak*	vous parlez *you speak*
il parle *he, it (m.) speaks*	ils parlent *they (m., m. + f.) speak*
elle parle *she, it (f.) speaks*	elles parlent *they (f.) speak*
on parle *one speaks*	

1. **Je.** Note that **je** is not capitalized unless it starts a sentence. When a verb begins with a vowel sound, **je** becomes **j'**.

   En hiver, **j'aime** faire du ski.   *In winter, I like to go skiing.*

2. **Tu** and **vous.** There are two ways to say *you* in French: **Tu** is used when speaking to a friend, fellow student, relative, child, or pet; **vous** is used when speaking to a person you don't know well or when addressing an older person, someone in authority, or anyone with whom you wish to maintain a certain formality. The plural of both **tu** and **vous** is **vous.** The context will indicate whether **vous** refers to one person or to more than one.

Michèle, **tu** parles espagnol?	*Michèle, do you speak Spanish?*
Maman! Papa! Où êtes-**vous**?	*Mom! Dad! Where are you?*
Vous parlez bien français, madame.	*You speak French well, ma'am.*
Pardon, messieurs (mesdames, mesdemoiselles), est-ce que **vous** parlez anglais?	*Excuse me, gentlemen (ladies), do you speak English?*

3. **Il** and **elle.** As you know, all nouns—people and objects—have gender in French. **Il** is the pronoun that refers to a masculine person or object, and **elle** refers to a feminine person or object.

Paul travaille. **Il** travaille à la bibliothèque.	*Paul works. He works at the library.*
L'ordinateur est cher, mais **il** est aussi utile.	*The computer is expensive, but it is useful as well.*
Mireille? **Elle** travaille au café.	*Mireille? She works at the coffee shop.*
La bibliothèque? **Elle** est ouverte le samedi.	*The library? It is open on Saturdays.*

The plural counterparts **ils** and **elles** are used in the same way as the singular forms. **Ils** corresponds to masculine plural nouns and to a group that includes at least one masculine noun; **elles** corresponds to feminine plural nouns.

Luc et Chantal? **Ils** sont toujours ensemble.	*Luc and Chantal? They are always together.*

4. **On.** In English, the words *people, we, one,* or *they* are often used to convey the idea of an indefinite subject. In French, the indefinite pronoun **on** is used, always with the third-person singular of the verb.

Ici **on** parle français.	*One speaks French here.* *People (They, We) speak French here.*

On is also used frequently in informal French instead of **nous.**

Nous parlons français. → **On** parle français.

[Allez-y! A]

Present Tense of *-er* Verbs

Most French verbs have infinitives ending in **-er: parler** (*to speak*), **aimer** (*to like; to love*). To form the present tense of these verbs, drop the final **-er** and add the endings shown in the chart.*

PRESENT TENSE OF **aimer** (*to like; to love*)			
j'	aim**e**	nous	aim**ons**
tu	aim**es**	vous	aim**ez**
il/elle/on	aim**e**	ils/elles	aim**ent**

1. Note that the present tense (**le présent**) in French has several equivalents in English.

Je **parle** français.	*I speak French.* *I am speaking French.* *I do speak French.*

---

*As you know, final **s** is usually not pronounced in French. Final **z** of the second-person plural and the **-ent** of the third-person plural verb form are also silent.

2. Other verbs conjugated like **parler** and **aimer** include:

adorer	*to love; to adore*	**étudier**	*to study*
aimer mieux	*to prefer (to like better)*	**fumer**	*to smoke*
		habiter	*to live*
chercher	*to look for*	**manger†**	*to eat*
commencer*	*to begin*	**regarder**	*to watch; to look at*
danser	*to dance*	**rêver**	*to dream*
demander	*to ask for*	**skier**	*to ski*
détester	*to detest; to hate*	**travailler**	*to work*
		trouver	*to find*
donner	*to give*	**visiter**	*to visit (a place)*
écouter	*to listen to*		

Vous **cherchez** le resto-U?	*Are you looking for the cafeteria?*
Nous **étudions** l'informatique.	*We're studying computer science.*

3. Some verbs, such as **adorer, aimer (mieux),** and **détester,** can be followed by an infinitive.

J'**aime écouter** la radio.	*I like listening to the radio.*
Je **déteste regarder** la télévision.	*I hate watching television.*

[Allez-y! B-C-D-E]

Allez-y!

A. Dialogue en classe. Complete the following dialogue with subject pronouns or forms of **parler.**

LE PROFESSEUR: Valérie, _____¹ parlez français?
VALÉRIE: Oui, nous _____² français.
LE PROFESSEUR: Ici, en classe, on _____³ français?
JIM: Oui, ici _____⁴ parle français.
ROBERT: Marc et Marie, vous _____⁵ chinois?
MARC ET MARIE: Oui, _____⁶ parlons chinois.
CHRISTINE: Jim, tu _____⁷ allemand?
JIM: Oui, _____⁸ parle allemand.
MARTINE: Paul parle italien?
ROLAND: Oui, _____⁹ parle italien.

---

*The **nous** form of **commencer** is **commençons**. The **cédille** is added to retain the soft **s** sound.
†Note that the **nous** form of **manger** is **mangeons**. The **e** is kept to retain the soft **g** sound.

B. *Tu* ou *vous*? Complete the following sentences, using the appropriate pronoun and the correct form of the verb in parentheses.

1. Madame, _____ _____ (habiter) près de (*near*) l'université?
2. Gérard, _____ _____ (chercher) la faculté des sciences?
3. Paul et Jacqueline, _____ _____ (visiter) le Quartier latin?
4. Monsieur, _____ _____ (trouver) ce que (*what*) _____ _____ (chercher)?
5. Richard, _____ _____ (demander) des renseignements (*information*) sur la cité universitaire?

C. Portraits. State the preferences of the following people.

MODÈLE: Mon (*My*) cousin... → Mon cousin aime bien le football, mais (*but*) il aime mieux le basket. Il adore le rock et il déteste le travail!

Je...	aimer bien	le tennis
Mon (Ma) camarade...	aimer mieux	le jogging
Mes parents...	adorer	le cinéma
Les étudiants...	détester	la littérature
Le professeur...		les maths
		la physique

D. Une interview. Interview your instructor.

MODÈLE: aimer mieux danser ou skier →
Vous aimez mieux danser ou skier?

1. aimer mieux la télévision ou le cinéma
2. aimer ou détester regarder la télévision
3. aimer mieux le rock ou la musique classique
4. aimer mieux la musique ou le sport
5. aimer mieux les livres ou les magazines

E. Une autre interview. Now get to know a classmate. Ask if . . .

MODÈLE: il/elle aime écouter la radio →
É1: Tu aimes écouter la radio?
É2: Oui, j'aime bien écouter la radio. Et toi?
É1: Moi, je déteste écouter la radio!

1. il/elle rêve en classe toujours ou de temps en temps
2. il/elle donne souvent ou rarement des conseils (*advice*)
3. il/elle aime ou déteste manger des huîtres (*oysters*)
4. il/elle aime mieux étudier ou danser
5. il/elle regarde toujours la télévision
6. il/elle adore le cinéma

Now say which response you find original or strange.

MODÈLE: Sonia déteste le cinéma. C'est bizarre!

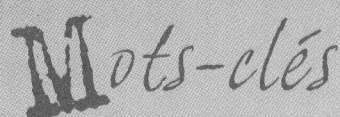

Mots-clés

To express how often you do something.

The following adverbs usually follow the verb.

toujours	*always*
souvent	*often*
en général	*generally*
quelquefois	*sometimes*
rarement	*rarely*
de temps en temps	*from time to time*

Je regarde **souvent** la télévision. Annie et moi, nous travaillons **quelquefois** pour la bibliothèque. **En général,** j'étudie le week-end.

Correspondance

Marc Chagall (1887–1985)
Paris par la fenêtre, 1913
Solomon R. Guggenheim Museum, New York

Chère Sophie,
Je suis parfaitement organisée, maintenant. Je mange au resto-U, je travaille beaucoup et j'étudie à la bibliothèque. Mais le week-end, je ne travaille pas. J'aime mieux les discussions sur Internet, les soirées entre amis, le cinéma, la danse et la gym.
La vie est belle!
Bisous à toute la famille.
Ta petite Caroline

PAR AVION

P.-S. Donne mon adresse électronique à Lisa. Je rêve d'avoir une amie américaine!

Portrait
Michel Rivard (auteur, compositeur, interprète[1] québécois, né en 1951)

Personnage important de la scène québécoise, très apprécié des Français, Michel Rivard a des talents variés. Compositeur, il crée des chansons[2] naïves qui charment un public passionné. Il parle une langue poétique et rêve d'un univers juste et beau. Cet artiste complet collectionne les prix.[3] Cependant,[4] il reste[5] un homme simple. Auteur engagé,[6] il participe à des concerts organisés par Amnesty International. Il chante pour la paix dans le monde.[7]

[1]auteur... *composer, songwriter, singer* [2]*songs* [3]*prizes* [4]*However* [5]*remains*
[6]*committed* [7]*paix... world peace*

$\mathcal{F}$lash Quartier latin: le quartier général des étudiants

Le Quartier latin est une sorte de campus international: il accueille[1] des jeunes du monde entier.

Avec de nombreuses[2] librairies, des bibliothèques (comme Sainte-Geneviève), des maisons d'édition,[3] c'est l'univers de la culture. Les grands lycées[4] du quartier (Louis le Grand, Henri IV) et les universités (comme la célèbre Sorbonne, fondée en 1257[5] par Robert de Sorbon) continuent à former les élites intellectuelles.

C'est un endroit idéal pour les promenades[6] (dans le jardin du Luxembourg, par exemple) et pour les rendez-vous au cinéma ou au restaurant. Dans le Quartier latin, on passe[7] aussi des heures aux cybercafés à naviguer[8] sur le Web.

[1]*welcomes* [2]*numerous* [3]*maisons... publishing companies* [4]*high schools* [5]*douze cent cinquante-sept* [6]*walks* [7]*spends* [8]*à... surfing*

Au café, entre deux cours à la Sorbonne

En avant!

Un peu de bavardage

1. Many contemporary artists and performers are involved in political and social causes. Do you believe that they should be? Explain your position.
2. In France and in many European countries, a college education is free of charge. In your opinion, what are the advantages and disadvantages of such a practice?

On est branché!

For Internet links and additional information to complete the following activities, visit the *Vis-à-vis* website at www.mhhe.com/visavis.

1. De 1974 à 1978, Michel Rivard fait partie[1] d'un groupe musical. Comment s'appelle ce groupe?
2. Naviguez sur les sites et trouvez deux autres chanteurs du Canada français. Pour chacun,[2] donnez le titre d'une chanson.[3]
3. Nommez deux événements courants[4] à la Sorbonne.
4. Cliquez sur <u>Formation</u> puis sur le lien[5] <u>L'Académie de Paris</u>. Il y a quatre universités à la Sorbonne. Vous voulez[6] étudier les langues, la littérature et les civilisations étrangères. Quelle université offre / Quelles universités offrent le programme?
5. Pour un voyage à Paris, vous planifiez faire une balade[7] dans le Quartier latin. Consultez le plan[8] et les descriptions, puis choisissez trois édifices[9] à visiter.

[1]*fait... was part* [2]*each one* [3]*titre... title of a song* [4]*current* [5]*puis... then on the link* [6]*want* [7]*faire... take a stroll* [8]*(city) map* [9]*buildings*

Leçon 3

STRUCTURES

Le verbe être
Identifying People and Things

Le travail d'équipe

FABRICE: Martine, la personne à la table, qui **est**-ce?
MARTINE: Oh, c'**est** Nicole, une nouvelle étudiante. Elle **est** italienne. Nous **sommes** dans le même cours de biologie. Tu **es** prêt à étudier?
FABRICE: Et avec elle, c'**est** qui?
MARTINE: C'**est** Marco, le fiancé de Nicole.
FABRICE: Maintenant, je **suis** prêt! On commence?

Vrai ou faux?

1. Nicole est espagnole.
2. Fabrice est un ami de Nicole.
3. Martine étudie la biologie.

Forms of *être*

PRESENT TENSE OF **être** (*to be*)			
je	**suis**	nous	**sommes**
tu	**es**	vous	**êtes**
il/elle/on	**est**	ils/elles	**sont**

Uses of *être*

1. The uses of **être** closely parallel those of *to be*.

Fabrice **est** intelligent.	*Fabrice is intelligent.*
Est-ce que Martine **est** organisée?	*Is Martine organized?*
Fabrice et Martine **sont** à la bibliothèque.	*Fabrice and Martine are at the library.*

2. In describing someone's nationality, religion, or profession, no article is used following **être**.

Je **suis anglais.**	*I am English.*
Je **suis catholique;** mon ami **est musulman.**	*I'm (a) Catholic; my friend is (a) Muslim.*
—Vous **êtes professeur?**	*Are you a teacher?*
—Non, je **suis étudiant.**	*No, I am a student.*

C'est versus il/elle est

1. The indefinite pronoun **ce** (**c'**) is an invariable third-person pronoun. **Ce** has various English equivalents: *this, that, these, those, he, she, they,* and *it.*

2. The expression **c'est** (plural, **ce sont**) is used before modified nouns (always with an article) and proper names; it usually answers the questions **Qui est-ce?** and **Qu'est-ce que c'est?**

—Qui est-ce?	*Who is it?*
—C'est Maxime. C'est un étudiant belge.	*It's Maxime. He is a Belgian student.*
—Ce sont des Français?	*Are they French?*
—Non, ce sont des Italiens.	*No, they're Italian.*
—Qu'est-ce que c'est?	*What is that?*
—C'est un ordinateur.	*That's (It's) a computer.*
—Et ça, qu'est-ce que c'est?	*And that, what is it?*
—Oh ça, c'est une souris.	*Oh, that's a mouse.*

3. **C'est** can also be followed by an adjective, to refer to a general situation or to describe something that is understood in the context of the conversation.

Le français? C'est facile!	*French? It's easy!*
J'adore la France. C'est magnifique!	*I love France. It's great!*

4. **Il/Elle est** (and **Ils/Elles sont**) are generally used to describe someone or something already mentioned in the conversation. They are usually followed by an adjective, a prepositional phrase, and occasionally by an unmodified noun (without an article).

—La librairie?	*The bookstore?*
—Elle est dans la rue Mouffetard.	*It's on Mouffetard Street.*
—Voici Karim. Il est étudiant en biologie.	*Here's Karim. He's a biology student.*
—Il est français?	*Is he French?*
—Oui, il est français, d'origine algérienne.	*Yes, he's French, of Algerian descent.*

Allez-y!

A. Un examen. Complete the following dialogue between Fabrice and Martine, using the correct forms of the verb **être.**

FABRICE: Ces livres _____¹ difficiles!

MARTINE: Pas pour toi, tu _____² un génie!

FABRICE: Oui, mais le professeur _____³ très exigeant (*demanding*).

MARTINE: Et il dit (*says*) toujours: «Vous _____⁴ une étudiante intelligente, mademoiselle.»

FABRICE: Nous _____⁵ peut-être (*maybe*) intelligents, mais moi, je ne _____⁶ pas prêt pour l'examen!

Qui est-ce? Identify each person described here, on the basis of the dialogue.

1. C'est une personne très exigeante.
   C'est _____.
2. C'est une étudiante intelligente.
   C'est _____.
3. Il n'est pas prêt pour l'examen.
   C'est _____.

B. Deux étudiants africains à Paris. Tell about these young people by completing the descriptions with **c', il,** or **elle.**

Voici Fatima. _____¹ est marocaine. _____² est étudiante en philosophie. _____³ est une personne sociable et dynamique. Son petit ami (*boyfriend*) s'appelle Barthélémy. _____⁴ est sénégalais. _____⁵ est un jeune homme enthousiaste. _____⁶ est aussi un peu timide. _____⁷ est un étudiant sérieux.

C. La France et les Français. Taking turns with a classmate, ask and answer questions using **c'est** and **ce n'est pas** (*it's not*).

MODÈLE: le sport préféré des Français:
le jogging, le football (*soccer*) →
É1: Le sport préféré des Français, c'est le jogging ou le football?
É2: Ce n'est pas le jogging, c'est le football!

1. un symbole de la France: la rose, la fleur de lys
2. un président français: Chevalier, Chirac
3. un cadeau (*present*) des Français aux Américains: la Maison-Blanche (*the White House*), la Statue de la Liberté
4. une ville avec beaucoup de Français: La Nouvelle-Orléans, St. Louis
5. un génie français: Mᵐᵉ Curie, Albert Einstein
6. parler français: difficile, facile

D. Et vous, comment êtes-vous? Tell a little about yourself.

>Je m'appelle _____.
>Je suis un(e) _____. (femme / homme)
>Je suis _____. (étudiant[e] / professeur)
>Je suis _____. (nationalité)
>J'habite à _____. (ville)
>Je suis l'ami(e) de _____.
>J'aime _____.

Now describe one of your classmates using the same guidelines.

>Il/Elle s'appelle...

La négation *ne... pas*
Expressing Disagreement

La fin d'une amitié?

BERNARD: Avec Martine ça va comme ci comme ça. Elle aime danser, je **n'aime pas** la danse. J'aime skier, elle **n'aime pas** le sport. Elle est étudiante en biologie, je **n'aime pas** les sciences...

MARTINE: Avec Bernard ça va comme ci comme ça. Il **n'aime pas** danser, j'aime la danse. Je **n'aime pas** skier, il aime le sport. Il est étudiant en lettres, je **n'aime pas** la littérature...

1. Martine aime danser? Et Bernard?
2. Martine aime le sport? Et Bernard?
3. Martine aime la littérature? Et Bernard?
4. Martine aime les sciences? Et Bernard?

Maintenant posez ces questions à un(e) camarade.
(Tu aimes... ?)

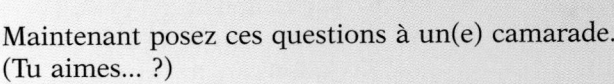

1. To make a sentence negative in French, **ne** is placed before a conjugated verb and **pas** after it.

>Je **parle** chinois. → Je **ne parle pas** chinois.
>Elles **regardent** souvent la télévision. → Elles **ne regardent pas** souvent la télévision.

2. **Ne** becomes **n'** before a vowel or a mute **h.**

> Elle aime skier. → Elle **n'a**ime pas skier.
> Nous habitons ici. → Nous **n'h**abitons pas ici.

3. If a verb is followed by an infinitive, **ne** and **pas** surround the conjugated verb.

> Il aime étudier. → Il **n'aime pas** étudier.

4. In informal conversation, the **e** in **ne** is usually not pronounced; sometimes you may not hear **ne** at all.

> Je **ne** pense **pas** (*I don't think so*).
> Je n¢ pense **pas.** → J¢ (n¢) pense **pas.**

Allez-y!

A. Portrait de Bernard. Here is some more information about Bernard.

Bernard habite à la cité universitaire et, en général, il étudie à la bibliothèque. Après (*After*) les cours, il parle avec ses (*his*) amis au café. Le soir (*In the evening*), il écoute la radio: il aime beaucoup le jazz! Il adore le sport, il skie très bien et le week-end, il regarde les matchs de football à la télévision.

And Martine? Now tell what Martine doesn't like and doesn't do. Replace **il** with **elle** in the paragraph and make all the verbs negative. **Martine...**

B. Habitudes et préférences. Find out about a classmate's habits and preferences by asking if he or she does the following things.

> MODÈLE: travailler →
> É1: Tu travailles?
> É2: Non, je ne travaille pas. (Oui, je travaille.) Et toi?

1. étudier la psychologie
2. skier *souvent*
3. détester les maths
4. habiter à la cité-U
5. parler italien
6. manger au resto-U
7. danser
8. aimer écouter la radio

C. Et vous? Tell about yourself by completing the sentences.

1. J'aime _____, mais je n'aime pas _____.
2. J'adore _____, mais je déteste _____.
3. J'écoute _____, mais je n'écoute pas _____.
4. J'aime _____, mais j'aime mieux _____.
5. Je n'étudie pas _____. J'étudie _____.

Leçon 4

Proverbe

L'argent ne fait pas le bonheur.

Lecture

Avant de lire

Predicting from context. When reading a text in your native language, you constantly—though perhaps unconsciously—make use of contextual information. This information gives you an immediate, overall orientation; it also allows you to figure out the meaning of unfamiliar words. Here are some ways to use contextual information when reading French texts. You will practice these techniques in the reading that follows.

1. Orient yourself using graphic elements: logos, illustrations, headings, and large or heavy type.

   - First, scan the brochure that follows and identify the institution being publicized and its location. Look at the accompanying photos. How would you describe the setting? (Is it modern? traditional? cosmopolitan?)
   - Then, quickly read through the first paragraph, underlining the cognates (**mots apparentés**) that you find. How well did your description match the text?

2. Use recognizable cognates to help you deduce the meaning of unfamiliar terms.

   - Read the following phrase from the brochure and try to figure out the meaning of the word **logement:**

     logement dans des familles francophones ou dans les résidences universitaires

     Were you able to infer that **logement** means *lodging?*

3. Watch for near cognates.

- In the following phrases, your developing linguistic intuition should tell you that the words in boldface cannot be translated by the English form that most closely resembles them. Can you find an alternative to them that is close in meaning?

  plus de soixante ans d'expérience
  formation solide des enseignants (*teachers*)
  activités de **bénévolat** en milieu (*setting*) francophone

4. Also be aware of false cognates.

- Can you provide the false cognates in the following phrases?

  enseignement (*teaching*) assisté par ordinateur
  stages de travaux pratiques en milieu de travail
  équipe de moniteurs

5. Now that you have had the chance to refine your ability to recognize cognates, near cognates, and false cognates, scan the bulleted lists beneath each heading in the text and give a suitable English equivalent for them. Although you may not determine the precise meaning of those headings, you should be able to come close.

Compréhension

À l'Université Laval. Are the following statements true (**vrai**) or false (**faux**)? Underline the words in the brochure on the following page that support your answer, and correct any false statements to make them true.

1. V F   The **Université Laval** has just begun to offer French courses for foreign students.
2. V F   Individualized instruction is offered for those who need help.
3. V F   Students may stay in university housing or rent apartments in town.
4. V F   The university offers both classroom and extracurricular activities.
5. V F   Some courses are given in English.

À propos de la lecture... This reading is taken from a brochure published by **Université Laval** in Québec city. There are many schools and colleges that offer French immersion programs throughout France and the French-speaking world.

Étudier le français... à QUÉBEC, bien sûr!

Plaque tournante de la francophonie, Québec vous offre le meilleur de deux mondes, le charme européen au cœur de la modernité nord-américaine.

Un séjour linguistique à Québec vous assure une immersion totale dans une ville francophone aux dimensions humaines (640 000 habitants), où vous vous sentirez en toute sécurité.

et à l'Université LAVAL évidemment!

QUALITÉ DES COURS
- plus de soixante ans d'expérience
- formation solide des enseignants
- matériel pédagogique «sur mesure»

SOUTIEN PÉDAGOGIQUE
- conseillers pédagogiques
- enseignement complémentaire «individualisé» pour les étudiants qui éprouvent des difficultés (trimestres d'automne et d'hiver)
- laboratoires de langues et laboratoires informatiques
- enseignement assisté par ordinateur

ENCADREMENT
- équipe de moniteurs
- activités socio-culturelles et sportives
- excursions
- stages de travaux pratiques en milieu de travail (trimestres d'automne et d'hiver)
- activités de bénévolat en milieu francophone (trimestres d'automne et d'hiver)

UNIVERSITÉ LAVAL
Faculté des lettres
École des
langues vivantes

Cours à tous les niveaux pendant toute l'année

Programme spécial de français pour non-francophones

Les étudiants peuvent s'inscrire à l'une ou l'autre des sessions suivantes:

ÉTÉ	mai-juin	(5 sem. – 7 crédits)
	juillet-août	(5 sem. – 7 crédits)
AUTOMNE	septembre-décembre	(15 sem. – 16 crédits)
HIVER	janvier-avril	(15 sem. – 16 crédits)

Lors des trimestres d'automne et d'hiver les étudiants du niveau supérieur suivent leurs cours dans le cadre des programmes réguliers de français langue seconde (certificat, diplôme, baccalauréat).

PRIX ABORDABLE
- tous les étudiants de ces programmes de français paient les frais de scolarité des étudiants québécois
- coût de la vie peu élevé
- logement dans des familles francophones ou dans les résidences universitaires

Pour obtenir plus de renseignements sur
- les cours
- l'admission
- le logement
- le visa d'étudiant
- les assurances maladie
- les activités socio-culturelles
- etc.

demandez notre brochure en écrivant à:
École des langues vivantes
Pavillon Charles-De Koninck (2305)
Université Laval
Québec (Québec) G1K 7P4 Canada
Téléphone: (418) 656-2321
Télécopieur: (418) 656-7018
Courriel: elv@elv.ulaval.ca
http://www.fl.ulaval.ca/elv/

Écriture

Dites-moi qui vous êtes! Give information about yourself by answering the following questions. Then, rewrite the answers in the form of a brief paragraph. Use **et** and **mais** to link your thoughts. You may provide additional information.

1. Comment vous appelez-vous?
2. Quelle est votre nationalité?
3. Dans quelle ville habitez-vous?
4. Qu'est-ce que vous étudiez? Quelles matières aimez-vous?
5. Quels sports aimez-vous? Quels genres de musique écoutez-vous?
6. Nommez une chose que vous n'aimez pas faire. (*Name one thing you don't like to do.*)

À l'écoute!

The **À l'écoute!** section in *Vis-à-vis* offers a variety of recorded listening passages to develop your skills in understanding French, including conversations, interviews, stories, and advertisements. The passages appear on your student tape or audio CD only and are not printed in your textbook.

Make an effort to listen for general meaning, without worrying about understanding every word. The activities in your textbook check that you have understood the passage and do not require you to produce any language from what you hear.

Les étudiants étrangers. A journalist is interviewing several foreign students in Paris. First, read through the topics in the chart. Next, listen to the vocabulary followed by the students' remarks. Then, do the activity. Replay the recording as often as you need to. (See Appendix H for answers.)

VOCABULAIRE UTILE

des cinémas movie theaters
partout everywhere

Draw a line connecting the name of each student with his or her country of origin, field of study, and hobby. (We have drawn the first two lines, to get you started.)

NOMS	PAYS	ÉTUDES	DISTRACTIONS
Fatima	Canada	philosophie	cinéma
François	Tunisie	sociologie	sport
Scott	Angleterre	espagnol	café

En société

Objectif   *Meeting people*

• •

EXPRESSIONS UTILES

je te présente	I'd like you to meet
elle vient de	she's from
n'est-ce pas?	don't they?
je vous laisse	I have to go

Extrait du dialogue

• •

JACQUES: Salut, Claire!

CLAIRE: Salut, Jacques. Comment vas-tu?

JACQUES: Pas mal. Mais, j'ai des cours très difficiles. La philosophie, la psychologie, la...

CLAIRE: Jacques, je te présente Aimée, une nouvelle amie. Elle vient de Biarritz.

JACQUES: Bonjour... Aimée?

AIMÉE: Oui, je m'appelle Aimée. Mes parents ont le sens de l'humour, n'est-ce pas?

Note culturelle

When meeting someone for the first time, French people always shake hands. This rule is generally followed by people from all social groups. It is also not uncommon for colleagues at work to shake hands in the morning.

Jeux de rôles

• •

Working with two classmates, act out the following situations.

1. You are sitting in a café with a friend. A new classmate stops by, and you introduce him or her to your companion. They say where they are from and talk about the classes they like and don't like.
2. You pass your French professor, Mme Lemoine, in the hallway. She introduces you to a visiting professor from **Genève,** M. Crelier.

CHAPITRE 2 Vocabulaire

Verbes

adorer to love, adore
aimer to like, love
aimer mieux to prefer (like better)
chercher to look for
commencer to begin
danser to dance
demander to ask for
détester to detest
donner to give
écouter to listen to
être to be
étudier to study
fumer to smoke
habiter to live
manger to eat
parler to speak
regarder to look at; to watch
rêver to dream
skier to ski
travailler to work
trouver to find
visiter to visit (*a place*)

Substantifs

l'ami(e) (*m., f.*) friend
l'amphithéâtre (*m.*) lecture hall
la bibliothèque library
le café café; cup of coffee
le cinéma movies; movie theater
la cité universitaire (la cité-U) residence halls
le cours course
le dictionnaire dictionary
l'examen (*m.*) test, exam

la faculté division (*academic*)
la femme woman
le film film
le gymnase gymnasium
l'homme (*m.*) man
le laboratoire de langues language lab
la librairie bookstore
le lieu place
la musique music
le pays country
le quartier quarter, neighborhood
la radio radio
le restaurant restaurant
le restaurant universitaire (le resto-U; le R.U.) university cafeteria
le sport sport; sports
la télévision television
le travail work
l'université (*f.*) university
la vie life
la ville city
la visite visit

À REVOIR: **le bureau, le cahier, l'étudiant(e), le livre, le professeur, la salle de classe**

Mots et expressions divers

à at; in
après after
avec with
d'accord okay; agreed
dans in

de of, from
de temps en temps from time to time
en in
en général generally
et and
ici here
maintenant now
mais but
ou or
pour for, in order to
quelquefois sometimes
rarement rarely
souvent often
toujours always
voici here is/are
voilà there is/are

Les nationalités

l'Allemand(e) German
l'Américain(e) American
l'Anglais(e) English
le Chinois / la Chinoise Chinese
l'Espagnol(e) Spanish
le Français / la Française French
l'Italien(ne) Italian
le Japonais/la Japonaise Japanese
le/la Russe Russian

Les matières

l'allemand (*m.*) German
l'anglais (*m.*) English
la biologie biology

la chimie chemistry
le chinois Chinese
le commerce business
le droit law
l'économie (*f.*) economics
l'espagnol (*m.*) Spanish
la géographie geography
la géologie geology
l'histoire (*f.*) history

l'informatique (*f.*) computer science
l'italien (*m.*) Italian
le japonais Japanese
les langues (*f.*) **étrangères** foreign languages
la linguistique linguistics
la littérature literature

les mathématiques (*f.*) mathematics
la philosophie philosophy
la physique physics
la psycologie psychology
les sciences (*f.*) **naturelles** natural sciences
la sociologie sociology

CHAPITRE 3

Ils ont l'air gentils![°]

Ils... *They seem nice!*

Fichier Edition Affichage Insertion Format Outils Aide

DE: Sophie@image.qu.ca

À... Caroline@universpar.fr

Cc...

Objet:

Chère Caroline,

J'ai enfin un ordinateur!
Voici une photo récente des enfants. Ils sont beaux et intelligents!
Isabelle est gentille et sociable. Elle a beaucoup d'amis à l'école.
Jérémie est très sérieux. Il aime les livres mais c'est aussi un grand sportif: il joue au football!
Je suis une mère heureuse et je vais bien.

Bisous,
Sophie*

Les enfants

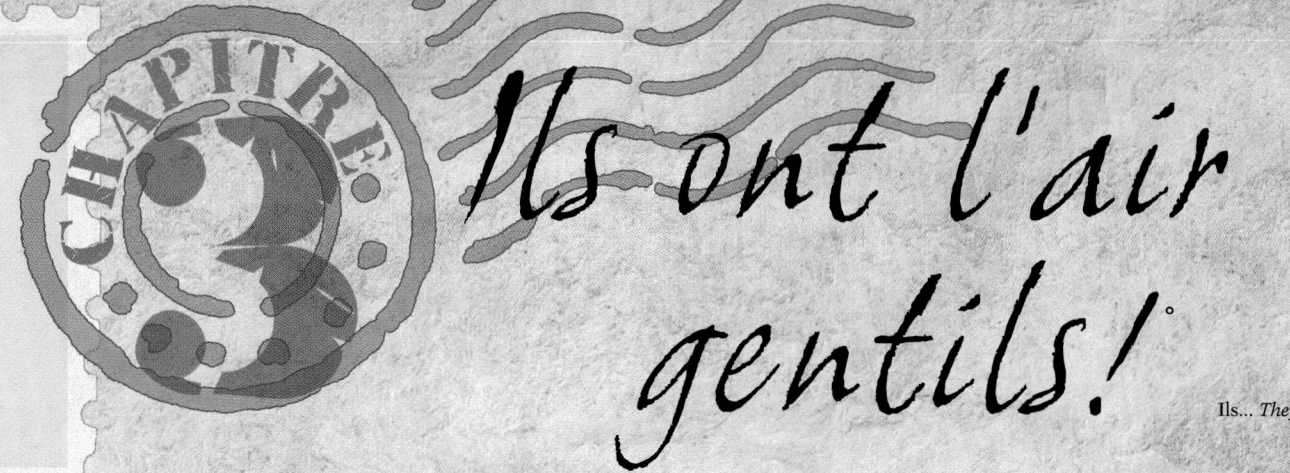

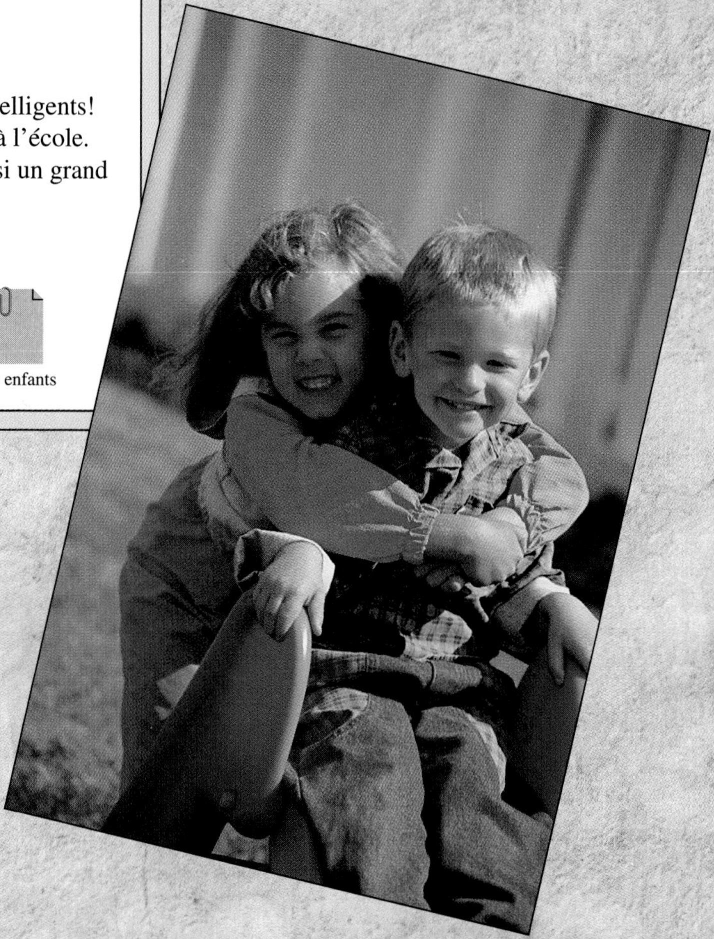

*English equivalents of the letters, postcards, and e-mail messages are available in Appendix F.

Dans ce chapitre...

Objectifs communicatifs
- describing people, places, and things; talking about personalities, clothing, and colors; expressing possession and sensations; mentioning specific places or people; getting information

Contenu lexical (Leçon 1)
- Les vêtements
- Les couleurs

Contenu grammatical (Leçons 2 et 3)
- Le verbe **avoir**
- Les adjectifs qualificatifs
- Les questions à réponse affirmative ou négative
- Les prépositions **à** et **de**

Vidéothèque
- Initiation (ci-dessous)
- En société (Leçon 4)

Initiation Faire connaissance

Bénédicte and Caroline are talking after class at the university. Their conversation turns to Paul, who is Bénédicte's friend. Caroline says she finds Paul annoying and pretentious, but see what happens when Paul comes over . . .

VOCABULAIRE UTILE

Tu connais... ?	Do you know . . . ?
Il fait beau aujourd'hui.	It's a nice day today.
Vous voulez venir?	Do you want to come?
J'accepte volontiers.	I gladly accept.
Génial!	Cool! Delightful!
À tout de suite! À tout à l'heure!	See you soon!

La vie universitaire. Choose the word to complete the sentence.

1. Le professeur de Bénédicte est _____.
   a. ignorant **b.** intéressant **c.** prétentieux
2. Caroline a besoin (*needs*) _____.
   a. d'un livre **b.** d'un stylo **c.** d'un ticket pour le resto-U
3. Paul porte (*is wearing*) _____.
   a. un jean **b.** des shorts **c.** un pantalon beige
4. Caroline et Paul vont (*are going*) _____.
   a. au café **b.** à la bibliothèque **c.** au cinéma

Leçon 1

Quatre personnalités différentes

Gilles est un jeune homme **enthousiaste, idéaliste** et **sincère.**

Béatrice est une jeune femme **sociable, sympathique** (*nice, likeable*) et **dynamique.**

Nathalie est une jeune femme **calme, réaliste** et **raisonnable.**

Olivier est un jeune homme **individualiste, excentrique** et **drôle** (*funny*).

Allez-y!

A. Qualités. Tell about these people by paraphrasing each statement.

MODÈLE: Béatrice aime parler avec des amis. →
C'est une jeune femme sociable.

1. Gilles parle avec sincérité.
2. Nathalie n'aime pas l'extravagance.
3. Olivier est amusant.
4. Béatrice aime l'action.
5. Gilles parle avec enthousiasme.
6. Olivier n'est pas conformiste.
7. Nathalie regarde la vie avec réalisme.
8. Olivier aime l'excentricité.
9. Nathalie n'est pas nerveuse.

B. Question de personnalité. What are the different people in your life like? Describe them using at least three adjectives.
Autres adjectifs possibles: hypocrite, conformiste, antipathique, optimiste, pessimiste, calme, égoïste, sincère, modeste, matérialiste, solitaire, triste (*sad*), riche, pauvre (*poor*)...

MODÈLE: votre meilleur ami / meilleure amie (*f.*) (*your best friend*) →
Il/Elle est calme, sincère...

1. votre meilleur ami / meilleure amie
2. votre père (*father*)
3. votre mère (*mother*)
4. votre camarade de chambre (*roommate*)
5. votre professeur de français
6. le président américain

Et vous? Now describe yourself. Begin your sentence with **Je suis...
mais je ne suis pas...**

C. Interview. Ask a classmate the following questions. Use **très, assez, peu,** or **un peu** when appropriate.

MODÈLE: sociable ou solitaire →
É1: Es-tu sociable ou solitaire?
É2: Moi, je suis assez sociable. Et toi?

1. sincère ou hypocrite
2. excentrique ou conformiste
3. triste ou drôle
4. sympathique ou antipathique
5. calme ou dynamique
6. réaliste ou idéaliste
7. raisonnable ou inflexible
8. optimiste ou pessimiste

Now summarize by stating a few characteristics of your classmate, along with their opposites.

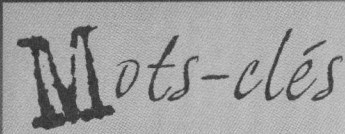
How to qualify your description.

When you first learn a foreign language, you inevitably exaggerate a little because you do not yet have the tools to convey nuances. The following adverbs may be useful.

très *very* **peu** *hardly*
assez *somewhat* **un peu** *a little*

Jeanne est **très** calme mais Jacques est **un peu** nerveux.
Mon chien (*dog*) est **peu** intelligent mais il est **assez** drôle.

Les vêtements et les couleurs

un impérméable
un jean
un blouson
un chemisier
un manteau
un tailleur
une veste
un veston
une cravate
une chemise
un costume
une jupe
un chapeau
un sac à dos
une robe
des bottes (f.)
des tennis (m.)
un sac à main
des chaussures (f.)
une chaussette
un maillot de bain
un tee-shirt
des sandales (f.)
un pantalon
un pull-over
un short

jaune   orange   rouge   rose   violet   bleu   vert

marron   noir   gris   blanc

Allez-y!

A. Qu'est-ce qu'ils portent? Describe what these people are wearing.

Bruno

Mme Dupuy

Aurélie

M. Martin

1. Bruno porte une casquette, _____.
2. Mme Dupuy porte _____.
3. Aurélie porte un béret, _____.
4. M. Martin porte _____.

B. Un vêtement pour chaque (*each*) **occasion.** Describe in as much detail as possible what you wear when you go to these places.

1. à un match de football américain.
2. à un concert de rock
3. à une soirée
4. dans un restaurant élégant
5. à l'université
6. à la plage (*beach*)

C. De quelle couleur? State the colors of the following things.

MODÈLE: le drapeau (*flag*) américain →
Le drapeau américain est rouge, blanc et bleu.

1. le drapeau français
2. le ciel (*sky*)
3. un éléphant
4. le charbon
5. le lait (*milk*)
6. un tigre
7. un zèbre
8. le jade

Les amis d'Anne et de Céline

Lise est grande, belle et dynamique. Elle a (*has*) les yeux verts et les cheveux blonds. (Elle est blonde.)

Déo a les cheveux noirs. Il est beau et charmant. Il est de taille moyenne (*medium height*).

Chantal est aussi de taille moyenne. Elle a les yeux marron et les cheveux courts et roux. (Elle est rousse [*redheaded*].)

Jacques est très sportif. Il est grand, il a les cheveux longs et châtains (*light brown*).*

Thu est très petite et intelligente. Elle a les cheveux noirs et raides (*straight*).

Allez-y!

A. Erreur! Correct any sentences that are wrong.

MODÈLE: Déo a les cheveux châtains. → Non, il a les cheveux noirs.

1. Jacques a les cheveux courts. **2.** Chantal a les cheveux longs et châtains. **3.** Thu a les cheveux noirs. **4.** Chantal a les yeux noirs. **5.** Lise a les cheveux roux. **6.** Déo est très grand. **7.** Lise est de taille moyenne. **8.** Thu est petite. **9.** Déo et Lise sont petits. **10.** Chantal est blonde et Lise est rousse.

B. Vos camarades de classe. Describe the hair, eyes, and height of someone in the classroom. Your classmates will guess who it is.

MODÈLE: Il/Elle a les cheveux longs et noirs, il/elle a les yeux marron et il/elle est de taille moyenne.

_____

*literally, *chestnut;* invariable in gender

Le verbe *avoir*

Expressing Possession and Sensations

Une bonne amie

JASMINE: Allô Florence? Tu **as** une minute?

FLORENCE: Salut Jasmine! Je n'**ai** pas vraiment le temps. **J'ai besoin de** finir le travail de chimie.

JASMINE: Mais Florence, nous **avons rendez-vous** avec le professeur d'italien pour le test oral dans une heure!

FLORENCE: Quoi? Mais ce n'est pas possible! Il **a** toujours des questions difficiles à me poser. Je ne suis pas prête du tout!

JASMINE: Écoute, tu continues à étudier et moi, je téléphone au professeur Marchand et je lui dis que tu **as l'air** bien malade!

Vrai ou faux?

1. Jasmine travaille avec Florence pour le cours de biologie.
2. Florence est une étudiante organisée.
3. Elles ont rendez-vous avec le professeur d'italien.

Forms of *avoir*

The verb **avoir** is irregular in form.

PRESENT TENSE OF **avoir** (*to have*)	
j' **ai**	nous **avons**
tu **as**	vous **avez**
il/elle/on **a**	ils/elles **ont**

—J'**ai** un studio agréable.
—**Avez**-vous une camarade de chambre sympathique?
—Oui, elle **a** beaucoup de patience.

I have a nice studio apartment.
Do you have a nice roommate?

Yes, she has lots of patience.

[Allez-y! A]

Expressions with *avoir*

The verb **avoir** is used in many common idioms.

Elle **a chaud.**
Il **a froid.**

Elles **ont faim.**
Ils **ont soif.**

Loïc, tu **as tort.** Magalie, tu **as raison.**

Frédéric **a l'air** content. Il **a de la chance.**

L'immeuble **a l'air** moderne.

Jean **a sommeil.**

Ingrid **a besoin d'**une lampe.

Avez-vous envie de danser?

Il **a rendez-vous** avec le professeur.

Il **a peur du** chien.

La petite fille **a honte.**

Isabelle **a quatre ans.**

Note that with **avoir besoin de, avoir envie de,** and **avoir peur de,** the preposition **de** is used before an infinitive or a noun.

[Allez-y! B-C-D]

Allez-y!

A. Vive la musique! Your friends and you are planning a musical evening. Say what each person has to contribute to the occasion.

MODÈLE: Isaac / une trompette → Isaac a une trompette.

1. Monique et Marc / des disques compacts
2. vous / une guitare
3. tu / une clarinette
4. je / des cassettes
5. nous / un piano
6. Isabelle / une flûte

B. Quel âge ont-ils? (*How old are they?*) Working with a partner, ask and answer questions about the age of the following people. Make educated guesses!

MODÈLE: É1: Quel âge a-t-il?
É2: Il a deux ou trois ans.

1. 2. 3. 4.

C. Dans quel contexte? For each situation, use an expression with **avoir.**

MODÈLE: Pour moi, un Coca-Cola, s'il vous plaît. → J'ai soif.

1. Je porte un pull et un manteau.
2. Il est minuit (*midnight*).
3. J'ouvre (*open*) la fenêtre.
4. Je mange une quiche.
5. Paris est la capitale de la France.
6. Des amis français m'invitent (*invite me*) à Paris.
7. Je gagne (*win*) à la roulette.
8. Attention, un lion!
9. Je casse (*break*) le vase préféré de ma mère.
10. Je vais en boîte (*disco*).
11. Rome est en Belgique.
12. Et une limonade, s'il vous plaît.

D. Désirs et devoirs (*duties*)**.** What do you and the people you know *want* to do? What do you *have* to do? Use **avoir envie / besoin de** to tell about these people. **Verbes utiles:** danser, écouter, étudier, parler, rêver, skier, travailler, voyager

MODÈLE: je →
J'ai envie de jouer au tennis, mais j'ai besoin d'étudier!

1. je
2. mon meilleur ami / ma meilleure amie
3. mes parents
4. le professeur de français
5. mon/ma camarade de chambre

Les adjectifs qualificatifs
Describing People, Places, and Things

Rencontres par ordinateur

Il est sociable,	Elle est sociable,
charmant,	charmante,
sérieux,	sérieuse,
beau,	belle,
idéaliste	idéaliste
et sportif.	et sportive.

Répondez aux questions suivantes.

1. Il cherche une femme sportive, réaliste ou extravagante?
2. Il est ordinaire, extraordinaire ou réaliste?
3. Elle cherche un homme sociable, drôle ou réaliste?
4. Elle est ordinaire, extraordinaire ou réaliste?
5. La machine est optimiste?

Position of Descriptive Adjectives

Descriptive adjectives **(les adjectifs qualificatifs)** give information about people, places, and things. In French, they usually follow the nouns they modify. They may also follow the verb **être.**

C'est un professeur **intéressant.**	*He's an interesting teacher.*
J'aime les personnes **sincères** et **individualistes.**	*I like sincere and individualistic people.*
Gabrielle est **sportive.**	*Gabrielle is athletic.*

A few common adjectives that generally precede the nouns they modify are presented in **Chapitre 4, Leçon 3.**

Agreement of Adjectives

In French, adjectives always agree in gender (masculine or feminine) and number (singular or plural) with the nouns they modify. Most adjectives follow the pattern illustrated in the following table.

	MASCULINE	FEMININE
Singular	un étudiant intelligent	une étudiante intelligent**e**
Plural	des étudiants intelligent**s**	des étudiantes intelligent**es**

1. Most feminine adjectives are formed by adding an **-e** to the masculine form. Exception: adjectives whose masculine form ends in an unaccented **-e.**

> Alain est **persévérant.** → Sylvie est **persévérante.**
> Paul est **optimiste.** → Claire est **optimiste.**

Remember that final **d, s,** and **t,** usually silent in French, are pronounced when **-e** is added.

2. Most plural adjectives of either gender are formed by adding an **-s** to the singular form. Exception: adjectives whose singular form ends in **-s** or **-x.**

> Elle est **charmante.** → Elles sont **charmantes.**
> L'étudiant est **sénégalais.** → Les étudiants sont **sénégalais.**
> Marc est **courageux.** → Marc et Loïc sont **courageux.**

3. If a plural subject refers to one or more masculine items or persons, the plural adjective is masculine.

> Sylvie et Françoise sont **françaises.**
> Sylvie et François sont **français.**

Les magazines.

Accrochants.[1]

Captivants.

Enrichissants.

[1]Catchy.

Descriptive Adjectives with Irregular Forms

PATTERN		SINGULAR		PLURAL	
MASC.	*FEM.*	*MASC.*	*FEM.*	*MASC.*	*FEM.*
-eux **-eur** →	**-euse**	courageux travailleur (*hardworking*)	courageuse travailleuse	courageux travailleurs	courageuses travailleuses
-er →	**-ère**	cher (*expensive*)	chère	chers	chères
-if →	**-ive**	sportif	sportive	sportifs	sportives
-il **-el** →	**-ille** **-elle**	gentil (*nice, pleasant*) intellectuel	gentille intellectuelle	gentils intellectuels	gentilles intellectuelles
-ien →	**-ienne**	parisien	parisienne	parisiens	parisiennes

Other adjectives that follow these patterns include **paresseux / paresseuse** (*lazy*), **naïf / naïve** (*naïve*), **sérieux / sérieuse** (*serious*), **fier / fière** (*proud*), and **canadien / canadienne.** The feminine forms of **beau** (*handsome, beautiful*) and **nouveau** (*new*) are **belle** and **nouvelle.**

Adjectives of Color

1. Most adjectives of color have both masculine and feminine forms.

   un chemisier **blanc / bleu / gris / noir / vert / violet**
   une chemise **blanche / bleue / grise / noire / verte / violette**

2. **Jaune, rouge,** and **rose** are invariable in gender.

   un pantalon **jaune** / une robe **jaune**

3. **Marron** and **orange** are invariable in gender and number.

   une robe **marron / orange**   des robes **marron / orange**

Allez-y!

A. **Dans la salle de classe.** Dominique has a wonderful class. Describe it, choosing the appropriate expressions from the second column.

1. Le professeur est...
2. Les étudiants sont...
3. La salle de classe est...
4. Les chaises sont...

a. bleue et blanche.
b. confortables et nombreuses.
c. intelligent et dynamique.
d. sociables et amusants.

B. Des âmes sœurs. (*Soulmates.*) Patrice and Patricia are alike in every respect. Describe them, taking turns with a partner.

MODÈLE: français →
  É1: Patrice est français. Et Patricia?
  É2: Patricia est française.

1. optimiste	**5.** sérieux	**9.** sportif
2. intelligent	**6.** parisien	**10.** courageux
3. charmant	**7.** naïf	**11.** travailleur
4. fier	**8.** gentil	**12.** intellectuel

C. À mon avis. (*In my opinion.*) Complete these sentences according to your own opinions.

1. L'homme idéal est _____.
2. La femme idéale est _____.
3. Le/La camarade de classe idéal(e) est _____.
4. Le professeur idéal est _____.
5. Le chauffeur de taxi idéal est _____.

D. Une lettre. Here is the letter Stéphane dreads receiving from his girlfriend. Transform it into the more positive one that is actually on the way by changing the adjectives and some verbs.

Angers, le 7 janvier

Stéphane,

Je te déteste. Tu es stupide et antipathique. Tous les jours (*Every day*) tu es nerveux, tu ne rêves pas parce que tu es peu idéaliste, et tu es même (*even*) souvent hypocrite. En plus (*Furthermore*) je trouve que tu es paresseux.

Je ne veux pas te revoir. (*I don't want to see you again.*)

Adieu.

Catherine

MODÈLE: Stéphane, je t'adore…

Elle est timide, la jeune femme?

Correspondance 3

Fichier Edition Affichage Insertion Format Outils Aide

DE: Caroline@universpar.fr

À...   Sophie@image.qu.ca

Cc...

Objet:

Chère Sophie,

C'est efficace le courrier électronique, n'est-ce pas?
Moi aussi, je vais bien. Comme toujours, je suis enthousiaste,
dynamique et optimiste. J'ai envie de changement et j'ai décidé
d'être élégante. Mon nouveau style: les vêtements confortables mais
chics. Aujourd'hui, je porte des bottes noires, une jupe grise, un
chemisier blanc et un foulard à pois. C'est original, n'est-ce pas?
Mais pour le moment, je retourne au travail: demain, j'ai encore un
examen! Embrasse Isabelle et Jérémie de ma part!

Bisous,
Caroline

Autoportrait

Élisabeth Louise Vigée-Lebrun (1755–1842)
Autoportrait, 1790
Galerie des Offices, Florence

Portrait
Coco Chanel
(créatrice de mode[1]
française, 1883–1971)

Gabrielle Chanel naît[2] en 1883.[3] Son enfance[4]
est difficile et sans amour. En 1912,[5] elle trouve
sa vocation: la mode. Elle libère le corps[6] de la
femme, invente une nouvelle silhouette et devient
la célèbre[7] Coco Chanel. En 1921,[8] elle crée le
parfum N°5. C'est un succès universel.

    Travailleuse, fière et excentrique, elle
fréquente toute sa vie des personnes riches et
célèbres. En 1971,[9] elle meurt[10] vieille, solitaire,
mais toujours élégante.

[1]créatrice... *fashion designer*   [2]*is born*   [3]dix-huit cent quatre-
vingt-trois   [4]Son... *Her childhood*   [5]dix-neuf cent douze   [6]*body*
[7]devient... *becomes the famous*   [8]dix-neuf cent vingt et un
[9]dix-neuf cent soixante et onze   [10]*dies*

Flash Français: la dimension européenne

Les Français commencent le troisième millénaire avec une nouvelle identité. Ils ne sont plus seulement[1] les habitants de l'Hexagone,[2] ils font aussi partie de l'Union européenne. Quatorze pays européens sont partenaires de la France: l'Allemagne, l'Autriche, les Pays-Bas,[3] le Danemark, la Suède, la Finlande, la Belgique, le Luxembourg, l'Angleterre, l'Irlande, l'Italie, la Grèce, l'Espagne et le Portugal.

Même si[4] les Français sont fiers d'être européens, d'être intégrés à une communauté puissante[5] et unie, le sentiment national n'est pas perdu.[6] Comme les autres peuples de l'Union européenne, ils sont très attachés à leurs racines[7] et à leurs traditions.

Que veut dire ce changement d'identité dans la vie de tous les jours? Les Français ont un passeport européen. Ils voyagent librement[8] dans toute l'Europe et travaillent dans le pays de leur choix. Depuis le 1er janvier 1999, l'euro est la monnaie commune de onze états membres de l'Union. La mise en circulation de l'euro est prévue[9] pour le 1er janvier 2002.

[1]Ils... *They are no longer only*   [2]*France (reference to the shape of the country of France)*
[3]*Netherlands*   [4]Même... *Even if*   [5]*powerful*   [6]*lost*   [7]leurs... *their roots*   [8]*freely*   [9]*planned*

L'euro: la devise de l'Union européenne

EN AVANT!

Un peu de bavardage

1. In French, the words **habitude** (*habit*) and **habit** (*costume*) both come from the Latin word that means "a way of being." How do the clothing habits of people reflect the society of which they are a part? Give examples to support your opinion.
2. Compare the **Union européenne** to the United States or Canada. What are the similarities and differences?

On est branché!

For Internet links and additional information to complete the following activities, visit the *Vis-à-vis* Web site at www.mhhe.com/visavis.

1. Quelle est l'origine du béret?
2. Quel type de chapeau a le nom d'un fruit? Pourquoi?
3. Quels types d'accessories offre le créateur de mode[1] Jean-Paul Gaultier?
4. Quelle est la valeur de 20 euros en francs aujourd'hui? Utilisez le convertisseur.
5. Expliquez le choix du symbole € pour l'euro. Donnez deux raisons.

[1]créateur... *fashion designer*

STRUCTURES

Leçon 3

Les questions à réponse affirmative ou négative

Getting Information

Discussion entre amis

LE TOURISTE: **Est-ce** un accident?

L'AGENT DE POLICE: Non, ce n'est pas un accident.

LE TOURISTE: **Est-ce que** c'est une manifestation?

L'AGENT DE POLICE: Mais, non!

LE TOURISTE: Alors, c'est une dispute?

L'AGENT DE POLICE: Pas vraiment. C'est une discussion animée entre amis.

Voici les réponses. Posez les questions. Elles sont dans le dialogue.

1. Non, ce n'est pas un accident.
2. Non, ce n'est pas une manifestation.
3. Non, ce n'est pas une dispute.

In French, there are several ways to ask a question requiring a *yes* or *no* answer.

Questions Without Change in Word Order

1. You can raise the pitch of your voice at the end of a sentence.

—Vous ne parlez pas anglais?   *You don't speak English?*
—Si, un peu.*   *Yes, a little.*

2. When confirmation is expected, add the tag **n'est-ce pas** to the end of the sentence.

Il aime la musique, **n'est-ce pas?**   *He likes music, doesn't he?*
Nous ne mangeons pas au   *We don't eat at the cafeteria,*
resto-U, **n'est-ce pas?**   *do we?*

---

*Note that **si**, not **oui**, is used to answer *yes* to a negative question.

3. Another way is to precede a statement with **Est-ce que** (**Est-ce qu'** before a vowel sound).

> **Est-ce que** Robert étudie l'espagnol?   *Does Robert study Spanish?*
>
> **Est-ce qu'**elles écoutent la radio?   *Are they listening to the radio?*

[Allez-y! A-B with **Mots-clés**]

Questions With Change in Word Order

Questions can also be formed by inverting the order of subject and verb. This question formation is more common in written French.

1. When a pronoun is the subject of the sentence, the pronoun and verb are inverted and hyphenated.

> **Tu es** étudiante en philosophie. →   **Es-tu** étudiante en philosophie?
>
> **Ils aiment** les discussions animées. →   **Aiment-ils** les discussions animées?

The final **t** of third-person plural verb forms is pronounced when followed by **ils** or **elles: aiment-elles.** When third-person singular verbs end with a vowel, **-t-** is inserted between the verb and the pronoun.

> Elle aim**e** les jupes. →   **Aime-t-elle** les jupes?
>
> Il port**e** un veston. →   **Porte-t-il** un veston?

Je is seldom inverted. **Est-ce-que** is used instead: **Est-ce que je suis élégant?**

2. When a noun is the subject of the sentence, the noun subject is retained. The third-person pronoun corresponding to the subject follows the verb and is attached to it by a hyphen.

> **Marc** est étudiant. →   **Marc est-il** étudiant?
>
> **Delphine** travaille beaucoup. →   **Delphine travaille-t-elle** beaucoup?
>
> **Les amis** arrivent ce soir. →   **Les amis arrivent-ils** ce soir?

[Allez-y! C-D]

A. **C'est difficile à croire!** You find it hard to believe what Mireille is telling you. Express your surprise by turning each statement into a question. (Your intonation should express your disbelief!)

MODÈLE: Solange est de Paris. → Solange est de Paris?

1. Pascal est aussi de Paris.
2. Solange et Pascal sont belges.
3. Roger est le camarade de Pascal.
4. C'est un garçon drôle.
5. Il n'habite pas à Paris.
6. Sandra est canadienne.

B. Des personnalités compatibles. With a partner, play the roles of two people whose personalities are perfectly matched. Use the expressions from **Mots-clés** as in the model.

MODÈLE: calme →
  É1: Est-ce que tu es calme?
  É2: Oui, je suis calme. Et toi? / Non, je ne suis pas calme. Et toi?
            ↓   OR   ↓
  É1: Moi aussi, je suis calme. / Moi non plus, je ne suis pas calme.

1. sympathique
2. sportif / sportive
3. curieux / curieuse
4. sérieux / sérieuse
5. patient(e)
6. travailleur / travailleuse

Mots-clés

Les expressions *moi aussi*, *moi non plus*

If you agree with someone's comment, your answer will be either **moi aussi** (*me too*) or **moi non plus** (*me neither*).

—Je suis fatigué!
—Moi aussi!

—Mais je n'ai pas faim!
—Moi non plus!

C. Étudiants à la Sorbonne. You are writing an article on student life in Paris. Verify the information you have jotted down by expressing your statements as questions.

MODÈLE: Stéphane étudie à la Sorbonne. →
       Est-ce que Stéphane étudie à la Sorbonne?

1. Il est belge.
2. Vous admirez Stéphane.
3. Stéphane et Carole sont étudiants en philosophie.
4. Ils sont sympathiques.
5. Carole habite à la cité-U.

D. Portrait d'un professeur. Ask your instructor about his or her personality, tastes, and clothing. Use inversion in your questions. **Verbes suggérés:** aimer, danser, écouter, être, parler, regarder, skier

MODÈLES: Êtes-vous pessimiste?

         Aimez-vous les cravates orange?

Now see if your classmates were listening. Ask a classmate three questions about your instructor.

MODÈLE: Est-ce que le professeur est pessimiste?

Les prépositions à et de
Mentioning Specific Places or People

Arnaud et Delphine, deux étudiants

Ils habitent **à la** cité universitaire.
Ils mangent **au** restaurant universitaire.
Ils jouent **au** volley-ball **au** gymnase.
Le week-end, ils jouent **aux** cartes entre amis.
Ils aiment parler **des** professeurs, **de** l'examen
d'anglais, **du** cours de littérature française et
de la vie **à** l'université.

Et vous?

1. Habitez-vous à la cité universitaire?
2. Mangez-vous au restaurant universitaire?
3. Jouez-vous au volley-ball au gymnase?
4. Le week-end, jouez-vous aux cartes?
5. Aimez-vous parler des professeurs? de
   l'examen de français? du cours de
   français? de la vie à l'université?

Prepositions (**les prépositions**), which include *to, in, under,* and *for,* give
information about the relationship between two words. In French, they
sometimes contract with articles.

The Preposition *à*

1. **À** indicates location or destination. It has several English equivalents.

Arnaud habite **à** Paris.	*Arnaud lives in Paris.*
Il étudie **à la** bibliothèque.	*He studies at (in) the library.*
Il arrive **à** Bruxelles demain.	*He's arriving in Brussels tomorrow.*

2. With verbs such as **donner, montrer, parler,** and **téléphoner, à**
   introduces the indirect object (usually a person) even when *to* is not
   used in English.

Arnaud **donne** un livre **à** son copain.	*Arnaud gives his friend a book.*
Arnaud **montre** une photo **à** Delphine.	*Arnaud shows Delphine a photo.*
Il **parle à** un professeur.	*He's speaking to a professor.*
Il **téléphone à** un ami.	*He's calling a friend.*

The preposition *to* is not always used in English, but **à** must be used in French with these verbs.

The Preposition *de*

1. **De** indicates where something or someone comes from.

Medhi est **de** Casablanca.	*Medhi is from Casablanca.*
Il arrive **de** la bibliothèque.	*He is coming from the library.*

2. **De** also indicates possession (expressed by *'s* or *of* in English) and the concept of belonging to, being a part of.

Voici la librairie **de** Madame Vernier.	*Here is Madame Vernier's bookstore.*
J'aime mieux la librairie **de** l'université.	*I prefer the university bookstore (the bookstore of the university).*

3. When used with **parler, de** means *about.*

Nous parlons **de** la littérature contemporaine.	*We're talking about contemporary literature.*

The Prepositions *à* and *de* with the Definite Articles *le* and *les*

à + le = au	Arnaud arrive **au** cinéma.
à + les = aux	Arnaud arrive **aux** cours.
à + la = à la	Arnaud arrive **à la** librairie.
à + l' = à l'	Arnaud arrive **à l'**université.
de + le = du	Arnaud arrive **du** cinéma.
de + les = des	Arnaud arrive **des** cours.
de + la = de la	Arnaud arrive **de la** librairie.
de + l' = de l'	Arnaud arrive **de l'**université.

The Verb *jouer* with the Prepositions *à* and *de*

When **jouer** is followed by the preposition **à,** it means to play a team sport or a game. When it is followed by **de,** it means to play a musical instrument.

Martine
joue au tennis.

Philippe
joue du piano.

Allez-y!

A. Où est-ce qu'on va? (*Where do we go?*) Answer, taking turns with a partner. **Suggestions:** l'Alliance (*Institute*) Française, l'amphithéâtre, la bibliothèque, le café, le cinéma, le concert, les courts de tennis, le Quartier latin, le restaurant universitaire, la salle des sports

MODÈLE: pour écouter une symphonie →
      É1: Où est-ce qu'on va pour écouter une symphonie?
      É2: On va au concert.

1. pour regarder un film   **2.** pour jouer au tennis   **3.** pour jouer au volley-ball   **4.** pour écouter le professeur   **5.** pour apprendre (*learn*) le français   **6.** pour étudier   **7.** pour manger   **8.** pour visiter la Sorbonne   **9.** pour parler avec des amis

B. Camille, une personne très active. Adapt the following sentences, using the words in parentheses.

1. Camille téléphone *à Sophie.* (le professeur / les amies / Baudouin / le restaurant)
2. Elle parle *de la littérature africaine.* (le rap / la politique française / les livres de Marguerite Duras / le cours de japonais)
3. Camille arrive *de la librairie.* (le resto-U / New York / la bibliothèque / les courts de tennis)
4. Elle aime jouer *au football.* (le piano / les cartes / le basket-ball / la guitare)

C. Les passe-temps. Complete the following sentences with the verb **jouer à** or **de.** Match the players with the sports or instruments they play.

MODÈLE: Steve Young → Steve Young joue au football.

1. Wynton Marsalis
2. Venus Williams
3. Bruce Springsteen
4. Elton John
5. Shaquille O'Neal
6. Patrick Roy
7. Garry Kasparov
8. Sammy Sosa
9. Angèle Dubeau
10. Zinedine Zidane

a. le violon
b. le hockey
c. les échecs (*chess*)
d. la trompette
e. le piano
f. le basket-ball
g. le base-ball
h. la guitare
i. le foot
j. le tennis

D. Trouvez quelqu'un qui... Find someone in the classroom who does each of the following activities. On a separate piece of paper, note down his or her name next to the activity. See who can complete the list the fastest.

MODÈLE: Est-ce que tu joues au tennis?
Oui, je joue au tennis. (*ou* Non, je ne joue pas au tennis.)

jouer de la guitare
jouer au poker
jouer au base-ball
jouer au volley
jouer au bridge
jouer au tennis
jouer de la clarinette

aimer les films français
manger à la cafétéria
   aujourd'hui
aimer le laboratoire de
   langues
jouer aux cartes

LE MONDE DE YAYO

© Yayo/Cartoonists & Writers Syndicate

Leçon 4

PERSPECTIVES

Proverbe

Les absents ont toujours tort.

Lecture

Avant de lire

Gaining confidence in your reading skills. You have already practiced two strategies that facilitate comprehension of a written text: recognizing cognates (*Chapitre 1*) and predicting the content of a text using the context (*Chapitre 2*). These strategies *do* work. The more you practice them, the more confidence you will gain, enabling you to read texts in French with greater ease and enjoyment. Here is some additional advice:

- *Read and reread.* Read the text once to get the general sense. Then, read it a second time, using the techniques you already know to fill in the gaps.
- *Don't fret over every word!* Break the habit of trying to read for word-for-word translation. Concentrate on getting the meaning of larger "chunks" of text—phrases and entire sentences—to find meaning.
- *Use the dictionary as a last resort.* After using all of your reading strategies, try to decide whether the meaning of an unfamiliar word is truly crucial for your comprehension of the general meaning. If it is, consult a dictionary. The dictionary is an important tool, but it should be used with moderation.

Parlons de la mode. Paris is one of the great centers of the fashion industry, and French fashion terms have been incorporated extensively into English. For this reason, in fashion advertising in English, it is not unusual to see French words used unaltered. Do you know the meanings of the following words?

parfum	boutique	haute couture
couturier	mode	prêt-à-porter

Des verbes... et encore des verbes! The following sentences are excerpted from the reading selection. Try to guess the meaning of the cognate verbs in italics.

1. Paco Rabanne, c'est un univers qui *évolue,* qui *vibre,* qui bouge.
2. Christian Dior *révolutionne* la mode avec son premier défilé (*fashion show*) New Look du 12 février 1947.
3. Depuis fin 1997, John Galliano *revitalise* le style Dior avec un glamour définitivement contemporain.

À propos de la lecture... This reading was adapted from texts found on a fashion website.

Paco Rabanne, maison[1] fondée en 1966

On peut[2] parler de l'homme Paco Rabanne, des collections de vêtements et des parfums de la maison Paco Rabanne, mais l'on n'aura pas tout dit.[3] Paco Rabanne, c'est un univers qui évolue, qui vibre, qui bouge.[4] Résolument tourné vers l'avenir,[5] Paco Rabanne transforme le style en attitude. S'habiller[6] Rabanne, c'est s'habiller contemporain, c'est vivre,[7] travailler, aimer.

Emanuel Ungaro, maison fondée en 1965

Né à Aix-en-Provence, et second fils des cinq enfants d'un émigré italien, tailleur,[8] dès[9] l'âge de cinq ans Emanuel Ungaro travaille sur la machine à coudre[10] de la famille. À 22 ans, il arrive à Paris et trois ans plus tard, il réalise[11] son ambition: devenir[12] couturier et entrer chez Balenciaga. Sa première collection est un véritable triomphe. En 1968, il ouvre sa boutique, 2 avenue Montaigne. Pendant[13] les trente prochaines[14] années, la Maison Emanuel Ungaro s'exporte partout[15] dans le monde.

Christian Dior Couture, maison fondée en 1946

Christian Dior révolutionne la mode mondiale en présentant son premier défilé du 12 février 1947. Ses successeurs chez Dior (Yves Saint Laurent, Marc Bohan, Gianfranco Ferré) continuent d'habiller les femmes chics et les stars du show-business. En 1997, John Galliano revitalise le style Dior avec un glamour définitivement contemporain: Haute couture, Prêt-à-porter féminin et masculin, Accessoires, Baby Dior, Arts de la Table, cadeaux.[16]

[1]*fashion house*   [2]*can*   [3]*l'on... you will not have told the whole story*   [4]*moves*   [5]*Résolument... Strongly future oriented*   [6]*Wearing*   [7]*living*   [8]*tailor*   [9]*from*   [10]*machine... sewing machine*   [11]*achieves*   [12]*to become*   [13]*During*   [14]*next*   [15]*everywhere*   [16]*gifts*

Compréhension

Quel couturier / Quels couturiers... ? Name the designer(s) who is/are best described in the following statements. Justify your choice by citing words or phrases from the text.

1. Design for both men and women.
2. Appeal to a younger buyer.
3. Dress celebrities.
4. Design for an entire lifestyle rather than for a single individual.
5. Prepared for his career from a very early age.
6. Design fashion inspired by glamour.

Écriture

Mon meilleur ami / Ma meilleure amie. Describe your best friend, using the following guidelines. Then rewrite in the form of a paragraph. You may give additional information.

1. Donnez le nom de votre ami(e).
2. Indiquez sa (*his/her*) profession.
3. Donnez des informations sur son apparence: couleurs des cheveux et des yeux, taille, style de vêtements.
4. Donnez des informations sur sa personnalité.
5. Est-ce qu'il/elle joue d'un instrument de musique? Si oui, lequel (*which one*)?
6. Est-ce qu'il/elle pratique un sport d'équipe? Si oui, lequel?

Mon meilleur ami / Ma meilleure amie...

*slogan for a French supermarket

À l'écoute!

Mon meilleur copain. Guillaume is talking about his best friend, Patrice. First, look through the activities. Next, listen to the vocabulary and Guillaume's description of Patrice. Then, do the activities. Replay the recording as often as you need to. (See Appendix H for answers.)

VOCABULAIRE UTILE
vachement   very (*slang*)
le cuir   leather

A. C'est bien Patrice? Based on Guillaume's description, circle the drawing of Patrice.

B. Toujours Patrice! Now choose the correct answer, based on what you hear.

1. Patrice habite _____.
   a. à Lyon
   b. à Nice
2. Patrice étudie _____.
   a. l'anglais
   b. l'espagnol
3. Patrice adore _____.
   a. la musique classique
   b. le rock
4. Il joue _____.
   a. du piano
   b. de la guitare
5. Patrice est _____.
   a. intelligent mais un peu paresseux
   b. très intellectuel
6. Patrice porte toujours _____.
   a. un jean et un blouson noir
   b. un costume gris

En société

Objectif   *Describing someone*

• •

EXPRESSIONS UTILES

surtout en plein air	especially outdoors
je connais quelqu'un	I know someone
là-bas	over there
Je veux bien t'aider.	I'm delighted to help you.
BCBG (bon chic, bon genre)	preppy

Extrait du dialogue

• •

JACQUES: Peut-être que je peux méditer avec toi. D'habitude, à cette heure-ci, j'aide Marc avec la philosophie, mais je ne sais pas où il est.

AIMÉE: Il est comment, ce Marc?

JACQUES: Il est grand avec les cheveux noirs, les yeux marron. Il est sportif. Il est sociable mais pas très intéressant. Il est toujours avec une fille.

AIMÉE: Comme toi, n'est-ce pas?

JACQUES: Non, moi, je suis plus individualiste. Marc est plus BCBG. Par exemple, j'ai une classe avec lui. Et aujourd'hui, il porte un pull-over jaune.

Note culturelle

French families are spending a much smaller percentage of their income on clothing than they used to (5.6% today against 11% in 1960). Clothing is now less of a social symbol. It is a way of expressing one's identity. France is still known as the land of luxury products however, and the new tendencies determined by **haute-couture** collections are still carefully dissected on news broadcasts every season. Some of the most famous **couturiers** include Yves Saint-Laurent, Dior, Chanel, Givenchy, Ungaro, Gaultier, Lacroix, to only name a few.

Jeux de rôles

• •

Working with a classmate, act out the following situations.

1. You are at the library and you are looking for your friend. You talk to the person working at the front desk and describe your friend.
2. You have just met a new person at your health club. Describe both his/her physical and personality characteristics to a friend.

CHAPITRE 3

Vocabulaire

Verbes

arriver to arrive
avoir to have
jouer à to play (*a sport or game*)
jouer de to play (*a musical instrument*)
montrer to show
porter to wear; to carry
téléphoner à to telephone

À REVOIR: **regarder, travailler**

Expressions avec *avoir*

avoir (20) ans to be (20) years old
avoir besoin de to need
avoir chaud to be warm
avoir de la chance to be lucky
avoir envie de to want, feel like
avoir faim to be hungry
avoir froid to be cold
avoir honte to be ashamed
avoir l'air (+ *adj.*); **avoir l'air** (**de** + *inf.*) to seem; to look
avoir peur de to be afraid of
avoir raison to be right
avoir rendez-vous avec to have a meeting (date) with
avoir soif to be thirsty
avoir sommeil to be sleepy
avoir tort to be wrong

Substantifs

le/la camarade de chambre roommate
les cartes (*f.*) cards
les cheveux (*m. pl.*) hair

les échecs (*m.*) chess
la jeune femme young woman
le jeune homme young man
la personne person
la soirée party
les yeux (*m. pl.*) eyes

À REVOIR: **l'ami(e), la bibliothèque, l'université**

Adjectifs

antipathique unpleasant
beau / belle beautiful
blond(e) blond
châtain chestnut brown
cher / chère expensive
court(e) short
drôle funny, odd
égoïste selfish
fatigué(e) tired
fier / fière proud
gentil(le) nice, pleasant
grand(e) tall, big
hypocrite hypocritical
nouveau / nouvelle new
paresseux / paresseuse lazy
pauvre poor
petit(e) small, short
prêt(e) ready
raide straight
roux / rousse redheaded
sportif / sportive *describes someone who likes physical exercise and sports*
sympa(thique) nice, likeable
travailleur / travailleuse hardworking

À REVOIR: **espagnol(e), français(e), italien(ne)**

Adjectifs apparentés

amusant(e), blond(e), calme, charmant(e), conformiste, courageux/courageuse, curieux / curieuse, (dés)agréable, différent(e), difficile, dynamique, élégant(e), enthousiaste, excentrique, extraordinaire, idéal(e), idéaliste, (im)patient(e), important(e), individualiste, inflexible, intellectuel(le), intelligent(e), intéressant(e), long(ue), modeste, naïf / naïve, nerveux / nerveuse, optimiste, ordinaire, parisien(ne), pessimiste, raisonnable, réaliste, riche, sérieux / sérieuse, sincère, snob, sociable, solitaire

Les vêtements

le béret beret
le blouson windbreaker
les bottes (*f.*) boots
la casquette baseball cap
le chapeau hat
les chaussettes (*f.*) socks
les chaussures (*f.*) shoes
la chemise shirt
le chemisier blouse

le costume (*man's*) suit
la cravate tie
l'imperméable (*m.*) raincoat
le jean jeans
la jupe skirt
le maillot de bain swimsuit
le manteau coat
le pantalon pants
le pull-over sweater
la robe dress
le sac à dos backpack
le sac à main handbag
les sandales (*f.*) sandals
le short shorts
le tailleur woman's suit

le tee-shirt T-shirt
les tennis (*m.*) tennis shoes
la veste sports coat, blazer
le veston suit jacket

Les couleurs

blanc / blanche white
bleu(e) blue
gris(e) gray
jaune yellow
marron (*inv.*) brown
noir(e) black
orange (*inv.*) orange
rose pink

rouge red
vert(e) green
violet(te) violet

Mots et expressions divers

assez somewhat
de taille moyenne of medium
    height
moi aussi me too
moi non plus me neither
n'est-ce pas? isn't it so?
peu not very; hardly
un peu a little

CHAPITRE 4

À la maison

À... *At home*

Fichier Edition Affichage Insertion Format Outils Aide

DE: Caroline@universpar.fr

À...	Sophie@image.qu.ca
Cc...	
Objet:	

Salut Sophie,

Comment trouves-tu ma chambre royale?
En réalité, mon palais est très modeste: un lit, un bureau, des
étagères. Tout ça dans un espace de 10m^2! C'est petit, mais c'est
charmant. Le problème, c'est qu'il n'y a pas de place pour recevoir
les amis! Mais j'ai un ordinateur, une imprimante et une chaîne
stéréo: le luxe. Bien sûr, tout est en désordre! Quand je cherche
quelque chose, je regarde sous le lit! Et vous, quand est-ce que
vous déménagez?

Bisous à tous,
Caroline

Versailles, chambre du Roi

Dans ce chapitre...

Objectifs communicatifs

- locating people and objects; expressing the absence of something; getting information; expressing actions; describing people, places, and things

Contenu lexical (Leçon 1)

- L'ameublement
- Les prépositions de lieu

Contenu grammatical (Leçons 2 et 3)

- Les articles indéfinis après **ne... pas**
- Les mots interrogatifs
- Les verbes en **-ir**
- La place de l'adjectif qualificatif

Vidéothèque

- Initiation (ci-dessous)
- En société (Leçon 4)

Initiation Une étudiante désordonnée

In this video segment, Bénédicte stops by Caroline's room to work on an English assignment. Although Caroline is very good with languages, Bénédicte is not very impressed with her organizational skills.

VOCABULAIRE UTILE

Coucou!	Peek-a-boo!
Ah tiens!	Oh, there's . . .
tellement	so
nul(le)	worthless

Complete the following sentences.

1. Caroline habite en ____.
2. Caroline et Bénédicte travaillent ensemble (*together*) à un ____.
3. La nouvelle jupe de Caroline coûte ____ francs.
4. Son stylo est dans la ____ gauche de son pantalon.

Leçon 1

Christine, Michel et la voiture°

car

1. Michel est **dans** le parc, **entre** le banc (*bench*) et l'arbre (*tree*).

2. Christine est **dans** sa voiture, **loin du** parc.

3. Maintenant, elle est **en face de** l'université, **près du** parc.

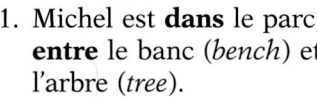

4. Michel est **devant** la voiture.

5. Christine est **à côté de** la voiture. Michel est **sur** la voiture.

6. Michel pousse la voiture. Il est **derrière** la voiture.

7. Christine est **sous** la voiture. Michel est **à gauche de** la voiture. Les outils (*tools*) sont **par terre, à droite de** la voiture.

LES PRÉPOSITIONS DE LIEU	
dans	in
entre	between
à côté de	next to, beside
en face de	across from, opposite
devant ≠ derrière	in front of ≠ behind
sur ≠ sous	on ≠ under
à droite de ≠ à gauche de	to the right of ≠ to the left of
près de ≠ loin de	near ≠ far from
par terre	on the ground

Allez-y!

A. Vrai ou faux? The following statements correspond (by number) to the drawings on the previous page. Correct any statements that are wrong.

1. Michel est assis (*seated*) sur le banc.
2. Christine est à côté du parc.
3. Elle est près de l'université.   √
4. Michel est derrière la voiture.
5. Christine est à gauche de la voiture.
6. Michel est en face de la voiture.
7. Christine est sur la voiture.

B. Désordre. Alain has a problem with clutter! Describe his room, using **les prépositions de lieu.**

MODÈLE: Il y a deux livres sous la chaise.

Deux chambres d'étudiants

La chambre de Céline est en désordre. Elle habite dans un appartement.

La chambre d'Anne est en ordre. Elle habite dans une maison.

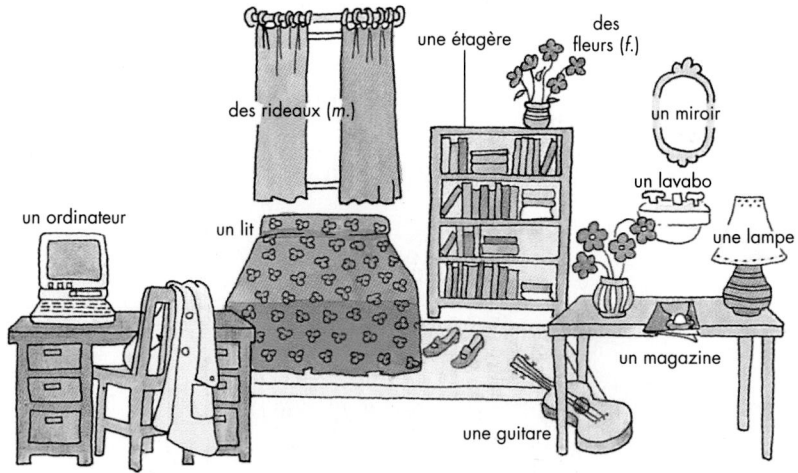

AUTRES MOTS UTILES

une cassette	cassette tape
un lecteur de cassettes	cassette player
un lecteur de CD	CD player

Allez-y!

A. Deux chambres. Taking turns with a partner, ask and answer questions about the two rooms. Start with **Qu'est-ce qu'il y a...** (*What is there . . .*).

    MODÈLE: derrière l'étagère d'Anne? →
          É1: Qu'est-ce qu'il y a derrière l'étagère d'Anne?
          É2: Il y a un mur.

1. sur le bureau de Céline? d'Anne?
2. à côté du lit de Céline? d'Anne?
3. sous la table de Céline? d'Anne?
4. sur le lit de Céline?
5. sur l'étagère de Céline? d'Anne?
6. sous le bureau de Céline?
7. à côté de la radio de Céline?
8. sur le mur de Céline? d'Anne?
9. par terre dans la chambre de Céline?
10. sur la table d'Anne?
11. à côté de l'étagère d'Anne?
12. sur le tapis de Céline? d'Anne?

B. Préférences. What might you find in the room of a person with the following interests?

    MODÈLE: les arts →
          Sur le mur, il y a des affiches; il y a des livres d'art dans l'étagère et à côté du lit, etc.

1. étudier
2. écouter de la musique
3. parler à des amis
4. le sport
5. la mode
6. le cinéma

Moi, j'aime bien parler avec mes amis.

STRUCTURES

Leçon 2

Les articles indéfinis après *ne... pas*

Expressing the Absence of Something

Le confort étudiant

NATHALIE: Où sont les toilettes*?

ANNE: Désolée, je **n'**ai **pas de** toilettes dans ma chambre. Elles sont dans le couloir.

NATHALIE: Mais tu as une douche?

ANNE: Non, **pas de** toilettes, **pas de** douche, mais j'ai une cuisinette et...

NATHALIE: Et une télé?

ANNE: Non, il **n'**y a **pas de** télé, mais j'ai une chaîne stéréo.

Complétez selon le dialogue.

1. Dans sa chambre, Anne n'a _____.
2. Il n'y a pas _____.
3. Elle a une chaîne stéréo mais _____.

1. In negative sentences, the indefinite article (**un, une, des**) becomes **de** (**d'**) after **pas.**

Il a une amie.

Elle porte une casquette.

Il y a des voitures dans la rue.

---

*In French, **toilettes** is always plural. You can also say **les W.-C.** (*water closet*), pronounced [vese].

Il n'a pas d'amie.

Elle ne porte pas de casquette.

Il n'y a pas de voitures dans la rue.

—Est-ce qu'il y a **un livre** sur la table?
—Non, il n'y a **pas de livre** sur la table.
—Est-ce qu'il y a **des fleurs** sur la table?
—Non, il n'y a **pas de fleurs** sur la table.

Is there a book on the table?
No, there is no book on the table.
Are there any flowers on the table?
No, there aren't any flowers on the table.

[Allez-y! A]

2. In negative sentences with **être,** however, the indefinite article does not change.

> —**C'est un livre?**
> —**Non, ce n'est pas un livre.**

3. The definite article (**le, la, les**) does not change in a negative sentence.

> —Elle a **la** voiture aujourd'hui?
> —Non, elle n'a pas **la** voiture.

[Allez-y! B]

Allez-y!

A. Chambre à louer. (*Room for rent.*) The room Christian is inquiring about is very sparsely furnished. Play the roles of Christian and his prospective landlord or landlady, following the example.

MODÈLE: une télé →
É1: Est-ce qu'il y a une télé dans la chambre?
É2: Non, il n'y a pas de télé.

1. un lavabo
2. une armoire
3. des tapis
4. des étagères
5. une commode
6. un lit

quatre-vingt-treize **93**

B. Une interview. Interview a classmate. Pay close attention to the articles.

MODÈLES: avoir un ordinateur →
       É1: Tu as un ordinateur?
       É2: Non, je n'ai pas d'ordinateur. *or* Oui, j'ai un ordinateur.

       aimer les ordinateurs →
       É1: Tu aimes les ordinateurs?
       É2: Non, je n'aime pas les ordinateurs. *or* Oui, j'aime les ordinateurs.

1. étudier le russe, l'italien, l'allemand
2. avoir une chambre, un appartement, une maison
3. travailler le soir (*in the evening*), le samedi, le dimanche
4. avoir des CD d'Alanis Morissette, des CD de musique classique, des CD de jazz
5. aimer les chats (*cats*), les chiens (*dogs*)

Les mots interrogatifs
Getting Information

Chambre à louer

MME GÉRARD: Bonjour, mademoiselle. **Comment** vous appelez-vous?

AUDREY: Audrey Delorme.

MME GÉRARD: Vous êtes étudiante?

AUDREY: Oui.

MME GÉRARD: **Où** est-ce que vous étudiez?

AUDREY: À la Sorbonne.

MME GÉRARD: C'est très bien, ça. Et **qu'est-ce que** vous étudiez?

AUDREY: La philosophie.

MME GÉRARD: Oh, c'est sérieux, ça. Vous avez **combien d'**heures de cours?

AUDREY: 21 heures par semaine.

MME GÉRARD: Vous avez besoin d'une chambre pas chère?

AUDREY: Oui, c'est ça. **Quand** est-ce que la chambre est disponible?

MME GÉRARD: Aujourd'hui. Elle est à vous.

Vrai ou faux?

1. Audrey est étudiante à Paris.
2. Mme Gérard a l'air gentille.
3. Audrey a besoin d'une chambre pas chère.

Information Questions with Interrogative Words

Information questions ask for new information or facts. They often begin with interrogative expressions. Here are some of the most common interrogative adverbs in French.

où	*where*	**pourquoi**	*why*
quand	*when*	**combien de**	*how much,*
comment	*how*		*how many*

Information questions can be formed with **est-ce que** or with a change in word order. (You may wish to review the presentation of yes/no questions in **Chapitre 3, Leçon 3.**) The interrogative word is usually placed at the beginning of the question.

1. These are information questions with **est-ce que.**

> **Où**
> **Quand** ⎱
> **Comment** ⎰ **est-ce que** Michel joue du banjo?
> **Pourquoi**

> **Combien de** fois par semaine (*times a week*) **est-ce que** Michel joue?

2. These are information questions with a change in word order.

PRONOUN SUBJECT	NOUN SUBJECT
Où	**Où**
Quand ⎱ étudie-t-il la	**Quand** ⎱ Michel étudie-t-il
Comment ⎰ musique?	**Comment** ⎰ la musique?
Pourquoi	**Pourquoi**
Combien d'instruments a-t-il?	**Combien d'**instruments Michel a-t-il?

3. These are information questions consisting of a noun subject and verb only. With **où, quand, comment,** and **combien de,** it is possible to ask information questions using only a noun subject and the verb, with no pronoun.

> **Où**
> **Quand** ⎰ étudie Michel?
> **Comment**
> **Combien d'**instruments a Michel?

However, the pronoun is almost always required with **pourquoi.**

> **Pourquoi** Michel étudie-t-**il**?

[Allez-y! A–B]

Information Questions with Interrogative Pronouns

Some of the most common French interrogative pronouns (**les pronoms interrogatifs**) are **qui, qu'est-ce que,** and **que.**

1. **Qui** (*who, whom*) is used to ask about a person or people.

Qui étudie le français?	*Who studies French?*
Qui regardez-vous? **Qui** est-ce que vous regardez? }	*Whom are you looking at?*
À qui Michel parle-t-il? **À qui** est-ce que Michel parle? }	*Whom is Michel speaking to?*

2. **Qu'est-ce que** and **que** (*what*) refer to things or ideas. **Que** requires inversion.

Qu'est-ce que vous étudiez? **Qu'**étudiez-vous? }	*What are you studying?*
Que pense-t-il de la chambre?	*What does he think of the room?*

[Allez-y! C-D-E-F]

Allez-y!

A. De l'argent. (*Money.*) Monsieur Harpagon is sometimes stingy. Respond to these statements as he would, using **pourquoi.**

MODÈLE: J'ai besoin d'un manteau. →
Pourquoi as-tu besoin d'un manteau?

1. Nous avons besoin d'une étagère.
2. Monique a besoin d'un dictionnaire d'anglais.
3. Paul a besoin d'une voiture.
4. J'ai besoin d'un nouveau tapis.

B. Une chambre d'étudiant. Complete the conversation with the appropriate interrogative expressions. **Suggestions:** comment, où, pourquoi, quand, combien de...

MODÈLE: SABINE: Comment est la chambre?
JULIEN: La chambre est *très agréable.*

SABINE: _____?
JULIEN: J'emménage (*I move in*) jeudi.
SABINE: _____?
JULIEN: La lampe est *à côté de la stéréo.*
SABINE: _____?
JULIEN: Il y a *deux* chaises et *une* table.

SABINE: _____?

JULIEN: J'ai une stéréo *parce que j'adore la musique.*

SABINE: _____?

JULIEN: J'écoute de la musique *quand j'étudie.*

SABINE: _____?

JULIEN: La chambre est *petite mais confortable.*

C. Une visite chez Camille et Marie-Claude. Ask a question in response to each statement about Camille and Marie-Claude's new apartment. Use **qu'est-ce que** or **que.**

MODÈLE: Nous visitons le logement de Camille et Marie-Claude. →
Qu'est-ce que vous visitez? (*ou* Que visitez-vous?)

1. Il y a un miroir sur le mur.
2. Je regarde les affiches de Camille.
3. Nous admirons l'ordre de la chambre de Camille.
4. Guy écoute les disques de Marie-Claude.
5. Je trouve des revues intéressantes.
6. Elles cherchent le chat de Camille.
7. Guy n'aime pas les rideaux à fleurs.
8. Nous aimons bien la vue et le balcon.

D. Les étudiants et le logement. With a little help from her friends, Brigitte finds a new room. Create a question, using **qui** or **à qui,** that corresponds to each item of information.

MODÈLE: *Brigitte* cherche un logement. →
Qui cherche un logement?

1. *Mme Boucher* a une petite chambre à louer dans une maison.
2. Jocelyne et Richard parlent de Mme Boucher à *Brigitte.*   3. Brigitte téléphone à *Mme Boucher.*   4. Mme Boucher montre (*shows*) la chambre à *Brigitte.*   5. *Brigitte* loue la chambre de Mme Boucher.

E. Voici les réponses. Invent questions for these answers.

MODÈLE: Dans la chambre de Claire. →
Où est-ce qu'il y a des affiches de cinéma?
Où sont les disques d'Aimé?

1. C'est un magazine français.
2. À l'université.
3. Parce que je n'ai pas envie d'étudier.
4. Vingt-quatre étudiants.
5. À Laure.
6. Djamila.
7. Très bien.
8. Parce que j'ai faim.
9. Maintenant.

Mots-clés

Giving reasons

To answer the question **pourquoi?** use **parce que** (**parce qu'** before a vowel sound).

Je travaille **parce que** j'ai besoin d'argent.

Correspondance

Fichier Edition Affichage Insertion Format Outils Aide

DE: Sophie@image.qu.ca

À...   Caroline@universpar.fr

Cc...

Objet:

Chère Caroline,

Nous emménageons la semaine prochaine dans un nouvel appartement du vieux Québec. Le quartier est plein de charme: des rues pittoresques, des églises anciennes, de belles maisons en pierre, des monuments construits au XVIIe siècle. J'ai l'impression d'être en Europe! Les enfants finissent l'école dans deux semaines. Nous t'invitons pour les vacances, d'accord?

Mille baisers,
Sophie

Vieux Québec

Portrait
Louis XIV le Grand (Roi de France, 1638–1715)

Pendant[1] cinquante-quatre ans, Louis XIV gouverne la France seul, sans[2] premier ministre. Il protège les artistes et encourage la création. Il adore le luxe[3] et vit[4] dans des palais splendides. Le «Roi-Soleil» construit le château de Versailles et transforme le Louvre. Il crée des modes que toute la cour imite. Il organise aussi des fêtes somptueuses et des dîners extraordinaires. Pour les 4 000 courtisans[5] qui doivent l'honorer[6] en permanence, il invente l'étiquette.

[1]For [2]without [3]luxury [4]lives [5]courtiers [6]qui... who are obliged to honor him

Flash **Montréal: l'Europe à votre porte**

18 mai 1642[1]: un groupe de missionnaires français (cinquante hommes et quatre femmes) fondent un village baptisé Ville-Marie.

Les années passent et le village devient[2] une des villes principales[3] du Canada et la deuxième ville de langue française au monde.

Aujourd'hui, Ville-Marie, c'est Montréal: une grande cité avec une population de plus d'un million d'habitants. Métropole moderne et active, elle conserve les signes du passé et préserve scrupuleusement son héritage culturel.

Une promenade dans les rues tranquilles de la vieille ville et vous avez l'impression d'être en Europe. Pourquoi? Parce que les origines de Montréal sont inscrites dans son architecture européenne. Mais surtout parce qu'à Montréal, on attache une importance essentielle à la beauté de l'environnement et à la qualité de vie, exactement comme à Paris, à Rome ou à Madrid.

[1]*seize cent quarante-deux* [2]*becomes* [3]*main*

Un café-terrasse à Montréal

EN AVANT!

Un peu de bavardage

1. Historically, royal families have changed the destiny of their people, rightly or wrongly. Do you think there is still a need for royalty in modern society? Explain your opinion.
2. Montréal has the characteristics of a North American and a European city. Name other cities that have been influenced by two or more cultures. What do they retain from each culture?

On est branché!

For Internet links and additional information to complete the following activities, visit the *Vis-à-vis* website at www.mhhe.com/visavis.

1. Pour votre prochaine visite au musée du Louvre, choisissez la collection que vous aimeriez[1] voir. Où est-elle située dans le musée? Nommez deux œuvres[2] de cette collection qui vous intéressent.
2. Est-ce qu'il y a des expositions[3] temporaires en ce moment au Louvre? Si oui, lesquelles[4]?
3. Pourquoi est-ce que Louis XIV choisit le soleil[5] comme emblème?
4. Le château de Versailles devient[6] la résidence royale officielle en 1682.[7] Quelle pièce du château représente un symbole de puissance[8]? Quels détails architecturaux sont remarquables dans cette pièce? Quel événement historique se déroule[9] dans cette pièce en 1919?
5. À Montréal, le Vieux Port est l'une des destinations touristiques préférées. Consultez la liste des musées à visiter. Choisissez-en un et faites-en une brève description.

[1]*would like* [2]*art works* [3]*exhibits* [4]*which ones* [5]*sun* [6]*becomes*
[7]*seize cent quatre-vingt-deux* [8]*power* [9]*se... takes place*

Leçon 3

STRUCTURES

Les verbes en -*ir*
Expressing Actions

À bas les dissertations!

Khaled et Naima ont une dissertation* d'histoire.

KHALED: Quel sujet **choisis**-tu?

NAIMA: Je ne sais pas, je **réfléchis.** Bon, je **choisis** le premier sujet—l'Empire de Napoléon.
(*Deux jours plus tard.*)

KHALED: Alors, tu es prête?

NAIMA: Attends, je **finis** ma conclusion et j'arrive. Et si je **réussis** à avoir 15 sur 20, on fait la fête!

Vrai ou faux?

1. Naima n'aime pas le premier sujet.
2. Naima finit son introduction.
3. Naima veut (*wants*) avoir 15 sur 20.

Although the infinitives of the largest group of French verbs end in **-er,** those of a second group end in **-ir.** To form the present tense of these verbs, drop the final **-ir** and add the endings shown in the chart.

PRESENT TENSE OF **finir** (*to finish*)	
je fin**is**	nous fin**issons**
tu fin**is**	vous fin**issez**
il/elle/on fin**it**	ils/elles fin**issent**

The **-is** and **-it** endings of the singular forms have silent final consonants. The double **s** of the plural forms is pronounced.

*****Dissertation** is the equivalent of a term paper. (A doctoral dissertation is **une thèse.**)

1. Other verbs conjugated like **finir** include:

agir	*to act*
choisir	*to choose*
réfléchir (à)	*to reflect* (*upon*), *to consider*
réussir (à)	*to succeed* (*in*)

J'**agis** toujours avec raison.   *I always act reasonably.*
Nous **choisissons** des affiches.   *We're choosing some posters.*

2. The verb **réfléchir** requires the preposition **à** before a noun when it is used in the sense of *to consider, to think about,* or *to reflect upon something.*

Elles **réfléchissent aux** questions de Paul.   *They are thinking about Paul's questions.*

3. The verb **réussir** requires the preposition **à** before an infinitive or before the noun in the expression **réussir à un examen** (*to pass an exam*).*

Je **réussis** souvent **à** trouver les réponses.   *I often succeed in finding the answers.*
Marc **réussit** toujours **à** l'examen d'histoire.   *Marc always passes the history exam.*

4. The verb **finir** requires the preposition **de** before an infinitive.

En général, je **finis d'**étudier à 8 h 30.   *I usually finish studying at 8:30.*

Allez-y!

A. À la bibliothèque. Read the following description of Céline's visit to the library. Then imagine that Céline and Anne are there together and restate the account using **nous.**

Je choisis un livre de référence sur la Révolution française. Je réfléchis au sujet. Je réussis à trouver une revue intéressante sur la Révolution. Je finis très tard.

B. En cours de littérature. Complete the sentences with appropriate forms of **agir, choisir, finir, réfléchir,** or **réussir.**

1. Le professeur _____ des textes intéressants.
2. Les étudiants _____ avant de répondre aux questions du professeur.
3. Pierre et Anne _____ toujours leur travail très vite (*fast*).
4. Nous _____ toujours aux examens.
5. Toi, tu _____ souvent sans (*without*) réfléchir.

*Passer un examen** means *to take an exam,* not *to pass* one.

C. **Choisissez!** What might these people pick out for their new rooms?
Suggestions: une armoire, des étagères, un lecteur de CD, un miroir, un ordinateur, un téléphone

MODÈLE: Karim. Il aime la musique. → Il choisit un lecteur de CD.

1. Ako. Elle étudie l'informatique. **2.** Fatima et Julie. Elles ont beaucoup de livres. **3.** Luc. Il est vaniteux (*vain*). **4.** Henri et Yves. Ils ont beaucoup de vêtements. **5.** Chantal. Elle aime bavarder.

D. **Une conversation.** Use the following cues as a springboard for discussion with a classmate.

MODÈLE: réussir / aux examens →
   É1: Est-ce que tu réussis toujours aux examens?
   É2: Oui, bien sûr, je réussis toujours aux examens!
   É1: Ah, tu es intelligent(e)! Moi, je ne réussis pas toujours aux examens.

1. agir / souvent / sans réfléchir
2. finir / exercices / français
3. choisir / cours (difficiles, faciles,...)
4. réfléchir / problèmes (politiques, des étudiants,...)
5. choisir / camarade de chambre (patient, intellectuel, calme,...)

La place de l'adjectif qualificatif
Describing People, Places, and Things

Un *nouvel* appartement

CHLOË: J'emménage bientôt dans un **nouvel** appartement.
VINCENT: Ah bon? Où exactement?
CHLOË: Dans la rue des Braves, dans un **vieil** immeuble, près du parc.
VINCENT: Est-ce que tu aimes le quartier?
CHLOË: Beaucoup! Il y a de **grands** arbres et de **belles** églises. Et les gens sont sympathiques!

Répondez aux questions.

1. Est-ce que Chloë emménage dans une maison?
2. Est-ce qu'elle habite dans un immeuble moderne?
3. Pourquoi est-ce qu'elle aime le quartier?

Adjectives That Usually Precede the Noun

1. Certain short and commonly used adjectives usually precede the nouns they modify.

REGULAR	IRREGULAR	IDENTICAL IN MASCULINE AND FEMININE
grand(e) *big, tall; great* **joli(e)** *pretty* **mauvais(e)** *bad* **petit(e)** *small, little* **vrai(e)** *true*	**beau / belle** *beautiful, handsome* **bon(ne)** *good* **faux / fausse** *false* **gentil(le)** *nice, kind* **gros(se)** *large, fat, thick* **long(ue)** *long* **nouveau / nouvelle** *new* **vieux / vieille** *old*	**autre** *other* **chaque** *each, every* **jeune** *young* **pauvre** *poor; unfortunate*

Marise habite une **petite** chambre en cité-U.	*Marise lives in a small room at the university dormitory.*
Les **jeunes** étudiants aiment bien le cinéma.	*Young students like to go to the movies.*
C'est une **bonne** idée!	*It's a good idea!*

2. The adjectives **beau, nouveau,** and **vieux** are irregular. They have two masculine forms in the singular.

SINGULAR		
Masculine	*Masculine before vowel or mute* **h**	*Feminine*
un **beau** livre	un **bel** appartement	une **belle** voiture
un **nouveau** livre	un **nouvel** appartement	une **nouvelle** voiture
un **vieux** livre	un **vieil** appartement	une **vieille** voiture

PLURAL	
Masculine	*Feminine*
de **beaux** appartements	de **belles** voitures
de **nouveaux** appartements	de **nouvelles** voitures
de **vieux** appartements	de **vieilles** voitures

[Allez-y! A]

Adjectives Preceding Plural Nouns
. . . .

When an adjective precedes the noun in the plural form, the plural indefinite article **des** generally becomes **de.***

J'ai **des** livres de français.

Il y a **des** films à la télé.

[Allez-y! B-C]

J'ai **de** nouveaux livres de français.

Il y a **de** vieux films à la télé.

Adjectives That Can Precede or Follow Nouns They Modify
. . . .

The adjectives **ancien / ancienne** (*old; former*), **cher / chère** (*dear; expensive*), **grand(e),** and **pauvre** can either precede or follow a noun, but their meaning depends on their position. Generally, the adjective in question has a literal meaning when it follows the noun and a figurative meaning when it precedes the noun.

LITERAL SENSE	FIGURATIVE SENSE
C'est un homme très **grand.**[†] *He's a very tall man.*	C'est un très **grand** homme. *He's a great man.*
Les étudiants **pauvres** n'habitent pas en appartement. *Poor (not rich) students don't live in an apartment.*	**Pauvres** étudiants! Il y a un examen demain! *The poor (unfortunate) students! There is an exam tomorrow!*
Il a des chaises **anciennes.** *He has antique chairs.*	M. Sellier est l'**ancien** propriétaire. *Mr. Sellier is the former landlord.*
C'est une chaîne stéréo très **chère.** *That's a very expensive stereo.*	Ma **chère** amie... *My dear friend . . .*

---

*In informal speech, **des** is often retained before the plural adjective: **Elle a toujours** *des belles* **plantes.**

†The adjective **grand(e)** is placed *after* the noun to mean *big* or *tall* only in descriptions of people. When it precedes the noun in descriptions of things and places, it means *big, tall, large:* **les grandes fenêtres, un grand appartement, une grande table.**

Placement of More Than One Adjective

When more than one adjective modifies a noun, each adjective precedes or follows the noun as if it were used alone.

> C'est une **petite** femme **blonde**.
> J'ai de **bons** livres **français**.
> C'est un **vieil** immeuble (*building*) **agréable**.

Allez-y!

A. Vous déménagez? You are moving out of the apartment you share with a friend. Specify which items you are taking with you.

MODÈLE: la table / vieux → J'apporte la vieille table.

1. le lit / petit
2. les tapis / grand
3. l'ordinateur / nouveau
4. le lecteur de CD / vieux
5. la commode / grand
6. les chaises / beau

B. Hervé emménage! Hervé has moved into his new apartment, and he's explaining where everything goes. Give the plural form of the nouns, and make the appropriate agreements.

MODÈLE: Je place un beau vase sur l'étagère. →
Je place de beaux vases sur l'étagère.

Pour décorer, je mets une vieille affiche[1] sur le mur. Près du lit, il y a une petite lampe.[2] J'ai une nouvelle chaise[3] pour la table de cuisine. À la fenêtre, j'installe un long rideau.[4] Pour me détendre (*relax*), je passe (*play*) un bon CD.[5] Pour finir, j'invite un vieux copain[6] (*buddy*).

C. Chez moi. Ask a classmate to describe his/her room. Use questions to get information on placement, color, size, etc. As he/she gives you the details, draw a plan of the room. Then repeat the exercise, answering his/her questions about your room.

D. Jeu de logique. Complete the following thoughts logically using **les mots de liaison.**

1. J'habite dans un beau quartier, _____ c'est un peu cher.
2. Je vais déménager (*I'm going to move*), _____ je trouve un nouvel appartement.
3. J'ai envie d'habiter dans le vieux quartier de la ville _____ en banlieue (*in the suburbs*).
4. Pour le moment, mon amie Jeanne n'a pas d'argent, _____ elle habite chez ses (*her*) parents.
5. C'est une femme calme _____ organisée.
6. Elle commence un nouvel emploi le mois prochain, _____ elle pense emménager avec moi.

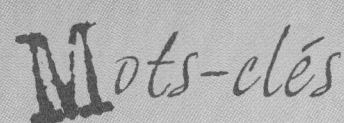

Mots-clés

Quelques mots de liaison

To make more complex and interesting sentences, use the following words:

et	*and*	**mais**	*but*
alors	*so*	**si**	*if*
ou	*or*	**donc**	*therefore*

Geneviève est riche **et** (**mais**) généreuse.

J'habite près de l'université **donc** (**alors**) je marche.

Leçon 4

Proverbe

Pas de nouvelles, bonnes nouvelles.

Lecture

Avant de lire

Predicting content from titles. The title of a reading selection often helps you anticipate content by activating your background knowledge about a topic. Brainstorming topics based on a title before you read will make reading easier, because you will already have information in mind that can aid your comprehension.

The text you will read in this section is called **Avantages et désavantages de la colocation.** What do you already know about renting a room or a house with another person? Make a short list of the advantages and disadvantages. Use the following questionnaire as a guide. Then, as you read, see how many of the items you mentioned appear in the text.

Acceptable ou inacceptable? Which of the following situations would you consider acceptable or unacceptable behavior from a housemate?

	ACCEPTABLE	INACCEPTABLE
1. Votre colocataire (*housemate*) organise une soirée; vous n'êtes pas invité(e).	☐	☐
2. Les amis de votre colocataire visitent à l'improviste (*unexpectedly*).	☐	☐
3. Le petit ami / La petite amie de votre colocataire emménage chez vous.	☐	☐
4. Votre colocataire mange vos provisions mais il/elle aime cuisiner (*to cook*) pour vous.	☐	☐
5. Votre colocataire déménage sans donner de préavis (*without notice*).	☐	☐

PERSPECTIVES

Avantages et désavantages de la colocation

À propos de la lecture... This is the second reading taken and adapted from *Quo* Magazine.

*L*a colocation est surtout[1] une affaire d'étudiants: elle concerne une population qui gagne[2] peu et qui a des difficultés à trouver un emploi stable et bien rémunéré. Contrairement aux pays anglo-saxons, la colocation n'est pas fréquente en France: de 5 à 8 %[3] des locations seulement. Partager[4] un appartement ne correspond pas à la mentalité latine—une fille qui emménage avec deux garçons, par exemple, trouble souvent les voisins.[5] L'importance de la vie privée et le confort personnel, deux autres valeurs culturelles importantes, défavorisent la colocation.

Néanmoins,[6] la colocation commence à s'implanter[7] en France. La situation économique et le rapport qualité-prix[8] expliquent ce développement.

Avant de vivre en colocation, pensez à organiser les détails de la vie quotidienne.[9] Les compromis sont souvent nécessaires. Voici quelques conseils pratiques:

- **Les amis.** Évitez[10] les visites à l'improviste, surtout la veille[11] des examens ou des rendez-vous. Présentez vos amis à votre colocataire et invitez-le/la[12] à vos soirées de temps en temps.

- **Les soirées.** Inscrivez les dates de vos soirées sur un calendrier affiché[13] dans la cuisine. Consultez-le[14] souvent pour éviter de mauvaises surprises!

- **Le petit ami / La petite amie.** Si le contrat stipule deux personnes, ce n'est pas pour trois ou quatre!

- **La nourriture.** Achetez la nourriture séparément. Ne mangez pas les provisions de l'autre.

- **Le ménage.**[15] Chacun[16] possède des degrés différents de tolérance au désordre. Parlez du ménage avec l'autre et instituez, si nécessaire, des tours de ménage. N'oubliez pas! Le dialogue et l'humour sont essentiels à la bonne entente.[17] N'hésitez pas à parler des problèmes.

Voici un petit appartement à partager (*to share*).

[1]*especially* [2]*earns* [3]huit pour-cent [4]*To share* [5]*neighbors* [6]*Nevertheless* [7]*to become established* [8]rapport... *good value for the price* [9]*daily* [10]*Avoid* [11]la... *the night before* [12]*invite him/her* [13]*posted* [14]*Consult it* [15]Le... *housework* [16]*Each person* [17]bonne... *harmony*

Compréhension

A. Pourquoi? Expliquez pourquoi...

1. les étudiants choisissent la colocation plus souvent que les autres groupes.
2. les Français sont lents (*slow*) à accepter la colocation.
3. la colocation commence à s'implanter en France.

B. Oui ou non? Indiquez si l'auteur du texte conseille (*recommends*) ou déconseille les comportements suivants.

1. Si le petit ami / la petite amie de votre colocataire emménage chez vous, accueillez-le/la (*welcome him/her*).
2. Désignez une personne pour faire le ménage, une autre pour faire la cuisine.
3. Parlez des problèmes immédiatement.
4. N'invitez pas votre colocataire à vos soirées.
5. La nourriture dans le frigo appartient à (*belongs to*) tout le monde.

La chambre de l'artiste à Arles, 1888 (Vincent Van Gogh, 1853–1890)

Écriture

La maison de mes rêves. Using the following guidelines, write a paragraph describing the house of your dreams. You may give additional information.

1. Donnez des informations générales sur la maison: grandeur (*size*), style, nombre de pièces, etc.
2. Décrivez l'environnement. (*Describe the surroundings.*)
3. Énumérez les objets et les meubles dans une des pièces de la maison.
4. Dites pourquoi c'est la maison de vos rêves.

La maison de mes rêves...

À l'écoute!

Chambre à louer. Laurence is looking for a room. She calls Mme Boussard, who has a room to rent. First, read the following activity. Listen to the vocabulary and the conversation. Then, complete the activity.

VOCABULAIRE UTILE

qui donnent sur	that overlook
meublé(e)	furnished
je peux la visiter	I may (may I) visit it

Circle all the words that describe the room for rent.

1. La chambre est _____.
   - **a.** petite
   - **b.** grande *(circled)*
   - **c.** moderne
   - **d.** simple
   - **e.** confortable *(circled)*
   - **f.** calme *(circled)*
   - **g.** blanche
2. Dans la chambre, il y a _____.
   - **a.** un lavabo
   - **b.** un lit *(circled)*
   - **c.** un canapé *(circled)*
   - **d.** deux étagères
   - **e.** une chaîne stéréo
   - **f.** une armoire
   - **g.** deux chaises *(circled)*
   - **h.** une table *(circled)*

En société

EXPRESSIONS UTILES

une salle de séjour	a living room
une salle de bains	a bathroom
le loyer	the rent
même	same
partager	to share

Extrait du dialogue

CLAIRE: Tu as tort. Regarde. «Je cherche une colocataire pour partager un joli studio... une grande pièce avec une petite cuisine équipée. Six cents euros par mois. Téléphoner: 04-55-31-03-45.» Aimée, ça fait 300 euros par mois. C'est idéal!

AIMÉE: Oui, mais une colocataire? Je ne sais pas.

CLAIRE: Écoute, moi, je connais ce studio et cette personne. Le studio n'est pas très grand mais il y a une grande fenêtre, beaucoup, beaucoup de lumière. Il est en ordre, le studio, avec une ambiance très tranquille. Et cette personne, elle a le même âge que toi. Elle est dynamique, intelligente, aimable, belle... et professionnelle.

Jeux de rôles

Working with a classmate, act out the following situations.

1. You find an ad for an apartment in the newspaper. Because there is little information in the ad, call the number and ask about the size of the apartment, the rent, what is included in the price, the location, the neighborhood, and so on.

2. You have just moved into a new house, and your friend asks you questions about it. Describe your bedroom, giving the location of the furniture in the room.

Note culturelle

In France, campus housing is managed by the CNOUS (**Centre national des œuvres universitaires et scolaires**). Regional centers (CROUS) exist to help students find lodging in the **cité-U**. Priority is given to high achievers who study far from home and whose parents are of modest means. The monthly rent (**le loyer mensuel**) for a traditional room is about 700 francs (117 euros) and between 1,300 and 1,700 francs (217 to 284 euros) for a studio, including electricity, water, and insurance.

CHAPITRE 4

Vocabulaire

Verbes

agir to act
choisir to choose
déménager to move out
emménager to move in
finir (**de** + *inf*) to finish
louer to rent
passer un examen to take an exam
réfléchir (à) to think (about)
réussir (à) to succeed (in); to pass (*a test*)

Substantifs

l'affiche (*f.*) poster
l'appartement (*m.*) apartment
l'armoire (*f.*) wardrobe, closet
le canapé sofa
la cassette cassette tape
la chaîne stéréo stereo
la chambre bedroom
le chat cat
le chien dog
la commode chest of drawers
le couloir hallway
le disque record
la douche shower
l'étagère (*f.*) shelf
la fleur flower
la guitare guitar
l'immeuble (*m.*) apartment building
la lampe lamp
le lavabo bathroom sink
le lecteur de CD CD player

le lit bed
le logement lodging, place of residence
le magazine magazine
la maison house
le miroir mirror
le mur wall
le réveil alarm clock
le rideau curtain
la rue street
le tapis rug
le téléphone telephone
les toilettes (*f. pl.*) (**les W.-C.**) restroom
la voiture car

À REVOIR: le bureau, la chaise, l'ordinateur, la table, la télé(vision)

Adjectifs

ancien(ne) old, antique; former
autre other
bon(ne) good
faux / fausse false
jeune young
joli(e) pretty
mauvais(e) bad
vieux / vieil / vieille old
vrai(e) true

À REVOIR: beau / bel / belle, cher / chère, gentil(le), grand(e), long(ue), nouveau / nouvel / nouvelle, pauvre, petit(e)

Prépositions de lieu

à côté de beside
à droite de on the right of
à gauche de on the left of
derrière behind
devant in front of
en face de across from
entre between
loin de far from
par terre on the ground
près de near
sous under
sur on

Mots interrogatifs

combien (de) how many, how much
comment how, what
où where
pourquoi why
qu'est-ce que, quoi, que what
quand when
qui who, whom

Mots et expressions divers

alors so; then
donc then; therefore
en désordre disorderly
en ordre orderly
parce que because
si if

De génération en génération

Pierre Auguste Renoir (1841–1919)
Madame Charpentier et ses enfants, 1878
Metropolitan Museum of Art, New York

Salut Malik!

Merci pour ta carte d'anniversaire. Je compte célébrer l'événement à Paris, chez moi, en famille et avec mes amis.

Comment vas-tu? Tu aimes ton nouveau travail? Quel temps fait-il là-bas? Guide touristique: quelle aventure!

Décris-moi ton itinéraire en Afrique: quels pays est-ce que tu vas visiter?

Moi, je voyage seulement dans mes livres et sur le Web!

À bientôt,
Ton ami Michel *

*Chapitres 5–8 of *Vis-à-vis* feature an exchange of cards and letters between Michel, from **Initiation,** and his friend Malik, from Dakar, Senegal. Refer to **Chapitre 1, Étape 1** to refamiliarize yourself with these two people.

Dans ce chapitre...

Objectifs communicatifs

- talking about family and relatives; identifying rooms in a house; talking about weather; expressing possession; talking about plans and destinations; expressing what you are doing and making; expressing actions

Contenu lexical (Leçon 1)

- La famille
- La maison
- Le temps et les saisons

Contenu grammatical (Leçons 2 et 3)

- Les adjectifs possessifs
- Le verbe **aller** et le futur proche
- Le verbe **faire**
- Les verbes en **-re**

Vidéothèque

- Initiation (ci-dessous)
- En société (Leçon 4)

Initiation Une famille nombreuse

Bénédicte et Paul ont rendez-vous dans un café et parlent de leurs familles. Ils remarquent de nombreuses différences entre les deux familles.

VOCABULAIRE UTILE

Je viens de déjeuner...	I just had lunch . . .
seul	alone
en province	outside Paris
occupé	busy

Vive la différence! Indiquez si les phrases suivantes sont vraies (V) ou fausses (F).

1. V F   Paul aime le fast-food.
2. V F   Bénédicte adore faire la cuisine.
3. V F   La sœur de Paul habite dans un studio avec une copine.
4. V F   Il y a très peu d'activité chez Bénédicte.
5. V F   Le chien de Bénédicte s'appelle Wellington.

Leçon 1

PAROLES

Trois générations d'une famille

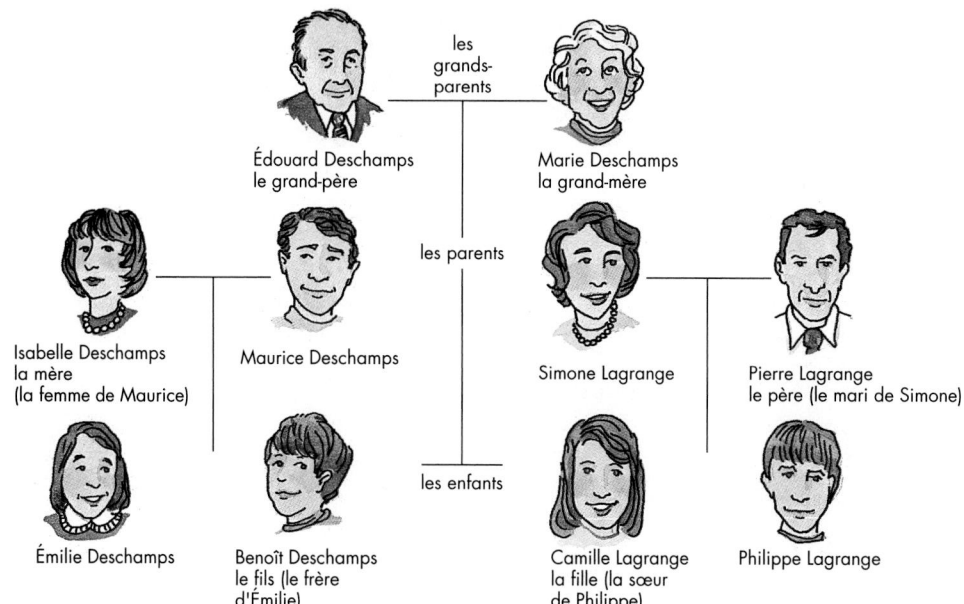

les grands-parents

Édouard Deschamps
le grand-père

Marie Deschamps
la grand-mère

les parents

Isabelle Deschamps
la mère
(la femme de Maurice)

Maurice Deschamps

Simone Lagrange

Pierre Lagrange
le père (le mari de Simone)

les enfants

Émilie Deschamps

Benoît Deschamps
le fils (le frère
d'Émilie)

Camille Lagrange
la fille (la sœur
de Philippe)

Philippe Lagrange

AUTRES MOTS UTILES

le petit-enfant grandchild
la petite-fille granddaughter
le petit-fils grandson

le parent parent (*or* relative)
les arrière-grands-parents (*m. pl.*)
    great-grandparents

le cousin, la cousine cousin
le neveu nephew
la nièce niece
l'oncle uncle
la tante aunt

célibataire single
divorcé(e) divorced
marié(e) married

le beau-frère brother-in-law
la belle-sœur sister-in-law
le demi-frère half brother (*or* stepbrother)
la demi-sœur half sister (*or* stepsister)
le beau-père father-in-law (*or* stepfather)
la belle-mère mother-in-law (*or* stepmother)

Allez-y!

A. La famille Deschamps. Étudiez l'arbre généalogique (*family tree*) de la famille Deschamps et répondez aux questions.

1. Comment s'appelle la femme d'Édouard?
2. Comment s'appelle le mari d'Isabelle?
3. Comment s'appelle la tante d'Émilie et de Benoît? Et l'oncle?
4. Combien d'enfants ont les Lagrange? Combien de filles et de fils?
5. Comment s'appelle le frère d'Émilie?
6. Combien de cousins ont Émilie et Benoît? Combien de cousines?
7. Comment s'appelle la grand-mère de Philippe? Et le grand-père?
8. Combien de petits-enfants ont Édouard et Marie? Combien de petites-filles? Combien de petits-fils?
9. Comment s'appelle la sœur de Philippe?
10. Comment s'appellent les parents de Maurice et de Simone?

B. Qui sont-ils? Complétez les définitions suivantes.

1. Le frère de mon père est mon _____.
2. La fille de ma tante est ma _____.
3. Le père de ma mère est mon _____.
4. La femme de mon grand-père est ma _____.

Maintenant définissez les personnes suivantes.

5. une nièce
6. des arrière-grands-parents
7. une tante
8. un grand-père
9. une belle-sœur
10. un demi-frère

C. Une famille française. Avec un(e) camarade, décrivez la famille sur la photo. Donnez le nombre de personnes, et essayez de deviner (*try to guess*) qui sont les personnes et quel âge elles ont. Puis imaginez leur (*their*) profession, leurs goûts (*tastes*), leur personnalité. Donnez le plus de détails (*as many details as*) possibles.

D. Une famille américaine. Posez (*Ask*) les questions suivantes à votre camarade.

1. As-tu des frères, des sœurs, des demi-frères ou des demi-sœurs? Combien? Comment s'appellent-ils/elles? (Ils/Elles s'appellent...)
2. As-tu des grands-parents? Combien? Habitent-ils chez vous, dans une maison ou dans un appartement?
3. As-tu des cousins ou des cousines? Combien? Habitent-ils/elles près ou loin de la famille?
4. Combien d'enfants (de fils ou de filles) désires-tu avoir? Combien d'enfants est-ce qu'il y a dans une famille idéale?

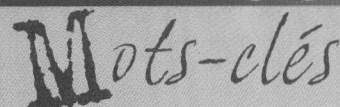

La préposition *chez*

Chez, which generally refers to someone's residence, means **à la maison de.** It can also refer to a place of business (doctor's office, etc.).

On travaille **chez** toi ou **chez** moi?

Are we working at your place or my place?

J'habite **chez** Éric.

I live at Éric's place.

Tu as rendez-vous **chez** le dentiste?

Do you have a dentist appointment?

C'est une affaire de famille.

Chez les Chabrier

MAISON À LOUER: 5 pièces— cuisine, salle de bains

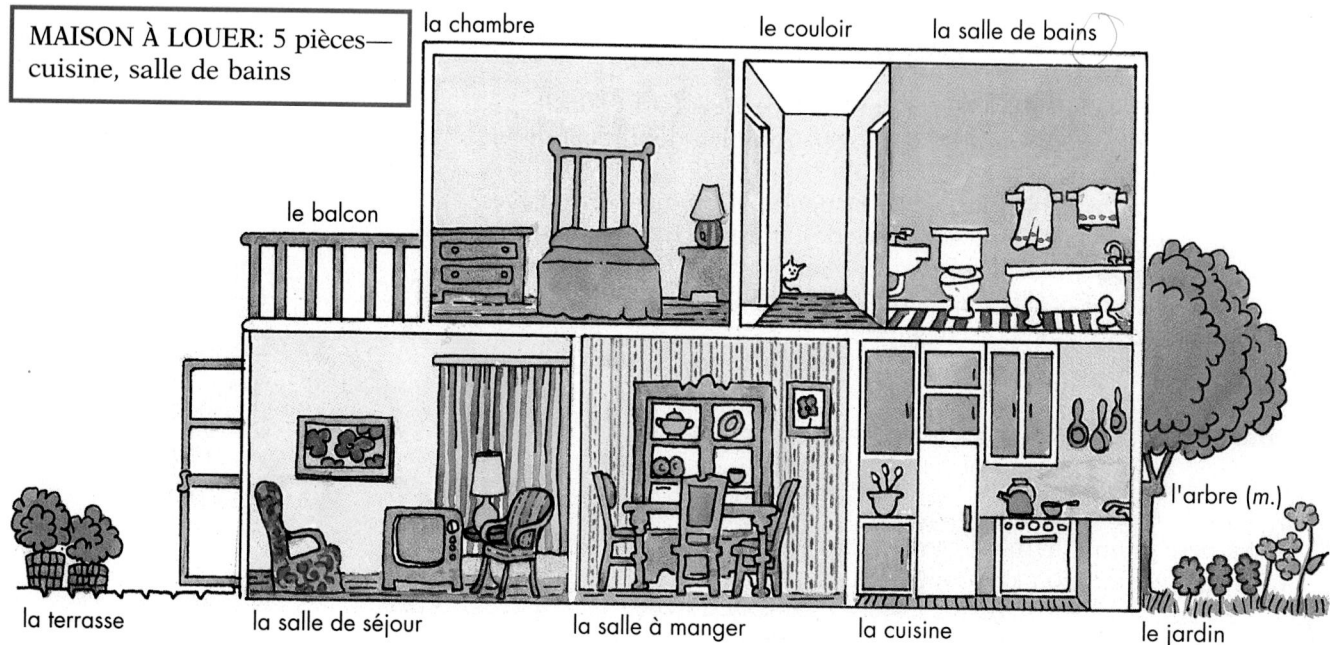

la chambre   le couloir   la salle de bains

le balcon

l'arbre (*m.*)

la terrasse   la salle de séjour   la salle à manger   la cuisine   le jardin

AUTRES MOTS UTILES

le bureau	study, office
l'escalier (*m.*)	stairway
le rez-de-chaussée	ground floor
le premier (deuxième) étage	second (third) floor (*in North Amer.*)
le sous-sol	basement

Allez-y!

Les pièces de la maison. Trouvez les pièces d'après (*according to*) les définitions suivantes.

MODÈLE: C'est un lieu qui donne sur (*that overlooks*) la terrasse. →
         C'est le balcon.

1. la pièce où il y a une table pour manger
2. la pièce où il y a un poste de télévision (*TV set*)
3. la pièce où il y a un lavabo
4. la pièce où on prépare le dîner
5. un lieu de passage
6. la pièce où il y a un lit

Quel temps fait-il?
Les saisons et le temps°

Quel... *How's the weather? Seasons and weather*

Au **printemps,** chez les Belges...
Le temps est nuageux.
Il fait frais.

En **été,** chez les Martiniquais...
Il fait beau.
Il fait du soleil. (Il fait soleil.)
Il fait chaud.

En **automne,** chez les Bretons...
Il pleut.
Il fait mauvais.
Le temps est orageux.

En **hiver,** chez les Québécois...
Il neige.
Il fait froid.
Il fait du vent. (Il vente.)

- To ask about the weather

    Quel temps fait-il?

- To tell about the season

    Nous sommes au printemps (en été, en automne, en hiver).

Allez-y!

A. Parlons du temps. Répondez aux questions suivantes.

1. En quelle saison est Pâques (*Easter*)?
2. Quel temps fait-il en hiver en Alaska?
3. Est-ce qu'il fait beau l'hiver à Seattle?
4. En quelle saison est le Jour d'action de grâce (*Thanksgiving Day*)?
5. C'est le mois de mai. Quel temps fait-il chez vous?

B. Les prévisions de la météo. (*Weather forecast.*) Regardez le temps prévu pour l'Alsace et l'Europe et répondez aux questions suivantes.

1. Quel temps fait-il en Alsace?
   a. Il neige.
   b. Le temps est nuageux.
   c. Il pleut.
2. Quel temps fait-il à Berlin?
   a. Il fait (du) soleil.
   b. Le temps est orageux.
   c. Il fait beau.
3. Quel temps fait-il à Alger?
   a. Il fait mauvais.
   b. Il fait froid.
   c. Il fait (du) soleil.

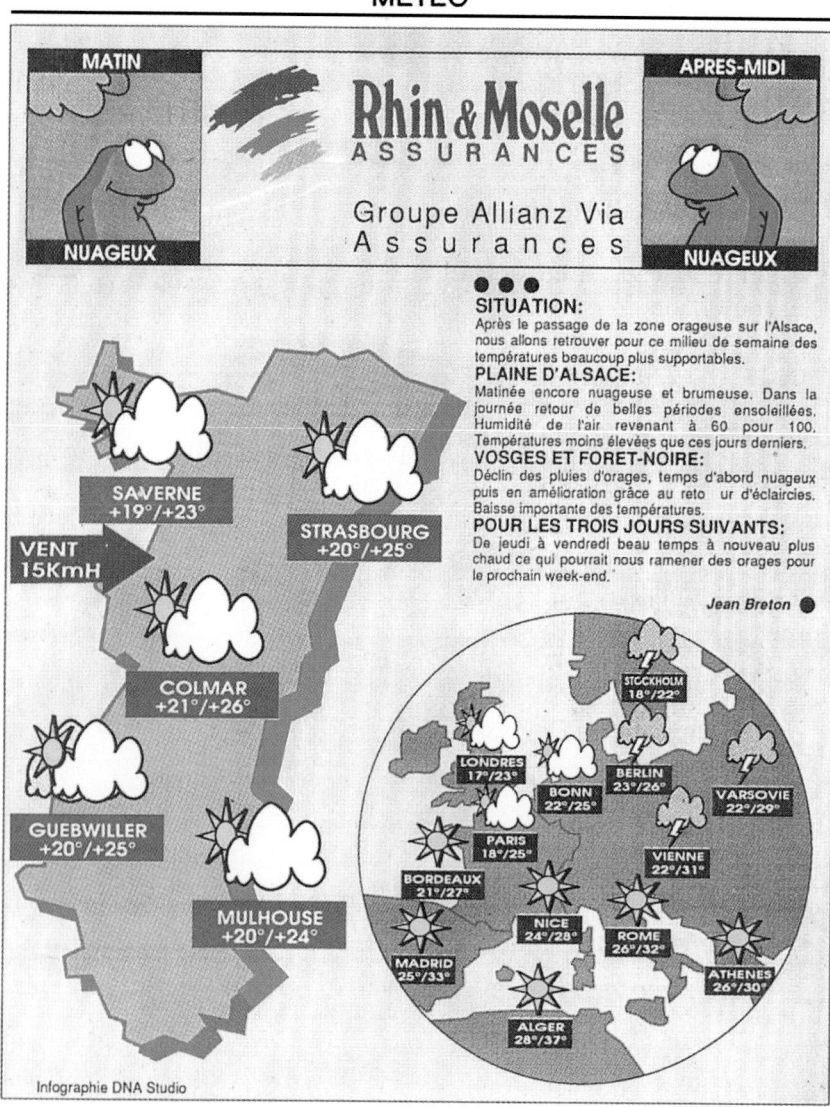

MÉTÉO

MATIN — NUAGEUX

APRÈS-MIDI — NUAGEUX

Rhin & Moselle ASSURANCES

Groupe Allianz Via Assurances

SITUATION:
Après le passage de la zone orageuse sur l'Alsace, nous allons retrouver pour ce milieu de semaine des températures beaucoup plus supportables.

PLAINE D'ALSACE:
Matinée encore nuageuse et brumeuse. Dans la journée retour de belles périodes ensoleillées. Humidité de l'air revenant à 60 pour 100. Températures moins élevées que ces jours derniers.

VOSGES ET FORET-NOIRE:
Déclin des pluies d'orages, temps d'abord nuageux puis en amélioration grâce au reto ur d'éclaircies. Baisse importante des températures.

POUR LES TROIS JOURS SUIVANTS:
De jeudi à vendredi beau temps à nouveau plus chaud ce qui pourrait nous ramener des orages pour le prochain week-end.

Jean Breton

SAVERNE +19°/+23°
STRASBOURG +20°/+25°
VENT 15KmH
COLMAR +21°/+26°
GUEBWILLER +20°/+25°
MULHOUSE +20°/+24°

STOCKHOLM 18°/22°
LONDRES 17°/23°
BONN 22°/25°
BERLIN 23°/26°
VARSOVIE 22°/29°
PARIS 18°/25°
VIENNE 22°/31°
BORDEAUX 21°/27°
NICE 24°/28°
ROME 26°/32°
MADRID 25°/33°
ATHENES 26°/30°
ALGER 28°/37°

Infographie DNA Studio

Leçon 2

Les adjectifs possessifs
Expressing Possession

La maison, reflet d'une situation sociale

Marc, un étudiant à la Sorbonne, fait un petit tour de Paris et de la banlieue avec Thu. Il indique à Thu différentes sortes de logement.

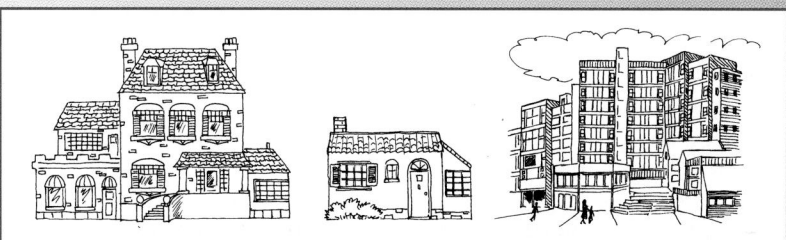

Mon beau-frère a beaucoup d'argent. Voilà **sa** villa: elle est belle, n'est-ce pas? **Notre** maison est petite, mais confortable; **ma** famille y est assez heureuse. Ici en banlieue on trouve de grands complexes où habitent surtout des familles d'ouvriers et d'immigrés. **Leurs** immeubles s'appellent des H.L.M. (Habitations à Loyer Modéré, *French public housing*).

Maintenant complétez les phrases selon la description de Marc.

1. _____ beau-frère est très riche; _____ villa est grande et élégante.
2. Et voilà la maison de _____ famille. _____ maison est petite mais confortable.
3. Voici les immeubles où habitent beaucoup d'ouvriers et d'immigrés. _____ habitations s'appellent des H.L.M.

One way to indicate possession in French is to use the preposition **de: la maison *de* Claudine.** Another way is to use possessive adjectives.

| | SINGULAR | | PLURAL |
	MASCULINE	FEMININE	MASCULINE AND FEMININE
my	**mon** père	**ma** mère	**mes** parents
your (informal)	**ton** père	**ta** mère	**tes** parents
his, her, its, one's	**son** père	**sa** mère	**ses** parents
our	**notre** père	**notre** mère	**nos** parents
your (formal and plural)	**votre** père	**votre** mère	**vos** parents
their	**leur** père	**leur** mère	**leurs** parents

1. In French, possessive adjectives agree in gender and number with the nouns they modify.

Mon frère et **ma sœur** aiment le sport.	*My brother and my sister like sports.*
Voilà **notre maison.**	*There's our house.*
Habitez-vous avec **votre sœur** et **vos parents?**	*Do you live with your sister and your parents?*
Ils skient avec **leurs cousins** et **leur oncle.**	*They're skiing with their cousins and their uncle.*

2. The forms **mon, ton,** and **son** are also used before feminine nouns that begin with a vowel or mute **h.**

affiche (*f.*) → **mon affiche**   histoire (*f.*) → **son histoire**
amie (*f.*) → **ton amie**

3. Pay particular attention to the use of **sa, son, ses** (*his, her*). Whereas English has two possessives corresponding to the sex of the possessor (*his, her*), French has three, corresponding to the gender and number of the noun possessed (**sa, son, ses**).

Singular nouns:
    Masculine   Il / Elle } aime **son** chien.

    Feminine   Il / Elle } aime **sa** maison.

Plural nouns: Il / Elle } aime **ses** oncles et **ses** tantes.

In the preceding examples, **sa, son** and **ses** can all mean *his* or *her*. Usually, their meaning will be clear in context. Look at the following examples.

Carine habite une grande maison. **Son** *jardin est magnifique.*	*Carine lives in a big house. Her garden is magnificent.*
Pierre a deux enfants: **sa** *fille a cinq ans et* **son** *fils a trois ans.*	*Pierre has two children: his daughter is five years old and his son is three years old.*

Allez-y!

A. La curiosité. Formulez des questions et répondez.

MODÈLES: la lampe de Georges? (oui) →
      É1: Est-ce que c'est la lampe de Georges?
      É2: Oui, c'est sa lampe.

      les lampes de Georges (non) →
      É1: Est-ce que ce sont les lampes de Georges?
      É2: Non, ce ne sont pas ses lampes.

1. la chambre de Pierre? (oui)
2. la commode de Léa? (non)
3. les affiches de Jean? (non)
4. le piano de Pierre et de Sophie? (oui)
5. les meubles (*furniture*) d'Annick? (non)
6. les bureaux des parents? (oui)
7. l'ordinateur de Fatima? (oui)
8. l'étagère de Claude? (non)

B. Casse-tête familial. (*Family puzzle.*) Posez rapidement les questions suivantes à un(e) camarade.

MODÈLE: Qui est le fils de ton oncle? → C'est mon cousin.

1. Qui est la mère de ton père?
2. Qui est la fille de ta tante?
3. Qui est la femme de ton oncle?
4. Qui est le père de ton père?
5. Qui est le frère de ta mère?
6. Qui est la sœur de ta mère?
7. Qui sont les femmes de tes frères?
8. Qui sont les enfants de tes sœurs?

C. À qui est-ce? Complétez les dialogues suivants avec les adjectifs possessifs. Étudiez bien le contexte avant de (*before*) choisir l'adjectif.

1. É1: Paul et Florence adorent les animaux.
    É2: Oui, ils ont un chien et deux chats: ____ chien s'appelle Marius et ____ chats Minou et Félix.

2. É1: Tiens, voilà Pierre. Avec qui est-il?
    É2: Il est avec ____ parents et ____ amie Laure.
    É1: Et ____ sœur n'est pas là?
    É2: Non, elle est en vacances au Maroc.

3. É1: Salut, Alain!
    É2: Salut, Pierre. Dis, la jolie fille aux cheveux blonds, c'est ____ cousine belge?
    É1: Oui. Viens (*Come*). Alain, je te présente ____ cousine Sylvie.
    É2: Enchanté, mademoiselle.

4. É1: Pardon, vous êtes M. et Mᵐᵉ Legrand, n'est-ce pas?
    É2: Oui.
    É1: Je suis M. Smith, le professeur d'anglais de ____ enfants.
    É2: Oh, mais ce ne sont pas ____ enfants, ce sont les fils de mon frère Henri. Voici ____ fils.

5. É1: Tu as de la chance, tu as une famille super! ____ parents sont très sympas! Est-ce que ____ grand-père habite avec vous?
    É2: Non, mais il est souvent à la maison.
    É1: ____ grand-père, malheureusement (*unfortunately*), habite très loin.

D. Interview. Posez les questions suivantes à un(e) camarade de classe.

1. Est-ce qu'il y a un membre de ta famille (un cousin, une cousine, un neveu, etc.) que tu admires particulièrement? Pourquoi?
2. Comment s'appelle-t-il/elle?
3. Où est-ce qu'il/elle habite? Avec qui? Comment est sa maison?
4. Quel est son sport préféré? sa musique favorite?

Maintenant faites le portrait du parent proche (*close relative*) préféré de votre camarade.

Le verbe *aller* et le futur proche

Talking about Plans and Destinations

Un père exemplaire

SIMON: On joue au tennis cet après-midi?
STÉPHANE: Non, je **vais** au zoo avec Céline.
SIMON: Alors, demain?
STÉPHANE: Désolé, mais demain je **vais** emmener Sébastien chez le dentiste.
SIMON: Quel père exemplaire!

Vrai ou faux? Corrigez les phrases fausses.

1. Simon va jouer au tennis avec Stéphane.
2. Stéphane va aller au zoo avec Céline.
3. Stéphane est le grand-père de Céline et Sébastien.

Forms of *aller*

The verb **aller** is irregular in form.

PRESENT TENSE OF **aller** (*to go*)	
je **vais**	nous **allons**
tu **vas**	vous **allez**
il/elle/on **va**	ils/elles **vont**

Allez-vous à Grenoble pour vos vacances?	*Are you going to Grenoble for your vacation?*
Comment est-ce qu'**on va** à Grenoble?	*How do you go to (get to) Grenoble?*

You have already used **aller** in several expressions.

Comment **allez-vous?**	*How are you?*
Salut, ça **va?**	*Hi, how's it going?*
Ça **va** bien / mal.	*Fine (badly).*

[Allez-y! A]

Aller + Infinitive

In French, **aller** + *infinitive* is used to express an event that will occur in the near future. This construction is called **le futur proche.**

Paul **va louer** un appartement.	*Paul is going to rent an apartment.*
Allez-vous **visiter** la France cet été?	*Are you going to visit France this summer?*

Ne... pas and the *futur proche*

When the **futur proche** is used in the negative, **ne** precedes the form of **aller,** and **pas** follows.

Sylvie ne **va** pas **étudier** ce week-end.	*Sylvie is not going to study this weekend.*

[Allez-y! B-C-D]

M*ots-clés*

Exprimer le futur

tout à l'heure	*in a while*
tout de suite	*immediately*
bientôt	*soon*
demain	*tomorrow*
la semaine prochaine	*next week*
dans quatre jours	*in four days*
ce week-end	*this weekend*
ce soir/matin	*this evening/ morning*
cet après-midi	*this afternoon*

Allez-y!

A. Où est-ce qu'on va? La solution est simple!

MODÈLE: J'ai envie de regarder un film. →
Alors, je vais au cinéma!

1. Nous avons faim.
2. Il a envie de parler français.
3. Elles ont besoin d'étudier.
4. J'ai soif.
5. Tu as sommeil.
6. Vous avez envie de regarder la télévision.

dans la salle de séjour
à la bibliothèque
dans la cuisine
à Paris
dans la salle à manger
dans la chambre

B. Des projets. (*Plans.*) Qu'est-ce qu'on va faire (*to do*)?

MODÈLE: tu / regarder / émission préférée / soir →
Tu vas regarder ton émission préférée ce soir.

1. je / finir / travail / semaine prochaine
2. nous / écouter / disques de jazz
3. vous / jouer / guitare
4. Frédéric / trouver / livre en français / bientôt
5. je / choisir / film préféré
6. les garçons / aller au cinéma / voiture / après-midi
7. tu / aller / concert / avec / amis

C. À vous la parole! Répondez aux questions suivantes.

1. Avec qui allez-vous prendre le déjeuner demain?
2. Qu'est-ce que vous allez faire demain après-midi?
3. Est-ce que vous allez faire du sport ce soir?
4. Quand allez-vous retourner à la maison ce soir?
5. Quand est-ce que vous allez passer votre prochain test de français?
6. La semaine prochaine, allez-vous aller au cinéma?
7. L'année prochaine, allez-vous continuer à étudier le français?

D. Quels sont vos projets pour le week-end? Interviewez un(e) camarade de classe. Rapportez à la classe les projets de votre camarade. Utilisez **peut-être** (*maybe*) si vous n'êtes pas certain(e).

Suggestions: rester (*stay*) à la maison, écouter la radio (des disques compacts), préparer un dîner (des leçons), regarder un film (la télévision), travailler à la bibliothèque (dans le jardin), aller au restaurant, parler avec des amis, finir un livre intéressant, etc.

MODÈLE: aller au cinéma →
      É1: Vas-tu aller au cinéma?
      É2: Oui, je vais peut-être aller au cinéma. (*ou* Non, je ne vais pas aller au cinéma.) Et toi?

Correspondance 5

Cher Michel,

Je vais accompagner un groupe de trente touristes. Voici notre itinéraire: un circuit au Sénégal puis en Côte-d'Ivoire.

Aujourd'hui, je suis à Dakar, la capitale du Sénégal. Ce soir, je vais rendre visite à mon copain; il m'invite à dîner chez lui. Il a sept sœurs et deux frères: une famille de dix enfants au total. Quelle responsabilité pour ses parents! Mais, tu sais, avec mes touristes, je me demande souvent si je suis guide ou père d'une famille nombreuse!

Écris, si tu as le temps.

Salutations de ton vieux copain,

Malik

Portrait
Léopold Sédar Senghor
(homme politique et écrivain sénégalais, né en 1906)

Symbole de la francophonie, Léopold Sédar Senghor fait des études de lettres à Paris. Il s'engage[1] ensuite dans une double carrière politique et artistique.

Président du Sénégal de 1960 à 1980, il pratique en même temps[2] l'art de gouverner et l'art d'écrire. Ses poèmes écrits à la gloire des[3] peuples africains sont connus[4] dans le monde entier.[5]

Élu[6] en 1983 à l'Académie française, c'est un des grands poètes du XXᵉ siècle.[7]

[1]*starts* [2]*en... at the same time* [3]*écrits... written in praise of* [4]*known* [5]*monde... whole world* [6]*Elected*
[7]*XXᵉ (vingtième)... 20th century*

Flash France: le pays de l'union libre[1]

Les Français doutent du mariage. En France, plus d'un tiers[2] des enfants naissent[3] chez des couples non mariés. Pourquoi? Parce que pour les Français, l'amour est souvent plus important que le mariage. On fait la connaissance de la personne idéale et on s'aime? Alors on vit ensemble[4] et on fonde une famille: c'est très simple.

Mais voici quelques détails importants:

- L'union libre est plus populaire chez les jeunes et dans les grandes villes.
- Elle est plus fréquente chez les diplômés[5] que chez les non-diplômés.
- Les jeunes femmes sont beaucoup plus nombreuses que les hommes à préférer l'union libre au mariage.

Cependant, la France est le pays du paradoxe: pour beaucoup, l'union libre est un mariage à l'essai.[6] Et depuis que la fiscalité[7] ne privilégie plus les couples en union libre (1995), certains disent «oui» à l'aventure du mariage.

[1]l'union... *living together* [2]plus... *more than one third* [3]*are born* [4]on... *you live together*
[5]*college graduates* [6]un... *a trial marriage* [7]*tax system*

Jeune couple, près de la tour Eiffel.

EN AVANT!

Un peu de bavardage

1. Les écrivains ont souvent tendance à traiter de sujets propres à leur culture. Quels sont les sujets typiques des écrivains africains, des écrivains féministes, des écrivains célèbres de votre pays?
2. D'après[1] Irène Théry, célèbre sociologue française, «l'union libre est un choix positif». Êtes-vous d'accord? Expliquez votre position.

On est branché!

Pour obtenir des informations supplémentaires et les liens nécessaires pour répondre aux questions suivantes, visitez le site Web de *Vis-à-vis* à l'adresse www.mhhe.com/visavis.

1. Qu'est-ce qui rend l'élection de Léopold Sedar Senghor à l'Académie française si particulière?
2. Où est-ce qu'il habite actuellement?
3. Visitez le site de l'Académie française. Quel est son rôle principal? Combien de membres font partie de l'Académie? Quel est leur nom collectif?
4. Quelles sont les premières étapes[2] pour faire son arbre généalogique?

[1]*According to* [2]*steps*

STRUCTURES

Le verbe *faire*
Expressing What You Are Doing or Making

Une question d'organisation

SANDRINE: Vous mangez au resto-U, ta copine et toi?
MARION: Non, Candice et moi, nous sommes très organisées. Elle, elle **fait** les courses et moi, je **fais** la cuisine.
SANDRINE: Et qui **fait** la vaisselle?
MARION: Le lave-vaisselle, bien sûr!

Répondez d'après le dialogue.

1. Qui fait les courses?
2. Qui fait la cuisine?
3. Qui fait la vaisselle?

Et chez vous, en général, qui fait la cuisine? la vaisselle? les courses?

Forms of *faire*

The verb **faire** is irregular in form.

PRESENT TENSE OF **faire** (*to do; to make*)	
je **fais**	nous **faisons**
tu **fais**	vous **faites**
il/elle/on **fait**	ils/elles **font**

Note the difference in pronunciation of **fais / fait, faites,** and **faisons.**

Je fais mon lit.	*I make my bed.*
Nous faisons le café.	*We're making coffee.*
Faites attention! C'est chaud.	*Watch out! It's hot.*

Expressions with *faire*

The verb **faire** is used in many idiomatic expressions.

faire attention (à)	*to pay attention (to); to watch out (for)*
faire la connaissance (de)	*to meet (for the first time), make the acquaintance (of)*
faire les courses	*to do errands*
faire la cuisine	*to cook*
faire ses devoirs	*to do one's homework*
faire la lessive	*to do the laundry*
faire le marché	*to do the shopping; to go to the market*
faire le ménage	*to do the housework*
faire une promenade	*to take a walk*
faire la queue	*to stand in line*
faire un tour (en voiture)	*to take a walk (a ride)*
faire la vaisselle	*to do the dishes*
faire un voyage	*to take a trip*

Le matin je **fais le marché** et le soir je **fais mes devoirs.** — *In the morning I go to the market, and in the evening I do my homework.*

1. **Faire** is also used to talk about individual sports: **faire du sport, faire du jogging, de la voile** (*sailing*)**, du ski, de l'aérobic.**
2. As seen in **Leçon 1, il fait** is also used to describe the weather.

Il fait tellement beau! — *It's so nice (outside)!*

Allez-y!

A. Faisons connaissance! Suivez le modèle.

MODÈLE: je / le professeur d'italien →
Je fais la connaissance du professeur d'italien.

1. tu / la sœur de Louise
2. nous / un cousin
3. Annick / une étudiante sympathique
4. les Levêque / les parents de Simone
5. je / la femme du professeur
6. vous / la nièce de M. de La Tour

B. Activités du week-end. Qui fait les activités suivantes? Faites des phrases logiques avec les éléments des deux colonnes.

1. Tu...
2. Pierre...
3. Anne et Laurence...
4. Mon frère et moi, nous...
5. Benoît et toi, vous...
6. Non, moi le dimanche, je...

a. faisons du jogging dans le parc.
b. ne fais pas le ménage.
c. faites vos devoirs de français.
d. fais la cuisine pour mes amis.
e. font des courses en ville.
f. fait du sport avec ses copains.

C. D'habitude, qu'est-ce que vous faites? Avec un(e) camarade de classe, faites une liste de vos activités habituelles. Utilisez les expressions suivantes: **le matin, le midi, le soir; le lundi (matin), le mardi, etc.; le week-end, une fois par semaine** (*once a week*), **tous les jours** (*every day*).

MODÈLE: É1: D'habitude, qu'est-ce que tu fais le soir?
É2: Je fais du jogging tous les soirs.

Les verbes en *-re*
Expressing Actions

Beauregard au restaurant

JILL: Vous **entendez?**
GÉRARD: Non, qu'est-ce qu'il y a?
JILL: J'**entends** un bruit sous la table.
GENEVIÈVE: Oh, ça! C'est Beauregard... Il **attend** son dîner... et il n'aime pas **attendre...**

Trouvez la phrase équivalente dans le dialogue.

1. Écoutez.
2. Quel est le problème?
3. Il n'aime pas patienter (*to wait patiently*).

A third group of French verbs has infinitives that end in **-re.**

PRESENT TENSE OF **vendre** (*to sell*)			
je	vend**s**	nous	vend**ons**
tu	vend**s**	vous	vend**ez**
il/elle/on	vend	ils/elles	vend**ent**

1. Other verbs conjugated like **vendre** include the following.

attendre	*to wait (for)*	**rendre**	*to give back,*
descendre	*to go down (to);*		*return*
	to get off	**rendre visite à**	*to visit*
entendre	*to hear*		*(someone)*
perdre	*to lose; to waste*	**répondre à**	*to answer*

Elle attend le dessert.	*She's waiting for dessert.*
Nous descendons de l'autobus.	*We're getting off the bus.*
Le commerçant rend la monnaie à la cliente.	*The storekeeper gives change back to the customer.*
Je réponds à sa question.	*I'm answering his/her question.*

2. The expression **rendre visite à** means to visit a *person* or *persons*. The verb **visiter** is used only with places or things.

> **Je rends visite à** mon ami.
> **Les touristes visitent** les monuments de Paris.

Allez-y!

A. Tiens! (*You don't say!*) C'est bizarre: tout ce que (*everything that*) fait Jean-Paul, les autres le font aussi. Formez les phrases selon le modèle. Attention aux adjectifs possessifs.

MODÈLE: vendre sa guitare (moi) →
É1: Jean-Paul vend sa guitare.
É2: Tiens! Moi aussi, je vends ma guitare.

1. rendre tous ses livres à la bibliothèque (nous)
2. attendre une lettre importante (son frère)
3. descendre de l'autobus rue Mouffetard (vous)
4. entendre des bruits bizarres au sous-sol (moi)
5. perdre toujours ses lunettes (*glasses*) (toi)
6. répondre à un sondage (*survey*) d'opinion politique (les amis)

B. Un week-end à Paris. Complétez l'histoire avec les verbes indiqués.

Alain et Marie-Lise habitent à Bruxelles. Aujourd'hui ils _____¹ à Paris en train. Ils vont *rendre*² visite à leur cousine Pauline. Les trois cousins ont toujours beaucoup de projets (*plans*) et ne *perdent*³ pas une minute quand ils sont ensemble (*together*). Alain et Marie-Lise aiment beaucoup Pauline parce qu'elle *répond*⁴ toujours à leurs lettres. Pauline aime aussi ses cousins, et elle *attend*⁵ leur arrivée avec impatience. Elle *entend*⁶ enfin la sonnette (*doorbell*)!

rendent visite

perdre
rendre
descendre
entendre
attendre
répondre

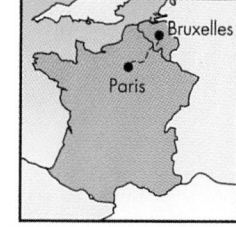

C. Perdez-vous souvent patience? Interviewez un(e) camarade de classe. Il/Elle utilise **souvent, pas souvent** ou **toujours** dans sa réponse.

MODÈLE: É1: Tu attends l'autobus. Il n'arrive pas. Est-ce que tu perds patience?
É2: Oui, je perds souvent patience.

1. Tu attends un coup de téléphone (*telephone call*). La personne ne téléphone pas.   2. Un ami / Une amie ne répond pas à tes lettres.
3. Tu perds les clés (*keys*) de ta voiture ou de ton appartement.
4. Tu as rendez-vous avec un ami / une amie. Tu attends longtemps (*for a long time*), mais il/elle n'arrive pas.

Leçon 4

Proverbe

Tel père, tel fils. Telle mère, telle fille.

Lecture

Avant de lire

Reading longer sentences. As you begin to read longer sentences, it will help you to know how to isolate the main thought. Together, the subject and the verb represent the main thought expressed in a sentence.

Two steps can help you. First, omit words and phrases set off by commas; they usually contain information supplementary to the main thought. Second, delete the relative clauses, that is, phrases introduced by **qui, que,** or **où** (*who, whom, that, where*). You will learn how to use relative pronouns later, but you should learn to recognize them now for the purpose of reading.

Try to find the main thought in the following sentence.

> Être à la tête de quatre générations est un plaisir qui n'est pas donné à tout le monde.

First find the verb (**est**), then ask yourself: What is the subject of the verb? Subjects are usually nouns or pronouns, but in this case the subject is a phrase, **être à la tête** (*head*) **de quatre générations.**

If you isolate the relative clause beginning with **qui,** you'll see that **plaisir** belongs with the core subject-verb group. And once you have identified the main thought, you can reread the sentence, adding more information. What kind of a pleasure?

Qui parle? Les quatre femmes de l'article suivant ont un lien de famille. D'après (*According to*) leur âge, qui parle? Dans certains cas, il y a plus d'une réponse possible.

1. «Être à la tête de quatre générations est un plaisir qui n'est pas donné à tout le monde.»
2. «J'ai connu (*I have known*) tous mes arrière-grands-parents.»
3. «Je me charge des (*I take care of the*) affaires de tout le monde, ma mère, mes filles, mes nièces.»
4. «J'ai été (*I have been*) une enfant privilégiée, entourée par (*surrounded by*) ces femmes de générations différentes.»

Like guessing the meaning of a word based on context, recognizing the structure of a sentence is another tool to help you read new texts in French more easily.

Le lien[1] de mère en fille

Une photo de famille où posent quatre générations... Image rare? Pas tellement.[2] Aujourd'hui 25% des femmes nées en 1930 font partie d'une famille de quatre générations vivantes.[3] Nous vous présentons une de ces familles, qui habite le Roussillon, dans les Pyrénées. Reportage Tessa Ivascu.

ANDRÉE, 74 ans
Femme au foyer,[4] deux enfants.
Niveau d'études[5]: certificat.
Mariée: à vingt ans.
Premier enfant: à vingt et un ans.

MARIE-FRANCE, 53 ans
Informaticienne,[6] quatre enfants.
Niveau d'études: baccalauréat.
Premier travail: à vingt-cinq ans, animatrice[7] pour enfants.
Mariée: à dix-neuf ans.
Premier enfant: à vingt ans.

FABIENNE, 33 ans
Directrice de crèche,[8] un enfant
Niveau d'études: diplômes d'infirmière[9] et de puéricultrice.[10]
Premier travail: à vingt ans, infirmière.
Mariée: à vingt ans.
Premier enfant: à seize ans.

RACHEL, 17 ans
Lycéenne.[11]
Projet d'avenir: devenir institutrice.[12]

ANDRÉE:
«Être à la tête de quatre générations est un plaisir qui n'est pas donné à tout le monde. Nous sommes très attachées les unes aux autres, nous habitons la même[13] vallée dans les Pyrénées et quand nous ne nous voyons pas,[14] le téléphone sonne du matin au soir[15]!»

À propos de la lecture...
Cette lecture est tirée et adaptée de l'édition française du magazine *Marie-Claire.*

[1]tie [2]Pas... *Not especially* [3]living [4]Femme... *Homemaker* [5]Niveau... *Highest degree* [6]*Computer specialist* [7]counselor [8]day care center [9]nurse [10]pediatric nurse [11]Secondary-school student [12]devenir... to become an elementary-school teacher. [13]same [14]nous... we don't see each other [15]du... from morning to night

MARIE-FRANCE:

«Je suis déjà cinq fois[16] grand-mère, la première fois lorsque j'avais[17] trente-six ans. Aujourd'hui les grandes réunions ont lieu[18] chez moi et je me charge[19] des affaires de tout le monde, ma mère, mes filles, mes nièces.»

FABIENNE:

«Aujourd'hui je suis l'interlocutrice privilégiée de ma grand-mère: chaque fois que la famille a quelque chose à lui demander, on me désigne comme négociatrice!»

RACHEL:

«Je suis très fière de pouvoir dire[20] que j'ai connu[21] tous mes arrière-grands-parents. J'ai été une enfant privilégiée, entourée par[22] ces femmes de générations différentes... Je vais devenir institutrice, c'est décidé, parce que mamie[23] Andrée m'a dit que c'est le plus beau métier du monde[24]...»

[16]*times*   [17]lorsque... *when I was* (lit., *had*)   [18]ont... *take place*   [19]me... *take care of*   [20]fière... *proud to be able to say*   [21]ai... *have known*   [22]entourée... *surrounded by*   [23](*generally used for* grand-maman *in children's speech*)   [24]le... *the best job in the world*

Quatre générations de femmes.

Compréhension

Vrai ou faux? Si c'est faux, donnez la solution correcte.

1. V   F   Les familles de quatre générations vivantes sont très rares en France.
2. V   F   Les quatre femmes interviewées habitent toutes (*all*) la même région.

3. V F Toutes les femmes de cette famille se sont mariées avant l'âge de 21 ans.
4. V F Marie-France a six petits-enfants.
5. V F Apparemment, Fabienne n'a pas de tact.
6. V F Rachel a l'intention d'être institutrice.

Écriture

Portrait de famille. Répondez aux questions suivantes pour parler de votre famille. Ensuite, mettez vos réponses sous la forme d'un texte. Vous pouvez ajouter des informations supplémentaires.

1. Combien est-ce qu'il y a de membres dans votre famille nucléaire? Combien de sœurs et de frères avez-vous?
2. Donnez quelques informations sur chaque membre de votre famille: nom, âge, profession, etc.
3. Présentement, où habitez-vous? Vous habitez chez vos parents? Vous louez un appartement avec des amis? Vous êtes propriétaire d'une maison ou d'un condo? Combien est-ce qu'il y a de pièces chez vous? Lesquelles (*Which ones*)?
4. En général, qui s'occupe (*takes care*) de quelles tâches ménagères (*housework*) à la maison? Énumerez plusieurs tâches.

À l'écoute!

Une grande famille. Véronique is 15. She is very fond of her family, and is describing it to a friend. First, look at the diagram on the following page. Next, listen to the vocabulary and the names of the people in Véronique's family. Then, listen to Véronique's description. Finally, complete the activity.

VOCABULAIRE UTILE

au lycée	at the high school
une banque	a bank
un garçon	a boy
unique	only
un atelier	an artist's studio

LA FAMILLE DE VÉRONIQUE

Henri	Josiane	Juliette
Virginie	Raphaël	Laurence
Georges	Géraldine	Franck
Gérard	Charles	Caroline
Nicole	Marie	Léa

Fill in the blank boxes with the correct names based on Véronique's description.

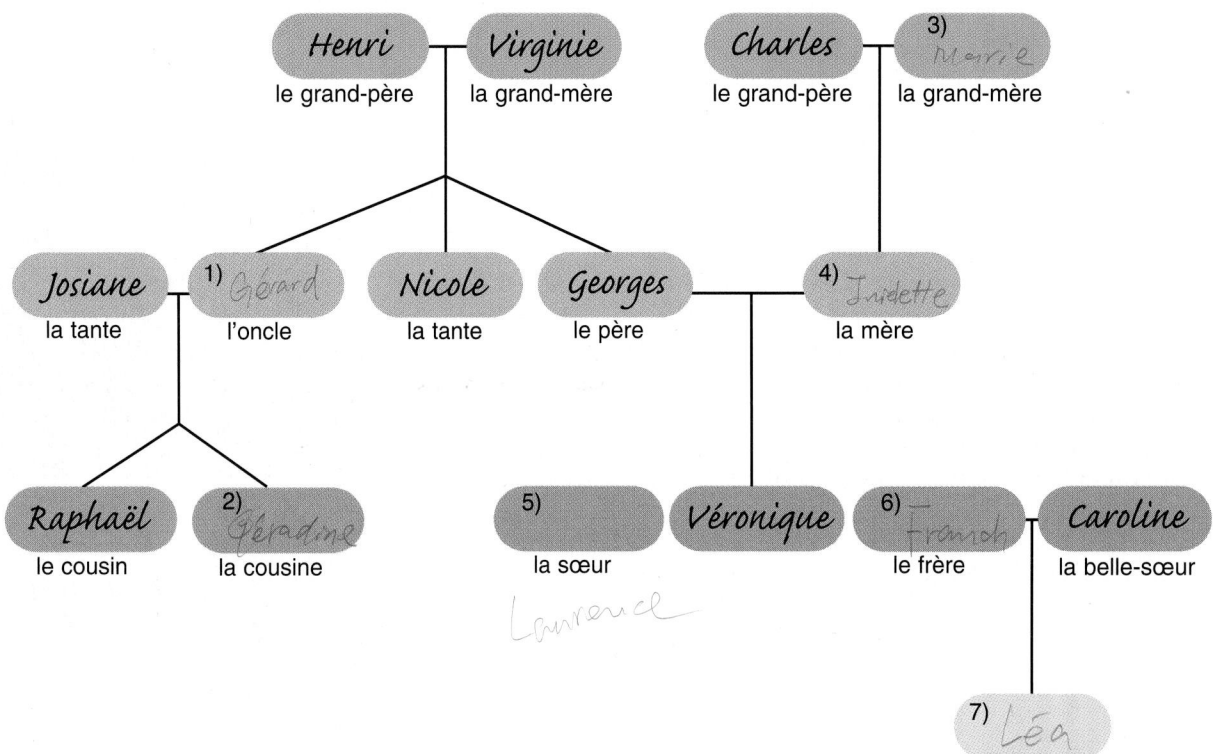

En société

EXPRESSIONS UTILES

je suis presqu'en retard	I'm almost late
j'ai déjà queque chose de prévu	I already have something planned
libre	available
vous pouvez nous rencontrer	you can meet us
quelle heure est-il?	what time is it?

Extrait du dialogue

AIMÉE: Mais quand il fait froid et qu'il pleut, je préfère dessiner avec des crayons. Je vais au café, je prends un chocolat chaud et je dessine.

LE PROF: Je comprends, l'art est très important. Mais les études, mademoiselle, sont importantes aussi. Et, vous savez, vos notes dans ma classe ne sont pas très...

AIMÉE: J'ai besoin d'étudier, c'est clair. Et je...

LE PROF: J'ai une idée. Il y a un groupe d'étude, aujourd'hui à 17 h. Je vous invite.

AIMÉE: Merci, monsieur. Mais je ne peux pas. J'ai déjà quelque chose de prévu le mardi soir...

LE PROF: Alors, vous n'êtes pas libre. C'est dommage, mais n'oubliez pas: vous pouvez nous rencontrer à la bibliothèque le mardi à 17 h.

AIMÉE: S'il vous plaît, monsieur, quelle heure est-il?

LE PROF: Il est 16 h 45.

AIMÉE: Oh, là, là, je suis presque en retard. Je vais rencontrer mes amis à l'Hacienda. On va... euh... faire nos devoirs et... euh... étudier, bien sûr!

Jeux de rôles

Avec un(e) partenaire, jouez les scènes suivantes.

1. Vous téléphonez à votre ami(e) pour discuter de vos projets de week-end. Parlez de la température et des activités que vous allez faire. Déterminez un lieu de rencontre.
2. Vous invitez votre ami(e) à une fête de famille chez vos parents. Votre ami(e) vous demande des informations sur les invités, la température qu'il va faire et les activités possibles.

Note culturelle

En France, le nombre de bistrots et de cafés est en baisse[1] depuis quelques années.[2] Des 200 000 bistrots en 1960, il n'en reste plus que[3] 50 000 aujourd'hui. L'augmentation du nombre des fast-foods et des restaurants à thèmes—comme les pizzérias et les sandwicheries—explique ce déclin. Cependant, les cafés restent des endroits de rencontre privilégié pour les étudiants. On s'y retrouve pour bavarder entre deux cours ou à la fin de la journée.

[1]est... *is declining*
[2]depuis... *for some years*
[3]Il... *there are only*

CHAPITRE 5 *Vocabulaire*

Verbes

aller to go
  aller + *inf.* to be going (to do
    something)
  aller mal to feel bad (ill)
attendre to wait (for)
descendre (de) to go down (to);
    to get off
entendre to hear
faire to do; to make
perdre to lose; to waste
préparer to prepare
rendre to give back; to return; to
    hand in
rendre visite à to visit (*someone*)
répondre à to answer
rester to stay, remain
vendre to sell

À REVOIR: **étudier, habiter, jouer
    à (de), manger**

Substantifs

l'arbre (*m.*) tree
l'autobus (*m.*) (city) bus
le bruit noise
la famille family
la météo weather forecast
les projets (*m.*) plans
le temps time; weather
les vacances (*f. pl.*) vacation

À REVOIR: **l'affiche** (*f.*), **le chien,
    la commode, le couloir, le
    lavabo, le lit, le logement**

Adjectifs

célibataire single (*person*)
divorcé(e) divorced
marié(e) married
préféré(e) favorite, preferred

La famille

les arrière-grands-parents
    great-grandparents
le beau-frère brother-in-law
le beau-père father-in-law;
    stepfather
la belle-mère mother-in-law;
    stepmother
la belle-sœur sister-in-law
le cousin cousin (*male*)
la cousine cousin (*female*)
le demi-frère half-brother;
    stepbrother
la demi-sœur half-sister;
    stepsister
l'enfant (*m., f.*) child
la femme wife
la fille daughter
le fils son
le frère brother
la grand-mère grandmother
**le grand-parent (les grands-
    parents)** grandparent
le grand-père grandfather
le mari husband
la mère mother
le neveu nephew
la nièce niece

l'oncle (*m.*) uncle
le parent parent; relative
le père father
la petite-fille granddaughter
le petit-enfant grandchild
le petit-fils grandson
la sœur sister
la tante aunt

La maison

le balcon balcony
le bureau office
la chambre room; bedroom
la cuisine kitchen
l'escalier (*m.*) stairway
le jardin garden
le meuble piece of furniture
la pièce room
le poste de télévision TV set
**le premier / deuxième
    étage** second / third floor
le rez-de-chaussée ground floor
la salle à manger dining room
la salle de bains bathroom
la salle de séjour living room
le sous-sol basement
la terrasse terrace

Expressions avec *faire*

faire attention (à) to pay
    attention (to); to watch out
    (for)
faire la connaissance (de) to
    meet (for the *first time*),
    make the acquaintance (of)

faire les courses to do errands
faire la cuisine to cook
faire ses devoirs to do one's homework
faire la lessive to do the laundry
faire le marché to do the shopping, go to the market
faire le ménage to do the housework
faire une promenade to take a walk
faire la queue to stand in line
faire du sport: faire de l'aérobic to do aerobics; **du jogging** to run, jog; **du ski** to ski; **du vélo** to go cycling; **de la voile** to go sailing
faire un tour (en voiture) to take a walk (ride)
faire la vaisselle to do the dishes
faire un voyage to take a trip

Le temps

Quel temps fait-il? How's the weather?

Il fait beau. It's nice (out).
Il fait chaud. It's hot.
Il fait (du) soleil. It's sunny.
Il fait du vent (Il vente.) It's windy.
Il fait frais. It's cool.
Il fait froid. It's cold.
Il fait mauvais. It's bad (out).
Il neige. It's snowing.
Il pleut. It's raining.
Le temps est nuageux. It's cloudy.
Le temps est orageux. It's stormy.

Les saisons

Au printemps (*m.*)... In spring . . .
En automne (*m.*)... In fall . . .
En été (*m.*)... In summer . . .
En hiver (*m.*)... In winter . . .

Mots et expressions divers

après after, afterward
bientôt soon
ce week-end this weekend

cet après-midi / ce matin / ce soir this afternoon / morning / evening
chez at the home (establishment) of
dans quatre jours in four days
demain tomorrow
d'habitude usually
une fois par semaine once a week
le lundi / le vendredi soir on Mondays / on Friday evenings
peut-être maybe
la semaine prochaine next week
tous les jours every day
tout à l'heure in a while
tout de suite immediately
le week-end on weekends

À table!

À... *Let's eat!*

Cher Michel,

Guide de voyage, c'est un métier d'aventurier mais aussi de gastronome. Aujourd'hui, je déjeune avec mon groupe dans un excellent restaurant d'Abidjan, en Côte-d'Ivoire. Ici, ce n'est pas le pays du steak frites. Le menu est exotique. J'ai commandé une spécialité locale: du «macharon» (c'est une variété de poisson) et comme boisson, un verre de «lemouroudji» (citron vert et gingembre). C'est une nouvelle aventure culinaire!

À la prochaine,

Malik

Dans ce chapitre...

Objectifs communicatifs
- talking about food and drink; expressing quantity; giving commands; telling time

Contenu lexical (Leçon 1)
- Les repas
- La nourriture et les boissons
- Le verbe **préférer**

Contenu grammatical (Leçons 2 et 3)
- Les verbes **prendre** et **boire**
- Les articles partitifs
- L'impératif
- L'heure

Vidéothèque
- Initiation (ci-dessous)
- En société (Leçon 4)

Initiation Le repas fait maison

Paul invite Caroline et Bénédicte à dîner à son appartement. Paul prétend qu'il est le chef. Ses amies sont très impressionnées par sa cuisine.

VOCABULAIRE UTILE

Je meurs de faim.	I'm starving.
Tu nous gâtes.	You're spoiling us.
Volontiers.	Gladly.
un traiteur	a delicatessen
Je le jure.	I swear.
des profiteroles au chocolat	cream puffs with chocolate sauce

La recette de la quiche. Cochez (√) les ingrédients nécessaires à la préparation d'une quiche lorraine.

1. _____ du beurre
2. _____ de la crème
3. _____ de l'huile
4. _____ du fromage
5. _____ du sel
6. _____ de la farine
7. _____ du bœuf
8. _____ des œufs
9. _____ du lait
10. _____ du poivre

Leçon 1

Les repas de la journée*

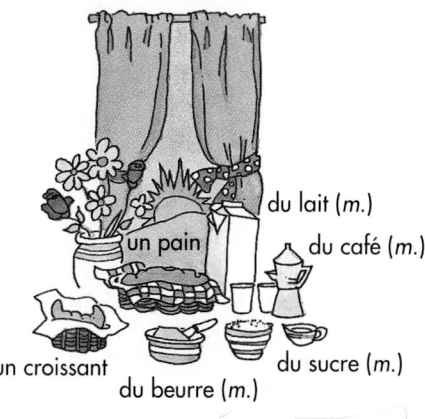

du lait (*m.*)
du café (*m.*)
un pain
un croissant
du beurre (*m.*)
du sucre (*m.*)

Le matin: le petit-déjeuner

des haricots (*m.*) verts
des pommes (*f.*) de terre
du fromage (*m.*)
une poire
un poulet
de l'eau (*f.*) minérale
des frites (*f.*)
du poivre (*m.*)
du sel (*m.*)

Le midi: le déjeuner

du chocolat (*m.*)
du thé (*m.*)
des gâteaux (*m.*) au chocolat
une tarte aux pommes

L'après-midi: le goûter†

une baguette
des œufs (*m.*)
des fraises (*f.*)
un jambon
une salade
un poisson

Le soir: le dîner

---

*La journée (*The day*) is used instead of **le jour** to emphasize the notion of an entire day, as in the expression "**Quelle journée!**" (*What a day!*).

†**Le goûter** is an occasional afternoon snack: **pains au chocolat pour les enfants; thé ou café et gâteaux pour les adultes.**

AUTRES MOTS UTILES

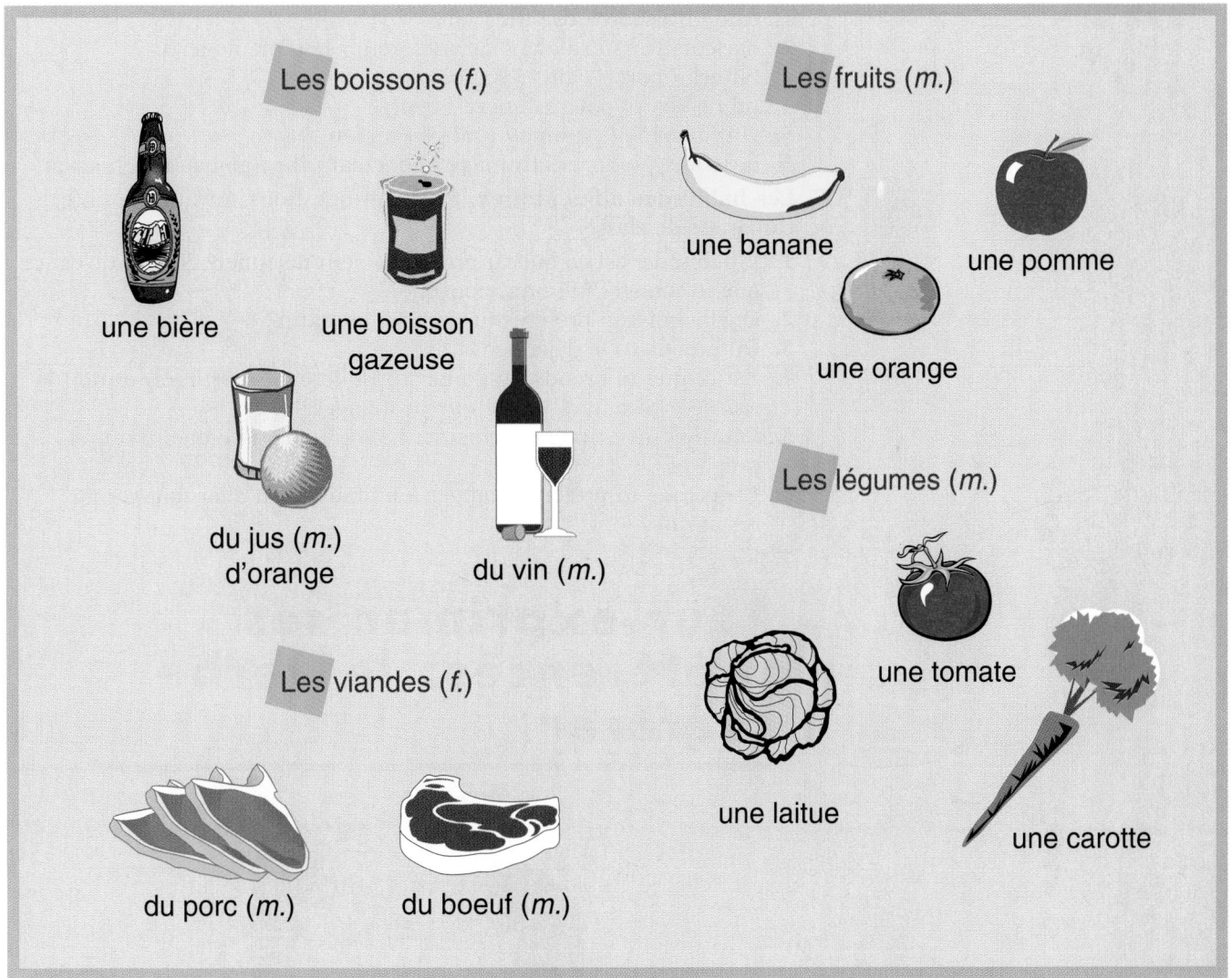

Les boissons (*f.*)

une bière

une boisson
gazeuse

du jus (*m.*)
d'orange

du vin (*m.*)

Les viandes (*f.*)

du porc (*m.*)

du boeuf (*m.*)

Les fruits (*m.*)

une banane

une pomme

une orange

Les légumes (*m.*)

une tomate

une laitue

une carotte

Allez-y!

A. Catégories. Ajoutez (*Add*) d'autres aliments dans les catégories
mentionnées.

MODÈLE: La mousse au chocolat est *un dessert*. →
Le gâteau, la tarte aux pommes et les fraises sont aussi des
desserts.

1. La bière est *une boisson*.
2. La pomme de terre est *un
légume*.
3. Le porc est *une viande*.
4. La banane est *un fruit*.

B. L'intrus. Trouvez l'intrus et expliquez votre choix.

1. café / fraise / bière / thé / lait
2. haricots verts / salade / carotte / œuf / pomme de terre
3. bifteck / porc / pain / jambon / poulet
4. sel / gâteau / poivre / sucre / beurre
5. vin / banane / pomme / orange / melon
6. tarte aux pommes / fromage / chocolat / thé / gâteau au chocolat

C. Les habitudes alimentaires. Posez les questions suivantes à un(e) camarade de classe.

1. D'habitude, est-ce que tu prends le petit-déjeuner? Si oui, qu'est-ce que tu manges? Si non, pourquoi?
2. Quelle boisson préfères-tu prendre le matin?
3. Où prends-tu le déjeuner et avec qui?
4. Est-ce que tu prends un goûter quelquefois (*sometimes*) durant la journée? Si oui, qu'est-ce que tu manges?
5. Pour le dîner, tu aimes cuisiner? Si oui, qu'est-ce que tu aimes préparer?
6. Est-ce que tu préfères manger à la maison ou aller manger au restaurant?

Pour exprimer ses préférences: le verbe *préférer*

Elle préfère le chocolat blanc.

PRESENT TENSE OF **préférer** (*to prefer*)	
je **préfère**	nous préférons
tu **préfères**	vous préférez
il/elle/on **préfère**	ils/elles **préfèrent**

Although the endings are regular, the verb **préférer** is irregular. For the forms of **je, tu, il/elle/on,** and **ils/elles,** the **-é** from the stem (**préfér-**) changes to **-è.** The **nous** and **vous** forms are regular. Verbs conjugated like **préférer** include **répéter, espérer** (*to hope*), **célébrer,** and **considérer.**

Allez-y!

A. Fiche (*Form*) **gastronomique.** Demandez à un(e) camarade de classe quelles sont ses préférences et complétez la fiche. Utilisez **quel** (*m.*) ou **quelle** (*f.*) et le verbe **préférer.**

MODÈLE: É1: Quelle boisson préfères-tu?
É2: Je préfère le/la...

boisson _____
viande _____
légume _____
fruit _____
dessert _____
repas _____
plat (*m.*) (*dish*) _____

Maintenant, avec vos camarades de classe, examinez les différentes fiches et déterminez quels sont les plats et les boissons préférés de la classe.

B. Question de préférence. Avec un(e) camarade, répondez aux questions suivantes.

1. Quel repas est-ce que tu préfères? Pourquoi?
2. Est-ce que tu te considères comme bon cuisinier / bonne cuisinière?
3. À quel restaurant est-ce que tu espères aller prochainement?
4. Chez toi, quelles fêtes est-ce que vous célébrez?

cent quarante-cinq **145**

À table

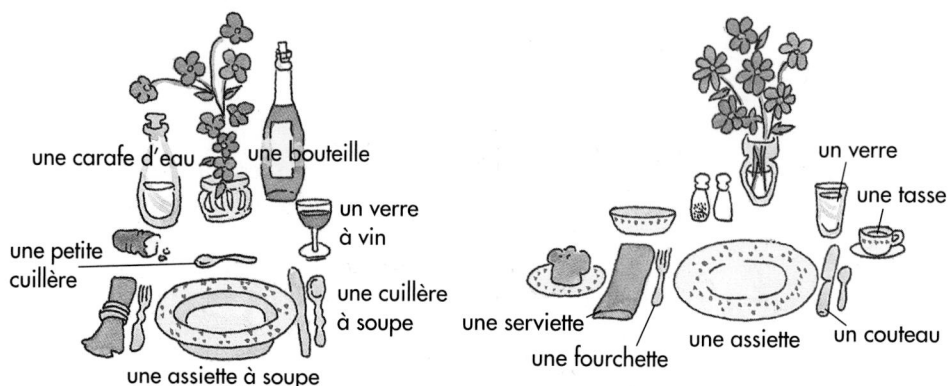

Une table française   Une table nord-américaine

AUTRES MOTS UTILES

un bol   bowl-shaped cup (*for* **café au lait**)
une nappe   tablecloth

Allez-y!

A. L'objet nécessaire. Quels objets utilisez-vous?

MODÈLE: le café au lait →
         J'utilise un bol pour le café au lait.

1. le vin
2. la viande
3. la soupe
4. la salade

5. le thé
6. la mousse au
    chocolat

7. l'eau
8. le café express

B. L'art de la table. Mettre le couvert (*Setting the table*) est souvent un art. Regardez la photo tirée du magazine *Gault Millau* et répondez aux questions.

1. Décrivez ce qu'il y a sur la table. Est-ce une table pour un repas simple ou élégant? Quel est l'objet en papier à gauche (*on the left*)?
2. À votre avis, pourquoi est-ce qu'il y a quatre verres?
3. Et chez vous, qu'est-ce qu'on place sur la table au petit-déjeuner, au déjeuner, au dîner, pour un repas spécial?

Les verbes *prendre* et *boire*

Talking about Food and Drink

Au restaurant

LE SERVEUR: Qu'est-ce que vous **prenez,** messieurs dames?

JULIETTE: Nous **prenons** le poulet à la crème et les légumes.

LE SERVEUR: Et qu'est-ce que vous **buvez?**

JEAN-MICHEL: Je **prends** une bière, et pour mademoiselle une bouteille d'eau minérale, s'il vous plaît.

Maintenant, avec un(e) camarade, faites les substitutions suivantes et jouez à nouveau le dialogue.

le poulet à la crème → le poisson grillé
les légumes → la salade de tomates
une bière → un verre de vin rouge
une bouteille d'eau minérale → une carafe d'eau

Prendre and Similar Verbs
• •

The verb **prendre** is irregular in its plural forms.

PRESENT TENSE OF **prendre** (*to take*)			
je	**prends**	nous	**prenons**
tu	**prends**	vous	**prenez**
il/elle/on	**prend**	ils/elles	**prennent**

1. Verbs conjugated like **prendre** include **apprendre** (*to learn*) and **comprendre** (*to understand; to include*).

—Qu'est-ce que vous **prenez**?	*What are you having?*
—Je **prends** la salade verte.	*I'm having the green salad.*
Il **apprend** l'espagnol.	*He's learning (how to speak) Spanish.*
Est-ce que tu **comprends** l'allemand?	*Do you understand German?*
Le menu à 100 francs **comprend** une entrée, un plat et un dessert.	*The meal for 100 francs includes an appetizer, the main course, and a dessert.*

2. When an infinitive follows **apprendre,** the preposition **à** must be used.

     Apprenez-vous **à** skier?   *Are you learning (how) to ski?*

Apprendre can also mean *to teach*. In this case, the person taught is preceded by **à.** If the thing taught is a verb, it is also preceded by **à.**

J'**apprends** le russe à Mireille.	*I'm teaching Mireille Russian.*
J'**apprends** à Mireille à parler russe.	*I'm teaching Mireille to speak Russian.*

3. Some common expressions with **prendre** include:

prendre du temps	*to take (a long) time*
prendre son temps	*to take one's time*
prendre un repas	*to eat a meal*
prendre le petit-déjeuner	*to have breakfast*
prendre un verre	*to have a drink (usually alcoholic)*

Boire

• •

The verb **boire** is also irregular in form.

PRESENT TENSE OF **boire** (*to drink*)			
je	**bois**	nous	**buvons**
tu	**bois**	vous	**buvez**
il/elle/on	**boit**	ils/elles	**boivent**

Offrir un verre aux amis, c'est sympa!

Tu **bois** de l'eau minérale.	*You're drinking mineral water.*
Nous **buvons** de la bière.	*We're drinking beer.*

Allez-y!

A. Des étudiants modèles? Lisez les phrases, puis faites les substitutions suivantes: (1) tu, (2) mon meilleur ami / ma meilleure amie, (3) mon/ma camarade et moi, (4) je, (5) mes copains.

1. Vous apprenez le français.   **2.** Vous comprenez presque (*almost*) toujours le professeur.   **3.** Pour préparer les examens, vous prenez des livres à la bibliothèque.   **4.** Pour faire votre travail vous prenez votre temps.   **5.** Mais malheureusement (*unfortunately*), vous buvez trop de (*too much*) café.

B. Qu'est-ce qu'on boit? Choisissez la boisson qui convient à chaque (*each*) situation.

Boissons: de l'eau, du jus de pomme, du jus d'orange, du café, du champagne, de la bière, du thé, du lait chaud, de la limonade, du vin

MODÈLE: Nous sommes le 31 décembre. (Loïc) →
Il boit du champagne.

1. Il fait très chaud. (vous)   **2.** Il fait froid. (Christian)   **3.** Il est minuit (*midnight*). (tu)   **4.** Il est huit heures du matin (*eight* A.M.). (je)   **5.** Nous sommes au café. (nous)   **6.** Agnès et Marie sont au restaurant. (elles)

C. Conversations au café. Vous êtes au café. Qu'est-ce que les gens disent? Complétez les conversations avec les verbes **prendre, apprendre** et **comprendre.**

1. CHANTAL: Est-ce que tu _____ un café?
JOËL: Non, je _____ une bouteille d'eau minérale.
2. LÉA: Est-ce que tu _____ l'anglais?
FRANCO: Oui, et j'_____ aussi l'anglais à mes enfants. Et vous deux, qu'est-ce que vous _____ comme (*as*) langue étrangère?
PAUL: Nous, nous _____ le japonais.
3. CLAUDE: Est-ce que vous _____ toujours le professeur de philosophie?
JEAN: Non, mais les autres (*others*) _____ tout (*everything*)!

D. Mission impossible? Parmi (*Among*) vos camarades, trouvez quelqu'un qui (*someone who*)...

MODÈLE: prend du sucre dans son café →
Est-ce que tu prends du sucre dans ton café?

1. ne prend pas de petit-déjeuner   **2.** prend en général des crêpes (*pancakes*) au petit-déjeuner   **3.** boit cinq tasses de café ou plus par jour   **4.** boit un verre de lait à chaque repas   **5.** apprend un nouveau sport ce semestre   **6.** comprend le sens de la vie (*meaning of life*)

Les articles partitifs
Expressing Quantity

Pas de dessert

JULIEN: Qu'est-ce qu'on mange aujourd'hui, maman?
MME TESSIER: Il y a **du poulet** avec **des pommes de terre.**
JULIEN: Et **la mousse au chocolat** dans le frigo, c'est pour ce midi?
MME TESSIER: Ah non, **la mousse,** c'est pour ce soir. Pour midi, il y a **des fruits** ou **de la glace au café.**
JULIEN: Je n'aime pas **la glace** et je n'aime pas **les fruits!** Mais j'adore **la mousse!**
MME TESSIER: Non, c'est non!

Et vous? Répondez aux questions suivantes.

1. Mangez-vous souvent **du** poulet?
2. Prenez-vous souvent **des** fruits?
3. Est-ce que vous aimez **la** glace au café?

Forms of Partitive Articles

In addition to the definite and indefinite articles, there is a third article in French, called the partitive (**le partitif**). It has three forms: **du** (*m.*), **de la** (*f.*), and **de l'** (before a vowel or mute h). It agrees in gender with the noun it precedes.

Prenez-vous **du** jambon?	*Are you having (some) ham?*
de la salade?	*(some) salad?*
de l'eau minérale?	*(some) mineral water?*

Partitive versus Indefinite Articles

1. The partitive article is used to indicate part of a quantity that is measurable but not countable. This idea is sometimes expressed in English by *some* or *any;* usually, however, *some* is only implied.

Examples of noncountable nouns (also called *mass nouns*) include **viande, chocolat, lait, sucre, glace, vin, eau, beurre, pain, temps,** and **argent.**

Avez-vous **du** thé?	*Do you have tea?*
Je voudrais **du** sucre.	*I would like (some) sugar.*
Mangez-vous **du** poisson?	*Do you eat fish?*

2. When something is countable or is considered as a whole, the indefinite article is used instead.

Après le dîner, je prends **un** thé.	*After dinner, I have (a cup of) tea.*
Je voudrais **un** sucre dans mon café.	*I would like (a cube of) sugar.*
Je mange **un** poisson par semaine.	*I eat a (whole) fish every week.*

Mots-clés

Exprimer un désir

Je voudrais means *I would like.* It is used to make a polite request and can be followed by a noun or an infinitive.

> **Je voudrais** un café, s'il vous plaît.
> *I would like a cup of coffee, please.*

> **Je voudrais** prendre le menu du jour.
> *I would like to have the special of the day.*

Partitive versus Definite Articles

1. The partitive article is used with verbs such as **prendre, boire, acheter,** and **manger,** because they usually involve consuming or buying a *portion* of something. However, after verbs of preference such as **aimer, aimer mieux, préférer, adorer,** and **détester,** the definite article is used, because these verbs generally express a reaction to an entire category.

Beaucoup de Français mangent **du** fromage après le repas, mais moi, je déteste **le** fromage.	*Many French people eat cheese after a meal, but I hate cheese.*

2. The partitive is also used with abstract qualities attributed to people, whereas the definite article is used to talk about these qualities in general.

Elle a **du** courage.	*She has (some) courage.*
Elle déteste **l'**hypocrisie.	*She hates hypocrisy.*

Partitives in Negative Sentences

1. In negative sentences, partitive articles become **de (d')**, except after **être.**

Je bois **du** lait.	→	Je ne bois **pas de** lait.
Tu prends **de l'**eau.	→	Tu ne prends **pas d'**eau.
Vous mangez **des** carottes.	→	Vous ne mangez **pas de** carottes.
Ce sont **des** poires.	→	Ce ne sont **pas des** poires.

2. The expression **ne... plus** (*no more, not any more*) surrounds the conjugated verb, like **ne... pas.**

<table>
<tr><td>François et Zoë? Ils
ne mangent **plus** de viande.
Je suis désolé, mais nous **n'**avons
plus de vin.</td><td>*François and Zoë? They
don't eat meat anymore.
I'm sorry, but we have no more
wine.*</td></tr>
</table>

[Allez-y! A]

Partitives with Expressions of Quantity

Partitive articles also become **de** (**d'**) after expressions of quantity.

Elle commande
du vin.

Combien de verres
est-ce qu'elle
commande?

Elle commande
un peu de vin.

Elle commande
beaucoup de vin.

Elle commande
un verre de vin.

Elle a **assez de vin.**

Elle boit **trop de vin.**

Dans son verre, il y a
peu de vin.

[Allez-y! B-C]

A. À table! Qu'est-ce que vous prenez, en général, à chaque repas? Qu'est-ce que vous ne prenez pas? Pensez-y!

MODÈLE: Au petit-déjeuner... →
Au petit-déjeuner, je prends du jus d'orange, mais je ne prends pas de café au lait.

1. Au petit-déjeuner...   **2.** Au déjeuner...   **3.** Au dîner...

Possibilités: du café au lait, des croissants, du bacon, un bifteck, des frites, du fromage, un fruit, un hamburger, de la pizza, du poulet, des spaghettis...

B. Dîner d'anniversaire (*birthday*). Avec un(e) camarade vous préparez un dîner surprise pour fêter l'anniversaire d'un ami / d'une amie. Mais avez-vous tous (*all*) les ingrédients nécessaires?

MODÈLE: carottes (assez) / (ne... pas) champignons →
     É1: Est-ce que tu as des carottes?
     É2: Oui, j'ai assez de carottes mais je n'ai pas de champignons.

1. eau minérale (3 bouteilles) / (ne... plus) jus d'orange
2. café (un peu) / (ne... plus) thé
3. fraises (beaucoup) / (ne... pas) melon
4. chocolat (trop) / (ne... pas) œufs
5. viande (assez) / (ne... pas) légumes
6. sucre (un bol) / (ne... plus) sel

C. Dis-moi ce que tu manges! Regardez les résultats d'une enquête sur les habitudes alimentaires des Français et répondez aux questions suivantes.

1. Est-ce que les Français dépensent (*spend*) plus pour acheter des boissons alcoolisées ou non alcoolisées (sans compter le lait)?
2. Nommez deux catégories de produits frais que les Français aiment consommer.
3. Quels sont les produits que les Français végétariens ne consomment pas?
4. Dans la liste, nommez deux catégories de produits que l'on achète généralement au marché en plein air (*open-air*).
5. À votre avis, quelles sont les différences entre les habitudes alimentaires des Français et des Nord-Américains?

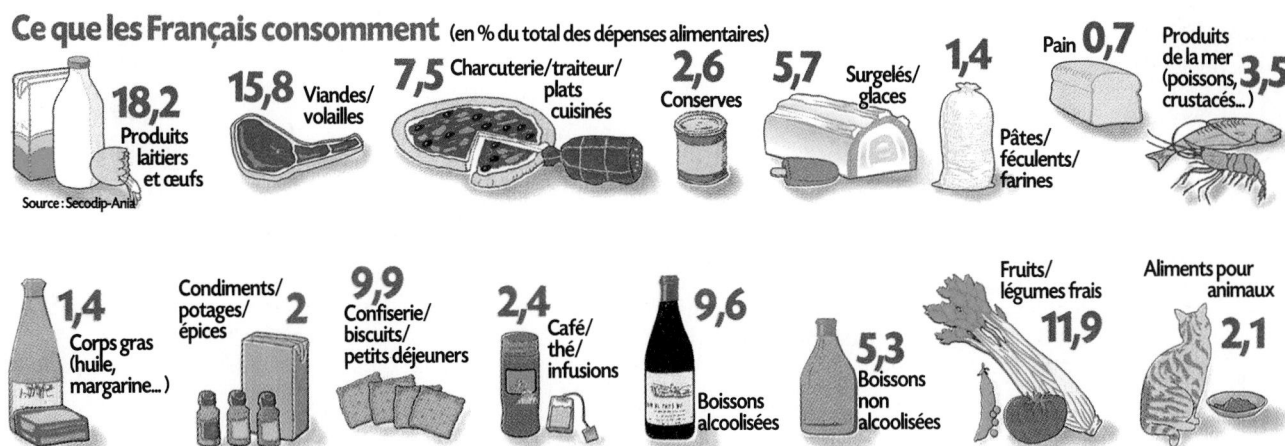

Ce que les Français consomment (en % du total des dépenses alimentaires)

18,2 Produits laitiers et œufs   Source : Secodip-Ania

15,8 Viandes/volailles

7,5 Charcuterie/traiteur/plats cuisinés

2,6 Conserves

5,7 Surgelés/glaces

1,4 Pâtes/féculents/farines

Pain **0,7**

Produits de la mer (poissons, crustacés...) **3,5**

1,4 Corps gras (huile, margarine...)

Condiments/potages/épices **2**

9,9 Confiserie/biscuits/petits déjeuners

2,4 Café/thé/infusions

9,6 Boissons alcoolisées

5,3 Boissons non alcoolisées

Fruits/légumes frais **11,9**

Aliments pour animaux **2,1**

Correspondance

Salut Malik!

Continuons ce chapitre gastronomique. À Paris, j'ai découvert un petit restaurant dans mon quartier. Il s'appelle «Chez Yvette». Ils offrent un menu étudiant à 100 francs, tout compris: un quart de vin ou une eau minérale, une entrée, un plat du jour, salade, fromage ET dessert. En plus, un café pour finir. C'est une bonne cuisine française traditionnelle. Le problème, c'est qu'il y a toujours beaucoup de monde et peu de place.

Ce soir, à 21 heures, je dîne là-bas avec mon amie Bénédicte qui sait apprécier les bonnes choses!
Je t'invite, un jour.

Allez, à bientôt,

Michel

Paul Cézanne, nature morte

Portrait Paul Bocuse (chef français, né en 1926)

Dans la famille Bocuse, la cuisine est un art depuis le XVIIIe siècle.[1] Paul Bocuse apprend les secrets du métier[2] chez ses parents, puis chez les grands maîtres de la région lyonnaise. Son restaurant, classé «1er restaurant du monde», est situé près de Lyon, la capitale de la gastronomie. La clientèle est formée de connaisseurs français et étrangers.[3] Les gastronomes sont unanimes: un dîner chez Bocuse est une expérience inoubliable.[4]

[1]XVIIIe (dix-huitième)... *18th century* [2]du... *of the trade* [3]*foreigner* [4]*unforgettable*

The imperative forms of the irregular verb **aller** follow the pattern of regular **-er** imperatives: **va, allons, allez.**

2. Verbs ending in **-re** and **-ir:** The imperative forms are identical to their corresponding present-tense forms. This is true even of most irregular **-re** and **-ir** verbs.

INFINITIVE	tu	nous	vous
attendre	**Attends!**	**Attendons!**	**Attendez!**
finir	**Finis!**	**Finissons!**	**Finissez!**
faire	**Fais... !**	**Faisons... !**	**Faites... !**

Attends! Finis ton verre!   *Wait! Finish your drink!*
Faites attention!   *Pay attention! (Watch out!)*

3. The verbs **avoir** and **être** have irregular command forms.

INFINITIVE	tu	nous	vous
avoir	**Aie... !**	**Ayons... !**	**Ayez... !**
être	**Sois... !**	**Soyons... !**	**Soyez... !**

Sois gentil, Michel.   *Be nice, Michel.*
Ayez de la patience.   *Have patience.*

4. In negative commands, **ne** comes before the verb and **pas** follows it.

Ne prends pas de sucre!   *Don't have any sugar!*
Ne buvons pas trop de café.   *Let's not drink too much*
                                          coffee.

N'attendez pas le dessert.   *Don't wait for dessert.*

Allez-y!

A. Les bonnes manières. Vous êtes à table avec un enfant. Dites-lui ce qu'il faut (= il est nécessaire de) faire ou ne pas faire.

MODÈLE: ne pas jouer avec ton couteau →
Ne joue pas avec ton couteau!

1. attendre ton frère   **2.** prendre ta serviette   **3.** finir ta soupe
4. manger tes carottes   **5.** regarder ton assiette   **6.** être sage (*good* [*lit., wise*])   **7.** ne pas manger de sucre   **8.** boire ton verre de lait
9. ne pas demander de dessert

B. Un job d'été. Vous travaillez comme serveur / serveuse dans un café. Voici les recommandations de la patronne (*owner*).

MODÈLE: faire attention aux clients → Faites attention aux clients.

1. être aimable   **2.** avoir de la patience   **3.** écouter les clients
4. répondre aux questions   **5.** ne pas perdre de temps   **6.** rendre correctement la monnaie (*change*)

Maintenant vous parlez avec un autre serveur / une autre serveuse de ce qu'il faut faire au travail. Répétez les recommandations de la patronne.

MODÈLE: faire attention aux clients → Faisons attention aux clients!

L'heure
Telling Time

Quelle heure est-il?

Il est **sept heures.** Quel repas est-ce que Vincent prend?

Il est **dix heures et demie.*** Où est Vincent?

Il est **midi.** Quel repas est-ce qu'il prend?

Il est **deux heures et quart.** Où est Vincent?

---

*To tell the time on the half hour, **et demie** is used after the feminine noun **heure(s)** and **et demi** is used after the masculine nouns **midi** and **minuit.**

Il est trois heures **et demie.**   It's 3:30 (*half past three*).
Il est midi **et demi.**   It's 12:30 (*half past noon*).

Il est **quatre heures moins (le) quart.** Qu'est-ce qu'il fait?

Il est **huit heures vingt.** Il dîne en famille?

Il est **minuit moins vingt.** Est-ce qu'il étudie encore?

Il est **minuit** et Vincent dort (*is sleeping*).

1. To ask the time:

Excusez-moi, quelle heure est-il?	*Excuse me, what time is it?*

2. To ask at what time something happens:

À quelle heure commence le film?	*At what time does the movie start?*
À deux heures et demie.	*At two-thirty.*

3. To tell the time:

Il est une **heure.**	*It is one o'clock.*
Il est deux **heures.**	*It is two o'clock.*
Il est presque **midi / minuit.**	*It's almost noon / midnight.*

4. To make a distinction between A.M. and P.M.:

Il est neuf heures **du matin.**	*It's 9 A.M. (in the morning).*
Il est quatre heures **de l'après-midi.**	*It's 4 P.M. (in the afternoon).*
Il est onze heures **du soir.**	*It's 11 P.M. (in the evening, at night).*

The 24-hour clock is used for official announcements (e.g. TV or transportation schedules), to make appointments, and to avoid ambiguity. For time expressed in figures, **h** (**heures**) is used (without a colon).

	OFFICIAL 24-HOUR	12-HOUR
9 h 15	neuf heures quinze	neuf heures **et quart** (du matin)
15 h 30	quinze heures trente	trois heures **et demie** (de l'après-midi)
18 h 45	dix-huit heures quarante-cinq	sept heures **moins (le) quart** (du soir)
20 h 50	vingt heures cinquante	neuf heures **moins dix** (du soir)

Allez-y!

A. Le réveil. Donnez l'heure selon les deux systèmes.

1.

2.

3.

4.

5.

6.

7.

8.

9.

10.

11.

12.

B. Paris–Genève en TGV. Imaginez que vous êtes à Paris et que vous allez visiter Genève. Vous décidez de prendre le train. Voici les horaires (*schedules*) du TGV (Train à grande vitesse).

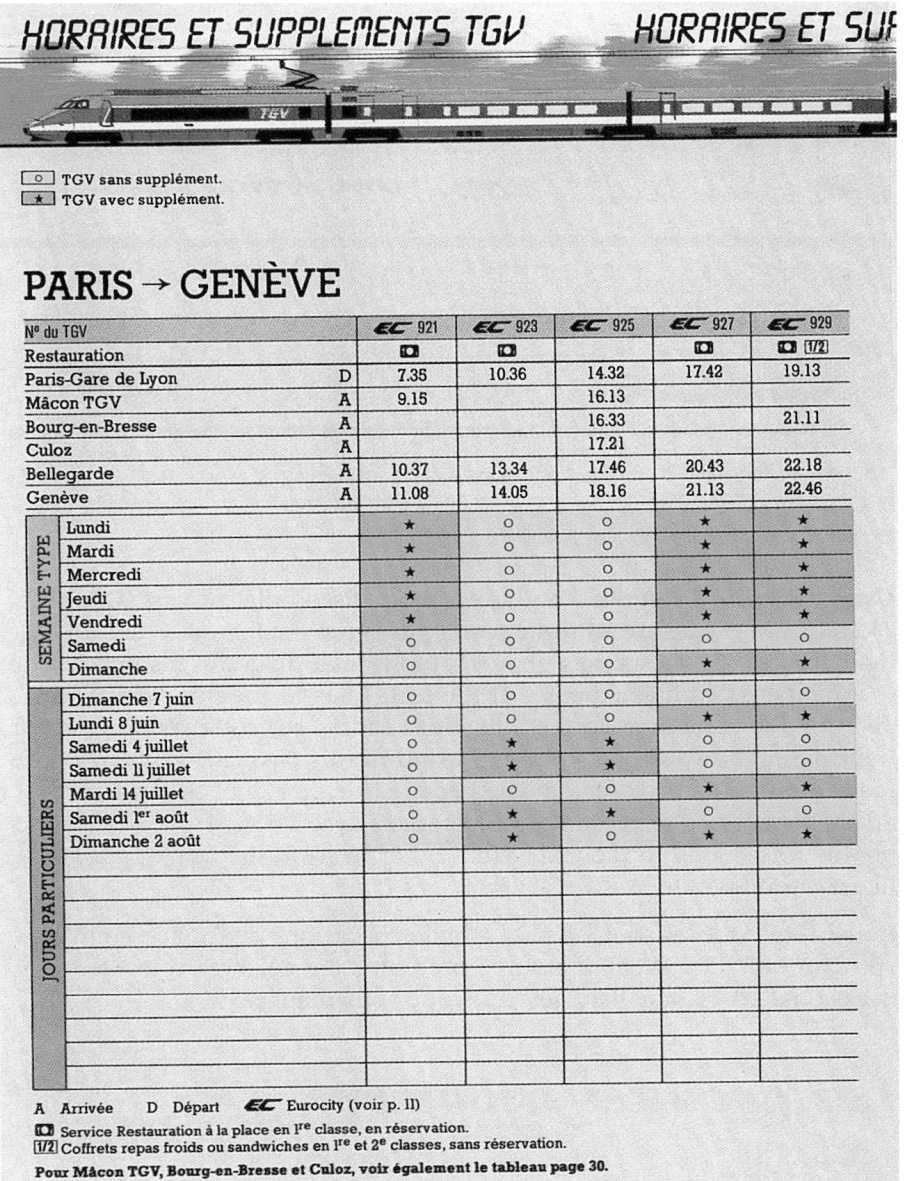

HORAIRES ET SUPPLEMENTS TGV   HORAIRES ET SUP

☐ TGV sans supplément.
★ TGV avec supplément.

PARIS → GENÈVE

Nº du TGV		EC 921	EC 923	EC 925	EC 927	EC 929
Restauration		🍽	🍽		🍽	🍽 ½
Paris-Gare de Lyon	D	7.35	10.36	14.32	17.42	19.13
Mâcon TGV	A	9.15		16.13		
Bourg-en-Bresse	A			16.33		21.11
Culoz	A			17.21		
Bellegarde	A	10.37	13.34	17.46	20.43	22.18
Genève	A	11.08	14.05	18.16	21.13	22.46

SEMAINE TYPE		EC 921	EC 923	EC 925	EC 927	EC 929
	Lundi	★	○	○	★	★
	Mardi	★	○	○	★	★
	Mercredi	★	○	○	★	★
	Jeudi	★	○	○	★	★
	Vendredi	★	○	○	★	★
	Samedi	○	○	○	○	○
	Dimanche	○	○	○	★	★

JOURS PARTICULIERS		EC 921	EC 923	EC 925	EC 927	EC 929
	Dimanche 7 juin	○	○	○	○	○
	Lundi 8 juin	○	○	○	★	★
	Samedi 4 juillet	○	★	★	○	○
	Samedi 11 juillet	○	★	★	○	○
	Mardi 14 juillet	○	○	○	★	★
	Samedi 1er août	○	★	★	○	○
	Dimanche 2 août	○	★	○	★	★

A Arrivée   D Départ   EC Eurocity (voir p. 11)
🍽 Service Restauration à la place en Ire classe, en réservation.
½ Coffrets repas froids ou sandwiches en Ire et 2e classes, sans réservation.
Pour Mâcon TGV, Bourg-en-Bresse et Culoz, voir également le tableau page 30.

1. À quelle heure sont les départs (*departures*) de Paris-Gare de Lyon pour Genève? À quelle heure est-ce que ces trains arrivent à Genève?
2. À quelle heure sont les départs le week-end?
3. Regardez l'itinéraire du TGV 925. À quelle heure est-ce qu'il part de Paris? À quelle heure est-ce qu'il arrive dans chaque (*each*) ville?
4. Vous voulez partir de bonne heure de Paris-Gare de Lyon. Quel train est-ce que vous allez prendre?
5. Vous avez besoin d'arriver tard à Genève. Quel train est-ce que vous allez prendre dans ce cas?

Leçon 4

PERSPECTIVES

Proverbe

Qui vole un œuf, vole un bœuf.

Lecture

Avant de lire

Using titles and visuals. You have already used bulleted lists (**Chapitre 2**) and titles (**Chapitre 4**) to help you guess the content of a text. In many cases, visuals such as photos, graphs, and diagrams also allow you to anticipate the major themes of the text. Look at the title, the photos, and the photo captions in the following reading selection. What kinds of information do you think you might find in this passage? After you have read through the text, decide whether the title describes the content adequately. If not, suggest one that is more descriptive. How well do the photos correspond to the text? What other ideas in the text would you like to see illustrated?

Ça se fête! Quelles sont les plus grandes occasions de l'année pour vous: votre anniversaire, Noël, le nouvel an? Comment célébrez-vous ces occasions? Faites une liste des plats que vous mangez.

À propos de la lecture... Les auteurs de *Vis-à-vis* ont écrit ce texte.

Les grandes occasions

*E*n France, les jours de fête sont une occasion pour se réunir[1] en famille ou entre amis. Pour chaque fête, on mange des plats typiques qui changent parfois[2] selon les régions. Voici les fêtes les plus gourmandes[3] du calendrier français.

Pour la fête des Rois,* le 6 janvier, on achète chez le pâtissier[4] une galette. C'est un gâteau qui contient une fève.[5] La personne qui trouve la fève dans

[1]se... *getting together* [2]*sometimes* [3]les plus... *où l'on mange bien* [4]*pastry maker's* [5]*bean*

---

*This Christian holiday, also called Twelfth-day, commemorates Christ's appearance to the Gentiles (in the form of the Three Kings).

De bonnes huîtres pour la Saint-Sylvestre.

Paris: les délices de Pâques.

son morceau[6] de gâteau est le roi (ou la reine)[7] et cette personne choisit sa reine (ou son roi). La famille ou les amis boivent à leur santé.[8]

Pâques[9] est, bien sûr, la fête du chocolat. C'est aussi un grand jour de réunion familiale, à l'église et à table. On fait un grand repas, et au dessert, grands et petits mangent des œufs, des cloches,[10] des poules ou des poissons en chocolat remplis[11] de bonbons.

Noël est peut-être la fête des fêtes. Le Réveillon[12] de Noël est un grand dîner que l'on prend le plus souvent après la messe[13] de minuit. Au menu: huîtres, foie gras, dinde aux marrons[14] et beaucoup de champagne! Au dessert, on mange une bûche[15] de Noël, un gâteau roulé au chocolat en forme de bûche. Les enfants, bien sûr, attendent avec impatience l'arrivée du Père Noël.

[6]piece [7]roi... king (or queen) [8]health [9]Easter [10]bells [11]filled [12]Le... Midnight supper [13]cérémonie catholique [14]huîtres... oysters, pâté, turkey with chestnuts [15]log

Compréhension

Match the following quotations with the relevant paragraphs in "Les grandes occasions."

1. «C'est ma fête préférée parce que j'adore les œufs en chocolat.»
2. «Je suis le roi!»
3. «Nous attendons toujours avec impatience l'arrivée de la bûche.»

Écriture

Vous êtes ce que vous mangez. Répondez aux questions suivantes pour parler de vos habitudes alimentaires. Ensuite, mettez vos réponses sous la forme d'un texte. Vous pouvez ajouter des informations supplémentaires.

1. Combien de repas prenez-vous par jour? Lesquels (*Which ones*)? À quelle heure?
2. Si vous prenez le petit-déjeuner, qu'est-ce que vous mangez?
3. Achetez-vous régulièrement des fruits, des légumes, des produits laitiers (*dairy products*)? Lesquels?
4. Qu'est-ce que vous aimez boire pour accompagner vos repas?
5. Êtes-vous végétarien(ne)? Si oui, qu'est-ce que vous ne mangez pas? Si non, quelles sortes de viande aimez-vous?

À l'écoute!

Les supermarchés Traffic. The **Traffic** supermarket chain is advertising some of its products on the radio. First, look at activities A and B. Next, listen to the vocabulary and the ad. Then do the activities.

VOCABULAIRE UTILE

des promotions	*specials* (*sales*)
des prix incroyables	*incredible prices*
ouverts	*open*
venez vite!	*come quickly!*

A. Les promotions Traffic. Draw a line linking each price with the appropriate product, based on the ad.

1. 5 F   **a.** un litre de jus de pomme
2. 40 F   **b.** un kilo de jambon
3. 3 F   **c.** une baguette
4. 2,50 F   **d.** un kilo d'oranges

B. Horaire. Place a check mark next to the correct answer.
Les supermarchés Traffic sont ouverts:

____ **1.** de 8 heures à 21 heures
____ **2.** de 9 heures à 22 heures
____ **3.** de 9 heures à 21 heures

En société

Objectif *Ordering food and drink*

EXPRESSIONS UTILES

à ta gauche   to your left
Ne bouge pas! Don't move!
surtout   especially

Extrait du dialogue

SERVEUR: Bonjour. Que désirez-vous?
CLAIRE: Elle voudrait un citron pressé, et...
SERVEUR: Excusez-moi, mais vous êtes artiste?
AIMÉE: Oui, et je veux quelque chose à manger aussi. Qu'est-ce que vous recommandez?
SERVEUR: On a...
AIMÉE: Attendez, un moment. Jacques, ne bouge pas. Je dessine ta bouche.
SERVEUR: Non, pas de problème. Prenez votre temps. C'est fascinant.
CLAIRE: Bon, moi, je prends un café crème. Et Jacques?
AIMÉE: Non, Jacques. Tes lèvres, je les dessine!
SERVEUR: Je vous recommande le croque-monsieur ou la quiche, ou...
AIMÉE: Est-ce que vous avez des salades?
SERVEUR: Bien sûr! On a une très bonne salade de tomates.
AIMÉE: D'accord, une salade de tomates. Merci.

Jeux de rôles

Avec un(e) partenaire, jouez les scènes suivantes.

1. Votre ami(e) et vous arrêtez à un comptoir pour commander quelque chose à emporter (*to take out*). Vous choisissez aussi quelque chose à boire.
2. Vous allez au marché. Achetez des fromages, des fruits et des légumes. Spécifiez les quantités au marchand.

Note culturelle

Un croque-monsieur est un sandwich chaud au jambon et au fromage. Il existe également le «croque-madame». Cette variante est essentiellement un croque-monsieur avec un œuf sur le plat.[1]

[1]œuf... *fried egg*

CHAPITRE 6 Vocabulaire

Verbes

acheter to buy
apprendre to learn
boire to drink
célébrer to celebrate
commander to order (*in a restaurant*)
comprendre to understand; to include
considérer to consider
déjeuner to have lunch
dîner to dine, have dinner
espérer to hope
passer to pass, spend (*time*)
préférer to prefer
prendre to take; to have (to eat; to order)

À REVOIR: **aimer mieux, préparer**

Substantifs

la cuisine cooking; kitchen
le déjeuner lunch
le dîner dinner
le goûter afternoon snack
la journée (whole) day
le petit-déjeuner breakfast
le repas meal

Les provisions

la bière beer
le bifteck steak
le bœuf beef
la boisson gazeuse soft drink

le champignon mushroom
la crème cream
l'eau (*f.*) **(minérale)** (mineral) water
la fraise strawberry
les frites (*f.*) French fries
le fromage cheese
le gâteau cake
les haricots* (*m.*) **verts** green beans
le jambon ham
le jus (d'orange) (orange) juice
le lait milk
le légume vegetable
l'œuf (*m.*) egg
le pain bread
la poire pear
le poisson fish
le poivre pepper
la pomme de terre potato
le poulet chicken
le sel salt
le sucre sugar
la tarte pie
le thé tea
la viande meat
le vin wine

À table

l'assiette (*f.*) plate
le bol wide cup
la bouteille bottle
le couteau knife

la cuillère (à soupe) (soup) spoon
la fourchette fork
la glace ice cream
la nappe tablecloth
la serviette napkin
la tasse cup
le verre glass

Substantifs apparentés

la baguette, la banane, la carafe, la carotte, le chocolat, le croissant, le dessert, le fruit, la laitue, l'orange (*f.*)**, le porc, la salade, la tomate**

L'heure

Quelle heure est-il? What time is it?
Il est... heure(s). It is . . . o'clock.
  ...et demi(e) half past (the hour)
  ...et quart quarter past (the hour)
  ...moins le quart quarter to (the hour)
  ...du matin in the morning
  ...de l'après-midi in the afternoon
  ...du soir in the evening, at night
Il est midi. It's noon.

*The initial **h** is aspirate here, which means there is no elision with the article **les**.

Il est minuit. It's midnight.
À quelle heure... ? At what
    time . . . ?

À REVOIR: **les chiffres** (*numbers*)

Les expressions de quantité

assez de enough of
beaucoup de a lot of

peu de little of
trop de too much of, too
    many of
un peu de a little of

Mots et expressions divers

de bonne heure early
en avance early
en retard late

je voudrais I would like
ne... plus no more
presque almost
tard late
tôt early
vers around, about (*with time
    expressions*)

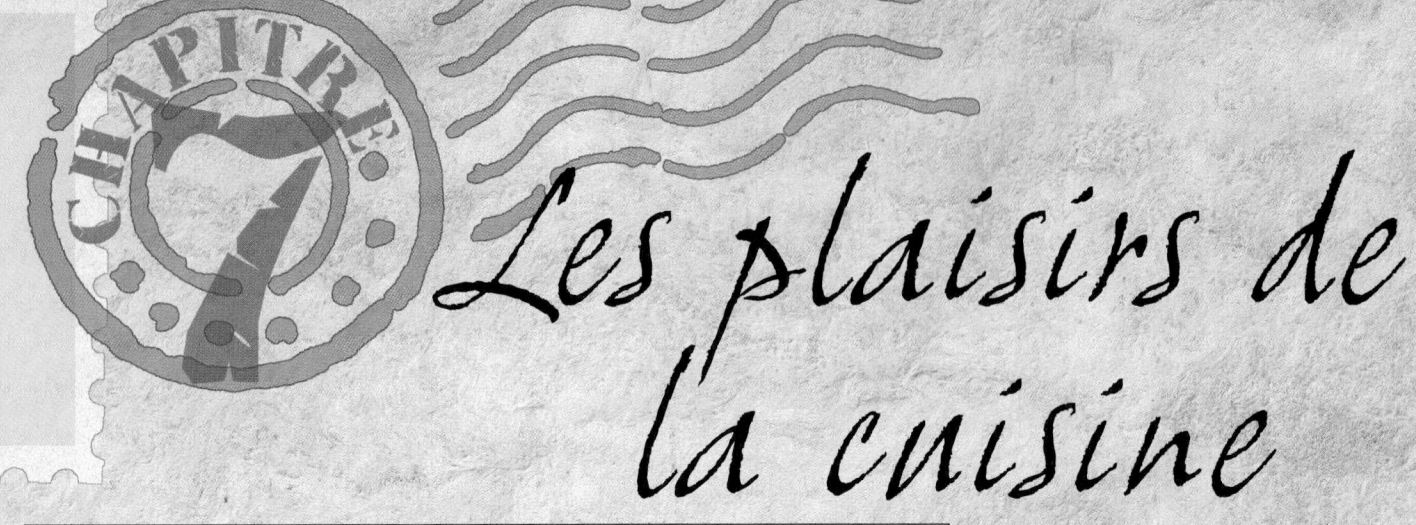

Paris
Au marché

CARTE POSTALE

Cher Malik,

Ce soir, j'invite mes amis à dîner. Je vais jouer les Paul Bocuse et préparer ma spécialité: un coq au vin. Quel défi!

J'ai déjà fait les courses au marché: une belle salade en entrée et un petit coq, des oignons, des herbes de Provence pour le plat principal. Et pour finir, quelques bons fromages et des fruits de saison. Pas de gâteaux: mes invités veulent garder la ligne! Comme boisson, je vais servir un petit vin de pays que j'ai acheté directement chez un producteur.

Ma copine Bénédicte veut absolument m'aider. Je pourrais accepter, mais... non, non et non! Je ne veux pas partager cette gloire.

Souhaite-moi bonne chance,
Michel

Dans ce chapitre...

Objectifs communicatifs

- asking about choices; pointing out people and things; expressing desire, ability, necessity, and obligation

Contenu lexical (Leçon 1)

- Les magasins d'alimentation
- Au restaurant
- Les nombres supérieurs à 60

Contenu grammatical (Leçons 2 et 3)

- L'adjectif interrogatif **quel**
- Les adjectifs démonstratifs
- Les verbes **vouloir, pouvoir et devoir**
- L'expression impersonnelle **il faut**

Vidéothèque

- Initiation (ci-dessous)
- En société (Leçon 4)

Initiation Au restaurant

Michel invite Bénédicte à l'un de ses restaurants préférés. De quoi est-ce qu'ils ont envie ce soir?

VOCABULAIRE UTILE

Quel joli cadre!	What a pretty setting!
le menu à cent trente francs	fixed-price meal for 130 francs
l'escalope de veau à la normande	veal cutlet in cream and mushroom sauce
le confit de canard	duck cooked and preserved in its own fat
la charlotte et son coulis de framboises	cake with cream and raspberry sauce
la coupe de fraise à la chantilly	strawberry sundae with whipped cream

Bon appétit! Choisissez la bonne réponse.

1. Le menu à 130 francs comprend ___b___.
   a. l'eau minérale
   b. un poisson ou une viande
   c. des fruits
2. Les deux amis prennent ___c___.
   a. du vin
   b. du chocolat
   c. une bouteille d'eau minérale
3. Avant de boire, ils disent ___a___
   a. «Santé!»
   b. «Félicitations!»
   c. «Skoal!»

Leçon 1

Les magasins d'alimentation

AUTRES MOTS UTILES

de l'ail (*m.*)	garlic	**un saucisson**	salami
de l'huile (*f.*)	oil	**du saumon**	salmon
un oignon	onion		

---

*These are also separate stores: **la boulangerie, la pâtisserie,** etc.

Allez-y!

Les magasins du quartier. Où est-ce qu'on va pour acheter les produits suivants?

MODÈLE: des éclairs au chocolat →
Pour acheter des éclairs au chocolat, on va à la boulangerie-pâtisserie.

1. des saucisses et un rôti de veau
2. des huîtres et des crabes
3. des sardines à l'huile
4. des côtes de porc
5. de la sole et du saumon
6. du pâté de campagne et du filet de bœuf
7. de l'ail et des conserves
8. un pain de campagne

Au restaurant

Restaurant La Guirlande de Julie
Ouvert de 12 h 00 à 14 h 30 et de 19 h 00 à 22 h 30.
Fermé le lundi.

Pour commencer

Kir[1]	45 F / 6,9 euros
Coupe[2] de champagne	40 F / 6,1 euros
Américano	50 F / 7,6 euros

Nos formules[3]

(excepté le soir, le samedi, le dimanche et les jours fériés)

Plat du marché	65 F / 9,91 euros
Entrée, plat du marché	90 F / 13,72 euros
OU	
Plat du marché, dessert	90 F / 13,72 euros
Entrée, plat du marché, dessert	110 F / 16,77 euros

Les entrées

Fromage de chèvre au basilic et à l'huile d'olive	46 F / 7 euros
Escargots de Bourgogne	48 F / 7,32 euros
Terrine de gibier[4], petite salade «selon saison»	48 F / 7,32 euros
Foie gras de canard maison	68 F / 10,37 euros

Les plats

Notre spécialité «Pot-au-feu[5] royal»	87 F / 13,26 euros
Confit de canard, pommes bûcheronnes, champignons	87 F / 13,26 euros
Rognons de veau[6] bordelais et petits oignons	96 F / 14,64 euros
Saumon braisé en croûte d'herbes, tagliatelle de légumes	86 F / 13,11 euros

Nos fromages

Petit chèvre frais mariné à l'huile vierge	39 F / 5,95 euros
Assiette de fromages	39 F / 5,95 euros

Les desserts

Tarte aux pommes, glace à la cannelle	45 F / 6,86 euros
Crème brûlée à la vanille de Bourbon	46 F / 7,01 euros
Glaces et sorbets, parfums au choix	43 F / 6,56 euros

Prix nets, TVA 20,6 % et 15 % inclus

[1]*White wine with blackcurrant liqueur* [2]*Glass* [3]*Special of the day generally including* un plat *and* une entrée *or* un dessert. [4]Terrine... *Game paté* [5]*Stew* [6]Rognons... *Veal Kidneys*

AUTRES MOTS UTILES

l'entrée (*f.*)	first course
le plat	course (*of a meal*); dish (*type of food*)
le plat principal	main course
la carte	menu
le menu	fixed-price meal (*usually including* **une entrée, un plat,** *and* **du fromage** *or* **un dessert**)
l'addition (*f.*)	check
le pourboire	tip
le serveur / la serveuse	waiter / waitress

Allez-y!

A. La Guirlande de Julie. Mettez le dialogue dans le bon ordre. Numérotez les phrases de 1 à 10.

LE SERVEUR

___3___ Vous désirez quelque chose à boire?

___7___ (*plus tard*) Vous désirez autre chose (*something else*)?

___5___ Une eau minerale. Vous désirez une entrée?

___1___ Bonjour, madame. Avez-vous choisi?

___9___ Très bien, madame. (*plus tard*) Prenez-vous des fromages, un dessert?

LA CLIENTE

___4___ Un Kir, s'il vous plaît.

___2___ Oui, j'ai fait mon choix.

___6___ Oui, comme entrée, je vais prendre le foie gras de canard, et ensuite, le pot-au-feu.

___8___ Euh, je vais prendre une crème brûlée à la vanille, s'il vous plaît.

___10___ Non, merci. Apportez-moi l'addition, s'il vous plaît.

B. Au restaurant. Avec un(e) camarade, regardez la carte de La Guirlande de Julie. Jouez les rôles du serveur / de la serveuse et du client / de la cliente. Notez ce que le client commande.

MODÈLE: LE SERVEUR / LA SERVEUSE: Qu'est-ce que vous prenez comme entrée? (plat principal, boisson...)

LE CLIENT / LA CLIENTE: Je prends le/la*...

---

*The definite article, rather than the partitive, is often used when one orders a dish from a menu.

Les nombres supérieurs à 60

60	soixante	80	quatre-vingt**s** *no liason*
61	soixante **et** un	81	quatre-vingt-un
62	soixante-deux	82	quatre-vingt-deux
63	soixante-trois	83	quatre-vingt-trois
70	soixante-dix	90	quatre-vingt-dix
71	soixante **et** onze	91	quatre-vingt-onze
72	soixante-douze	92	quatre-vingt-douze
73	soixante-treize	93	quatre-vingt-treize
		100	cent

- Note that **quatre-vingts** takes an **-s,** but that numbers based on it do not: **quatre-vingt-un,** and so on.

101	cent un	600	six cents
102	cent deux	700	sept cents
200	deux cents	800	huit cents
201	deux cent un	900	neuf cents
300	trois cents	999	neuf cent quatre-vingt-dix-neuf
400	quatre cents	1 000	mille
500	cinq cents	999 999	?

- Note that the **-s** of **cents** is dropped if it is followed by any other number: **deux cent un, sept cent trente-cinq.**
- Like **cent, mille** (*one thousand*) is expressed without an article. **Mille** is invariable and thus never ends in **s: mille quatre, sept mille, neuf mille neuf cent quatre-vingt-dix-neuf.**

19F**95**
3,05 EUROS

Cassoulet au confit de canard "Spanghero"
La boîte de 1050 g
dont 25% gratuit
Soit le kilo 19 F

31F**95**
4,89 EUROS

Bloc de Foie Gras de Canard avec morceaux "Delpeyrat"
La boîte de 200 g
Soit le kilo 159,75 F

16F**95**
le lot
2,59 EUROS

"Les Cassagnoles" verrines supérieures
Le lot de 3 verrines de 180 g (540 g)
Soit le kilo 31,39 F

Des produits régionaux: combien coûtent-ils en francs et en euros?

- French currency is **le franc (F).** It is divided into **centimes.** The most common way of writing prices in **francs** is: 48,50 F (quarante-huit francs cinquante).
- The nouns **million** and **milliard** take **-s** in the plural. When introducing a noun, they are followed by **de (d').**

Ce nouveau restaurant coûte deux **millions de** dollars.	*This new restaurant costs two million dollars.*

Allez-y!

A. Problèmes de mathématiques. Inventez six problèmes, puis demandez à un(e) camarade de les résoudre (*solve them*).

MODÈLES: 37 + 42 →
    É1: Trente-sept plus (et) quarante-deux?
    É2: Trente-sept plus (et) quarante-deux font (égalent) soixante-dix-neuf.

    10 × 10 000 →
    É1: Dix fois dix mille?
    É2: Dix fois dix mille font (égalent) cent mille.

Vocabulaire utile: + (plus, et), − (moins), × (fois), ÷ (divisé par), = (font)

B. La cuisine diététique. Votre partenaire et vous avez un restaurant français qui sert de la cuisine diététique. Créez un menu avec moins de (*fewer than*) 1000 calories. Le menu doit (*must*) avoir...

    une entrée ou un hors-d'œuvre
    un plat principal (viande + légumes)
    un fromage ou un dessert

VALEUR CALORIQUE DE QUELQUES ALIMENTS (pour 100 grammes)							
TRÈS CALORIQUES		CALORIQUES		PEU CALORIQUES		TRÈS PEU CALORIQUES	
Saucisson	559	Brie	271	Banane	97	Poire	61
Chocolat	500	Pain	259	Crevettes	96	Pomme	61
Pâté de foie gras	454	Côte d'agneau	256	Pommes de terre	89	Carotte	43
Biscuits secs	410	Filet de porc	172	Lait	67	Fraise	40
Macaronis, pâtes	351	Œufs	162	Artichaut	64	Orange	40
Riz	340	Poulet	147			Champignons	31
Camembert	312	Canard (*Duck*)	135			Tomates	22

C. Quel est le numéro? Demandez à un(e) camarade les numéros suivants.

MODÈLE: le numéro de sa carte d'étudiant →
    É1: Quel est le numéro de ta carte d'étudiant?
    É2: C'est le trois cent vingt-sept...

1. son numéro de sécurité sociale   **2.** son adresse   **3.** le numéro de son permis de conduire (*driver's license*)   **4.** son code postal   **5.** le numéro de téléphone d'un ami / d'une amie

D. Les promotions du mois. Ce soir vous faites des courses. Vous allez dans un magasin spécialisé en produits surgelés (*frozen*). Vous achetez un plat principal, des légumes et un dessert. Qu'est-ce que vous allez choisir?

Les promotions du mois chez Picard Surgelés

carte bleue **CB**

Bifteck bavette Bigard, 130 g env. Sac de 8. Le kg   75,70   **68,10**

Côtes de porc première et filet Bigard, 140 g. env. (le kg 32,00 F). Sac de 1,3 kg   46,30   **41,60**

Rôti de veau épaule, sans barde, Bigard, 1 kg environ. Le kg   58,20   **52,40**

Navarin (assortiment ragoût) Bigard, morceaux 70 g env. Sac de 1 kg   41,10   **37,00**

Poulet classe A, sans abats, 1,2 kg environ. Le kg   20,80   **18,70**

Poisson Thaï au lait de coco, avec riz printanier, Thaïlande, (le kg 58,44 F). Boîte de 450 g   29,20   **26,30**

Chili con carne, bœuf et légumes avec épices fortes à part, Mexique (le kg 61,42 F). Boîte de 350 g   23,90   **21,50**

Feuilletine de veau à l'orange, sauce porto, M. Guérard (le kg 92,50 F). Boîte de 440 g   45,20   **40,70**

Cannelloni (le kg 34,44 F). Boîte de 450 g   18,20   **15,50**

Petits pois doux extra-fins (le kg 10,00 F). Sac de 2,5 kg   28,40   **25,00**

Haricots mange-tout mi-fins (le kg 7,76 F). Sac de 2,5 kg   22,10   **19,40**

Epinards hachés, tablettes 6 g environ. Sac de 1 kg   8,60   **7,60**

Choux-fleurs en fleurettes. Sac de 1 kg   12,50   **11,00**

Chou vert, 2 plaques de 500 g. Sac de 1 kg   13,40   **11,80**

Poivrons verts et rouges mélangés en dés, Espagne. Sac de 1 kg   13,70   **12,10**

Pommes de terre en cubes à rissoler, préfrites Sac de 1 kg   9,80   **8,60**

Purée de carottes, tablettes de 6 g environ. Sac de 1 kg   13,20   **11,60**

Eclairs (2 café, 2 chocolat) 60 g, Patigel (le kg 53,75 F). Boîte de 4   15,20   **12,90**

Bavaroise aux myrtilles, Niemetz, 530 g, 8 parts (le kg 54,15 F). Pièce   33,80   **28,70**

Tarte Tatin, Ninon, 450 g, 4 parts (le kg 44,22 F). Pièce   23,40   **19,90**

Fraises entières, France. Sac de 1 kg   23,70   **21,00**

Croissants feuilletés, pur beurre, cuits, 40-45 g (le kg 38,75 F). Sachet de 12   21,90   **18,60**

Poire Belle-Hélène, Miko, 125 ml (le litre 27,40 F). Boîte de 4   16,10   **13,70**

Crème vanille, Mövenpick, crème glacée vanille avec crème. Boîte de 1 litre   29,80   **25,30**

Composez votre menu.

Maintenant calculez le prix réel de ce que vous allez acheter, le prix en promotion que vous allez payer et combien vous allez économiser (*to save*).

	PRIX AVANT PROMOTION	PRIX EN PROMOTION	DIFFÉRENCE DE PRIX
Plat principal	_____	_____	_____
Légumes	_____	_____	_____
Dessert	_____	_____	_____
Total	_____	_____	_____

Enfin, donnez votre menu et les résultats de vos calculs à la classe. Qui compose le menu le plus cher (*most expensive*), le plus original? Qui économise le plus? Combien économise-t-il/elle?

Leçon 2

STRUCTURES

L'adjectif interrogatif *quel*
Asking about Choices

Henri Lefèvre, restaurateur à Deauville

Dan Bartell, journaliste américain, interroge Henri Lefèvre.

DAN BARTELL: **Quelle** est la principale différence
entre la cuisine traditionnelle et la
nouvelle cuisine?

HENRI LEFÈVRE: Les sauces, mon ami, les sauces.

DAN BARTELL: Et **quelles** sauces préparez-vous?

HENRI LEFÈVRE: J'aime beaucoup préparer les sauces
traditionnelles comme la sauce
bordelaise et le beurre blanc.

DAN BARTELL: **Quels** vins achetez-vous pour votre
restaurant?

HENRI LEFÈVRE: J'achète surtout des vins rouges
de Bourgogne et des vins blancs
d'Anjou.

Et vous?

1. Quel est votre plat favori?
2. Quelle boisson préférez-vous?
3. Quelle cuisine préférez-vous?

Forms of *quel*
• •

Quel (quelle, quels, quelles) means *which* or *what*. It agrees in gender
and number with the noun it modifies. You are already familiar with
quel in such expressions as **Quelle heure est-il?** and **Quel temps fait-il?**
It is used to obtain more precise information about a noun already
mentioned or implied. Questions with **quel** can be formed either with
inversion or with **est-ce que.**

Quel fromage voulez-vous
goûter?

À **quelle** heure est-ce que
vous dînez?

*Which (What) cheese would
you like to try?*

*(At) what time do you have
dinner?*

Dans **quels** restaurants aimez-vous manger?
Quelles boissons préférez-vous?

In what (which) restaurants do you like to eat?
What (Which) beverages do you prefer?

[Allez-y! A]

Quel with *être*

Quel can also stand alone before **être** followed by the noun it modifies.

Quel est le prix de ce champagne?
Quelle est la différence entre le Perrier et l'Evian?

What's the price of this champagne?
What's the difference between Perrier and Evian?

[Allez-y! B]

> **Mots-clés**
>
> **S'exclamer**
>
> **Quel** is also used in exclamations.
>
> **Quel** père exemplaire!
> *What an exemplary father!*
>
> **Quelle** horreur!
> *How awful!*

Allez-y!

A. Qui vient dîner? Mme Guilloux veut organiser un dîner demain soir. Son mari l'interroge (*asks her questions*). Complétez leur dialogue avec **qu'est-ce que, quel(le)** ou **qui.**

M. GUILLOUX: _Qui_^1 vas-tu inviter?
MME GUILLOUX: Maxime, Isabelle et Laurence.
M. GUILLOUX: Et _____^2 tu vas préparer? *qu'est-ce que*
MME GUILLOUX: Un rôti de bœuf avec des pommes de terre sautées.
M. GUILLOUX: Oh là là, _quelle_^3 chance (*luck*)! Mais _qui_^4 va faire les courses?
MME GUILLOUX: Toi, bien sûr.
M. GUILLOUX: Bien voyons! _quel_^5 vin est-ce que je dois acheter? *have to*
MME GUILLOUX: Je ne sais pas. _____^6 tu préfères? *Quel-que*
M. GUILLOUX: Un vin rouge. Un bordeaux, par exemple.
MME GUILLOUX: Très bien. _Quel_^7 heure est-il?
M. GUILLOUX: 6 h 30.
MME GUILLOUX: Déjà! _____^8 tu attends? Dépêche-toi (*Hurry up*), les magasins vont bientôt fermer. *to close*

B. Une interview. Interrogez vos camarades sur leurs goûts. Utilisez l'adjectif interrogatif **quel** et variez la forme de vos questions.

MODÈLE: sport → Quel est le sport que tu préfères?

1. boisson
2. légume
3. viande
4. repas
5. distractions
6. disques
7. boîte de nuit (*f.*)
8. émission de télévision
9. livres
10. magazines
11. couleur (*f.*)
12. matières
13. vêtements
14. films

Les adjectifs démonstratifs
Pointing out People and Things

Un dîner entre amis

BRUNO: **Ce** rôti de bœuf, il est vraiment délicieux!

ANNE: Merci.

BRUNO: Est-ce que je peux goûter encore un peu de **cette** sauce-**là**?

ANNE: Mais bien sûr.

MARIE: **Ces** haricots verts, hum! Où vas-tu faire tes courses?

ANNE: Rue de la Contrescarpe.

MARIE: Moi aussi. J'adore **cette** rue, **cette** ambiance de village, **ces** petits magasins...

Répondez.

1. Qu'est-ce que les trois amis mangent?
2. Est-ce qu'ils mangent des légumes?
3. Pourquoi est-ce que Marie aime la rue de la Contrescarpe?

Forms of Demonstrative Adjectives

Demonstrative adjectives (*this/that, these/those*) are used to specify a particular person, object, or idea. They agree in gender and number with the nouns they modify.

	SINGULAR	PLURAL
Masculine	**ce** magasin	**ces** magasins
	cet escargot	**ces** escargots
	cet homme	**ces** hommes
Feminine	**cette** épicerie	**ces** épiceries

Note that **ce** becomes **cet** before masculine nouns beginning with a vowel or mute **h.**

[Allez-y! A-B]

Use of -*ci* and -*là*

In English, *this/these* and *that/those* indicate the relative distance to the speaker. In French, the suffix **-ci** is added to indicate closeness, and **-là**, to indicate greater distance.

—Prenez-vous **ce** gâteau-**ci**?
—Non, je préfère **cet** éclair-**là.**

[Allez-y! C]

A. Au supermarché. Qu'est-ce que vous achetez?

MODÈLE: une bouteille d'huile → J'achète cette bouteille d'huile.

1. une boîte de sardines **2.** un camembert **3.** des tomates **4.** une bouteille de vin **5.** quatre poires **6.** une bouteille d'eau minérale **7.** des pommes de terre **8.** un éclair au café **9.** un artichaut

B. Exercice de contradiction. Vous allez faire un pique-nique. Vous faites des courses avec un(e) camarade, mais vous n'êtes pas d'accord! Jouez les rôles.

MODÈLE: pain / baguette →
É1: On prend ce pain?
É2: Non, je préfère cette baguette.

1. saucisson / tranche de jambon
2. pâté / poulet froid
3. filet de bœuf / rôti de veau
4. haricots verts / oignons
5. pizza (*f.*) / sandwich
6. pommes / bananes
7. tarte / éclair
8. gâteau / glace
9. jus de fruits / bouteille de vin
10. boîte de sardines / morceau de fromage

C. Chez le traiteur. (*At the delicatessen.*) Jouez les rôles du client / de la cliente et du traiteur.

MODÈLE: poulet →
LE CLIENT / LA CLIENTE: Donnez-moi un poulet, s'il vous plaît.
LE TRAITEUR: Quel poulet? Ce poulet-ci ou ce poulet-là?
LE CLIENT / LA CLIENTE: Ce poulet-ci. Et donnez-moi aussi un peu de ce fromage.
LE TRAITEUR: Tout de suite, monsieur / madame.

1. salade **2.** rôti **3.** légumes **4.** pâté **5.** pizza **6.** saucisses

cent soixante-dix-neuf **179**

Correspondance 7

CARTE POSTALE

Côte-d'Ivoire
Marché en plein air

Cher Michel,

Ton marché parisien est bien différent des marchés africains. Ici, il faut admirer les couleurs: une symphonie de bleus, de jaunes, de rouges, comme un feu d'artifice. J'adore me promener et poser des questions aux marchands: «Quel est ce fruit bizarre?», «Comment s'appelle ce poisson aux yeux bleus?», «Quel est le nom de ce gâteau?». Autour de moi, les femmes en boubous discutent, goûtent, marchandent et choisissent. Voilà l'Afrique authentique.

Je te laisse rêver...

Salut!

Malik

Portrait
Tahar Ben Jelloun
(écrivain marocain, né en 1944)

Écrivain de langue française, Tahar Ben Jelloun a reçu[1] en 1987 le prestigieux prix Goncourt[2] pour son roman[3] *La Nuit sacrée.*

C'est un conteur[4]: ses histoires qui continuent la tradition des contes orientaux[5] ont une dimension légendaire. C'est aussi un messager: par sa voix, ce sont les exclus[6]—les femmes, les immigrés et les pauvres—qui parlent. Enfin, c'est un défenseur des libertés qui milite contre la xénophobie[7]: dans son best-seller, *Le racisme expliqué à ma fille,* il illustre avec des mots simples mais convaincants les mécanismes et les dangers du racisme.

[1]*a... received* [2]*prix... name of a literary prize* [3]*novel* [4]*storyteller* [5]*eastern* [6]*oppressed*
[7]*xenophobia (fear or hatred of foreigners or strangers)*

Flash Sénégal, Côte-d'Ivoire: la pêche[1] miraculeuse

• •

L'Afrique est le paradis des poissons et... des pêcheurs! Les eaux de Dakar sont réputées[2] dans le monde entier pour leur richesse en poissons: on y trouve des centaines d'espèces.[3]

Les villages de pêcheurs sont nombreux le long de[4] la côte atlantique. Pour les habitants, le poisson est à la fois[5] une source de revenus[6] et la base de l'alimentation locale.

Sur le plan économique, la pêche est la deuxième ressource du Sénégal. La pêche traditionnelle constitue les deux tiers[7] de la production totale.

Une plage de sable blanc, un bateau, un petit équipage,[8] quelques filets[9] et beaucoup de courage: voilà les conditions de la pêche miraculeuse en Afrique.

Sénégal: une équipe de pêcheurs.

[1]*fishing* [2]*renowned* [3]*des... hundreds of species* [4]*le... along* [5]*à... at once* [6]*income* [7]*constitue... makes up two thirds* [8]*crew* [9]*nets*

EN AVANT!

Un peu de bavardage

1. Selon Tahar Ben Jelloun, personne «ne[1] naît avec le racisme en tête». Êtes-vous d'accord avec cette affirmation? Expliquez pourquoi.
2. Le Sénégal est un pays presque essentiellement agricole. On cultive principalement l'arachide.[2] Est-ce qu'il y a d'autres pays de monoculture dans le monde? Lesquels[3]? Habitez-vous dans un pays de monoculture?

On est branché!

Pour obtenir des informations supplémentaires et les liens nécessaires pour répondre aux questions suivantes, visitez le site Web de *Vis-à-vis* à l'adresse www.mhhe.com/visavis.

1. Tahar Ben Jelloun est né à Fès, au Maroc. Nommez deux autres villes marocaines et pour chacune d'elles[4] un endroit à visiter.
2. Vous préparez un voyage d'une semaine au Sénégal pour un groupe. En quelle saison allez-vous y aller? Faites un horaire de voyage et dites ce que[5] vous allez visiter à Dakar, dans les environs de Dakar et dans les régions avoisinantes.[6]

[1]*personne... nobody is born* [2]*peanuts* [3]*Which ones* [4]*chacune... each of them* [5]*ce... what* [6]*neighboring*

Leçon 3

Les verbes *vouloir, pouvoir et devoir*
Expressing Desire, Ability, and Obligation

Le Procope*

MARIE-FRANCE: Tu **veux** du café?

CAROLE: Non, merci, je ne **peux** pas boire de café. Je **dois** faire attention. J'ai un examen aujourd'hui. Si je bois du café, je vais être trop nerveuse.

PATRICK: Je bois du café seulement les jours d'examen. Ça me donne de l'inspiration, comme à Voltaire!

Répétez le dialogue et substituez les nouvelles expressions aux expressions suivantes.

1. café → vin
2. nerveux/euse → endormi(e) *sleepy*
3. Voltaire → Bacchus†

Vive le café!

---

*In the eighteenth century, **Le Procope** was the first place in France to serve coffee. Because coffee was considered a subversive beverage, only freethinkers like the writer Voltaire dared to consume it.
†In classical mythology, Bacchus is the god of wine.

Forms of *vouloir, pouvoir,* and *devoir*
• •

The verbs **vouloir** (*to want*), **pouvoir** (*to be able to*), and **devoir** (*to have to; to be obliged to; to owe*) are all irregular in form.

vouloir	pouvoir	devoir
je **veux**	je **peux**	je **dois**
tu **veux**	tu **peux**	tu **dois**
il/elle/on **veut**	il/elle/on **peut**	il/elle/on **doit**
nous **voulons**	nous **pouvons**	nous **devons**
vous **voulez**	vous **pouvez**	vous **devez**
ils/elles **veulent**	ils/elles **peuvent**	ils/elles **doivent**

Uses of *vouloir, devoir,* and *pouvoir*
• •

1. **Vouloir** can be followed by a noun or an infinitive.

Je **veux** un café.	*I want a cup of coffee.*
Je **veux** commander un café.	*I want to order a cup of coffee.*

   Vouloir bien means *to be willing to, be glad (to do something).*
   Vouloir dire expresses *to mean.*

Il **veut bien** goûter les escargots.	*He's willing to taste the snails.*
Qu'est-ce que ce mot **veut dire?**	*What does this word mean?*

2. **Devoir,** followed by an infinitive, can express necessity, obligation, or probability.

Je suis désolé, mais nous **devons** partir.	*I'm sorry, but we must leave.*
Marc est absent; il **doit** être malade.	*Marc is absent; he must be sick.*

   When not followed by an infinitive, **devoir** means *to owe.*

Combien d'argent est-ce que tu **dois** à tes amis?	*How much money do you owe to your friends?*
Je **dois** 10 euros à Jacques et 20 euros à François.	*I owe Jacques 10 euros and François 20 euros.*

3. **Pouvoir** is usually followed by an infinitive.

Vous **pouvez** arriver à 3 h?	*Can you arrive at 3 o'clock?*

cent quatre-vingt-trois **183**

Allez-y!

A. Une soirée compliquée. Composez un dialogue entre Christiane et François.

CHRISTIANE: je / avoir / faim / et / je / vouloir / manger / maintenant
FRANÇOIS: tu / vouloir / faire / cuisine?
CHRISTIANE: non... / est-ce que / nous / pouvoir / aller / restaurant?
FRANÇOIS: oui, je / vouloir / bien
CHRISTIANE: où / est-ce que / nous / pouvoir / aller?
FRANÇOIS: on / pouvoir / manger / couscous / Chez Bébert
CHRISTIANE: nous / devoir / inviter / Carole
FRANÇOIS: tu / pouvoir / inviter / Jean-Pierre / aussi
CHRISTIANE: ce / soir / ils / devoir / être / cité universitaire?
FRANÇOIS: oui, ils / devoir / préparer / un / examen
CHRISTIANE: un / examen? / donc / nous / aussi, / nous / devoir / avoir / un / examen / demain
FRANÇOIS: ce / (ne... pas) être / sérieux / nous / pouvoir / parler / de / ce / examen / restaurant

B. Le Ritz. Pour fêter son anniversaire (*To celebrate his birthday*), Stéphane invite ses amis américains Ben et Jessica au restaurant «le Ritz». Complétez leur dialogue avec les verbes **pouvoir, devoir** ou **vouloir** à la forme appropriée.

BEN: Qu'est-ce qu'on _____ ¹ prendre?
STÉPHANE: Comme entrée vous _____ ² prendre le pâté de lapin, il est excellent. Et comme plat de résistance...
JESSICA: Pardon, que _____ ³ dire «plat de résistance»?
STÉPHANE: Bon, c'est le plat principal du repas. Vous _____ ⁴ absolument essayer la truite aux amandes, c'est la spécialité de la maison. Comme dessert si vous _____ ⁵ vous _____ ⁶ prendre une charlotte aux framboises.
JESSICA: Ce _____ ⁷ être très nourrissant (*rich, fattening*) tout ça, non?
STÉPHANE: Un peu, mais ce n'est pas tous les jours mon anniversaire. Tu _____ ⁸ oublier ton régime pour aujourd'hui.

(*Une heure plus tard.*)

STÉPHANE: Bon, on _____ ⁹ y aller. Mes parents _____ ¹⁰ aller au ciné ce soir et ils _____ ¹¹ attendre la voiture. S'il vous plaît, combien je vous _____ ¹²?
LE SERVEUR: Deux cent soixante-quinze francs, s'il vous plaît.
BEN: Est-ce que nous _____ ¹³ laisser un pourboire?
STÉPHANE: Si tu _____ ¹⁴ mais ici le service est compris. Ça _____ ¹⁵ dire qu'on n'est pas obligé.

Mots-clés

Demander poliment et remercier

Je voudrais (presented in **Chapitre 6**) and **je pourrais** (*I could*) are conditional forms of **vouloir** and **pouvoir** respectively. They are used to make a request sound more polite.

Je veux l'addition.
I want the check.
Je **voudrais** l'addition.
I would like the check.

Est-ce que je peux avoir de l'eau?
Can I have some water?
Est-ce que je **pourrais** avoir de l'eau?
Could I have some water?

Don't forget to add **s'il vous plaît** to your request and to say **merci**. The appropriate answers for **merci** are:

De rien. (*more familiar*)
Il n'y a pas de quoi.
Je vous en prie, madame.*
(*formal*)

*In polite conversation in French, **monsieur, madame,** and **mademoiselle** are used much more often than *ma'am* or *sir* in English.

C. Soyons polis! Avec un(e) partenaire, demandez et remerciez selon le modèle.

MODÈLE: vouloir / tasse / café
     É1: Je voudrais une tasse de café, s'il vous plaît.
     É2: Voilà, madame / monsieur.
     É1: Merci, monsieur / madame.
     É2: Il n'y a pas de quoi.

1. pouvoir avoir / carafe / eau?
2. vouloir / morceau / fromage
3. pouvoir avoir / bouteille / vin?
4. vouloir / kilo / poulet

L'expression impersonnelle *il faut*
Expressing Obligation and Necessity

Danielle et François invitent des amis ce soir.

DANIELLE: Qu'est-ce qu'on peut faire comme plat principal?
FRANÇOIS: Je suggère des darnes de saumon.
DANIELLE: Excellente idée! Est-ce qu'**il faut** aller au marché?
FRANÇOIS: Nous avons le saumon. Mais pour cette recette, **il faut** aussi de la crème fraîche, de la ciboulette et de la menthe.
DANIELLE: Alors, **il faut** faire vite. Nos invités arrivent dans moins d'une heure!

1. Où faut-il aller?
2. Quels sont les ingrédients nécessaires pour préparer ce plat?
3. Est-ce qu'ils ont beaucoup de temps?

1. The expression **il faut** is the impersonal form of the verb **falloir.** Followed by an infinitive, it is used to express general obligation or a necessity.

    Il faut étudier pour réussir.   *One has to study to do well.*
    Il faut manger pour vivre.   *One has to (It is necessary to) eat to live.*

In the near future **(le futur proche)**, **il faut** + infinitive becomes **il va falloir** + infinitive.

cent quatre-vingt-cinq **185**

Nous avons une réservation à 8 h: **il va falloir** arriver à l'heure.	*We have a reservation for 8:00: we will have to be on time.*

2. In the negative, the form **il ne faut pas** (*one must not*) implies a prohibited action.

Il ne faut pas parler la bouche pleine.	*You must not (should not) talk with your mouth full.*

3. **Il faut** can also be followed by nouns referring to objects or to qualities to talk about what is needed.

Pour faire de la soupe à l'oignon, **il faut** des oignons, du consommé de bœuf, du gruyère et du pain.	*To make onion soup, you need onions, beef broth, gruyere cheese, and bread.*
Il faut du courage pour manger des escargots!	*One needs courage to eat snails.*

Allez-y!

A. Qu'est-ce qu'il faut? Répondez aux questions avec un(e) camarade et notez vos conclusions. Répondez avec **il faut** + *infinitif* ou *nom*.

MODÈLE: pour passer une soirée à la française? →
Qu'est-ce qu'il faut pour passer une soirée à la française?
Il faut des amis.
(*ou* Il faut aimer la bonne cuisine. / Il faut prendre son temps.)

1. pour faire une omelette?
2. pour ne pas grossir (*to gain weight*)?
3. pour s'amuser (*to have fun*) à une soirée à l'américaine?
4. pour se faire «une bonne bouffe (*a big meal*)»?
5. pour passer un bon réveillon (*New Year's Eve*)?
6. pour faire des sandwichs?
7. pour être en bonne santé (*health*)?
8. pour fêter son anniversaire (*to celebrate one's birthday*)?

B. Conversation à trois. Avec deux autres camarades vous allez préparer un repas pour toute la classe. Qu'est-ce que vous allez préparer? Où pouvez-vous acheter les provisions nécessaires? Comment voulez-vous partager (*to share*) le travail? Utilisez les verbes **pouvoir, vouloir, devoir** et l'expression **il faut. Expressions utiles:** vouloir bien, devoir acheter, devoir commander, devoir essayer de préparer un plat français, pouvoir acheter, pouvoir choisir, pouvoir boire du champagne, devoir demander un pourboire

Après votre conversation, décrivez votre menu à la classe.

Leçon 4

PERSPECTIVES

Proverbe

On ne fait pas d'omelettes sans casser d'œufs.

Lecture

Avant de lire

Scanning. You are planning a dinner party. One of your guests doesn't eat meat; another is allergic to dairy products. As you look for recipes, you rapidly *scan* the list of ingredients, rejecting those that contain beef and/or cream, for example. Scanning allows you to read more efficiently. Instead of reading line by line or slowing down to make sense of a detail, you can skip much of a text when you scan and still find the information you need.

Scan the recipe in this section. Would you be able to prepare it for the guests described here? How quickly did you make your decision?

Le vocabulaire culinaire. In recipes, instructions are often given in the infinitive form, which can be translated by an imperative in English:

Découper le poulet en 6 morceaux.	*Cut the chicken into six pieces.*
Ajouter les champignons.	*Add the mushrooms.*

In addition, many cooking actions include the verb **faire.** Read the following examples carefully.

Faire cuire...	*Cook . . .*
Faire dorer...	*Brown . . .*

Can you guess the meaning of the expression **faire bouillir?**

Voyons voir... Parcourez rapidement (*Scan*) le texte suivant et dites si les affirmations sont vraies ou fausses.

recipe

1. V F   Votre ami végétarien fait souvent cette recette.
2. V F   Il vous faut une bouteille de vin blanc.
3. V F   La durée totale de préparation et de cuisson (*cooking*) est de moins d'une heure.

4. Pour préparer ce plat, vous avez besoin de carottes, d'oignons, de petits pois et de pommes de terre.
5. Cette recette contient beaucoup de corps gras (*fat*).

À propos de la lecture...
Cette recette est tirée et adaptée d'un site Web.

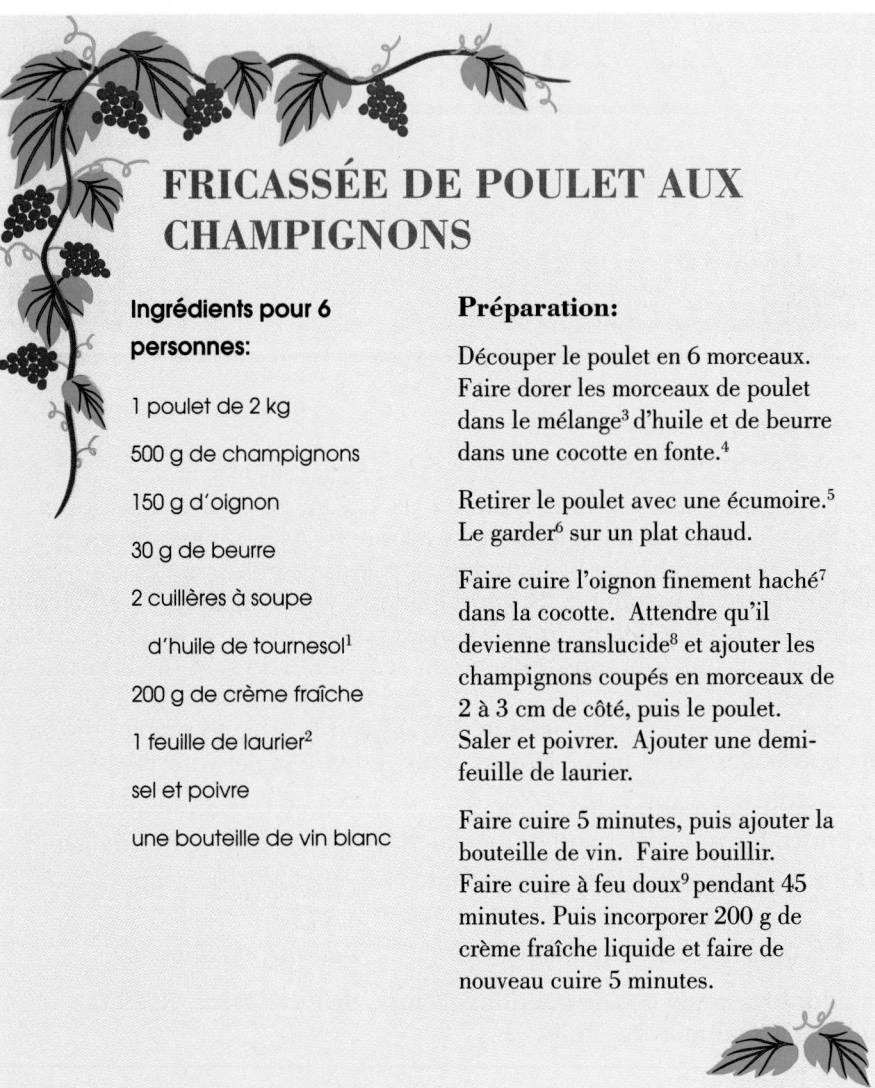

FRICASSÉE DE POULET AUX CHAMPIGNONS

Ingrédients pour 6 personnes:

1 poulet de 2 kg

500 g de champignons

150 g d'oignon

30 g de beurre

2 cuillères à soupe
    d'huile de tournesol[1]

200 g de crème fraîche

1 feuille de laurier[2]

sel et poivre

une bouteille de vin blanc

Préparation:

Découper le poulet en 6 morceaux. Faire dorer les morceaux de poulet dans le mélange[3] d'huile et de beurre dans une cocotte en fonte.[4]

Retirer le poulet avec une écumoire.[5] Le garder[6] sur un plat chaud.

Faire cuire l'oignon finement haché[7] dans la cocotte. Attendre qu'il devienne translucide[8] et ajouter les champignons coupés en morceaux de 2 à 3 cm de côté, puis le poulet. Saler et poivrer. Ajouter une demi-feuille de laurier.

Faire cuire 5 minutes, puis ajouter la bouteille de vin. Faire bouillir. Faire cuire à feu doux[9] pendant 45 minutes. Puis incorporer 200 g de crème fraîche liquide et faire de nouveau cuire 5 minutes.

[1]*sunflower* [2]*feuille... bay leaf* [3]*mixture* [4]cocotte... *cast-iron casserole* [5]*skimmer* [6]Le... *Keep it*
[7]*chopped* [8]Attendre... *Wait until it becomes translucent* [9]à... *over a slow heat*

Compréhension

Mettons-y de l'ordre! Numérotez de 1 à 5 les principales étapes de préparation de la fricassée.

cut up
_____ Découper le poulet en 6 morceaux.
_____ Ajouter les champignons.
_____ Hacher l'oignon.   _chop up_
_____ Incorporer la crème fraîche.
_____ Faire dorer le poulet.   _brown_

Écriture

Vous aimez faire la cuisine? Répondez aux questions suivantes pour parler de votre plat préféré. Ensuite, mettez vos réponses sous la forme d'un texte. Vous pouvez ajouter des informations supplémentaires.

1. Comment s'appelle votre plat préféré?
2. Quels sont les ingrédients nécessaires à sa préparation?
3. Quelles sont les étapes à suivre? Donnez les cinq étapes principales. **Mots utiles:** couper, trancher, mélanger, ajouter, faire cuire, faire griller, etc.
4. À quelle occasion préparez-vous ce plat?
5. Qu'est-ce que vous offrez comme boisson pour accompagner ce repas?

À l'écoute!

Un repas inoubliable (_unforgettable_). Maryse and Thomas, a tourist couple from Belgium, are having dinner in a French restaurant. A waiter is taking their order. First, look at the activity. Next, listen to their conversation. Then do the activity.

Précisions. Circle the correct answer.

1. Ils ont une réservation pour _____.
   a. 20 h   **b.** 19 h 30
2. Le nom de famille de Thomas est _____.
   a. Bonnet   **b.** Blanchard
3. Maryse commande _____.
   a. un poisson   **b.** le filet de bœuf
4. Thomas commande _____.
   a. un steak au poivre   **b.** un saumon
5. Aujourd'hui, c'est _____.
   a. la fête   **b.** dimanche
6. Maryse et Thomas dînent dans _____.
   a. un restaurant élégant   **b.** un café

En société

Objectif *Negotiating prices*

EXPRESSIONS UTILES

un cadeau	a gift
santons	ornamental figures that compose the nativity scene
je peins	I paint
tissu	fabric
vous vous rendez compte	you realize
patrimoine	heritage

Extrait du dialogue

CLAIRE: J'aime bien celui-ci. C'est combien?

VENDEUR: Ça coûte trente euros. C'est un prix très raisonnable, mademoiselle.

CLAIRE: Oui. Je suis sûre que vous avez raison, monsieur. Mais, le problème c'est que je suis étudiante et trente euros c'est trop pour moi. Je peux vous offrir vingt euros.

VENDEUR: Mes petits santons sont moins chers. Ils coûtent seulement dix euros.

CLAIRE: C'est une bonne idée. Et ils sont très jolis aussi. Mais, je pense que celui-ci est un meilleur exemple de votre talent.

VENDEUR: Vous avez sans doute raison. Je vous laisse ce santon-là pour vingt-cinq euros.

CLAIRE: C'est mieux, mais encore un peu trop. Vous vous rendez compte que ce santon-ci serait une expression du patrimoine français. Venons-en à un compromis: peut-être que je peux payer vingt-deux euros.

Jeux de rôles

Avec un(e) partenaire, jouez les scènes suivantes.

1. Vous allez au marché aux puces (*flea market*), et vous trouvez plusieurs objets intéressants. Marchandez (*Bargain*) avec le vendeur / la vendeuse.
2. Vous entrez dans une librairie de livres d'occasion (*used*). Vous trouvez un roman et un dictionnaire intéressants. Marchandez avec le/la libraire.

Note culturelle

Les santons sont de petites statues d'argile[1] faites à la main. La fabrication des santons est très répandue[2] en Provence. D'abord d'inspiration religieuse, ces personnages décorent les crèches[3] à l'époque de Noël. Plus tard, les santonniers s'inspirent des romans de Marcel Pagnol[4] et introduisent des personnages à caractère folklorique. Aubagne, la ville natale[5] de Pagnol, est aujourd'hui la capitale du santon.

[1]clay [2]widespread [3]nativity scene
[4]écrivain français (1895–1974) [5]ville... hometown

CHAPITRE 7

Vocabulaire

Verbes

apporter to bring; to carry
devoir to have to, be obliged to; to owe
goûter to taste
laisser to leave (behind)
pouvoir to be able to, can
vouloir to want
  vouloir bien to be willing; to agree
  vouloir dire to mean

À REVOIR: **acheter, boire, commander, préparer, vendre**

Substantifs

l'addition (*f.*) bill, check (*in a restaurant*)
l'ail (*m.*) garlic
la boîte (de conserve) can (*of food*)
la carte menu
le centime 1/100th of a French franc
la côte chop
l'éclair (*m.*) eclair (*pastry*)
l'entrée (*f.*) first course
l'escargot (*m.*) snail
le filet fillet (*beef, fish, etc.*)
le franc franc (*currency*)

le hors-d'œuvre* appetizer
l'huile (*f.*) **(d'olive)** (olive) oil
l'huître (*f.*) oyster
le kilo(gramme) kilo(gram)
le magasin store, shop
le menu fixed (price) menu
le morceau piece
l'oignon (*m.*) onion
le pain de campagne country-style wheat bread
le pâté de campagne (country-style) pâté
le plat course (*meal*)
le plat principal main dish
le pourboire tip
le prix price
le régime diet
le rôti roast
les sardines (à l'huile) (*f.*) sardines (in oil)
la saucisse sausage
le saucisson salami
le saumon salmon
le serveur / la serveuse waiter / waitress
la sole sole (*fish*)
la tranche slice

À REVOIR: **l'assiette** (*f.*) **le bœuf, la boisson, la cuisine, le déjeuner, le dîner, le fromage, la glace, le**

cake   green beans

gâteau, les haricots verts, le pain, le petit-déjeuner, la pomme, la pomme de terre, le porc, la viande, le vin

Les magasins

la boucherie butcher shop
la boulangerie bakery
la charcuterie pork butcher's shop (delicatessen)
l'épicerie (*f.*) grocery store
la pâtisserie pastry shop; pastry
la poissonnerie fish store

Mots et expressions divers

autre chose something else
ça this, that
ce (cet, cette) this, that
compris included
Il faut... It is necessary to / One needs . . .
Il n'y a pas de quoi. You're welcome.
je pourrais I could
Je vous en prie. You're welcome. (*formal*)
(et) puis (and) then, next
quel(le) which, what

---

*The **h** in **homard** and **hors-d'œuvre** is aspirate, which means that there is no "elision" with the article **le** (i.e., **le hors-d'œuvre**). Note how this is different from **l'huître**, which has a mute **h**. In both cases, the **h** is silent.

CHAPITRE 8

Vive les vacances!

La plage au Sénégal, près de Dakar

Salut Michel,

Crois-tu au paradis? Moi, oui!

Depuis deux jours, je passe mon temps à bronzer sur la plage, à quelques kilomètres de Dakar. Quand j'ouvre les yeux, derrière mes lunettes de soleil, je vois du bleu (la mer et le ciel) et du blanc (le sable). J'ai organisé une journée de plongée sous-marine pour demain. Et dans dix jours, j'embarque sur un voilier avec un groupe de touristes.

Ensuite, je vais aller quelques jours en France en passant par la Tunisie.

On se voit bientôt!

Malik, l'aventurier

Dans ce chapitre...

Objectifs communicatifs

- talking about vacation, recreational equipment; expressing dates and actions; talking about the past; expressing how long ago something happened; expressing location

Contenu lexical (Leçon 1)

- Les noms de lieu
- Les loisirs
- L'équipement de voyage
- Le verbe **acheter**

Contenu grammatical (Leçons 2 et 3)

- Quelques verbes irréguliers en **-ir**
- Le passé composé avec **avoir**
- Le passé composé avec l'auxiliaire **être**
- Les prépositions devant les noms de lieu

Vidéothèque

- Initiation (ci-dessous)
- En société (Leçon 4)

Initiation L'agence de voyages

Michel et Paul attendent à l'agence de voyages. Paul parle de son voyage en Italie de l'année dernière. Ensuite, ils rencontrent un agent pour planifier les vacances de Paul de cette année.

VOCABULAIRE UTILE

des vacances inoubliables	an unforgettable vacation
J'ai quand même fait la connaissance...	I nevertheless met . . .
les souks	North African markets
marchander	to bargain
rapporter des cadeaux	to bring back gifts
J'aurai droit à quoi?	I'll be entitled to what?
le billet d'avion aller-retour	round-trip plane ticket

En vacances! Indiquez si les phrases suivantes sont vraies (V) ou fausses (F).

1. V F Paul a envie de visiter le Maroc.
2. V F Paul n'a pas eu de problèmes durant ses vacances en Italie.
3. V F Il n'a pas de photo de Giovanna.
4. V F Le prix inclut le billet aller-retour, un hôtel confortable et deux repas par jour.
5. V F Paul va avoir besoin de vaccinations et d'un visa.

Leçon 1

Les vacances en France

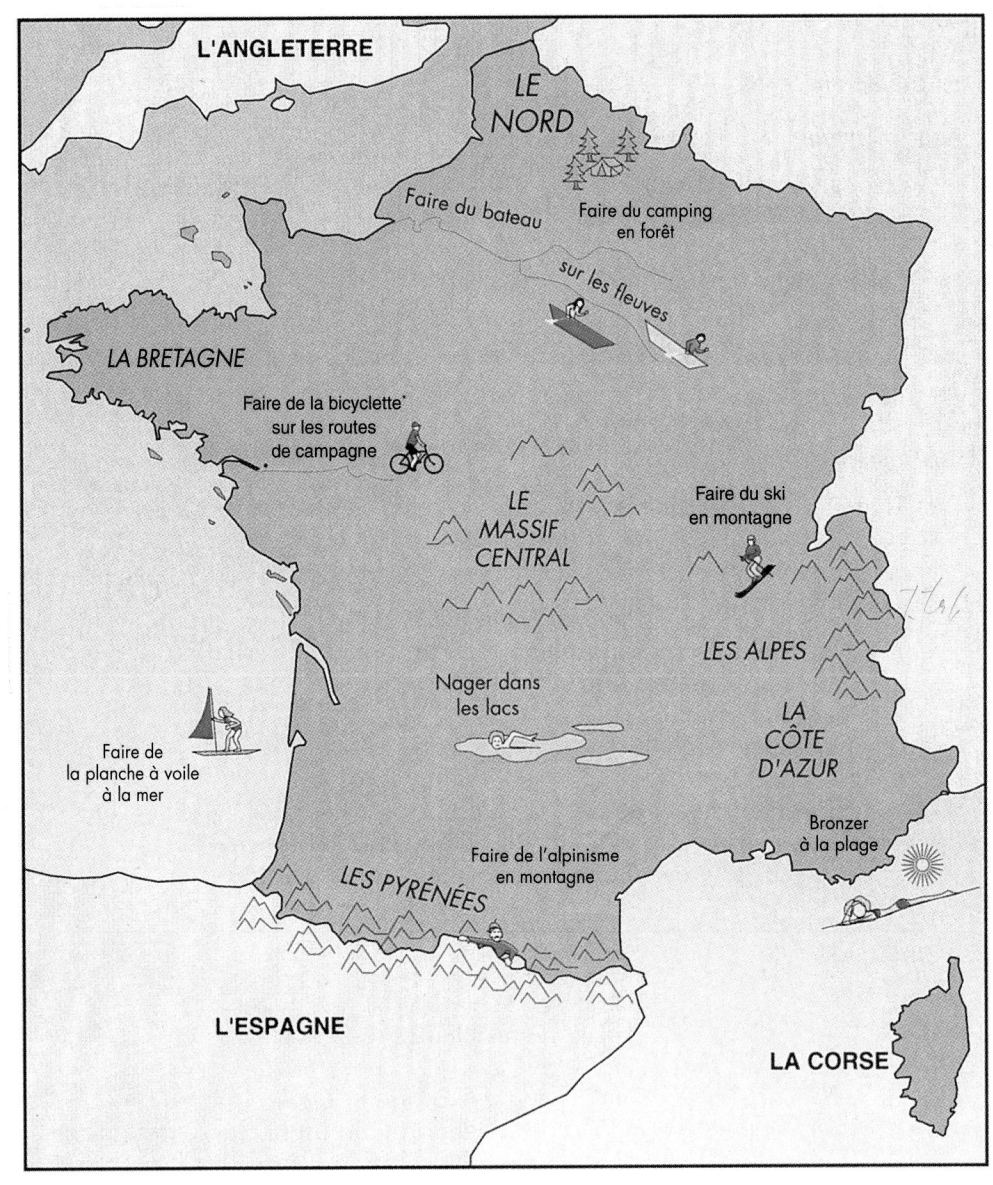

L'ANGLETERRE

LE NORD

Faire du bateau

Faire du camping en forêt

sur les fleuves

LA BRETAGNE

Faire de la bicyclette*
sur les routes
de campagne

LE MASSIF CENTRAL

Faire du ski en montagne

LES ALPES

Nager dans les lacs

LA CÔTE D'AZUR

Faire de la planche à voile à la mer

Faire de l'alpinisme en montagne

Bronzer à la plage

LES PYRÉNÉES

L'ESPAGNE

LA CORSE

*faire de la bicyclette is synonymous with faire du vélo

AUTRES MOTS UTILES

faire... du cheval, de l'équitation	to go . . . horseback riding
de la plongée sous-marine	skin diving
du ski nautique	waterskiing
du ski alpin	downhill skiing
du ski de fond	cross-country skiing
une randonnée	for a hike
aller à la pêche	to go fishing

Allez-y!

Où passer les vacances? Quels sont les avantages touristiques des endroits (*places*) suivants?

1. Qu'est-ce qu'on peut faire en montagne?
2. Dans les lacs?
3. À la plage?
4. Sur les routes de campagne?
5. Sur les fleuves?
6. En forêt?
7. À la mer?

Maintenant expliquez où vous voulez passer vos prochaines vacances et quelles activités on peut faire à cet endroit.

Le verbe *acheter*

Faire du shopping en vue des vacances.

The verb **acheter** (*to buy*) is irregular. The **-e** from the stem **(achet-)** becomes **-è** for the forms of **je, tu, il/elle/on,** and **ils/elles.** The forms of **nous** and **vous** are regular. Note that all the endings are regular.

PRESENT TENSE OF **acheter**	
j' **achète**	nous achetons
tu **achètes**	vous achetez
il/elle/on **achète**	ils/elles **achètent**

Allez-y!

Les besoins sont différents. Dites ce que ces personnes achètent pour leurs vacances.

1. Étienne veut aller à la plage.
2. Nous voulons passer les vacances de Noël à la montagne.
3. Tu voudrais bien aller en camping.
4. Rock et Hélène planifient des vacances à la campagne pour l'automne prochain.
5. L'été prochain, vous organisez un voyage de randonnée pédestre (*hiking*).

Au magasin de sports

des skis (*m.*)

des lunettes (*f.*) de soleil

des lunettes de ski

un maillot de bain

un sac de couchage

un anorak

un parapluie

une tente

une serviette de plage

des chaussures (*f.*) de ski

un pantalon de ski

des chaussures (*f.*) de montagne

AUTRES MOTS UTILES
une valise suitcase
un sac à dos backpack

Allez-y!

A. Achats. (*Purchases.*) Complétez les phrases selon le dessin à la page 196.

1. Le jeune homme va acheter des ___*skis*___. Il va passer ses vacances à Grenoble où il veut ___*skier*___
2. La jeune femme veut acheter un ___*maillot*___, une ___*____*___ et des ___*____*___. Elle va descendre sur la Côte d'Azur (*French Riviera*) où elle va ___*nasser*___ et ___*aviron bronzer*___.
3. La jeune fille a envie d'acheter des ___*____*___ de ski, des chaussures de ___*____*___ et un ___*pantalo*___ de ski. Sa famille va passer les vacances dans les Alpes où elle va ___*skier*___
4. L'homme va acheter un ___*sac de cou*___ et une ___*tente*___. Il va ___*camping*___ dans le nord de la France ce week-end.
5. La vieille dame est très sportive. Elle va acheter un ___*anorak*___ et des ___*____*___. Ce week-end, elle va ___*____*___ avec son mari dans les Pyrénées.
6. Le vieux monsieur a l'air patient. Il veut acheter un ___*____*___.

B. Choix de vêtements. Qu'est-ce qu'on porte pour faire les activités suivantes?

MODÈLE: pour aller à la pêche →
        Pour aller à la pêche, on porte un chapeau...

1. pour faire du ski nautique **2.** pour aller à la montagne **3.** pour faire une promenade dans la forêt **4.** pour faire de la bicyclette
5. pour faire du bateau **6.** pour faire du ski de fond

Et vous? Décrivez les vêtements que vous portez quand vous faites votre sport favori.

C. Conseils pratiques. Vous préparez un voyage en Tunisie. Voici les vêtements qu'on vous recommande.

1. Selon la brochure, quels vêtements mettez-vous dans votre valise si vous voyagez en hiver, en été? Donnez des exemples.
2. À votre avis, quel temps fait-il en Tunisie en hiver, en été?

> **Les vêtements**
>
> *En hiver : quelques pulls, un imperméable et des vêtements de demi-saison.[1]*
> *En été : des vêtements légers en fibres naturelles, maillot de bain, lunettes de soleil, chapeau, chaussures aérées,[2] tenues[3] pratiques pour les excursions. Sans oublier un léger pull pour les soirées et les hôtels climatisés.[4]*

[1]*spring or autumn* [2]*well-ventilated* [3]*dress, clothes* [4]*air-conditioned*

Imaginez maintenant que vous travaillez dans une agence de voyages. Quels vêtements allez-vous conseiller (*to suggest*) à des touristes qui vont en Alaska, au Mexique ou dans le Grand Canyon? Quels autres achats conseillez-vous?

Des années importantes

La machine à calculer
inventée par Blaise
Pascal en **1642** (seize
cent quarante-deux).

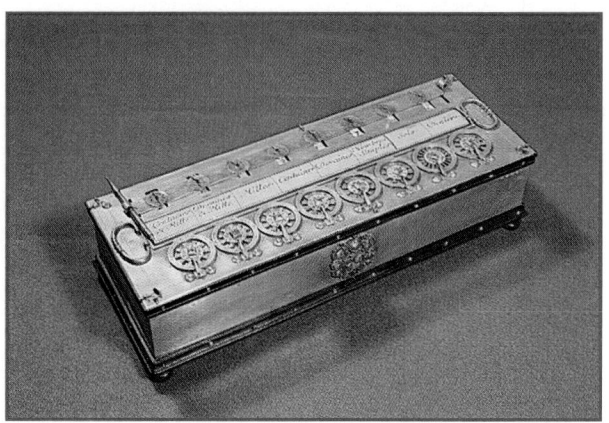

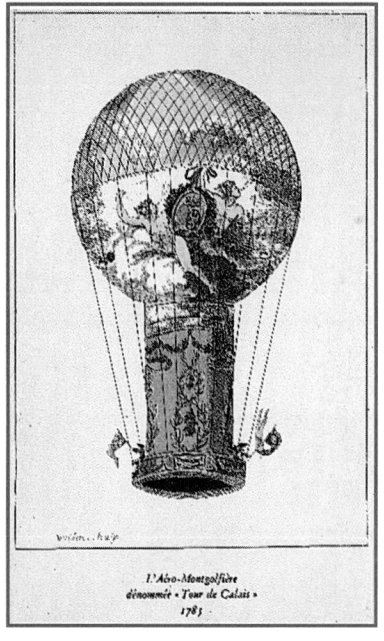

Le ballon à air chaud inventé par les frères
Montgolfier en **1783** (dix-sept cent quatre-
vingt-trois).

Les procédés de
développement des images
photographiques inventés par
Jacques Daguerre en **1835**
(dix-huit cent trente-cinq).

- In French, years are expressed with a multiple of **cent** or with **mil.**

dix-neuf cents (mil neuf cents)	*1900*
dix-neuf cent quatre-vingt-dix-neuf (mil neuf cent quatre-vingt-dix-neuf)	*1999*
deux mille deux	*2002*

- Note that **mille** is spelled **mil** when years are spelled out. An exception is the year 1000, **l'an mille,** or 2000, **l'an deux mille.**
- The preposition **en** is used to express *in* with a year.

   en dix-neuf cent vingt-trois   *in 1923*

- Note the expression **les années 50: les années cinquante,** *the (nineteen) fifties.*

Allez-y!

A. Un peu d'histoire. Êtes-vous bon(ne) en histoire? Avec un(e) camarade, trouvez la date qui correspond à chaque événement historique. Les événements sont en ordre chronologique!

1. Charlemagne est couronné (*crowned*) empereur d'Occident.
2. Guillaume, duc de Normandie, conquiert (*conquers*) l'Angleterre.
3. Jeanne d'Arc bat (*beats*) les Anglais à Orléans.
4. Prise de la Bastille.
5. Napoléon est couronné empereur des Français.
6. Gustave Eiffel construit la tour Eiffel.
7. Débarquement (*Landing*) anglo-américain en France.

a. 1944
b. 1804
c. 1889
d. 1066
e. 1429
f. 1789
g. l'an 800

B. L'avenir. (*The future.*) Quels sont vos projets d'avenir? Posez les questions suivantes à un(e) camarade. Ensuite, présentez à la classe une observation sur l'avenir de votre camarade.

1. En quelle année vas-tu obtenir (*obtain*) ton diplôme universitaire?
2. En quelle année vas-tu passer des vacances en France?
3. En quelle année vas-tu avoir 65 ans?

cent quatre-vingt-dix-neuf **199**

Leçon 2

STRUCTURES

Quelques verbes irréguliers en *-ir*

Expressing Actions

Les joies de la nature

STÉPHANE: Vous allez où en vacances cet été?

ANNE-LAURE: Cette année on va à la Martinique. On va camper dans un petit village à 30 km de Fort-de-France. Boire du ti'punch,* **sortir** tous les soirs, bronzer à l'ombre des cocotiers... le rêve quoi!† **Viens** avec nous. On **part** le deux août.

STÉPHANE: Non merci, la mer, ce n'est pas pour moi. **Sentir** les odeurs de poisson, **dormir** avec les moustiques, pas question!

ROMAIN: Décidément, tu ne changes pas. Monsieur a besoin de son petit confort. Tant pis pour toi! Nous, on aime **dormir** à la belle étoile, **sentir** le vent de la mer et admirer les étoiles.

Dites si les affirmations suivantes sont probables ou peu probables. Corrigez les phrases improbables.

1. Anne-Laure aime faire la fête (*to party*).
2. Stéphane adore camper.
3. Romain est romantique.
4. Anne-Laure et Romain ont peur de dormir à la belle étoile.
5. Anne-Laure et Romain adorent la nature.

Tant pis - too bad

---

*Creole language for a white rum and lime drink.
† *a dream, huh?* **Quoi** is often added to the end of sentences in informal conversations for emphasis.

Dormir and Similar Verbs

1. The verb **dormir** (*to sleep*) has an irregular conjugation.

PRESENT TENSE OF **dormir**			
je	**dors**	nous	**dormons**
tu	**dors**	vous	**dormez**
il/elle/on	**dort**	ils/elles	**dorment**

Je **dors** très bien.	*I sleep very well.*
Dormez-vous à la belle étoile?	*Do you sleep in the open air?*
Nous **dormons** jusqu'à 7 h 30.	*We sleep until 7:30.*

2. Verbs conjugated like **dormir** include:

partir *to leave; to depart*
sentir *to feel; to sense; to smell*
servir *to serve*
sortir *to go out; to take out*

Je **pars** en vacances.	*I'm leaving on vacation.*
Ce plat **sent** bon / mauvais.	*This dish smells good / bad.*
Nous **servons** le petit-déjeuner à 8 heures.	*We serve breakfast at 8:00.*
À quelle heure allez-vous **sortir** ce soir?	*What time are you going out tonight?*

Partir and *sortir*

Partir and **sortir** mean *to leave,* but are used differently.

1. **Partir** is the opposite of **arriver.** It can be used alone or followed by a preposition.

Je **pars** demain.	*I'm leaving (departing) tomorrow.*
Elle **part** de / pour Cannes.	*She's leaving from / for Cannes.*

2. **Sortir** is the opposite of **entrer.** It also can be used alone or followed by a preposition.

Tu **sors**?	*Are you going out?*
Elle **sort** de la caravane.	*She's getting out of the camper.*
Sortons de l'eau!	*Let's get out of the water!*

Sortir can also mean that one is going out for the evening, or seeing another person regularly.

Tu **sors** ce soir?	*Are you going out tonight?*
Michèle et Édouard **sortent** ensemble.	*Michèle and Édouard are going out together.*

Note: **Quitter** (a regular **-er** verb) means *to leave something or someone*. It always requires a direct object, either a place or a person.

Je **quitte** Paris.	*I'm leaving Paris.*
Elle **quitte** son ami.	*She's leaving her boyfriend.*

[Allez-y! A]

Venir and the *passé récent*

1. The verb **venir** (*to come*) is irregular.

PRESENT TENSE OF **venir**			
je	**viens**	nous	venons
tu	**viens**	vous	venez
il/elle/on	**vient**	ils/elles	**viennent**

Nous **venons** de Saint-Malo.	*We come from Saint-Malo.*
Viens voir la plage!	*Come see the beach!*

2. **Venir de** + *infinitive* means *to have just (done something)*. This is called **le passé récent.**

Je **viens de nager.**	*I've just been swimming.*
Mes amis **viennent de téléphoner.**	*My friends have just telephoned.*

3. Verbs conjugated like **venir** include:

devenir *to become*
revenir *to come back*

Ils **reviennent** des vacances.	*They're coming back from vacation.*
On **devient** expert grâce à l'expérience.	*One becomes expert with (thanks to) experience.*

[Allez-y! B-C]

Allez-y!

A. Quel verbe? Choisissez le verbe correct: **partir, sortir** ou **quitter.**

MODÈLE: Alain, Philippe et Claire sont amis. →
Ils **sortent** ensemble tous les week-ends.

1. Luc aime aller au ciné. Il _sort_ souvent.
2. Caroline et Patrick vont au Canada. Ils _partent_ demain.
3. Je _quitte_ Rome lundi; je _____ pour Bruxelles.
4. Isabelle est dans la piscine. Il fait trop froid. Elle _sort_ de la piscine.
5. Vous avez fini (*have finished*) vos études. Vous _partez_ en vacances.
6. Léa _sort_ de chez elle à sept heures du matin.
7. Je ne veux pas rester seul(e) ce soir. Je _sors_ avec mes amis.

B. Au pays des pharaons. Loïc et Nathalie sont en vacances en Égypte avec le Club Aquarius. Ils envoient (*send*) une carte postale à leur grand-mère. Complétez la carte avec les verbes de la colonne de droite.

CLUB AQUARIUS EN ÉGYPTE

Chère mamie,
Nous _venons_¹ d'arriver en Égypte. Le Club Aquarius, c'est
le grand confort. Nous _dormons_² dans des chambres
immenses et tous les matins on _sert_³ le petit-déjeuner
dans la chambre. Demain nous _partons_⁴ pour le temple de
Louxor. Nous _devenons_⁵ des experts en égyptologie. Nous
_revenons_⁶ en France dans quatre jours.
À bientôt et grosses bises.

servir
partir
devenir
venir
revenir
dormir

Loïc et Nathalie

C. La curiosité. Imaginez avec un(e) camarade ce que ces personnes viennent de faire. Donnez trois possibilités pour chaque phrase.

MODÈLE: Albert rentre d'Afrique. →
Il vient de visiter le Sénégal. Il vient de passer une semaine au soleil. Il vient de faire un safari.

1. Jennifer part en vacances.
2. Je sors du magasin de sports.
3. Nous revenons de la montagne.
4. Jean-Jacques et Yvon reviennent de la campagne.
5. Marie-Laure rentre du Canada.

Le passé composé avec l'auxiliaire *avoir*

Talking about the Past

À l'hôtel

LE CLIENT: Bonjour, madame. **J'ai réservé** une chambre pour deux personnes.
L'EMPLOYÉE: Votre nom, s'il vous plaît.
LE CLIENT: Bernard Meunier.
L'EMPLOYÉE: Euh... oui, chambre n° 12, au rez-de-chaussée. Vous **avez demandé** une chambre avec vue sur la mer, c'est bien ça?
LE CLIENT: Oui, c'est exact.
L'EMPLOYÉE: Alors, remplissez cette fiche, s'il vous plaît.

Jouez le dialogue avec un(e) camarade et faites les substitutions suivantes.

Nombre de personnes: une
Nom: votre nom

The **passé composé** is a compound past tense. It relates events that began and ended at some point in the past. The **passé composé** of most verbs consists of the present tense of the auxiliary verb **(le verbe auxiliaire) avoir** plus the past participle **(le participe passé)** of the verb in question.

PASSÉ COMPOSÉ OF **voyager** (*to travel*)	
j' **ai voyagé**	nous **avons voyagé**
tu **as voyagé**	vous **avez voyagé**
il/elle/on **a voyagé**	ils/elles **ont voyagé**

The **passé composé** has several equivalents in English. For example, **j'ai voyagé** can mean *I traveled, I have traveled,* or *I did travel,* according to the context.

Regular Past Participles

The following chart illustrates the formation of regular past participles.

Verbs ending in **-er**:	**-er → -é**	acheter → achet**é**
Verbs ending in **-ir**:	**-ir → -i**	choisir → chois**i**
Verbs ending in **-re**:	**-re → -u**	perdre → perd**u**

J'**ai acheté** de nouvelles valises.	*I bought some new suitcases.*
Tu **as choisi** la date de ton départ?	*Have you chosen your departure date?*
Nous **avons perdu** nos passeports.	*We lost our passports.*

Irregular Past Participles

Most irregular verbs have irregular past participles, and they must be memorized. However, there are some predictable patterns.

1. The past participle of many verbs in **-oir** ends in **-u.**

avoir → **eu**	pouvoir → **pu**
devoir → **dû**	recevoir → **reçu**
falloir → **fallu**	voir → **vu**
pleuvoir → **plu**	vouloir → **voulu**

Hier, il **a plu** toute la journée.	*Yesterday, it rained all day long.*

2. The past participle of some verbs in **-re** ends in **-is.**

apprendre → **appris**	mettre → **mis**
comprendre → **compris**	prendre → **pris**

J'**ai pris** le train pour aller à Genève.	*I took the train to go to Geneva.*

3. Other important irregular past participles include:

boire → **bu**	être → **été**
dire → **dit**	faire → **fait**
écrire → **écrit**	

Elle **a écrit** une carte postale à ses parents.	*She wrote a postcard to her parents.*

[Allez-y! A-B]

Negative and Interrogative Sentences in the *passé composé*

• •

1. In negative sentences, **ne... pas** surrounds the auxiliary verb (**avoir**).

Nous **n'avons pas** voyagé en Suisse.	*We have not traveled in Switzerland.*
Vous **n'avez pas** pris de vacances?	*Didn't you take a vacation?*

2. In questions with inversion, only the auxiliary verb and the subject are inverted.

As-tu oublié ton passeport?	*Did you forget your passport?*

[Allez-y! C-D]

Une forêt en République Démocratique du Congo.

Allez-y!

A. Tourisme. Qu'est-ce que ces personnes ont fait pendant les vacances? Faites des phrases complètes au passé composé.

MODÈLE: nous / acheter / cartes postales →
           Nous avons acheté des cartes postales.

1. tu / nager / dans / fleuve
2. Sylvie / camper / dans / forêt
3. je / dormir / sous / tente*
4. Michèle et Vincent / perdre / clés (*keys*)
5. Thibaut / faire / bicyclette

———————————————

*In French one says **dormir *sous* la tente**.

6. vous / boire / Coca / au bord (*shore*) de / mer
7. nous / prendre / beaucoup / photos
8. Thérèse et toi, vous / apprendre à / faire de la voile

B. Une carte postale de la neige. Complétez la carte postale de Marie. Choisissez le verbe approprié et conjuguez-le au passé composé.

L'amphithéâtre à Orange.

Chère Claudine,

J'_____¹ mes vacances d'hiver une semaine avant   prendre
Noël avec Christine. Nous _____² le train jusqu'en   commencer
Suisse. Nous _____³ deux semaines à la montagne.   passer
Nous _____⁴ de rester à Saint-Moritz. Nous _____⁵ du   être
ski et du patin à glace (*ice skating*). Nous _____⁶ une   manger
fondue délicieuse. Au retour, nous _____ visite   faire
à des amis à Genève. Notre séjour en Suisse _____⁸   décider
inoubliable.   rendre
Je t'embrasse, *Marie*

C. À Orange. Thierry pose des questions à ses cousins Chantal et Jean-Claude, qui (*who*) ont visité la ville historique d'Orange près d'Avignon. Jouez les rôles avec deux camarades.

MODÈLE: trouver l'auberge de jeunesse (*youth hostel*) à Orange →
     THIERRY: Avez-vous trouvé l'auberge de jeunesse à Orange?
     JEAN-CLAUDE: Non, nous n'avons pas trouvé l'auberge de jeunesse à Orange.

1. faire une promenade dans la vieille ville
2. prendre une photo de l'amphithéâtre romain
3. contempler la vieille fontaine
4. étudier les inscriptions romaines
5. apprendre l'histoire de France
6. acheter des cartes postales
7. envoyer une description de la ville à vos parents

D. Interview. Posez des questions à un(e) camarade sur ses activités passées. Essayez d'utiliser les expressions des **Mots-clés.** Voici des suggestions:

Le matin: dormir tard, faire du sport, regarder la télévision, boire du café, prendre le petit-déjeuner, ...

L'après-midi / Le soir: pique-niquer, skier, jouer aux cartes, étudier une leçon, inviter des amis, ...

La semaine dernière / L'année dernière: voyager en Europe, finir une dissertation, travailler dans un magasin, rendre visite à des amis, acheter une nouvelle bicyclette, ...

MODÈLE: É1: Est-ce que tu as dormi tard hier matin?
     É2: Oui, j'ai dormi jusqu'à (*until*) onze heures.
     (Non, je n'ai pas dormi ...) Et toi?

Puis racontez à la classe ce que votre camarade a fait.

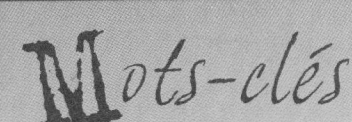

Exprimer le passé

avant-hier
the day before yesterday

hier, hier matin, hier soir
yesterday, yesterday morning, last night

le mois / l'hiver **dernier (passé)**
last month, last winter

la semaine / l'année **dernière (passée)**
last week, last year

toute la matinée / la journée / la soirée*
all morning, all day, all evening

*Use **matinée, journée,** and **soirée** rather than **matin, jour,** and **soir** if you wish to express a duration. They are often used with **toute.**

Correspondance 8

Blois (Loir-et-Cher)
Château: aile François Ier (XVIes.) **CARTE POSTALE**

RÉPUBLIQUE FRANÇAISE
LA POSTE 1994 3,70
LA GRANDE CASCADE
PARC DE SAINT-CLOUD – HAUTS DE SEINE

Malik,

Moi aussi, je suis en vacances. Je suis actuellement à Blois chez ma grand-mère, avec mon frère. Je suis arrivé il y a deux jours.

Aujourd'hui, j'ai mangé des grosses tartines de pain beurré, j'ai dormi, j'ai fait de l'équitation et j'ai lu. Hier, je suis allé visiter une fois de plus le magnifique château. Cet été, j'espère faire un grand voyage, en Afrique peut-être. Je compte sur toi pour m'orienter.

Téléphone-moi à ton arrivée à Paris.

Bon voyage!

Michel

Portrait

Bernard Dadié (écrivain ivoirien, né en 1916)

Dans ses contes,[1] ses poèmes et ses romans, Bernard Dadié peint[2] le folklore, le charme et l'innocence de l'Afrique. Il dénonce l'exploitation des communautés noires par le Blanc colonisateur. Il condamne la dépravation de la société africaine moderne. Le titre de son premier recueil[3] de poésies, *Afrique debout!*[4] (1950), traduit sa philosophie. Son œuvre,[5] comme celle de Léopold Sédar Senghor (voir **Portrait, Chapitre 5**), fait partie du patrimoine[6] littéraire de l'Afrique.

[1]*tales* [2]*depicts* [3]*collection* [4]*stand up!* [5]*body of work* [6]*heritage*

Flash France: les grandes vacances

En France, les vacances sont sacrées. En 1936, l'État accorde[1] deux semaines de vacances payées aux travailleurs salariés: c'est l'époque glorieuse des «congés payés».[2] Aujourd'hui, les Français sont encore plus gâtés[3]: ils bénéficient de[4] cinq semaines de vacances payées!

Que font-ils pendant ces périodes, et quelle est leur destination? À Noël et en février, les Français choisissent la montagne: 8 millions de skieurs français envahissent les pistes,[5] principalement dans les Alpes (Courchevel, Val d'Isère, etc.). À Pâques, on opte pour les vacances familiales. En été, pendant les grandes vacances, c'est l'exode vers le sud: les plages sont noires de monde[6] et Paris est déserté. Le «tourisme vert» est très en vogue pour les amoureux de la nature. On va respirer[7] l'air pur de la campagne, on fait du camping ou bien on choisit la formule très populaire des «vacances à la ferme». Mais certains préfèrent le luxe et optent pour une ou deux semaines dans un château.

[1]*gives* [2]congés... *paid vacation* [3]*spoiled* [4]bénéficient... *enjoy* [5]*slopes* [6]noires... *teeming with people* [7]*to breathe*

Vacances de neige dans les Alpes françaises.

EN AVANT!

Un peu de bavardage

1. Pourquoi croyez-vous que plusieurs[1] auteurs francophones d'origine africaine habitent maintenant en France?
2. Aux États-Unis et au Canada, on bénéficie en général de deux semaines de vacances par année. Que pensez-vous de l'écart[2] entre les vacances des travailleurs français et celles[3] des travailleurs américains et canadiens?

[1]*many* [2]*gap* [3]*those*

On est branché!

Pour obtenir des informations supplémentaires et les liens nécessaires pour répondre aux questions suivantes, visitez le site Web de *Vis-à-vis* à l'adresse www.mhhe.com/visavis.

1. Il y a neuf parcs nationaux en Côte-d'Ivoire. Nommez-en deux et situez-les sur une carte. Ensuite, énumérez ce qu'on peut y observer.
2. Vous organisez un voyage de deux semaines en France, et vous optez pour la formule «tourisme vert». Choisissez une région, le moyen de transport utilisé pendant vos vacances, votre hébergement et les activités durant votre séjour.

STRUCTURES

Leçon 3

Le passé composé avec l'auxiliaire *être*
Talking about the Past

Les explications du dimanche matin

MME FERRY: Je voudrais bien savoir où tu **es allée** hier soir! Et à quelle heure **es**-tu **rentrée?**

STÉPHANIE: Pas tard, maman. Je **suis sortie** avec des copains. On **est allés*** prendre un verre chez Laurent, on **est restés** à peu près une heure puis on **est partis** pour aller au ciné. Je **suis revenue** à la maison aussitôt après le ciné.

MME FERRY: Tu es sûre? Parce que ton père **est revenu** du match de foot à 11 h et il n'a pas vu la voiture dans le garage....

Retrouvez la phrase correcte dans le dialogue.

1. A quelle heure es-tu arrivée hier soir?
2. On a bu un verre chez Laurent.
3. On a discuté pendant une heure.
4. On a vu un film.
5. Ton père est rentré à 11 h.

Most French verbs form the **passé composé** with **avoir** as the auxiliary verb. A few, however, require **être** as the auxiliary verb. One of these verbs is **aller.**

PASSÉ COMPOSÉ OF **aller**	
je suis all**é(e)**	nous sommes all**é(e)s**
tu es all**é(e)**	vous êtes all**é(e)(s)**
il/on est all**é**	ils sont all**és**
elle est all**ée**	elles sont all**ées**

---

*When **on** clearly represents a plural subject, the past participle agrees with the subject. The auxiliary will always stay singular.

1. The past participle of verbs conjugated with **être** in the **passé composé** agrees with the subject in gender and number.

Marc est all**é** au Japon.	*Marc went to Japan.*
Hélène est all**ée** en Côte-d'Ivoire.	*Hélène went to Ivory Coast.*
Jean et Loïc sont all**és** à Chartres.	*Jean and Loïc went to Chartres.*
Elles sont all**ées** à Hawaï.	*They went to Hawaii.*

2. The following verbs take **être** in the **passé composé.** Note that most convey motion or a change in state. Irregular past participles are indicated in parentheses.

intransitive verbs

aller *to go*
arriver *to arrive*
*****descendre** *to go down; to get off*
devenir (devenu) *to become*
entrer *to enter*
*****monter** *to go up; to climb*
mourir (mort) *to die*
naître (né) *to be born*
partir *to leave*

*****passer (par)** *to pass (by)*
rentrer *to return; to go home*
rester *to stay*
retourner *to return; to go back*
revenir (revenu) *to come back*
*****sortir** *to go out*
tomber *to fall*
venir (venu) *to come*

[Allez-y! A-B-C]

---

*When **descendre, monter, passer,** and **sortir** are followed by a direct object, they take **avoir** in the **passé composé: Nous avons descendu la rivière en bateau. Elle a passé la frontière hier.**

3. Word order in negative and interrogative sentences in the **passé composé** with **être** is the same as that for the **passé composé** with **avoir.**

> Je **ne suis pas** allé au cours.   *I did not go to class.*
> **Sont-ils** arrivés à l'heure?   *Did they arrive on time?*

[Allez-y! D-E]

L'année dernière je suis allée voir le Centre Pompidou.

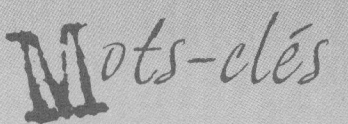
Allez-y!

A. Des sorties sur mesure. Dites où ces personnes sont allées. Utilisez l'expression **il y a.**

MODÈLE: une semaine / Françoise / concert →
Il y a une semaine, Françoise est allée à un concert.

1. un mois / Joël / plage
2. deux jours / tu / forêt
3. six mois / Mme Robert / montagne
4. trois jours / nous / campagne
5. deux ans / je / Nice

B. Départ en vacances. Les Dupont, vos voisins, sont partis en vacances ce week-end. Vous racontez maintenant la scène à vos amis. Complétez l'histoire de façon logique et mettez les verbes au passé composé.

Ce matin, mes voisins les Dupont _____¹ en vacances.   sortir
Ils _____² à la mer. À 8 heures, M. Dupont et son fils   entrer
_____³ et _____⁴ de la maison plusieurs fois avec des sacs   partir
et des valises. Mme Dupont _____⁵ cinq fois dans la   retourner
maison pour aller chercher des objets oubliés.   aller

[handwritten notes in margin: 9. descendu, 8 est tombée, est parti, est montée, est arrivé, sont repartis, sais restée]

Enfin, trois heures plus tard, toute la famille _____[6] dans la voiture et elle _____[7]. Mais pas de chance, une des valises _____[8] de la galerie (*roof rack*). M. Dupont _____[9] de la voiture pour la remettre sur la galerie et ils _____[10]. Moi, je _____[11] chez moi.

descendre
partir
tomber
repartir
monter
rester

C. Week-end en Suisse. Brigitte et Bernard ont passé le week-end à Genève. Mettez l'histoire au passé composé et faites attention au choix de l'auxiliaire (**avoir** ou **être**).

Bernard vient[1] chercher Brigitte pour aller à la gare. Ils montent[2] dans le train. Ils cherchent[3] leur voiture. Le train part[4] quelques minutes plus tard. Il entre[5] en gare de Genève à midi. Bernard et Brigitte descendent[6] du train et vont[7] tout de suite à l'hôtel. L'après-midi, ils sortent[8] visiter la ville. Le soir, ils dînent[9] dans un restaurant élégant. Dimanche Brigitte va[10] au musée et prend[11] beaucoup de photos de la ville. Bernard reste[12] à l'hôtel. Brigitte et Bernard quittent[13] Genève en fin d'après-midi. Ils arrivent[14] à Paris fatigués mais contents de leur week-end.

Qu'est-ce que Brigitte a fait que Bernard n'a pas fait?

D. Les voyageurs. Ces personnes sont allées en Europe. Vous voulez connaître tous les détails du voyage. Avec un(e) camarade, formulez des questions complètes et donnez des réponses originales.

MODÈLE: Jacqueline / partir le 19 juin →
    É1: Est-ce qu'elle est partie le 19 juin?
    É2: Non, elle n'est pas partie le 19 juin; (elle a perdu son passeport).

1. Raphaël / rester une semaine à Nice
2. toi / arriver hier soir
3. Emma / aller en Italie
4. Marianne et David / passer par la Suisse
5. vous / repartir le 15 août
6. Marie et Flore / revenir en septembre

E. Souvenirs de vacances. Décrivez les vacances de l'année passée d'un(e) camarade. D'abord (*First*), posez les questions suivantes à votre camarade. Si vous voulez, posez encore d'autres questions. Ensuite, présentez à la classe une description de ses vacances.

1. Quand es-tu parti(e)? Quel moyen de transport as-tu pris? Où es-tu allé(e)? Es-tu resté(e) aux États-Unis ou es-tu allé(e) à l'étranger? As-tu visité un endroit exotique?
2. Es-tu allé(e) voir l'endroit où tes parents sont nés? Où es-tu né(e)?
3. Qu'est-ce que tu as fait pendant les vacances? Est-ce que tu as rencontré des gens intéressants?
4. Comment es-tu rentré(e): en avion ou en voiture? Es-tu revenu(e) mort(e) de fatigue?
5. Est-ce que tu prépares déjà tes vacances de l'année prochaine?

Les prépositions devant les noms de lieu
Expressing Location

Bruno au Congo

Bruno est en vacances au Congo. Il a fait la connaissance de Kofi.

KOFI: Tu es d'où **en France**?

BRUNO: **De Marseille.**

KOFI: Ça doit être beau là-bas! Dis, tu as d'autres projets de voyages pour l'avenir?

BRUNO: Oui, plein. D'abord, l'année prochaine, je vais aller **au Mexique** avec un ami. Et plus tard, je veux aller **en Russie, au Québec, au Sénégal** et aussi **en Asie.**

KOFI: Et tu aimerais habiter dans quelle ville?

BRUNO: **À Vérone en Italie**—pour trouver ma Juliette!

Répondez aux questions selon les indications.

1. D'où vient Bruno? (ville, pays) D'où est Kofi? (pays, continent)
2. Où est-ce que Bruno va aller l'année prochaine? (pays, continent)
3. Et où est-ce qu'il veut aller plus tard? (continents)
4. Où est-ce qu'il rêve d'habiter? (ville, pays)

Gender of Geographical Nouns

1. In French, most place names that end in **-e** are feminine; most others are masculine. One important exception: **le Mexique.**
2. The names of the continents are feminine: **l'Afrique, l'Amérique du Nord, l'Amérique du Sud, l'Asie, l'Australie, l'Europe, l'Océanie** (Australia and the Pacific islands).
3. The names of most states in the United States are masculine: **le Connecticut, le Kentucky.** The names of nine states end in **-e** in French and are feminine:

la Californie	la Louisiane
la Caroline du Nord et du Sud	la Pennsylvanie
la Floride	la Virginie
la Géorgie	la Virginie-Occidentale

Prepositions with Geographical Names

		to, at, in		from
cities islands	**à**	Suzanne habite **à** Lyon. Ils sont allés **à** Cuba.	**de** **(d')**	Elle vient **de** Montréal. Ils arrivent **d'**Hawaï.
continents	**en**	Lidia est née **en** Amérique de Sud.	**de** **(d')**	Je pars **d'**Europe. Il revient **de** France.
feminine countries, states, provinces		Il y a deux ans, vous avez fait un voyage **en** Suisse. Bâton Rouge est **en** Louisiane. Les explorateurs sont arrivés **en** Nouvelle-Écosse.		Jean arrive **de** Floride. Viviane est **de** Colombie-Britannique.
masculine countries, states, or provinces starting with a vowel		On a voyagé **en** Israël. Il est né **en** Alaska. Elle a travaillé **en** Ontario.		Elle vient **d'**Iran. Ils arrivent **d'**Oregon. Mariane est originaire **d'**Ontario.
masculine countries or provinces starting with a consonant	**au**	**Au** Canada, il y a dix provinces. Je voudrais aller **au** Québec.	**du**	Ils reviennent **du** Brésil. Il va partir **du** Nouveau- Brunswick.
all plural countries	**aux**	Il y a dix ans, ils sont arrivés **aux** États-Unis.	**des**	Quand sont-ils partis **des** Pays-Bas?
regions masculine states* starting with a consonant	**dans le**	Elle va **dans le** Poitou. J'aime l'automne **dans le** Vermont.	**du** **(de l')**	Nous revenons **du** Sud. Elle vient **du** Colorado.

*Some exceptions: **au / du** Texas
au / du Nouveau-Mexique
dans l'état de / de l'état de New York / Washington (to distinguish the
states from the cities)

Allez-y!

A. Jeu géographique. Voici quelques villes francophones. Dans quels pays se trouvent-elles? (Voir les cartes au début du livre.)

MODÈLE: Paris est en France.

1. Rabat
2. Montréal
3. Kinshasa
4. Alger
5. Dakar
6. Bruxelles
7. Tunis
8. Abidjan
9. Port-au-Prince
10. Genève

a. Haïti
b. la Belgique
c. la Tunisie
d. la République Démocratique du Congo
e. le Canada
f. la Suisse
g. le Maroc
h. la Côte-d'Ivoire
i. l'Algérie
j. le Sénégal

B. Retour de vacances. Un groupe de touristes rentre de vacances. D'après ce qu'ils ont dans leurs valises, dites d'où ils arrivent.

MODÈLE: une montre
la Suisse → Ils arrivent de Suisse.

SOUVENIRS	PAYS
1. du parfum	le Cameroun
2. un caméscope	la Hollande
3. une bouteille de tequila	l'Italie
4. un masque d'initiation	le Mexique
5. des chaussures en cuir *(leather)*	le Japon
6. un pull en cashmere	l'Écosse
7. des tulipes	le Maroc
8. du café	la Colombie
9. un couscoussier *(couscous maker)*	la Belgique
10. du chocolat	la France

C. Un(e) jeune globe-trotter.   Votre camarade va faire le tour du monde. Vous lui demandez où il/elle va aller.

Continents: l'Afrique, l'Océanie, l'Europe, l'Asie, l'Amérique du Nord, l'Amérique du Sud

Pays: l'Algérie, l'Allemagne, l'Australie, le Brésil, le Canada, la Chine, le Danemark, l'Égypte, les États-Unis, la Finlande, la Grèce, l'Inde, l'Italie, le Japon, le Maroc, le Mexique, la Polynésie française, la Norvège, le Viêtnam...

MODÈLE: É1: Vas-tu en Asie?
           É2: Oui, je vais en Chine (au Japon...).

D. Interview. Posez les questions à un(e) camarade de classe. Ensuite, communiquez sa réponse la plus surprenante à la classe.

1. D'où viens-tu? De quelle ville? De quel état? Et tes parents?
2. Où habitent tes parents? Et le reste de ta famille?
3. Dans quels états as-tu voyagé?
4. Est-ce qu'il y a un état que tu préfères? Pourquoi?
5. Dans quel état est-ce qu'il y a de beaux parcs, de beaux lacs, de belles montagnes, de grandes villes, de grands déserts?

Le Mont St-Michel, en Normandie.

PERSPECTIVES

Proverbe

Les voyages forment la jeunesse.

Lecture

Avant de lire

Skimming for the gist. Skimming is a useful way to approach any new text, particularly in a foreign language. You will usually find it easier to understand more difficult passages once you have a general idea of the content. At this point, you need not be concerned with understanding everything when reading authentic French texts. Just try to get the gist, then answer the questions that follow the reading to check your overall comprehension.

In the following article, glance at the title and headings. What kind of information do you think the text contains, and how is the information organized? Next, skim the article to get the impression of the major points. Do not attempt to understand every word. Then, read the sections that may have appeared most difficult when you skimmed the article, and try to guess the meaning based on the rest of the text.

Un peu de pratique. Parcourez rapidement (*Skim*) le texte suivant, puis choisissez la ville ou la région qui correspond à la description.

1. C'est un site archéologique.
2. C'est le centre politique du Sénégal.
3. C'est une ville située sur la côte.

À propos de la lecture...
Cette lecture est tirée et adaptée d'un site Web d'informations touristiques sur le Sénégal.

Bienvenue au Sénégal: pays de la Teranga[1]

Dakar

Ville cosmopolite, Dakar est le point de rencontre entre l'Afrique et le reste du monde, entre la tradition et la modernité, le point de départ de votre tourisme de découverte. Dakar, capitale du Sénégal et porte

[1]*hospitality (in wolof, a Senegalese language)*

de l'Afrique à quelques cinq heures de vol[2] de l'Europe, regroupe la quasi-totalité[3] des activités administratives, commerciales et politiques du pays: le Palais présidentiel, l'Assemblée nationale, les marchés (Kermel, Sandaga et Tilène), où l'on peut acheter des parfums exotiques et des couleurs incroyables; la Gare, la Cathédrale du Souvenir africain, la Grande Mosquée, le village artisanal de Soumbédioune, le Musée de la place Sowéto, etc.

Île de Gorée, au Sénégal.

Gorée

À trois kilomètres au large de[4] Dakar, Gorée, petite île, évoque pour l'humanité 350 ans d'esclavage[5] et de traite[6] négrière. Cette île a été le théâtre du plus grand mouvement humain imaginable: les enfants d'Afrique déportés vers l'Europe et les Amériques. La Maison des Esclaves vous plongera[7] dans une ambiance que vous n'oublierez jamais.[8] Classé comme site du patrimoine mondiale de l'humanité,[9] Gorée est admirablement préservé par les autorités sénégalaises.

Joal

C'est la ville natale du premier président de la République du Sénégal Léopold Sédar Senghor, poète et académicien. Joal se singularise[10] par son port qui date du XV[e][11] siècle, ses plages bordées de cocotiers[12] et la quantité des coquillages.[13] Les vieilles maisons à étages ajoutent au charme de cette petite ville.

Les sites mégalithiques[14]

C'est un ensemble de cercles concentriques faits de pierres[15] de plus de 2 mètres. Les archéologues n'ont pas encore pu établir formellement s'il s'agit de[16] tombes. Cependant les squelettes et vestiges que l'on trouve sur ce site ne laissent pas beaucoup de doute.

---

[2]*flight* [3]*la... almost all* [4]*au... off* [5]*slavery* [6]*trade* [7]*vous... will plunge you* [8]*vous... you will never forget*
[9]*site... World Heritage site* [10]*se... is distinguished* [11]quinzième *15th* [12]*coconut palms* [13]*shells*
[14]*megalithic (built with large stones)* [15]*stones* [16]*s'il... if they are*

Compréhension

La destination de prédilection. Des touristes organisent leur itinéraire. Quel endroit mentionné dans le texte intéresserait (*would interest*) les personnes suivantes?

1. M. Os est un passionné de l'histoire et de l'archéologie.
2. Mme Langlois fait une enquête sur le système politique sénégalais.
3. Mme Léonie adore les paysages tropicaux.
4. M. Roman est un littéraire.
5. Mlle Négoce est une femme d'affaires qui cherche à organiser une entreprise.

Écriture

Ah! les voyages... Répondez aux questions suivantes pour raconter un voyage que vous avez fait. Ensuite, mettez vos réponses sous la forme d'un texte. Vous pouvez ajouter des informations supplémentaires.

1. Où êtes-vous allé(e)? En quelle année avez-vous fait ce voyage? Vous avez voyagé seul(e) ou avec quelqu'un?
2. Quels moyens de transport avez-vous utilisés pendant ce voyage?
3. Avez-vous loué une chambre d'hôtel, un appartement?
4. Quelles activités avez-vous faites durant ce voyage?
5. Donnez cinq activités que vous avez faites pendant votre voyage.

À l'écoute!

Souvenirs de vacances. This is the first day of class at the **Université de Nice.** Sandrine and Jean-Yves are talking about their vacations. First, read through the activities. Next, listen to the vocabulary followed by the conversation. Then do the activities.

VOCABULAIRE UTILE

quinze jours	two weeks
essayer	to try

You will now hear their conversation, followed by a few statements about it. Listen carefully, then do the exercises.

A. Vrai ou faux? Think about it!

1. V F   Jean-Yves a passé du temps à la campagne.
2. V F   Jean-Yves a fait du sport.
3. V F   Sandrine a passé un mois avec des amis.
4. V F   Sandrine a fait de la planche à voile, mais elle a eu peur.
5. V F   Sandrine a fait du bateau.

B. Qui a fait ça? Now determine who could have made the following statements. Mark **S** for Sandrine and **J-Y** for Jean-Yves.

1. _____ Cette année j'ai pris deux semaines de vacances.
2. _____ J'ai rendu visite à ma grand-mère.
3. _____ J'ai beaucoup dormi.
4. _____ J'ai loué un bateau.
5. _____ J'ai marché sur la plage.

En société

EXPRESSIONS UTILES

il me faudra	I will need
Ce serait pour quand?	When would this be for?
vous verrez	you will see
voyons voir	let's see
il faut que tu marchandes	you have to bargain

Extrait du dialogue

RÉCEPTIONNISTE: Hôtel Central, bonjour.

AIMÉE: Bonjour, madame. Je voudrais faire des réservations, s'il vous plaît.

RÉCEPTIONNISTE: Avec plaisir, madame. Combien de chambres?

AIMÉE: Il me faudra deux chambres pour trois personnes. Une chambre simple et une chambre à deux lits s'il vous plaît.

RÉCEPTIONNISTE: Avec bains ou douches? Une chambre avec douche coûte neuf euros supplémentaires.

AIMÉE: Alors, deux chambres avec douches, s'il vous plaît.

RÉCEPTIONNISTE: Ce serait pour quand?

AIMÉE: À partir du 22 juin jusqu'au 27 juin. Mes amis et moi, on va visiter des châteaux. Je suis artiste et je voudrais les peindre, surtout Azay-le-Rideau et Chenonceau.

Jeux de rôles

Avec un(e) partenaire, jouez les scènes suivantes.

1. Vous entrez dans un hôtel avec un ami / une amie. Vous voulez une chambre à deux lits. Vous demandez des informations sur la chambre, s'il y a une salle de bains, un téléphone, une télévision et si le petit-déjeuner est compris. La réceptionniste répond à vos questions et vous demande votre nom, votre adresse et votre passeport.

2. Vous êtes en voyage en France pour un mois avec un ami / une amie. Vous êtes à votre hôtel, à Paris. Vous voulez immédiatement réserver une chambre pour votre retour. Vous allez à la réception et mentionnez à la réceptionniste qu'au retour, vous serez (*will be*) seul(e).

Note culturelle

La plupart des[1] hôtels en France sont classés par le Secrétariat d'État au tourisme selon[2] un système d'étoiles: ✩✩✩✩L: grand luxe; ✩✩✩✩: grand confort; ✩✩✩: très confortable; ✩✩: de bon confort; ✩: assez confortable; sans étoile: très simple. Ces symboles ainsi que[3] les prix des chambres sont généralement affichés[4] à l'entrée de l'hôtel.

[1]La... *Most of the* [2]*according to*
[3]ainsi... *as well as* [4]*posted*

CHAPITRE 8

Vocabulaire

Verbes

aller à la pêche to go fishing
bronzer to get a suntan
devenir to become
dormir to sleep
entrer to enter
mettre to put on; to place
monter to go up; to climb
mourir to die
nager to swim
naître to be born
obtenir to obtain, get
oublier to forget
partir (à) (de) to leave (for) (from)
passer (par) to pass (by)
pleuvoir to rain
quitter to leave (*someone or someplace*)
rentrer to return; to go home
retourner to return; to go back
revenir to come back to, return (*someplace*)
sentir to feel; to sense; to smell
servir to serve
sortir to leave; to go out
tomber to fall
venir to come
   venir de + *inf.* to have just (*done something*)
voyager to travel

À REVOIR: **acheter, descendre, porter, pouvoir, rendre visite à, rester**

Substantifs

l'alpinisme (*m.*) mountaineering
le bateau (à voile) (sail)boat
la bicyclette bicycle
   faire de la... to go bicycling
la campagne country(side)
le camping camping
le cheval horse
   faire du... to go horseback riding
la clé, clef key
l'endroit (*m.*) place
l'équitation (*f.*) horseback riding
l'état (*m.*) state
le fleuve (large) river
la forêt forest
le lac lake
la matinée morning
la mer sea, ocean
le monde world
la montagne mountain
la nuit night
le parapluie umbrella
la plage beach
la planche à voile windsurfer
la plongée sous-marine skin diving
   faire de la... to go skin diving
la randonnée hike
   faire une... to go hiking
la route road
le ski alpin downhill skiing
   ...de fond cross-country skiing
   ...nautique waterskiing
la soirée evening

À REVOIR: **la carte postale, la promenade, les vacances** (*f. pl.*)

Les vêtements et l'équipement sportifs

l'anorak (*m.*) (ski) jacket
les chaussures (*f.*) **de ski** ski boots
   ...de montagne hiking boots
les lunettes (*f.*) glasses
   ...de ski ski goggles
   ...de soleil sunglasses
le sac de couchage sleeping bag
la serviette de plage beach towel
le ski ski
la tente tent
la valise suitcase

À REVOIR: **la chaussure, le maillot de bain, la robe**

Expressions temporelles

les années (cinquante) the decade (era) of (the fifties)
avant-hier the day before yesterday
dernier/ière last
hier yesterday
il y a ago
passé(e) last

À REVOIR: **les pays**

Paris
Carrefour Charles de Gaulle-Étoile

Chère Nathalie,

Je viens d'acheter une voiture des années 70: une pièce de collection!
Pendant une semaine, j'ai été le plus heureux des hommes.
Malheureusement mon bonheur n'a pas duré: j'ai eu un accident
sur l'avenue des Champs-Élysées. Rien de grave, mais ma voiture
est chez le garagiste. Depuis cet événement, je suis désespéré et
ruiné. Comment aller à la fac, maintenant? Je prends rarement les
transports en commun et je ne connais personne qui a une voiture.

Je te défends de rire!

Paul*

***Chapitres 9–12** of *Vis-à-vis* feature an exchange of cards, letters and e-mail messages between Paul, from **Initiation,** the first section of the **Vidéothèque,** and his former girlfriend Nathalie from Nice, France. Refer to **Chapitre 1, Étape 1** to refamiliarize yourself with these people.

Dans ce chapitre...

Objectifs communicatifs

- talking about transportation; expressing actions; expressing how long, how long ago, and since when; talking about the past; expressing negation

Contenu lexical (Leçon 1)

- À l'aéroport
- À la gare
- En route
- Les points cardinaux

Contenu grammatical (Leçons 2 et 3)

- Le verbe **conduire**
- **Depuis** et **pendant**
- Les adverbes affirmatifs et négatifs
- Les pronoms affirmatifs et négatifs

Vidéothèque

- Initiation (ci-dessous)
- En société (Leçon 4)

Initiation Le champion de ski

Caroline téléphone à Paul pour planifier leurs vacances à la montagne. Bientôt, ils partent pour Chamonix. Mais, on ne peut pas toujours tout prévoir...

VOCABULAIRE UTILE

une cabine téléphonique	telephone booth
comme prévu	as planned
ils sont même déjà compostés	they are even already punched
Mon pauvre chou!	Poor thing!
ces sacrées béquilles	these darned crutches

Choisissez la bonne réponse.

1. Caroline téléphone à Paul _____.
   a. de chez elle
   b. de la fac
   c. d'une cabine téléphonique
2. Michel et Bénédicte vont les retrouver _____.
   a. jeudi après-midi
   b. dimanche
   c. mercredi
3. Paul _____.
   a. n'a pas composté (*validated*) les billets
   b. a oublié les billets et les réservations
   c. a déjà composté les billets et enregistré les skis

Leçon 1

À l'aéroport

un avion
le pilote

Air France Vol 512
à destination de New York

le steward   l'hôtesse de l'air

Zone non-fumeurs   Zone fumeurs

Première   Classe   Classe économique
classe   affaires

une carte d'embarquement

Allez-y!

Bienvenue à bord! Complétez les phrases d'après le dessin.

1. Si on fume, on veut un siège (*seat*) dans la _____. *zone fumeurs*
2. Le _____ est le conducteur de l'avion. *pilote*
3. L' _____ apporte les repas.
4. Les gens très riches voyagent en _____.
5. Quand on est dans la _____, on ne peut pas fumer.
6. Le _____ sert les boissons.
7. On présente une _____ pour monter dans l'avion.
8. Les hommes et les femmes d'affaires voyagent en _____.
9. Les étudiants voyagent en _____.
10. Le départ du _____ 512 est à 13 h 50. *vol*

LA POSTE 1995   4,40
RÉPUBLIQUE FRANÇAISE   PONT DE NORMANDIE

À la gare

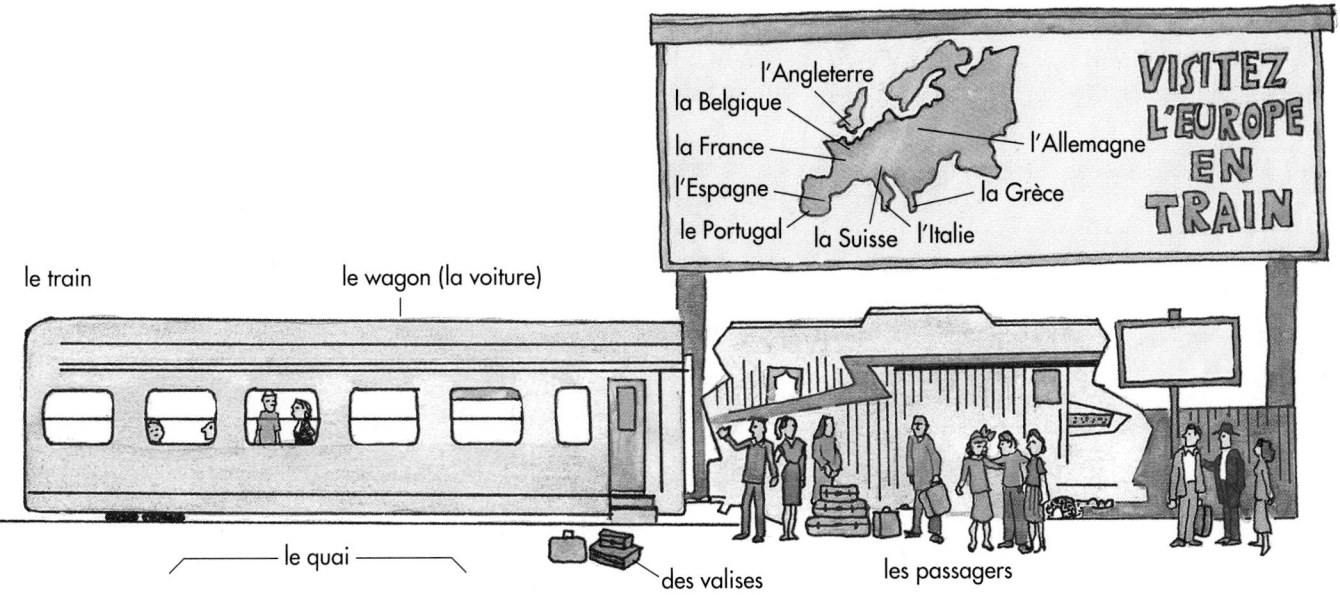

l'Angleterre
la Belgique
la France
l'Espagne
le Portugal
la Suisse
l'Italie
l'Allemagne
la Grèce

VISITEZ L'EUROPE EN TRAIN

le train

le wagon (la voiture)

le quai

des valises

les passagers

AUTRES MOTS UTILES

le billet	ticket
la couchette	berth
le guichet	(ticket) window
le compartiment	compartment

Allez-y!

A. Définitions. Répondez, s'il vous plaît!

1. Quel moyen de transport est-ce qu'on trouve dans une gare?
2. Comment s'appelle chaque voiture d'un train?
3. Comment s'appellent les personnes qui voyagent?
4. Comment s'appelle la partie du wagon où les passagers sont assis (*seated*)?
5. Où est-ce que les passagers attendent l'arrivée d'un train?
6. Où est-ce qu'on achète les billets?

guichet

B. Trains / autos accompagnées. Pour partir en vacances, beaucoup de Français prennent le train. Lisez la publicité de la SNCF (Société nationale des chemins de fer français), puis répondez aux questions.

1. Quel service propose cette publicité?
2. Où se trouve le «coffre» d'une voiture? À quoi sert-il (*What is it for*)?
3. Quel autre véhicule peut-on transporter en train?
4. Comment sont les compartiments et les couchettes?
5. Est-ce que le petit-déjeuner est compris dans le prix du voyage?
6. Combien de temps après l'arrivée est-ce qu'on retrouve sa voiture?

TRAINS AUTOS ACCOMPAGNÉES

SNCF

 Chez vous ; le coffre est chargé : plus de souci de valises jusqu'à l'arrivée.

 Vous arrivez tranquillement à la gare de chargement, vous avez jusqu'à 20 h 15 pour remettre votre voiture ou votre moto

 Le compartiment est climatisé, la couchette est confortable, vous vous glissez dans vos draps.

 C'est le plein sommeil, le train roule, votre voiture ou votre moto vous suit.

 7 h 45 : vous descendez du train ; le petit déjeuner vous attend, il est gratuit.

 8 h 30 : en forme, vous retrouvez votre voiture ou votre moto. Bonne route !

Un exemple : Paris - Saint-Raphaël.

 **C. Interview.** Demandez à un(e) camarade s'il / si elle a voyagé en train. Est-ce qu'il/elle a mangé dans un wagon-restaurant? Est-ce qu'il/elle a dormi dans un wagon-lit? Quelle ville est-ce qu'il/elle a visitée pendant ce voyage? À qui est-ce qu'il/elle a rendu visite? Ensuite, racontez à la classe le voyage de votre camarade.

En route!

Jean-Pierre **conduit**
sa **moto** avec prudence.

Annick **roule** toujours très vite.
Elle préfère **l'autoroute!**

Marianne **fait le plein**
d'essence à **la station-service.**

Martine et Annie **traversent**
la France **à vélo.**

Allez-y!

A. Moyens de transport. Comment vous rendez-vous à destination dans les situations suivantes? Utilisez les **Mots-clés.**

MODÈLE: Vous voulez aller sur l'autre rive (*shore*) du lac. → en bateau

1. La classe fait une excursion. *en autocar*
2. Il y a des pistes cyclables (*bicycle paths*) dans votre ville.
3. Vous allez en Europe.
4. Vous voulez faire de l'équitation.
5. Vous aimez rouler sur l'autoroute.

B. Interview. Posez les questions suivantes à un(e) camarade.

1. Comment préfères-tu voyager en vacances? Pourquoi? Est-ce que ça dépend de ta destination?
2. Quels moyens de transport préfères-tu prendre en ville?

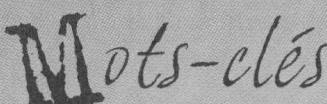

Mots-clés

Les prépositions devant les moyens de transport

En is used with a means of transportation into which you can enter.

en autocar, **en** autobus, **en** avion, **en** bateau, **en** camion, **en** métro, **en** train, **en** voiture, etc.

À is used with means of transportation that you mount or on which you ride. It is also used in the expression **à pied.**

à bicyclette, **à** cheval, **à** moto, **à** vélo, etc.

deux cent vingt-neuf **229**

3. Nomme des moyens de transport qui correspondent à chacun des adjectifs suivants: **économique, dangeureux, rapide, polluant, agréable.**

4. Est-ce qu'il y a des problèmes de transport dans ta ville ou ta région? Si oui, lesquels (*which ones*)?

Les points cardinaux

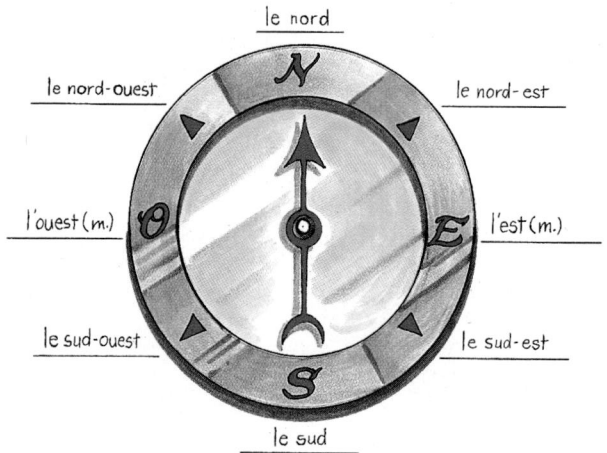

 *Allez-y!*

A. **Quelques pays européens et leurs capitales.** Quel pays est situé dans les régions ci-dessous? Quelle est sa capitale? (Consultez la carte géographique de l'Europe au début de ce livre.)

MODÈLE: au sud-est de l'Italie →
La Grèce est située au sud-est de l'Italie. Capitale: Athènes.

RÉGIONS	CAPITALES
1. au nord-est de l'Espagne	Londres
2. à l'est de la Belgique	Madrid
3. au sud-ouest de la France	Bruxelles
4. à l'ouest de l'Espagne	Berne
5. au nord-ouest de la France	Berlin
6. au sud-est de la France	Rome
7. au nord de l'Italie	Lisbonne
8. au nord de la France	Paris

Leçon 2

Le verbe *conduire*
Expressing Actions

Un week-end à la montagne

MARIE-JOSÉE: On va à la montagne ce week-end?

ALEX: Bonne idée! Ça va me donner l'occasion de **conduire** ma nouvelle décapotable!

MARIE-JOSÉE: Ah non! Tu **détruis** l'environnement avec ta voiture et puis tu **conduis** beaucoup trop vite! Allons-y en train!

ALEX: Mais on a **construit** une toute nouvelle autoroute. Prenons ma voiture; ça va être plus rapide.

MARIE-JOSÉE: Tu as reçu combien de contraventions dernièrement?

ALEX: Euh! À quelle heure part le train?...

Répondez aux questions selon le dialogue.

1. Comment est-ce qu'Alex conduit?
2. Est-ce que Marie-Josée se soucie de (*worries about*) l'environnement?
3. Pourquoi est-ce qu'Alex accepte de prendre le train?

PRESENT TENSE OF **conduire** (*to drive*)	
je condu**is**	nous condu**isons**
tu condu**is**	vous condu**isez**
il/elle/on condu**it**	ils/elles condu**isent**

Past participle: **conduit**

All verbs ending in **-uire** are conjugated like **conduire**.

construire *to construct*   Nous **construisons** une nouvelle ville.

détruire *to destroy*	On **détruit** le vieux pour construire du neuf.
produire *to produce*	Le soleil **produit** de l'énergie.
réduire *to reduce*	On doit **réduire** sa vitesse dans les zones scolaires.
traduire *to translate*	**Traduis** cette brochure en espagnol.

In French, the verb **conduire** is used to express the physical act of driving. It is used with types of car, ways of driving, etc.

Sébastien **conduit** une Peugeot.	*Sébastien drives a Peugeot.*
Les jeunes **conduisent** rapidement.	*Young people drive fast.*

However, the construction **aller en voiture** is used to express *to drive somewhere.*

Ils sont allés en Belgique en voiture.	*They drove to Belgium.*

Allez-y!

A. Sur la route. Conjuguez les verbes dans les phrases suivantes.

1. ma vieille voiture / produire / trop de pollution
2. les gaz toxiques / détruire / l'environnement
3. nous / conduire / de nouveaux véhicules
4. ils / réduire / le niveau (*level*) de pollution
5. conduire (*impératif, vous*) / avec prudence

Conduisez-vous

B. Interview. Posez les questions suivantes à un(e) camarade de classe. Ensuite, rapportez le fait le plus intéressant à la classe.

1. Conduis-tu souvent? Quand tu sors avec des copains, conduisez-vous ou utilisez-vous les transports en commun?
2. Dans ta famille, qui conduit le plus souvent? Qui ne conduit pas?
3. Aimes-tu conduire? Quelle marque de voiture préfères-tu? Pourquoi? Préfères-tu les voitures américaines ou les voitures fabriquées à l'étranger (*abroad*)?
4. Penses-tu que les voitures détruisent les grandes villes? Est-ce qu'on construit trop d'autoroutes aux États-Unis?
5. Qu'est-ce que tu penses des motos et des bicyclettes?
6. As-tu déjà traversé les États-Unis en voiture? Si oui, quand et avec qui?

Depuis et pendant
Expressing How Long, How Long Ago, and Since When

La course automobile

JOURNALISTE: **Depuis quand** est-ce que vous faites de la course automobile?

PILOTE: Je participe aux compétitions professionnelles **depuis** 1995. Avant, j'ai été au niveau amateur **pendant** trois ans.

JOURNALISTE: **Pendant combien de temps** est-ce que vous vous entraînez?

PILOTE: D'habitude, je travaille tous les jours **pendant** sept heures. C'est un travail exigeant, mais aussi vraiment très excitant!

Vrai ou faux?

1. Cet homme est pilote professionnel depuis 1996.
2. Il a été pilote amateur pendant trois ans.
3. Le week-end, il travaille pendant cinq heures.

Depuis

Depuis is used with a verb in the present tense to talk about an activity that began in the past and continues in the present time. The most frequent English equivalent is *have been + -ing*.

1. With a starting point that can be a date (day, month, year) or a noun:

Depuis quand... ? + *present tense*	= Since when . . . ?
present tense + **depuis** + *starting point in the past*	= . . . since . . .

Depuis quand est-ce que tu conduis? — *Since when have you been driving?*

Je conduis **depuis** 1994. — *I have been driving since 1994.*

Je conduis plus lentement **depuis** mon accident. — *I have been driving slower since my accident.*

2. To express a duration:

> **Depuis combien de temps... ? +**
> *present tense* = (For) How long . . . ?
> *present tense* + **depuis** + *period of time* = . . . for (*duration*)

Depuis combien de temps est-ce que vous prenez l'autobus?	(*For*) *How long have you been taking the bus?*
Je prends l'autobus **depuis** six mois.	*I have been taking the bus for six months.*

[Allez-y! A]

Pendant

· ·

1. **Pendant** expresses the duration of a habitual or repeated action, situation, or event with a definite beginning and end. It is often used with the **passé composé.**

> **Pendant combien de temps... ? +**
> *present or past tense* (For) how long . . . ?
> *present or past tense* + **pendant** + *time period* . . . for (*duration*)

Pendant combien de temps es-tu resté en Belgique?	(*For*) *How long did you stay in Belgium?*
Je suis resté en Belgique **pendant** deux semaines.	*I stayed in Belgium for two weeks.*
D'habitude, le matin, j'attends l'autobus **pendant** vingt minutes.	*Usually, in the morning, I wait for the bus for 20 minutes.*

2. **Pendant** can also mean *during*.

Qu'est-ce que tu as fait **pendant** ce temps?	*What did you do during this time?*

Reminder: **Il y a** + *time period* = ago

J'ai fait mes reservations **il y a** un mois.	*I made my reservations a month ago.*

[Allez-y! B]

Allez-y!

A. Le temps passe. Carole (C) et Thomas (T), deux étudiants étrangers à l'université de Lyon, parlent de leur vie en France. Avec un(e) partenaire, à tour de rôle, posez les questions et répondez. Utilisez **depuis quand** ou **depuis combien de temps** selon l'indice.

MODÈLE: (C) habiter / Europe (1997) →
CAROLE: Depuis quand est-ce que tu habites en Europe?
THOMAS: J'habite en Europe depuis 1997.

1. (T) travailler / Lyon (deux ans)
2. (C) faire / bicyclette (mon arrivée en France)
3. (T) étudier / cette université (un an)
4. (C) conduire (1990)
5. (T) être mariée (six mois)
6. (C) étudier l'informatique (l'automne dernier)

B. Expressions de temps. Thomas et Carole continuent leur conversation. Complétez les phrases suivantes en utilisant **depuis, pendant** ou **il y a.**

1. Thomas a rencontré sa femme _pendant_ ses vacances. Aujourd'hui, il sont mariés _depuis_ trois ans.
2. _Il y a_ deux mois, Carole a fait un voyage en Suisse. Elle est restée à Montreux _pendant_ trois semaines.
3. L'année dernière, Thomas et sa femme sont allés en Angleterre _pendant_ trois semaines.
4. L'été prochain, ils veulent visiter la Belgique _depuis_ deux semaines. Ils ont fait leurs réservations _il y a_ deux jours.
5. Il est maintenant 3 h 00. Ils ont commencé à parler à 1 h 00. Ils parlent _depuis_ deux heures.

Correspondance

Mon pauvre Paul!

À mon avis, à Paris, un tank serait plus sûr et plus solide. Autre solution: tu pourrais circuler à vélo. C'est économique et écologique. Ou encore, tu peux acheter une carte orange et, comme tout le monde, prendre le métro ou le bus. Je parie que tu n'as jamais utilisé les transports en commun.

Dernière solution: tu marches. C'est gratuit et c'est excellent pour la forme. Je prends le train pour Cannes la semaine prochaine. Le festival et ses splendeurs m'attendent. Je compte faire une série d'interviews pour mon journal.

Je te tiens au courant.
Nathalie

Portrait
Jules Verne (écrivain français, 1828–1905)

Qui est-ce? C'est l'auteur du célèbre *Tour du monde en quatre-vingts jours*. C'est le créateur du roman de science-fiction à la française: un mélange[1] d'aventure, de science et d'amour. C'est un fanatique des voyages extraordinaires qui transporte[2] ses personnages au centre de la terre ou à l'autre bout[3] du monde à dos d'éléphant. C'est un visionnaire qui imagine, dès le XIXe siècle,[4] les voyages sur la lune.[5]

[1]*mixture* [2]*takes* [3]*end* [4]*dès... from the 19th century (XIXe = dix-neuvième)* [5]*moon*

Flash *Étudiants: comment voyager moins cher?*

Vous êtes étudiant(e)? Cela signifie que vous adorez voyager, que vous avez beaucoup de temps mais peu d'argent! En France, la SNCF (Société nationale des chemins de fer français) vous propose toutes sortes de solutions pour voyager moins cher.[1]

Pause de jeunes voyageurs à la Gare de Lyon.

- avec la carte 12–25, vous voyagez pendant un an à prix réduit: une réduction de 50 %[2] sur la majorité des trains et 25 % sur les autres;
- avec la «carte Inter Rail», vous pouvez voyager librement[3] tous les jours, dans 29 pays d'Europe et en Afrique du Nord pour le même prix;
- avec le tarif «Découverte à deux», vous bénéficiez d'une réduction de 25 % à condition d'être accompagné(e);
- avec «Découverte Séjour», vous pouvez obtenir une réduction de 25 % si votre voyage aller-retour inclut la nuit du samedi au dimanche et excède 200 kilomètres;
- avec «Découverte J30», vous obtenez des réductions extraordinaires (jusqu'à 60 %) si vous achetez votre billet un mois à l'avance;

Bon voyage!

[1]vous... *has all kinds of options for you to travel at a low price*   [2]*pour-cent*   [3]*freely*

En avant!

Un peu de bavardage

1. L'œuvre de Jules Verne est sans frontières.[1] Pourquoi?
2. Êtes-vous déjà allé(e) en Europe? Si oui, racontez brièvement votre voyage. Si non, aimeriez-vous y aller[2] un jour? Expliquez pourquoi. (Oui, j'aimerais...)

On est branché!

Pour obtenir des informations supplémentaires et les liens nécessaires pour répondre aux questions suivantes, visitez le site Web de *Vis-à-vis* à www.mhhe.com/visavis.

1. Parcourez[3] la biographie de Jules Verne. Nommez trois événements qui ont marqué sa vie et sa carrière.
2. Lisez la lettre écrite en 1969 par l'astronaute américain Frank Borman au petit-fils de Jules Verne. Résumez[4] en quelques phrases le contenu de cette lettre.
3. Vous êtes à Paris depuis déjà quelques jours et vous aimeriez visiter une autre ville européenne francophone. Cliquez sur *Voyagez à travers l'Europe*, puis faites votre choix. Donnez les informations suivantes: les principaux attraits touristiques de la ville, comment s'y rendre, la durée et le prix du voyage en train.

[1]sans... *international*   [2]aimeriez... *would you like to go there*   [3]*Skim through*   [4]*Summarize*

Leçon 3

STRUCTURES

Les adverbes affirmatifs et négatifs

Expressing Negation

Le train à grande vitesse

PATRICIA: Tu as **déjà** voyagé en TGV?

FRÉDÉRIC: Non, **pas encore.** Mais j'ai réservé une place pour samedi prochain. Je vais voir mes parents à Lyon.

PATRICIA: Est-ce qu'il faut **toujours** réserver à l'avance pour le TGV?

FRÉDÉRIC: Oui, c'est obligatoire. Moi, je **n'**aime **pas du tout** ce système parce que j'ai **toujours** eu horreur de prévoir à l'avance. J'aime partir à la dernière minute, je **ne** fais **jamais de** projets, et je **n'**ai **jamais** eu d'agenda.

Trouvez la phrase ou la question équivalente dans le dialogue.

1. Tu n'as pas encore voyagé en TGV?
2. On ne peut jamais prendre le TGV sans réservation?
3. Moi, je déteste ce système.

1. The adverbs **toujours, souvent,** and **parfois** (*sometimes*) generally follow the verb in the present tense. The expression **ne (n')... jamais,** constructed like **ne... pas,** is the negative adverb (**l'adverbe de négation**) equivalent to *never* in English.

> Henri voyage **toujours** en train.* } Je **ne** voyage **jamais** en train.
> Marie voyage **souvent** en train.* } *I never travel by train.*
> Hélène voyage **parfois** en train.

---

*Sentences whose verbs are modified by **toujours** and **souvent** can also be negated by **ne (n')... pas:** Henri ne voyage pas toujours en train. Il voyage parfois en avion. Marie ne voyage pas souvent en train. Elle préfère conduire sa voiture.

huit

2. Other common adverbs follow this pattern.

AFFIRMATIVE	NEGATIVE
encore *still*	**ne (n')... plus** *no longer, no more*
Le train est **encore** sur le quai.	Le train **n'**est **plus** sur le quai.
The train is still at the platform.	*The train is no longer at the platform.*
déjà *already*	**ne (n')... pas encore** *not yet*
Nos valises sont **déjà** là?	Nos valises **ne** sont **pas encore** là.
Are our suitcases there already?	*Our suitcases aren't there yet.*
déjà *ever*	**ne... jamais** *never*
Est-ce que tu es **déjà** allé à Lyon?	Non, je **ne** suis **jamais** allé à Lyon.
Have you ever been to Lyon?	*No, I have never been to Lyon.*

3. As with **ne (n')... pas,** the indefinite article and the partitive article become **de (d')** when they follow negative adverbs.

AFFIRMATIVE	NEGATIVE
Je vois **toujours des Américains** dans l'autocar.	Je **ne** vois **jamais de Français** dans l'autocar.
I always see Americans on the tourist bus.	*I never see (any) French people on the tourist bus.*
Avez-vous **encore des billets** à vendre?	Non, je **n'**ai **plus de billets** à vendre.
Do you still have (some) tickets to sell?	*No, I have no more (I don't have any more) tickets to sell.*
Karen a **déjà des amis** en France.	Vincent **n'**a **pas encore d'amis** aux États-Unis.
Karen already has (some) friends in France.	*Vincent doesn't have any friends in the United States yet.*

Definite articles do not change.

> Je ne vois jamais **le** contrôleur (*conductor*) dans ce train.
> Annick ne prend plus **l'**autoroute à Caen.
> On ne voit pas encore **le** sommet de la montagne.

4. In the **passé composé,** affirmative adverbs are generally placed between the auxiliary and the past participle.

> M. Huet a **toujours / souvent / parfois** pris l'avion.

5. **Ne... pas du tout** is used instead of **ne... pas** for emphasis.

Je **n'**aime **pas du tout** les avions!	*I don't like planes at all!*
—As-tu faim?	*Are you hungry?*
—**Pas du tout!**	*Not at all!*

Allez-y!

A. Un voyageur nerveux. Chaque fois qu'il part en vacances, M. Laffont se préoccupe de tout (*worries about everything*). Mme Laffont essaie toujours de le calmer (*calm him down*). Avec un(e) camarade, jouez les rôles de M. et Mme Laffont. Suivez le modèle.

MODÈLE: M. LAFFONT: Tu n'as pas encore trouvé les valises.
Mme LAFFONT: Mais si!* J'ai déjà trouvé les valises.

1. Nous ne faisons jamais de voyages agréables.
2. Il n'y a plus de places dans le train.
3. Il n'y a plus de billets en seconde classe.
4. Nous ne sommes pas encore arrivés.
5. Il n'y a jamais de téléphone à la gare.
6. Il n'y a plus de voitures à louer.
7. Tu n'as pas encore trouvé la carte (*map*).
8. Nous ne sommes pas encore sur la bonne route (*the right road*).

B. En voyage. Dites ce que font ces personnes quand elles sont en voyage. Remplacez **seulement** par **ne... que.**

MODÈLE: Je prends seulement le train. →
Je ne prends que le train.

1. Martin envoie (*sends*) seulement des cartes postales.
2. Vous achetez seulement des souvenirs drôles.
3. Mes cousins mangent seulement dans les fast-foods.
4. Tu prends seulement une valise.
5. Nous dormons seulement dans des auberges de jeunesse (*youth hostels*).
6. Sophie regarde seulement les bateaux sur la mer.

Mots-clés

La négation *ne... que*

The expression **ne (n')... que (qu')** is used to indicate a limited quantity of something. It has the same meaning as **seulement** (*only*).

Je **n'**ai **qu'**un billet.
J'ai **seulement** un billet.
I have only one ticket.
Hélène **n'**a fait **que** deux réservations.
Hélène a fait **seulement** deux réservations.
Hélène made only two reservations.

RÉPUBLIQUE FRANÇAISE
3,00
LA POSTE 1998
magritte LE RETOUR

---

*Remember that **si** rather than **oui** is used to contradict a negative question or statement.

C. Préparatifs de voyage. Quand vous partez en voyage, faites-vous les choses suivantes? Utilisez **toujours, souvent, parfois** ou **ne... jamais** dans vos réponses.

MODÈLE: arriver à l'aéroport à la dernière minute →
     É1: Est-ce que tu arrives toujours à l'aéroport à la dernière minute?
     É2: Moi non, je n'arrive jamais à l'aéroport à la dernière minute! (J'arrive parfois à l'aéroport à la dernière minute.) Et toi?

1. oublier ton passeport (ta brosse à dents, ta carte de crédit...)
2. prendre ton appareil photo (un guide, une carte...)
3. acheter de nouveaux vêtements (de nouvelles chaussures, de nouvelles lunettes de soleil...)
4. créer un itinéraire (à l'avance, au dernier moment...)
5. faire ta valise au dernier moment (la veille [*the day before*], une semaine avant...)

Les pronoms affirmatifs et négatifs
Expressing Negation

La consigne automatique

SERGE: Il y a **quelque chose** qui ne va pas?
JEAN-PIERRE: Oui, j'ai des ennuis avec la consigne; elle ne marche pas.
SERGE: Ah, ça! Il **n'**y a **rien** de plus énervant!
JEAN-PIERRE: **Tout le monde** semble toujours trouver une consigne qui marche, sauf moi.
SERGE: Regarde, **quelqu'un** sort ses bagages d'une consigne. Là, tu es sûr qu'elle marche!
JEAN-PIERRE: Excellente idée!

Corrigez les phrases inexactes.

1. Tout va bien pour Jean-Pierre.
2. Il y a quelque chose de plus énervant (*something more exasperating*) qu'une consigne qui ne marche pas.
3. Jean-Pierre et deux autres passagers ne trouvent pas de consigne qui marche.
4. Quand quelqu'un place ses bagages dans une consigne, on est sûr qu'elle marche.

Affirmative Pronouns

Quelqu'un* (*Someone*), **quelque chose** (*something*), **tout** (*everything, all*), and **tout le monde** (*everybody*) are indefinite pronouns (**des pronoms indéfinis**). All four can serve as the subject of a sentence, the object of a verb, or the object of a preposition.

Quelqu'un a pris ma valise.	*Someone took my suitcase.*
Vous avez vu **quelqu'un** sur le quai?	*Did you see someone on the platform?*
Jacques a parlé avec **quelqu'un** il y a un moment.	*Jacques spoke with someone a moment ago.*
Quelque chose est arrivé.	*Something has happened.*
Marie a acheté **quelque chose** au buffet de la gare.	*Marie bought something at the station restaurant.*
Elle pense à **quelque chose,** mais à quoi?	*She's thinking about something, but what?*
Tout est possible.	*Everything is possible.*
Tout le monde est prêt?	*Is everybody ready?*

Negative Pronouns

1. **Personne** (*No one, Nobody, Not anybody*) and **rien** (*nothing, not anything*) are negative pronouns generally used in a construction with **ne** (**n'**). They can be the subject of a sentence, the object of a verb, or the object of a preposition.

Personne n'est monté dans ce train.	*No one boarded this train.*
Je **ne** vois **personne** dans le compartiment.	*I don't see anyone in the compartment.*
Jacques **ne** parle avec **personne** maintenant.	*Jacques isn't speaking with anyone right now.*
Rien ne l'intéresse.	*Nothing interests him/her.*
Je **ne** veux **rien.**	*I don't want anything.*
Elle **ne** pense à **rien.**	*She's not thinking about anything.*
Rien n'est impossible.	*Nothing is impossible.*
Personne n'est prêt.	*Nobody is ready.*

2. As the object of a verb in the **passé composé, rien** precedes the past participle, whereas **personne** follows it.

Marie **n'**a **rien** acheté au buffet de la gare.	*Marie didn't buy anything at the station restaurant.*
Je **n'**ai vu **personne.**	*I didn't see anyone.*

[Allez-y! A]

*****Quelqu'un** is invariable in form: it can refer to both males and females.

3. Like **jamais**, **rien** and **personne** can be used without **ne** to answer a question.

—Qu'est-ce qu'il y a sur la voie?	*What's on the track?*
—**Rien.**	*Nothing.*
—Qui est au guichet?	*Who's at the ticket counter?*
—**Personne.**	*Nobody.*

4. When used with adjectives, the expressions **quelque chose**, **quelqu'un**, **ne... rien,** and **ne... personne** are followed by **de** (**d'**) plus the masculine singular form of the adjective.

Il y a **quelque chose de bon** au menu de la voiture-restaurant?	*Is there something good on the menu in the restaurant car?*
J'ai rencontré **quelqu'un d'intéressant** dans le compartiment d'à côté.	*I met someone interesting in the next compartment.*
Il **n'**y a **rien d'amusant** dans ce journal.	*There is nothing entertaining in this paper.*
Je **n'**ai parlé à **personne d'important** dans la voiture de première classe.	*I didn't speak to anyone important in the first-class car.*

[Allez-y! B]

Allez-y!

A. **À la gare.** Vous avez des ennuis avant de partir en voyage. Transformez les phrases suivantes.

MODÈLE: Quelqu'un est prêt! → Personne n'est prêt!

1. Quelqu'un a acheté les billets.
2. Quelqu'un a apporté nos valises.
3. Tout est prêt.
4. Jean-Claude pense à quelque chose.
5. Éric a tout pris.
6. Claudine parle avec quelqu'un.

B. **La vie en rose.** Transformez les phrases pessimistes de votre camarade.

MODÈLE: Il n'y a personne à la caisse (*cash register*). →
      É1: Il n'y a personne à la caisse.
      É2: Mais si! Il y a quelqu'un à la caisse.

1. Il n'y a personne dans ce restaurant.   **2.** Il n'y a rien de bon sur la carte.   **3.** Il n'y a rien dans ce magasin de sport.   **4.** Il n'y a rien de joli ici.   **5.** Il n'y a personne dans cette agence de voyages.   **6.** Il n'y a rien d'intéressant dans ces brochures.   **7.** Il n'y a rien de moderne dans ce quartier.   **8.** Il n'y a rien d'intéressant dans les rues.

Leçon 4

PERSPECTIVES

Proverbe

Les chemins les plus courts ne sont pas toujours les meilleurs.

Lecture

Avant de lire

Anticipating content. Reading often involves forming expectations and then confirming or changing them on the basis of what you learn as you read. Suppose you find a press clipping that quotes the president of the United States, who is vividly describing his hatred of all foreigners. If you think it comes from the *New York Times,* your reaction may be concern about the consequences for national security. On the other hand, if you recognize it as a clipping from a political satire magazine, you may find it highly entertaining. What you expect to find has a profound influence on your understanding of what you read.

Trying to predict the content of a passage in French will help you even more than it does in your native language. Think of what you already know about the topic and the source of the reading. As you start reading the following excerpt, ask yourself the following questions:

- What kind of text is this? Where was it published?
- For whom was it written? How do you know?
- What is its purpose? What topics do you expect it to deal with? Do you expect to find any surprising ideas in it? Which ones?

Un peu de pratique. Regardez les titres des paragraphes du texte. Dans quel paragraphe allez-vous sans doute trouver les conseils suivants?

1. Chargez (*Load*) rationnellement votre voiture. *(les bagage)*
2. Apportez des boissons fraîches, un thermos de café, des lunettes de soleil, une trousse de secours (*first aid kit*). *(départ)*
3. Réduisez votre vitesse en cas d'absence de visibilité.
4. Mettez les objets les plus lourds dans le coffre. *(baggage)*
5. Consultez une carte, un guide.
6. Arrêtez-vous toutes les deux heures.

Préparez le grand départ

À propos de la lecture... Cet article est tiré du magazine français *Avantages*.

Les vacances approchent. Du 15 juin au 15 septembre, une trentaine de millions de voitures vont effectuer leur migration annuelle sur les routes. Pour partir dans les meilleures conditions, vérifiez[1] votre véhicule et observez plus que jamais ces règles de prudence qui découlent du bon sens.[2]

L'itinéraire

Consulter une carte, un guide, c'est déjà un avant-goût[3] des vacances. Emprunter le chemin des écoliers[4] c'est peut-être rallonger sa route,[5] mais c'est aussi un excellent moyen de rompre[6] avec son style de vie habituel. Repérez les étapes[7] intéressantes, de préférence pour la seconde moitié du parcours.[8] Un trajet plus long n'est pas forcément[9] plus ennuyeux. À prévoir aussi: l'heure du départ, en pensant qu'il est pénible[10] de terminer un voyage en conduisant de nuit.

Les bagages

Chaque année, le problème se pose et dégénère souvent en scène de ménage.[11] Vous avez beau n'emporter que[12] le minimum, comment faire rentrer les valises, la planche à voile, l'équipement de plongée, la grand-mère, le parasol, le canari, les enfants, leurs jouets et Médor, qui n'est pas forcément un caniche[13] toy? Attention, une voiture surchargée[14] réagit plus lentement au freinage,[15] le contrôle de la direction devient hasardeux.

Pour charger rationnellement votre véhicule, mettez les objets les plus lourds dans le coffre[16] ou sur le plancher arrière. Fixez très solidement les objets légers sur la galerie.[17] Il existe des coffres à bagages verrouillables pour le toit.[18] C'est cher mais la sécurité routière n'a pas de prix. Dégagez[19] absolument la plage arrière[20] pour plus de visibilité. N'y mettez pas d'objet lourd qui se transformerait en redoutable[21] projectile en cas de freinage brutal.

Le départ

Ouf! La voiture est chargée, la famille installée. Encore faut-il être prudent. Obligatoirement à la portée de main[22]: des boissons

On prépare le départ.

[1]*check* [2]découlent... *are based on common sense* [3]*preview* [4]chemin... *longest way* [5]rallonger... *make your trip longer* [6]*to break* [7]Repérez... Cherchez les haltes [8]voyage [9]nécessairement [10]difficile [11]scène... *a domestic fight* [12]Vous.. *You try in vain to bring only* [13]*poodle* [14]*overloaded* [15]reagit... *will take longer to stop* [16]*trunk* [17]*roof rack* [18]coffres... *car-top carriers* [19]*Clear* [20]plage... *rear deck* [21]dangereux [22]à... *handy*

fraîches, un thermos de café, des lunettes de soleil, une trousse de secours.[23] Et aussi les cartes routières, des pièces de monnaie de tous les pays que vous allez traverser, une boîte d'ampoules de rechange.[24] N'oubliez pas une lampe torche[25] si vous roulez de nuit.

Le voyage

Observez ces consignes si souvent oubliées.

- Bouclez la ceinture de sécurité, même aux places arrière.
- Respectez la limite de vitesse: 130 kilomètres de l'heure sur route (80 km/h en temps de pluie).
- Sachez réduire votre vitesse en cas d'intempéries, d'absence de visibilité. Laissez-vous doubler[26] (vous êtes en vacances).
- Pas une goutte d'alcool, ni avant, ni pendant votre voyage.
- Arrêtez-vous en moyenne toutes les deux heures. Sortez de la voiture, dégourdissez-vous les jambes,[27] faites quelques moulinets avec les bras.[28] Pendant ce temps, la voiture, elle aussi, se repose.
- La plus grande ennemie du conducteur, même raisonnable, est sournoise.[29] C'est la fatigue.

Dominique Duron

[23]trousse... *first aid kit* [24]ampoules... *replacement bulbs* [25]lampe... *flashlight* [26]Laissez... *Let other cars pass you* [27]dégourdissez... *stretch your legs* [28]faites... *whirl your arms round* [29]est... *will sneak up on you*

Compréhension

A. Donnez trois conseils que vous trouvez particulièrement utiles.

B. Choisissez la meilleure réponse selon l'article.

1. En France les grandes vacances ont lieu (*take place*) _____.
   a. au mois d'août uniquement
   b. de la mi-juin à la mi-septembre
   c. en hiver
2. L'auteur conseille de _____.
   a. choisir la route la plus directe
   b. choisir une route qui rend le voyage plus intéressant
   c. conduire de nuit parce qu'il y a moins de véhicules sur la route
3. En ce qui concerne les bagages, l'auteur conseille de _____.
   a. laisser les animaux domestiques à la maison
   b. s'arrêter souvent pour acheter des provisions
   c. charger la voiture de façon logique
4. Ne mettez jamais d'objet lourd sur _____.
   a. le plancher
   b. le toit
   c. la plage arrière

rear deck

5. Quand vous roulez sur l'autoroute, il est très important de _____.
   a. limiter votre vitesse selon les conditions routières
   b. ne jamais vous laisser doubler
   c. rallonger votre route
6. _____ provoque(nt) le plus d'accidents de route.
   a. L'alcool
   b. La fatigue
   c. Les projectiles

Écriture

Excursion en voiture. Répondez aux questions suivantes pour parler d'un voyage que vous avez fait en voiture. Ensuite, mettez vos réponses sous la forme d'un texte. Vous pouvez ajouter des informations supplémentaires.

1. Où êtes-vous allé(e)? Quand y êtes-vous allé(e)? Qui vous a accompagné(e)?
2. Avez-vous préparé un itinéraire avant de partir ou êtes-vous parti(e) à l'aventure?
3. Quels genres d'équipement avez-vous apportés?
4. Est-ce vous qui avez conduit pendant tout le voyage?
5. Quels conseils du paragraphe **Le voyage** de la lecture avez-vous suivis? Lesquels n'avez-vous malheureusement pas suivis?

À l'écoute!

Retour de voyage. Alain is talking to Philippe about his vacation. First, look at the activities. Next, listen to the vocabulary and the conversation. Then do the activities.

VOCABULAIRE UTILE

raconte	tell (a story) (*imperative*)
partout	everywhere
du thé à la menthe	mint tea

A. **Précisons!** Circle the correct answer.

1. Alain a fait un voyage _____.
   a. touristique   b. d'affaires   c. d'études
2. Alain est allé en _____.
   a. Asie   b. Afrique   c. Amérique du Sud

   3. Alain a visité _____.
      a. Marrakech   **b.** Casablanca   **c.** Agadir
   4. Le couscous est _____.
      a. une boisson   **b.** un plat   **c.** un taxi
   5. Il a bu du _____.
      a. thé   **b.** café   **c.** vin
   6. Alain est revenu avec _____.
      a. deux valises   **b.** une valise seulement   **c.** trois valises

B. Vrai ou faux?
   1. _____ Philippe a voyagé en Amérique du Sud.
   2. _____ Le Maroc est un pays bilingue.
   3. _____ Au Maroc, on voit des femmes partout.
   4. _____ Alain n'a pas aimé la cuisine marocaine.
   5. _____ Il a rapporté beaucoup de souvenirs.

Sur la route, dans les environs de Saint-Rémy-de-Provence.

En société

Objectif *Buying train tickets*

EXPRESSIONS UTILES

tarifs	rates
on ne perdra pas beaucoup de temps	we won't waste a lot of time
le voyage prendra	the trip will take
le meilleur choix	the best choice
en utilisant	using
chacun	each

Extrait du dialogue

AIMÉE: Je n'ai jamais acheté de billets en utilisant une machine.

CLAIRE: Viens, je vais te montrer. C'est très facile, efficace et très...

JACQUES: ... logique!

CLAIRE: D'abord, il faut entrer les villes. Puis, il faut entrer les heures et les jours du départ et du retour. Bon, alors pour les billets aller-retour, à mon avis, le meilleur choix, c'est départ de Marseille à 6 h, le 22 juin et retour à 15 h, le 27 juin.

CLAIRE: Vous préférez la deuxième ou la première classe?

JACQUES: On peut voyager en seconde classe, c'est moins cher.

JACQUES: Est-ce qu'on aura une couchette?

CLAIRE: Non. On aura des sièges. Ça va?

JACQUES: Ouais! Pas de problème.

CLAIRE: Et voilà! Les billets coûtent 140 euros chacun.

Jeux de rôles

Avec un(e) partenaire, jouez les scènes suivantes.

1. Vous désirez acheter un billet de train aller-retour deuxième classe pour Avignon. Vous allez à la gare et demandez au guichetier les heures de départ et le coût des billets. Faites votre choix. Le guichetier vous indique le quai d'embarquement et vous rappelle de composter.

2. Vous arrivez à la gare avec un ami / une amie. Vous décidez d'acheter vos billets de train en utilisant un distributeur automatique. Ensemble, décidez de votre destination, de la durée du séjour, des jours et des heures de départ et de retour.

Note culturelle

Le système ferroviaire[1] en Europe est considéré comme le meilleur au monde. Les Européens le préfèrent pour plusieurs raisons. C'est un moyen de transport rapide, fiable[2] et économique qui permet de rencontrer les gens du pays que l'on visite. En France, le TGV (Train à grande vitesse) représente la moitié[3] du trafic. Invention française, le TGV est le train le plus rapide au monde et peut atteindre[4] une vitesse de 300 km/h.

[1]*railway* [2]*reliable* [3]*la... half* [4]*reach*

CHAPITRE 9

Vocabulaire

Verbes

conduire to drive
construire to construct
détruire to destroy
faire le plein to fill it up (*gas tank*)
produire to produce
réduire to reduce
rouler to travel (*in a car*)
traduire to translate
traverser to cross

À REVOIR: **partir, voyager**

Substantifs

l'aéroport (*m.*) airport
l'arrivée (*f.*) arrival
l'auberge (*f.*) **de jeunesse** youth hostel
l'autocar (*m.*) interurban bus
l'autoroute (*f.*) highway
l'avion (*m.*) airplane
le billet ticket
le buffet de la gare train station restaurant
le camion truck
la carte d'embarquement boarding pass
la classe affaires business class

la classe économique tourist class
le coffre trunk
le compartiment compartment
le conducteur / la conductrice driver
la consigne (automatique) coin locker
la couchette berth
le départ departure
l'ennui (*m.*) problem, trouble
la gare train station
le guichet (ticket) window
l'hôtesse de l'air (*f.*) stewardess
le métro subway
la moto(cyclette) motorcycle
le moyen de transport means of transportation
le passager / la passagère passenger
le pilote pilot
la première classe first class
le quai platform (*at the train station*)
la station-service service station
le steward steward
le train train
le vol flight
le wagon train car

la zone fumeurs smoking area
la zone non-fumeurs nonsmoking area

À REVOIR: **l'endroit** (*m.*), **l'état** (*m.*), **la fois, le monde, le pays, la semaine, la valise, la voiture**

Expressions affirmatives et négatives

déjà already; ever
encore still
ne... jamais never
ne... pas du tout not at all
ne... pas encore not yet
ne... personne no one, nobody
ne... plus no longer
ne... que only
ne... rien nothing
parfois sometimes
quelque chose something
quelqu'un someone
seulement only
tout everything
tout le monde everybody, everyone

Les points cardinaux

l'est (*m.*) east
le nord north
le nord-est northeast
le nord-ouest northwest
l'ouest (*m.*) west
le sud south
le sud-est southeast
le sud-ouest southwest

Mots et expressions divers

à by, on
à destination de to, for

à l'est/ouest to the east/west
à l'étranger abroad, in a foreign
    country
à l'heure on time
à pied on foot
au nord / sud to the north/south
depuis since, for
Depuis combien de temps... ?
    (For) How long . . . ?
Depuis quand... ? Since when
    . . . ?

en in; by
pendant for; during
Pendant combien de temps... ?
    (For) How long . . . ?
si yes (*response to a negative
    question*)

À REVOIR: **il y a**

Le nouveau millénaire

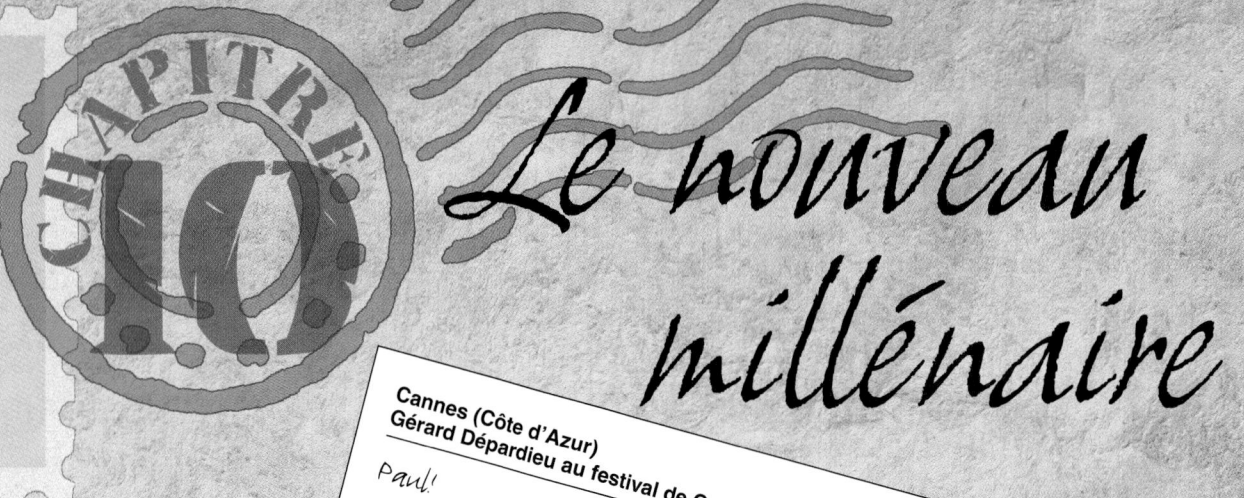

Cannes (Côte d'Azur)
Gérard Dépardieu au festival de Cannes

Paul!

Je viens de réaliser l'interview du siècle: l'actrice Juliette Binoche, en personne. Elle est très belle, et en plus, elle est sympathique. Elle a répondu à toutes mes questions avec beaucoup de gentillesse et elle m'a parlé de son prochain film: une exclusivité. Je suis la meilleure! Mon article va paraître dans le magazine Première. En ce moment, je prépare un article sur les nouvelles technologies: le marché du cédérom.

J'ai acheté un nouvel ordinateur. On peut maintenant communiquer par courrier électronique.

J'attends de tes nouvelles. Bisous, bisous,

Nathalie

Dans ce chapitre...

Objectifs communicatifs

- talking about communication, the media, and modern technology; describing the past; speaking succinctly; talking about the past; expressing observations and beliefs

Contenu lexical (Leçon 1)

- Les nouvelles technologies
- Les médias et la communication
- Quelques verbes de communication

Contenu grammatical (Leçons 2 et 3)

- L'imparfait
- Les pronoms d'objet direct
- L'accord du participe passé
- Les verbes **voir** et **croire**

Vidéothèque

- Initiation (ci-dessous)
- En société (Leçon 4)

Initiation La télévision: pour ou contre?

Bénédicte, Michel et Paul discutent du pour et du contre de la télévision. Paul tente de défendre son point de vue. Est-ce qu'il va pouvoir convaincre ses camarades?

VOCABULAIRE UTILE

Quoi de neuf?	What's new?
néfaste	harmful
le manque de communication	lack of communication
un moyen... de se distraire	a means . . . of entertaining yourself
les feuilletons	daily or weekly shows

Le petit écran. Est-ce que c'est Bénédicte (B), Paul (P) ou Michel (M) qui parle?

1. _____ «J'aime bien. Il y a des programmes éducatifs et culturels.»
2. _____ «Je pense que la télé est néfaste.»
3. _____ «Les enfants passent de plus en plus de temps devant le petit écran.»
4. _____ «C'est un moyen de s'informer et de se distraire.»
5. _____ «Moi, j'avoue, je la regarde mais je sélectionne les programmes.»

Leçon 1

PAROLES

Les nouvelles technologies

un téléviseur

des cassettes vidéo

un magnétoscope

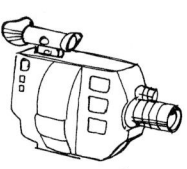

une caméra (un caméscope)

un cellulaire (un portable)

un répondeur

une boîte vocale

un pager

un ordinateur

le Minitel

AUTRES MOTS UTILES

un cédérom (CD-ROM)	CD-ROM
le courrier électronique	e-mail
Internet	Internet
un message électronique	e-mail message
un photocopieur	photocopy machine
un traitement de texte	word processing
le Web	Web

Allez-y!

A. Définitions. Regardez les illustrations et trouvez le mot qui correspond à chaque définition.

1. C'est une technologie développée en France qui permet de faire ses courses de chez soi (*from home*).
2. C'est une machine qui enregistre (*records*) les messages téléphoniques.
3. C'est un appareil qu'on utilise pour faire des films.
4. C'est un service qui nous permet d'envoyer (*to send*) et de recevoir très rapidement des messages écrits.
5. C'est un appareil qui nous aide à contacter quelqu'un qui se trouve loin d'un téléphone.

magnétoscope

6. C'est un appareil qui nous permet de visionner des cassettes vidéo à la maison.

7. C'est un appareil qui nous permet de parler avec quelqu'un n'importe où (*anywhere*), même en voiture. *un cellulaire*

B. Les nouvelles technologies. Posez les questions suivantes à un(e) ou plusieurs camarades.

1. Tu as un ordinateur et l'accès au Web? Est-ce que tu as ton propre (*own*) site Web? Qu'est-ce que tu fais à l'ordinateur?

2. Tu as une boîte vocale, le courrier électronique ou les deux? Quelles autres nouvelles technologies de communication est-ce que tu utilises? D'après toi, lesquelles (*which ones*) sont indispensables? Explique pourquoi.

3. Est-ce que tu préfères visionner des cassettes vidéo chez toi ou aller au cinéma?

4. Tu as un caméscope? Si oui, tu aimes tourner tes propres films?

Les médias et la communication

1. Nous écrivons et nous envoyons*...

Où est la dame sur l'illustration? Qu'est-ce qu'il y a, en général, sur une enveloppe? Où se trouve la boîte aux lettres? Que fait-on quand on veut envoyer un message urgent? Qu'est-ce qu'on envoie souvent pendant les vacances? Si vous envoyez un cadeau (*gift*) à quelqu'un, qu'est-ce que vous envoyez?

---

*Appendix B contains the conjugation of **envoyer, acheter,** and **appeler.**

2. Nous lisons...

AUTRES MOTS UTILES

les petites annonces (*f.*)   classified ads

Où est-ce qu'on va pour acheter des journaux? Où se trouvent les petites annonces? Pour quelles raisons est-ce qu'on lit (*read*) les petites annonces? Quels magazines, journaux ou revues achetez-vous régulièrement?

3. Nous parlons...

AUTRES MOTS UTILES

consulter l'annuaire	to look up (*a phone number*) in the phone book
déposer la monnaie	to deposit change
introduire la télécarte	to insert the card
composer le numéro	to dial the number

D'après l'illustration, comment est-ce qu'on peut payer sa communication? Dans quoi est-ce qu'on cherche les numéros de

---

****Une revue** is generally a monthly publication of a scholarly or informational nature; **un magazine,** on the other hand, contains articles on a wide variety of topics and has many photographs and advertisements.

†Nearly all public phones in France require the **télécarte,** which can be purchased at the post office, the tobacco store (**le bureau de tabac**), or the gas or the train station.

téléphone? Que dit la personne qui répond? Combien de nombres est-ce qu'il y a dans un numéro de téléphone?

4. Nous écoutons et nous regardons...

Quelques chaînes de la télévision française

Télévision Française 1 (TF1)
le journal

France 2
la publicité

France 3
une émission de musique

Canal Plus (Télévision privée par câble) une retransmission sportive

La Cinquième et Arte
un documentaire

Canal Plus est une chaîne publique? Aimez-vous les émissions de musique classique, les retransmissions sportives, les documentaires? Regardez-vous régulièrement le journal? Que pensez-vous des publicités?

Quelques verbes de communication

Dire bonjour

Lire le journal

Écrire une lettre

Mettre une lettre à la boîte

dire (*to say; to tell*)		**lire** (*to read*)		**écrire** (*to write*)		**mettre** (*to place; to put*)	
je	dis	je	lis	j'	écris	je	mets
tu	dis	tu	lis	tu	écris	tu	mets
il/elle/on	dit	il/elle/on	lit	il/elle/on	écrit	il/elle/on	met
nous	disons	nous	**lisons**	nous	**écrivons**	nous	mettons
vous	**dites**	vous	**lisez**	vous	**écrivez**	vous	mettez
ils/elles	disent	ils/elles	**lisent**	ils/elles	**écrivent**	ils/elles	mettent
Past participle: **dit**		**lu**		**écrit**		**mis**	

Another verb conjugated like **écrire** is **décrire** (*to describe*).

Allez-y!

A. Lettre aux parents

1. Vous racontez à un(e) camarade ce que vous mettez dans la lettre que vous écrivez à vos parents. Complétez les phrases avec les verbes **décrire, dire, écrire, lire** et **mettre,** au présent. Faites tous les changements nécessaires.

Cet après-midi, j'écris ___écris___[1] une longue lettre à mes parents. Dans ma lettre, je ~~dis~~[2] mes cours et ma vie à l'université. Je donne aussi beaucoup de détails sur mes camarades et mes professeurs parce que mes parents sont très curieux. Ils sont aussi très compréhensifs (*understanding*) et je leur _dis_[3] toujours la vérité quand j'ai des problèmes. Avant de cacheter (*sealing*) l'enveloppe, je _lis_[4] la lettre une dernière fois (*last time*). Puis je _mis_[5] la lettre à la boîte aux lettres.

2. Racontez la même histoire, mais cette fois commencez par «**mon (ma) camarade de chambre**», puis par «**Stéphanie et Albane**». Faites tous les changements nécessaires.

B. Interview. Posez les questions suivantes à un(e) camarade, puis inversez les rôles.

1. Est-ce que tu écris souvent des lettres ou des cartes postales? À qui écris-tu? D'habitude, pour donner de tes nouvelles à tes amis, préfères-tu écrire une lettre ou un message électronique ou préfères-tu téléphoner?
2. Est-ce que tu aimes lire? Lis-tu le journal tous les jours? Si oui, lequel? As-tu déjà cherché du travail dans les petites annonces? Quel magazine achètes-tu régulièrement? As-tu lu un bon livre récemment? Quel est le titre de ce livre?
3. Est-ce que tu regardes la télévision tous les soirs? Quelles émissions préfères-tu? Que penses-tu de la télévision américaine? À ton avis, il y a trop de publicité à la télévision?

D'après ses réponses, que pouvez-vous dire de votre camarade et de ses goûts?

STRUCTURES

L'imparfait
Describing the Past

Pauvre grand-mère!

MᴹᴱCHABOT: Tu vois, quand j'**étais** petite, la télévision n'**existait** pas.

CLÉMENT: Mais alors, qu'est-ce que vous **faisiez** le soir?

MᴹᴱCHABOT: Eh bien, nous **lisions,** nous **bavardions;** nos parents nous **racontaient** des histoires...

CLÉMENT: Pauvre grand-mère, ça **devait** être triste de ne pas pouvoir regarder la télévision le soir...

Qui parle dans les phrases suivantes, Mᵐᵉ Chabot ou Clément?

1. La télévision n'existait pas quand j'étais petite.
2. Ça devait être triste de ne pas regarder la télévision.
3. Tu n'avais pas de télévision, mais avais-tu la radio?
4. La télévision existait-elle quand je suis né?
5. Nous n'avions que la radio et les journaux pour avoir les nouvelles.

You are already familiar with one past tense in French: the **passé composé,** used to relate events that began and ended in the past. In contrast, the **imparfait** (*imperfect*) is used to describe continuous, repeated, or habitual past actions or situations.* It is also used in descriptions.

The **imparfait** has several equivalents in English. For example:

Je parlais.
→ *I talked.*
→ *I was talking.*
→ *I used to talk.*
→ *I would talk.*

---

*You will learn more about the differences between the **passé composé** and the **imparfait** in **Chapitre 11, Leçon 2.**

Formation of the *imparfait*

1. The formation of the **imparfait** is identical for all French verbs except **être.** To find the regular imperfect stem, drop the **-ons** ending from the present-tense **nous** form. Then add the imperfect endings.

nous parløn̸s̸ **parl-**   nous vendøn̸s̸ **vend-**
nous finissøn̸s̸ **finiss-**   nous avøn̸s̸ **av-**

IMPARFAIT OF **parler**			
je	parl**ais**	nous	parl**ions**
tu	parl**ais**	vous	parl**iez**
il/elle/on	parl**ait**	ils/elles	parl**aient**

J'**allais** au bureau de poste tous les matins.
I used to go to the post office every morning.

Mon grand-père **disait** toujours: «L'excès en tout est un défaut.»
My grandfather always used to say, "Moderation in all things."

Quand j'**habitais** avec les Huet, je **mettais** souvent la table.
When I lived with the Huets, I would often set the table.

2. Verbs with an imperfect stem that ends in **-i** (**étudier: étudi-**) have a double **i** in the first- and second-persons plural of the **imparfait: nous étud*i*ions, vous étud*i*iez.** The **ii** is pronounced as a lengthened *i* sound, to distinguish the **imparfait** from the present-tense forms **nous étudions** and **vous étudiez.**

3. Verbs with stems ending in **c** or **g** have a spelling change when the **imparfait** endings start with **a: je mang*e*ais, nous mangions; elle commen*ç*ait, nous commencions.** In this way, the pronunciation of the stem is preserved.

À Paris, j'allais au bureau de poste tous les jours pour envoyer des cartes postales.

deux cent soixante et un **261**

4. The verb **être** has an irregular stem in the **imparfait: ét-.** The endings, however, are regular.

IMPARFAIT OF **être**		
j' **étais**	nous **étions**	
tu **étais**	vous **étiez**	
il/elle/on **était**	ils/elles **étaient**	

Quand tu **étais** petit, tu aimais bien lire les contes de la Mère l'oie.	*When you were little, you liked to read Mother Goose stories.*
J'**étais** très heureux quand j'habitais à Paris.	*I was very happy when I lived in Paris.*

Uses of the *imparfait*

In general, the **imparfait** is used to describe actions or situations that existed for an indefinite period of time in the past. There is usually no mention of the beginning or end of the event. The **imparfait** is used in the following situations.

1. In descriptions, to set a scene:

C'**était** une nuit tranquille à Paris. Il **pleuvait** et il **faisait** froid. M. Cartier **lisait** le journal. Mme Cartier **regardait** la télévision.	*It was a quiet night in Paris. It was raining and (it was) cold. Mr. Cartier was reading the newspaper. Mrs. Cartier was watching television.*

2. For habitual or repeated actions:

Quand j'étais jeune, j'**allais** chez mes grands-parents tous les dimanches. Nous **faisions** de belles promenades.	*When I was young, I went to my grandparents' home every Sunday. We would take (used to take) lovely walks.*

3. To describe feelings and mental states:

Claudine **était** très heureuse— elle **avait** envie de chanter.	*Claudine was very happy—she felt like singing.*

4. To tell the time of day, the date, and to express age in the past:

C'était un samedi. Il **était** cinq heures et demie du matin.	*It was a Saturday. It was 5:30 A.M.*
C'était son anniversaire; il **avait** douze ans.	*It was his birthday; he was twelve years old.*

5. To describe appearance and physical traits:

Le suspect **portait** un jean; il **avait** les cheveux blonds et les yeux verts.	*The suspect was wearing jeans; he had blond hair and green eyes.*

262 *deux cent soixante-deux*

6. To describe an action or situation that was happening when another event (usually in the **passé composé**) interrupted it:

<table>
<tr><td>Jean **lisait** le journal quand le téléphone a sonné.</td><td>*Jean was reading the paper when the phone rang.*</td></tr>
</table>

Allez-y!

A. Sorties. L'an dernier, vous sortiez régulièrement avec vos amis. Faites des phrases complètes selon le modèle.

MODÈLE: dîner ensemble → Nous dînions ensemble.

1. jouer aux cartes les jours de pluie   **2.** prendre un café   **3.** faire des promenades l'après-midi   **4.** pique-niquer à la campagne   **5.** aller en boîte (*disco*) tous les week-ends   **6.** partir en vacances ensemble

B. Souvenirs d'enfance. Qui dans votre famille faisait les choses suivantes quand vous étiez petit(e)? **Expressions utiles:** mes parents, mon frère / ma sœur, mon meilleur ami / ma meilleure amie et moi, je...

1. Qui lisait le journal tous les matins?   **2.** Qui regardait la télévision après le dîner?   **3.** Qui aimait écouter la radio le matin?   **4.** Qui faisait beaucoup de sport?   **5.** Qui étudiait tous les après-midi?

C. Le progrès chez soi. Regardez les tableaux des résultats d'une enquête faite en 1998 sur l'utilisation des CD-ROM. Ensuite, répondez aux questions.

1. En 1998, quel pourcentage de foyers français étaient équipés d'un ordinateur à la maison? Combien d'Italiens (en % [pour cent]) avaient un ordinateur chez eux?
2. En 1997, combien est-ce qu'il y avait de micro-ordinateurs équipés d'un lecteur de CD-ROM?
3. De la totalité des CD-ROM vendus en 1998, quel pourcentage les CD-ROM d'arts et de culture représentaient?
4. Quelle était la catégorie de CD-ROM la plus populaire?

L'équipement des foyers en ordinateurs, en Europe (en %)

Allemagne	**25**
Grande-Bretagne	**23**
Pays-Bas	**21**
France	**18,5**
Italie	**15**
Espagne	**12**

Nombre de micro-ordinateurs équipés d'un lecteur de CD-ROM en France (en milliers)

1998	**2 800**	(prévision)
1997	**1800**	
1996	**1000**	
1995	**450**	
1994	**100**	

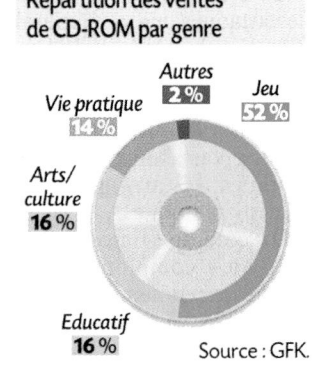

Répartition des ventes de CD-ROM par genre

Vie pratique **14%**
Autres **2%**
Jeu **52%**
Arts/culture **16%**
Educatif **16%**
Source: GFK.

D. Conversation. Posez les questions suivantes à un(e) camarade. En 1993...

1. Quel âge avais-tu? **2.** Habitais-tu à la campagne, dans une petite ville ou dans une grande ville? Avec qui habitais-tu? **3.** Comment était ta maison ou ton appartement? **4.** Étais-tu bon(ne) élève (*pupil*)? Aimais-tu tes instituteurs (*teachers*)? **5.** Où passais-tu tes vacances? **6.** Faisais-tu du sport?

Maintenant racontez au reste de la classe ce que votre camarade faisait en 1993.

Les pronoms d'objet direct
Speaking Succinctly

Les Cossec déménagent

THIERRY: Qu'est-ce qu'on fait avec la télé?
MARYSE: On va **la** donner à ta sœur.
THIERRY: D'accord. Et avec tous nos livres?
MARYSE: On va **les** envoyer par la poste. Ils ont un tarif spécial pour les livres.
THIERRY: Tu as raison. Je n'ai pas envie de **les** jeter. Et le Minitel, on va **le** vendre?
MARYSE: Mais non. Tu sais bien qu'on **le** loue à France Télécom.* On doit **le** rendre avant la fin du mois.

Trouvez la réponse correcte et complétez la phrase.

1. Qu'est-ce qu'ils font avec la télé?
2. Et avec les livres?
3. Et avec le Minitel?

a. Ils vont _____ envoyer par la poste.
b. Ils vont _____ donner à la sœur de Thierry.
c. Ils vont _____ rendre.

Direct objects are nouns that receive the action of a verb. They usually answer the question *what?* or *whom?* For example, in the sentence *Robert dials the number,* the word *number* is the direct object of the verb *dials.*

Direct object pronouns (**les pronoms complément d'objet direct**) replace direct object nouns: Robert dials *it.*

J'aime bien mon ordinateur. Je **l'**utilise tous les jours.	*I like my computer. I use it every day.*
J'ai écrit la carte hier. Je **l'**ai postée ce matin.	*I wrote the card yesterday. I mailed it this morning.*

---
*France Télécom: agence française de télécommunication.

Forms and Position of Direct Object Pronouns

DIRECT OBJECT PRONOUNS			
me (m')	*me*	**nous**	*us*
te (t')	*you*	**vous**	*you*
le (l')	*him, it*	**les**	*them*
la (l')	*her, it*		

1. Usually, French direct object pronouns immediately precede the verb in the present and the imperfect tenses and the auxiliary verb in the **passé composé.**

Maryse aime bien **la publicité.** Elle **la** trouve divertissante.	*Maryse likes advertisements. She finds them entertaining.*
Laurent a demandé **le numéro** et il **l'**a écrit sur un papier.	*Laurent asked for the number, and he wrote it on a piece of paper.*
Françoise collectionnait **les timbres** et **les** gardait précieusement dans son album.	*Françoise collected stamps and preserved them in her album.*

2. Third-person direct object pronouns agree in gender and in number with the nouns they replace.

—Est-ce que Pierre lisait **le journal?**	*Was Pierre reading the newspaper?*
—Oui, il **le** lisait.	*Yes, he was reading it.*
—Vois-tu **ma mère?**	*Do you see my mother?*
—Oui, je **la** vois.	*Yes, I see her.*
—Est-ce que vous postez **ces lettres?**	*Are you mailing these letters?*
—Oui, je **les** poste.	*Yes, I'm mailing them.*

3. If the verb following the direct object pronoun begins with a vowel sound, the direct object pronouns **me, te, le,** and **la** become **m', t',** and **l'.**

J'achète la carte postale. Je **l'**achète.	*I'm buying the postcard. I'm buying it.*
Isabelle **t'**admirait. Elle ne **m'**admirait pas.	*Isabelle used to admire you. She didn't admire me.*
Nous avons lu le journal. Nous **l'**avons lu.	*We read the newspaper. We read it.*

deux cent soixante-cinq **265**

4. If the direct object pronoun is the object of an infinitive, it is placed immediately before the infinitive.

Annick va **poster la lettre** demain.	*Annick is going to mail the letter tomorow.*
Annick va **la poster** demain.	*Annick is going to mail it tomorrow.*
Elle allait **la poster.** Elle est allée **la poster.**	*She was going to mail it. She went to mail it.*

5. In a negative sentence, the direct object pronoun always immediately precedes the verb to which it refers.

Nous ne regardons pas **la télévision.** Nous ne **la** regardons pas.	*We don't watch TV. We don't watch it.*
Je ne vais pas acheter **les billets.** Je ne vais pas **les** acheter.	*I'm not going to buy the tickets. I'm not going to buy them.*
Elle n'est pas allée chercher **le journal.** Elle n'est pas allée **le** chercher.	*She did not go to get the newspaper. She did not go to get it.*

6. Direct object pronouns also precede **voici** and **voilà.**

Le voici!	*Here he (it) is!*
Me voilà!	*Here I am!*

Allez-y!

A. Eurêka! Suivez le modèle.

MODÈLE: Je cherche le bureau de poste. → Le voilà. (*ou* Le voici.)

1. Où est l'annuaire?
2. Elle a perdu le numéro de téléphone.
3. Où est le téléphone?
4. Il cherche le kiosque.
5. Il a envie de lire *Le Monde* d'hier.
6. Avez-vous le journal?
7. Où est l'adresse des Thibaudeau?
8. J'ai besoin de la grande enveloppe blanche.

> LA POSTE ➤
>
> *Pas de problème,*
> *La Poste est là.*

B. De quoi parlent-ils? Vous êtes dans un café parisien et vous entendez les phrases suivantes. Trouvez dans la colonne de droite l'information qui correspond à chaque pronom.

1. Je vais les poster cet après-midi. **a.** l'adresse
2. Elle le consulte. **b.** les lettres
3. Je l'écris sur l'enveloppe. **c.** le numéro
4. Nous venons de la lire. **d.** l'annuaire
5. Je les achète à la poste. **e.** la revue
6. Je l'ai déjà composé. **f.** les timbres

C. Projets de voyage. Jean-Luc et Philippe font toujours la même chose. Avec un(e) camarade, parlez de leurs projets selon le modèle.

MODÈLE: étudier le français cette année →
  É1: Est-ce que Jean-Luc va étudier le français cette année?
  É2: Oui, et Philippe va l'étudier aussi.

1. apprendre le français très rapidement
2. prendre l'avion pour Paris en juin
3. visiter la tour Eiffel
4. admirer la vue du haut de la tour Eiffel
5. prendre ses repas dans de bons restaurants
6. regarder les gens sur les Champs-Élysées
7. essayer de lire les romans (*novels*) de Flaubert

Maintenant imaginez que Jean-Luc est l'opposé de Philippe.

MODÈLE: É1: Est-ce que Jean-Luc va étudier le français cette année?
  É2: Oui, mais Philippe, il ne va pas l'étudier.

D. Interview. Interviewez un(e) camarade de classe sur ses préférences. Votre camarade doit utiliser un pronom complément d'objet direct dans sa réponse.

1. Utilises-tu souvent le téléphone?
2. Appelles-tu souvent tes camarades de classe? tes professeurs? tes parents?
3. Est-ce que tes parents t'appellent souvent? Et tes amis?
4. Regardes-tu souvent la télé?
5. Aimes-tu regarder la publicité?
6. Préfères-tu apprendre les nouvelles dans le journal ou à la radio? à la radio ou à la télé?
7. Lis-tu les bandes dessinées?
8. Tu utilises souvent le Web pour faire des recherches?

Le Figaro, un petit crème: un après-midi parisien.

deux cent soixante-sept **267**

Correspondance 10

Fichier Edition Affichage Insertion Format Outils Aide

DE: Paul@universpar.fr

À... Nathalie@media.fr

Cc...

Objet:

Chère Nathalie,

Félicitations pour ton interview de la belle Juliette. Je vois que tu t'amuses bien, tant mieux pour toi. Moi, je m'ennuie à mourir. Il pleut et je passe mon temps devant la télévision, à regarder des émissions sans intérêt. Au cinéma, il n'y a rien à voir: les bons films vont sortir en septembre. Bien sûr, j'ai mes copains Bénédicte, Michel et Caroline. Mais sans toi, la vie n'est pas drôle. Viens vivre à Paris. Tu pourras travailler pour un journal ou une chaîne de télévision.
J'ai essayé de te téléphoner, mais sans succès. C'est exaspérant! Achète-toi donc un répondeur ou un portable!
Tu m'appelles bientôt?

Gros bisous,
Paul

Jardin des Tuileries

Portrait
Juliette Binoche (actrice française, née en 1964)

Depuis son Oscar à Hollywood pour *Le patient anglais* (1996), elle est devenue célèbre dans le monde entier. Formée[1] avec les metteurs en scène[2] les plus prestigieux (Jean-Luc Godard, *Je vous salue Marie;* Jacques Doillon, *La vie de famille;* André Téchiné, *Rendez-vous*), elle incarne[3] le nouveau cinéma français. Symbole de la femme naturelle, elle est en fait très sophistiquée. Profonde, exigeante,[4] elle choisit scrupuleusement[5] ses films et sait prendre des risques. Pour elle, le cinéma est son centre de gravité.

[1] *Trained* [2] *metteurs... directors* [3] *embodies* [4] *demanding* [5] *carefully*

Flash Minitel ou Internet?

Informer, analyser, choisir, réserver, acheter, vendre, payer, louer, négocier, discuter, s'amuser,[1] rencontrer: le Minitel, créé par France Télécom, est un outil[2] de communication exceptionnel. Ou plutôt, «était[3]». Car cet écran magique attaché à un téléphone a maintenant un concurrent tout-puissant[4]: Internet.

Vous voulez des informations sur la SNCF? Composez le 3615, code SNCF, et vous êtes immédiatement en relation avec le terminal de la SNCF. Mais les adeptes[5] du Web peuvent obtenir les mêmes renseignements sur le site de la compagnie des chemins de fer: www.sncf.fr. L'accès est direct et la connexion, très bon marché. Minitel ou Internet? Le premier est utilisé par 14,5 millions de Français. Le second arrive en force sur le marché. Les Français se passionnent pour les nouvelles technologies et achètent des ordinateurs. Toutes les écoles s'équipent et les élèves apprennent à exploiter les ressources du Web.

En France comme ailleurs,[6] le troisième millénaire va être celui d'Internet et les jours du Minitel sont peut-être comptés.[7]

[1]*to have fun* [2]*tool* [3]*plutôt... rather, was* [4]*concurrent... almighty rival* [5]*enthusiasts*
[6]*elsewhere* [7]*numbered*

Le Minitel: en voie de disparition?

EN AVANT!

Un peu de bavardage

1. Avez-vous déjà vu des films français en version originale? Lesquels? Pouvez-vous nommer d'autres acteurs français?
2. Selon vous, quelles sont les différences entre le cinéma nord-américain et le cinéma français?
3. Commentez la citation[1] suivante: «Internet change tout.»

On est branché!

Pour obtenir des informations supplémentaires et les liens nécessaires pour répondre aux questions suivantes, visitez le site Web de *Vis-à-vis* à www.mhhe.com/visavis.

1. Choisissez une personnalité du cinéma français. Citez trois films auxquels[2] elle a participé et l'année de sortie de chaque film. En cinq ou six phrases, donnez les événements majeurs de sa vie.
2. Visitez le site du magazine français *Première*. Cliquez sur le bouton news. Quel film occupe le premier rang[3] au box-office français cette semaine?
3. Cliquez sur le bouton à l'affiche. Choisissez un film français à l'affiche cette semaine. Donnez les informations suivantes: le titre, la date de sortie, le/la cinéaste, les acteurs principaux, la durée. Lisez ensuite le sujet et faites un bref résumé du film.

[1]*quote* [2]*in which* [3]*position*

Leçon 3

STRUCTURES

L'accord du participe passé

Talking about the Past

L'opinion d'un téléspectateur américain en France

LE REPORTER: Avez-vous déjà regardé la télévision française?

L'AMÉRICAIN: Oui, je l'ai **regardée** hier soir.

LE REPORTER: Quelles **émissions** avez-vous **préférées?**

L'AMÉRICAIN: C'est difficile à dire...

LE REPORTER: Ne trouvez-vous pas qu'elle est très différente de la télévision américaine?

L'AMÉRICAIN: Eh bien... **les émissions** que j'ai **vues** sont plutôt semblables... «Chicago Hope», «Les Simpson»... Enfin oui, elles sont différentes— elles sont en français!

Et vous?

1. Est-ce que vous avez lu le journal ce matin?
2. Avez-vous regardé la télévision hier soir?
3. Quelles émissions avez-vous choisies? Les avez-vous aimées?

In the **passé composé,** the past participle is generally used in its basic form. However, when a direct object—noun or pronoun—precedes the auxiliary verb **avoir** plus the past participle, the participle agrees with the preceding direct object in gender and number.

J'ai lu le **journal.**	J'ai lu les **journaux.**
Je l'ai **lu.**	Je **les** ai **lus.**
J'ai lu **la revue.**	J'ai lu les **revues.**
Je l'ai **lue.**	Je **les** ai **lues.**
Quels **amis** avez-vous **appelés?**	Quelles **émissions** avez-vous **regardées?**

Allez-y!

A. Un nouveau travail. Vous travaillez comme secrétaire. Votre patronne (*boss*) vous pose des questions. Répondez affirmativement ou négativement.

MODÈLE: Avez-vous regardé *le calendrier* ce matin? →
Oui, je l'ai regardé. (Non, je ne l'ai pas regardé.)

1. Est-ce que vous avez donné *notre numéro de téléphone* à Mme Milaud?
2. Est-ce que vous avez mis *le nouveau nom de la firme* sur les enveloppes?
3. Attendiez-vous *le facteur* à 5 hier soir?
4. Allez-vous finir *le courrier* avant midi?
5. Avez-vous appelé *Georges Dupic et Catherine Duriez*?
6. Avez-vous vu *Annick et Françoise* ce matin?
7. *M'*avez-vous comprise pendant la réunion (*meeting*) hier?
8. Est-ce que je *vous* dérange (*disturb*) si je téléphone à midi et demi?

B. Conversation. Posez les questions suivantes à un(e) camarade. Il/Elle utilise, quand c'est possible, un pronom complément d'objet direct dans ses réponses.

1. Quand tu étais enfant, écoutais-tu quelquefois la radio? Préférais-tu regarder la télévision? Quels programmes de radio ou quelles émissions aimais-tu surtout?
2. Quels magazines ou quelles revues lisais-tu quand tu étais adolescent(e)? Ce sont les mêmes maintenant?
3. As-tu lu les romans de Stephen King, de Toni Morrison? Aimes-tu les livres d'aventures? Aimes-tu mieux les romans d'amour? Quel est ton écrivain préféré?
4. Quelle est la meilleure (*best*) chaîne de télévision, à ton avis? Peux-tu nommer deux ou trois émissions que tu trouves excellentes, et expliquer pourquoi?
5. Parmi les genres d'émissions, qu'offre Africa N°1 (à droite), lesqulles (*which ones*) vous intéressent? Pourquoi?

"Sur Africa N° 1 je raconte des histoires africaines"

Hit-parade, concerts, interviews, derniers succès, nouveaux talents : la musique africaine, c'est le rythme d'Africa N°1. Pourrait-il en être autrement quand l'ensemble de ses journalistes, animateurs et techniciens sont eux-mêmes africains.
Africa N°1, c'est jour après jour l'information, la musique et le sport pour 20 millions d'auditeurs africains entre Dakar et Kinshasa.
Pour rester à la pointe de l'information à travers l'Afrique et dans le monde entier, branchez-vous sur l'Afrique en direct...
Branchez-vous sur Africa N°1.

"HISTOIRES D'ENFANTS", "CARTE BLANCHE" : les émissions de Ghislaine sont la mémoire de l'Afrique.

AFRIQUE DE L'OUEST
de 07 h à 16 h : 17630 KHz
de 16 h à 23 h : 15475 KHz
ou de 05 h à 23 h : 9580 KHz
AFRIQUE CENTRALE
de 06 h à 24 h : 9580 KHz

AFRICA N°1

BP 1 Libreville - GABON
Tél. : (241) 76-00-01
Fax : (241) 74 21 33
Télex : 5589 GO

L'AFRIQUE EN DIRECT

Les verbes *voir* et *croire*
Expressing Observations and Beliefs

Où sont les clés?

MICHAËL: Je **crois** que* j'ai perdu les clés de la voiture.

VIRGINIE: Quoi!... Elles doivent être au restaurant.

MICHAËL: Tu **crois**?

VIRGINIE: Je ne suis pas sûre mais on peut aller **voir**.

(*au restaurant*)

MICHAËL: Tu as raison. Elles sont là-bas sur la table. Je les **vois**.

VIRGINIE: Ouf! Bon, qu'est-ce qu'on fait maintenant?

MICHAËL: Allons **voir** ce qu'on trouve chez les bouquinistes.†

Vrai ou faux?

1. Michaël a perdu son stylo.
2. Virginie croit que les clés sont au restaurant.
3. Michaël voit une plante sur la table.
4. Michaël veut voir la tour Eiffel.

The verbs **voir** (*to see*) and **croire** (*to believe*) are irregular.

voir		croire	
je **vois**	nous **voyons**	je **crois**	nous **croyons**
tu **vois**	vous **voyez**	tu **crois**	vous **croyez**
il/elle/on **voit**	ils/elles **voient**	il/elle/on **croit**	ils/elles **croient**
Past participle: **vu**		*Past participle:* **cru**	

*Croire and **voir** must be followed by **que** (*that*) when they introduce another clause.
†The **bouquinistes** (*booksellers*) and their stalls filled with new and used books, magazines, engravings, postcards, and sundry items are a fixture along the banks of the Seine.

J'**ai vu** Michèle à la plage la semaine passée.	*I saw Michèle at the beach last week.*
Est-ce que tu **crois** cette histoire?	*Do you believe this story?*
Je **crois** qu'il va faire beau demain.	*I think the weather is going to be fine tomorrow.*
—La capitale de l'Algérie, c'est Alger.	*Algeria's capital city is Algiers.*
—Tu **crois?**	*You think so? / Are you sure?*

1. **Revoir** (*to see again*) is conjugated like **voir.**

Je **revois** les Moreau.	*I'm seeing the Moreau family again.*

2. **Croire à** means *to believe in* a concept or an idea.

Nous **croyons à** la chance.	*We believe in luck.*
Ils **croient au** Père Noël.	*They believe in Santa Claus.*

3. **Croire en** means *to believe in* a god or to have confidence in someone.

Vous **croyez en** Dieu?	*Do you believe in God?*

4. **Croire que** means *to think* (*that*), *to believe* (*that*). It is followed by another clause. It is used to express an opinion.

Je **crois qu'** Internet est l'invention du siècle.	*I think (that) the Internet is the invention of the century.*

Allez-y!

A. **Paris dans le brouillard** (*fog*). Trois étudiants américains sont désorientés. Complétez la conversation avec les verbes **croire** et **voir** au présent, sauf quand le passé composé est indiqué.

JULIE: Tu crois¹ où on est?

DAVID: Non, je ne vois² pas cette rue sur le plan.

JOËL: Vous faites confiance à ce vieux plan?

JULIE: Non, nous croyons³ ce que (*what*) nous a dit la guide.

DAVID: Elle a beaucoup d'expérience et je crois⁴ ce qu'elle dit.

JOËL: Moi, je pense qu'elle croit⁵ à la chance!

JULIE: Très drôle... mais dis, David, tu as vu⁶ (*passé composé*) Annick, le guide, quelque part?

DAVID: Oui, j'ai vu⁷ (*passé composé*) Annick, mais il y a environ une heure, au café...

JOËL: Cette fois, je crois⁸ que nous sommes perdus! Heureusement, j'ai mon portable!

B. Conversation. Avec un(e) camarade, parlez d'une ville qu'il/elle a visitée récemment. Qu'est-ce qu'il/elle a vu? Qui est-ce qu'il/elle a rencontré? Qu'est-ce qu'il/elle veut revoir? Qui veut-il/elle revoir? Ensuite, racontez à la classe l'expérience la plus intéressante (*most interesting*) de votre camarade.

C. Interview. Interrogez un(e) camarade sur ses croyances. Est-ce qu'il/elle croit à la chance, à l'amour, au progrès, à une religion, à la perception extra-sensorielle, aux O.V.N.I.* (*UFOs*), à ____? Utilisez les **Mots-clés.**

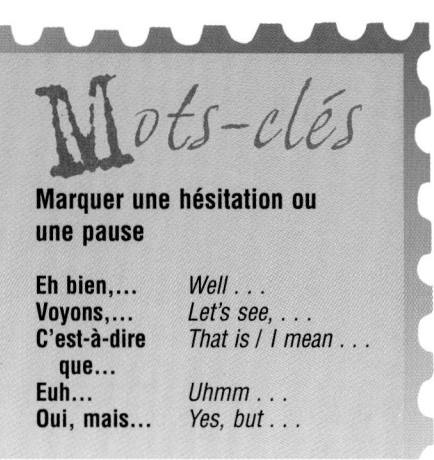

Mots-clés

Marquer une hésitation ou une pause

Eh bien,...	*Well . . .*
Voyons,...	*Let's see, . . .*
C'est-à-dire que...	*That is / I mean . . .*
Euh...	*Uhmm . . .*
Oui, mais...	*Yes, but . . .*

«Alors, c'est d'accord pour se voir vendredi soir?»

---

*Objets volants non identifiés

Leçon 4

Proverbe

Il faut le voir pour le croire.

Lecture

Avant de lire

Word families. A suffix is an element added to the root of a word to form a new word. Knowing the meaning of a suffix allows you to predict the definition of the derived form. For example, in French, the suffix **-eur** designates the person or object that performs an action. Therefore, the noun **un répondeur,** derived from the verb **répondre,** means "an object that answers" or an answering machine. Likewise, **un danseur** is a dancer. The feminine is often formed by adding the suffix **-euse: une danseuse.** The suffix **-euse** can also be used to designate machines: **une laveuse.** Can you guess the meaning of the following words?

> **possesseur** (<* posséder)
> **acheteur**
> **détecteur**
> **tondeuse** (< tondre, *to mow*)

Parlez à mon répondeur

Baromètre de sociabilité—plus on a de messages, plus on a d'amis— le répondeur s'est installé dans nos vies sans faire de bruit,[1] aussi discrètement que le radio-réveil[2] ou la machine à café. Un ménage sur trois[3] en est aujourd'hui équipé, contre un sur cinq en 1995. Et l'on reçoit en moyenne deux appels par jour via ce petit appareil.

C'est un objet pratique et bon marché qui s'est intégré dans nos habitudes. On lui fait confiance.[4] Apparu[5] au début des années 80, le répondeur

À propos de la lecture... Cet article est tiré et adapté du magazine français d'actualités *L'Express.*

---

[1]sans... *quietly* [2]*clock radio* [3]Un... *One household out of three* [4]On... *We trust it.* [5]*Introduced*

---

*The symbol < means "comes from."

a d'abord séduit[6] les jeunes célibataires urbains branchés,[7] les artisans,[8] pour des raisons professionnelles évidentes, avant de s'attaquer au marché des familles. La clé de sa réussite tranquille?[9] Une baisse des prix spectaculaire[10]: aujourd'hui, le coût moyen d'un répondeur s'établit entre 200 et 400 francs. On l'achète parce qu'il est devenu indispensable pour décrocher[11] un entretien d'embauche[12] ou obtenir l'appartement que l'on craint de manquer[13] si on n'est pas là.

Le répondeur permet de rester en contact constant avec les autres, vingt-quatre heures sur vingt-quatre. On veut des messages, savoir qui nous appelle, à quelle heure. On veut croire qu'on est indispensable. Les messages d'accueil[14] sont souvent drôles, musicaux ou ludiques.[15] On déguise sa voix, on imite des chanteurs, on se prend pour[16] des héros—ils expriment la personnalité du propriétaire, ou plutôt l'image qu'il veut montrer. Séduit par de tels[17] efforts de créativité, la plupart des[18] correspondants laissent un message. Mais—phénomène nouveau—les possesseurs de répondeur ne se sentent plus obligés de décrocher, même s'ils sont là, dans la pièce à côté. Le répondeur s'est transformé en outil[19] de protection. Le filtrage est aujourd'hui la principale qualité recherchée[20] par les acheteurs du répondeur. Il est devenu un instrument de mise à distance.[21] Il nous coupe du stress, du boulot, des autres. Nouveau paradoxe: plus de 10 millions de Français investissent dans des portables pour être joints, tout en utilisant le bon vieux répondeur pour sélectionner leurs correspondants.[22] Cette nouvelle fonction du répondeur assure son avenir: le «parlez après le bip» aura une longue vie.

On filtre ses appels.

[6]a... *first became popular with* [7]les... *yuppies* [8]*self-employed craftmen* [9]La... *How to explain its quiet success?* [10]Une... *A significant reduction in cost* [11]*get* [12]entretien... *job interview* [13]on... *we are afraid of missing* [14]Les... *Greetings* [15]*playful* [16]on... *we pretend to be* [17]de... *such* [18]la... *most of the* [19]*tool* [20]*sought after* [21]un...*a way of creating distance* [22]investissent... *buy a cellular phone to be reached, and at the same time, use an answering machine to screen callers*

Compréhension

Avez-vous compris? Répondez aux questions suivantes.

1. Combien de Français ont un répondeur?
2. Quel était le premier groupe à en acheter?
3. Pourquoi son usage est-il devenu plus populaire?
4. Quelle est l'utilité de cet objet?
5. Comment est-ce un indice de la popularité d'une personne?

Écriture

Le courrier du lecteur. Écrivez une lettre au journal de votre université. Exprimez votre opinion concernant l'ouverture d'un méga laboratoire d'informatique. Utilisez les conseils suivants.

1. Adoptez la position pour ou contre et justifiez.
2. Parlez des avantages ou des inconvénients de la technologie en milieu universitaire.
3. Donnez des exemples personnalisés.

Monsieur, / Madame,

J'aimerais vous faire part de ma position...

Je vous prie de recevoir mes meilleures salutations,

À l'écoute!

Où suis-je? Vous allez entendre parler diverses personnes dans des situations variées. Lisez les activités suivantes avant d'écouter les séquences sonores qui leur correspondent.

Où se trouve-t-on? Décidez où on peut entendre de telles bribes (*snatches*) de conversation.

1. La première séquence a lieu (*takes place*) _____.
   a. dans une cabine téléphonique **b.** dans une boucherie
   c. dans un bureau de poste
2. La deuxième séquence a lieu _____.
   a. dans une librairie **b.** dans un kiosque à journaux
   c. dans une boulangerie
3. La troisième séquence a lieu _____.
   a. pendant un match de football **b.** à la radio **c.** au cinéma

En société

EXPRESSIONS UTILES

courrier recommandé	registered mail
il faut que vous	you have to fill out
remplissiez ce formulaire	this form
merci quand même	thank you anyway
votre colis pèse	your parcel weighs
Est-ce que je devrais	Should I

Extrait du dialogue

EMPLOYÉE: Pour l'envoyer recommandé ou pour l'assurer, il faut que vous remplissiez ce formulaire.

JACQUES: En fait, c'est un... euh... non, ce n'est pas un colis de valeur et le contenu n'est pas particulièrement fragile. Mais merci quand même!

EMPLOYÉE: Quel est le code postal? Je ne peux pas le lire.

JACQUES: Oh, excusez-moi. C'est le 75006. Paris.

EMPLOYÉE: Bon, votre colis pèse deux kilos.

JACQUES: Et ça coûte?

EMPLOYÉE: Ça coûte 5,33 euros.

Jeux de rôles

Consultez les grilles des tarifs pour des envois postaux. Ensuite, avec un(e) partenaire, jouez les scènes suivantes.

Note culturelle

Depuis le 1er janvier 1999, La Poste émet[1] des timbres à double valeur, c'est-à-dire en francs et en euros. Ce n'est qu'à partir de l'an 2002 que tous les timbres seront[2] exclusivement en euros.

[1]*has issued*   [2]*will be*

SERVICE PRIORITAIRE		SERVICE ÉCONOMIQUE	
Poids (*weight*) jusqu'à	Tarifs pour l'Amérique du Nord	Poids jusqu'à	Tarifs pour l'Amérique du Nord
20 g	4,40 F / 0,67 euros	100 g	8,80 F / 1,34 euros
40 g	8,20 F / 1,25 euros	200 g	15,50 F / 2,36 euros
60 g	13,00 F / 1,98 euros	500 g	25,00 F / 3,81 euros

1. Vous allez à la poste pour envoyer une carte postale à votre ami québécois / amie québécoise et une lettre à vos parents. L'employé(e) vous indique le prix pour chaque envoi.
2. Vous êtes en voyage en France et vous voulez poster un colis à un ami / une amie qui habite aux États-Unis. Vous voulez également acheter un Prêt-à-Poster (enveloppe pré-affranchie) pour la France (4,50 F = 0,69 euros).

CHAPITRE 10 Vocabulaire

Verbes

appeler to call
composer un numéro to dial a number
consulter l'annuaire to look up (a phone number) in the phone book
croire to believe
décrire to describe
déposer la monnaie to deposit change
dire to tell; to relate
écrire (à) to write (to)
envoyer (à) to send (to)
introduire la carte to insert the card
lire to read
mettre to put; to place
payer to pay
poster to mail
revoir to see again
voir to see

À REVOIR: **acheter, écouter, entendre, jouer, regarder, rendre**

Substantifs

l'adresse (*f.*) address
l'annuaire (*m.*) telephone book
l'appareil (*m.*) apparatus; telephone
la boîte aux lettres mailbox
le bureau de poste (La Poste) post office
la cabine téléphonique telephone booth
la carte postale postcard
la chaîne television channel; network
l'école (*f.*) school
l'émission (*f.*) program; broadcast
l'enveloppe (*f.*) envelope
le journal (les journaux) newspaper; news
le kiosque kiosk; newsstand
la lettre letter
la monnaie coins, change
le numéro (de téléphone) (telephone) number
le paquet package
les petites annonces (*f.*) classified ads
la publicité commercial; advertisement; advertising
la revue review, magazine
le roman novel
la télécarte telephone calling card
le timbre stamp

À REVOIR: **le poste de télévision, la télé(vision)**

Adjectifs

heureux/euse happy, fortunate

Les nouvelles technologies

la boîte vocale voice mail
la caméra (le caméscope) video camera
le cédérom (CD-ROM) CD-ROM
le cellulaire (le portable) cellular phone
le courrier électronique e-mail
le magnétoscope VCR
le message électronique e-mail message
le Minitel minitel
le pager pager
le photocopieur photocopy machine
le répondeur answering machine
le téléviseur television set
le traitement de texte word processing
le Web Web

Au téléphone

Allô. Hello.
Qui est à l'appareil? Who's calling?

Mots et expressions divers

là-bas over there
surtout especially
tout, toute, tous, toutes all; every
tous les jours / matins etc. every day (morning, etc.)
toutes les semaines every week

À REVOIR: **en général**

Fichier Edition Affichage Insertion Format Outils Aide

DE: Nathalie@media.fr

À...   Paul@universpar.fr

Cc...

Objet:

Paul,

C'est vrai, la semaine dernière j'ai été difficile à joindre. Je voyage constamment. Mais le journalisme, c'est la mobilité. Je n'ai pas le choix et ma carrière est plus importante que tout.

Cette semaine, par exemple, je prépare un article sur les capitales européennes autour du thème «Vivre en ville». Il y a deux jours, j'étais à Vienne, aujourd'hui je suis à Genève, et ensuite, Madrid et Bruxelles.

Viens me rejoindre! On va passer le week-end ensemble. Ça va te changer les idées.

Bisous,
Nathalie

Genève, en Suisse

Dans ce chapitre...

Objectifs communicatifs

- talking about city life; describing past events; speaking succinctly; expressing what and whom you know

Contenu lexical (Leçon 1)

- La ville
- Les directions
- Les arrondissements
- Les nombres ordinaux

Contenu grammatical (Leçons 2 et 3)

- Le passé composé et l'imparfait
- Les pronoms d'objet indirect
- Les verbes **savoir** et **connaître**
- Les pronoms **y** et **en**

Vidéothèque

- Initiation (ci-dessous)
- En société (Leçon 4)

Initiation Comment aller à la gare

Paul tente d'indiquer à une femme le chemin pour se rendre à la gare. Mais comme c'est compliqué!

VOCABULAIRE UTILE

prendre la deuxième à gauche	to take the second left
tout droit jusqu'au deuxième feu	straight to the second light
C'est à quelle distance?	How far is it?
environ	about
Vous ne pouvez pas la rater.	You can't miss it.

Mettez-y de l'ordre! Numérotez les phrases par ordre chronologique.

- **a.** _____ «La gare n'est pas très loin d'ici.»
- **b.** _____ «Vous allez prendre la deuxième à gauche.»
- **c.** _____ «Vous pourriez répéter, s'il vous plaît?»
- **d.** _____ «Après, vous marchez pendant cinq minutes.»
- **e.** _____ «Je peux vous accompagner.»
- **f.** _____ «Environ cinq cents mètres.»

Leçon 1

PAROLES

Une petite ville

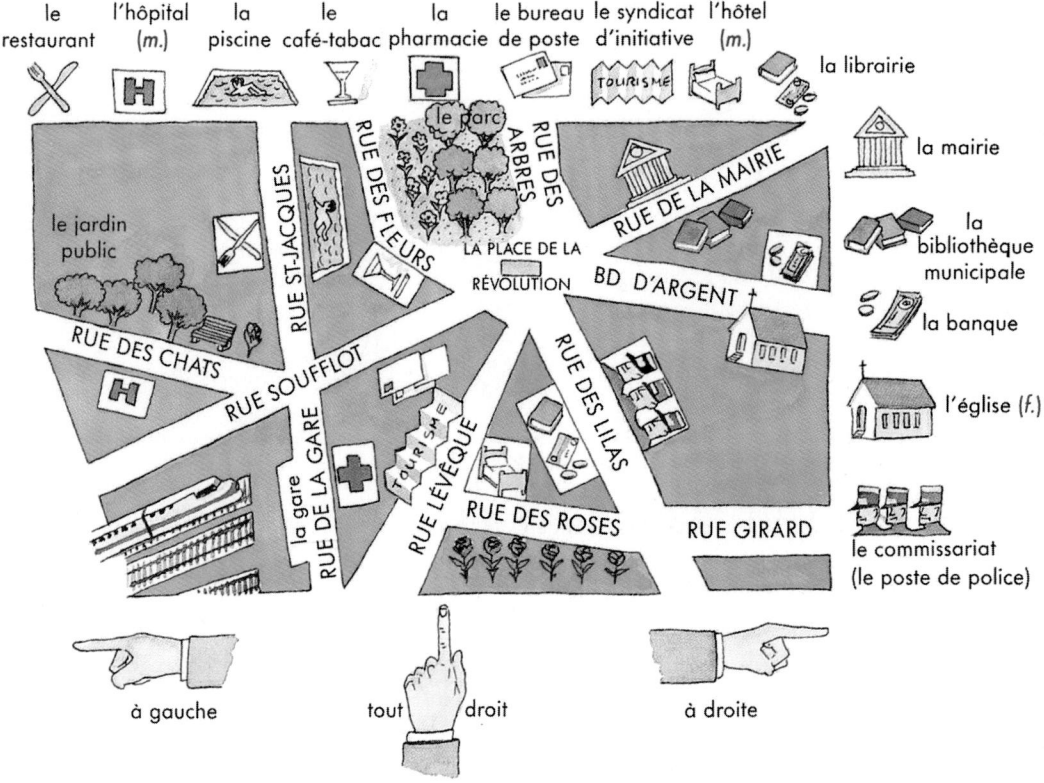

le restaurant · l'hôpital (m.) · la piscine · le café-tabac · la pharmacie · le bureau de poste · le syndicat d'initiative · l'hôtel (m.) · la librairie · la mairie · la bibliothèque municipale · la banque · l'église (f.) · le commissariat (le poste de police)

le jardin public · RUE ST-JACQUES · RUE DES FLEURS · le parc · RUE DES ARBRES · LA PLACE DE LA RÉVOLUTION · RUE DE LA MAIRIE · BD D'ARGENT · RUE DES CHATS · RUE SOUFFLOT · RUE DE LA GARE · RUE LÉVÊQUE · RUE DES LILAS · la gare · RUE DES ROSES · RUE GIRARD

à gauche · tout droit · à droite

AUTRES MOTS UTILES
le coin   corner
jusqu'à   up to, as far as
le plan   map (of a city)

—Comment fait-on pour aller de la banque à la pharmacie?
—On **prend** le boulevard d'Argent **à droite** et on va **jusqu'à** la place de la Révolution. On **traverse** la rue des Lilas et on **prend** la rue Lévêque **à gauche. On continue tout droit jusqu'au coin** et on **prend** la rue de la Gare **à droite.** La pharmacie est **en face de** la gare.

Allez-y!

A. Les endroits importants. Où est-ce qu'on va pour _____?

MODÈLE: acheter des livres →
Pour acheter des livres, on va à la librairie.

1. encaisser (*to cash*) un chèque de voyage   **2.** acheter de l'aspirine
3. parler avec le maire (*mayor*) de la ville   **4.** obtenir des brochures
touristiques   **5.** nager   **6.** admirer des plantes et des fleurs
7. assister aux (*to attend*) services religieux catholiques   **8.** acheter
des timbres   **9.** prendre une bière

B. Où est-ce? Précisez l'emplacement des endroits suivants selon
(*according to*) le plan de la ville.

MODÈLE: Où est l'hôtel? →
L'hôtel est en face du syndicat d'initiative dans* la rue
Lévêque.

1. Où est le jardin public?   **4.** Où est l'église?
2. Où est le commissariat?   **5.** Où est la librairie?
3. Où est la bibliothèque?   **6.** Où est le syndicat d'initiative?

C. Trouvez votre chemin (*way*). Regardez le plan de la ville. Imaginez
que vous êtes à la gare. Un(e) touriste vous demande où est le bureau
de poste; vous lui indiquez le chemin. Jouez les rôles avec un(e)
camarade.

MODÈLE: LE/LA TOURISTE: Pardon, madame / monsieur, pourriez-vous
me dire où est le bureau de poste?
VOUS: Tournez à gauche. Prenez la rue Soufflot à
droite et vous y êtes (*you're there*).
LE/LA TOURISTE: Je tourne à gauche, je prends la rue Soufflot
à droite et j'y suis.

1. le café-tabac   **2.** le restaurant   **3.** l'hôtel   **4.** la banque   **5.** le
poste de police   **6.** le parc   **7.** la mairie   **8.** la pharmacie   **9.** le
jardin public   **10.** la place de la Révolution   **11.** la piscine   **12.** le
syndicat d'initiative

Maintenant, avec un(e) autre camarade de classe, faites une liste de
cinq ou six endroits sur votre campus ou dans votre ville. À tour de
rôle, indiquez le chemin pour aller à ces endroits. Votre salle de classe
est votre point de départ.

---

*One says **dans la rue,** but **sur le boulevard** and **sur l'avenue.**

Les arrondissements° de Paris

districts

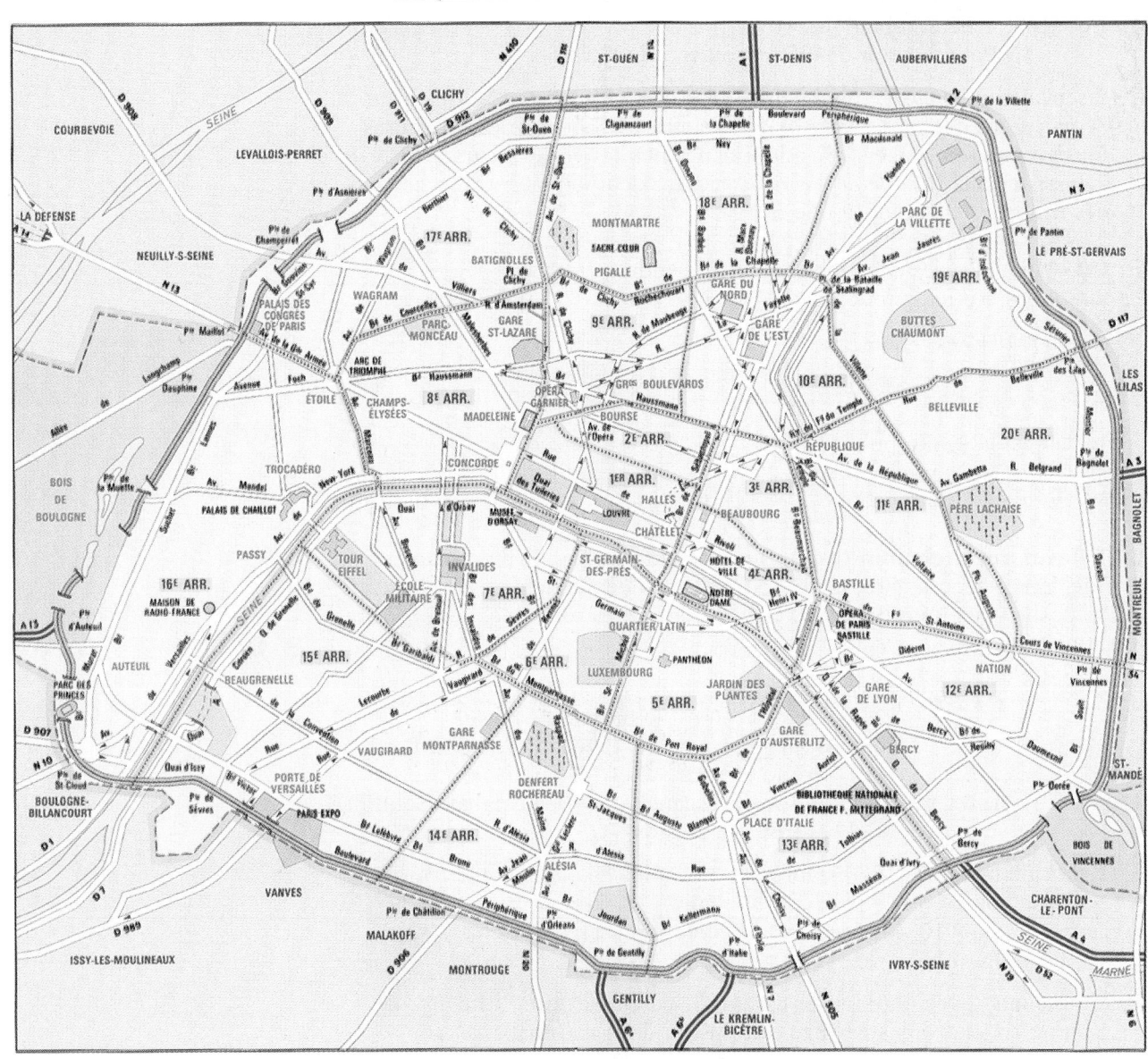

AUTRES MOTS UTILES

la banlieue	suburbs
la carte	map (*of a region, country*)
le centre-ville	downtown
la rive droite/gauche	right/left bank

Les vingt arrondissements de Paris:

1er	le premier	11^e	le onzième
2^e	le deuxième	12^e	le douzième
3^e	le troisième	13^e	le treizième
4^e	le quatrième	14^e	le quatorzième
5^e	le cinquième	15^e	le quinzième
6^e	le sixième	16^e	le seizième
7^e	le septième	17^e	le dix-septième
8^e	le huitième	18^e	le dix-huitième
9^e	le neuvième	19^e	le dix-neuvième
10^e	le dixième	20^e	le vingtième

Les nombres ordinaux

- Ordinal numbers (*first, second,* and so on) are formed by adding **-ième** to cardinal numbers. Note the irregular form **premier / première,** and the spelling of **cinquième** and **neuvième.**
- **Le** and **la** do not elide before **huitième** and **onzième: le huitième.**
- The superscript abbreviation ^e indicates that a number should be read as an ordinal: 7 = **sept;** 7e = **le/la septième.**
- Note the forms **vingt et unième, trente et unième,** etc.

Allez-y!

A. Les arrondissements de Paris. Quels arrondissements se trouvent (*are located*) sur la rive gauche de la Seine, sur la rive droite? Quel arrondissement est situé au bord du Bois de Boulogne, du Bois de Vincennes? Où est l'île de la Cité*?

B. Le plan de Paris. Avec un(e) partenaire, situez les endroits suivants.

MODÈLE: É1: la tour Eiffel?
É2: Euh, voyons... La tour Eiffel se trouve dans le septième arrondissement.

1. le Panthéon
2. Notre-Dame
3. la gare de l'Est
4. le Louvre
5. Montmartre
6. Beaubourg
7. le Palais de Congrès
8. l'Opéra
9. l'Arc de Triomphe

---

*The **île de la Cité** is the historical center of Paris; it is one of the two islands on the Seine in Paris. The other is the **île St-Louis.**

STRUCTURES

Leçon 2

Le passé composé et l'imparfait
Describing Past Events

Casablanca

ALAIN: Alors, tu nous racontes tes vacances au Maroc?

SYLVIE: Eh bien, je **suis partie** de Paris le 23 juillet. Il **faisait** un temps pourri, il **faisait** froid, il **pleuvait,** l'horreur! Mais quand je **suis arrivée** à Casablanca, le ciel **était** tout bleu, le soleil **brillait,** la mer **était** tiède...

RÉMI: Et tu **as aimé** la ville?

SYLVIE: Oui, beaucoup. Mais je **voulais** visiter une mosquée et je n'**ai** pas **pu** entrer.

ALAIN: Pourquoi?

SYLVIE: C'est ma faute parce que je **portais** une mini-jupe.

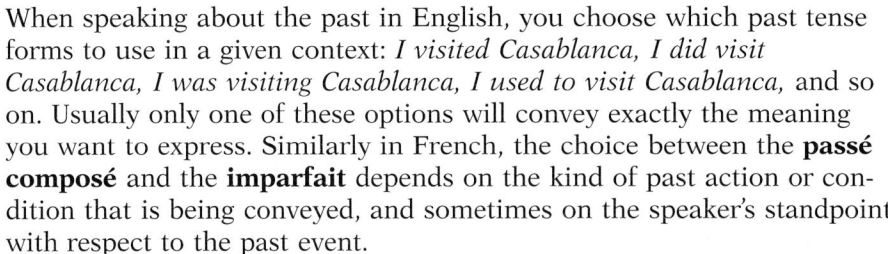

Répondez aux questions.

1. Quel temps faisait-il à Paris le 23 juillet? Et à Casablanca?
2. Que voulait faire Sylvie à Casablanca?
3. Pourquoi est-ce qu'elle n'a pas visité la mosquée?

When speaking about the past in English, you choose which past tense forms to use in a given context: *I visited Casablanca, I did visit Casablanca, I was visiting Casablanca, I used to visit Casablanca,* and so on. Usually only one of these options will convey exactly the meaning you want to express. Similarly in French, the choice between the **passé composé** and the **imparfait** depends on the kind of past action or condition that is being conveyed, and sometimes on the speaker's standpoint with respect to the past event.

The **passé composé** is used to indicate a single completed action, something that began and ended in the past, or a sequence of such actions.

The **imparfait,** on the other hand, usually indicates an ongoing or habitual action in the past. It does not emphasize the end of that action.

Compare the following sets of examples.

J'**écrivais** des lettres.	*I was writing letters.*
J'**ai écrit** des lettres.	*I wrote (have written) letters.*
Je **commençais** mon travail.	*I was starting on my assignments.*
J'**ai commencé** mon travail.	*I started (have started) my assignments.*
Elle **allait** au parc le dimanche.*	*She went (used to go) to the park on Sundays.*
Elle **est allée** au parc dimanche.	*She went to the park on Sunday.*

The following chart sets out the major differences between these two tenses.

IMPARFAIT	PASSÉ COMPOSÉ
1. *Ongoing action with no emphasis on the completion or end of the action* **J'allais** en France. Je **visitais** des monuments.	*Completed action, or a series of completed events or actions* Je **suis allé(e)** en France. J'**ai visité** des monuments.
2. *Habitual or repeated action* **J'allais** en France tous les ans. Je **visitais** souvent le château de Versailles. [Allez-y! A]	*A single event* Je **suis allé(e)** en France l'année dernière. J'**ai visité** Versailles un samedi matin.
3. *Description or "background" information; how things were or what was happening when . . .* Je **visitais** Beaubourg... J'**étais** à Paris... [Allez-y! B]	*. . . an event or events occurred. ("foreground" information)* ...quand on **a annoncé** la projection d'un vieux film de Chaplin. ...quand une lettre **est arrivée.**
4. *Physical or mental states of being (general description)* Ma nièce **avait** peur des chiens.	*Changes in an existing physical or mental state at a precise moment, or for a particular isolated cause.* Ma nièce **a eu** peur quand le chien a aboyé (*barked*).

---

*Remember the role of the definite article with days of the week: **le dimanche** (*on Sundays*); **dimanche** (*on Sunday*).

In summary, the **imparfait** is generally used for *descriptions* in the past, and the **passé composé** is generally used for the *narration* of specific events in the past. The **imparfait** also often sets the stage for an event expressed with the **passé composé.** Look over the following passages with these points in mind.

IMPARFAIT	PASSÉ COMPOSÉ
Il **faisait** beau; le ciel (*sky*) **était** clair; les terrasses des cafés **étaient** pleines (*filled*) de gens; c'**était** un beau jour de printemps à Paris.	J'**ai continué** tout droit dans la rue Mouffetard, j'**ai traversé** le boulevard de Port-Royal et j'**ai descendu** l'avenue des Gobelins jusqu'à la place d'Italie.

Reminder: These indicators of tense can help you determine whether to use the **passé composé** or the **imparfait.**

IMPARFAIT	PASSÉ COMPOSÉ
d'habitude (*usually*) de temps en temps autrefois (*formerly*) le week-end le lundi (le mardi...)	une fois (*once*), deux fois... plusieurs fois un week-end un jour lundi (mardi...) soudain, tout à coup (*suddenly*)
D'habitude, nous **étudiions** à la bibliothèque.	**Un jour,** nous **avons étudié** au café.
Quand j'**étais** jeune, nous **allions** à la plage **le week-end.**	**Un week-end,** nous **sommes allés** à la montagne.

[Allez-y! C-D-E]

Allez-y!

A. **Un dimanche pas comme les autres.** Votre voisin Marc Dufour était une personne routinière, mais un dimanche, il a changé ses habitudes. Voici son histoire.

MODÈLE: le dimanche matin / dormir en général jusqu'à huit heures / mais ce dimanche-là / dormir jusqu'à midi →
Le dimanche matin, il dormait en général jusqu'à huit heures, mais ce dimanche-là, il a dormi jusqu'à midi.

1. normalement au petit-déjeuner / prendre des céréales et une tasse de café / mais ce matin-là / prendre un petit-déjeuner copieux
2. après le petit-déjeuner / faire toujours du jogging dans le parc / mais ce jour-là / rester longtemps au téléphone
3. souvent l'après-midi / regarder le match de football à la télé / mais cet après-midi-là / lire des poèmes dans le jardin
4. d'habitude le soir / sortir avec ses copains / mais ce soir-là / sortir avec une jeune fille
5. parfois / aller au cinéma ou / jouer aux cartes / mais ce soir-là / inviter son amie dans un restaurant élégant
6. normalement / rentrer chez lui assez tôt / mais ce dimanche-là / danser jusqu'au petit matin (*early morning*)

B. Interruptions. Annie était à la maison hier soir. Elle voulait faire plusieurs choses, mais il y a eu toutes sortes d'interruptions. Décrivez-les.

MODÈLE: étudier... téléphone / sonner →
Annie étudiait quand le téléphone a sonné.

1. parler au téléphone / un ami... l'employé / couper la ligne (*to cut the line*)
2. écouter / disques... son voisin / commencer à faire / bruit (*noise*)
3. lire / journal... la propriétaire (*landlord*) / venir demander / argent
4. faire / devoirs... un ami / arriver
5. regarder / informations à la télé... son frère / changer de chaîne
6. dormir... quelqu'un / frapper à la porte

C. Une année à l'université de Caen. François a passé un an à Caen, une des grandes villes de Normandie. Il raconte son histoire. Choisissez l'imparfait ou le passé composé pour les verbes suivants.

Mon année en Normandie était vraiment super, mais je devais passer beaucoup de temps à étudier. Je (avoir)[1] cours le matin de 8 heures à 11 heures. L'après-midi, je (étudier),[2] en général, à la bibliothèque. Le week-end, avec des amis, nous (faire)[3] du tourisme. Le samedi, nous (rester)[4] en ville et le dimanche, nous (aller)[5] à la campagne. En octobre, nous (faire)[6] une excursion à Rouen. Ce (être)[7] très intéressant. Pour Noël, je (rentrer)[8] chez mes parents. En février, je (faire)[9] du ski dans les Alpes. Nous (avoir)[10] de la chance car il (faire)[11] très beau et je (rentrer)[12] bien bronzé (*tanned*). De temps en temps, je (manger)[13] chez les Levergeois, des amis français très sympathiques. Pendant ces dîners entre amis, je (perfectionner)[14] mon français. Finalement, au début du mois de mai, je (devoir)[15] quitter Caen. Je (être)[16] triste de partir.

Au jardin du Luxembourg, à Paris.

D. Biographie de Marguerite Yourcenar.* Voici quelques faits (*facts*) importants de la vie de cette romancière (*novelist*) et historienne de langue française. Mettez-les dans l'ordre chronologique et utilisez les adverbes de temps des **Mots-clés.**

1. Elle est allée aux États-Unis en 1958.
2. Elle a écrit son fameux livre *L'Œuvre au noir* en 1968.
3. Elle est née à Bruxelles en 1903.
4. Elle est morte en 1987 à l'âge de 84 ans dans le Maine, aux États-Unis.
5. Elle a été la première femme élue à l'Académie française, en 1980.

Maintenant, faites brièvement (*briefly*) votre autobiographie. Utilisez des adverbes de temps.

E. Conversation. Posez les questions suivantes à un(e) camarade pour découvrir ce qui s'est passé dans sa vie l'année dernière. Ensuite, changez de rôle.

1. Où étais-tu? Où as-tu étudié? Qu'est-ce que tu as étudié?
2. Qu'est-ce que tu as fait pendant tes vacances? As-tu fait un voyage? Où es-tu allé(e)? Comment était le voyage?
3. Et tes amis, où étaient-ils l'année dernière? Qu'est-ce qu'ils ont fait pendant les vacances?

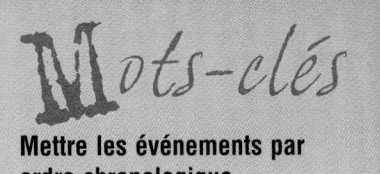

Mettre les événements par ordre chronologique

d'abord *first of all*
puis *next*
ensuite *and then...*
après *after that...*
enfin *finally*

Puis and **ensuite** can be used interchangeably.

DÉPANNAGE (*emergency repair*)
D'abord, j'ai garé (*parked*) la voiture.
Puis, j'ai cherché une cabine téléphonique.
Ensuite, j'ai tout expliqué au mécanicien.
Après, j'ai attendu dans la voiture.
Enfin, il est arrivé. Maintenant, le carburateur fonctionne à merveille.

Des façades typiques du vieux Montréal.

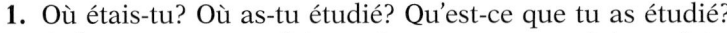
*For more on Marguerite Yourcenar, see the **Portrait** in **Correspondance 12.**

Les pronoms d'objet indirect
Speaking Succinctly

Un nouveau parc au centre-ville

RÉGIS: Tu as écrit au maire de la ville?
NICOLE: Oui, je **lui** ai écrit.
RÉGIS: Et il **t'**a répondu?
NICOLE: Oui, il **nous** a donné rendez-vous demain.
RÉGIS: Est-ce qu'il a aimé l'idée de la création d'un nouveau parc au centre-ville?
NICOLE: Il ne **m'**a encore rien dit. On va devoir attendre jusqu'à demain.

Retrouvez la phrase correspondante dans le dialogue.

1. Nicole a écrit au maire de la ville. Nicole dit: «____»
2. Le maire a donné rendez-vous à Nicole et à Régis. Nicole dit: «____»
3. Le maire n'a encore rien dit à Nicole. Elle dit: «____»

Indirect Objects

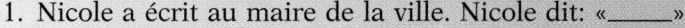

1. As you know, direct object nouns and pronouns answer the question *what?* or *whom?* Indirect object nouns and pronouns usually answer the question *to whom?* or *for whom?* In English, the word *to* is frequently omitted: I gave the book *to Paul.* → I gave *Paul* the book. In French, the preposition **à** is *always* used before an indirect object noun.

J'ai donné des informations à Paul.	*I gave information to Paul.*
Elle a écrit une lettre **au** maire.	*She wrote a letter to the mayor.*
Nous montrons l'article **aux** journalistes.	*We show the article to the journalists.*
Elle prête les photos **à** son frère.	*She lends the photos to her brother*

2. If a sentence has an indirect object, it usually has a direct object as well. Some French verbs, however, take only an indirect object. These include **téléphoner à, parler à,** and **répondre à.**

Je téléphone / parle souvent **à** mes amis.	*I often phone / speak to my friends.*
Elle a répondu **au** professeur.	*She answered the instructor.*

Indirect Object Pronouns

1. Indirect object pronouns replace indirect object nouns. They are identical in form to direct object pronouns, except for the third-person forms, **lui** and **leur**.

INDIRECT OBJECT PRONOUNS			
me, m'	(*to/for*) *me*	nous	(*to/for*) *us*
te, t'	(*to/for*) *you*	vous	(*to/for*) *you*
lui	(*to/for*) *him, her*	**leur**	(*to/for*) *them*

2. The placement of indirect object pronouns is identical to that of direct object pronouns. However, the past participle does not agree with a preceding indirect object.

Je **lui** ai montré la réception.	*I showed him (her) the (front) desk.*
On **m'**a demandé l'adresse de l'auberge de jeunesse.	*They asked me for the address of the youth hostel.*
Valérie **nous** a envoyé une carte postale.	*Valérie sent us a postcard.*
Nous allons **leur** téléphoner maintenant.	*We're going to telephone them now.*
Je **leur** ai emprunté* la voiture.	*I borrowed the car from them.*
Ils **m'**ont prêté de l'argent.	*They loaned me some money.*

3. In negative sentences, the object pronoun immediately precedes the auxiliary verb in the **passé composé**. In the **futur proche**, it is placed directly before the infinitive.

Elle **ne** lui a **pas** téléphoné.	*She hasn't telephoned him.*
Je **ne** vais **pas** leur écrire.	*I am not going to write to them.*

Allez-y!

A. **L'après-midi de Léa.** Léa va tous les vendredis après-midi chez sa grand-mère qui habite dans son quartier. Elle nous raconte ce qu'elle a fait vendredi dernier. Complétez son histoire avec les pronoms qui correspondent: **me, te, lui, nous, vous, leur**.

Après les cours, j'ai pris un café avec des amies. Je <u>leur</u>¹ ai montré mon nouveau baladeur (*walkman*). Un peu plus tard, j'ai rendu visite à ma grand-mère. Je <u>lui</u>² ai apporté ses magazines préférés. Elle était très contente et elle <u>m'</u>³ a dit: «Je vais <u>te</u>⁴ préparer un bon

---

*Emprunter** may take both a direct object (the thing borrowed) and an indirect object (the person from [**à**] whom it is borrowed).

goûter.» En fin d'après-midi, mon frère est arrivé. Il <u>nous</u>[5] a raconté ses aventures avec sa nouvelle moto.

Nous avons bien ri. (*We laughed a lot.*) Au moment de partir, ma grand-mère <u>nous</u>[6] a demandé (à mon frère et à moi): «Je vous revois la semaine prochaine, les enfants?» Nous <u>lui</u>[7] avons répondu, «Bien sûr, à vendredi prochain!»

B. N'oublie pas... Au moment de dire au revoir, la grand-mère de Léa se rappelle (*remembers*) plusieurs questions qu'elle voulait lui poser. Jouez le rôle de Léa et répondez-lui, en utilisant les pronoms complément d'objet indirect.

1. As-tu téléphoné à ton oncle?   **2.** Tu as écrit à ta tante Louise?
3. Tu as donné le plan de la ville à ton frère pour son voyage?   **4.** As-tu répondu à M. et Mme Morin en Espagne?   **5.** Est-ce que tu as souhaité (*wished*) «bon anniversaire» à ton petit cousin?   **6.** Est-ce que tu as rendu à Nicolas et Virginie le livre qu'ils nous ont prêté?

C. Êtes-vous communicatif / communicative? Posez les questions suivantes à un(e) camarade et créez de nouvelles questions sur le même sujet.

1. À qui as-tu écrit la semaine dernière? Qu'est-ce que tu lui as écrit? Pourquoi? En général, écris-tu souvent?
2. À qui as-tu téléphoné hier soir? Qu'est-ce que tu lui as dit?
3. Tu envoies souvent du courrier électronique? À quelle occasion? À qui?

Ensuite, dites à la classe si votre camarade est très ou peu communicatif / communicative. Pouvez-vous déterminer la personne la plus (*the most*) communicative de la classe?

Les ennuis de la ville: les contraventions!

Correspondance II

DE: Paul@universpar.fr

À... Nathalie@media.fr

Cc...

Objet:

Nathalie,

Sais-tu que j'ai fini mes révisions? Je suis libre comme l'air.
D'accord pour te voir à Bruxelles, la ville du chocolat, des frites et
du Parlement européen!
Dimanche prochain, je t'attends devant la mairie à midi, un bouquet
de roses rouges dans la main droite et la main gauche sur le cœur.
Au programme: promenades, restaurants et cinéma.

Confirme ce rendez-vous par courrier électronique.
Paul

P.-S. Eh oui, en dépit des apparences,
    je suis un romantique...

La vie en rose, Raoul Dufy

Portrait **Simone de Beauvoir**
(*écrivain français, 1908–1986*)

En France et à l'étranger,[1] Simone de Beauvoir est la référence du féminisme au XXe siècle.
  Elle est la première à dénoncer[2] la domination masculine et la discrimination envers[3] les femmes. Elle écrit que «toute son éducation conspire à lui barrer les chemins[4] de la révolte et de l'aventure». Refusant[5] le mariage et la maternité, ce professeur de philosophie devenue[6] écrivain est la compagne[7] de Jean-Paul Sartre avec qui elle vit une relation atypique.[8]

[1]à... *abroad* [2]à... *to expose* [3]*toward* [4]barrer... *block the way* [5]*Rejecting* [6]*who became a* [7]*partner* [8]*uncommon*

Flash Bruxelles: centre politique, administratif et culturel

Capitale de la Belgique, Bruxelles était autrefois désignée comme[1] la ville des moules,[2] des frites et de la bière. On y venait en touriste, pour se régaler du[3] plat national. Aujourd'hui la perspective a changé, car Bruxelles est devenue un des carrefours[4] de l'Europe. Dans cette cité de 950 000 habitants, il y a deux langues officielles: le français et le flamand.[5] Mais depuis que Bruxelles accueille des fonctionnaires[6] de l'Union européenne, on y parle toutes les langues.

Située dans le centre-ville, la Grand-Place a toujours été un lieu de rencontre et de rendez-vous. On peut y admirer le magnifique Hôtel de ville gothique construit au XVe siècle: un des plus beaux bâtiments du pays. Le Musée Horta, construit par Victor Horta, père de l'Art nouveau,[7] est également un trésor d'architecture.

Attachée à son passé mais tournée vers son avenir[8] politique, Bruxelles reste une capitale à dimensions humaines. Les visiteurs en partent avec regrets.

La Grand-Place en fleurs.

[1]était... *was in the past referred to as*   [2]*mussels*   [3]*se... treat oneself to the*
[4]*crossroads*   [5]*Flemish*   [6]*accueille... is home to government officials*   [7]Art... *art style developed in Europe between 1885 and 1914*   [8]*future*

EN AVANT!

Un peu de bavardage

1. *Le Deuxième sexe* (de Simone de Beauvoir), la référence au féminisme, a fêté ses cinquante ans en 1999. Selon vous, comment est-ce que la situation de la femme a changé durant cette période?
2. Les Belges d'expression française et flamande coexistent, mais non sans problèmes. D'après vous, est-ce que deux peuples de cultures et de langues différentes peuvent vivre en parfaite harmonie?

On est branché!

Pour obtenir des informations supplémentaires et les liens nécessaires pour répondre aux questions suivantes, visitez le site Web de *Vis-à-vis* à www.mhhe.com/visavis.

1. Bruxelles est également reconnue comme la capitale de la bande dessinée.[1] Comment s'appelle l'artiste qui lui a donné ce nom? Nommez son personnage principal et, en cinq ou six phrases, faites-en une brève description.
2. Choisissez une ville ou un village de la Wallonie (Belgique française). En six ou sept phrases, faites-en une brève description et présentez-en les aspects touristiques, culturels, historiques, etc.

[1]bande... *cartoon*

Leçon 3

Les verbes *savoir* et *connaître*

Expressing What and Whom You Know

STRUCTURES

Labyrinthe

MARCEL: Taxi! Vous **connaissez** la rue Vaucouleurs?

LE CHAUFFEUR: Mais bien sûr, je **sais** où elle est! Je **connais** Paris comme ma poche!

MARCEL: Je ne **sais** pas comment vous faites. Je me suis perdu hier dans l'île de la Cité.

LE CHAUFFEUR: Je **connais** mon métier et puis, vous **savez,** avec un plan de Paris, ce n'est pas si difficile!

Faites des phrases complètes pour décrire ce qui se passe (*what happens*) dans le dialogue.

Marcel	sait	la rue Vaucouleurs
le chauffeur	ne sait pas	où est la rue Vaucouleurs
	connaît	Paris
	ne connaît pas	comment le chauffeur fait son métier

The verbs **savoir** and **connaître** both correspond to the English verb *to know,* but they are used differently.

Forms of *savoir* and *connaître*

PRESENT TENSE OF **savoir**	
je **sais**	nous **savons**
tu **sais**	vous **savez**
il/elle/on **sait**	ils/elles **savent**

Past participle: **su**

PRESENT TENSE OF **connaître**	
je **connais**	nous **connaissons**
tu **connais**	vous **connaissez**
il/elle/on **connaît**	ils/elles **connaissent**

Past participle: **connu**

Uses of *savoir* and *connaître*

1. **Savoir** means *to know* or *to have knowledge of* a fact, *to know by heart,* or *to know how to* do something. It is frequently followed by an infinitive or by a subordinate clause introduced by **que, quand, pourquoi,** and so on.

Sais-tu l'heure qu'il est?	*Do you know what time it is?*
Savez-vous où est le bureau de poste le plus proche d'ici?	*Do you know where the closest post office is?*
Je **sais** que le bureau de poste du boulevard Haussmann est fermé.	*I know that the post office on Boulevard Haussmann is closed.*

2. In the **passé composé, savoir** means *to learn* or *to find out.*

J'**ai su** hier que la mairie va être démolie.	*I learned yesterday that the city hall is going to be demolished.*

3. **Connaître** means *to know* or *to be familiar (acquainted) with* someone or something. **Connaître**—never **savoir**—means *to know a person or a place.* **Connaître** is always used with a direct object; it cannot be followed directly by an infinitive or by a subordinate clause.

Cagnes-sur-mer, un petit village de la Côte d'Azur.

—**Connais**-tu Marie-Françoise?   *Do you know Marie-Françoise?*
—Non, je ne la **connais** pas.   *No, I don't know her.*
Ils **connaissent** très bien Dijon.   *They know Dijon very well.*

4. In the **passé composé, connaître** means *to meet for the first time.* It is the equivalent of **faire la connaissance de.**

J'ai connu Jean à l'université.   *I met Jean at the university.*

Allez-y!

A. Dialogue. Complétez les phrases avec **connaître** ou **savoir.**

MME DUPUY: _____¹-vous Paris, monsieur?

M. STEIN: Je _sais_² seulement que c'est la capitale de la France.

MME DUPUY: _____³-vous quelle est la distance entre Paris et Marseille?

M. STEIN: Non, mais je _____⁴ une agence de voyages où on doit le _savoir_⁵. Dans cette agence, ils _____⁶ très bien le pays.

MME DUPUY: _____⁷-vous s'il y a d'autres villes intéressantes à visiter?

M. STEIN: Comme je l'ai dit, je ne _____⁸ pas bien ce pays, mais hier j'ai fait la connaissance d'un homme qui _____⁹ où aller pour passer de bonnes vacances.

MME DUPUY: Je voudrais bien _____¹⁰ cet homme. _____¹¹-vous où il travaille?

B. Et toi, connais-tu Paris? Avec un(e) camarade, posez des questions et répondez-y.

MODÈLE: l'Opéra-Garnier →
    VOUS: Connais-tu l'Opéra-Garnier?
    VOTRE CAMARADE: Non, je ne le connais pas, mais je sais qu'on y va pour écouter de la musique.

ENDROITS	DÉFINITIONS
l'Opéra-Garnier	C'est le quartier des étudiants à Paris.
Notre-Dame de Paris	Le président y habite.
le Louvre	On y va pour écouter de la musique.
le Palais de l'Élysée	On y trouve une vaste collection de livres.
la tour Eiffel	C'est une église située dans l'île de la Cité.
la Bibliothèque nationale	C'est la structure en verre (*glass*) devant le Louvre.
le Quartier latin	On y trouve une riche collection d'art.
la Pyramide	Elle a 320 mètres de haut (*tall*) et elle est en fer.

Les luxes de la ville: le grand escalier de l'Opéra de Paris.

C. Vos connaissances. Utilisez ces phrases pour interviewer un(e) camarade. Dans les réponses, utilisez le verbe **savoir** ou **connaître**.

1. Nomme deux choses que tu sais faire.
2. Nomme deux choses que tu veux savoir faire un jour.
3. Nomme deux domaines (*fields*) où tu es plus ou moins compétent(e). (Je ne connais pas bien...)
4. Nomme une personne que tu as connue récemment.
5. Nomme quelqu'un que tu aimerais (*would like*) connaître.

D. Une ville. Donnez le nom d'une ville que vous connaissez bien. Ensuite, racontez ce que (*what*) vous savez sur cette ville.

MODÈLE: Je connais New York. Je sais qu'il y a d'immenses gratte-ciel (*skyscrapers*).

deux cent quatre-vingt-dix-neuf **299**

Les pronoms *y* et *en*
Speaking Succinctly

Paris: ville de l'amour

MYRIAM: Tu es déjà allée au Parc Montsouris?

FABIENNE: Non, pas encore, mais j'**y** vais samedi avec Vincent.

MYRIAM: Vincent? Dis-moi, tu as combien de petits amis?

FABIENNE: En ce moment, j'**en** ai deux. Mais je vais bientôt rompre avec Jean-Marc.

MYRIAM: Et tu **en** as parlé à Jean-Marc?

FABIENNE: Non, pas encore, mais j'**y** pense sérieusement.

Trouvez la phrase équivalente dans le dialogue.

1. Je vais au Parc Montsouris samedi.
2. J'ai deux petits amis.
3. Tu as parlé à Jean-Marc de ta décision?
4. Je pense à lui parler.

The Pronoun *y*

1. The pronoun **y** can refer to a place that has already been mentioned. It replaces a prepositional phrase, and its English equivalent in such cases is *there*.

—Est-ce que Fabienne est déjà allée **au Parc Montsouris?**
—Non, mais elle **y** va samedi.

Has Fabienne already gone to the Parc Montsouris?
No, but she is going there Saturday.

—Est-ce que Myriam va **au festival** avec elle?
—Non, elle n'**y** va pas avec elle.

Is Myriam going to the festival with her?
No, she isn't going (there) with her.

—Vont-ils **chez Fabienne** ce week-end?
—Oui, ils **y** vont ensemble.

Are they going to Fabienne's this weekend?
Yes, they're going (there) together.

Note that *there* is often implied in English, whereas **y** must always be expressed in French.

2. **Y** can replace the combination **à** + *noun* when the noun refers to a place or thing. This substitution most often occurs after certain verbs that are followed by **à: répondre à, réfléchir à, réussir à, penser à** (*to think about someone or something*), **jouer à.** (It is not usually applied to the **à** + *noun* combination when the noun refers to a person; in these cases, a stressed or indirect object pronoun is used.)*

—As-tu répondu **à la lettre** de ta sœur?	*Did you answer your sister's letter?*
—Oui, j'**y** ai répondu.	*Yes, I answered it.*
—Elle pense déjà **au voyage** à Marseille?	*Is she already thinking about the trip to Marseille?*
—Non, elle n'**y** pense pas encore.	*No, she's not thinking about it yet.*

BUT

—As-tu téléphoné **à ta mère?**	*Did you call your mother?*
—Non, je ne **lui** ai pas téléphoné.	*No, I didn't call her.*

3. The placement of **y** is identical to that of object pronouns: It precedes a conjugated verb, an infinitive, or an auxiliary verb in the **passé composé.**

La ville de Nice? Nous **y** cherchons une maison.	*The city of Nice? We're looking for a house there.*
Mon mari va **y** aller jeudi.	*My husband will go there on Thursday.*
Est-ce qu'il **y** est allé en train ou en avion?	*Did he go there by train or by plane?*

[Allez-y! A]

The Pronoun *en*

1. **En** can replace a combination of a partitive article (**du, de la, de l'**) or indefinite article (**un, une, des**) plus a noun. **En** is then equivalent to English *some* or *any*. Again, whereas these expressions can often be omitted in English, **en** must always be used in French. Like other object pronouns, **en** is placed directly before the verb that refers to it. In the **passé composé,** it is placed directly before the auxiliary verb.

—Est-ce qu'il y a **des musées intéressants** à Avignon?	*Are there interesting museums in Avignon?*
—Oui, il y **en** a.	*Yes, there are (some).*
—Est-ce que vous avez visité **des sites touristiques** à Avignon?	*Did you visit any tourist attractions in Avignon?*
—Oui, nous y **en** avons visité.	*Yes, we visited some (there).*
—Avez-vous acheté **des souvenirs?**	*Did you buy souvenirs?*

---

*In informal conversation, however, **y** is now used frequently to refer to people: **Je pense aux enfants. J'y pense.** You will learn about stressed pronouns in **Chapitre 12, Leçon 2.**

—Non, nous n'**en** avons pas acheté.	*No, we didn't buy any.*
—Voici **du vin d'Avignon. En** veux-tu?	*Here's some wine from Avignon. Do you want some?*
—Non merci. Je n'**en** veux pas.	*No, thanks, I don't want any.*

2. **En** can also replace a noun modified by a number or by an expression of quantity such as **beaucoup de, un kilo de, trop de, deux,** and so on. Only **en** (*of it, of them*) and the number or expression of quantity are used in place of the noun.

—Avez-vous **une chambre**?	*Do you have a room?*
—Oui, j'**en** ai **une.***	*Yes, I have one.*
—Vous avez **beaucoup de chambres** disponibles?	*Do you have a lot of rooms available?*
—Oui, j'**en** ai **beaucoup**.	*Yes. I have a lot.*
—**Combien de lits** voudriez-vous?	*How many beds would you like?*
—J'**en** voudrais **deux**.	*I'd like two.*

3. **En** is also used to replace **de** plus a noun and its modifiers (unless the noun refers to people) in sentences with verbs or expressions that use **de: parler de, avoir envie de,** and so on.

—Avez-vous besoin **de ce guide**?	*Do you need this guide?*
—Oui, j'**en** ai besoin.	*Yes, I need it.*
—Parliez-vous **des ruines romaines**?	*Were you talking about the Roman ruins?*
—Non, nous n'**en** parlions pas.	*No, we weren't talking about them.*

[Allez-y! B-C]

Y and *en* Together

The combination of **y en** is very common with the expression **il y a.**

—Combien de terrains de camping est-ce qu'il y a?	*How many campgrounds are there?*
—Il **y en** a sept.	*There are seven (of them).*
—Combien de campeurs y avait-il?	*How many campers were there?*
—Il **y en** avait à peu près cent cinquante.	*There were about a hundred fifty (of them).*

[Allez-y! D-E]

_____

*In a negative answer to a question containing **un(e)**, the word **un(e)** is not repeated: **Je n'en ai pas.**

Allez-y!

A. Roman policier. Paul Marteau est détective. Il file (*trails*) une suspecte, Pauline Dutour. Doit-il aller partout (*everywhere*) où elle va?

> MODÈLE: Pauline Dutour va à Paris. →
> Marteau y va aussi. (*ou* Marteau n'y va pas.)

Marteau y va aussi, M. n'y va pas

1. La suspecte entre dans un magasin de vêtements.
2. Elle va au cinéma.
3. Elle entre dans une cabine téléphonique.
4. Pauline reste longtemps dans un bistrot.
5. La suspecte monte dans un taxi.
6. Elle va chez le coiffeur (*hairdresser*).
7. Elle entre dans un hôtel.
8. La suspecte va au bar de l'hôtel.
9. Finalement, elle va en prison.

Maintenant, racontez les aventures de Marteau au passé composé.

B. Un dîner chez Maxim. Un(e) camarade vous interroge sur votre choix.

de

> MODÈLE: pâté →
> É1: Tu as envie de manger du pâté? (Prends-tu du pâté?)
> É2: Oui, j'ai envie d'en manger. (Oui, j'en prends.)
> (*ou* Non, je n'ai pas envie d'en manger. / Non, je n'en prends pas.)

des

1. hors-d'œuvre   3. escargots *des*   5. légumes   7. dessert *du*
2. soupe   4. viande   6. vin   8. café

de la   *de la*   *de boire du vin*

C. Lettre à ma mère. Lisez la lettre et répondez aux questions à la page suivante. Utilisez le pronom **en** dans vos réponses.

Paris le 3 septembre

Chère maman

Je suis à Paris depuis trois jours. J'ai déjà trouvé un appartement dans le 15ᵉ. J'ai une chambre, un salon et une petite cuisine. Ma copine me parle souvent de la vie parisienne. C'est une ville fascinante. Je vais acheter un vélo la semaine prochaine pour me promener sur les bords° du canal St Martin. Je ne veux pas de voiture. C'est trop dangereux ici.
Je t'embrasse très fort. À bientôt.

Ta fille adorée Marie

me... *ride along the banks*

1. Est-ce que Marie a trouvé un appartement?
2. Combien de pièces est-ce qu'il y a?
3. Est-ce que Marie et ses copains parlent souvent de la vie parisienne?
4. Quand va-t-elle acheter un vélo?
5. Pourquoi ne veut-elle pas de voiture?

D. Votre ville. Imaginez qu'un(e) touriste vous pose des questions sur votre ville. Jouez les rôles avec un(e) camarade. Utilisez dans vos réponses le pronom **en** et un nombre ou une expression de quantité. Donnez aussi le plus de détails possible.

MODÈLE: É1: Il y a de grands magasins dans votre ville?
É2: Oui, il y en a beaucoup—Saks, Macy's, Nordstrom...
(Il y en a seulement deux, Macy's et Saks.)

1. Avez-vous une université dans votre ville?
2. Il y a des musées intéressants à visiter?
3. Combien de cinémas et de théâtres avez-vous?
4. Est-ce qu'on peut y faire beaucoup de sport?
5. Combien d'habitants est-ce qu'il y a dans votre ville?
6. On y rencontre beaucoup d'étrangers?

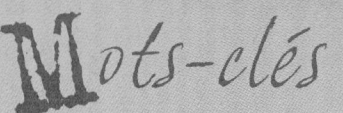

Demander à quelqu'un son opinion

Que pensez-vous / penses-tu
  de...*
What do you think of . . .

Qu'en pensez-vous / penses-tu?
What do you think about that?

À votre/ton avis,...
In your opinion, . . .

_____

*****Penser de** is normally used to ask a person's opinion about something or someone; **penser à** means to be thinking about (to have on one's mind) something or someone.

La Défense: centre de commerce près de Paris.

E. Échange d'opinions. Avec un(e) camarade, donnez des opinions sur des sujets divers. **Suggestions:** les musées, les touristes, les chauffeurs de taxi, les monuments, les grandes villes américaines, les transports en commun...

MODÈLE: É1: Que penses-tu des voitures japonaises?
É2: Elles sont jolies (trop petites, pratiques)... Et toi, qu'en penses-tu?
É1: Je (ne) les aime (pas). Elles (ne) sont (pas)...

Leçon 4

Proverbe

Savoir , c'est pouvoir.

Lecture

Avant de lire

Scanning paragraphs. In **Chapitre 5,** you studied topic sentences and the organization of paragraphs. Quickly scan each paragraph of this reading selection about the mayor of a small village in Brittany. As you scan, note the general function of each paragraph in the reading. Do not read every paragraph word for word, but look for the major point made in each one. Indicate whether each paragraph presents a principal idea, an example, or an anecdote.

PARAGRAPHE	IDÉE PRINCIPALE	EXEMPLE	ANECDOTE
premier	☐	☐	☐
deuxième	☐	☐	☐
troisième	☐	☐	☐
quatrième	☐	☐	☐
cinquième	☐	☐	☐

Profil: Kofi Yamgnane

MAIRE° BRETON ORIGINAIRE DU TOGO   *mayor*

Premier maire noir de France métropolitaine[1] et même d'Europe, Kofi Yamgnane préside depuis 1989 aux destinées[2] de Saint-Coulitz, un petit village breton (dans le Finistère) de 364 habitants. Mais M. Yamgnane n'est pas «que» maire. Il est aussi, depuis le 1er juin 1997, député à l'Assemblée nationale.

Né au Togo (Afrique occidentale), Kofi Yamgnane est remarqué[3] dès l'âge de 7 ans[4] par un Père jésuite, envoyé à l'école primaire puis au lycée de Lomé. En 1964, il débarque à Brest avec le bac en poche[5] pour faire ses études. «À l'époque, se souvient-il,[6] j'étais le seul Noir de toute l'Université. Malgré un accueil souvent chaleureux[7] de la part des Bretons, je ne pouvais qu'éprouver[8] un fort sentiment d'isolement.»

[1]*continental*   [2]*aux... over the inhabitants*   [3]*est... was noticed*   [4]*dès... from the age of seven*   [5]*en... in hand*
[6]*À... At the time, he recalls*   [7]*Malgré... Despite a warm welcome*   [8]*feel*

> ***À propos de la lecture...*** Cet article est tiré du *Journal Français* publié à San Francisco.

Kofi Yamgnane en visite dans une école.

Après un détour par l'École des Mines de Nancy, il s'installe avec sa famille (sa femme est bretonne) à Saint-Coulitz en 1973. En 1983, un groupe d'agriculteurs le persuade de se présenter aux élections municipales. Il est élu.[9] Pendant son mandat,[10] il fera preuve[11] d'un esprit constructif et sera un modèle de dynamisme. En 1989, il enlèvera le siège[12] de maire.

M. Yamgnane a eu l'idée, prise dans son village africain, de créer un Conseil des sages.[13] Il s'agit[14] d'un groupe de cinq femmes et de quatre hommes de plus de 60 ans, élus, qui se réunissent[15] une fois par mois pour donner leur avis sur les sujets appelés à être traités[16] ensuite par le Conseil municipal.

Monsieur le Maire fait décidément de sa commune une vitrine[17] de démocratie, que certains d'ailleurs tentent[18] de copier.

[9]*elected*   [10]*term*   [11]*fera... showed*   [12]*enlèvera... would win the post*   [13]*Conseil... Council of Wise People*
[14]*Il... It involves*   [15]*se... meet*   [16]*appelés... meant to be addressed*   [17]*showcase*   [18]*try*

Compréhension

A. Petite biographie. Mettez dans le bon ordre les diverses étapes de la vie de Kofi Yamgnane.

_____ Kofi Yamgnane vient en France faire ses études.

_____ Il s'installe avec sa famille à Saint-Coulitz, en Bretagne.

_____ Kofi Yamgnane est né au Togo.

_____ Il va au lycée à Lomé, capitale du Togo.

_____ Il devient maire de Saint-Coulitz.

_____ Il est élu à l'Assemblée nationale.

_____ Il se marie avec une Bretonne.

B. Réflexions. Répondez, s'il vous plaît!

1. Qui a persuadé Kofi Yamgnane de faire de la politique?
2. Kofi Yamgnane n'est pas un maire comme les autres. Pourquoi?
3. Quelle idée africaine est-ce qu'il a appliquée dans le village de Saint-Coulitz?
4. Est-ce que le Conseil des sages vous semble une bonne idée?
5. Qui est le maire de votre ville?

Écriture

Témoin d'un événement cocasse. (*Witnessing something amusing.*) Répondez aux questions suivantes pour parler d'un événement drôle dont vous avez été témoin (*you witnessed*). Ensuite, mettez vos réponses sous la forme d'un texte. Utilisez les **Mots-clés** de la page 290. Ajoutez des informations supplémentaires, si nécessaire.

1. Où s'est passé (*happened*) cet événement? Combien de personnes est-ce qu'il y avait? Avec qui étiez-vous?

2. Quel temps faisait-il? À quelle heure de la journée est survenu (*happened*) cet événement?
3. Qu'est-ce qui s'est passé exactement?
4. Est-ce que c'était la première fois que vous étiez témoin d'un tel (*such an*) événement? Avez-vous été impliqué(e) (*involved*) directement?

À l'écoute!

Pour aller au syndicat d'initiative. Anne-Marie visite Blain, une petite ville dans le nord-ouest de la France. Elle demande à un passant où se trouve le syndicat d'initiative. Lisez les activités avant d'écouter le dialogue qui leur correspond.

A. Vous avez bien compris? Encerclez la bonne réponse d'après le dialogue.

1. Pour aller au syndicat d'initiative, Anne-Marie préfère _____.
   a. marcher **b.** prendre le bus
2. Elle doit prendre la première rue _____.
   a. à droite **b.** à gauche
3. Elle doit traverser _____.
   a. la place de la Gare **b.** la rue Pasteur
4. À la rue Pasteur elle doit tourner à gauche dans la _____.
   a. quatrième rue **b.** cinquième rue
5. Le syndicat d'initiative est en face _____.
   a. d'une boulangerie **b.** du commissariat

B. Le chemin d'Anne-Marie. Maintenant tracez le chemin sur la carte.

Indiquez où se trouve le syndicat d'initiative. Est-ce qu'il y a un chemin plus court (*shorter route*) pour aller au syndicat d'initiative? Si oui, tracez-le aussi.

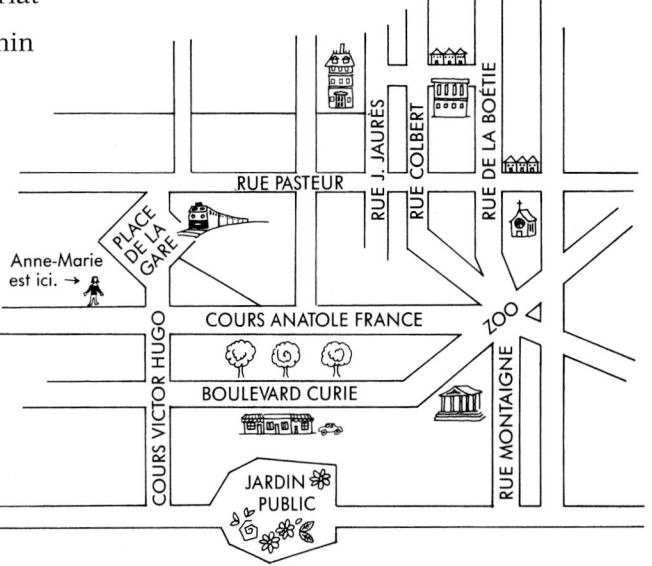

En société

Objectif *Asking and giving directions*

EXPRESSIONS UTILES

animation	bustle
vous verrez	you will see
plein de	full of
à peu près	approximately

Extrait du dialogue

EMPLOYÉE: Pour vous orienter, regardez ce petit plan. C'est le centre-ville. Vous êtes ici, au syndicat d'initiative. Votre hôtel est là. Et puis là, c'est la place Plumereau où vous trouverez des restaurants, des bars et beaucoup d'animation du matin au soir.

AIMÉE: Très bien. Mais demain on va voir le château à Chenonceaux. Comment on fait pour se rendre à la gare de notre hôtel?

EMPLOYÉE: C'est très facile. De votre hôtel, tournez à droite, puis prenez la rue Buffon à droite. Continuez jusqu'au boulevard Béranger, traversez-le et vous verrez la gare juste en face. Ça prend cinq minutes, à peu près.

JACQUES: Et les trains sont à quelle heure?

EMPLOYÉE: Il y a trois départs par jour: un à 8 h 25, un à 14 h 35 et le dernier à 17 h 05. Le voyage prend quarante-cinq minutes et le château se trouve un kilomètre de la gare. C'est une très jolie promenade.

Note culturelle

Parmi les châteaux de la vallée de la Loire, Chenonceaux est sans doute l'un des plus impressionnants. Construit au 16e siècle, il enjambe[1] le Cher[2] et permet le passage des bateaux. À cause des six célèbres châtelaines[3] qui l'ont habité, on l'appelle aussi le «Château des six femmes».

[1] *spans* [2] French river that flows into the Loire [3] femmes qui habitent dans un château

Jeux de rôles

Avec un(e) partenaire, jouez les scènes suivantes.

1. Un étudiant / Une étudiante vous demande le chemin pour aller à divers endroits sur le campus. Vous lui donnez des informations précises et ensuite, il/elle les répète pour vérifier s'il / si elle a bien compris.

2. Pendant un séjour à Montréal, vous allez faire une promenade dans le parc du Mont Royal. Mais au retour, vous ne savez plus où est votre hôtel. Demandez à un passant / une passante le chemin pour retourner à votre hôtel.

CHAPITRE 11
Vocabulaire

Verbes

connaître to know; to be familiar with
emprunter (à) to borrow (from)
encaisser to cash (*a check*)
penser à to think of (about)
penser de to think of (about) (to have an opinion about)
poser une question (à) to ask a question
prêter (à) to lend (to)
raconter (à) to tell, relate
savoir to know (how)
se trouver to be located (situated)

À REVOIR: **écrire, envoyer, montrer, prendre, réfléchir à, rendre visite (à), réussir à**

Substantifs

l'arrondissement (*m.*) district, section (*of Paris*)
la banlieue suburbs
le bâtiment building
le bois forest, woods
le boulevard boulevard
le café-tabac bar-tobacconist
la carte map (*of a region, country*)
le centre-ville downtown
le château castle, château
le chemin way (road)
le coin corner

le commissariat (le poste de police) police station
l'église (*f.*) church
l'île (*f.*) island
la mairie town hall
la piscine swimming pool
la place square
le plan map (*of a city*)
le poste de police police station
la rive droite the right bank (*in Paris*)
la rive gauche the left bank (*in Paris*)
le syndicat d'initiative tourist information bureau
la tour tower

À REVOIR: **la bibliothèque, le bureau de poste, le jardin, la librairie, la pièce, le quartier, le restaurant, la rue**

Les nombres ordinaux

le premier (la première), le/la deuxième,... , le/la cinquième,... , le/la huitième, le/la neuvième,... , le/la onzième, etc.

Les expressions temporelles

autrefois formerly
d'abord first, first of all, at first

enfin finally
puis then, next
soudain suddenly
tout à coup suddenly
une fois once

Mots et expressions divers

À votre (ton) avis,... ? In your opinion, . . . ?
de nouveau (*adv.*) again
en (*pron.*) of them; of it; some
jusqu'à up to, as far as
partout (*adv.*) everywhere
Qu'en penses-tu? What do you think of that?
Que pensez-vous de... ? What do you think about...?
tout droit (*adv.*) straight ahead
y (*pron.*) there

À REVOIR: **à droite, à gauche**

Mots apparentés

Verbes: **continuer, tourner**
Substantifs: **la banque, l'hôpital** (*m.*), **l'hôtel** (*m.*), **le monument, le musée, le parc, la pharmacie, la station (de métro)**
Adjectifs: **municipal(e), public / publique**

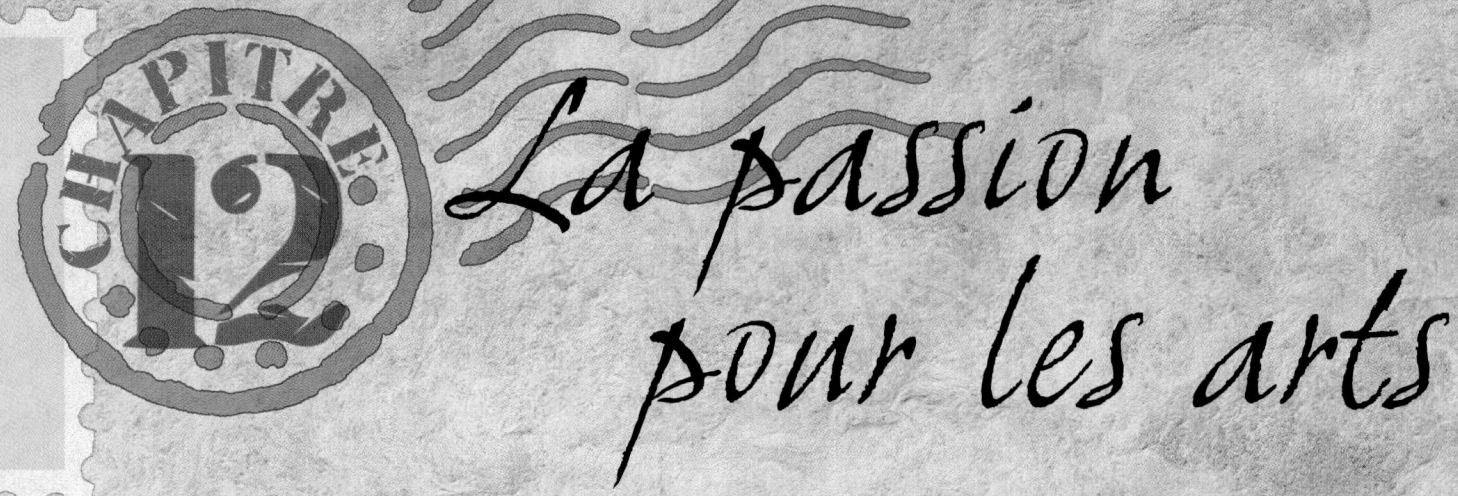

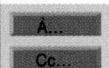 Fichier Edition Affichage Insertion Format Outils Aide

DE: Paul@universpar.fr

À...   Nathalie@media.fr

Cc...

Objet:

Chère Nathalie,

Merci pour ce week-end vraiment sympa. J'ai adoré me promener avec toi dans les rues de Bruxelles et je suis prêt à recommencer. Voilà ce que je te propose: prochain rendez-vous à Paris, place des Vosges, devant la maison de Victor Hugo, dans treize jours, trois heures et dix minutes (nous sommes lundi; il est 8 h 50). Je te promets des moments magnifiques. Le quartier du Marais est riche en monuments historiques, il est toujours surprenant et plein de charme. Qu'est-ce que tu en penses? Bonne idée, n'est-ce pas! Je te conseille d'accepter cette proposition.

Je t'embrasse,
Paul

Place des Vosges
Paris

Dans ce chapitre...

Objectifs communicatifs

- talking about artistic and historical heritage; emphasizing and clarifying; speaking succinctly; expressing actions; talking about how things are done

Contenu lexical (Leçon 1)

- Le patrimoine historique
- Les œuvres d'art et de littérature
- Les verbes **suivre, vivre et habiter**

Contenu grammatical (Leçons 2 et 3)

- Les pronoms accentués
- La place des pronoms personnels
- Les verbes suivis d'une préposition
- Les adverbes

Vidéothèque

- Initiation (ci-dessous)
- En société (Leçon 4)

Initiation Matisse: ses chefs-d'œuvre

Caroline, Michel, Paul et Bénédicte vont voir l'exposition des œuvres d'Henri Matisse présentée au Centre Georges-Pompidou. Né en 1869, Matisse est l'un des artistes les plus célèbres du XXᵉ siècle. Ses peintures, ses sculptures et sa série de papiers découpés forment l'ensemble de son œuvre. Son désir profond: offrir «un art d'équilibre, de pureté, de tranquillité».

VOCABULAIRE UTILE

par petites touches	with small strokes
les natures mortes	still lifes
les paysages	landscapes
l'aboutissement d'une quête spirituelle	the outcome of a spiritual search

L'exposition. Cochez (√) les œuvres mentionnées dans le reportage.

- _____ Jazz
- _____ Luxe, Calme et Volupté
- _____ La Danse
- _____ La Joie de vivre
- _____ Les Marocains
- _____ Portrait de Madame Matisse

Portrait de Madame Matisse

Leçon 1

Le patrimoine historique°

Le... Historical heritage

La cathédrale d'Amiens, chef-d'œuvre (*masterpiece*) du Moyen Âge (l'époque médiévale: V^e–XIVe siècles)

Les arènes d'Arles, monument de l'époque romaine (59 av. J.-C.*–Ve siècle)

*avant Jésus-Christ

Chenonceaux, château de la Renaissance (XVᵉ–XVIᵉ siècles).

Versailles, château de l'époque classique (XVIIᵉ siècle).

Allez-y!

A. Définitions. Regardez les quatre photos et complétez les phrases.

1. Une période historique, c'est une _____. *époque*
2. Une durée de cent ans, c'est un _____. *siècle*
3. On a bâti (*built*) la cathédrale d'Amiens à l'époque _____. *médiévale*
4. L'époque historique qui se situe entre le Vᵉ et le XIVᵉ siècles s'appelle le _____. *moyen âge*
5. Le château de Chenonceaux a été bâti aux _____. *seizièm*
6. Le château de Versailles date de l'époque _____. *classique*
7. Les arènes d'Arles datent de l'époque _____. *romaine*

B. Leçon d'histoire. Faites une phrase complète pour nommer le siècle et l'époque où les événements suivants se sont passés (*took place*). Remplacez les éléments en italique par des pronoms.

MODÈLE: *Guillaume, duc de Normandie,* a conquis *l'Angleterre* en 1066. →
Il l'a conquise au XIᵉ siècle, à l'époque du Moyen Âge.

1. *Blaise Pascal* a inventé *la première machine à calculer* en 1642.
2. On a bâti *les arènes de Nîmes* au premier siècle.
3. *La ville de Paris* s'appelait Lutèce du IIᵉ siècle av. J.-C. jusqu'au IVᵉ siècle après J.-C.
4. *Jacques Cartier* a pris possession *du Canada* au nom de la France en 1534.
5. *Jeanne d'Arc* a essayé de prendre *la ville de Paris* en 1429.
6. *René Descartes* a écrit *sa «Géométrie»* en 1637.
7. *Charlemagne* est devenu roi (*king*) en 768.

C. À vous! Imaginez que votre classe de français est en visite à Paris. Votre guide vous propose trois sites à visiter. En groupes de trois ou quatre personnes, choisissez un site parmi les suggestions suivantes. Vous devez présenter votre choix à la classe et le justifier. Finalement, on vote pour choisir un seul site pour toute la classe.

Les arènes de Lutèce

Histoire: des arènes romaines de 15 000 places avec une arène séparée pour les combats des gladiateurs

Aujourd'hui: un jardin public très agréable où on peut flâner (*stroll*), pique-niquer ou rêver

À proximité: le Quartier latin

Le palais du Louvre

Histoire: ancienne résidence royale commencée au XIIIᵉ siècle

Aujourd'hui: un magnifique musée d'art

À proximité: le quartier élégant de l'Opéra

La cathédrale de Notre-Dame

Histoire: Le grand chef-d'œuvre du moyen âge. Commencée en 1163 et finie en 1345. Son architecture de style gothique crée une atmosphère de mystère et de beauté.

Aujourd'hui: Toujours une église catholique. On peut monter les 387 marches (*steps*) jusqu'au sommet de sa tour et prendre de splendides photos de Paris.

À proximité: le Quartier latin, l'île Saint-Louis, l'Hôtel de Ville (*City Hall*) de Paris

Les œuvres d'art et de littérature

La littérature

une pièce de théâtre

un poème

un roman

un écrivain (une femme écrivain)

La sculpture

une sculpture

un sculpteur

La peinture

un tableau

un peintre

La musique

un compositeur (un musicien)

Le cinéma

une actrice

un acteur

une cinéaste

Allez-y!

A. Qui sont-ils? Retrouvez la profession de ces artistes. Si vous ne savez pas, devinez ou faites des recherches.

MODÈLE: Jean-Paul Sartre → C'est un écrivain.

1. Sarah Bernhardt *actrice*   peintre
2. Auguste Rodin   sculpteur
3. Pierre Auguste Renoir   musicien
4. Simone de Beauvoir *échivain*   cinéaste
5. Louis Malle   écrivain
6. Camille Claudel *sulp*   acteur / actrice
7. Claude Debussy
8. Marie Cassatt* *peint*
9. Henri Matisse *peintre*
10. Catherine Deneuve

B. Littérature. Complétez les phrases avec la forme correcte des mots suivants: **poésie, acteur, roman, pièce de théâtre, écrivain, poème.**

1. *L'Étranger* est un _____ d'Albert Camus.
2. Molière était un _____ et un _____. Il a écrit des _____.
3. La vie de Verlaine a été turbulente, mais ses _____ font partie des chefs-d'œuvre de la _____ française.
4. Simone de Beauvoir a écrit des _____ et des essais sur la condition féminine.
5. *Les Fleurs du mal* est un recueil (*collection*) de _____ de Charles Baudelaire.

C. Les goûts artistiques. Posez les questions à un(e) camarade.

1. Quel est ton roman préféré? C'est de qui?
2. Quel est ton peintre préféré? Pourquoi?
3. Connais-tu des artistes français? Lesquels?
4. Est-ce que tu écoutes de la musique classique? Quel (Quelle) est ton compositeur préféré / ta compositrice préférée?
5. Aimes-tu la poésie? Quels poètes anglais ou américains aimes-tu? Connais-tu un poème par cœur (*by heart*)? Lequel?
6. Vas-tu quelquefois au théâtre? Quelle pièce as-tu vue récemment?
7. Aimes-tu aller au cinéma? Quel film as-tu vu récemment?

Maintenant, décrivez les goûts artistiques de votre camarade à la classe.

Escalier au Louvre.

_____

*Marie Cassatt est née à Pittsburgh, mais elle a vécu (*lived*) à Paris et a participé au mouvement impressionniste.

Deux verbes pour parler des arts

suivre (*to follow*)		vivre (*to live*)	
je **suis**	nous **suivons**	je **vis**	nous **vivons**
tu **suis**	vous **suivez**	tu **vis**	vous **vivez**
il/elle/on **suit**	ils/elles **suivent**	il/elle/on **vit**	ils/elles **vivent**
Past participle: **suivi**		*Past participle:* **vécu**	

Suivre and **vivre** are irregular verbs, and they have similar conjugations in the present tense. **Suivre un cours** means *to take a course.* **Poursuivre** (*to pursue*) is conjugated like **suivre.**

Combien de cours d'art **suis**-tu? — *How many art courses are you taking?*

Suivez mes conseils! — *Follow my advice!*

Monet **a vécu** plusieurs années à Giverny. — *Monet lived many years in Giverny.*

Est-ce qu'il a **poursuivi** ses études de musique? — *Did he pursue his musical studies?*

Mots-clés

Les verbes *vivre* et *habiter*

Use **vivre** to express *to live; to be alive, to exist.* Use it also to express how one lives.

Picasso **a vécu** jusqu'à 92 ans.
Cette artiste ne **vit** pas dans le luxe.
Ils **vivent** toujours dans cette région.

Vivre is also used in certain idiomatic expressions.

Elle est **difficile / facile à vivre.**
She's hard / easy to live with.
Il est parti sans raison apparente, «pour **vivre ma vie**», a-t-il dit.
He left without apparent reason, to "live my own life," as he put it.

In general, use **habiter** to express *to reside.*

Marie Cassatt **a habité** Paris pendant des années.
Vous **habitez** rue de Rivoli?

Allez-y!

A. Van Gogh. Complétez l'histoire en utilisant les verbes suivants: **suivre, poursuivre, vivre, habiter.** Mettez tous les verbes, excepté le numéro 7, au présent.

Vincent Van Gogh est né en 1853 à Groot-Zundert, aux Pays-Bas. En 1877, il _suit_¹ des cours pour devenir pasteur (*preacher*), mais malheureux, il change d'avis. Il ____² des études d'anatomie parce qu'il veut devenir artiste. Après des séjours en Belgique et aux Pays-Bas, où il peint *Les Mangeurs de pommes de terre*, il ____³ à Paris, où il fait la connaissance des peintres impressionnistes. C'est Pissarro qui le convainc de peindre en couleurs vives (*bright*). À Paris,

Van Gogh ne vend aucun* tableau; il _____ vit ⁴ dans la misère (*poverty*). De 1888 jusqu'à sa mort, Van Gogh habite⁵ le sud de la France où il _____⁶ *poursuit* sa passion pour la peinture. De plus en plus tourmenté, il se suicide en 1890. Il a vécu⁷ (*passé composé*) seulement jusqu'à l'âge de 37 ans, et n'a vendu qu'un tableau pendant sa vie.

B. Conversation. Avec un(e) camarade, répondez aux questions suivantes.

1. Quelle carrière veux-tu poursuivre? Suis-tu déjà des cours qui mènent à (*lead to*) cette carrière?
2. Est-ce que la plupart (*majority*) des gens basent leur choix de carrière sur ce qui les intéresse? Sinon, comment la choisissent-ils?
3. Comment veux-tu vivre dans dix ans? Dans le luxe en ville, par exemple, ou très simplement, à la campagne? Dans quelle sorte de logement veux-tu habiter?
4. À ton avis est-il plus important de suivre ses passions dans la vie ou de poursuivre la fortune? Pourquoi?

Vincent Van Gogh: *Autoportrait*, 1889–1890. (Musée du Louvre, Paris)

---

*ne... aucun(e)** is a negative expression used to mean *no, not one*.

CHAPITRE **12**

STRUCTURES

Leçon 2

Les pronoms accentués
Emphasizing and Clarifying

Des visites artistiques

David est en visite à Paris avec ses parents et son frère. Il raconte leurs activités à Géraldine, une amie parisienne.

GÉRALDINE: Et **toi,** David, tu es allé au Louvre?

DAVID: Non, c'est trop grand pour **moi.** Je préfère le musée Picasso.

GÉRALDINE: **Moi** aussi! Mais tes parents, ils ont visité le Louvre?

DAVID: **Eux**? Oui, ils y sont allés plusieurs fois. Mais mon frère, **lui,** il préfère visiter les magasins et les boîtes de nuit!

Les phrases suivantes sont des variantes des phrases du dialogue. Complétez ces phrases avec **moi, toi, lui** ou **eux.**

1. Tu es allé au Louvre, _____?
2. _____, j'aime mieux le musée Picasso.
3. Non, mais _____, ils l'ont visité.
4. _____, il n'aime pas les musées.

Forms of Stressed Pronouns
• •

Stressed pronouns (**les pronoms accentués**) are used as objects of prepositions or for clarity or emphasis. The following chart shows their forms. Note that several are identical in form to subject pronouns.

moi	*I, me*	**nous**	*we, us*
toi	*you*	**vous**	*you*
lui	*he, him*	**eux**	*they, them (m.)*
elle	*she, her*	**elles**	*they, them (f.)*
soi*	*oneself*		

Uses of Stressed Pronouns

Stressed pronouns are used:

1. As objects of prepositions

Nous allons travailler chez **toi** ce soir.	*We're going to work at your house tonight.*
Après **vous**!	*After you!*
Après le concert, tout le monde rentre chez **soi.**	*After the concert, everybody goes back home.*

2. As part of compound subjects

Clara et elle ont lu *À la recherche du temps perdu*† en entier.	*She and Clara read the entire In Search of Lost Time.*
Michel et moi avons joué ensemble une sonate de Debussy.	*Michel and I played a sonata of Debussy together.*

3. With subject pronouns, to emphasize the subject

Et **lui,** écrit-il un roman?	*What about him? Is he writing a novel?*
Eux, ils ont de la chance.	*As for them, they are lucky.*
Tu es brillant, **toi**!	*You're so brilliant!*

   When stressed pronouns emphasize the subject, they can be placed at the beginning or the end of the sentence.

   [Allez-y! A]

4. After **ce** + **être**

—C'est **vous,** Monsieur Lemaître?	*Is it you, Mr. Lemaître?*
—Oui, c'est **moi.**	*Yes, it's me (it is I).*
C'est **lui** qui donnait le cours sur Proust.	*He's the one who was teaching the course on Proust.*

   *****Soi** corresponds to the subjects **on, tout le monde,** and **chacun** (*each one*).
   †Long roman de Marcel Proust, en sept volumes. L'ancienne traduction anglaise du titre était *Remembrance of Things Past.*

5. In sentences without verbs, such as one-word answers to questions and tag questions

—Qui a visité le musée Delacroix?   *Who has visited the Delacroix Museum?*
—**Toi**!   *You!*

—As-tu pris mon livre d'art?   *Did you take my art book?*
—**Moi**?   *Me?*

Nous allons visionner une cassette vidéo sur la peinture moderne. Et **lui**?   *We're going to see a videotape on modern painting. What about him?*

6. In combination with **même(s)** for emphasis

Préparent-ils la cassette vidéo **eux-mêmes**?   *Are they preparing the videotape themselves?*
Allez-vous choisir les images **vous-même**?   *Are you going to choose the pictures yourself?*

[Allez-y! B-C]

Allez-y!

A. Au théâtre. Vos amis et vous avez présenté une pièce de théâtre devant la classe. Décrivez le comportement des acteurs/actrices avant le commencement de la pièce, à l'aide des pronoms accentués.

MODÈLE: nous / fatigués → Nous, nous étions fatigués.

1. je / préoccupé(e)
2. Catherine / anxieuse
3. Louis / agité
4. Jessica et Christine / sérieuses
5. Marc et Angela / calmes
6. nous / heureux

B. Pour monter la pièce. (*To prepare the play.*) D'autres étudiants vous ont aidé(e) à monter la pièce de l'exercice précédent. Dites ce qu'ils ont fait. Remplacez les mots en italique par des pronoms qui correspondent aux mots entre parenthèses. Faites attention à la conjugaison du verbe.

1. Qui a fait les costumes? C'est *moi* qui ai fait les costumes. (Sandrine, Bruno, Pierre et Jean-Paul)
2. Vous avez écrit le scénario vous-mêmes? Oui, *nous* l'avons écrit *nous*-mêmes. (je, une amie et moi, Richard et Jean-Claude, les acteurs)

C. Êtes-vous indépendant(e)? Est-ce que vos camarades et vous faites des choses intéressantes, utiles (*useful*) ou inhabituelles? Renseignez-vous sur les activités de quatre camarades. Utilisez les pronoms accentués + **même(s)** et les verbes de la liste suivante.

Verbes utiles: acheter, aller, bâtir* (*to build*), devoir, faire, gagner, jouer, lire, pouvoir, préparer, réparer, travailler, vendre, venir, voir, vouloir, etc.

MODÈLES: Moi, je fais toujours le pain moi-même pour les repas à la maison.
J'ai une camarade qui, elle, répare elle-même sa voiture.

La place des pronoms personnels
Speaking Succinctly

Un tempérament artistique

Marie veut une boîte de peinture.

MARIE: Allez, maman, achète-**la-moi**!
MAMAN: Écoute-moi bien, Marie! Je vais **te l'**acheter mais à condition que tu la partages avec ta sœur. Donne-**lui-en** la moitié.
MARIE: Je **te le** promets.

Trouvez la phrase correspondante dans le dialogue.

1. Tu m'achètes la boîte de peinture.
2. Je vais t'acheter la boîte.
3. Donne la moitié de la boîte à ta sœur.

Order of Object Pronouns in Declarative Statements

1. When two or more pronouns are used in a declarative sentence, they follow a fixed order. The direct object pronoun is usually **le, la,** or **les. Me, te, nous,** and **vous** precede **le, la,** and **les; lui** and **leur** follow them. The pronouns **y** and **en,** in that order, come last.

DIRECT OR INDIRECT OBJECT	DIRECT OBJECT	INDIRECT OBJECT	**y / en**
me te nous vous	le la les	lui leur	y / en

*Conjugated like **finir.**

—Le guide vous a expliqué
la théorie des peintres
impressionnistes?

*Did the guide explain the
theory of the Impressionist
painters to you?*

—Oui, il **nous l'**a expliquée.

Yes, he explained it to us.

—Avez-vous montré le tableau
de Manet aux étudiants
américains?

*Did you show the Manet
painting to the American
students?*

—Oui, je **le leur** ai montré.

Yes, I showed it to them.

—Est-ce que le guide a donné
des livrets sur l'impressionnisme
aux autres étudiants?

*Did the guide give booklets on
Impressionism to the other
students?*

—Oui, il **leur en** a donné.

Yes, he gave them some.

It might help you to remember this formula: first and second person before third; direct object before indirect object. Apply the first part if it is relevant, then the second.

2. When the pronouns are objects of an infinitive, they are placed immediately before the infinitive. The same order rules apply.

—Quand est-ce que tu vas donner
le cadeau à Hélène?

*When are you going to give
Hélène the gift?*

—Je vais **le lui** donner à Noël.

*I am going to give it to her at
Christmas.*

3. In negative sentences with object pronouns, **ne** precedes the object pronouns; when the negative sentence is in the **passé composé, pas** follows the conjugated verb and precedes the past participle.

—Ils nous ont envoyé les horaires
des autres musées de Paris?

*Did they send us the schedules
of the other museums in
Paris?*

—Non, ils **ne nous les ont pas**
envoyés.

*No, they didn't send them to
us.*

[Allez-y! A-B]

Commands with One or More Object Pronouns

1. The order of object pronouns in a negative command is the same as the order in declarative sentences: The pronouns precede the verb.

N'**en** parlons pas!   *Let's not talk about it!*
N'**y** pense pas!   *Don't think about it!*
Ne **me** donnez pas le tableau!   *Don't give me the painting!*
Ne **me le** donnez pas!   *Don't give it to me!*
Ne **leur** dites pas que vous êtes
venus!   *Don't tell them you came!*
Ne **le leur** dites pas!   *Don't tell them!*

trois cent vingt-trois **323**

2. In affirmative commands with one object pronoun, the object pronoun follows the verb and is attached with a hyphen. When **me** and **te** come at the end of the expression, they become **moi** and **toi.**

La lettre? **Écrivez-la!**	*The letter? Write it!*
Voici du papier. **Prenez-en!**	*Here's some paper. Take some!*
Tes amis? **Donne-leur** des billets!	*Your friends? Give them some tickets!*
Parle-moi des concerts!	*Tell me about the concerts!*

As you know, the final **-s** is dropped from the **tu** form of regular **-er** verbs and of **aller** to form the **tu** imperative: **Parle! Va, tout de suite!** However, the **-s** is *not* dropped before **y** or **en** in the affirmative imperative: **Parles-*en*! Vas-*y*!**

3. When there is more than one pronoun in an affirmative command, however, all direct object pronouns precede indirect object pronouns, followed by **y** and **en,** in that order. All pronouns follow the command form of the verb and are attached by hyphens. The forms **moi** and **toi** are used except before **y** and **en,** where **m'** and **t'** are used.

DIRECT OBJECT	INDIRECT OBJECT		y / en
le la les	moi (m') toi (t') lui	nous vous leur	y / en

—Voulez-vous ma carte d'entrée au musée?	*Do you want my museum entrance card?*
—Oui, **donnez-la-moi.**	*Yes, give it to me.*
—Je t'apporte du papier?	*Shall I bring you some paper?*
—Oui, **apporte-m'en.**	*Yes, bring me some.*
—Tu veux que je cherche l'horaire du musée?	*Do you want me to look for the museum schedule?*
—Oui, **cherche-le-moi.**	*Yes, look for it for me.*
—Est-ce que je dis aux autres que l'entrée est gratuite?	*Shall I tell the others that admission is free?*
—Oui, **dites-le-leur.**	*Yes, tell them that (lit., tell it to them).*

[Allez-y! C-D]

Allez-y!

A. Travail d'équipe. (*Teamwork.*) Audrey et ses camarades font un travail sur l'art du dix-neuvième siècle. Transformez les phrases selon le modèle.

MODÈLE: Audrey donne ses notes à Christine. → Elle les lui donne.

1. Elle prête un livre sur Manet à Sylvie.
2. Christine décide d'emprunter des diapositives (*slides*) à son professeur de français.
3. Le professeur offre aussi la vidéo «Vincent et Théo» aux trois filles.
4. Sylvie prend des notes sur Monet et les donne à Audrey et à Christine.
5. Christine est chargée (*given the responsibility*) d'expliquer le pointillisme aux deux autres.
6. Les trois étudiantes présentent leur exposé aux autres étudiants du cours.

B. Détails pratiques. Vous faites une visite artistique de Paris. Répondez par *oui* ou *non* et utilisez des pronoms.

MODÈLE: Achetez-vous vos guides (*guide books*) à la librairie?
Oui, je les y achète. (Non, je ne les y achète pas.)

1. Prenez-vous vos repas dans les musées?
2. Achetez-vous vos cartes postales au musée?
3. Emmenez-vous vos amis au musée?
4. Il y a des sculptures au musée du Louvre?
5. Avez-vous rencontré vos amis au ciné-club?
6. Apportez-vous votre appareil-photo au musée?
7. Est-ce qu'il y avait beaucoup de visiteurs à l'exposition du Grand-Palais?

C. Pour devenir un écrivain célèbre. Dans les phrases suivantes, remplacez les mots en italique par des pronoms.

MODÈLES: Lisez *beaucoup de romans.* →
Lisez-en beaucoup!

Montrez *vos œuvres à vos amis.* →
Montrez-les-leur!

1. N'oubliez jamais *vos cahiers à la maison.*
2. Prenez *des notes.*
3. Révisez *votre travail.*
4. Envoyez *votre roman à l'éditeur.*
5. Invitez *votre éditeur* à dîner.
6. Après la publication du roman, demandez *à vos amis* d'acheter un exemplaire (*copy*).

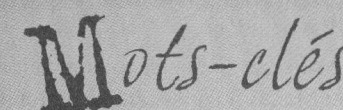

Les verbes *apporter* et *emmener*

Apporter (*to bring something*) is used only with objects.

> Il apporte ses tableaux à la galerie d'art.

Emmener (*to take someone; to invite*) is used with people or animals.

> Je t'emmène au cinéma?

D. Interview. Interrogez un(e) camarade sur une ville ou une région que vous pensez visiter. Suivez le modèle. **Mots utiles:** un musée, une cathédrale, le cinéma, la musique, la sculpture, les tableaux, une pièce de théâtre, des acteurs / actrices célèbres, des compositeurs, des cinéastes, des écrivains, etc.

MODÈLE: É1: Est-ce qu'il y a une belle cathédrale à Strasbourg?
É2: Oui, il y en a une.

Correspondance 12

À... Paul@universpar.fr

Cc...

Objet:

Mon petit Paul,

Je suis très flattée de ton invitation. J'aimerais flâner dans les rues
du Marais à Paris, admirer l'architecture des siècles passés, voir
quelques expositions. Franchement, c'est tentant.
Malheureusement, je suis obligée de refuser ce rendez-vous parisien
car je pars en mission, très loin. Je dois rédiger un article sur les îles
francophones. Devine où je vais. À La Réunion, dans l'océan Indien.
Quelle chance! Je fais un métier que j'adore, je voyage dans le monde
entier, je suis jeune, je suis libre: tout est possible!
Je pense être à Paris dans quelques semaines. Tu viendras me chercher
à l'aéroport? Je rêve de ce beau week-end que tu m'as proposé.
Gros bisous de Nathalie, journaliste globe-trotter

Le palais du roi
Bruxelles

Portrait
Marguerite Yourcenar
(écrivain belge, 1903–1987)

Pendant près de quarante ans, elle vit aux États-Unis avec Grace Frick, sa
compagne américaine. En 1980, elle est la première femme admise à l'Académie
française, une institution prestigieuse réservée à quarante intellectuels et écrivains de
langue française. Écrivain majeur du XXᵉ siècle, elle donne à la littérature française
des œuvres capitales,[1] notamment les *Mémoires d'Hadrien* (1951) et *L'Œuvre au noir*
(1968). Elle écrit dans une très belle langue classique faite d'équilibre et de
mouvement. Son credo: «J'ai plusieurs religions comme j'ai plusieurs patries[2]».

[1] major [2] homelands

Flash Le musée Rodin

Où se trouve *Le Penseur*, la plus fameuse sculpture d'Auguste Rodin? À Paris, dans le jardin du musée Rodin, l'Hôtel Biron, où l'artiste a passé beaucoup de temps pendant les dernières années de sa vie. Le jardin qui entoure le musée est une petite merveille. Promenez-vous[1] dans les allées et découvrez d'autres chefs-d'œuvre du grand maître, exposés en plein air.[2]

Ensuite, visitez le musée. Imaginez une sorte de petit palais avec des parquets cirés.[3] D'une pièce à l'autre, vous découvrez des chefs-d'œuvre: *Le Baiser, La Main de Dieu,* etc. Et au premier étage, la collection de peintures de Rodin qui comprend entre autres[4] des œuvres de Van Gogh.

Vous sortez de ce musée fasciné par la blancheur du marbre, ébloui[5] par ces corps et ces visages coulés[6] dans l'éternité du bronze.

[1]*Go for a stroll* [2]*en... outdoors* [3]*parquets... waxed floors* [4]*qui... which includes among others* [5]*dazzled* [6]*cast*

Les jardins du musée Rodin.

EN AVANT!

Un peu de bavardage

1. «On n'est bien qu'ailleurs[1]» est une autre expression à laquelle[2] Marguerite Yourcenar pouvait facilement s'identifier. Pour vous, qu'est-ce que ça signifie?
2. Dans l'histoire de l'art, les grands maîtres se sont souvent attribué le mérite du[3] travail de leurs élèves. Selon vous, est-ce que c'était un privilège[4] ou une pratique complètement inadmissible? Expliquez votre point de vue.

On est branché!

Pour obtenir des informations supplémentaires et les liens nécessaires pour répondre aux questions suivantes, visitez le site Web de *Vis-à-vis* à www.mhhe.com/visavis.

1. Dans le monde francophone de la chanson, on associe la Belgique au chanteur Jacques Brel. Parmi ses chansons, choisissez-en une et tentez de l'expliquer dans vos propres[5] mots.
2. Choisissez deux musées d'après les rubriques[6] qui vous intéressent. Faites-en la présentation. Situez-les sur le plan de Paris et dites comment on s'y rend. Donnez quelques informations sur le contenu des expositions.

[1]*somewhere else* [2]*à... with which* [3]*se... often took credit for the* [4]*right* [5]*own* [6]*categories*

Leçon 3

STRUCTURES

Les verbes suivis d'une préposition

Expressing Actions

Sortie au cinéma

FRANÇOISE: **J'ai décidé d'**aller voir le dernier film de Juliette Binoche ce soir.

THOMAS: Juliette Binoche!!! Ma Juliette? Je crois que j'**ai oublié de** te dire que j'étais libre ce soir...

FRANÇOISE: Ah là là! Tu **rêves** encore **de** la rencontrer un jour!

THOMAS: Mais pas du tout! Je **cherche** simplement **à** me cultiver!

FRANÇOISE: Ah bien sûr! Avec des intentions aussi nobles, ce n'est pas moi qui vais t'**empêcher de** venir!

Répondez aux questions suivantes.

1. Qu'est-ce que Françoise a décidé de faire?
2. Qu'est-ce que Thomas a oublié de dire à Françoise?
3. Est-ce que Françoise va empêcher Thomas de l'accompagner?

1. Some verbs are followed directly by an infinitive, without an intervening preposition. Among the most frequently used are:

aimer	détester	pouvoir	venir
aller	devoir	préférer	vouloir
désirer	espérer	savoir	

Je **déteste chanter.** Mais je **sais** très bien **jouer** de la guitare.

I hate singing but I know how to play the guitar very well.

Sophie **ne peut pas aller** au cinéma samedi soir. Elle **doit aller voir** sa grand-mère.

Sophie cannot go to the movies on Saturday evening. She has to visit her grandmother.

When **penser** is followed by an infinitive, it means *to count or plan on doing something.*

Je **pense rester** chez moi ce week-end.

I'm planning on staying home this weekend.

2. Other verbs require the preposition **à** directly before the infinitive. These include:

aider à	**chercher à**	**continuer à**
apprendre à	**commencer à**	**enseigner à**

J'**ai commencé à fumer** quand j'avais 16 ans. Caroline m'**a aidé à arrêter.**

I started to smoke when I was 16. Caroline helped me quit.

La semaine prochaine, je vais **apprendre à jouer** au tennis et je **continue à prendre** des cours de yoga deux fois par semaine.

Next week I will learn how to play tennis and I will continue to take yoga classes twice a week.

3. Still other verbs require the preposition **de** directly before the infinitive.

accepter de	**décider de**	**finir de**	**rêver de**
arrêter de	**demander de**	**oublier de**	**venir de**
choisir de	**empêcher de**	**permettre de**	
conseiller de	**essayer de**	**refuser de**	

François **a décidé de prendre** des cours d'art dramatique. Il **rêve de devenir** acteur. Il **vient de jouer** un petit rôle dans *Le Cid* à l'université. L'année prochaine, il va **essayer d'entrer** au Conservatoire de Paris.

François has decided to take drama classes. He dreams of becoming an actor. He just played a small role in The Cid *at the university. Next year, he is going to try to get into the Paris Conservatory.*

4. A few verbs change in meaning with different prepositions. **Commencer** is regularly followed by **à** plus an infinitive; **finir** is normally followed by **de** plus an infinitive. However, they can both be followed by **par: Commencer par** is used to talk about what one did first in a series of things; **finir par** means *to end up by doing something.*

   Michel **a commencé par** jouer un petit rôle dans une comédie à l'université. Il **a fini par** devenir acteur à Hollywood.

5. Note that the meaning of **venir** changes depending on whether it is followed directly by an infinitive or by **de** plus an infinitive. **Ils viennent dîner** means *They are coming to dinner.* **Ils viennent de dîner** means *They've just had dinner.*

Allez-y!

A. Au cabaret de la Contrescarpe. Corinne, Chuck et Jacques arrivent à la Contrescarpe, dans le quartier Montmartre, à Paris. Classez leurs activités par ordre chronologique de 1 à 9.

_____ Ils décident de commander du champagne.
_____ Ils finissent par s'endormir dans la salle de séjour.
_____ Ils commencent à parler de poésie.
_____ Ils demandent au serveur de leur apporter l'addition.
_____ Ils choisissent de s'asseoir à une table près de la scène.
_____ Ils commencent par regarder la salle.
_____ Ils continuent à chanter en rentrant chez eux.
_____ Ils arrêtent de parler quand le spectacle commence.
_____ Ils n'oublient pas de laisser un pourboire au serveur.

B. Projets et activités. Posez des questions à vos camarades pour vous informer de leurs projets et de leurs activités.

MODÈLE: aller / ce soir →
É1: Qu'est-ce que tu vas faire ce soir?
É2: Je vais sortir avec mes amis.

1. vouloir / faire / ce week-end
2. aller / faire / l'été prochain
3. devoir / faire / demain
4. aimer / faire / après les cours
5. penser / faire / la semaine prochaine
6. détester / faire / le soir
7. espérer / faire / ce soir

C. Résolutions du Nouvel An. Énumérez quelques-unes de vos résolutions à vos camarades. Complétez les phrases suivantes avec un infinitif.

MODÈLE: Cette année, je vais finir... →
Cette année, je vais finir de lire *À la recherche du temps perdu.*

1. En plus, je voudrais apprendre...
2. Je vais commencer...
3. J'ai aussi décidé...
4. Je vais essayer...
5. En plus, je vais arrêter...
6. Je vais chercher...
7. Enfin, je rêve...
8. Mais je refuse...

Les adverbes
Talking about How Things Are Done

La Provence

ANNE-LAURE: **Demain,** je pars pour la Provence. Je vais visiter **rapidement** la maison de Renoir à Cagnes, puis le musée Matisse à Nice, le musée Picasso à Antibes...

SYLVAIN: Tu voyages **constamment,** toi?

ANNE-LAURE: Non, pas **vraiment.** Mais je veux **absolument** aller en Provence parce que plusieurs peintres français y ont habité.

SYLVAIN: Et **maintenant,** qu'est-ce que tu fais?

ANNE-LAURE: Je vais voir la maison de Monet à Giverny, dans la banlieue parisienne.

SYLVAIN: **Franchement,** à part la peinture, qu'est-ce qui t'intéresse?

ANNE-LAURE: La musique classique... J'aime beaucoup Berlioz.

Corrigez les phrases incorrectes.

1. Anne-Laure est partie en Provence hier.
2. Elle voyage très souvent.
3. Elle veut vraiment aller en Provence.
4. Demain, elle va visiter la maison de Matisse.

Forms of Adverbs

Adverbs (**les adverbes,** *m.*) modify a verb, an adjective, or another adverb: She learns *quickly.* He is *extremely* hardworking. They see each other *quite often.* You have already learned a number of adverbs, such as **souvent, parfois, bien, mal, beaucoup, trop, peu, très, vite, d'abord, puis, ensuite, après,** and **enfin.**

1. Most adverbs are formed by adding **-ment** (often corresponding to *-ly* in English) to the feminine form of an adjective.

FEMININE ADJECTIVE	ADVERB	
lente	**lentement**	*slowly*
franche	**franchement**	*frankly*
active	**activement**	*actively*
(mal)heureuse	**(mal)heureusement**	*(un)fortunately*

2. If the masculine form of the adjective ends in a vowel, **-ment** is usually added directly to it.

MASCULINE ADJECTIVE	ADVERB	
absolu	**absolument**	*absolutely*
poli	**poliment**	*politely*
rapide (*m.* or *f.*)	**rapidement**	*quickly*
vrai	**vraiment**	*truly, really*

3. If the masculine form of the adjective ends in **-ent** or **-ant,** the corresponding adverbs have the endings **-emment** and **-amment,** respectively. The two endings have the same pronunciation.

MASCULINE ADJECTIVE	ADVERB	
différent	**différemment**	*differently*
évident	**évidemment**	*evidently, obviously*
constant	**constamment**	*constantly*
courant	**couramment**	*fluently*

[Allez-y! A-B]

Note: In English, the adverbial forms of *good* and *bad* are *well* and *badly*. In French, the adverb forms of **bon** and **mauvais** are both irregular.

bon → bien	Sonia est une **bonne** actrice; elle joue **bien** son rôle.
mauvais → mal	Normand est un **mauvais** cinéaste; il dirige **mal** ses acteurs.

Position of Adverbs

1. When adverbs qualify adjectives or other adverbs, they usually precede them.

Elle est **très** intelligente.	*She is very intelligent.*
Il va au cinéma **assez** souvent.	*He goes to the movies pretty often.*

2. When a verb is in the present or imperfect tense, the qualifying adverb usually follows it. In negative constructions, the adverb comes after **pas.**

Je travaille **lentement.**	*I work slowly.*
Elle voulait **absolument** devenir écrivain.	*She absolutely wanted to become a writer.*
Vous ne l'expliquez pas **bien.**	*You aren't explaining it well.*

3. Short adverbs usually precede the past participle when the verb is in a compound form; they usually follow **pas** in a negative construction.

J'ai **beaucoup** voyagé cette année.	*I've traveled a lot this year.*
Il a **déjà** visité le Louvre.	*He has already visited the Louvre.*
Elle n'est pas **souvent** allée en Normandie.	*She has not often been to Normandy.*
Je n'ai pas **très** faim.*	*I'm not very hungry.*

4. Adverbs ending in **-ment** follow a verb in the present or imperfect tense, and usually follow the past participle when the verb is in the **passé composé.**

Tu parles **couramment** le français.	*You speak French fluently.*
Il était **vraiment** travailleur.	*He was really hardworking.*
Paul n'a pas répondu **intelligemment.**	*Paul didn't respond intelligently.*

[Allez-y! C]

Allez-y!

A. Ressemblances. Donnez l'équivalent adverbial de chacun des adjectifs suivants.

MODÈLE: franc →
franchement

1. heureux heureusement
2. actif activement.
3. long longuement
4. vrai
5. différent diffé
6. naturel le

7. certaine m
8. constant mm
9. absolu ment
10. admirable ment
11. poli
12. intelligente ment

B. Carrières. Complétez les paragraphes suivants avec des adverbes logiques.

1. Le linguiste

Adverbes: bien, bientôt, couramment, ensuite, évidemment, probablement, vite

Constamment

Jean-Luc parle bien[1] l'anglais. Il a vécu aux États-Unis. Il est allé au lycée (à l'école secondaire) aux États-Unis et il a très ____[2] appris la langue pendant son séjour. Ensui[3], à l'université il a choisi la section langues étrangères. Il va bientôt[4] passer sa licence d'anglais. ____[5], il doit ____[6] choisir entre la traduction (*translation*) littéraire et l'enseignement. Ses parents sont professeurs et je pense qu'il va probablement[7] choisir de devenir professeur.

---

*Before the idiomatic expressions with **avoir,** one often uses an adverb: **J'ai très soif; Elle a très chaud,** etc.

2. L'actrice

Adverbes: absolument, beaucoup, constamment, fréquemment, rarement, seulement, souvent, très

Marie-Hélène veut _____^{1} devenir actrice. Elle travaille _____^{2} pour y arriver: le matin, elle arrive _____^{3} sur la scène après six heures et elle y reste _____^{4} jusqu'à neuf heures du soir. Dans la journée, elle travaille _____^{5} et prend _____^{6} quinze minutes pour déjeuner. _____^{7}, elle est fatiguée le soir. Mais je pense qu'elle va réussir parce qu'elle est _____^{8} travailleuse et ambitieuse.

C. Interview. Interviewez un(e) camarade de classe sur ses préférences et ses habitudes. Votre camarade doit utiliser dans sa réponse un adverbe basé sur les mots entre parenthèses. Décidez ensuite quelle sorte de personne il/elle est (pratique, énergique, calme, patiente, travailleuse, etc.).

MODÈLE: Comment déjeunes-tu d'habitude? (rapide / lent) →
Je déjeune lentement pour me reposer. ou Je déjeune rapidement parce que je suis toujours pressé(e).

1. Quand fais-tu la sieste?
(fréquent / rare)
2. Comment attends-tu le résultat
de ton examen? (patient / impatient)
3. Regardes-tu souvent ta montre?
(constant / fréquent / rare / jamais)
4. Comment travailles-tu en général?
(bon / mal)

Maintenant décrivez le caractère de votre camarade.

Claude Monet (1840–1926), Nymphéas.

Leçon 4

Proverbe

Tous les goûts sont dans la nature.

Lecture

Avant de lire

Reading poetry. Up until this chapter, you have been reading narrative texts. Depending on the text type, you have used a variety of strategies to facilitate comprehension: anticipating context by the use of titles and visuals, guessing from context, scanning for the gist, and so on. Reading poetry, on the other hand, requires different skills. In order to identify these skills, it will be helpful for you to first identify your expectations in reading poetry. Which of the following statements are true for you?

Poetry _____.

- ☐ is hard to read and understand
- ☐ uses abstract and figurative language
- ☐ must rhyme
- ☐ is written for the ear as well as for the eye
- ☐ should be read for the literal meaning
- ☐ creates a mood
- ☐ tells a story

Based on your answers, which of the following strategies would be most useful to read poetry effectively and pleasurably?

- ☐ Poetry should be read aloud.
- ☐ Be alert to both the literal and figurative meaning of a word.
- ☐ Skip unimportant details and concentrate on the main idea.
- ☐ Both the meaning of words and the shape of the text contribute to understanding.
- ☐ Since poetry is difficult to read, it helps to paraphrase the text.

À propos de la lecture... La poésie de Jacques Prévert (1900–1977) est accessible à un très large public. Il traite de justice, de liberté et de bonheur. Ce poème est tiré du recueil *Paroles* (1946).

Déjeuner du matin (par Jacques Prévert)

Il a mis le café
Dans la tasse
Il a mis le lait
Dans la tasse de café
Il a mis le sucre
Dans le café au lait
Avec la petite cuiller
Il a tourné
Il a bu le café au lait
Et il a reposé[1] la tasse
Sans me parler
Il a allumé[2]
Une cigarette
Il a fait des ronds
Avec la fumée
Il a mis les cendres

Dans le cendrier
Sans me parler
Sans me regarder
Il s'est levé[3]
Il a mis
Son chapeau sur sa tête
Il a mis
Son manteau de pluie
Parce qu'il pleuvait
Et il est parti
Sous la pluie
Sans une parole
Sans me regarder
Et moi j'ai pris
Ma tête dans ma main
Et j'ai pleuré.[4]

[1]a... *put down again*   [2]a... *lit*   [3]s'est... *got up*   [4]j'ai... *I cried*

Compréhension

Qu'en pensez-vous? Dites si les affirmations suivantes reflètent votre interprétation du poème. Si non, reformulez-les pour mieux exprimer votre opinion. Justifiez votre point de vue en citant des extraits du poème.

1. Dans ce poème, une mère raconte son petit-déjeuner avec son fils.
2. Ces personnes se connaissent (*know each other*) depuis longtemps.
3. On a l'impression que c'est un repas typique entre ces deux personnes.
4. Le narrateur / La narratrice est très satisfait(e) de sa vie.
5. Le poète crée une ambiance de joie.

Écriture

Soif de culture. Décrivez un événement culturel auquel (*that*) vous avez assisté (un film, une pièce de théâtre, un concert, une exposition, etc.). Répondez aux questions. Ensuite, mettez vos réponses sous la forme d'un texte. Vous pouvez ajouter des informations supplémentaires.

1. Où et quand a eu lieu (*took place*) cet événement?
2. Quels étaient les participants (acteurs, artistes, etc.)?
3. Est-ce que c'était un événement à contenu classique ou contemporain?
4. Comment était l'auditoire (*audience*), les spectateurs, les visiteurs? Étaient-ils nombreux? Quel était l'âge moyen?
5. En général, est-ce que vous avez aimé cet événement? Expliquez.

 **À l'écoute!**

Les châteaux de la Loire. Virginie parle de ses vacances avec Marc. Lisez les activités avant d'écouter le vocabulaire et le dialogue qui leur correspondent.

VOCABULAIRE UTILE

ses meubles d'époque	its antique furniture
ses tapisseries	its tapestries

A. Vrai ou faux?

1. V F   Virginie a voyagé avec un groupe de touristes allemands.
2. V F   Marc a déjà visité Blois.
3. V F   Virginie a mieux aimé Azay-le-Rideau.
4. V F   Elle n'aime pas les autres châteaux de la Loire.
5. V F   Elle a aussi visité le château de Chinon.
6. V F   Elle adore le moyen âge.

B. Châteaux et visites. Encerclez la bonne réponse d'après le dialogue.

1. Virginie a visité les châteaux de la Loire _____.
   a. en bus   **b.** à vélo   **c.** en voiture
2. Marc a visité le château de Blois en _____.
   a. 1977   **b.** 1982   **c.** 1987
3. Le château de Blois date _____.
   a. du Moyen Âge   **b.** de l'époque classique   **c.** de la Renaissance
4. Azay-le-Rideau se trouve sur _____.
   a. une île   **b.** une montagne   **c.** un plateau
5. Le château de Chinon date _____.
   a. de l'époque romaine   **b.** de la Renaissance   **c.** du Moyen Âge

En société

Objectif *Discussing a movie*

· ·

EXPRESSIONS UTILES

une dissertation	a paper
de toute façon	anyway
tordre le cou	wringing his neck
visionner	to view
cinglée	crazy

Extrait du dialogue

· ·

CLAIRE: En fait, je n'aime pas tellement le cinéma français. C'est trop sérieux.

AIMÉE: Mais «Les Nuits Fauves» a gagné le prix du meilleur film de l'année aux Césars 1993.

CLAIRE: Voilà. En France, si un film est sinistre, il gagne des prix!

AIMÉE: De toute façon, je veux toujours le voir. Est-ce que je peux le visionner?

CLAIRE: Et sa copine dans le film, Laura, j'avais envie de lui tordre le cou! Elle était cinglée, mais il n'y a absolument aucune motivation à sa folie! Et lui aussi, Cyril, il était fou. Dans son monde, il n'y a pas de santé d'esprit!

AIMÉE: Écoute, je ne l'ai pas encore vu.

CLAIRE: Oui, il aime Laura, il aime les autres. Elle devient folle.

AIMÉE: Eh, je te dis que je ne l'ai pas encore vu.

CLAIRE: Il devient fou et... je le déteste comme je déteste tout le cinéma français. Ce n'est pas Hollywood!

AIMÉE: Merci de ne pas...

CLAIRE: Et à la fin, lui, il meurt!

AIMÉE: ... me raconter la fin du film! Merci!

Note culturelle

Les Césars français sont l'équivalent des Oscars américains. Créée en 1975, cette manifestation prestigieuse compte aujourd'hui 3 000 membres qui élisent les gagnants. Chaque membre doit avoir reçu une nomination et avoir participé à un minimum de trois longs métrages.[1] La statuette est l'œuvre du sculpteur français César.

[1]longs... *motion pictures*

Jeux de rôles

· ·

Avec deux partenaires ou plus, participez aux discussions suivantes.

1. À tour de rôle, parlez du dernier film que vous avez vu. Dites ce que vous avez aimé et n'avez pas aimé de ce film et donnez-en les raisons. Parlez des acteurs, des costumes, des décors, de la mise en scène, etc.
2. Discutez des résultats de la dernière soirée des Oscars. Êtes-vous d'accord avec le choix des gagnants des différentes catégories (meilleur film, meilleur acteur, meilleure actrice, etc.)? Expliquez pourquoi.

CHAPITRE 12

Vocabulaire

Verbes

bâtir to build
dater (de) to date from
deviner to guess
emmener to take s.o. along
flâner to stroll
peindre to paint
poursuivre to pursue
suivre to follow; to take
  (*a course*)
vivre to live

Verbes suivis de l'infinitif

accepter (de) to accept (to)
aider (à) to help (to)
arrêter (de) to stop
chercher à to try to
conseiller (de) to advise
continuer (à) to continue (to)
décider (de) to decide (to)
empêcher (de) to prevent
  (from)
enseigner (à) to teach (to)
essayer (de) to try (to)
finir par to end up (doing
  something)
permettre (de) to permit, allow
refuser (de) to refuse (to)

À REVOIR: **apprendre à, choisir
  de, commencer à,
  demander de, finir de,
  oublier de, rêver de,
  venir de**

Substantifs

l'acteur, l'actrice actor
les arènes (*f.*) arena
l'artiste (*m., f.*) artist
la cathédrale cathedral
le chef-d'œuvre (*pl.* **les chefs-
  d'œuvre**) masterpiece
le/la cinéaste filmmaker
**le compositeur, la
  compositrice** composer
la conférence lecture
l'écrivain (*m.*), **la femme
  écrivain** writer
l'époque (*f.*) period (*of history*)
l'événement (*m.*) event
l'exposition (*f.*) exhibit
l'horaire (*m.*) schedule
le moyen âge Middle Ages
le/la musicien(ne) musician
l'œuvre (*f.*) **(d'art)** work (of art)
le palais palace
le patrimoine legacy, heritage
**le peintre, la femme
  peintre** painter
la peinture painting
la pièce de théâtre play
la place seat
le poème poem
la poésie poetry
le poète, la poétesse poet
le recueil collection
la reine queen
la Renaissance Renaissance

le roi king
**le sculpteur / la femme
  sculpteur** sculptor
la sculpture sculpture
le siècle century
le tableau painting

À REVOIR: **le cadeau, la carte
  postale, le château, le
  cinéma, le roman**

Adjectifs

classique classical
gothique Gothic
historique historical
magnifique magnificent
médiéval(e) medieval
romain(e) Roman

Adverbes

constamment constantly
couramment fluently
évidemment evidently, obviously
franchement frankly
poliment politely
récemment recently
vraiment really

Mots et expressions divers

la plupart de the majority
moi-même myself
  toi-même, lui-même...
par cœur by heart

Paris
Le Métro: les heures d'affluence

Cher Jérôme,

Il n'y a rien d'amusant dans ma vie. Je suis prisonnière du train-train quotidien et je m'ennuie à mourir. Je rêve d'aventure, de soleil, de rencontres. Je voudrais des surprises, des projets et rien ne vient. Peut-être que je ne sais pas me divertir? Examens, sorties au cinéma, au restaurant, en boîte avec mes copains, dîners en famille.
Où est la nouveauté dans tout ça?
Au moins toi, au Club Med, tu t'amuses!
Raconte-moi tout en détail!

Bisous,
Bénédicte*

type on computer

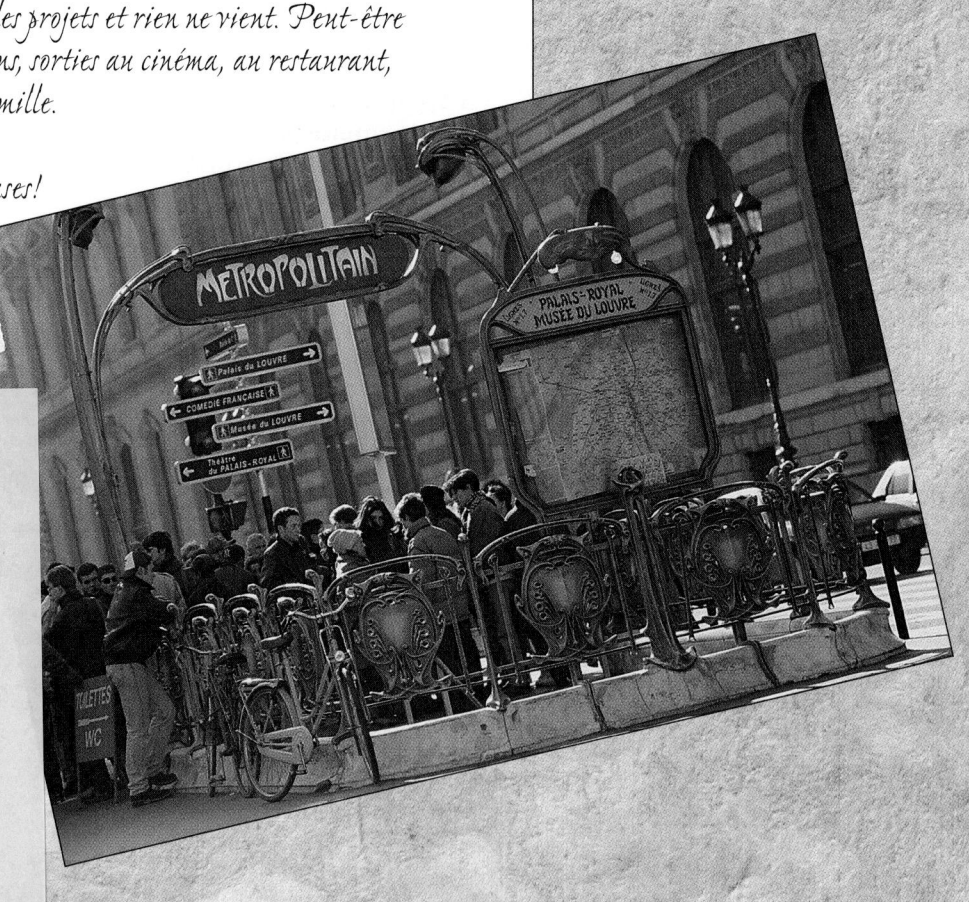

...age of cards and letters between Bénédicte, from **Initiation,** the first section of **Vidéothèque,** and her friend Jérôme, from Martinique. Refer to **Chapitre 1** to refamiliarize yourself with these two people.

Dans ce chapitre...

Objectifs communicatifs

- talking about love, marriage, the human body, and daily life; expressing actions; reporting everyday events; expressing reciprocal actions; talking about the past; giving commands

Contenu lexical (Leçon 1)

- L'amour et le mariage
- Le corps humain
- Les activités de la vie quotidienne

Contenu grammatical (Leçons 2 et 3)

- Les verbes pronominaux (première partie)
- Les verbes pronominaux (deuxième partie)
- Les verbes pronominaux (troisième partie)
- Les verbes pronominaux (quatrième partie)

Vidéothèque

- Initiation (ci-dessous)
- En société (Leçon 4)

Initiation Chez le médecin

Mme Lefèvre, la voisine de palier de Paul, ne se sent pas très bien. Elle se rend chez le médecin. Quel va être le diagnostic? Bronchite, simple rhume ou allergies saisonnières?

VOCABULAIRE UTILE

Vous n'avez pas bonne mine.	You don't look well.
j'ai toussé	I coughed
une mauvaise grippe	a bad flu
J'ai du mal à respirer.	I have problems breathing.
Profitez-en donc! now	Take advantage of it!

La visite chez le médecin. Numérotez les phrases par ordre chronologique.

- **a.** _____ « ...j'ai de la fièvre... »
- **b.** _____ «Des vacances forcées, je suppose.»
- **c.** _____ «Vous avez la gorge irritée.»
- **d.** _____ « ...reposez-vous bien.»
- **e.** _____ «Respirez profondément.»

Leçon 1

PAROLES

L'amour et le mariage

Ils se rencontrent.
Ils tombent amoureux.

Ils se fiancent.

Les amoureux:
le coup de foudre*

Le couple:
les fiançailles

Ils se marient.

Mais ils ne s'entendent
pas toujours.

Le couple:
la cérémonie

Les nouveaux mariés:
parfois, ils se disputent.

AUTRES MOTS UTILES
célibataire   single
l'amitié (*f.*)   friendship

Allez-y!

A. Pour commencer... Quelles phrases de la colonne de droite
correspondent aux étapes traditionnelles qui précèdent le mariage?

_____

*Love at first sight (lit., flash of lightning).

1. la rencontre
2. le coup de foudre
3. les rendez-vous
4. les fiançailles
5. la cérémonie
6. l'installation (*setting up house*)

a. Ils se marient.
b. Ils sortent ensemble.
c. Ils tombent amoureux.
d. Ils se rencontrent.
e. Ils s'installent.
f. Ils se fiancent.

B. Conversation. Posez les questions suivantes à un(e) camarade.

1. Est-ce que tu préfères sortir seul(e), avec un ami / une amie ou avec d'autres couples?
2. Selon toi, est-ce que les jeunes d'aujourd'hui tombent trop vite ou trop souvent amoureux?
3. Est-ce que tu crois au coup de foudre? Pourquoi? Pourquoi pas?
4. Est-ce que tout le monde doit se marier? Pourquoi? Pourquoi pas? Si oui, à quel âge?

Le corps humain

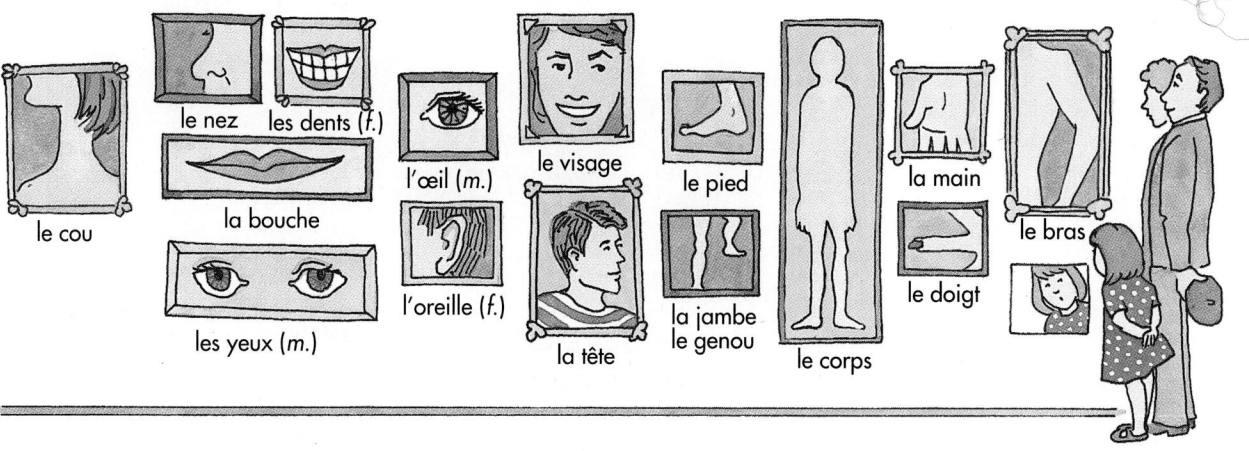

le nez   les dents (f.)
le cou
la bouche
l'œil (m.)
le visage
le pied
la main
le bras
l'oreille (f.)
les yeux (m.)
la tête
la jambe
le genou
le doigt
le corps

AUTRES MOTS UTILES

avoir mal (à)	to hurt, have a pain (in)
J'ai mal à la tête.	My head hurts. (I have a headache.)
le cœur	heart
le dos	back
la gorge	throat
la santé	health
le ventre	abdomen; stomach

l'estomac

Allez-y!

A. Exercice d'imagination. Où ont-ils mal? Répondez d'après le modèle.

MODÈLE: Il y a beaucoup de bruit chez Martine. →
Elle a mal à la tête / aux oreilles.

1. Vous portez des paquets très lourds (*heavy*).
2. Les nouvelles chaussures d'Henri-Pierre sont trop petites.
3. J'ai mangé trop de chocolat.
4. Vous apprenez à jouer de la guitare.
5. Patricia a marché très longtemps.
6. La cravate de Patrice est trop serrée (*tight*).
7. Ils font du ski et il y a beaucoup de soleil.
8. Il fait extrêmement froid dehors (*outside*) et vous n'avez pas de gants.
9. Chantal va chez le dentiste.
10. Albert chante depuis deux heures.

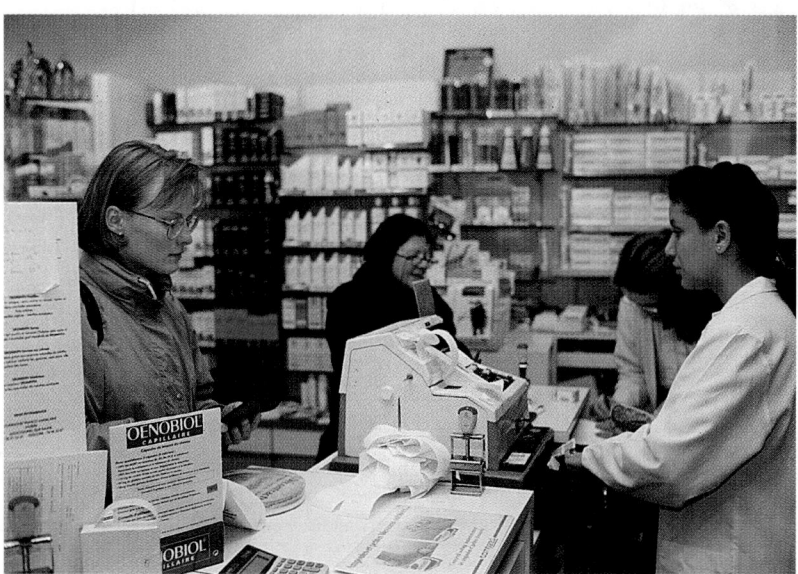

Une pharmacie française.

B. Devinettes. Pensez à une partie du corps et donnez-en une définition au reste de la classe. Vos camarades vont deviner de quelle partie il s'agit.

MODÈLE: Vous en avez une. On fait la bise avec cette partie du corps. →
C'est la bouche!

Les activités de la vie quotidienne

Ils se réveillent et ils se lèvent.

Ils se brossent les dents.

Elle se maquille et il se rase.

Ils se peignent.

Ils s'habillent.

Ils s'en vont.

Ils se couchent.

Ils s'endorment.

Allez-y!

A. Et votre journée? Décrivez votre journée en employant le vocabulaire des illustrations.

MODÈLE: À _____ heures, je me _____. → À 7 heures, je me réveille.

B. Habitudes quotidiennes. Dites dans quelles circonstances on utilise les objets suivants.

MODÈLE: une voiture → On utilise une voiture pour s'en aller.

1. un réveil
2. une brosse à dents
3. des vêtements
4. un lit
5. un peigne
6. du rouge à lèvres (*lipstick*)

trois cent quarante-cinq **345**

Leçon 2

STRUCTURES

Les verbes pronominaux (*première partie*)
Expressing Actions

Une rencontre

DAMIEN: Madeleine! Comment vas-tu?

VÉRONIQUE: Vous **vous trompez,** monsieur. Je ne **m'appelle** pas Madeleine.

DAMIEN: Je **m'excuse,** mademoiselle. Je **me demande** si je ne vous ai pas déjà rencontrée...

VÉRONIQUE: Je ne **me souviens** pas de vous avoir rencontré. Mais ça ne fait rien... Je **m'appelle** Véronique. Comment **vous appelez**-vous?

DAMIEN: Damien... Vous voudriez prendre un café peut-être?

Retrouvez la phrase correcte dans le dialogue.

1. Vous faites erreur, monsieur. Mon nom n'est pas Madeleine.
2. Pardon, je pense que je vous ai déjà rencontrée.
3. Mon nom est Véronique. Quel est votre nom?

1. Certain French verbs are conjugated with an object pronoun in addition to the subject. Consequently, they are called pronominal verbs (**les verbes pronominaux**). The object pronoun agrees with the subject of the verb. **Se reposer** (*to rest*) and **s'amuser** (*to have fun*) are two pronominal verbs.

se reposer				s'amuser			
je	**me** repose	nous	**nous** reposons	je	**m'**amuse	nous	**nous** amusons
tu	**te** reposes	vous	**vous** reposez	tu	**t'**amuses	vous	**vous** amusez
il/elle/on	**se** repose	ils/elles	**se** reposent	il/elle/on	**s'**amuse	ils/elles	**s'**amusent

—Est-ce que tu **t'amuses** en général chez tes grands-parents?

—Oui, on **s'amuse** bien ensemble.

Do you usually have fun at your grandparents' house?

Yes, we have a good time together.

—Nous **nous entendons** bien.   *We get along well.*

Note that the reflexive pronouns **me, te,** and **se** become **m', t',** and **s'** before a vowel or a nonaspirate **h.**

2. Common pronominal verbs include:

s'appeler *to be named*	**s'excuser** *to apologize*
s'arrêter *to stop*	**s'installer** *to settle down,*
se demander *to wonder*	*settle in*
se dépêcher *to hurry*	**se rappeler** *to remember*
se détendre *to relax*	**se souvenir (de)** *to remember*
s'entendre (avec) *to get along*	**se tromper** *to make a mistake*
(with)	**se trouver** *to be located*

L'autobus **s'arrête** devant   *The bus stops in front of my*
mon immeuble.   *building.*
Où **se trouve** l'arrêt?   *Where is the bus stop?*

3. Note that word order in the negative and infinitive forms follows the usual word order for pronouns: The reflexive pronoun precedes the main verb.

Jean-Luc ne **se souvient** pas à   *Jean-Luc doesn't remember*
quelle heure le musée ouvre.   *what time the museum opens.*
Je vais **me dépêcher** pour   *I'm going to hurry to arrive on*
arriver à l'heure.   *time.*

Allez-y!

A. **Questions d'amour.** Trouvez dans la colonne de droite une réponse logique aux phrases de la colonne de gauche.

1. Je dis que le mariage précède les fiançailles.
2. Demain c'est l'anniversaire de ma femme et je n'ai encore rien acheté.
3. Jean-Pierre et moi, nous nous disputons tout le temps. Nous travaillons trop et ne nous amusons jamais.
4. Quelle est la date de l'anniversaire de mariage de vos parents?
5. Toi et moi, nous aimons les mêmes choses! Nous ne nous disputons presque jamais.

a. Désolé(e), mais je ne m'en souviens plus.
b. Tu te trompes!
c. Oui, nous nous entendons bien.
d. Je me demande pourquoi tu n'y as pas pensé!
e. Il faut vous arrêter pour respirer un peu. Prenez le temps de vivre!

trois cent quarante-sept **347**

B. **Départ à la hâte.** C'est l'heure de partir pour Chartres mais vous avez un petit problème. Remplacez l'expression en italique par un des verbes pronominaux suivants: **se demander, se rappeler, se tromper, se trouver, se dépêcher.**

Où *est*[1] mon sac à dos? Je ne *me souviens*[2] plus où je l'ai mis. En plus, je dois *faire vite,*[3] je suis en retard. Mais je ne peux pas aller à Chartres sans mon appareil-photo. Je *veux savoir*[4] si Jean-François l'a mis dans sa valise. Il peut facilement *faire une erreur*[5] quand il est en retard.

C. **Trouvez quelqu'un qui...** Circulez dans la classe pour trouver quelqu'un qui fait une des activités suivantes. Ensuite, trouvez quelqu'un qui fait l'activité suivante et ainsi de suite (*so on*).

1. veut s'installer à l'étranger
2. se souvient de son premier jour de classe à l'université
3. se trompe souvent dans ses calculs
4. s'amuse en regardant le foot
5. s'entend bien avec ses frères ou ses sœurs
6. se repose en écoutant (*while listening*) de la musique classique
7. s'arrête tous les jours au café
8. se rappelle son meilleur ami / sa meilleure amie à l'école primaire

Les verbes pronominaux (deuxième partie)
Reporting Everyday Events

Profiter du beau temps

MAX: Tu **t'en vas**?

THÉO: Oui, il fait beau et je **m'ennuie** ici. Je vais **me promener** au bord du lac. Tu viens?

MAX: Non, je ne peux pas. J'ai beaucoup de travail.

THÉO: Oh, tu exagères. Allez, on va **s'amuser** un peu!

MAX: Une autre fois. Si je **m'arrête** maintenant, je ne vais pas avoir le courage de finir plus tard.

1. Qui sort?
2. Est-ce que Théo s'amuse?
3. Qu'est-ce qu'il va faire?
4. Est-ce que Max se repose?
5. Est-ce qu'il veut s'arrêter de travailler?

Reflexive Pronominal Verbs

1. In reflexive constructions, the action of the verb reflects or refers back to the subject: *The child dressed **himself**. Did you hurt **yourself**? She talks to **herself**.* In these examples, the subject and the object are the same person. In French, common reflexive pronominal verbs include:

se baigner *to bathe; to swim*	**se lever** *to get up*
se brosser *to brush*	**se maquiller** *to put on makeup*
se coucher *to go to bed*	**se peigner** *to comb one's hair*
se doucher *to take a shower*	**se raser** *to shave*
s'habiller *to get dressed*	**se regarder** *to look at oneself*
se laver *to wash oneself*	**se réveiller** *to wake up*

> Zoë **se réveille** à six heures.
> Pierre **se douche** et **se rase** pendant que Sarah **se maquille.**

> *Zoë wakes up at six o'clock.*
> *Pierre showers and shaves while Sarah puts on makeup.*

2. Most reflexive pronominal verbs can also be used nonreflexively.

> Aujourd'hui, Pierre **lave** la voiture.
> Le bruit **réveille** tout le monde.

> *Today, Pierre is washing his car.*
> *The noise wakes everyone up.*

3. Some reflexive pronominal verbs can have two objects, one direct and one indirect. This frequently occurs with the verbs **se brosser** and **se laver** plus a part of the body. The definite article—not the possessive adjective, as in English—is used with the part of the body.

> Valérie se brosse **les** dents.
> Je me lave **les** mains.

> *Valérie is brushing her teeth.*
> *I'm washing my hands.*

Idiomatic Pronominal Verbs

When certain verbs are used with reflexive pronouns, their meaning changes.

aller *to go*	→	**s'en aller** *to go away*
appeler *to call*	→	**s'appeler** *to be named*
demander *to ask*	→	**se demander** *to wonder*
endormir *to put to sleep*	→	**s'endormir** *to fall asleep*
entendre *to hear*	→	**s'entendre** *to get along*
ennuyer *to bother*	→	**s'ennuyer** *to be bored*
fâcher *to make angry*	→	**se fâcher** *to get angry*
installer *to install*	→	**s'installer** *to settle in (to a new house)*
mettre *to place, put*	→	**se mettre à** *to begin*
perdre *to lose*	→	**se perdre** *to get lost*
promener *to (take for a) walk*	→	**se promener** *to take a walk*
tromper *to deceive*	→	**se tromper** *to be mistaken*
trouver *to find*	→	**se trouver** *to be located*

—Les jeunes mariés **s'en vont** en voyage de noces.

—Après cela, Véronique va **se mettre à** chercher un appartement.

—Tu **te trompes**! Elle en a déjà trouvé un.

—Où est-ce qu'il **se trouve**?

The newlyweds are going away on their honeymoon trip.

Afterwards, Véronique is going to start looking for an apartment.

You're wrong! She's already found one.

Where is it?

Va t'en

Allez-y!

Annick

A. La routine. Que font les membres de la famille Duteil?

MODÈLE: Annick se lave les mains.

Le matin...

1.
Papy

2.
Wolfgang

3.
Mme Duteil

4.
M. Duteil

Plus tard...

5.  **6.**  **7.**  **8.**

Et vous, parmi ces activités, lesquelles faites-vous régulièrement?

B. Habitudes matinales. Qui dans votre famille a les habitudes suivantes? Faites des phrase complètes. Puis comparez leurs habitudes aux vôtres (*to yours*). Commencez par «Moi aussi, je... » ou «Mais moi, je... ».

mon père	se regarder longtemps dans le miroir
ma mère	se lever souvent du pied gauche*
ma sœur	se réveiller toujours très tôt
mon frère	s'habiller rapidement / lentement
le chien	se maquiller / se raser très vite
le chat	se préparer à la dernière minute
	s'en aller sans prendre de petit-déjeuner
	se laver les cheveux tous les jours
	se fâcher quand il n'y a plus de lait
	se tromper de chaussures

C. Synonymes. Racontez l'histoire suivante. Remplacez l'expression en italique par un verbe pronominal.

À sept heures du matin, Sylvie *ouvre les yeux*,[1] elle *sort de son lit*,[2] *fait sa toilette*[3] et *met ses vêtements*.[4] À huit heures, elle *quitte la maison*.[5] Au travail, elle *commence à*[6] parler au téléphone. Sylvie *finit de*[7] travailler vers six heures; elle *fait une promenade*[8] et parfois ses amies et elle vont *nager*[9] à la piscine. Le soir, elle *va au lit*[10] et elle *trouve le sommeil*[11] très vite!

D. Interview. Interrogez un(e) camarade sur une de ses journées typiques à l'université. Posez-lui des questions avec les verbes **se réveiller, s'habiller, se dépêcher, s'en aller, s'amuser, s'ennuyer, se reposer, se promener** et **se coucher.** Ensuite, comparez votre journée et celle de votre camarade et présentez les résultats à la classe.

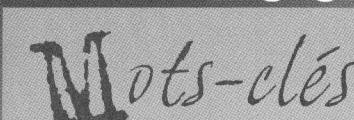

Vous parlez français?

You are now at a point where you can answer this question with something else besides *no*! Here are some suggestions:

Un peu.
Je me débrouille.   (*I can get by.*)

Oui, couramment.
Bien sûr! Je suis bilingue.

***Se lever du pied gauche** is the equivalent of *to get up on the wrong side of the bed.*

Correspondance **13**

La Martinique
Soleil et bonheur

CARTE POSTALE

Ma petite Bénédicte,

C'est vrai, quand on est instructeur de tennis comme moi, on s'amuse bien au Club Med! Ici à la Martinique, il n'y a pas de place pour la routine. Je me lève tôt et je me couche tard. Les journées sont longues mais bien remplies et toujours pleines de surprises. Repas en commun, cours de tennis, soirées: chaque moment est une occasion de rencontrer des gens intéressants, et même de tomber amoureux!

Mais ce que j'adore, c'est le sport: le tennis, la natation, la voile, la planche à voile, et le soir, la danse!

Et toi? Est-ce que tu te sens mieux? Écris-moi!

Ton meilleur copain,
Jérôme

PAR AVION

Portrait Joséphine de Beauharnais
(Impératrice de France, née à la Martinique, 1763-1814)

Son destin prend une dimension historique lorsqu'un jour, elle fait la connaissance du général Bonaparte, le futur Napoléon 1er. En 1796, elle épouse cet homme ambitieux qui restera toujours très amoureux d'elle.[1] Devenue impératrice en 1804, elle est obligée de divorcer en 1809 de son prestigieux mari parce qu'elle ne lui a pas donné d'héritier.[2] Elle continuera toutefois[3] à exercer sur Napoléon une réelle influence jusqu'à la fin de sa vie, en 1814.

[1] qui... *who would always be in love with her* [2] *an heir* [3] *however*

Flash Jeunes diplômés[1]: le monde nous appartient[2]!

Moins de deux millions de Français résident à l'étranger; moins d'un million y travaillent. La majeure partie des Français expatriés se trouvent en Europe. C'est très peu pour un pays qui, comme la France, veut jouer un rôle international,[3] accroître[4] ses exportations, défendre la francophonie et promouvoir sa culture dans le monde entier.

Mais, depuis quelque temps, cette situation évolue: les jeunes diplômés sortis des universités et des grandes écoles de commerce veulent commencer leur carrière hors de[5] France. Pourquoi? D'abord, parce qu'un premier poste dans une entreprise étrangère ou dans la filiale[6] étrangère d'une entreprise française débouche[7] fréquemment sur une carrière internationale. Ensuite, travailler en Italie, au Brésil ou aux États-Unis, c'est apprendre à s'adapter à une autre culture, améliorer[8] sa pratique des langues étrangères, et aussi se constituer un bon carnet d'adresses[9]!

Les jeunes diplômés sont incontestablement attirés[10] par ce type d'expérience: de plus en plus nombreux, ils s'expatrient vers les pays de la Communauté européenne mais aussi en Amérique et en Asie.

Travailler dans un pays étranger: un défi à relever.

[1]*graduates* [2]*nous... belongs to us* [3]*jouer... to have an international presence* [4]*to increase* [5]*hors... outside of* [6]*subsidiary* [7]*leads* [8]*improving* [9]*carnet... address book* [10]*attracted*

EN AVANT!

Un peu de bavardage

1. Que savez-vous sur Napoléon? À qui pouvez-vous le comparer?
2. Souvent dans l'histoire, les épouses des rois, incapables de donner d'héritiers mâles,[1] étaient répudiées[2] et souvent mises à mort.[3] Le règne[4] d'Henri VIII en est peut-être le meilleur exemple. Que pensez-vous de cette pratique?
3. Il y a quelques années seulement, les Français n'aimaient pas beaucoup s'expatrier. La situation a maintenant changé. À quoi attribuez-vous ce changement?

On est branché!

Pour obtenir des informations supplémentaires et les liens nécessaires pour répondre aux questions suivantes, visitez le site Web de *Vis-à-vis* à www.mhhe.com/visavis.

1. Napoléon Bonaparte a joué un rôle majeur dans l'histoire de la France. Cliquez sur les grandes dates pour un aperçu[5] de sa vie. Choisissez cinq dates importantes et faites une courte biographie.
2. Vous avez décidé de vous rendre[6] en France pour étudier le français. Quelles sont les formalités administratives à remplir[7] avant de partir et une fois sur place[8]? Quel est le coût des études? Est-ce qu'il vous est possible d'obtenir une bourse d'études[9]? Quelles sont les conditions pour pouvoir travailler? Il faut vous trouver un logement. Pour quelle solution allez-vous opter?

[1]*héritiers... male heirs* [2]*forced to abdicate* [3]*mises... executed* [4]*reign* [5]*brief survey*
[6]*vous... go* [7]*satisfy* [8]*une... once you're there* [9]*bourse... grant*

Leçon 3

Les verbes pronominaux (*troisième partie*)

Expressing Reciprocal Actions

STRUCTURES

Le couple idéal

THIERRY: Tu vois, pour moi, le couple idéal c'est Jacquot et Patricia.

VALÉRY: Pourquoi est-ce que tu dis ça?

THIERRY: Parce qu'ils **s'adorent** tous les deux. Chaque fois que je les vois, ils **se regardent** amoureusement, ils **s'embrassent,** ils **se disent** des choses gentilles. Ils **se connaissent** depuis dix ans et je ne les ai jamais vus **se disputer.**

Vrai ou faux?

1. Patricia et Jacquot s'aiment.
2. Ils se connaissent depuis peu de temps.
3. Ils s'entendent bien.
4. Ils se disputent souvent.
5. Ils se disent des choses désagréables.

The plural reflexive pronouns **nous, vous,** and **se** can be used to show that an action is reciprocal or mutual in which two or more subjects interact. Almost any verb that can take a direct or indirect object can be used reciprocally with **nous, vous,** and **se.**

Ils **se** rencontrent par hasard.	*They meet by chance.*
Ils **s'**aiment.	*They love each other.*
Allons-nous **nous** téléphoner demain?	*Are we going to phone each other tomorrow?*
Vous ne **vous** quittez jamais.	*You are inseparable (never leave each other).*
Vous **vous** disputez souvent?	*Do you argue often?*

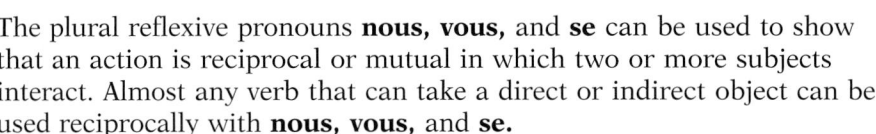

Allez-y!

A. Une amitié sincère. Mme Chabot raconte l'amitié qui unit sa famille à la famille Marnier. Complétez son histoire au présent.

Gisèle Marnier et moi, nous _nous connaissons_ ¹ depuis plus de quinze ans. Nous _____² tous les jours et nous parlons longtemps. Nous _____³ souvent en ville. Quand nous partons en voyage, nous _____⁴ des cartes postales.

Nos maris _____⁵ aussi très bien. Nos enfants _____⁶ surtout pendant les vacances quand ils jouent ensemble. Parfois ils _____⁷, mais comme ils _s'aiment_ ⁸ bien, ils oublient vite leurs différends (*disagreements*).

s'écrire _vous_ 4
se rencontrer 3
se téléphoner 2
se connaître
se disputer 7
se voir 6 _voient_
s'entendre 5 _ent_
s'aimer

B. Une brève rencontre. Racontez au présent l'histoire un peu triste d'un jeune homme et d'une jeune fille qui ne forment pas le couple idéal. Dites quand et où chaque action a lieu (*takes place*).

MODÈLE: se voir → Ils se voient (au jardin du Luxembourg, à l'Opéra-Garnier, à la Gare de Lyon)...

1. se voir
2. se rencontrer
3. s'admirer
4. se donner rendez-vous
5. se téléphoner
6. s'écrire souvent
7. se revoir
8. se disputer
9. (ne plus) s'entendre
10. se détester
11. se quitter

C. Rapports familiaux. Posez les questions suivantes à un(e) camarade de classe.

1. Avec qui est-ce que tu t'entends bien dans ta famille?
2. Tes parents et toi, quand est-ce que vous vous téléphonez?
3. Tes frères et sœurs et toi, combien de fois par semaine, par mois, par an est-ce que vous vous voyez?
4. Est-ce que tu te disputes souvent avec tes frères et tes sœurs? Quand et pourquoi vous disputez-vous?
5. Tes cousins et toi, est-ce que vous vous connaissez bien? Pourquoi ou pourquoi pas?

Les verbes pronominaux (*quatrième partie*)
Talking about the Past and Giving Commands

Un mariage d'amour

SABINE: Dis-moi, Denis, **vous vous êtes rencontrés** comment?

DENIS: La première fois qu'**on s'est vus,** c'était à Avignon.

VÉRONIQUE: **Souviens-toi**! Il pleuvait, tu es entré dans la boutique où je travaillais et...

DENIS: Et ça a été le coup de foudre! **Nous nous sommes mariés** cette année-là.

1. Où se sont vus Véronique et Denis pour la première fois?
2. Véronique et Denis se sont-ils rencontrés par hasard?
3. Quand se sont-ils mariés?

Passé composé of Pronominal Verbs

1. All pronominal verbs are conjugated with **être** in the **passé composé.** The past participle agrees with the reflexive pronoun in number and gender when the pronoun is the *direct* object of the verb.

PASSÉ COMPOSÉ OF **se baigner** (*to bathe; to swim*)	
je me suis baigné(e)	nous nous sommes baigné(e)s
tu t'es baigné(e)	vous vous êtes baigné(e)(s)
il s'est baigné	ils se sont baignés
elle s'est baignée	elles se sont baignées
on s'est baigné	

Nous **nous sommes mariés** en octobre.	*We got married in October.*
Vos parents **se sont fâchés**?	*Did your parents get angry?*
Vous ne **vous êtes** pas **vus** depuis Noël?	*You haven't seen each other since Christmas?*

2. Here are some of the more common pronominal verbs whose past participles do not agree with the pronoun: **se demander, se dire, s'écrire, s'envoyer, se parler, se téléphoner.** The reflexive pronoun of these verbs is *indirect* (**demander à, parler à,** etc.).

Elles se sont **écrit** des cartes postales.   *They wrote postcards to each other.*

Ils se sont **téléphoné** hier soir?   *Did they phone each other last night?*

Vous êtes-vous **dit** bonjour?   *Did you say hello to each other?*

[Allez-y! A-B]

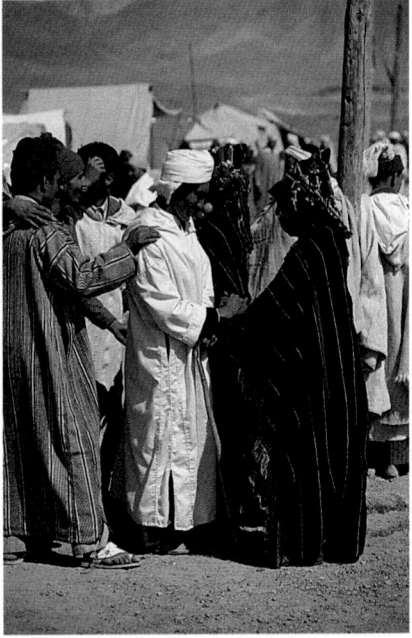

Des époux berbères, au Maghreb.*

Imperative of Pronominal Verbs

Reflexive pronouns follow the rules for the placement of object pronouns. In the affirmative imperative, they follow and are attached to the verb with a hyphen; **toi** is used instead of **te.** In the negative imperative, reflexive pronouns precede the verb.

AFFIRMATIVE		NEGATIVE	
Lève-**toi.**	*Get up.*	Ne **te** lève pas.	*Don't get up.*
Dépêchons-**nous.**	*Let's hurry.*	Ne **nous** dépêchons pas.	*Let's not hurry.*
Habillez-**vous.**	*Get dressed.*	Ne **vous** habillez pas.	*Don't get dressed.*

[Allez-y! C]

Allez-y!

A. **Avant la soirée.** Hier, il y avait une fête à la Maison des Jeunes (*youth center*). Décrivez les activités de ces jeunes gens. Faites des phrases complètes au passé composé.

MODÈLE: Yves / se raser / avant de partir →
Yves s'est rasé avant de partir.

---

*Ensemble des pays du nord-ouest de l'Afrique, situés entre la Méditerrannée et le Sahara, l'océan Atlantique et le désert de Libye.

1. Fabrice / s'habiller / avec soin (*care*)
2. Christine et toi, vous / se reposer
3. Valérie et Thomas / s'amuser / à passer (*play*) des CD
4. Sylvie / s'endormir / sur le canapé
5. David et moi, nous / s'installer / devant la télévision
6. je / se promener / dans le jardin

B. **Souvenirs.** Annick retrouve un vieil album de photos. Lisez son histoire puis racontez-la au passé composé.

MODÈLE: Annick s'interroge sur son passé. →
Annick s'est interrogée sur son passé.

1. Elle s'installe pour regarder son album de photos.   2. Elle s'arrête à la première page.   3. Elle se souvient de son premier amour.   4. Elle ne se souvient pas de son nom.   5. Elle se trompe de personne.   6. Elle se demande où il est aujourd'hui.   7. Elle s'endort sur la page ouverte.

C. **Un rendez-vous difficile.** Bruno a rendez-vous avec quelqu'un qu'il ne connaît pas. Il est très nerveux. Donnez-lui des conseils et utilisez l'impératif.

MODÈLE: Je ne *me suis* pas encore *préparé.* (vite) → Prépare-toi vite!

1. À quelle heure est-ce que je dois *me réveiller*? (à 5 h)
2. Je n'ai pas envie de *m'habiller.* (tout de suite)
3. Je ne *me souviens* pas de la rue. (rue Mirabeau)
4. J'ai peur de *me tromper.* (ne... pas)
5. Je dois *m'en aller* à 6 h. (maintenant)

Maintenant, inversez les rôles, mais cette fois utilisez **vous.**

MODÈLE: Je ne *me suis* pas encore *préparé.* (vite) →
Préparez-vous vite!

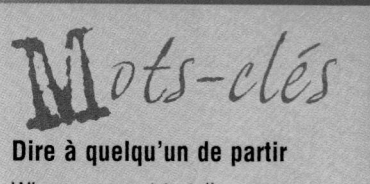

Dire à quelqu'un de partir

When you want to tell someone to leave in a polite but firm way, use the following expressions.

Va-t'en!/Allez-vous-en! *Get going, go away!*

On s'est amusé à l'école aujourd'hui!

Leçon 4

Proverbe

Loin des yeux, loin du cœur.

Lecture

Avant de lire

Formulating and supporting an argument. This reading selection presents differing points of view about the practice of acupuncture. In order to follow the line of reasoning, you must be familiar with the phrases used in French to formulate and support a point of view. Look over the following list of expressions. Classify them into two groups:

- Expressions that present a point of view
- Expressions that introduce supporting evidence

> Pour les uns... Pour les autres
> Par exemple...
> Pour expliquer ce phénomène...
> Force est de constater (*One must state*)...
> C'est un fait que...
> Une chose est sûre...
> Le docteur Fabien affirme que...
> Des études ont prouvé que...

Les aiguilles[1] magiques

L'acupuncture est-elle sur la bonne voie[2]? Le débat fait rage. Pour les uns, la maladie, et donc la douleur, résulte d'un déséquilibre du Ch'i, (l'énergie vitale). La mise en place d'[3]aiguilles dans les points d'acupuncture, situés le long des méridiens—les «chemins» qui permettent la circulation du Ch'i—corrige ce déséquilibre et soulage la douleur.[4] Les autres refusent ce point de vue en soulignant[5] que les méridiens d'acupuncture n'existent pas. Pour d'autres encore, ce n'est pas si simple.

À propos de la lecture... Cet article est tiré et adapté de «L'acupuncture est-elle sur la bonne voie?», publié dans le magazine français traitant de connaissances générales *Ça m'intéresse*.

---

[1]*needles* [2]*sur... on the right track* [3]*La... Placing* [4]*soulage... relieves pain* [5]*en... by emphasizing*

Car,[6] c'est un fait, les effets de l'acupuncture sur la douleur sont indéniables. Nombreux sont les patients qui en retirent un vrai soulagement.[7] Cette pratique est même couramment utilisée dans les centres antidouleur où l'on tente[8] tout pour soulager les patients victimes depuis des mois, voire[9] des années, de douleurs insupportables.[10] Dans le traitement de ces douleurs chroniques, nombre d'études décrivent une nette[11] amélioration, à court et parfois à long terme.

Pour expliquer ce succès, certains scientifiques rapprochent[12] l'acupuncture d'un simple effet placebo: des études ont en effet prouvé que ces substances neutres, que le patient prend pour de vrais médicaments, sont efficaces dans 36 % des cas, quelle que soit la douleur.[13] Et force est de constater que l'acupuncture ne repose sur aucune[14] base scientifique solide. Mais son effet analgésique pourrait[15] s'expliquer par le fait que les aiguilles déclencheraient[16] dans l'organisme des systèmes d'autocontrôle de la douleur: elles entraîneraient[17] notamment la libération naturelle de substances morphiniques. Une chose est sûre: l'acupuncture soulage la douleur. Pour les patients, c'est là l'essentiel.

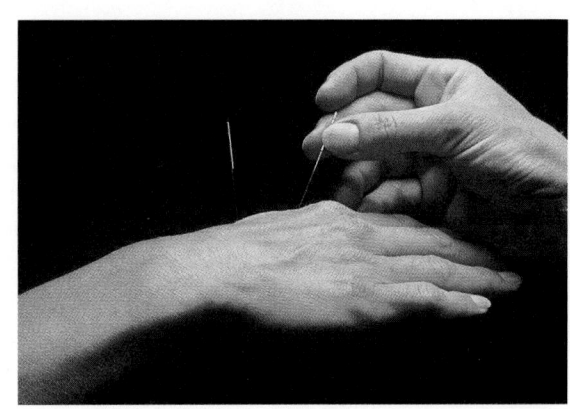

L'acupunture: un simple effet placebo?

[6]*Because* [7]*qui... who get relief from it* [8]*tries* [9]*even* [10]*unbearable* [11]*distinct* [12]*compare* [13]*quelle... whatever the pain might be* [14]*any* [15]*could* [16]*may release* [17]*may bring about*

Compréhension

Les arguments. Dégagez les arguments pour et contre les techniques de l'acupuncture en vous servant de la grille suivante. Indiquez les preuves qui soutiennent (*support*) ces points de vue, si elles sont mentionnées dans le passage.

POUR		CONTRE	
argument(s)	preuve(s)	argument(s)	preuve(s)
• •	• •	• •	• •

Écriture

Une journée typique. Décrivez ce que vous avez fait pendant la journée d'hier. Utilisez les verbes de la liste suivante: **se réveiller, se lever, prendre une douche, se raser, se maquiller, s'habiller, prendre le petit-déjeuner, se reposer, se promener, aller à l'université / au travail, rentrer, lire, sortir, se détendre, faire du sport / des courses,** etc.

> **1er PARAGRAPHE:**
> Hier matin, ...
>
> **2e PARAGRAPHE:**
> L'après-midi, ...
>
> **3e PARAGRAPHE:**
> Le soir, ...

À l'écoute!

Un rêve bizarre. Vincent raconte son rêve à Gilles. Lisez les activités suivantes avant d'écouter le vocabulaire et la conversation qui leur correspondent.

> **VOCABULAIRE UTILE**
> **a disparu**   disappeared
> **dehors**   outside
> **m'emmènent**   take me (away)

A. Qu'est-ce qu'il fait? Mettez les actions de Vincent dans l'ordre chronologique en les numérotant de 1 à 10.

_____ Il se rase.
_____ Personne ne lui dit bonjour.   _____ Il se brosse les dents.
__1__ Il se lève.   _____ Il se prépare le petit-
_____ Il s'en va au bureau.   déjeuner.
_____ Il veut se peigner.   _____ Il prend sa douche.
_____ Il crie «non!»   _____ Les policiers
   l'emmènent.

B. Vrai ou faux?

1. V F   Tous les matins, Vincent se lève à 7 h 30.
2. V F   Dans son rêve, il n'y a pas d'eau dans la douche.
3. V F   Dans son rêve, ses cheveux sont rouges.
4. V F   Dans son rêve, il se rase avec un couteau.
5. V F   Dehors, tout est bizarre.
6. V F   Il se réveille quand les policiers l'emmènent avec eux.

En société

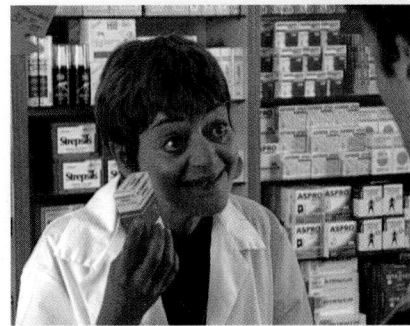

Objectif *Talking about health*

EXPRESSIONS UTILES

je suis enrhumé	I have a cold
je tousse sans arrêt	I cough nonstop
j'éternue	I sneeze
je me mouche	I blow my nose
pour guérir	to get better

Extrait du dialogue

PHARMACIENNE: Et vous avez une fièvre?

JACQUES: Non, je crois que je suis enrhumé.

PHARMACIENNE: Est-ce que vous avez consulté un médécin?

JACQUES: Non. Je suis sûr que j'ai attrapé un rhume. Je tousse sans arrêt, j'ai mal à la tête et j'ai le nez bouché.

PHARMACIENNE: Est-ce que vous avez mal à la gorge?

JACQUES: Non, mais j'éternue et il faut que je me mouche de temps en temps. Est-ce que vous pourriez me recommander des médicaments?

PHARMACIENNE: Bien sûr! Mais pour guérir, le sommeil est la chose la plus importante... Faites des siestes, dormez au moins huit heures par nuit.

Jeux de rôles

Avec un(e) partenaire, jouez les scènes suivantes.

1. Vous êtes en voyage avec un ami / une amie. Il/Elle tombe malade. Essayez de trouver pourquoi il/elle est malade. Demandez-lui ce qu'il/elle a mangé, à quelle heure il/elle s'est couché(e), depuis quand il/elle a mal au ventre à la tête, s'il/si elle a d'autres symptômes, etc.
2. À tour de rôle, racontez l'histoire d'une cicatrice (*scar*). Dites quand et comment ça s'est passé, avec qui vous étiez et ce que vous avez fait pour soigner la blessure.

Note culturelle

Selon de récentes statistiques, un Français sur trois a recours aux médecines « dites douces », parmi elles, l'homéopathie, l'acupuncture et l'ostéopathie.[1] L'homéopathie est sans doute la plus répandue[2]— 78 % des Français l'ont essayée. Les médicaments homéopathiques sont fabriqués à partir de doses infinitésimales des substances mêmes[3] qui provoquent la maladie traitée.

[1] *osteopathy* therapeutic system, that use manipulation of muscles and bones to restore health [2] la... *the most common* [3] des... *the very same substances*

CHAPITRE 13

Vocabulaire

Verbes

s'amuser (à) to have fun
s'appeler to be named
s'arrêter to stop
avoir mal (à) to have pain; to hurt
se baigner to bathe; to swim
se brosser (les cheveux, les dents) to brush (one's hair, one's teeth)
se coucher to go to bed
se débrouiller to manage
se demander to wonder
se dépêcher to hurry
se détendre to relax
se disputer to argue
se doucher to take a shower
s'embrasser to kiss
s'en aller to go away, go off (*to work*)
s'endormir to fall asleep
s'ennuyer to be bored
s'entendre (avec) to get along (with)
s'excuser to apologize
se fâcher to get angry
se fiancer to get engaged
s'habiller to get dressed
s'installer to settle down, settle in
se laver to wash oneself
se lever to get up
se maquiller to put on makeup

se marier (avec) to get married (to)
se mettre à (+ *inf.*) to begin to (*do something*)
se peigner to comb one's hair
se perdre to get lost
se préparer to get ready
se promener to take a walk
se rappeler to remember
se raser to shave
se regarder to look at oneself, at each other
se rencontrer to meet
se reposer to rest
se réveiller to awaken, wake up
se souvenir (de) to remember
tomber amoureux/euse to fall in love
se tromper to make a mistake

Substantifs

l'amitié (*f.*) friendship
l'amour (*m.*) love
l'amoureux/euse lover, sweetheart
la bouche mouth
le bras arm
la brosse brush
le cœur heart
le corps body
le cou neck
le coup de foudre flash of lightning; love at first sight

la dent tooth
le doigt finger
le dos back
les fiançailles (*f. pl.*) engagement
le genou knee
la gorge throat
la jambe leg
la main hand
le mariage marriage
le nez nose
les nouveaux mariés (*m. pl.*) newlyweds
l'œil (*m.*) **(les yeux)** eye
l'oreille (*f.*) ear
le peigne comb
le pied foot
la rencontre meeting, encounter
le rendez-vous date
la santé health
la tête head
le ventre abdomen; stomach
le visage face

À REVOIR: **les cheveux** (*m. pl.*)

Adjectifs

amoureux/euse loving, in love
quotidien(ne) daily, everyday

Mots et expressions divers

allez-vous-en! go away!
va-t'en! go away!

Sur le marché du travail

Chère Bénédicte,

On s'amuse au Club Med, mais on travaille beaucoup! Cette semaine, j'organise un tournoi de tennis: tous les matins, je me lève à 5 heures pour préparer les matchs et vérifier l'état des courts.

Dès 8 heures, on s'entraîne. À 10 heures, la compétition commence. À 18 heures, je suis crevé! À partir de 20 heures, il faut être en pleine forme pour dîner et ensuite faire la fête.

Comme le dit la chanson: «Le travail, c'est la santé, ne rien faire, c'est la conserver».
Je te laisse méditer sur cette pensée profonde.
Bisous, bisous,
Jérôme, fatigué mais heureux

Dans ce chapitre...

Objectifs communicatifs

- talking about jobs and professions; talking about banking and finances; talking about the future; linking ideas; making comparisons

Contenu lexical (Leçon 1)

- Les métiers et professions
- À la banque
- Au travail
- Le verbe **ouvrir**

Contenu grammatical (Leçons 2 et 3)

- Le futur simple (première partie)
- Le futur simple (deuxième partie)
- Les pronoms relatifs
- La comparaison de l'adjectif qualificatif

Vidéothèque

- Initiation (ci-dessous)
- En société (Leçon 4)

Initiation **Choisir sa voie professionnelle**

Paul, Caroline et leur ami Alain se reposent sur les marches du Sacré-Cœur tout en discutant de leurs projets futurs. Qu'est-ce que l'avenir leur réserve? Tout dépend des choix qu'ils feront.

VOCABULAIRE UTILE

généraliste	general practitioner
Tu ne comptes pas... ?	You don't plan . . . ?
tu auras un bon salaire	you will receive good wages
Quelle tâche humanitaire!	What a humanitarian undertaking!
Ça m'est égal.	I don't mind.

À chacun son choix! Qui parle: Caroline (C), Paul (P) ou Alain (A)?

1. _____ «Tu ne comptes pas te marier et avoir des enfants?»
2. _____ «Les docteurs soignent les malades, trouvent de nouveaux traitements.»
3. _____ «Surtout, ils gagnent beaucoup d'argent.»
4. _____ «Allez, ne vous disputez pas!»
5. _____ «Je compte bien profiter de la vie.»

Leçon 1

Au travail

1. **Les fonctionnaires:** ils travaillent pour l'État.

un policier
un flic (cop)
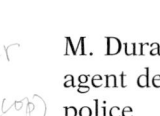

M. Durand,
agent de
police

Mlle Drouet,
secrétaire de
mairie

M. Martin,
facteur

Mme Lambert,
institutrice

Mme Guilloux,
employée à la
SNCF

2. **Les travailleurs salariés:**
ils travaillent pour
une entreprise.

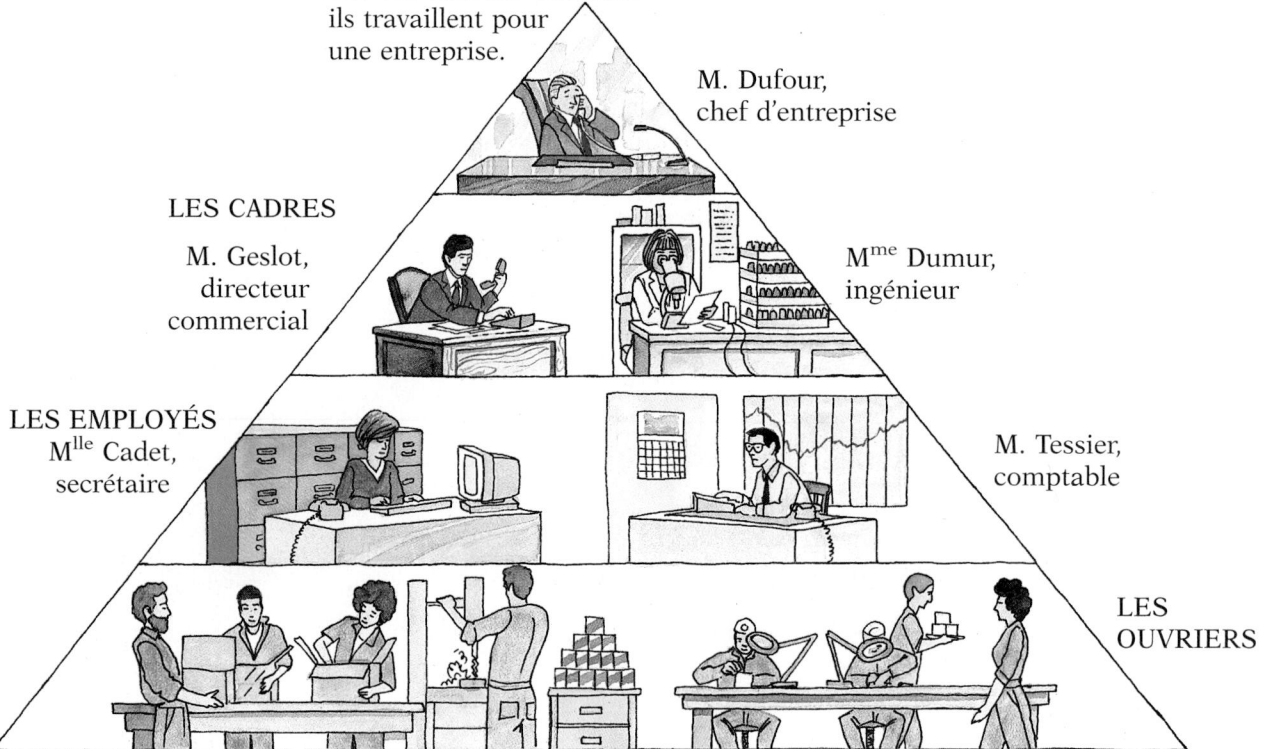

M. Dufour,
chef d'entreprise

LES CADRES

M. Geslot,
directeur
commercial

Mme Dumur,
ingénieur

LES EMPLOYÉS
Mlle Cadet,
secrétaire

M. Tessier,
comptable

LES
OUVRIERS

3. **Les travailleurs indépendants:** ils travaillent à leur compte.

- Les artisans

M. Lepape,
plombier

Mme Simon,
coiffeuse

- Les commerçants

M. Thétiot,
boucher

M. Lefranc,
marchand de vin

- Les professions de la santé

M. Morin,
pharmacien

Mlle Duchamp,
dentiste

Mme Duchesne,
médecin

- Les autres professions libérales

Mme Aubry,
avocate

M. Leconte,
architecte

M. Colin,
agriculteur

Mlle Cossec,
artiste peintre

M. Kalubi,
journaliste

Allez-y!

A. Définitions. Quelle est la profession des personnes suivantes?

MODÈLE: Elle enseigne à l'école primaire. → C'est une institutrice.

1. Elle soigne les dents de ses patients. *C'est une* [Jake care of]
2. Il travaille à la campagne.
3. Il règle la circulation automobile.
4. Elle vend des billets de train.
5. Elle s'occupe (*takes care*) de la santé de ses patients. *infirmière*
6. Il distribue des lettres et des paquets. *facteur*
7. Il vend de la viande aux clients. *boucher*
8. Elle coupe (*cuts*) les cheveux des clients. *coiffeuse eur*
9. Elle tape des lettres sur un ordinateur. *secrétaire*
10. Il vend des vins et des liqueurs. *marchand de vin*
11. Il prépare et vend des médicaments.
12. Elle fait des portraits et des paysages (*landscapes*).

B. Stéréotypes. Voici quelques dessins du caricaturiste français Jean-Pierre Adelbert. Choisissez la profession qui, selon vous, correspond le mieux à chaque dessin. Expliquez pourquoi.

Professions: architecte, artiste peintre, caricaturiste, chef d'entreprise, chômeur / chômeuse (*unemployed person*), coiffeur / coiffeuse, comptable, critique de cinéma, critique de cuisine, journaliste de mode, plombier, vendeur / vendeuse de CD et de vidéos rock... ?

1. 2. 3. 4. 5. 6. 7. 8.

C. Projets d'avenir. Découvrez les futures professions de vos camarades de classe. Interviewez cinq étudiant(e)s pour découvrir quel métier ils/elles désirent faire après avoir terminé leurs études. Ensuite analysez les résultats. En général, avez-vous des ambitions différentes ou semblables (*similar*)?

MODÈLE: É1: Que veux-tu faire après tes études?
   É2: Je veux / Je voudrais devenir avocat.
   É1: Et pourquoi?...

À la banque

Rebecca Johnson est une architecte américaine.
Elle vient de s'installer en France, et va à la banque.

1. Elle ouvre (*opens*) **un compte-chèques** pour pouvoir **faire des chèques** et **un compte d'épargne** pour pouvoir **faire des économies.**

2. Elle prend aussi **une carte bancaire.**

3. Elle regarde **le cours du jour (le taux de change)** et change ses dollars en francs ou en euros.

CHANGES	Monnaies	Cours du jour
États-Unis....	1 USD	5,3529

4. Quelques jours plus tard, elle va au **guichet automatique.** Avec sa carte bancaire, elle **retire** du **liquide** et **dépose** un chèque.

AUTRES MOTS UTILES

un carnet de chèques checkbook **un montant** sum
un emprunt loan **un reçu** receipt
des frais (*m. pl.*) expenses, costs **toucher, encaisser** to cash

Allez-y!

Les services bancaires. Assane, un étudiant sénégalais, vient d'obtenir un permis de travail (*work permit*) en France. Complétez les phrases suivantes en utilisant le vocabulaire que vous venez d'apprendre.

1. Pour changer ses francs sénégalais en francs français (ou en euros), il consulte _____.
2. Il va à la banque pour ouvrir un _____ et un _____ afin de (*in order to*) pouvoir faire des économies.
3. Quand il veut retirer du _____ ou _____ un chèque sur son compte, il peut aller au _____ et utiliser sa _____.

B. Une globe-trotter. Audrey vient d'arriver à Paris et veut changer de l'argent. Mettez les conseils suivants par ordre chronologique.

1. __2__ demander le cours du jour
2. __5__ prendre des chèques de voyage avec soi
3. __6__ prendre le reçu
4. __8__ compter l'argent
5. __1__ se présenter à un bureau de change (*money exchange office*) ou à une banque
6. __7__ vérifier le montant sur le reçu
7. __3__ montrer son passeport
8. __4__ dire combien d'argent on veut changer

Le budget de Marc Convert

Marc travaille dans une petite **société** (*company*) près de Marseille où il est **responsable** (*director*) commercial.

Il **gagne** 18 500 francs (ou 2 820 euros) par mois.

Il **dépense** presque tout ce qu'il gagne pour vivre; le **coût de la vie** est très élevé dans les villes françaises. Mais il espère avoir un **augmentation de salaire** dans six mois. En ce moment, il **fait des économies** pour acheter une maison.

Marc est content de son travail. Il sait qu'il a de la chance car **le taux de chômage** est très élevé en France: près de 12 % en l'an 2000.

Allez-y!

A. Frais et revenus. Complétez les phrases en utilisant le vocabulaire que vous venez d'apprendre.

1. Danielle _____ pour acheter une voiture.
2. Les employés demandent souvent des _____.
3. Le _____ est moins élevé dans les petites villes.
4. Joël est très économe: il _____ très peu.
5. Mme Reich? Elle travaille dans une _____ d'assurance (*insurance*).
6. Irène a un emploi sympa; elle est contente même si elle _____ relativement peu.

B. Parlons d'argent! Posez les questions suivantes à un(e) camarade.

1. Est-ce que tu travailles en ce moment? Si oui, qu'est-ce que tu fais comme travail?

2. Est-ce que tu as un compte-chèques, un compte d'épargne, une carte de crédit?

3. Qu'est-ce que tu fais pour économiser de l'argent?

4. Est-ce que tu as un budget ou est-ce que tu vis au jour le jour (*from day to day*)? Pourquoi?

Le verbe *ouvrir*

PRESENT TENSE OF **ouvrir** (*to open*)	
j' **ouvre**	nous **ouvrons**
tu **ouvres**	vous **ouvrez**
il/elle/on **ouvre**	ils/elles **ouvrent**

Past participle: **ouvert**

«J'aimerais ouvrir un compte, s'il vous plaît.»

The verb **ouvrir** is irregular. Verbs conjugated like **ouvrir** include **couvrir** (*to cover*), **découvrir** (*to discover*), **offrir** (*to offer*), and **souffrir** (*to suffer*). Note that these verbs are conjugated like **-er** verbs.

Allez-y!

A. Finances. Ce mois-ci, Jean-Paul a des problèmes d'argent. Racontez cette histoire en choisissant un des verbes suivants: **ouvrir, couvrir, découvrir, offrir, souffrir.** Utilisez le passé composé là où c'est indiqué (*p.c.*).

Le mois dernier Jean-Paul _a ouvert_¹ (*p.c.*) un compte-chèques et un compte d'épargne. Sa grand-mère lui _a offert_² toujours de l'argent pour son anniversaire, mais il l'utilise pour ses frais scolaires. Jean-Paul est très économe. Il _couvre_³ toujours ses dépenses (*expenses*). Mais ce mois-ci, il a acheté une nouvelle moto et il _souffre_⁴ parce qu'il ne peut pas sortir aussi souvent. Alors, il _découvre_⁵ les plaisirs de la lecture!

B. Profil psychologique. Demandez à un(e) camarade _____.

1. s'il / si elle a un compte bancaire (si oui, dans quelle banque?)
2. s'il / si elle couvre toujours ses dépenses
3. s'il / si elle fait des économies et pourquoi
4. s'il / si elle souffre quand il/elle est obligé(e) de faire des économies
5. combien de fois par semaine, ou par mois, il/elle retire de l'argent

STRUCTURES

Leçon 2

Le futur simple (première partie)

Talking about the Future

Son avenir

LE PÈRE: Il **apprendra** des langues étrangères et **travaillera** comme diplomate.

LA MÈRE: Non, il **étudiera** le droit et **dirigera** une firme importante.

L'ENFANT: (Je crois que je me **chercherai** un appartement très tôt...)

Remplacez les futurs proches par les formes contenues dans le dialogue.

1. Il va étudier le droit.
2. Il va travailler comme diplomate.
3. Il va se chercher un appartement.

Expressing the Future in French

In French, there are three ways of expressing future actions or events:

PRESENT	J'**arrive** à 2 h 00.	*I arrive at 2:00.*
NEAR FUTURE	Je **vais arriver** demain.	*I'm going to arrive tomorrow.*
FUTURE TENSE	J' **arriverai** en janvier.	*I will arrive in January.*

Verbs with Regular Future Stems

The future is a simple tense, formed with the infinitive plus the endings **-ai, -as, -a, -ons, -ez, -ont.** The final **-e** of the infinitive of **-re** verbs is dropped.

parler	**finir**	**vendre**
je parler**ai**	je finir**ai**	je vendr**ai**
tu parler**as**	tu finir**as**	tu vendr**as**
il/elle/on parler**a**	il/elle/on finir**a**	il/elle/on vendr**a**
nous parler**ons**	nous finir**ons**	nous vendr**ons**
vous parler**ez**	vous finir**ez**	vous vendr**ez**
ils/elles parler**ont**	ils/elles finir**ont**	ils/elles vendr**ont**

Demain nous **parlerons** avec le conseiller d'orientation.
Il te **donnera** des conseils.
Ces conseils t'**aideront** peut-être à trouver du travail.
La réunion **finira** vers cinq heures.

Tomorrow we will talk with the job counselor.
He will give you some advice.
Maybe this advice will help you to find a job.
The meeting will end around five o'clock.

Allez-y!

A. Stratégies. Anne-Marie cherche du travail pour cet été. Elle doit se présenter demain à un entretien (*interview*). Dites ce qu'elle fera.

MODÈLE: se lever très tôt → Elle se lèvera très tôt.

1. se couchera tôt ce soir
2. s'habiller avec soin
3. prendre un petit-déjeuner léger
4. mettre son curriculum vitæ dans sa serviette (*briefcase*)
5. prendre le métro pour éviter les embouteillages (*traffic jams*)
6. y arriver un peu en avance
7. se présenter brièvement
8. parler calmement
9. répondre avec précision aux questions de l'employeur
10. remercier l'employeur avant de partir

Maintenant répétez l'exercice en utilisant le sujet **Anne-Marie et Loïc.**

MODÈLE: se lever très tôt → Ils se lèveront très tôt.

trois cent soixante-treize **373**

L'architecture: un travail de précision.

B. Jeu de société. À une soirée, vous jouez à la voyante (*fortune-teller*) et prédisez la carrière de chacun(e) de vos ami(e)s. Choisissez le verbe convenable pour décrire vos prédictions. **Verbes:** écrire, enseigner, vendre, jouer, devenir, participer, faire, s'occuper de, voyager

1. Vous _____ cosmonaute.
2. Vous _____ des bijoux à Alger.
3. Vous _____ le rôle de Hamlet à Londres.
4. Vous _____ à la construction d'un stade à Mexico.
5. Vous _____ des articles pour le *New York Times*.
6. Vous _____ souvent à l'étranger.
7. Vous _____ de la publicité pour Toyota.
8. Vous _____ des malades à Dakar.
9. Vous _____ dans une école primaire à Seattle.

Le futur simple (deuxième partie)
Talking about the Future

Un emploi de rêve

L'EMPLOYEUR: Vous **aurez** deux mois de vacances par an.
LE CANDIDAT: Est-ce je **devrai** venir travailler au bureau?
L'EMPLOYEUR: Bien sûr que non! Vous **viendrez** quand ça vous **plaira**. Vous **pourrez** également profiter de notre propriété sur la Côte d'Azur.
LA FEMME DU CANDIDAT: Michel, réveille-toi! Il est temps d'aller travailler!

Transformez les phrases en utilisant le futur simple.

1. Il va avoir deux mois de vacances.
2. Il va venir travailler au bureau.
3. Il va pouvoir profiter de la propriété sur la Côte d'Azur.

Verbs with Irregular Future Stems

Some verbs have irregular future stems.

aller: **ir-**	être: **ser-**	savoir: **saur-**
avoir: **aur-**	faire: **fer-**	venir: **viendr-**
devoir: **devr-**	pleuvoir: **pleuvr-**	voir: **verr-**
envoyer: **enverr-**	pouvoir: **pourr-**	vouloir: **voudr-**
	recevoir: **recevr-**	

J'**irai** au travail la semaine prochaine. — *I'll go to work next week.*

Et toi, quand **enverras**-tu ta demande d'emploi? — *And you? When will you send in your job application?*

Pas de problème! J'**aurai** bientôt un poste. — *No problem! I will have a position soon.*

Alors, vous **devrez** tous les deux vous lever très tôt le matin. — *So both of you will have to get up very early in the morning.*

C'est vrai. Mais demain on **devra** célébrer cela! — *It's true. But tomorrow we should celebrate!*

Verbs with spelling irregularities in the present tense also have irregularities in the future tense. These include verbs such as **acheter, appeler,** and **payer.** See Appendix D: **-er** Verbs with Spelling Changes, at the end of the book.

Uses of the Future Tense

1. As you can see from the preceding examples, the use of the future tense parallels that of English. This is also true of the tense of verbs after an *if*-clause in the present tense.

   Si je pose ma candidature pour ce poste, j'**aurai** peut-être des chances de l'obtenir. — *If I apply for this position, I may (will maybe) have some chance of getting it.*

   Mais si tu ne te présentes pas, tu ne l'**auras** sûrement pas! — *But if you don't apply in person, you surely will not get it!*

2. However, in dependent clauses following words like **quand, lorsque** (*when*), **dès que** (*as soon as*), or **aussitôt que** (*as soon as*), the future tense is used in French if the action is expected to occur at a future time. English uses the present tense in this case.

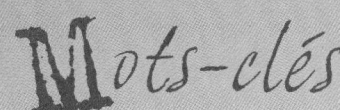

Exprimer le futur

All the expressions mentioned in the **Mots-clés** of **Chapitre 5, Leçon 2** are also applicable to the **futur simple.** The following expressions are mostly used with the **futur simple:**

   à l'avenir from now on; in the future

   un jour someday

   à partir de maintenant from now on

   À l'avenir, nous ferons des économies.

   Un jour, nous n'aurons plus de dettes.

   À partir de maintenant, je te montrerai toutes mes dépenses.

Je te **téléphonerai** *dès que* j'**arriverai.**	*I'll phone you as soon as I arrive.*
Nous **pourrons** en discuter *lorsque* l'avocat **sera** là.	*We'll be able to discuss it when the lawyer arrives.*
La discussion **commencera** *dès que* tout le monde **sera** prêt.	*The discussion will begin as soon as everyone is ready.*

3. The **futur simple** can also be used to express a command, a request, or a piece of advice.

Tu me **donneras** ton adresse avant de partir.	*Give me your address before you leave.*
Vous **finirez** de taper ces documents pour demain.	*Finish typing these documents for tomorrow.*

Allez-y!

A. Les exigences du milieu de travail. Transformez les phrases en utilisant le futur simple.

MODÈLE: Téléphone à ton collègue! →
Tu téléphoneras à ton collègue!

1. Va poster ce paquet!
2. Venez nous voir pendant les vacances!
3. Sois patient(e) avec tes collègues!
4. Envoyez des références!
5. Fais ton possible!

B. Des promesses, toujours des promesses... Qu'est-ce que ces personnes feront?

MODÈLE: (tu) commencer / dès que / Carine / arriver →
Tu commenceras dès que Carine arrivera.

1. (je)   aller à la réunion / aussitôt que / tu / téléphoner
2. (Pierre)   en parler / dès que / la patronne / arriver
3. (nous)   t'expliquer le problème / quand / nous / avoir le temps
4. (Lyne et Paule)   partir / lorsque / tu / être prêt(e)
5. (vous)   le lui dire / aussitôt que / il / téléphoner

C. Interview. Vous voulez savoir ce que votre camarade pense de l'avenir et vous lui posez les questions suivantes. Mais malheureusement, il/elle ne vous prend pas au sérieux! L'interviewé(e) utilise toute son imagination et son humour pour répondre. À la fin, inversez les rôles.

MODÈLE: dès que tu auras ton diplôme →
          É1: Qu'est-ce que tu feras dès que tu auras ton diplôme?
          É2: Moi, plus tard, je vendrai des légumes biologiques
             (*organic*) à Athènes.

1. quand tu seras vieux/vieille   **2.** si un jour tu es milliardaire
3. dans dix ans   **4.** lorsque tu te marieras   **5.** dès que tu pourras réaliser un de tes rêves   **6.** si tu n'obtiens pas tout ce que tu veux
7. lorsque tu auras des enfants

À votre avis, parmi toutes les réponses, laquelle (*which one*) est la plus originale, la plus amusante et la plus bizarre?

«Il n'y a pas de sot métier.»

Correspondance

14

Gustave Caillebotte (1848–1894)
Les raboteurs de parquet, 1875, Musée d'Orsay, Paris

CARTE POSTALE

Cher Jérôme,

Après une période de déprime dont je viens de sortir, je m'investis dans mes études et je fais des projets. J'aimerais bien me trouver un petit boulot pour l'été prochain. Quelque chose d'original: photographe, pâtissière, guide touristique... au Club Med, par exemple! Il y a du boulot pour moi à la Martinique? Peux-tu transmettre ma candidature à ton directeur? S'il est intéressé, je serai la plus heureuse du monde! Je compte sur toi. Réponds-moi dès que possible.

Je t'embrasse mille fois,
Bénédicte

PAR AVION

Portrait
Aimé Césaire (écrivain et homme politique français, né à la Martinique en 1913)

«Je pousserai d'une telle raideur le grand cri nègre que les assises du monde en seront ébranlées.»[1] Aimé Césaire a un objectif essentiel: rendre sa dignité et sa fierté[2] à la race noire si injustement maltraitée depuis des siècles.

Par quels moyens? La poésie d'abord: le *Cahier d'un retour au pays natal* (1939) est le premier volume d'une œuvre lyrique qui chante la révolte des hommes asservis[3] et qui glorifie la libération des peuples exploités. La politique ensuite: il milite[4] pour l'indépendance des colonies françaises d'Afrique et pour l'autonomie des Antilles. Il est, avec Senghor, l'initiateur du mouvement de la Négritude.[5]

[1]Je... *I will cry out the black man's wail with such thunderous force that the foundations of the world will shake.* [2]*pride* [3]*enslaved* [4]*campaigns* [5]La Négritude is a literary and cultural movement that celebrates the black personality and redefines the collective experience of Black people. In a broad sense, this movement rejects the political, social, and moral domination of white people.

Flash Étudiants: la chasse aux petits boulots[1]

En France, l'accès à l'université est gratuit. Dès l'obtention de votre bac,[2] vous pouvez vous inscrire[3] dans la faculté de votre choix moyennant[4] un droit d'entrée très raisonnable. Mais ensuite, comment couvrir les dépenses du quotidien[5]: le loyer, la nourriture, les livres, les sorties et les vacances? Il n'y a qu'une solution: se trouver un petit boulot.

Vous voulez un travail intéressant, pas trop fatigant et en plus bien payé? Première règle: si vous désirez travailler en été, commencez vos recherches dès le mois de janvier. Deuxième règle: faites l'inventaire des entreprises qui embauchent[6] des étudiants; parlez de vos projets à votre boucher, à votre dentiste, à votre facteur, à votre pharmacien, aux membres de votre famille, à tout le monde. Troisième règle: envoyez des lettres de motivation personnalisées et des C.V.[7] bien écrits qui mettent en valeur[8] vos points forts. N'hésitez pas à appeler régulièrement vos personnes contacts pour savoir si un emploi est sur le point de se libérer.[9]

Mais surtout, un bon conseil: si vous avez des amis bien placés, demandez-leur un petit coup de pouce[10]!

[1]la... *job hunting* [2]Dès... *As soon as you receive your high school diploma* [3]vous... *you can register* [4]*by paying* [5]les... *your daily expenses* [6]*hire* [7](curriculum vitæ) *résumé* [8]mettent... *highlight* [9]sur... *about to become available* [10]coup... *bit of help*

«Il y a quelque chose d'intéressant pour moi?»

En avant!

Un peu de bavardage

1. Nommez des pays colonisés qui ont, encore aujourd'hui, un lien avec le pays colonisateur. Croyez-vous que ce lien soit[1] encore nécessaire? Pourquoi?
2. Travaillez-vous pendant l'été? Quels genres d'emplois avez-vous occupés? Aimeriez-vous faire ce travail toute l'année? Pourquoi?

On est branché!

Pour obtenir des informations supplémentaires et les liens nécessaires pour répondre aux questions suivantes, visitez le site Web de *Vis-à-vis* à www.mhhe.com/visavis.

1. Écoutez un texte lu par Aimé Césaire. Qu'est-ce que vous en avez compris?
2. Choisissez un pays du monde francophone où vous aimeriez habiter. Ensuite, consultez les journaux qui y sont publiés. Regardez sous la rubrique[2] <u>emplois</u> et trouvez-en un poste pour lequel vous pourriez postuler.[3]
3. Explorez les sites sur la rédaction d'un C.V. Lisez les conseils et, en une page, rédigez votre C.V. Fournissez[4] les informations suivantes: informations personnelles, formation,[5] expériences professionnelles et informations supplémentaires.

[1]*is* [2]*column* [3]pour... *for which you could apply* [4]*Provide* [5]*education*

STRUCTURES

Leçon 3

Les pronoms relatifs
Linking Ideas

Interview d'un chef d'entreprise

LA JOURNALISTE: Et pourquoi dites-vous que vous avez fait trois ans d'études inutiles?

GENEVIÈVE: Eh bien, parce que pendant tout ce temps-là, c'était la création de bijoux **qui** m'intéressait.

LA JOURNALISTE: Les bijoux **que** vous créez sont fabriqués avec des matériaux naturels?

GENEVIÈVE: Oui. Je dessine aussi pour les magazines des bijoux fantaisie **qu'**on peut réaliser à la maison.

LA JOURNALISTE: Maintenant, votre entreprise fabrique des milliers de bijoux **dont** les trois-quarts partent au Japon?

GENEVIÈVE: Oui, et j'ai des tas de nouveaux projets!

1. Qu'est-ce qui intéressait Geneviève pendant ses études?
2. Qu'est-ce qu'on peut réaliser à la maison?
3. Les trois-quarts de quoi partent au Japon?

A relative pronoun (*who, that, which, whom, whose*) links a dependent (relative) clause to a main clause. A dependent clause is one that cannot stand by itself—for example, the italicized parts of the following sentences: The suitcase *that he is carrying* is mine; There is the store *in which we met.* In French, there are two sets of relative pronouns: those used as the subject or direct object of a dependent clause and those used after a preposition.

	PERSON	THING
subject	qui	qui
object	que	que
with preposition	qui	lequel*
with **de**	dont	dont

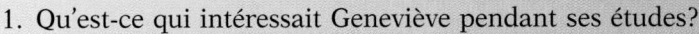

*****Lequel** is not discussed in this chapter. Refer to **Chapitre 15, Leçon 2** and Appendix E.

Qui

• •

1. The relative pronoun used as a subject of a dependent clause is **qui** (*who, that, which*). It can refer to both people and things.

> J'ai un emploi. **Il** me plaît.
> J'ai un emploi **qui** me plaît.

> Je vois la femme. **Elle** vous a parlé.
> Je vois la femme **qui** vous a parlé.

Qui replaces the subject **il** in the dependent clause. Because it is the subject of the clause, **qui** will always be followed by a conjugated verb **(qui... plaît).** Note that in the second example, **vous** is not a subject but an object pronoun. **Elle** is the subject of **a parlé.**

2. **Qui** does not elide when followed by a vowel sound.

> L'architecte **qui** est arrivé ce matin vient du Japon.

3. **Qui** can also be used as the object of a preposition to refer to people.

> Le comptable **avec qui** je travaille est agréable.
> L'ouvrier **à qui** j'ai donné du travail est travailleur.

> *The accountant with whom I work is pleasant.*
> *The worker to whom I gave some work is industrious.*

[Allez-y! A]

Que

• •

1. The relative pronoun used as a direct object of a dependent clause is **que** (*whom, that, which*). It can also refer to people and things.

> C'est une entreprise. Je connais bien **cette entreprise.**
> C'est une entreprise **que** je connais bien.

> Voici une amie. J'ai rencontré **cette amie** au travail.
> Voici une amie **que** j'ai rencontrée au travail.

In the second example, **que** replaces the direct object **cette amie. Que** is followed by a subject plus a conjugated verb (**que j'ai rencontrée**). Note that the past participle agrees with the preceding feminine direct object **que** (**une amie**). You may want to review the section on agreement of the past participles in **Chapitre 10, Leçon 3.**

2. **Que** elides with a following vowel sound.

> L'architecte **qu'**elle a rencontré vient du Japon.

Dont

. . . .

1. The pronoun **dont** is used to replace the preposition **de** (**du, de la, de l', des**) plus its object.

<table>
<tr><td>Où est le reçu? J'ai besoin du reçu.   ↓</td><td>Where is the receipt? I need the receipt.   ↓</td></tr>
<tr><td>Où est le reçu dont j'ai besoin?</td><td>Where is the receipt that I need?</td></tr>
</table>

2. **Dont** is also used to express possession.

<table>
<tr><td>C'est la passagère. Ses valises sont à la douane.
↓</td><td>That's the passenger. Her suitcases are at the customs office.   ↓</td></tr>
<tr><td>C'est la passagère dont les valises sont à la douane.</td><td>That's the passenger whose suitcases are at the customs office.</td></tr>
</table>

When **dont** is used, there is no need for a possessive adjective. Note the use of the definite article (**les**).

Où

. . . .

Où is the relative pronoun of time and place. It can mean *where, when,* or *which.*

<table>
<tr><td>Le guichet où vous changez votre argent est là-bas.</td><td>The window where you change your money is over there.</td></tr>
<tr><td>Le 1er janvier, c'est le jour où je commence mon nouveau travail.</td><td>The first of January, that's the day (when) I begin my new job.</td></tr>
<tr><td>L'aéroport d'où vous êtes partis est maintenant fermé.</td><td>The airport from which you departed is closed now.</td></tr>
</table>

[Allez-y! B-C-D]

Allez-y!

A. À la recherche d'un emploi. Jean-Claude raconte comment il a passé sa semaine à chercher du travail. Reliez les phrases suivantes avec **qui.**

MODÈLE: Dimanche, j'ai téléphoné à une amie. Elle est directrice d'un journal. →
Dimanche, j'ai téléphoné à une amie qui est directrice d'un journal.

1. Lundi, j'ai déjeuné avec un ami. Il connaît beaucoup de comptables. *qui*
2. Mardi, j'ai eu une interview à la Banque Nationale de Paris. Elle est près de la place de la Concorde. *qui*
3. Mercredi, j'ai parlé à un employé du Crédit Lyonnais. Il m'a beaucoup encouragé. *qui*
4. Jeudi, j'ai pris rendez-vous avec un membre de la Chambre de commerce. Il est expert-comptable. *qui*
5. Enfin samedi, j'ai reçu une lettre d'une société belge. Elle m'offre un poste de comptable à Bruxelles. *qui*
6. Et aujourd'hui je prends l'avion. Il me conduit vers ma nouvelle vie. *qui* *toward* *?*

B. Promenade sur la Seine. Cet été, Marie-Claude travaille comme guide sur un bateau-mouche* à Paris. Complétez ses explications avec les pronoms relatifs **qui, que** et **où**.

Ce bâtiment _____[1] vous voyez à présent dans l'île de la Cité, c'est la Conciergerie. Autrefois une prison, c'est l'endroit _____[2] Marie-Antoinette a passé ses derniers jours. Et cette église _____[3] se trouve en face de nous, c'est Notre-Dame. Est-ce que vous voyez cette statue _____[4] ressemble à la Liberté éclairant le monde? Eh bien, c'est l'original de la statue _que_[5] la France a donnée aux Américains. Voici le musée d'Orsay _____[6] vous pourrez admirer les peintres impressionnistes et _que_[7] je vous recommande de visiter. Et un peu plus loin, le musée du Louvre _que_[8] vous trouverez la Joconde et la Vénus de Milo. Et enfin, voici la tour Eiffel _qui_[9] est le symbole de notre ville.

C. Photos de vacances. Jeanine a passé un mois dans un village d'artistes dans le Midi. Elle y a rencontré beaucoup de gens intéressants. Elle montre maintenant ses photos de vacances à ses amis.

MODÈLE: Voici un artisan. Ses poteries sont très chères. →
Voici un artisan dont **les** poteries sont très chères.

1. Michel est un jeune artiste. On peut admirer ses tableaux au musée de Marseille. *dont les tableaux on peut ...*
2. Voici Yan. Ses sculptures sont déjà célèbres dans le milieu artistique. *dont les*
3. Et voilà Claire. On vend ses bijoux à Saint-Tropez. *dont les bijoux on vend à*
4. Laurent est un jeune écrivain. Son premier roman vient d'être publié. *dont le*

---

*The **bateaux-mouches** are boats that travel up and down the Seine.

D. Énigme. Décrivez un objet, une personne ou un endroit à vos camarades. Utilisez des pronoms relatifs. Vos camarades vont essayer de trouver la chose dont vous parlez. **Catégories suggérées:** une ville, un pays, un plat, un gâteau, une personne, une classe, un moyen de transport, une profession...

MODÈLE: É1: Je pense à un gâteau qui est français et dont le nom commence par un *e*.
           É2: Est-ce que c'est un éclair?

Maintenant, continuez ce jeu avec une différence. Cette fois, vous ne donnez que la catégorie d'un objet ou d'une personne. Vos camarades vous demandent des précisions. Répondez-leur par *oui* ou *non*. **Autres catégories suggérées:** un film, une émission de télévision, une pièce de théâtre, un acteur / une actrice, un chanteur / une chanteuse, un homme / une femme politique (*politician*), un(e) athlète...

MODÈLE: É1: Je pense à un film.
           É2: C'est un film que tu as vu il y a longtemps?
                C'est un film dont l'action se passe (*happens*) à l'étranger?
                C'est un film où Tom Hanks a joué le rôle principal?
                C'est un film qui se déroule pendant la Seconde Guerre mondiale?
                C'est *Saving Private Ryan*.

Être professeur: une profession prestigieuse et satisfaisante.

La comparaison de l'adjectif qualificatif
Making Comparisons

Les courses

Laurence et Franck vont faire des courses ensemble.

LAURENCE: Nous allons où faire nos courses?

FRANCK: À Carrefour,* bien sûr! C'est **moins cher** et c'est **plus propre** que Trouvetout.

LAURENCE: Moi, j'ai horreur des grandes surfaces. Je préfère aller chez le petit épicier de la rue Leclerc. Les produits sont **plus chers,** d'accord, mais ils sont **plus frais.** Et puis, c'est **plus pratique** aussi: on n'a pas besoin de prendre la voiture. Et il offre **le meilleur** accueil du quartier.

FRANCK: D'accord, ma chérie, mais en ce moment, la chose **la plus importante,** c'est de faire des économies.

Vrai ou faux?

1. À Carrefour, les produits sont plus chers que chez l'épicier.
2. Les produits sont moins frais à Carrefour.
3. C'est plus pratique d'aller chez l'épicier.
4. L'épicier offre le meilleur service.

Comparison of Adjectives

1. In French, the following constructions can be used with adjectives to express a comparison. It is not always necessary to state the second term of the comparison.

plus... que (*more . . . than*)

Chez l'épicier les produits sont **plus** chers (**qu'**à Carrefour).

The products at the grocer's are more expensive (than at Carrefour).

---

*Supermarché très populaire.

moins... que (*less . . . than*)

Franck pense que Carrefour est **moins** cher (**que** Trouvetout).	*Franck thinks Carrefour is less expensive (than Trouvetout).*

aussi... que (*as . . . as*)

Pour Laurence, l'accueil est **aussi** important **que** la qualité des produits.	*For Laurence, the friendly service is as important as the quality of the products.*

2. Stressed pronouns **(Chapitre 12, Leçon 2)** are used after **que** when a pronoun is required.

Elle est plus intelligente que **lui**.	*She is more intelligent than he is.*

[Allez-y! A]

Superlative Form of Adjectives

1. To form the superlative of an adjective, use the appropriate definite article with the comparative form of the adjective.

Deborah est frisée. → Juliette est plus frisée que Deborah. → Alice est **la** plus frisée des trois.

OU

Alice est frisée. → Juliette est moins frisée qu'Alice. → Deborah est **la** moins frisée des trois.

2. Superlative adjectives normally follow the nouns they modify, and the definite article is repeated.

Alice est **la** femme **la plus frisée** des trois.	*Alice is the woman with the curliest hair of the three.*

3. Adjectives that usually precede the nouns they modify can either precede or follow the noun in the superlative construction. If the adjective follows the noun, the definite article must be repeated.

> **la** plus petite maison
>
> OU
>
> **la** maison **la** plus petite

4. The preposition **de** expresses *in* or *of* in a superlative construction.

Alice et Grégoire habitent la plus belle maison **du** quartier.	*Alice and Grégoire live in the most beautiful house in the neighborhood.*
C'est le quartier le plus cher **de** la ville.	*It's the most expensive neighborhood in town.*

Irregular Comparative and Superlative Forms

The adjective **bon(ne)** has irregular comparative and superlative forms. **Mauvais(e)** has both regular and irregular forms.

	COMPARATIVE	SUPERLATIVE
bon(ne)	meilleur(e)	le meilleur/la meilleure
mauvais(e)	plus mauvais(e) pire	le plus mauvais/la plus mauvaise le/la pire

Les légumes à Carrefour sont bons mais les légumes à Trouvetout sont **meilleurs.**	*The vegetables at Carrefour are good, but the vegetables at Trouvetout are better.*
Ce grand magasin est **le meilleur** de la ville.	*This department store is the best (one) in town.*
Ce détergent-ci est **plus mauvais (pire)** que ce détergent-là.	*This detergent is worse than that detergent.*
C'est **le plus mauvais (le pire)** des produits.	*It's the worst of products.*

[Allez-y! B-C]

Allez-y!

A. Comparaisons. Regardez les deux dessins et répondez aux questions suivantes.

MODÈLE: Qui est moins nerveux, le jeune homme ou la jeune fille?
La jeune fille est moins nerveuse (que le jeune homme).

1. Qui est plus grand, le jeune homme ou la jeune fille? Qui est plus mince?
2. Est-ce que la jeune fille a l'air aussi dynamique et sympathique que le jeune homme?
3. Qui est plus timide, plus bavard (*talkative*)?
4. Est-ce que le jeune homme est aussi studieux que la jeune fille?
5. Est-ce que le jeune homme est plus ou moins travailleur que la jeune fille?
6. Qui est le plus ambitieux des deux? Qui est le plus sportif des deux?

B. Un couple de francophiles. M. et Mme Cohen adorent tout ce qui est français et ils ont tendance à exagérer. Donnez leur opinion en transformant les phrases selon le modèle.

MODÈLE: Le français est une très belle langue. →
Le français est la plus belle langue du monde.

1. La cuisine française est bonne.
2. Les vins de Bourgogne sont sophistiqués.
3. La civilisation française est très avancée.
4. Paris est une ville intéressante.
5. Les Français sont un peuple cultivé.
6. La France est un beau pays.

C. Opinions. Changez les phrases suivantes, si nécessaire, pour indiquer votre opinion personnelle: **plus / moins / aussi... que; meilleur(e) / plus mauvais(e) que.** Regardez d'abord les expressions de **Mots-clés.** Utilisez ces mots, et justifiez vos opinions.

1. Le sport est aussi important que les études.
2. Les rapports humains sont aussi importants que les bonnes notes.
3. Grâce à la technologie, la vie des étudiants est meilleure qu'il y a vingt ans.
4. Les cours universitaires sont plus intéressants que les cours à l'école secondaire.
5. Comme étudiant(e), je suis plus sérieux/sérieuse que la plupart de mes ami(e)s.

Leçon 4

Proverbe

Il ne faut pas dire « Fontaine je ne boirai pas de ton eau ».

Lecture

Avant de lire

Using the dictionary. As you know, you can figure out from context the meaning of many unfamiliar words that you encounter in readings. Sometimes, however, you will need to consult a dictionary. When you do, keep in mind the following guidelines.

1. If possible, use a good hardback French–English dictionary. Paperback dictionaries often do not provide all the common equivalents for a word, nor do they offer examples of usage.
2. Read through *all* the meanings and examples. Make sure the meaning you choose corresponds to the part of speech (noun, verb, etc.) of the French word you are looking for and, of course, that it makes sense in context.
3. Later on, try consulting a monolingual dictionary: one in which French words are defined in French. This may present a bit of a challenge at first, but you will find it of great benefit in terms of vocabulary enrichment and increased range of expression.

The following sentence appears in the middle of the first paragraph of the reading selection: "La fermeture des frontières [...] a conduit beaucoup d'Africains francophones, depuis la fin des années 80, à trouver d'autres pays d'accueil." Look for the meaning of **conduire** in the following excerpt from the *Collins Robert French Dictionary:*

> **conduire** [kɔ̃dɥiʀ] v. tr. (emmener) **~qn quelque part** to take sb somewhere; *véhicule* to drive; [*études, événements*] to lead sb somewhere; (transmettre) *chaleur, électricité* to conduct

Which meaning is closest to the use of **conduire** in the sentence quoted from the article? Now, take a look at the definition of **conduire** from the *Nouveau Petit Robert 1:*

1♦ Mener (qqn) quelque part. *Conduire qqn chez le médecin.*
2♦ Diriger (un animal). *Conduire un troupeau, une caravane.*
3♦ Diriger (un véhicule). *Conduire une voiture, un autobus, un tracteur.* [...]
7♦ (Abstrait) Amener (qqn) à être dans telle situation. (Sujet personne) *Son entraîneur l'a conduit à la victoire.* → **mener.** *Il l'a conduite au désespoir.* → **acculer, pousser, réduire,** (Sujet chose) *Une politique qui nous a conduits à l'échec. Où tout cela nous conduit-il?*

Was it easier or harder to use the monolingual dictionary?

À propos de la lecture... Cet article est tiré et adapté de *L'autre Afrique,* magazine français d'intérêt africain.

États-Unis
Immigrés ouest-africains

« $\mathcal{S}$ i la France était du riz, il ne resterait plus que le fond de la marmite.»[1]
Prononcée en wolof,[2] cette phrase revient comme un refrain[3] chez les Modou-Modou—nom que se sont donné les immigrés sénégalais des États-Unis d'Amérique. La fermeture des frontières[4] et la multiplication des tracasseries administratives[5] en France ont conduit beaucoup d'Africains francophones, depuis la fin des années 80, à trouver d'autres pays d'accueil.[6]

Immigrés ouest-africains vendant au marché à New York.

[1]Si... *If France were rice, there would be just the bottom of the pot left.* [2] *Senegalese language* [3]revient... *has become a household phrase* [4]fermeture... *closing of the borders* [5]tracasseries... *annoying details of bureaucracy* [6]pays... *countries to which to immigrate*

Entre 1984 et 1994, les chiffres officiels de l'immigration africaine ont doublé, passant de 15 540 à 26 700 nouveaux arrivants par an. Le gros de[7] la nouvelle vague africaine provient des pays de l'Afrique de l'Ouest francophone: le Sénégal, le Mali et, dans une moindre mesure,[8] la Côte-d'Ivoire et la Guinée. Comme en France, l'émigration africaine aux États-Unis est sans doute celle qui se caractérise par le niveau d'éducation le plus élevé. Crises politiques, chômage et dévaluation du franc ont précipité[9] le départ de nombreux diplômés, en panne de débouchés.[10] Dans les écoles privées et les universités de la côte est, où ces nouveaux immigrés sont concentrés, les professeurs africains se comptent à la dizaine.[11]

Particulièrement dynamiques, les commerces sénégalais ont essaimé[12] à Harlem. Peu à peu, les activités d'immigrés ouest-africains se sont diversifiées. Salons de coiffure, restaurants, tailleurs et magasins de vêtements se sont multipliés. Harlem compte une demi-douzaine de sociétés de taxis africaines. Une pharmacie et une boucherie halal[13] se distinguent, elles, par leur originalité. À force de travail,[14] certains ont ouvert leurs propres affaires, comme Salif et Ndeye, propriétaires depuis 1990 de l'un des premiers restaurants sénégalais à New York.

«Des Modou-Moudou qui ont échoué[15]? J'en connais pas!» affirme Dame Babou, correspondant à New York du journal sénégalais *Sud Quotidien*. «Les immigrés qui n'ont pas réussi ne sont pas ceux qui n'ont pas trouvé de travail, mais ceux qui sont repartis parce qu'ils ne se sont pas plu aux[16] États-Unis.»

[7]Le... *The bulk of*   [8]dans... *to a lesser extent*   [9]ont... *hastened*   [10]en... *without job opportunities*   [11]à... *by the dozens*   [12]ont... *multiplied*   [13]*kosher*   [14]À... *By working hard*   [15]ont... *have failed*   [16]ne... *did not enjoy being in the*

Compréhension

Profil des immigrés. Répondez aux questions suivantes.

1. Que signifie le nom Modou-Modou?
2. Pourquoi les immigrés ont-ils choisi les États-Unis au lieu de la France?
3. De combien est-ce que l'immigration africaine a augmenté depuis 1984?
4. Dans quels domaines travaillent les immigrés ouest-africains aux États-Unis?
5. Selon l'auteur de l'article, quelle est la principale raison pour laquelle les immigrés ouest-africains quittent les États-Unis?

Écriture

Vos projets d'avenir. Répondez aux questions suivantes au sujet de votre avenir. Ensuite, mettez vos réponses sous la forme d'un texte. Vous pouvez ajouter des informations supplémentaires.

1ᴱᴿ PARAGRAPHE:

1. Qu'est-ce que vous ferez dans cinq ans? Quel genre d'emploi occuperez-vous?
2. Où habiterez-vous?
3. Quel sera votre état civil (*marital status*)

2ᴱ PARAGRAPHE:

4. Quelle sera la situation dans le monde?
5. Comment est-ce que la technologie influencera la vie de tous les jours?

À L'écoute!

Carrières. Vous allez entendre trois offres d'emploi à la radio. Lisez les activités suivantes avant d'écouter le vocabulaire et les séquences sonores qui leur correspondent.

VOCABULAIRE UTILE

la comptabilité	accounting
la rentrée prochaine	beginning of next academic year

A. Quel poste? Déterminez de quel poste il s'agit dans chaque cas.

Annonce 1 _____   **a.** professeur
Annonce 2 _____   **b.** ingénieur
Annonce 3 _____   **c.** secrétaire

B. À chacun son emploi! Quelle annonce (numéro 1, 2 ou 3) convient à (*is appropriate for*) chacune des personnes suivantes? Encerclez le numéro.

1. Laurence Chassagne enseigne la physique et la chimie dans un lycée technique et rêve de partir à l'étranger.
   1   2   3
2. Carole Bernard parle trois langues couramment et est forte en calcul (*arithmetic*).
   1   2   3
3. Lionel Pelletier est spécialiste en informatique. Il voudrait trouver un travail avec plus de responsabilité.
   1   2   3

En société

EXPRESSIONS UTILES

on a rédigé un nouveau plan de commercialisation	we wrote a new business plan
une telle expérience	this much experience
un bon défi que j'ai su relever	a challenge that I was able to undertake

Extrait du dialogue

PATRONNE: Donc, vous avez de l'expérience en commerce international?

CLAIRE: Oui. J'étais responsable, en partie, de trouver de nouveaux marchés.

PATRONNE: C'est à dire?

CLAIRE: J'aidais la directrice de marketing. Ensemble, on a rédigé un nouveau plan de commercialisation.

PATRONNE: Alors, c'était très spécialisé...

CLAIRE: Oui. Mes connaissances en chimie et en marketing m'ont été très utiles. J'ai également appris beaucoup de choses sur ce type d'industries et...

Jeux de rôles

Avec un(e) partenaire, jouez les scènes suivantes.

1. Vous rencontrez Mme Dumont, gestionnaire (*administrator*) pour l'Europe à l'Agence France Presse. Elle a besoin d'un assistant / une assistante de langue maternelle anglaise et avec une bonne connaissance du français.

2. Vous voulez vous inscrire à des études de deuxième (ou troisième) cycle (*graduate school*). Mais d'abord, vous devez rencontrer le professeur Mathieu pour parler de vos études, de votre expérience de travail et de vos intérêts.

Note culturelle

Vous êtes étudiant étranger / étudiante étrangère en France et vous voulez travailler? Si vous êtes originaire d'un pays de l'Union européenne, rien de plus facile: vous en faites la demande et vous obtiendrez l'autorisation de travailler un maximum de vingt heures par semaine et trois mois pendant l'été. Si vous ne faites pas partie de l'Union européenne, vous devrez faire une demande et attendre jusqu'à la deuxième année de votre séjour pour obtenir une autorisation de six mois renouvelable.[1]

[1] *renewable*

CHAPITRE 14 *Vocabulaire*

Verbes

couvrir to cover
découvrir to discover
dépenser to spend (*money*)
déposer to deposit
diriger to direct
faire des économies to save (up) money
faire un chèque to write a check
gagner to earn; to win
intéresser to interest
offrir to offer
ouvrir to open
poser sa candidature to apply
retirer to withdraw
soigner to treat
souffrir to suffer
toucher to cash

Substantifs

l'argent (*m.*) **liquide** cash
l'augmentation (*f.*) increase
l'avenir (*m.*) future
le bijou jewel
le budget budget
le bureau de change money exchange (office)
le carnet de chèques checkbook
la carte bancaire bank (ATM) card
la carte de crédit credit card
le chèque check
le/la chômeur/euse unemployed person
le compte-chèques checking account

le compte d'épargne savings account
le cours exchange rate
le coût de la vie cost of living
le curriculum vitæ (C.V.) résumé
la demande d'emploi job application
la dépense expense
l'emploi (*m.*) job
l'emprunt (*m.*) loan
l'entreprise (*f.*) company
l'entretien (*m.*) job interview
les frais (*m. pl.*) expenses, costs
le guichet automatique automatic teller
le métier trade, profession
le montant sum, amount
le reçu receipt
le salaire salary
la société company
le taux de change exchange rate
le taux de chômage unemployment rate

À REVOIR: **l'horaire** (*m.*)

Les professions

l'agent (*m.*) **de police** police officer
l'agriculteur/trice farmer
l'architecte (*m., f.*) architect
l'artisan(e) artisan, craftsperson
l'artiste (*m., f.*) **peintre** (artist) painter

l'avocat(e) lawyer
le/la boucher/ère butcher
le cadre middle or upper manager
le chef d'entreprise company head, top manager, boss
le/la coiffeur/euse hairdresser
le/la commerçant(e) shopkeeper
le/la comptable accountant
le/la dentiste dentist
le/la directeur/trice manager, head
le/la directeur/trice commercial(e) business manager
l'employé(e) employee
le facteur letter carrier
le/la fonctionnaire civil servant
l'ingénieur (*m.*) engineer
l'instituteur/trice primary school teacher
le/la journaliste reporter
le marchand de vin wine merchant
le médecin (la femme médecin) doctor
l'ouvrier/ière (manual) worker
le/la pharmacien(ne) pharmacist
le plombier plumber
le/la secrétaire secretary
le/la travailleur/euse worker
   le travailleur indépendant self-employed worker
   le travailleur salarié salaried worker

À REVOIR: l'acteur, l'actrice; l'artiste (*m., f.*); l'écrivain (la femme écrivain); le/la peintre; le/la serveur/euse

Mots et expressions divers

à l'avenir from now on, in the future

à partir de maintenant from now on

aussi... que as . . . as

aussitôt que as soon as

dès que as soon as

dont whose, of whom, of which

fort (*adv.*) very

meilleur(e) better

moins... que less . . . than

où where; when

pire worse

plus... que more . . . than

que whom, that, which

qui who, that, which

un jour someday

CHAPITRE 15

Les loisirs

Chère Bénédicte,

Qui va être très contente et remercier son grand ami Jérôme? Qui va travailler au Club Med cet été comme photographe? Qui va partir aux Antilles avec un billet d'avion payé par son employeur? Qui va vivre sous le soleil des Caraïbes pendant trois mois? Tu as deviné: c'est toi. Et ce n'est pas une blague! Je t'ai trouvé le petit boulot de tes rêves et tu peux déjà commencer à faire ta valise: n'oublie pas tes maillots de bain!

Tu prendras des photos à la piscine, à la plage, pendant les activités de plein air, et aussi le soir pendant les spectacles. Une vraie vie d'artiste! J'espère que tu es contente. Toute l'équipe t'attend!

À bientôt,
Jérôme

Fort-de-France, à la Martinique

Dans ce chapitre...

Objectifs communicatifs

* talking about leisure-time activities; getting information; being polite; speculating; making comparisons; talking about quantity

Contenu lexical (Leçon 1)

* Les loisirs
* Les verbes **courir** et **rire**

Contenu grammatical (Leçons 2 et 3)

* Les pronoms interrogatifs
* Le présent du conditionnel

* La comparaison de l'adverbe et du nom
* Les adjectifs et les pronoms indéfinis

Vidéothèque

* Initiation (ci-dessous)
* En société (Leçon 4)

Initiation Une promenade dans le parc

Paul et Caroline profitent du beau temps pour se balader dans le parc. Et pourquoi ne pas aller faire un petit voyage?

VOCABULAIRE UTILE

ce qu'on devrait faire	what we should do
une bonne choucroute	a good sauerkraut
rêver	to dream

À vous de décider! Indiquez si les phrases suivantes sont vraies ou fausses.

1. V F Caroline suggère de faire un voyage à l'étranger.
2. V F En cette saison, il y a peu de gens sur la Côte d'Azur.
3. V F Une des spécialités culinaires bretonnes, ce sont les crêpes.
4. V F Paul propose d'aller sur la côte basque.
5. V F Biarritz est situé en Bretagne.

Leçon 1

P A R O L E S

Quelques loisirs

Les spectacles (*m.*)
la chanson de
  variété*
le cinéma

Les activités (*f.*) **de plein air**
la pêche   le ski
la pétanque†   la marche
le pique-nique

Les sports (*m.*)
le football
le cyclisme
les matchs (*m.*)
  (de football)

Les jeux (*m.*)
les jeux de hasard
les jeux de société

Le bricolage
le jardinage

Les passe-temps (*m.*)
les collections (*f.*)
la lecture
la peinture

AUTRES MOTS UTILES
assister à‡   to attend
bricoler   to putter around, do odd jobs

───────────────────

*Une chanson de variété is a popular song, frequently associated with a particular singer
  and sung in a music hall or a small nightclub.
†**La pétanque** is a Provençal game similar to Italian bocce ball.
‡**Aider** means *to assist, help.*

Allez-y!

A. Catégories. La chanson de variété est un spectacle. Dans quelle(s) catégorie(s) de distractions classez-vous _____?

MODÈLE: la marche → La marche, c'est une activité de plein air.

1. un match de football
2. une collection de timbres
3. le jardinage
4. la pêche
5. la roulette
6. la lecture
7. un pique-nique
8. le poker
9. le cinéma
10. la pétanque
11. le cyclisme
12. un concert de jazz

B. Interview. Posez les questions suivantes à un(e) camarade. Demandez-lui _____.

1. quelles sortes de chansons il/elle aime (les chansons d'amour, les chansons folkloriques, le rap, le hip hop?)
2. s'il/si elle a déjà joué à la pétanque
3. à quelles sortes de spectacles il/elle assiste souvent et à quel spectacle il/elle a assisté récemment
4. s'il/si elle préfère faire du sport ou s'il/si elle préfère assister à des événements sportifs; à quel événement sportif il/elle a assisté récemment
5. quel jeu de société il/elle préfère (le bridge, le Scrabble, le Monopoly?)
6. à quels jeux de hasard il/elle a joué, où il/elle y a joué et combien il/elle a gagné ou perdu
7. s'il/si elle aime bricoler et quels objets il/elle a réparés ou fabriqués
8. s'il/si elle collectionne quelque chose

balder dash

Du travail ou du bricolage?
À vous de décider!

Les verbes *courir* et *rire*

vive la détente!

PRESENT TENSE OF **courir** (*to run*)	**rire** (*to laugh*)
je cour**s**	je ri**s**
tu cour**s**	tu ri**s**
il/elle/on cour**t**	il/elle/on ri**t**
nous cour**ons**	nous ri**ons**
vous cour**ez**	vous ri**ez**
ils/elles cour**ent**	ils/elles ri**ent**

Past participle:	**couru**	**ri**
Future stem:	**courr-**	**rir-**

Allez-y!

A. Sondage sur le jogging. De plus en plus de gens sont des adeptes du jogging.

1. Demandez à un(e) camarade s'il/si elle fait du jogging.

Si oui, demandez-lui _____.

2. combien de fois par semaine il/elle court
3. pendant combien de temps il/elle court ou combien de kilomètres il/elle fait (1 mille = 1,6 kilomètres)
4. depuis quand il/elle fait du jogging

Si non, demandez-lui _____.

5. pourquoi il/elle ne court pas
6. s'il/si elle pratique un autre sport
7. ce qu'il/elle pense des gens qui font du jogging régulièrement

B. Le rire. Le rire est le passe-temps préféré de beaucoup de gens. Et vous? Aimez-vous rire? Avec un(e) camarade, répondez aux questions suivantes. Chaque fois que vous répondez que oui, donnez un exemple.

1. Racontez-vous des blagues (*jokes*)? **2.** Faites-vous souvent des jeux de mots (*puns*)? **3.** Avez-vous un(e) comique préféré(e)? **4.** Est-ce qu'il y a un film ou une pièce de théâtre que vous trouvez particulièrement intéressant(e)? **5.** Est-ce que vous riez quelquefois en cours de français? Quand et pourquoi?

Leçon 2

Les pronoms interrogatifs
Getting Information

Au match de rugby

BILL: **Qu'est-ce qu'**ils essaient de faire?

JEAN-PAUL: Eh bien, ils essaient de poser le ballon derrière la ligne de but de l'équipe adverse.

BILL: **Qu'est-ce qui** se passe là?

JEAN-PAUL: Là, il y a une mêlée.

BILL: Et c'est **quoi,** une mêlée?

JEAN-PAUL: C'est quand plusieurs joueurs de chaque équipe sont regroupés autour du ballon. Tu vois, un des joueurs l'a récupéré.

BILL: **Lequel?**

JEAN-PAUL: Patrick Entat.

BILL: **Qu'est-ce qui** l'empêche de le passer vers le but?

JEAN-PAUL: Les règles du jeu, mon vieux! C'est du rugby, ce n'est pas du football américain.

Voici des réponses. Quelles en sont les questions?

1. Ils essaient de plaquer (*tackle*) le joueur qui court avec le ballon.
2. C'est Duval qui passe le ballon à Patrick Entat.
3. Un essai, c'est l'avantage obtenu quand un joueur réussit à poser le ballon derrière la ligne de but.

Forms of Interrogative Pronouns
• •

Interrogative pronouns—in English, *who? whom? which? what?*—are used to ask questions. They can play several roles in questions, serving as subjects, as objects of verbs, or as objects of prepositions. You are already familiar with the French interrogative pronouns **qui** and **qu'est-ce que.** Following is a more detailed list of French interrogative pronouns. Note that different pronouns are used for people and for things, and that several pronouns have a short and a long form.

USE	PEOPLE	THINGS
Subject of a question	qui qui est-ce qui	——— qu'est-ce qui
Object of a question	qui qui est-ce que	que qu'est-ce que
Object of a preposition	à qui	à quoi

Use of Interrogative Pronouns

1. **As the subject of a question:** There are two French equivalents for *who,* but only one for *what.* **Qui** is always followed by a singular verb.

    PEOPLE

    Qui fait du jogging ce matin?
    Qui est-ce qui fait du jogging ce matin?

    THINGS

    Qu'est-ce qui se passe?
    (*What's happening?*)

2. **As the object of a question:** There are two French equivalents for both *whom* and *what.* Note the special word order for the long and short forms.

    - Long forms: **Qui est-ce que**
      Qu'est-ce que + *subject* + *verb* + (*other elements*)?

      Qui est-ce que tu as vu sur le court de tennis ce matin?
      Qu'est-ce que Marie veut faire ce soir?

      Whom did you see on the tennis court this morning?
      What does Marie want to do this evening?

    Qu'est-ce que (**Qu'est-ce que c'est que**) is a set phrase used to ask for a definition: *What is* ____? **Qu'est-ce que la pétanque?**

    - The short form **qui: Qui** (+ *noun subject*) + *verb-pronoun* + (*other elements*)?

      Qui as-tu vu à la salle de sports?
      Qui Marie a-t-elle vu sur le court de tennis?

      Whom did you see at the gym?
      Whom did Marie see on the tennis court?

- The short form **que**: **Que** + *verb* + *subject* (*noun or pronoun*) + (*other elements*)?

Que cherches-tu?	*What are you looking for?*
Que cherche Isabelle?	*What is Isabelle looking for?*

Note that both **qui** and **que** are followed by an inverted subject and verb.

[Allez-y! A]

3. **As the object of a preposition: Qui** is used to refer to people, **quoi** to refer to things.

À qui est-ce que Michel parle?	*Who(m) is Michel speaking to?*
De qui parles-tu?	*Who(m) are you talking about?*
À quoi Corinne réfléchit-elle?	*What is Corinne thinking about?*
De quoi parlez-vous?	*What are you talking about?*

[Allez-y! B-C]

Lequel
• •

Lequel, laquelle, lesquels, and **lesquelles,** (*which one[s]?*) is used to ask about a person or thing that has already been mentioned. It agrees in gender and number with the noun to which it refers.

—Avez-vous vu cet opéra?	*Have you seen this (that) opera?*
—**Lequel?**	*Which one?*
—Vous rappelez-vous cette pièce de théâtre?	*Do you remember this (that) play?*
—**Laquelle?**	*Which one?*

[Allez-y! D]

Allez-y!

A. **À la Maison des jeunes et de la culture.*** Posez des questions sur les activités des jeunes à la MJC. Utilisez **qui** ou **qui est-ce qui,** en remplaçant les mots en italique.

MODÈLE: *Pierrot* apprend à jouer du piano. →
Qui (Qui est-ce qui) apprend à jouer du piano?

---

*The **Maison des jeunes et de la culture (MJC)** is a recreational center supported by the French government. **MJC**s offer courses in many hobbies and sports and sponsor cultural events.

1. *Astrid* est en train de lire (*is reading*) un roman.
2. *Paul* apprend à faire un portrait dans le cours de peinture.
3. *Jean-Loup* écoute un concert de musique vietnamienne.
4. *Le professeur* choisit les meilleures œuvres à exposer.

Maintenant, posez des questions avec **que** ou **qu'est-ce que**.

MODÈLE: Sylvie regarde *un film de François Truffaut* au ciné-club. →
Que regarde Sylvie au ciné-club? (Qu'est-ce que Sylvie regarde au ciné-club?)

5. Les jeunes font *des vases* dans le cours de poterie.
6. On joue *un air de Jacques Brel* dans le cours de guitare.
7. Jean a fabriqué *des étagères* dans l'atelier de bricolage.
8. Marie a travaillé *son service* pendant son cours de tennis.

B. **Exposition à la MJC.** Vous êtes chargé(e) d'organiser une exposition à votre MJC, et vous donnez des instructions à un groupe de volontaires. Quelles questions vous posent-ils? Choisissez l'interrogatif correct.

MODÈLE: (qui / qu'est-ce que) William nous prêtera une... →
Qu'est-ce que William nous prêtera?

1. (qui / qu'est-ce qui) Le directeur a invité...
2. (qui / qu'est-ce que) Valérie va nous apporter une...
3. (qui / qui est-ce qui) Nous devons téléphoner à...
4. (à quoi / de quoi) Demain, vous voulez nous parler...
5. (qui est-ce qui / qui) Nadine viendra avec son...
6. (quoi / que) Vous pensez beaucoup à la...

C. **Une matinée de bricolage.** Ce matin, il y a eu beaucoup d'animation chez les Fontanet. À son retour de la maternelle (*kindergarten*), la petite Émilie veut tout savoir. À l'aide des mots en italique, formulez les questions.

MODÈLE: Papa a invité *un ami.* →
Qui est-ce que papa a invité?

1. *Maman* fabriquait une petite table.
2. Jean-Louis faisait *de la poterie.*
3. Papa parlait avec *son ami.*
4. *Jean-Louis* a ouvert la porte.
5. Le chien a vu *le facteur.*
6. Maman a crié après *le chien.*
7. Le chien a couru après *le facteur.*
8. *La poterie* est tombée par terre.
9. *Papa* a rattrapé (*caught*) le chien.
10. Le chien a cassé (*broke*) *la petite table de maman.*

D. Interview. Avec un(e) camarade de classe, posez des questions et répondez-y à tour de rôle.

MODÈLE: acteurs comiques: Jim Carrey, Robin Williams →
　　　　É1: Lequel de ces acteurs comiques préfères-tu, Jim Carrey ou Robin Williams?
　　　　É2: Je préfère Robin Williams. Et toi, lequel préfères-tu?
　　　　É1: Je préfère...

1. actrices: Jodie Foster, Whoopi Goldberg
2. peintres: le Français Degas, l'Espagnol Picasso
3. chanteuses: Alanis Morissette, Mariah Carey
4. loisirs: le bricolage, le jardinage
5. spectacles: les manifestations sportives, les chansons de variété
6. chansons: les chansons des Smashing Pumpkins, des Wall Flowers

Que pouvez-vous dire des goûts de votre camarade?

Le présent du conditionnel

Being Polite, Speculating

Ah, si j'étais riche...

FRANÇOIS: Qu'est-ce que tu **ferais**, toi, si tu gagnais au loto?

VINCENT: Moi, je crois que j'**achèterais** un vieux cinéma de quartier. Je **choisirais** tous les films que j'aime et tous mes copains **pourraient** entrer gratuitement.

CHLOË: Moi, si je gagnais assez d'argent, je **m'installerais** dans le sud de la France et je **passerais** mon temps à faire de la peinture. J'**aurais** une grande maison et vous **pourriez** venir me voir tous les week-ends.

Et vous? Si vous gagniez au loto, qu'est-ce que vous feriez?

Forms of the Conditional

1. In English, the conditional is a compound verb form consisting of *would* plus the infinitive: *he would travel, we would go.* In French, the **conditionnel** is a simple verb form. The imperfect tense endings **-ais, -ais, -ait, -ions, -iez, -aient** are added to the infinitive. The final **-e** of **-re** verbs is dropped before the endings are added.

parler	finir	vendre
je parler**ais**	je finir**ais**	je vendr**ais**
tu parler**ais**	tu finir**ais**	tu vendr**ais**
il/elle/on parler**ait**	il/elle/on finir**ait**	il/elle/on vendr**ait**
nous parler**ions**	nous finir**ions**	nous vendr**ions**
vous parler**iez**	vous finir**iez**	vous vendr**iez**
ils/elles parler**aient**	ils/elles finir**aient**	ils/elles vendr**aient**

Elle **passerait** son temps à faire de la peinture. — *She'd spend her time painting.*
Elle **habiterait** dans une grande maison à la campagne. — *She'd live in a big house in the country.*

2. Verbs with irregular stems in the future tense (**Chapitre 14, Leçon 2**) have the same irregular stems in the conditional.

S'il ne pleuvait pas, nous **irions** tous à la pêche. — *If it weren't raining, we would all go fishing.*
Elle **voudrait** venir avec nous. — *She would like to come with us.*
Est-ce que tu **aurais** le temps de m'aider à tout préparer? — *Would you have time to help me prepare everything?*

Uses of the Conditional

1. In both English and French, the conditional is used to make polite requests or inquiries. It gives a softer, more deferential tone to statements that might otherwise seem abrupt (see **Mots-clés** of **Chapitre 6, Leçon 2** and **Chapitre 7, Leçon 3**).

Auriez-vous la gentillesse de m'aider? — *Would you be so kind as to help me?*
Je **pourrais** poser une question? — *Could I ask a question?*
Jean **voudrait** venir avec moi. — *Jean would like to come with me.*
Tu **devrais** faire plus de sport. — *You should be more active.*
Nous **aimerions** commander. — *We would like to order.*

[Allez-y! A-B]

2. The conditional is used in the main clause of sentences containing **si** (*if*) clauses to express what *would* happen if the hypothesis of the *if*-clause were true. The imperfect is used in the *if*-clause.

Si j'**avais** le temps, je **jouerais** au tennis.	*If I had time, I would play tennis.*
Si nous **pouvions** pique-niquer tous les jours, nous **serions** contents.	*If we could go on a picnic every day, we would be happy.*
Elle **irait** avec vous au bord de la mer si elle **savait** nager.	*She would go to the seashore with you if she knew how to swim.*

The **si** clause containing the condition is sometimes understood but not directly expressed.

Je **viendrais** avec grand plaisir... (si tu m'invitais, si j'avais le temps, etc.).	*I would like to come . . . (if you invited me, if I had the time, etc.).*

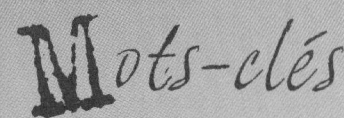

Mots-clés

Exprimer un désir et suggérer

The construction **si + imparfait** (without the conditional) is used to express a wish or to make a suggestion.

Si j'étais riche!	*If I were rich!*
Si on dansait?	*Shall we dance?*

3. Remember that an *if*-clause in the present expresses a condition that, if fulfilled, will result in a certain action (stated in the future).

Si j'**ai** le temps, je **jouerai** au tennis cet après-midi.	*If I have the time, I'll play tennis this afternoon.*

Note that the future and the conditional are *never* used in the dependent clause (after **si**) of an *if*-clause sentence.

4. The present conditional of the verb **devoir** is used to give advice and corresponds to the English *should*.

—J'aime bien les jeux de hasard.	*I like games of chance.*
—Vous **devriez** aller à Monte-Carlo.	*You should go to Monte Carlo.*
—Elle a besoin d'exercice.	*She needs some exercise.*
—Elle **devrait** faire du jogging.	*She should go jogging.*

[Allez-y! C-D-E]

Allez-y!

A. Soyons diplomates. Vous avez un ami / une amie qui donne toujours des ordres. Indiquez-lui deux façons de demander la même chose, mais poliment.

MODÈLE: L'AMI(E): Dites-moi à quelle heure le film commence!
VOUS: Non! Pourriez-vous me dire à quelle heure le film commence? (Je voudrais savoir à quelle heure le film commence.)

Pourriez-vous me donner

1. Donnez-moi un billet!
2. Expliquez-moi pourquoi les billets sont si chers.
3. Faites-moi de la monnaie de cent francs.
4. Dites-moi dans quelle salle on passe ce film.
5. Dites-moi si je dois réserver des places pour le film qui ouvre demain.

B. S'il vous plaît. Soyons poli(e)s! Utilisez le conditionnel dans les phrases suivantes. Ajoutez **s'il vous plaît** / **s'il te plaît** si possible.

MODÈLE: Je veux parler à Mme de la Falaise. →
Je voudrais parler à Mme de la Falaise, s'il vous plaît.

1. Pouvez-vous nous aider?
2. Est-ce que tu sais son numéro de téléphone?
3. Je veux bien assister à ce spectacle.
4. Savez-vous où on achète les billets?
5. Peux-tu venir avec nous?
6. Je préfère dîner en plein air.

C. Un après-midi de loisir. Si vous pouviez choisir, laquelle de ces activités feriez-vous cet après-midi? Posez les questions à un(e) camarade.

MODÈLE: faire une promenade en ville ou à la campagne →
É1: Est-ce que tu ferais une promenade en ville ou à la campagne?
É2: Je ferais une promenade à la campagne.

1. jouer au tennis ou au squash
2. aller au cinéma ou au café
3. passer une heure au musée ou au parc
4. manger une pizza ou un sandwich
5. boire un café ou un Coca-Cola
6. parler anglais ou français
7. faire des courses ou la sieste
8. écouter de la musique classique ou du rock
9. acheter des vêtements ou des livres
10. lire des bandes dessinées ou un roman
11. rendre visite à un ami / une amie ou à la famille
12. se reposer ou faire du sport

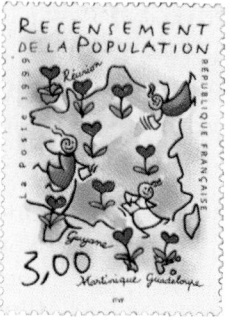

D. Problèmes de loisir. Donnez des conseils à un ami / une amie qui a des difficultés à organiser son temps libre. Commencez par «À ta place, je _____.»

MODÈLE: É1: J'ai envie de danser!
É2: À ta place, j'irais en boîte.

1. J'aime le sport. **2.** J'aime les timbres rares. **3.** J'ai envie de lire quelque chose d'intéressant. **4.** J'aime fabriquer des meubles. **5.** J'ai besoin de tranquillité. **6.** J'admire les tableaux de l'école de Fontainebleau.

E. De beaux rêves. Imaginez ce que vous feriez dans les situations suivantes. Justifiez vos choix.

MODÈLE: si vous gagniez un voyage →
Si je gagnais un voyage, j'irais à Tahiti.

1. si vous receviez un chèque de 100 000 dollars
2. si vous deviez vivre dans une autre ville
3. si vous pouviez avoir la maison de vos rêves
4. si vous preniez de longues vacances
5. si vous veniez de finir vos études

Et si on allait en Provence?

Correspondance 15

Paul Gauguin
La Baie de Sainte-Pierre à la Martinique

CARTE POSTALE

Mon cher Jérôme,

Tu es un amour! Je savais bien que je pouvais compter sur toi!
Comment te remercier? Je suis aux anges! Bientôt, je serai à
la Martinique! Je vais faire du sport, danser, bronzer—et bien sûr,
prendre des photos!
En attendant le grand jour où je pourrai faire ton portrait—en couleur et grand
format—j'ai un cadeau pour toi: c'est rond, léger, élégant, original. C'est un
chapeau que j'ai acheté au marché aux puces. Ce sera parfait pour nos soirées
costumées!
J'arrête mes bavardages. Demain j'ai un examen et je veux me coucher tôt.
Gros bisous,
Bénédicte

Portrait

Zinedine Zidane (footballeur né en 1972)

On se souviendra longtemps de la Coupe du Monde de football organisée à Paris en 1998. Depuis la victoire des Bleus[1] contre le Brésil, le 12 juillet, Zidane—Zizou pour ses fans—est la star de l'équipe de France.

Cet athlète exceptionnel de 1,85 m et 80 kilos a débuté sa carrière à la Juventus de Turin, la fameuse équipe italienne. Attaquant de génie,[2] il est célèbre pour ses talonnades[3] et ses accélérations exceptionnelles. Discret et solidaire, il refuse les honneurs personnels et montre[4] un bel esprit équipe. En France, nombreux sont les enfants qui rêvent de lui ressembler.[5]

[1]l'équipe de football française   [2]Attaquant... *A great offense player*   [3]*back-heels*   [4]*shows*   [5]rêvent... *dream of being like him*

Flash **Les Antilles: la vie en musique**

Les Antillais adorent la musique et la danse. À la Martinique et à la Guadeloupe, on vit au rythme du tambour[1] *gwo-ka*, du violon, de l'accordéon, de la guitare et du saxophone.

Avec le jazz et le reggae, la musique antillaise combine trois influences: celles de l'Afrique, de l'Amérique du Sud et de La Nouvelle-Orléans.

Les Antillais ont le sens de la fête. Sous les tropiques, toute occasion est bonne pour se divertir en musique, chanter et danser: une naissance,[2] un mariage, un anniversaire ou une simple réunion de famille.

Chaque année, en février ou en mars, chacun se consacre au carnaval: concours de chansons créoles, de costumes et de masques, jeux, spectacles,[3] concerts et bals. En tout, cinq jours de réjouissances,[4] de chants et de danses au rythme des orchestres de la rue.

[1]*drum* [2]*birth* [3]*shows* [4]*festivities*

Scène de rue au carnaval, à la Guadeloupe.

EN AVANT!

Un peu de bavardage

1. En Europe, le football est extrêmement populaire. En Amérique du Nord, c'est plutôt le football américain, le basket-ball, le base-ball ou le hockey qui soulèvent les foules.[1] Croyez-vous que le fanatisme sportif peut aller trop loin? Expliquez votre point de vue.
2. Nommez d'autres pays ou villes où l'on trouve des festivals annuels de chansons et musique. Comment s'appellent ces festivals? À quelle époque de l'année est-ce que ces événements se déroulent?

On est branché!

Pour obtenir des informations supplémentaires et les liens nécessaires pour répondre aux questions suivantes, visitez le site Web de *Vis-à-vis* à www.mhhe.com/visavis.

1. Cliquez sur <u>Rétro 98</u> et revivez les moments mémorables de la Coupe du Monde 98. Qui a remis[2] le trophée aux champions?
2. À quel rang du classement se trouve l'équipe des Bleus en ce moment? Quelles sont les quatre positions au foot?
3. Visitez le site de musique zouk.[3] Écoutez quelques extraits et dites ce que vous pensez de ce genre de musique.

[1]soulèvent... *stir up crowds* [2]a... *handed over* [3]musique de danse rythmée originaire des Antilles

Leçon 3

STRUCTURES

La comparaison de l'adverbe et du nom

Making Comparisons

Le jazz

JENNIFER: Tu vas souvent en boîte le week-end?

BRUNO: Non, je vais **plus souvent** dans des bars de jazz **qu'**en boîte. Il n'y a pas **autant de** monde et j'aime **mieux** la musique.

JENNIFER: Moi aussi, j'adore le jazz. J'ai **plus de disques** de Duke Ellington **que de** Madonna. Mais le jazz, je l'écoute **le plus souvent** chez moi. Quand je vais en boîte, c'est pour danser et aussi parce qu'il y a **plus d'ambiance.**

Corrigez les phrases erronées.

1. Bruno va rarement dans des bars de jazz.
2. Il y a plus de gens dans les bars de jazz que dans les boîtes.
3. Jennifer a autant de disques de Madonna que de Duke Ellington.
4. Jennifer trouve qu'il y a moins d'ambiance dans les bars de jazz.

Comparative and Superlative Forms of Adverbs

1. The same constructions you learned in **Chapitre 14, Leçon 3** for the comparative forms of adjectives are used for the comparative forms of adverbs.

plus... que (*more . . . than*)	Jeanne écoute du jazz **plus** souvent (**que** moi).	*Jeanne listens to jazz music more often (than I).*
moins... que (*less . . . than*)	On écoute la musique **moins** attentivement dans les boîtes de nuit **que** dans les bars de jazz.	*People listen to the music less attentively at discos than at jazz bars.*

aussi... que (*as . . . as*) Nous allons danser **aussi** souvent **que** possible. *We go dancing as often as possible.*

2. To form the superlative of an adverb, place **le** in front of the comparative form (**le plus...** or **le moins...**). Because adverbs are invariable, the definite article will always be **le.**

Pierre s'en va tard. Louis s'en va plus tard. Michel s'en va **le plus tard.**

Bien and *mal*

The comparative and superlative forms of **bien** are irregular. The comparative and superlative forms of **mal** are regular.*

	COMPARATIVE	SUPERLATIVE
bien	mieux	le mieux
mal	plus mal	le plus mal

Tu parles français **mieux** que moi. *You speak French better than I.*

Mais c'est Jean-Claude qui le parle **le mieux.** *But Jean-Claude speaks it best.*

Roland joue **plus mal** au tennis que moi. *Roland plays tennis worse than I.*

Mais c'est Marc qui y joue **le plus mal.** *But Marc plays the worst.*

[Allez-y! A]

---

*Irregular comparative and superlative forms of **mal** (**pis, le pis**) exist, but the regular forms are much more commonly used.

Comparisons with Nouns

• •

Plus de... (**que**), **moins de...** (**que**), and **autant de...** (**que**) express quantitative comparisons with nouns.

Ils ont **plus d'**argent (**que** nous), mais nous avons **moins de** problèmes (**qu'**eux).	*They have more money (than we do), but we have fewer problems (than they do).*
Je suis **autant de** cours **que** toi ce semestre.	*I'm taking as many courses as you this semester.*

[Allez-y! B-C]

Allez-y!

A. Les comparaisons. Avec l'aide des signes, comparez ces personnes célèbres en utilisant des phrases complètes. Mettez les verbes au présent.

Signes: + *more* = *as* − *less*

MODÈLE: Janet Jackson / danser / + bien / Mariah Carey →
Janet Jackson danse mieux que Mariah Carey.

1. Steven Spielberg / aller au cinéma / = souvent / George Lucas
2. Madonna / chanter / + mal / Céline Dion
3. Zinedine Zidane / jouer / + bien / au football / Alexei Lalas
4. Luciano Pavarotti / chanter / = bien / Plácido Domingo
5. Philippe Candeloro / patiner / − bien / Elvis Stojko
6. Tout le monde / jouer / − bien / au basket-ball / Michael Jordan

Des millions d'artistes

Pratiques artistiques amateurs au cours des douze derniers mois par sexe et âge (1997, en % de la population de 15 ans et plus):

	Homme	Femme
Jouer d'un instrument musical	15	11
Faire de la musique en groupe	11	9
Tenir un journal	6	11
Écrire des poèmes, nouvelles, romans	5	7
Faire de la peinture, sculpture, gravure	9	11
Faire de la poterie, céramique, reliure, artisanat d'art	3	5
Faire du théâtre	2	2
Faire du dessin	16	16
Faire de la danse	5	10

B. Les Français et les loisirs. Regardez le tableau et faites au moins trois comparaisons entre les hommes et les femmes en ce qui concerne les loisirs.

MODÈLE: Les hommes font moins de danse que les femmes, mais ils font plus de musique en groupe que les femmes.

C. Les habitudes. Demandez à un(e) camarade combien de fois par semaine, par jour, par mois ou par an il/elle fait quelque chose, puis comparez sa réponse avec vos propres habitudes. **Possibilités:** lire le journal, faire du sport, regarder la télévision, partir en voyage...

MODÈLE: É1: Combien de fois par semaine vas-tu au cinéma?
É2: Une ou deux fois par semaine.
É1: J'y vais plus (moins, aussi) souvent que toi.

Les adjectifs et les pronoms indéfinis
Talking about Quantity

Des vacances à la Martinique

DANIEL: Alors, vos vacances à la Martinique?

NADINE: **Tout** s'est très bien passé. Nous sommes restés **quelques** jours à Fort-de-France, la capitale, puis nous nous sommes détendus à la plage. Tu sais, les gens sont très sympas, mais ils ont **tous** un accent que nous avions du mal à comprendre. On avait parfois l'impression qu'il y en avait **quelques-uns** qui ne nous comprenaient pas non plus.

RAPHAËL: Et **chaque** fois qu'ils disaient **quelque chose,** on devait leur demander de répéter. C'est marrant. **Certains** mots sont les **mêmes** que chez nous mais **d'autres** sont complètement différents.

Vrai ou faux? Corrigez les phrases fausses.

1. Tout s'est mal passé.
2. Ils sont restés plusieurs jours à Fort-de-France.
3. Quelques personnes avaient un accent que Nadine et Raphaël ne comprenaient pas.
4. Les Martiniquais et les Français utilisent exactement les mêmes termes (les mêmes mots).

Forms and Uses of *tout*

1. The adjective **tout** (**toute, tous, toutes**)

   As an adjective, **tout** can be followed by an article, a possessive adjective, or a demonstrative adjective.

Nous avons marché **toute la journée** pour arriver au sommet du volcan.	*We hiked all day to reach the summit of the volcano.*
Nous étions là-haut avec **tous nos amis.**	*We were up there with all our friends.*
Tu as apporté **toutes ces provisions**?	*Did you bring all those supplies?*

   [Allez-y! A]

2. The pronoun **tout**

   As a pronoun (masculine singular), the form **tout** means *all, everything.*

Tout va bien!	*Everything is fine!*
Tout est possible dans ce pays.	*Everything is possible in this country.*

   Tous and **toutes** mean *everyone, every one (of them), all of them.* When **tous** is used as a pronoun, the final **s** is pronounced: **tous** [tus].

Tu vois ces jeunes gens? Ils veulent **tous** faire une danse traditionnelle.	*Do you see those young people? They all want to do a traditional dance.*
Ces photos sont arrivées hier. Sur **toutes,** on voit des costumes traditionnels.	*These photos arrived yesterday. In all of them, you see traditional costumes.*

Other Indefinite Adjectives and Pronouns

Indefinite adjectives and pronouns refer to unspecified things, people, or qualities. They are also used to express sameness (the same one) and difference (another). Here is a list of the most frequently used indefinite adjectives and pronouns in French.

ADJECTIVES		PRONOUNS	
quelques (+ *noun*)	*some*	**quelqu'un** (*invariable*)	*someone, anyone*
		quelqu'un de (+ *masc. adj.*)	*someone, anyone* (+ *adj.*)
		quelque chose	*something, anything*
		quelque chose de (+ *masc. adj.*)	*something, anything* (+ *adj.*)
		quelques-uns / quelques-unes (*pl.*)	*some, a few*
chaque (+ *noun*)	*each, every*	**chacun / chacune**	*each (one)*

EXPRESSIONS USED AS ADJECTIVES AND PRONOUNS	
un(e) autre (*another*)	**certain(e)s** (*certain*)
d'autres* (*others*)	**le/la même; les mêmes** (*the same*)
l'autre / les autres (*the other[s]*)	**plusieurs (de)** (*several [of]*)

*Note that **de** is used without an article before **autres** whether **autres** modifies a noun or stands alone as a pronoun.

ADJECTIVES	PRONOUNS
J'ai **quelques** amis à Tahiti.	{ **Quelques-uns** sont agriculteurs. **Quelqu'un** m'a envoyé un livre sur Tahiti.
Nous avons **plusieurs** choix. →	**Plusieurs** de ces choix sont extrêmement difficiles.
Chaque voyageur voudrait un circuit différent. →	**Chacun** des voyageurs fera visiter une île différente.
Tu veux **une autre** tasse de thé? →	Non, si j'en prenais **une autre,** je ne pourrais pas dormir.
Où est **l'autre** autocar? →	**L'autre** est parti.
Les autres passagers sont partis. →	**Les autres** sont partis.
J'ai **d'autres** problèmes. →	J'en ai **d'autres.**
Ce sont **les mêmes** voyageurs. →	**Les mêmes** sont en retard.

visitera (handwritten annotation)

The indefinite pronouns **quelqu'un** and **quelque chose** are singular and masculine. Remember that adjectives that modify these pronouns follow them and are introduced by **de.**

Je connais **quelqu'un d'intéressant** dans la capitale.	*I know someone interesting in the capital.*
Il a toujours **quelque chose de drôle** à dire.	*He always has something amusing to say.*

[Allez-y! B-C]

Allez-y!

A. À Dakar. Jeanne-Marie a passé quelque temps à Dakar, capitale du Sénégal. Jouez le rôle de Jeanne-Marie et répondez aux questions avec **tout, toute, tous** ou **toutes.**

MODÈLE: Tu as visité les marchés? → Oui, j'ai visité tous les marchés.

1. Tu as vu le musée anthropologique? **2.** Tu as photographié les églises de la ville? **3.** Est-ce que tu as visité les bâtiments de l'université? **4.** Tu as vu la vieille ville? **5.** Tu as lu l'histoire du Sénégal? **6.** Est-ce que tu as fait le tour des plantations?

B. L'île de la Martinique. Estelle a passé de nombreuses années à la Martinique. Elle y pense toujours avec nostalgie. Complétez les phrases.

«J'aime la Martinique. On y trouve encore (quelques-unes / d'autres)[1] des belles maisons coloniales bâties par les planteurs français. (Chacun / Certains)[2] jours, à Fort-de-France, je me promenais dans les marchés en plein air, près du port. (Certaines / D'autres)[3] fois, je restais sur la place de la Savane pendant de longues heures. Il y a, tout près de la place, (quelques / quelques-unes)[4] maisons décorées avec du fer forgé (*wrought iron*) qui me rappellent La Nouvelle-Orléans.

(Certaines / Quelques)[5] choses ont changé, il est vrai, mais on trouve encore les (plusieurs / mêmes)[6] gommiers (*gum-trees*) et ces bateaux pittoresques aux couleurs vives, que Gauguin* aimait tant.

C. La première chose qui vient à l'esprit (*mind*). Avec un(e) camarade de classe, posez des questions—en français, s'il vous plaît—à partir des indications suivantes. Votre camarade doit donner la première réponse qui lui vient à l'esprit.

MODÈLE: *someone important* →
　　　　É1: Est-ce que tu as déjà recontré quelqu'un d'important?
　　　　É2: Non, mais une fois mon frère a rencontré Jay Leno.

1. something important
2. something stupid
3. something funny
4. someone funny
5. all the large cities in Quebec
6. a few of the francophone countries in Africa
7. several French cities
8. other French cities
9. another Canadian city

*Le peintre français Paul Gauguin a vécu à la Martinique et aussi à Tahiti.

Leçon 4

Proverbe

Avec des si, on mettrait Paris en bouteille.

Lecture

Avant de lire

Using key sentences to facilitate comprehension. In a journalistic text, such as the following reading selection about **Le Cirque du Soleil**, each paragraph contains a key idea, usually expressed in one or two sentences. These "key sentences" announce the topic that will be developed in the remainder of the paragraph. You can use these key sentences to anticipate the content of a text and to create an outline of it.

In the following activity, the key sentences for paragraphs 1 to 3 have been identified for you. You are then given three possible directions the text might take. Can you select the most likely possibility?

> **PARAGRAPH 1:**
> **C'est un cirque sans animaux, mais où les humains ressemblent à d'étranges bêtes.**

In this paragraph, you will find a discussion of _____.

- ☐ the acts performed by the circus
- ☐ the origins of the circus
- ☐ the national origins of the performers

> **PARAGRAPH 2:**
> **Le métier attire toutes sortes de gens.**

This paragraph contains a description of _____.

- ☐ a typical audience
- ☐ the performers
- ☐ the stunts

> **PARAGRAPH 3:**
> **Parfois, ça cloche: «Il y a des bagarres** (fights) **et des dépressions... »**

In this paragraph, you will learn about _____.

- ☐ human relations among the circus performers
- ☐ the circus owners' philosophy
- ☐ the performers' training regimen

À propos de la lecture... Cet article est tiré et adapté du magazine d'actualités québécois *L'Actualité.*

Le Soleil fait le tour de la terre

Mystère. C'est le nom sous lequel s'affiche[1] le Cirque du Soleil à Las Vegas. C'est un cirque sans animaux, mais où tous les humains ressemblent à d'étranges bêtes. Des acrobates à la nuque masquée[2] escaladent des mâts[3] en se tortillant[4] comme des lézards. Des poires humaines rebondissent[5] de tremplin[6] en trampoline. Des saltimbanques[7] en longue perruque[8] blanche et en culotte de nacre[9] plongent[10] au-dessus de candélabres[11] en feu. Et tout là-haut,[12] des trapézistes volent comme des comètes avec de longues oriflammes,[13] au bout de câbles élastiques.

Le métier attire toutes sortes de gens. L'affiche[14] est véritablement internationale, dominée par les Européens de l'Est (35 %) et les Canadiens (33 %). Le français et l'anglais sont les langues de travail. L'âge moyen est de 32 ans. Il y existe une vraie mosaïque de styles, de régimes et de personnalités.

Parfois, ça cloche[15]: «Il y a des bagarres et des dépressions, dit Guy Laliberté, qui à 38 ans, est copropriétaire du Cirque. On a vu des clowns poursuivre[16] les techniciens en motocyclette! Un jour, un clown nous est arrivé déprimé! Imaginez-vous, le type est censé[17] faire rigoler[18] le monde et il pleure! Les clowns sont les gens les plus angoissés[19] du monde. C'est la discipline la plus longue à acquérir. Et ce sont les gens qui craquent[20] le plus facilement.»

Quatorze ans après sa fondation, la multinationale du Cirque est devenue une grande entreprise présente sur trois continents. Le Cirque a gagné plus de 70 prix, spectacles et affaires confondus.[21] Il a vendu plus de 17 millions de places dans au-delà de[22] 120 villes. Cependant, le succès financier ne semble pas avoir dissipé une culture ancrée[23] dans l'idéalisme. «Nous n'avons pas oublié nos origines, dit Daniel Gauthier, 39 ans, président. Nous sommes des gens de la rue. Nos spectacles s'adressent à[24] tous, sans barrière d'âge ou de classe. [...]» Lui et Guy Laliberté, un ancien avaleur de feu,[25] sont nés et ont grandi à Saint-Bruno, à la porte de Montréal. Laliberté souligne que, malgré son succès international, le Cirque garde son identité québécoise: «Nous sommes nés ici, notre siège social[26] est ici. Et nous apportons un morceau du Québec partout où nous dressons[27] nos tentes. Mais le Cirque est plus universel que nationaliste. Nous croyons en un monde unique: c'est notre philosophie.»

---

[1]sous... *that takes* [2]à... *with the nape of the neck covered* [3]escaladent... *climb up poles* [4]en... *while wriggling* [5]*bounce* [6]*springboard* [7]*performers* [8]*wig* [9]de... *mother-of-pearl (color)* [10]*dive* [11]*torches* [12]tout... *way up there* [13]*banners* [14]*cast* [15]ça... *things don't go quite right* [16]*chasing* [17]*supposed to* [18]*rire* [19]*worried* [20]*break down* [21]*combined* [22]au-delà... *more than* [23]*rooted* [24]s'adressent... *are intended for* [25]avaleur... *fire swallower* [26]siège... *headquarters* [27]*set up*

Le Cirque du Soleil: un cirque sans animaux.

Compréhension

Avez-vous compris? Complétez le résumé avec les mots qui conviennent.

Le Cirque du Soleil n'est pas du tout un cirque traditionnel. C'est un cirque où les humains prennent la forme d'_____¹. Plusieurs nationalités y sont représentées, mais les _____² et les _____³ dominent. Les langues de travail sont le _____⁴ et l'_____⁵. Le Cirque offre des spectacles qui s'adressent à _____.⁶

Parfois, il y a des incidents bizarres. Un jour, un clown est arrivé déprimé. Quel paradoxe! Les clowns sont censés faire _____⁷ les gens! Le Cirque est un grand _____⁸ financier. Mais les deux _____⁹, Daniel Gauthier et Guy Laliberté, n'ont pas oublié leurs racines _____.¹⁰

Écriture

Le temps de s'amuser. Présentez deux activités ou sports que vous pratiquez. Répondez aux questions suivantes et ensuite, mettez vos réponses sous la forme d'un texte. Vous pouvez ajouter des informations supplémentaires.

1er PARAGRAPHE:

1. Combien de fois par semaine pratiquez-vous ces activités?
2. Qu'est-ce que ces activités vous apportent?

2e PARAGRAPHE:

3. Comparez-les. Laquelle est la plus exigeante, reposante, etc.? Pourquoi?

3e PARAGRAPHE:

4. Si vous aviez le temps ou l'argent pour un autre sport ou une autre activité, qu'est-ce que vous feriez? Pourquoi?

À l'écoute!

Le Tour de France. Vous allez entendre une retransmission à la radio de cette manifestation sportive. Lisez les activités avant d'écouter le vocabulaire et la retransmission qui leur correspondent.

VOCABULAIRE UTILE

cette douzième étape	this twelfth lap (race)
les coureurs	runners, racers
se rapprochent	are getting closer
le maillot jaune	yellow jersey (*worn by current leader of the* **Tour**)

A. Partez! Choisissez la bonne réponse.

1. Cette étape du Tour de France a lieu _____.
   a. dans les Pyrénées **b.** dans les Alpes **c.** dans les Vosges
2. Le temps est _____.
   a. gris **b.** mauvais **c.** beau
3. Pour voir les coureurs, il y a _____.
   a. beaucoup de gens **b.** peu de gens

4. Alain Laville porte le numéro _____.
   a. 62 **b.** 52 **c.** 42
5. Alain Laville est né à _____.
   a. Paris **b.** Annecy **c.** Chamonix
6. Le coureur qui a gagné cette étape du Tour s'appelle _____.
   a. Gilbert Monier **b.** Alain Laville **c.** Steve Johnson
7. Demain le Tour aura lieu à _____.
   a. Annecy **b.** Chamonix **c.** Paris

B. Les classements. Remplissez les tableaux en vous basant sur la retransmission.

1. De quelles nationalités sont les coureurs qui ont gagné la 12ᵉ étape à Chamonix?

CLASSEMENT DE L'ÉTAPE		
	nº	*nationalité*
1ᵉʳ	52	Il est... français.
2ᵉ	75	

2. De quelles nationalités sont les coureurs qui sont les leaders du Tour en général?

CLASSEMENT DU TOUR	
	nationalité
1ᵉʳ	Il est... français.
2ᵉ	

quatre cent vingt-trois **423**

En société

EXPRESSIONS UTILES

ma réplique	my line
T'en fais pas! (Ne t'en fais pas!)	Don't worry!
garçon d'honneur	best man
demoiselles d'honneur	bridesmaids
salir	to soil

Extrait du dialogue

CLAIRE: C'était le coup de foudre! Très romantique.

AIMÉE: Claire, c'est ma réplique, ça! Non mais, je me demande tout simplement pourquoi elle ne pense pas d'abord à sa carrière.

CLAIRE: T'en fais pas! Elle est comme moi, elle est très rationnelle et elle est...

AIMÉE: ...oui, comme toi.

CLAIRE: Et Jacques fera un beau garçon d'honneur, n'est-ce pas?

AIMÉE: Oui, mais son frère sera un beau marié aussi.

CLAIRE: Et les deux petites cousines de Sandrine seront les deux demoiselles d'honneur.

AIMÉE: C'est mignon.

CLAIRE: Alors, il faudra être à l'église à midi. Donc, on partira vers 11 h 30? On prendra ma voiture.

AIMÉE: Ça marche. On ne voudrait pas salir nos robes. Mais, de toute façon si on change d'idée, on pourra prendre ma mobylette!

Jeux de rôles

Avec un(e) partenaire, jouez les scènes suivantes.

1. Faites des projets pour le week-end prochain. Choisissez une destination, la durée de votre séjour, votre moyen de transport et l'équipement nécessaire. Faites l'horaire détaillé de vos activités.

2. Votre ami(e) et vous êtes invité(e)s à un anniversaire qui aura lieu à plus de 500 km de chez vous. Planifiez votre week-end. Dites ce que vous devez faire avant de partir, comment vous allez voyager et ce que vous devrez apporter.

Note culturelle

De nos jours en France, les fins de semaine ont un caractère beaucoup plus actif que rituel. On passe le samedi à faire du sport, des courses ou des travaux ménagers. On consacre surtout le dimanche à la détente.[1] Chez les jeunes, la messe et le rituel des déjeuners en famille sont beaucoup moins populaires qu'auparavant.[2] De plus en plus de Français quittent leur domicile pendant tout le week-end.

[1]*relaxation* [2]*avant*

CHAPITRE 15

Vocabulaire

Verbes

assister à to attend
bricoler to putter
courir to run
désirer to desire, want
indiquer to show, point out
se passer to happen, take place
rire to laugh

À REVOIR: **aider, emmener, faire du sport, gagner, jouer à, jouer de, perdre**

Substantifs

les activités (*f.*) **de plein air** outdoor activities
la bande dessinée cartoon
la blague joke
le bricolage do-it-yourself work, puttering around
la chanson de variété popular song
la collection collection
le cyclisme cycling
l'équipe (*f.*) team
le jardinage gardening

le jeu de mot pun
les jeux (*m.*) **de hasard** games of chance
les jeux (*m.*) **de société** social games, group games
la lecture reading
les loisirs (*m.*) leisure activities
la manifestation sportive sporting event
la marche walking
le match game
le passe-temps hobby
la pêche fishing
la pétanque bocce ball, lawn bowling
le pique-nique picnic
le spectacle show, performance

Expressions interrogatives

lequel, laquelle, lesquels, lesquelles, qu'est-ce qui, qui est-ce que, quoi

Mots et expressions divers

à ta place... if I were you . . .
autant (de)... que as much (many) . . . as

bien, mieux, le mieux well, better, best
être en train de to be in the process of; to be in the middle of
je devrais I should
Qu'est-ce qui se passe? What's happening? What's going on?
tant mieux that's good
tant pis that's too bad

À REVOIR: **je pourrais**

Adjectifs et pronoms indéfinis

un(e) autre another
d'autres other(s)
l'autre / les autres the other(s)
certain(e) certain
chacun(e) each (one)
chaque each
le / la même; les mêmes the same one(s)
plusieurs (de) several
quelques (*adj.*) some, a few
quelque chose (de) something
quelques-uns/unes (*pron.*) some, a few

CHAPITRE 18

Qu'en pensez-vous?

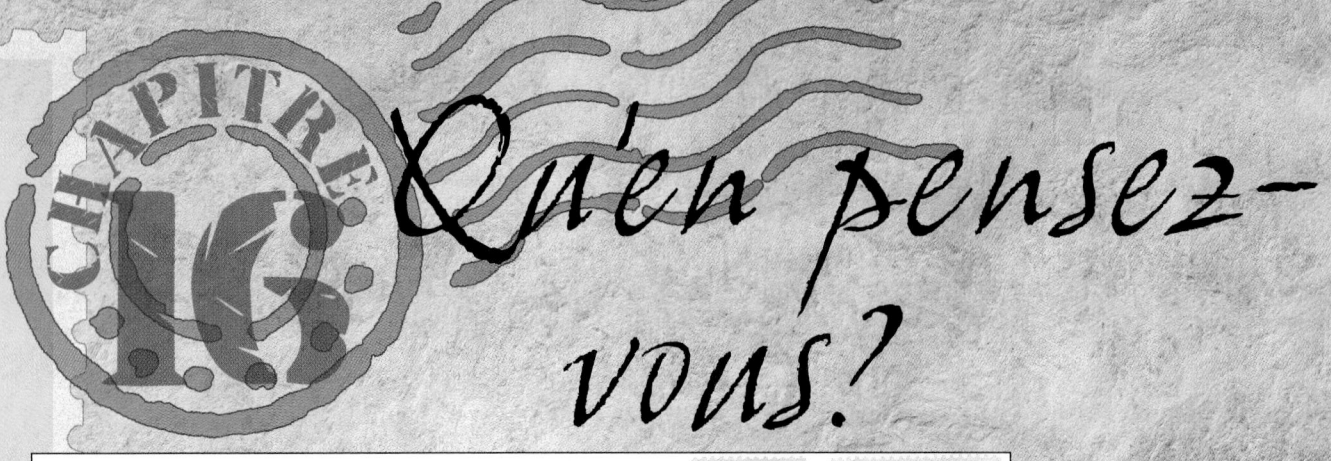

Paris
Une discussion animée au café

Cher Jérôme,

J'ai un gros problème: je me suis disputée avec mon amie Caroline. Sur un simple désaccord politique, elle est partie, furieuse. Depuis, je n'ai plus de nouvelles. Évidemment, tu vas me dire qu'il vaut mieux éviter certains sujets. Il se peut que tu aies raison mais je pense qu'on doit pouvoir s'exprimer avec ses amis. Personnellement, j'ai des convictions fortes mais je suis capable de m'expliquer avec modération. Caroline n'admet pas la contradiction. L'énergie nucléaire, l'environnement, le sexisme, les médias, l'effet de serre: pour elle, tout est objet de conflit au lieu d'être sujet à discussion.
Et la tolérance alors?
Heureusement que, pour me changer
les idées, je peux penser à la Martinique!
Je t'embrasse,

Bénédicte

PAR AVION

Dans ce chapitre...

Objectifs communicatifs

- talking about environmental and social problems; expressing attitudes, wishes, necessity, possibility, emotions, doubt, and uncertainty

Contenu lexical (Leçon 1)

- L'environnement
- Les problèmes de la société moderne

Contenu grammatical (Leçons 2 et 3)

- Le subjonctif (1ère partie)
- Le subjonctif (2e partie)
- Le subjonctif (3e partie)
- Le subjonctif (4e partie)

Vidéothèque

- Initiation (ci-dessous)
- En société (Leçon 4)

Initiation Divergence d'opinions

Caroline accepte d'aider Michel à afficher des prospectus pour le candidat Vert aux prochaines élections. Qu'est-ce qui se passera lorsque Michel se trouvera face à face avec un étudiant qui fait le même travail mais pour le parti opposé?

VOCABULAIRE UTILE

le bien-être	well-being
faire baisser le taux de chômage	to lower the unemployment rate
les déchets industriels	industrial waste
des espaces verts	green space
raser des vieux quartiers	to destroy old neighborhoods

On n'est pas d'accord! Mettez les phrases par ordre chronologique.

_____ **a.** «Les gens ont le droit de respirer de l'air pur.»
_____ **b.** «Il ne faut pas exagérer!»
_____ **c.** «Le nouveau candidat des Verts... ?»
_____ **d.** «Nous allons créer 2 000 emplois.»
_____ **e.** «La pollution n'est pas le problème le plus important de cette région.»
_____ **f.** «On se retrouve dans dix minutes.»

Leçon 1

L'environnement

le gaspillage[1] des sources d'énergie
la pollution de l'atmosphère

les déchets[2] (*m.*) industriels

ne gaspillez pas les sources d'énergie

CONTRÔLEZ LES DÉCHETS INDUSTRIELS!

Il faut conserver les sources d'énergie!

IL FAUT RECYCLER

IL FAUT DÉVELOPPER L'ÉNERGIE SOLAIRE

NE POLLUEZ PAS L'ATMOSPHÈRE!

PROTÉGEZ LA NATURE

la conservation des sources d'énergie

le recyclage

le développement de l'énergie solaire

la protection de la nature

[1]*wasting*   [2]*waste, refuse*

Allez-y!

A. Association de mots. Quels problèmes écologiques associez-vous avec les verbes suivants?

MODÈLE: gaspiller → le gaspillage des sources d'énergie

1. conserver
2. protéger
3. polluer
4. recycler
5. développer

B. Remèdes. Expliquez quelles sont les actions nécessaires pour sauver (*to save*) notre planète. Utilisez **Il faut** ou **Il ne faut pas** suivi d'un infinitif.

MODÈLES: le contrôle des déchets industriels →
Il faut contrôler les déchets industriels.

le gaspillage de l'énergie →
Il ne faut pas gaspiller l'énergie.

1. la pollution de l'environnement
2. la protection de la nature
3. le développement de l'énergie solaire
4. la conservation des sources d'énergie
5. le gaspillage des ressources naturelles
6. le développement des transports en commun

C. Rendez-vous des Verts. Vous êtes pour une ville plus verte où il y a moins de voitures et plus de gens qui circulent à pied ou à vélo. En résumant le plaidoyer (*defense*) suivant, faites une petite présentation pour comparer les voitures avec les vélos. Parlez des avantages du vélo, mais n'oubliez pas ses inconvénients.

[1]*manageable*   [2]*se... is parked*   [3]*les... tickets*
[4]*inside*

Petit plaidoyer
pour le vélo à Paris

Il ne pollue pas

Il est silencieux

Il est très maniable[1]

Il occupe un espace restreint

Il ne demande pas beaucoup d'infrastructures

Il est économique (il revient en moyenne à 1 000 frs par an, quand une voiture réclame 3 000 frs par mois, et une carte orange 3 240 frs chaque année)

Il se gare[2] relativement facilement

(adieu les soucis de stationnement gênant, les PV,[3] les parkings et les horodateurs...)

Il est très bien adapté aux petits parcours en ville

Il est bon pour la santé

Il est bon pour le moral

Il n'est pas aussi dangereux qu'on veut bien le dire

Il expose moins à la pollution que l'habitacle[4] d'une voiture

Il permet de découvrir Paris...

Les problèmes de la société moderne

Les grandes peurs	
«Selon vous, ces sujets d'inquiétude[1] sont-ils ou non importants?» (en %):	**Très ou plutôt importants**
• Le sida[2], les maladies graves	93,7
• Le chômage[3]	93,3
• La drogue	91,1
• La pollution, les problèmes d'environnement	87,6
• La sécurité, les banlieues, la délinquance	86,4
• Le tiers-monde[4]	77,3
• Les manipulations génétiques, les progrès scientifiques	72,8
• L'immigration clandestine	69,4
• Les islamistes[5]	65,0

[1]*Anxiety* [2]*Le... AIDS* [3]*Le... Unemployment* [4]*Le... Third world countries* [5]*Les... Fundamentalist Muslims*

AUTRES MOTS UTILES

le citoyen / la citoyenne citizen
les impôts (*m.*) taxes
le parti political party
le politicien / la politicienne politician
la politique politics; policy
augmenter to raise
diminuer to lower
élire to elect

s'engager (dans) to get involved (in) (*a public issue, cause*)
exiger to necessitate, demand
exprimer une opinion to express an opinion
faire grève to strike
manifester (pour / contre) to demonstrate (for / against)
soutenir to support

Allez-y!

A. Autrement dit. Choisissez la bonne définition.

1. _____ exiger
2. _____ le parti
3. _____ la grève
4. _____ soutenir
5. _____ la politicienne
6. _____ élire
7. _____ s'engager
8. _____ manifester

a. s'intéresser
b. promouvoir
c. la femme d'état
d. l'association politique
e. participer à une manifestation
f. demander, réclamer
g. la cessation collective du travail
h. choisir

B. L'actualité. Lisez à la page précédente les résultats d'une enquête faite pour *Le Figaro Magazine.* Puis répondez aux questions.

1. Quels thèmes sont d'actualité dans votre pays?
2. Parmi ceux-là, lequel considérez-vous comme le plus important ou le moins important?
3. Selon vous, qu'est-ce qu'on peut faire pour résoudre ces problèmes?
4. Quels autres thèmes ajouteriez-vous à ce sondage?

C. À mon avis. Choisissez une des expressions des **Mots-clés** pour exprimer votre point de vue.

MODÈLE: possible / contrôler le problème des déchets nucléaires →
À mon avis, je crois qu'il est (qu'il n'est pas) possible de contrôler le problème des déchets nucléaires, parce que...

1. essentiel / développer de nouvelles sources d'énergie
2. impossible / empêcher les accidents nucléaires
3. important / respecter l'image de la femme dans les publicités
4. indispensable / faire attention aux problèmes de la jeunesse
5. inutile / limiter l'immigration
6. essentiel / augmenter les impôts
7. utile / parler aux jeunes du SIDA

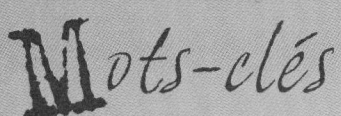

Mots-clés

Exprimer son opinion

To express a personal point of view, use the following expressions:

Moi,	je crois que...
Pour ma part,	je pense que...
Personnellement,	j'estime que...
	je trouve que...

À mon avis...
Selon moi...

Your point will seem more convincing if you give examples or refer to other people's opinions. Use the following expressions:

Par exemple...
On dit que...
J'ai entendu dire que...

RÉPUBLIQUE FRANÇAISE   4,90
PALAIS DU LOUVRE - PARIS

STRUCTURES

Leçon 2

Le subjonctif (première partie)

Expressing Attitudes

Votez pour Laure!

LAURE: Alors, vous voulez que je **pose** ma candidature au Conseil de l'université?

SIMON: Oui, nous souhaitons que le Conseil **sorte** de son inertie et que ses délégués **prennent** conscience de leurs responsabilités politiques.

LAURE: Mais je me suis déjà présentée sans succès l'an dernier.

LUC: Cette année, Laure, nous voulons que tu **réussisses.** Et nous te soutiendrons jusqu'au bout.

Retrouvez la phrase équivalente dans le dialogue.

1. Est-ce que je dois poser ma candidature au Conseil de l'université?
2. Nous espérons que le Conseil sortira de son inertie.
3. Nous espérons que ses délégués prendront conscience de leurs responsabilités.
4. Nous espérons que tu réussiras cette année.

The Subjunctive Mood

The verb tenses you have learned so far have been in the *indicative* mood (**présent, passé composé, imparfait, futur**), in the *imperative* mood (used for direct commands or requests), or in the *conditional* mood (used to express hypothetical situations). In this chapter, you will learn about the *subjunctive* mood.

The subjunctive is used to present actions or states as subjective or doubtful, instead of as facts. It appears most frequently in dependent clauses, and is used infrequently in English. Compare the following examples.

INDICATIVE	SUBJUNCTIVE
He *goes* to Paris.	I insist that he *go* to Paris for the meeting.
We *are* on time.	They ask that we *be* on time.
She *is* the president.	She wishes that she *were* the president of the group.

In French, the subjunctive is used more frequently than it is in English. It almost always appears in a dependent clause introduced by **que.** In such cases, the main clause contains a verb expressing desire, emotion, uncertainty, or some other subjective view of the action in the dependent clause. For now, you will focus on the use of the subjunctive in dependent clauses introduced by **que** after verbs of volition (wanting), including **aimer bien, désirer, préférer, souhaiter** (*to want, to wish*), and **vouloir.**

Usually, the subjects of the main and dependent clauses are different.

MAIN CLAUSE *Indicative*	DEPENDENT CLAUSE *Subjunctive*
Je veux	**que** vous **partiez.**

Pour ou contre l'énergie nucléaire? Et vous?

Note that French constructions with the subjunctive have many possible English equivalents.

que je parle → *that I speak, that I'm speaking, that I do speak, that I may speak, that I will speak, me to speak*

De quoi veux-tu **que je parle**?	*What do you want me to talk about?*
Il préfère **que je parle** des déchets nucléaires.	*He prefers that I speak about nuclear waste.*
L'agent ne croit pas **que je parle.**	*The police officer doesn't believe that I will speak.*
Il est nécessaire **que je parle** français.	*It's necessary for me to speak French.*

Forms of the Present Subjunctive

For most verbs, the stem for the forms of the subjunctive is found by dropping the **-ent** of the third-person plural (**ils/elles**) form of the present indicative and by adding the subjunctive endings. The endings are **-e, -es, -e, -ions, -iez** and **-ent.**

	parler	**vendre**	**finir**	**sortir**
	(ils) **parl**/ent	(ils) **vend**/ent	(ils) **finiss**/ent	(ils) **sort**/ent
...que je	parl**e**	vend**e**	finiss**e**	sort**e**
...que tu	parl**es**	vend**es**	finiss**es**	sort**es**
...qu'il/qu'elle/qu'on	parl**e**	vend**e**	finiss**e**	sort**e**
...que nous	parl**ions**	vend**ions**	finiss**ions**	sort**ions**
...que vous	parl**iez**	vend**iez**	finiss**iez**	sort**iez**
...qu'ils/qu'elles	parl**ent**	vend**ent**	finiss**ent**	sort**ent**

Verbs with Two Stems in the Subjunctive

Some verbs that have two stems in the present indicative have also two stems in the subjunctive; one stem is taken from the **ils** form of the present (for **je, tu, il/elle/on,** and **ils/elles**); and the other, from the **nous** form (for **nous** and **vous**). Some verbs of this type are: **acheter, apprendre, boire, préférer, prendre.**

boire	
ils **boiv**ent	
nous **buv**ons	

que je **boiv**e	que nous **buv**ions
que tu **boiv**es	que vous **buv**iez
qu'il/elle/on **boiv**e	qu'ils/elles **boiv**ent

pronunciation:
allions

[Allez-y! A-B]

Irregular Subjunctive Verbs

Some verbs have irregular subjunctive stems. The endings themselves all regular, except for some endings of **avoir** and **être.**

	aller: *aill-/all-*	faire: *fass-*	pouvoir: *puiss-*	savoir: *sach-*	vouloir: *veuill-/voul-*	avoir: *ai-/ay-*	être: *soi-/soy-*
...que je/j'	aille	fasse	puisse	sache	veuille	aie	so**i**s
que tu	ailles	fasses	puisses	saches	veuilles	aies	so**i**s
qu'il/elle/on	aille	fasse	puisse	sache	veuille	ait	soit
que nous	allions	fassions	puissions	sachions	voulions	a**yons**	so**yons**
que vous	alliez	fassiez	puissiez	sachiez	vouliez	a**yez**	so**yez**
qu'ils/elles	aillent	fassent	puissent	sachent	veuillent	aient	soient

Le professeur veut que nous **allions** au débat.
Son parti veut que le gouvernement **fasse** des réformes.
Le président préfère que les sénateurs **soient** présents.

The professor wants us to go to the debate.
His (Her) party wants the government to make reforms.
The president prefers the senators to be there.

[Allez-y! C-D-E]

Allez-y!

A. Stratégie électorale. Laure accepte de poser sa candidature au Conseil universitaire. Avec un groupe d'étudiants, elle prépare soigneusement [carefully] sa campagne. Que veut Laure?

MODÈLE: Elle veut que les étudiants / choisir / des délégués responsables →
Elle veut que les étudiants choisissent des délégués responsables.

1. Elle veut que tout le monde / réfléchir [réfléchisse] / aux problèmes de l'université
2. Elle aimerait que nous / préparer [préparions] / tout de suite / une stratégie électorale
3. Elle préfère que vous / finir [finissiez] / les affiches aujourd'hui
4. Elle veut que Luc et Simon / organiser [organisent] / un débat
5. Elle souhaite que la trésorière / établir [établisse] / un budget
6. Elle insiste pour que je / convoquer (*to ask to attend*) [convoque] / tous les bénévoles (*volunteers*) ce soir

B. Discours politique. Ce soir, Laure fait son premier discours de la campagne électorale. Voici ce qu'elle dit aux étudiants.

MODÈLE: Je voudrais que nous / trouver / tous ensemble des solutions à nos problèmes →
Je voudrais que nous trouvions tous ensemble des solutions à nos problèmes.

1. Je veux que le Conseil universitaire / agir [agisse (act)] / en faveur des étudiants
2. Je souhaite que vous / participer [iez] / aux décisions du Conseil
3. Je préfère que nous / discuter [ions] / librement des mesures à prendre
4. Je désire que l'université / prendre [prenne] / en considération nos inquiétudes [worry]
5. Je voudrais que les professeurs / comprendre [comprennent] / nos positions
6. Je souhaite enfin que tous les candidats / se réunir [(get together) réunissent] / bientôt pour mieux exposer [show] leurs idées

Revendications. Les délégués du Conseil universitaire donnent leurs directives aux étudiants. Remplacez les sujets en italique par **vous**, puis par **les étudiants**.

Nous ne voulons pas que *tu* ailles[1] [vous alliez / les aillent] en cours aujourd'hui. Nous préférons que *tu* sois[2] présent(e) à la manifestation et que *tu* fasses[3] grève. Nous désirons que *tu* aies[4] une affiche lisible (*legible*). Naturellement, nous voudrions que *tu* puisses[5] exprimer tes opinions librement.

Handwritten answers:

B. 1. agisse
2. participiez
3. discutions
4. prenne
5. comprennent
6. se réunissent

C1. Vous alliez
2. Vous soyez
3. Vous fassiez

4. vous ayez
5. puissiez

1. les étudiants aillent
2. soient
3. fassent
4. aient
5. puissent

D. Engagement politique. Les Legrand ont des opinions libérales. Quels conseils donnent-ils à leurs enfants? Suivez les modèles.

MODÈLES: Patrick—tu / être réactionnaire →
Patrick, nous ne voulons pas que tu sois réactionnaire.

Fabrice / être courageux →
Nous voulons que Fabrice soit courageux.

1. Jacques / être actif en politique   _sois_
2. Corinne et Jacques / avoir le courage de leurs opinions   _vous ayez_
3. vous / avoir des amis racistes   _vous ayez_
4. Patrick / être bien informé   _sois_
5. Sylvain—tu / être violent   _e sois violente_
6. vous / être intolérant   _ayez_
7. Fabrice—tu / avoir de l'ambition politique   _aies_
8. Patrick et Sylvain / avoir des idéaux pacifistes   _vous ayez_   _ideals_

E. Exprimez-vous! Composez votre propre slogan. Complétez les phrases suivantes et donnez votre opinion. Commencez avec **Je voudrais que.**

1. notre gouvernement _____
2. les environnementalistes _____
3. les hommes et les femmes politiques _____
4. nous _____
5. les pays industrialisés _____
6. ?

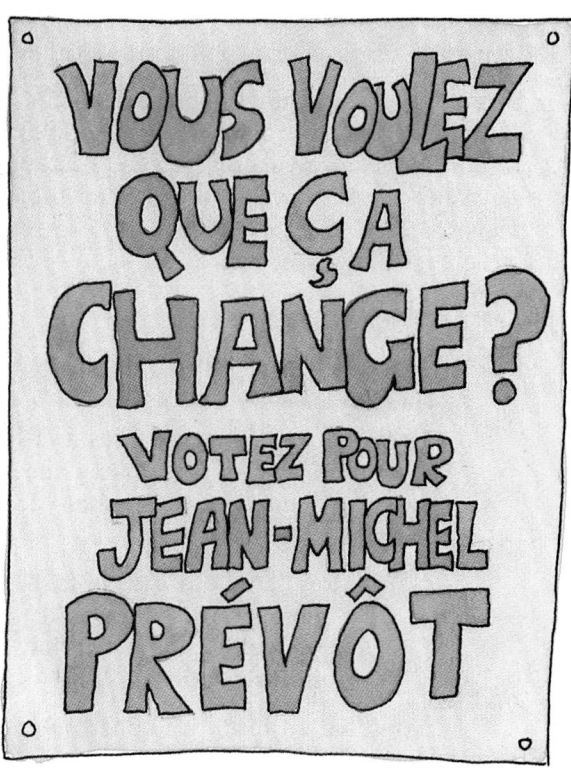

Le subjonctif (deuxième partie)

Expressing Wishes, Necessity, and Possibility

Service militaire obligatoire ou volontaire?

PATRICK FAURE: À mon avis, le service obligatoire,
(22 ANS) c'est un anachronisme à l'âge nucléaire.

GÉRARD BOURRELLY: **Il est possible** que les jeunes
(36 ANS) s'intéressent plus au service si on leur donne une formation professionnelle.

FRANCIS CRÉPIN: **Il faut** qu'on abolisse le
(25 ANS) service obligatoire et qu'on établisse une armée de métier.

CHARLES PALLANCA: Moi, si j'étais volontaire,
(18 ANS) **j'exigerais** que la solde soit au moins de 1 000 euros par mois!

Retrouvez la phrase correspondante selon le dialogue.

1. Il se peut que les jeunes s'intéressent plus à un service comprenant une formation professionnelle complémentaire.
2. Il faut abolir le service obligatoire et établir une armée de métier.
3. J'insisterais pour que la solde soit au moins de 1 000 euros par mois!

The Subjunctive with Verbs of Volition

1. When someone expresses a desire for someone else to behave in a certain way, or for a particular thing to happen, the verb in the subordinate clause is usually in the subjunctive. The following construction is used.

Mon père **veut que je fasse** mon service militaire.

My father wants me to do my military service.

Je **voudrais que le service militaire soit** aboli.

I'd like compulsory military service to be abolished.

Note that an infinitive construction is used in English to express such a desire.

438 *quatre cent trente-huit*

2. Verbs of volition are followed by an infinitive in French when there is no change in subject, as in the first example.

Je veux finir mes études.   *I want to finish my studies.*
Et **ma mère veut** aussi **que**   *And my mother wants me to*
je les **finisse.**   *finish them too.*

3. Verbs expressing desires include **aimer bien, désirer, exiger** (*to demand*)**, préférer, souhaiter, vouloir,** and **vouloir bien.**

[Allez-y! A]

The Subjunctive with Impersonal Expressions

1. An impersonal expression is one in which the subject does not refer to any particular person or thing. In English, the subject of an impersonal expression is usually *it: It is important that I go to class.* In French, many impersonal expressions—especially those that express will, necessity, judgment, possibility, or doubt—are followed by the subjunctive in the dependent clause.

IMPERSONAL EXPRESSIONS USED WITH THE SUBJUNCTIVE	
WILL OR NECESSITY	POSSIBILITY, JUDGMENT, OR DOUBT
il est essentiel que	il est normal que
il est important que	il est peu probable que *not likely*
il est indispensable que	il est possible / impossible que
il est nécessaire que	il se peut que (*it's possible that*)
il est préférable que	il semble que (*it seems that*)
il faut que*	
il vaut mieux que*	
(*it's better that*)	

Il est important que le racisme   *It's important that racism*
disparaisse.   *disappear.*
Il faut que vous **soyez** au   *You must (It's necessary that*
courant de la politique.   *you) keep up with politics.*

Il est peu probable que le   *It's not likely that sexism will*
sexisme **soit** tout à fait éliminé.   *be (is) totally eliminated.*
Il se peut que d'autres pays   *It's possible that other*
possèdent des armes   *countries possess nuclear*
nucléaires.   *weapons.*

---

*The infinitive of the verb conjugated in the expression **il faut que** is **falloir** (*to be necessary*). The infinitive of the verb in **il vaut mieux que** is **valoir** (*to be worth*).

Except for **il faut que, il vaut mieux que,** and **il semble que,** these impersonal expressions are usually limited to writing and formal discourse.

2. When no specific person or thing is mentioned, impersonal expressions are followed by the infinitive instead of the subjunctive. Compare the following sentences.

Il vaut mieux **attendre.**	It's better to wait.
Il vaut mieux **que nous attendions.**	It's better for us to wait.
Il est important **de voter.**	It's important to vote.
Il est important **que vous votiez.**	It's important for you to vote.

Note that the preposition **de** is used before the infinitive after impersonal expressions that contain **être.**

[Allez-y! B-C-D-E]

Allez-y!

A. **À la table de négociations.** Faites des phrases pour exprimer des souhaits et des exigences.

MODÈLE: les environnementalistes / vouloir / le gouvernement / contrôler les déchets industriels →
Les environnementalistes veulent que le gouvernement contrôle les déchets industriels.

1. les politiciens / vouloir (cond.) / nous / payer plus d'impôts
2. les Verts / exiger / on / développer l'énergie solaire
3. je / aimer (cond.) / tout le monde / faire du recyclage
4. vous / vouloir bien (cond.) / il y avoir moins de pollution atmosphérique
5. nous / vouloir / les richesses mondiales / être partagées

B. **Comment gagner?** Donnez des conseils à Jeanne Laviolette, candidate à la mairie de Dijon, en suivant le modèle.

MODÈLE: Il est important de savoir écouter les gens. →
Il est important que vous sachiez écouter les gens.

1. Pour être maire, il faut être dynamique et responsable.
2. Il est essentiel de ne pas avoir peur d'agir.
3. Il est nécessaire de rester calme en toutes circonstances.
4. Il est préférable de parler souvent aux électeurs.
5. Il faut faire attention aux problèmes des jeunes.
6. Il est indispensable de gagner la confiance des commerçants.

C. **La routine de tous les jours.** Posez des questions à un(e) camarade de classe. Suivez le modèle.

MODÈLE: nécessaire / faire la cuisine chaque soir
  É1: Est-il nécessaire que tu fasses la cuisine chaque soir?
  É2: Oui, il est nécessaire que je fasse la cuisine chaque soir.
     (Non, il n'est pas nécessaire que je fasse la cuisine
     chaque soir; mes copains m'aident souvent.)

1. vaut mieux / aller au cours de français tous les jours
2. préférable / faire ton lit chaque matin
3. faut / nettoyer ta chambre tous les jours
4. normal / pouvoir dormir tard le matin
5. indispensable / étudier chaque soir
6. important / lire le journal chaque jour
7. essentiel / écouter la radio chaque matin
8. indispensable / acheter un CD chaque semaine

D. Problèmes contemporains. Discutez des problèmes suivants avec un(e) camarade. Offrez des solutions. Utilisez les expressions suivantes: **il est important que, il faut que, il est nécessaire que, il est indispensable que, il est essentiel que, il est préférable que.**

1. l'immigration clandestine dans votre pays
2. l'abus de la drogue chez les jeunes
3. la pollution
4. le chômage
5. le gaspillage des sources d'énergie
6. la violence dans votre pays
7. l'effet de serre (*greenhouse effect*)
8. la propagation du SIDA

E. Nécessités et probabilités. Quelle sera votre vie? Répondez aux questions suivantes. Dans chaque réponse, utilisez une de ces expressions: **il se peut que, il est peu probable que, il est impossible que, il est possible que, il est essentiel que, il faut que, il est nécessaire que.**

MODÈLE: Ferez-vous une découverte (*discovery*) importante? →
     Il est peu probable que je fasse une découverte importante.

1. Vous marierez-vous?
2. Apprendrez-vous une langue étrangère?
3. Voyagerez-vous beaucoup?
4. Deviendrez-vous célèbre?
5. Serez-vous riche?
6. Saurez-vous jouer du piano?
7. Écrirez-vous un roman?
8. Ferez-vous la connaissance d'un homme / une femme d'état?
9. Irez-vous en Chine?
10. Vivrez-vous jusqu'à l'âge de cent ans?

Maintenant, utilisez ces questions pour interviewer un(e) camarade de classe.

MODÈLE: É1: Feras-tu une découverte importante?
     É2: Oui, il est possible que je fasse une découverte
        importante. (Non, il est peu probable que je fasse une
        découverte importante.)

Correspondance 16

St-Pierre, à la Martinique
Vue de la montagne Pelée

Ma petite chérie,

Calme-toi! Tu connais tes compatriotes.

Ils adorent discuter, critiquer et contester. Un petit conseil d'ami:

à l'avenir, il vaut mieux éviter certains sujets brûlants comme la

politique, l'immigration, le chômage, les inégalités ou la Sécurité

sociale. Parle plutôt du dernier petit restaurant que tu viens de

découvrir ou de tes projets de vacances. Pas de grandes problématiques nationales ou

universelles avec les gens bornés! Pour ma part, j'ai une importante décision à prendre:

où passerai-je la saison d'hiver? J'ai le choix entre la Polynésie et les Alpes françaises.

Autrement dit, entre le bonheur et le bonheur.

On en discutera en tête-à-tête et tu me diras ce que tu en penses.

J'attends ton arrivée avec impatience.

À très bientôt,

Jérôme

PAR AVION

Portrait
Voltaire (écrivain et philosophe français, 1694–1778)

Il est l'intellectuel majeur du Siècle des lumières.[1] Il s'intéresse à toutes les disciplines: les sciences, la philosophie, la morale, la religion, l'histoire, la politique et l'économie. Il défend la tolérance, la liberté et le progrès. Il encourage l'instruction, les arts, le commerce et l'industrie. Pour défendre ses idées, il utilise une arme redoutable[2]: l'ironie. Il incarne l'esprit français: caustique, raisonneur,[3] enthousiaste, combatif, courageux. Ses contes philosophiques (*Zadig*, 1747; *Candide*, 1759), sa gigantesque correspondance, son *Dictionnaire philosophique* (1764) nourrissent les idées révolutionnaires qui triompheront en France en 1789.

[1]Siècle... *Age of Enlightenment* (18th century) [2]*fearsome* [3]*argumentative*

Flash L'avenir de la francophonie

Pour garder sa place dans le monde, la francophonie a de nombreux atouts[1]:

1° Dans de nombreux pays du monde, on étudie l'anglais, mais aussi le français.

2° La langue française a un statut international: le français est l'une des deux langues de travail au Conseil de l'Europe et aux Nations Unies.

3° Les pays francophones sont nombreux. Ils représentent le quart des pays représentés aux Nations Unies.

4° La francophonie symbolise un idéal. En effet, le français représente culture et distinction sociale.

Mais comment fortifier cette place à l'avenir?

Il faut que les Alliances françaises[2] et les lycées français assurent dans le monde entier leur rôle éducatif. Il est indispensable également que des programmes divers soient lancés. On peut citer, par exemple, «La semaine de la Francophonie», sorte de festival mondial organisé chaque année en mars avec la participation des gouvernements, des entreprises, des chaînes de radio et de télévision, des musées, etc.

Enfin, il est clair aussi qu'aujourd'hui, on doit utiliser les médias. Déjà, la chaîne internationale câblée TV5 propose des émissions et des films diffusés dans les pays du monde entier. Radio France International émet en français vingt-quatre heures sur vingt-quatre. Enfin, chaque jour, de nouveaux sites Internet sont ouverts. Ils constituent une source de renseignements très riche et constamment actualisée.[3] Ils donnent aux francophiles l'occasion[4] de communiquer entre eux.

[1]*assets* [2]*Alliances… association privée fondée à Paris le 21 juillet 1883 dans le but de diffuser la langue et la culture françaises à l'étranger.* [3]*updated* [4]*opportunity*

L'avenir s'annonce bien: la diversité de la francophonie.

EN AVANT!

Un peu de bavardage

1. Expliquez ce qu'apprendre le français représente pour vous.
2. Selon vous, quels seraient les meilleurs moyens de diffuser la langue française?
3. Nommez un personnage contemporain semblable[1] à Voltaire. Pourquoi est-ce qu'il lui ressemble?

On est branché!

Pour obtenir des informations supplémentaires et les liens nécessaires pour répondre aux questions suivantes, visitez le site Web de *Vis-à-vis* à www.mhhe.com/visavis.

1. En quelle année est apparu le mot «francophonie»? Qui a été le premier à l'utiliser?
2. Parmi les citations sur la langue française, choisissez-en une et expliquez-la.
3. Quelle est la mission principale de l'Office de la langue française au Québec?

[1]*similar*

Leçon 3

Le subjonctif (troisième partie)
Expressing Emotion

L'Europe unie

Plusieurs Français donnent leur opinion sur l'unification politique et économique de l'Europe.

JEAN-PIERRE: Je suis **content** que la France **fasse**
(35 ANS) partie de l'Union européenne.

ISABELLE: Nous, nous avons **peur** que les
(24 ANS) nationalistes **deviennent** violents comme en Bosnie-Herzégovine.

CLAUDE: Je **regrette** que la Suisse ne **veuille**
(40 ANS) pas faire partie de l'Union.

NICOLE: Je **doute** que l'Europe **puisse** régler
(30 ANS) le problème du chômage.

MONIQUE: Je suis **furieuse** que les Américains
(52 ANS) **imposent** des taxes sur les produits agricoles européens.

Complétez les phrases selon le dialogue.

1. Jean-Pierre est _____ que la France _____ partie de l'Union européenne.
2. Isabelle a _____ que les nationalistes _____ violents comme en Bosnie-Herzégovine.
3. Claude _____ que les Suisses ne _____ pas faire partie de l'Union.
4. Nicole _____ que l'Europe _____ régler le problème du chômage.
5. Monique est _____ que les Américains _____ des taxes sur les produits agricoles européens.

1. The subjunctive is frequently used after expressions of emotion.

EXPRESSIONS OF EMOTION

happiness: **être content(e), être heureux / heureuse**
regret: **être désolé(e), être triste, regretter** (*to be sorry*)
surprise: **être surpris(e), être étonné(e)**
fear: **avoir peur**
relief: **être soulagé(e)**
anger: **être furieux / furieuse**

Le président **est content** que les électeurs **aient** confiance en lui.
The president is pleased that the voters have confidence in him.

Les électeurs **ont peur** que l'inflation **soit** un problème insoluble.
The voters are afraid that inflation is an insurmountable problem.

Les écologistes **sont furieux** que les lois contre la pollution des forêts et des rivières **soient** tellement faibles.
The ecologists are angry that the laws against polluting the forests and rivers are so weak.

2. As with verbs of volition, there must be different subjects in the main and dependent clauses. Otherwise, an infinitive is used.

Le président est content de rencontrer le Premier ministre du Canada.
The president is happy to meet the prime minister of Canada.

3. The subjunctive is also used following impersonal expressions of emotion.

il est stupide que*
il est bizarre que
il est bon que*

il est dommage que (*it's too bad that*)
il est juste/injuste que
il est utile/inutile que

Il est dommage que la guerre y **continue.**
It's too bad that war is continuing there.

Est-il bon que les enfants aussi **expriment** leurs opinions?
Is it good that children also express their opinions?

Il est stupide que tant de citoyens ne **votent** pas.
It is stupid that so many citizens do not vote.

---

*The French often say **c'est stupide que, c'est bon que**, etc. in everyday conversation.

Allez-y!

A. Sentiments. Complétez les phrases de façon logique en choisissant une des expressions en italique.

> MODÈLE: Nous sommes furieux / *les leaders politiques se sentent responsables face aux électeurs / la télévision n'analyse pas les problèmes actuels.* →
> Nous sommes furieux que la télévision n'analyse pas les problèmes actuels.

1. Je suis désolé(e) / *tu es malade aujourd'hui / tu réussis à l'examen.*
2. Mes parents ont peur / *je finis mes études très rapidement / je ne finis pas mes études.*
3. Je regrette / *mon frère et moi ne sommes jamais d'accord / mon frère et moi nous amusons souvent ensemble.*
4. Mon amie Catherine est soulagée / *il y a enfin deux femmes à la Cour suprême / le taux de chômage est élevé cette année.*
5. Les sénateurs sont étonnés / *le public ne veut pas payer plus d'impôts / le public veut payer plus d'impôts.*

B. Le journal. Voici des titres (*headlines*) adaptés de divers journaux français. Donnez votre réaction à chaque situation. Utilisez les expressions suivantes: **être content(e), heureux / heureuse, désolé(e), triste, surpris(e), étonné(e), soulagé(e), fâché(e), furieux / furieuse, regretter, avoir peur, il est stupide (bizarre, bon, dommage, juste, injuste, utile, inutile) que.**

> MODÈLE: **Les femmes et les chômeurs fument davantage** (*more*) →
> Il est dommage que les femmes et les chômeurs fument davantage.

1. **Le Club Méditerranée ouvre son premier village en Chine**
2. **L'Europe aime la France** (La majorité des Européens choisiraient la France comme terre d'accueil [*country where they would settle*].)
3. **Le froid tue** (*kills*) **5 sans-abri** (*homeless*) (Des centres d'hébergement [*shelters*] exceptionnels ont ouvert leurs portes aux victimes du froid.)
4. **Les Français disent «non» à la drogue** (68 % des Français sont favorables au maintien de l'interdiction totale des ventes et de la consommation de drogues, selon un sondage.)
5. **L'industrie textile va supprimer** (*eliminate*) **un emploi sur sept** (L'industrie textile a annoncé qu'elle comptait supprimer 750 emplois.)

C. Émotions. Donnez votre opinion personnelle sur les problèmes de la société américaine.

MODÈLE: Je suis heureux / heureuse que... →
Je suis heureux / heureuse que les États-Unis aident plusieurs pays en voie de développement (*developing*).

1. Je suis heureux / heureuse que...
2. Je regrette que...
3. Il est injuste que...
4. Il est bon que...
5. Il est bizarre que...
6. Il est stupide que...

D. Encore des émotions. Reprenez les *trois premières* phrases de l'exercice C. Maintenant demandez à cinq camarades comment ils/elles ont complété ces phrases. Pouvez-vous trouver quelqu'un qui a les mêmes opinions que vous?

MODÈLE: É1: Qu'est-ce qui te rend heureux / heureuse?
É2: Je suis heureux / heureuse que le maire fasse quelque chose pour aider les sans-abri.

Le subjonctif (quatrième partie)
Expressing Doubt and Uncertainty

Les interventions militaires

KOFI: **Crois-tu qu'on doive** intervenir militairement dans les pays où il y a des difficultés politiques?

KARIM: Je **ne suis pas sûr** que ce **soit** une bonne solution.

KOFI: Pourquoi?

KARIM: Parce que **je ne pense pas** que cela **puisse** changer la situation politique de ces pays.

Complétez les phrases selon le dialogue.

1. Karim ne croit pas qu'on _____ intervenir militairement dans les pays où il y a des difficultés politiques.
2. Il n'est pas sûr que ce _____ une bonne solution.
3. Il ne pense pas que cette intervention _____ changer la situation politique de ces pays.

1. The subjunctive is used—with a change of subject—after expressions of doubt and uncertainty, such as **je doute, je ne suis pas sûr,** and **je ne suis pas certain.**

Beaucoup de femmes **ne sont pas sûres** que leur statut **soit** égal au statut des hommes.	*Many women aren't sure that their status is equal to the status of men.*
Les jeunes **doutent** souvent que les hommes et les femmes politiques **soient** honnêtes.	*Young people often doubt that politicians are honest.*

2. In the affirmative, verbs such as **penser** and **croire** are followed by the indicative. In the negative and interrogative, they express a degree of doubt and uncertainty and can then be followed by the subjunctive. In spoken French, however, the indicative is more commonly used.

Je **pense** que la presse **est** libre.	*I think the press is free.*
Pensez-vous que la presse **soit** libre?	*Do you think the press is free?*
Pensez-vous que la presse **est** libre?	
Je **ne crois pas** que la démocratie **soit** en danger.	*I don't think that democracy is in danger.*
Je **ne crois pas** que la démocratie **est** en danger.	

3. The following impersonal expressions are followed by the *indicative* because they imply certainty or probability.*

IMPERSONAL EXPRESSIONS USED WITH THE INDICATIVE	
il est certain que	il est probable que
il est clair que	il est sûr que
il est évident que	il est vrai que

Il est probable que l'Europe et les États-Unis **feront** plus d'échanges culturels et commerciaux.	*It's probable that Europe and the U.S. will engage in more cultural and commercial exchanges.*
Il est vrai que les Québécois **veulent** préserver leur propre identité.	*It's true that the Quebecois want to preserve their own identity.*

*In everyday conversation, you will often hear **c'est,** rather than **il est,** with these expressions.

Allez-y!

A. Réflexions sur l'Afrique francophone. Complétez les phrases avec le subjonctif ou l'indicatif des verbes, selon le cas.

— **1.** Il est sûr que le Burkina-Faso _____ (être) un pays en pleine mutation.
   2. Pensez-vous que le Sénégal _____ (être) un pays touristique?
   3. Les observateurs diplomatiques ne croient pas que l'assistance étrangère _____ (pouvoir) améliorer la crise économique et sociale de l'Afrique centrale.
   4. On ne doute pas que les Sénégalais _____ (vouloir) multiplier les échanges commerciaux avec les pays voisins.
   5. Il est évident que le Ghana _____ (avoir) des ressources minières importantes.
   6. Je ne crois pas que les autres nations _____ (devoir) intervenir dans les affaires africaines.

B. Discussion. Avec un(e) camarade, discutez des idées suivantes. Choisissez une phrase et posez une question. Votre camarade répond selon sa conviction.

MODÈLE: Le politicien est honnête. →
          É1: Crois-tu que le politicien soit honnête?
          É2: Oui, je crois qu'il est honnête. (Non, je ne crois pas qu'il soit honnête.)

Idées à discuter:

   1. Nous avons besoin d'une armée plus moderne.
   2. Les citoyens de ce pays savent voter intelligemment.
   3. Le gouverneur de votre état/province a de bonnes idées.
   4. On doit limiter l'immigration dans ce pays.
   5. L'enseignement bilingue est une bonne idée.

C. Opinions et croyances. Complétez les phrases de façon logique. Exprimez une opinion personnelle.

MODÈLE: Je ne pense pas que... →
          Je ne pense pas que les jeunes soient informés sur la contraception.

1. C'est vrai que...   **2.** Personne ne croit que...   **3.** Je ne suis pas sûr(e) que...   **4.** Il est probable que...   **5.** Beaucoup d'étudiants trouvent que...

Mots-clés

Éviter l'emploi du subjonctif

Espérer, followed by the indicative, can be used instead of **souhaiter** and other constructions that require the subjunctive.

J'espère qu'il gagnera les élections.

Devoir + infinitive can sometimes be used instead of **il faut que** and **il est nécessaire que.**

Tu **dois** afficher les prospectus.

In general statements, the use of the infinitive can replace the subjunctive.

Il faut que nous contrôlions les déchets industriels.
Il faut **contrôler** les déchets industriels.

Leçon 4

Proverbe

Il n'y a que les fous qui ne changent pas d'avis.

Lecture

Avant de lire

Using what you know. Throughout *Vis-à-vis*, you have learned and practiced a variety of strategies to facilitate your reading skills. The sentences that follow are taken from the reading selection, which highlights the environmental concerns of Yvon Chouinard, the founder of the company Patagonia. Try to guess the meaning of the italicized words, using one of the strategies listed. Then, discuss which one worked best for each word.

STRATEGIES
- using the surrounding context
- recognizing a word as a cognate
- relating a word to another word from the same family

1. En 1993, il s'était distingué en lançant des vestes de montagne faites à partir de fibres *issues* de bouteilles de plastique recyclées.
2. «La culture industrielle provoque, avec les pesticides et les insecticides, de *dégâts* considérables.»
3. Un *partenariat* comparable a été signé avec des *producteurs* turcs.
4. Au début de 1999, Patagonia devrait lancer en Europe des tee-shirts *conçus* avec le coton bio qu'ils cultivent.

À propos de la lecture... Cet article est tiré du magazine français d'actualités *L'Express*.

100 % bio

À 60 ans, Yvon Chouinard s'entraîne régulièrement sur les hauteurs[1] de Ventura, la ville de Californie où est installé le siège[2] de Patagonia, l'entreprise de vêtements de sport qu'il a créée voilà[3] un quart de[4] siècle. Le petit gabarit[5] de ce grimpeur émérite[6] dissimule[7] une rare énergie. Son principal défi[8]: la défense de l'environnement. «La planète est en danger, explique-t-il. Il faut agir[9] pour protéger la nature.» Pour mener ce combat, il utilise

---

[1]*highlands* [2]*headquarters* [3]*il y a* [4]*un... a quarter of a* [5]*size* [6]*grimpeur... highly skilled climber*
[7]*conceals* [8]*challenge* [9]*to take action*

sa propre société: «C'est un levier qui permet de changer les comporte-ments,[10] notamment[11] ceux des consommateurs.»

En 1993, il s'était distingué en lançant des vestes de montagne faites à partir de[12] fibres issues de bouteilles de plastique recyclées. Aujourd'hui, il se mobilise pour une nouvelle cause: le développement du coton biologique. «La culture industrielle provoque, avec les pesticides et les insecticides, des dégâts considérables. Désormais,[13] nous refusons d'y avoir recours. Pour la confection de nos chemises et de nos pantalons, nous nous fournissons ex-clusivement auprès d'agriculteurs[14] qui utilisent des méthodes organiques.» Des accords ont déjà été conclus dans ce sens avec des paysans californiens. Un partenariat comparable a été signé avec des producteurs turcs. Au début de 1999, Patagonia devrait[15] lancer en Europe des tee-shirts conçus avec le coton bio qu'ils cultivent.

Yvon Chouinard veut que sa société soit exemplaire, respectueuse à 100 % de l'environnement. Dans tous les domaines: de la cafétéria, qui ne propose que des produits naturels, à l'alimentation[16] électrique des bureaux, assurée par des éoliennes[17]... Patagonia s'est par ailleurs engagé à subven-tionner[18] des mouvements écologiques à hauteur de 1 % de son chiffre d'af-faires annuel[19] (CA prévu[20] pour 1998: 165 millions de dollars). Près de 500 organisations ont déjà bénéficié de cette manne.[21] Parmi elles: l'Association pour le respect du site du Mont-Blanc.

Yvon Chouinard serait-il philanthrope? «Absolument pas. Ma société doit générer du profit pour être respectée et imitée. Toutefois, comme l'enseigne le bouddhisme, l'important n'est pas le résultat lui-même mais le processus qui y conduit. En escalade,[22] atteindre[23] le sommet est secondaire, l'essen-tiel est la manière d'y parvenir.[24]»

[10]behaviors [11]notably [12]à... from [13]From now on [14]auprès... from farmers [15]should [16]supply
[17]windmills [18]subsidize [19]chiffre... (CA) annual revenue [20]expected [21]unexpected help [22]En... In climbing [23]reaching [24]la... how you get there

Compréhension

L'homme et l'entreprise. Répondez aux questions suivantes pour faire un portrait de M. Chouinard et de son entreprise.

1. Est-ce que M. Chouinard est en bonne forme? Comment le savez-vous?
2. Par quel produit est-ce que sa société s'est distinguée?
3. Pourquoi est-ce qu'il refuse d'utiliser le coton «industriel» pour la fabrication de ses vêtements?
4. Quels autres efforts fait-il pour protéger l'environnement?
5. Expliquez la philosophie de vie de M. Chouinard. D'où viennent ces croyances?

Écriture

L'environnement. Quel problème écologique vous préoccupe le plus? Est-ce la détérioration de la couche d'ozone, les déchets toxiques, les coupes à blanc (*clear cuts*), l'usage de pesticides, etc.? Choisissez-en un, puis écrivez une lettre adressée à votre député(e).

1ᵉʳ PARAGRAPHE:

1. Exposez le problème.
2. Présentez les conséquences pour votre ville, pour la région et la nation.

2ᵉ PARAGRAPHE:

3. Proposez des solutions au problème.

3ᵉ PARAGRAPHE:

4. Essayez de convaincre votre député(e) de suivre vos recommandations. Présentez les avantages d'opter pour vos solutions.

4ᵉ PARAGRAPHE:

5. Remerciez-le/la de son aide.

Monsieur le Député / Madame la Députée,

J'aimerais attirer votre attention sur le problème suivant:...

Recevez, Monsieur / Madame, l'expression de mes sentiments les meilleurs.

À l'écoute!

Les informations. Vous allez entendre un flash d'informations à la radio. Lisez les activités suivantes avant d'écouter le vocabulaire et le flash d'informations qui leur correspondent.

VOCABULAIRE UTILE

en hommage à	in recognition of
une balle	a bullet
un chiffre record	a record number
ne jetez plus	don't throw away any more
la coupe d'Europe	European Cup

A. Thèmes et problèmes. Choisissez les thèmes qui sont traités dans ce flash d'informations.

1. le SIDA
2. l'éducation
3. le racisme
4. la drogue
5. la Bosnie-Herzégovine
6. le chômage
7. le logement
8. la politique
9. l'écologie
10. la sécurité sociale
11. le recyclage
12. le sport
13. l'agriculture

B. Associations. Associez les éléments de chaque colonne.

1. _____ recyclage
2. _____ séparation
3. _____ chiffre record
4. _____ coupe d'Europe
5. _____ manifestation

a. 3 millions de chômeurs
b. Limoges
c. Rachid Bencherif
d. «La Journée de la terre»
e. les «Verts» et «Génération écologie»

En société

Objectif   *Suggesting and giving advice*

EXPRESSIONS UTILES

J'aurais dû l'aider.	I should have helped him.
un clochard	a bum
un sans-abri	a homeless person
des types	some guys
un carton	a box

Extrait du dialogue

CLAIRE: Et juste après avoir vu ce sans-abri, j'ai pensé à toi et à ton travail avec l'Association des sans-abri. Tu n'hésites jamais à aider quelqu'un qui en a besoin.

AIMÉE: C'est vrai. Mais, il faut que tu sois prudente. Il y a des types dangereux.

CLAIRE: Je sais. Et tu me connais, je suis très logique. Je ne veux pas réinventer la roue. Lorsque j'ai une idée, je préfère en discuter avec quelqu'un qui possède déjà de l'expérience. C'est pourquoi je voulais te parler.

AIMÉE: À mon avis, c'est bien de donner un carton de nourriture à l'Association des sans-abri.

CLAIRE: Je voudrais aussi aider ce sans-abri que j'ai vu cet après-midi. Qu'est-ce que tu en penses?

AIMÉE: Ouais, on pourrait appeler Gérard, le directeur de l'Association. Peut-être qu'il le connaît. Au moins, il pourrait te donner des conseils.

CLAIRE: C'est une bonne idée ça. Je lui parlerai quand j'irai porter le carton.

Jeux de rôles

Avec deux ou trois partenaires, lisez les situations suivantes. Pour chacune d'entre elle, une personne doit prendre une décision. Les autres étudiants lui donnent des conseils et discutent du problème. La personne doit réagir aux suggestions et prendre une décision.

- abandonner ses études avant l'obtention d'un diplôme
- se marier avec quelqu'un dont on vient de faire la connaissance
- s'engager dans l'armée
- traverser un piquet de grève

Note culturelle

Avec un taux de chômage des plus élevés, la France tente de remédier à cette instabilité sociale. Une des solutions a été la création de la semaine de 35 heures (en viguer[1] le Ier janvier 2000): «Du temps pour soi, une chance pour chacun»[2]. Non seulement cette mesure permettrait la création de nombreux emplois, mais elle favoriserait également un autre genre de société qui améliorerait la vie personnelle et familiale.

[1]«en... *effective*   [2]«Du... *"Some free time for yourself, an opportunity for everyone"*

CHAPITRE 16
Vocabulaire

Verbes

abolir to abolish
augmenter to raise
conserver to conserve
contrôler to inspect, monitor
développer to develop
diminuer to lower
douter to doubt
élire to elect
s'engager (dans) to get involved (in) (*a public issue, cause*)
estimer to consider; to believe; to estimate
exiger to require; to demand
exprimer une opinion to express an opinion
faire grève to strike
falloir to be necessary
gaspiller to waste
manifester (pour / contre) to demonstrate (for / against)
polluer to pollute
protéger to protect
reconnaître to recognize
recycler to recycle
regretter to regret, be sorry
sauver to save, rescue
souhaiter to wish, desire
soutenir to support
valoir to be worth

À REVOIR: **conduire, empêcher, perdre, vivre**

Substantifs

le/la citoyen(ne) citizen
les déchets (*m. pl.*) waste (*material*)
l'électeur/trice voter
le gaspillage wasting
la guerre war
les impôts (*m. pl.*) taxes
le parti political party
la politique politics; policy
le politicien/la politicienne politician
le recyclage recycling
le/la sans-abri homeless
le sondage survey

À REVOIR: **le chômage, le chomeur/la chômeuse**

Substantifs apparentés

l'accident (*m.*)**, l'atmosphère** (*f.*)**, le budget (militaire), le conflit, la conservation, le développement, l'énergie** (*f.*) **nucléaire/solaire, l'environnement** (*m.*)**, le gouvernement, l'inflation** (*f.*)**, la légalisation, la liberté d'expression, les médias** (*m.*)**, la nature, l'opinion** (*f.*) **publique, la pollution, le problème, la prolifération, la protection, le recyclage, la réforme, les ressources naturelles, le sexisme, la source**

Adjectifs

désolé(e) sorry
étonné(e) surprised
fâché(e) angry
furieux/euse furious
industriel(le) industrial
soulagé(e) relieved
sûr(e) sure, certain
surpris(e) surprised

Expressions impersonnelles

il est... it is . . .
   dommage too bad
   étrange strange
   fâcheux unfortunate
   (in)utile useless/useful
il se peut que... it is possible that . . .
il semble que... it seems that . . .
il vaut mieux (que)... it is better (that) . . .

Expressions impersonnelles apparentées

il est... certain, clair, essentiel, évident, important, (im)possible, indispensable, (in)juste, nécessaire, normal, peu probable, préférable, probable, stupide, sûr, urgent, vrai

Mots et expressions divers

par exemple for example
personnellement personally
pour ma part in my opinion, as for me
selon moi according to me

Appendices

Glossary of Grammatical Terms

ACCORD (*m.*) (*AGREEMENT*) There is agreement when a word takes the gender and the number of another word it modifies. Articles, adjectives agree with the noun they modify, as do past participles of verbs conjugated with être.	C'est **une femme indépendante.** *She is an independent woman.* **Elles sont arrivées** à temps. *They arrived in time.*
ADJECTIF (*m.*) (*ADJECTIVE*) A word that describes a noun or a pronoun. It agrees in number and gender with the word it modifies.	
Adjectif démonstratif (*Demonstrative adjective*) An adjective that points out a particular noun.	**ce** garçon, **ces** livres *this boy, these books*
Adjectif interrogatif (*Interrogative adjective*) An adjective used to form questions.	**Quelles** affiches cherchez-vous? *What posters are you looking for?* **Quel** livre? *Which book?*
Adjectif possessif (*Possessive adjective*) An adjective that indicates possession or a special relationship.	**leur** voiture, **ma** sœur *their car, my sister*
Adjectif qualificatif (*Descriptive adjective*) An adjective that specifies size, color, or other qualities.	Elles sont **intelligentes.** *They are smart.* C'est une **grande** maison. *It's a big house.*
ADVERBE (*m.*) (*ADVERB*) A word that describes an adjective, a verb, or another adverb.	Il écrit **très bien.** Elle va **plus** efficace. *He writes very well. She is more efficient.*
Adverbe interrogatif (*Interrogative adverb*) An adverb that introduces a question about time, place, manner, or quantity (amount).	**Combien** ça coûte? *How much is it?* **Quand** est-ce que vous partez? *When are you leaving?*
ANTÉCÉDENT (*m.*) A word, usually a noun, that is replaced by a pronoun in the same or a subsequent sentence. In the example, **Jeanne** is the antecedent of **elle** and **un gant** is the antecedent of **le.**	**Jeanne** a perdu **un gant** et **elle** ne **le** retrouve plus. *Jeanne lost a glove and she can't find it anymore.*

ARTICLE (*m.*) A determiner that sets off a noun.	
Article défini (*Definite article*) An article that indicates a specific noun.	**le** pays, **la** chaise, **les** femmes *the country, the chair, the women*
Article indéfini (*Indefinite article*) An article that indicates an unspecified noun.	**un** garçon, **une** ville, **des** carottes *a boy, a city, (some) carrots*
Article partitif (*Partitive article*) In French, an article that denotes part of a whole. *Some* is not always expressed in English, but the partitive is always almost expressed in French.	**du** chocolat, **de la** tarte, **de l'**eau *(some) chocolat, (some) pie, (some) water*
COMPARATIF (*m.*) (*COMPARATIVE*) The form of adjectives and adverbs used to compare two nouns or actions.	Léa est **moins** bavarde **que** Julien. *Léa is less talkative than Julien.* Elle court **plus** vite **que** lui. *She runs faster than he does.*
CONDITIONNEL (*m.*) (*CONDITIONAL*)	*See* **Mode.**
CONJUGAISON (*f.*) (*CONJUGATION*) The different forms of a verb for a particular tense or mood. A present indicative conjugation:	je parle — *I speak* tu parles — *you speak* il/elle/on parle — *he/she/it/one speaks* nous parlons — *we speak* vous parlez — *you speak* ils/elles parlent — *they speak*
CONJONCTION (*f.*) (*CONJUNCTION*) An expression that connects words, phrases, or clauses.	Christophe **et** Diane. *Christophe and Diane.* Il fait froid, **mais** il fait beau. *It's cold, but nice.*
CONTRACTION (*f.*) (*CONTRACTION*) Two words combine to form one. In French, this phenomenon happens with **à** and **de** combined with the definite articles **le** or **les.**	Ils parlent **aux** étudiants. *He's talking to the students.* C'est le livre **du** professeur. *It's the teacher's book.*
ÉLISION (*f.*) (*ELISION*) The replacement of the final vowel of a word by an apostrophe before the initial vowel or vowel sound of the following word.	Il arrive à **l'**université à 8 h. *He arrives at the university at 8:00.* J'ai compris **qu'**il reviendrait. *I understood that he would come back.*

GENRE (*m.*) (*GENDER*) A grammatical category of words. In French, there are two genders: feminine and masculine. Gender applies to nouns, articles, adjectives, and pronouns.

	masc.	fem.
articles and nouns	**le** disque	**la** cassette
adjectives	**lent, beau**	**lente, belle**
pronouns	**il, celui**	**elle, celle**

IMPARFAIT (*m.*) (*IMPERFECT*) In French, a verb tense that expresses a past action with no specific beginning or ending.	Nous **nagions** souvent. *We **used to swim** often.*
IMPÉRATIF (*m.*) (*IMPERATIVE*)	*See* **Mode.**
INDICATIF (*m.*) (*INDICATIVE*)	*See* **Mode.**
INFINITIF (*m.*) (*INFINITIVE*)	*See* **Mode.**
LIAISON (*f.*) (*LIAISON*) A speech-sound redistribution in which an otherwise silent final consonant is articulated with the initial vowel or vowel sound of the following word.	C'est‿un‿animal domestique. [sɛtœ̃nanimal] aux États-Unis [ozetɑzyni]
MODE (*m.*) (*MOOD*) A set of categories for verbs indicating the attitude of the speaker toward what he or she is saying.	
Mode conditionnel (*Conditional mood*) A verb form conveying possibility.	J'**irais** si j'avais le temps. *I **would go** if I had time.*
Mode impératif (*Imperative mood*) A verb form expressing a command.	**Allez**-y! ***Go** ahead!*
Mode indicatif (*Indicative mood*) A verb form denoting actions or states considered facts.	Je **vais** à la bibliothèque. *I **am going** to the library.*
Mode infinitif (*Infinitive mood*) A verb form introduced in English by *to*. In French dictionaries, this form appears as the main entry.	**jouer, vendre, venir** ***to play, to sell, to come***
Mode subjonctif (*Subjunctive mood*) A verb form, uncommon in English, used primarily in subordinate clauses after expressions of desire, doubt, or emotion. French constructions with the subjunctive have many possible English equivalents.	Je veux que vous y **alliez.** *I want you to go there.* J'ai peur qu'elle **dise** non. *I'm afraid she will say no.*
MOT APPARENTÉ (*m.*) (*COGNATE*) In two languages, words spelled similarly with similar meaning.	**état, sérieux, ordre** ***state, serious, order***
NOM (*m.*) (*NOUN*) A word that denotes a person, place, thing, or idea. Proper nouns are capitalized names.	**avocat, ville, journal, Louise** ***lawyer, city, newspaper, Louise***
NOMBRE (*m.*) (*NUMBER*) A grammatical category of words. It indicates whether a noun, article, adjective, or pronoun is singular (**singulier**) or plural (**pluriel**).	singulier: Le fromage est bon. pluriel: Les fromages sont bons.

NOMBRE (*m.*) (*NUMBER*)

Nombre cardinal (*Cardinal number*) A number that expresses an amount.	**deux** bureaux, **quatre** ans *two desks, four years*
Nombre ordinal (*Ordinal number*) A number that indicates position in a series.	le **deuxième** bureau, la **quatrième** année *the second desk, the fourth year*

PARTICIPE PASSÉ (*m.*) (*PAST PARTICIPLE*) The form of a verb used in a compound tense (like the **passé composé**) with forms of *to have* in English, and with **avoir** and **être** in French. — **mangé, fini, perdu** / *eaten, finished, lost*

PASSÉ COMPOSÉ (*m.*) In French, a verb tense that expresses a past action with a definite ending. It consists of the present indicative of the auxiliary verb (**être** or **avoir**) and the past participle of the conjugated verb. There are several equivalent forms in English.
J'ai mangé
I ate, I did eat, I have eaten
Elle **est tombée**
She fell, she did fall, she has fallen

PERSONNE (*f.*) (*PERSON*) The form of a pronoun or a verb that indicates the person involved in an action.

singular	plural
1st person je / *I*	nous / *we*
2nd person tu / *you*	vous / *you*
3rd person il, elle, on / *he, she, one, it*	ils, elles / *they*

PRÉPOSITION (*f.*) (*PREPOSITION*) A word or phrase that specifies the relationship of a word (usually a noun or a pronoun) to another. The relationship is usually spatial or temporal.
près de l'aéroport, **avec** lui, **avant** 11 h
near the airport, with him, before 11:00

PRONOM (*m.*) (*PRONOUN*) A word used in place of one or more nouns.

Pronom accentué ou disjoint (*Stressed or disjunctive pronoun*) In French, a pronoun used for emphasis or as the object of a preposition.	**Toi,** tu es incroyable! *You are unbelievable!* Je travaille avec **lui.** *I work with him.*

Pronom complément (d'objet) (*Object pronoun*) A pronoun that replaces a direct object noun or an indirect object noun.	direct: Je vois Alain. Je **le** vois.
	    I see Alain. I see him.
	indirect: Je donne le livre à Daniel. Je **lui** donne le livre.
	    I give the book to Daniel. I give him the book.

Pronom démonstratif (*Demonstrative pronoun*) A pronoun that singles out a particular person or thing.	Voici deux livres: **celui-ci** est intéressant, mais **celui-là** est ennuyeux. *Here are two books: this one is interesting, but that one is boring.*
Pronom interrogatif (*Interrogative pronoun*) A pronoun used to ask a question.	**Qui** parle? **Qu'est-ce que** vous voulez? *Who is speaking? What do you want?*
Pronom réfléchi (*Reflexive pronoun*) A pronoun that represents the same person as the subject of the verb.	Je **me** regarde dans le miroir. *I am looking at myself in the mirror.*

Pronom relatif (*Relative pronoun*) A pronoun that introduces an independent clause and denotes a noun already mentioned.

On parle à la femme **qui** habite ici.
*We're talking to the woman **who** lives here.*
C'est le stylo **que** vous cherchez?
*Is it the pen (**that**) you're looking for?*

Pronom sujet (*Subject pronoun*) A pronoun representing the person or thing performing the action of the verb.

Ils travaillent bien ensemble.
***They** work well together.*

PROPOSITION (*f.*) (*CLAUSE*) A construction that contains a subject and a verb.

Proposition principale (*Main clause*) A clause that stands on its own and expresses a complete idea.

Je cherche la femme qui joue au tennis.
***I'm looking for the woman** who plays tennis.*

Proposition subordonnée (*Subordinate clause*) A clause that cannot stand on its own because it does not express a complete idea.

Je cherche la femme **qui joue au tennis.**
*I'm looking for the woman **who plays tennis.***

SUJET (*m.*) (*SUBJECT*) The word(s) denoting the person, place, or thing performing an action or existing in a state.

Mon ordinateur est là-bas.
***My computer** is over there.*
Marc arrive demain.
***Marc** arrives tomorrow.*

SUBJONCTIF (*m.*) (*SUBJUNCTIVE*)

*See **Mode**.*

SUPERLATIF (*m.*) (*SUPERLATIVE*) The form of adjectives or adverbs used to compare three or more nouns or actions. In English, the superlative is marked by *most* or *-est*.

Elle a choisi la robe **la plus** chère.
*She chose **the most** expensive dress.*
Béatrice court **le plus** vite.
*Béatrice runs the fast**est**.*

TEMPS (*m.*) (*TENSE*) The form of a verb indicating time: present, past, or future.

VERBE (*m.*) (*VERB*) A word that reports an action or state.

Elle **est arrivée** hier.
*She **arrived** yesterday.*
Elle **était** fatiguée.
*She **was** tired.*

Verbe auxiliaire (*Auxiliary verb*) A verb used in conjunction with an infinitive or a participle to convey distinctions of tense and mood. In French, the main auxiliaries are **avoir** and **être**.

J'**ai** fait mes devoirs.
I did my homework.
Nous **sommes** allés au cinéma.
We went to the movies.

Verbe impersonnel (*Impersonal verb*) Always accompanied by the impersonal pronoun **il,** impersonal verbs are divided into two categories: verbs reporting natural phenomena and verbs with special meaning.

Il fait beau aujourd'hui.
***It is** nice today.*
Il faut travailler fort.
***One has** to work hard.*

Verbe pronominal (*Pronominal verb*) In French, a verb with a reflexive pronoun as well as a subject pronoun in its conjugated form. Its infinitive is preceded by **se.**

se souvenir, je me souviens
to remember, I remember
Il se coupe quand **il se rase.**
*He **cuts himself** when he shaves (**himself**).*

Appendix B

Verb Charts

1. Avoir and être

INFINITIVE PRESENT PARTICIPLE PAST PARTICIPLE	INDICATIVE PRESENT	PASSÉ COMPOSÉ	IMPERFECT	PLUPERFECT
avoir (*to have*) ayant eu	j' ai tu as il/elle/on a nous avons vous avez ils/elles ont	j' ai eu tu as eu il/elle/on a eu nous avons eu vous avez eu ils/elles ont eu	j' avais tu avais il/elle/on avait nous avions vous aviez ils/elles avaient	j' avais eu tu avais eu il/elle/on avait eu nous avions eu vous aviez eu ils/elles avaient eu
être (*to be*) étant été	je suis tu es il/elle/on est nous sommes vous êtes ils/elles sont	j' ai été tu as été il/elle/on a été nous avons été vous avez été ils/elles ont été	j' étais tu étais il/elle/on était nous étions vous étiez ils/elles étaient	j' avais été tu avais été il/elle/on avait été nous avions été vous aviez été ils/elles avaient été

	FUTURE		CONDITIONAL PRESENT			PAST		SUBJUNCTIVE PRESENT	IMPERATIVE
j'	aurai	j'	aurais	j'	aurais eu	que j'	aie		
tu	auras	tu	aurais	tu	aurais eu	que tu	aies	aie	
il/elle/on	aura	il/elle/on	aurait	il/elle/on	aurait eu	qu'il/elle/on	ait		
nous	aurons	nous	aurions	nous	aurions eu	que nous	ayons	ayons	
vous	aurez	vous	auriez	vous	auriez eu	que vous	ayez	ayez	
ils/elles	auront	ils/elles	auraient	ils/elles	auraient eu	qu'ils/elles	aient		
je	serai	je	serais	j'	aurais été	que je	sois		
tu	seras	tu	serais	tu	aurais été	que tu	sois	sois	
il/elle/on	sera	il/elle/on	serait	il/elle/on	aurait été	qu'il/elle/on	soit		
nous	serons	nous	serions	nous	aurions été	que nous	soyons	soyons	
vous	serez	vous	seriez	vous	auriez été	que vous	soyez	soyez	
ils/elles	seront	ils/elles	seraient	ils/elles	auraient été	qu'ils/elles	soient		

2. Regular verbs

INFINITIVE PRESENT PARTICIPLE PAST PARTICIPLE	INDICATIVE PRESENT	PASSÉ COMPOSÉ	IMPERFECT	PLUPERFECT
-er verbs **parler** (*to speak*) parlant parlé	je parle tu parles il/elle/on parle nous parlons vous parlez ils/elles parlent	j' ai parlé tu as parlé il/elle/on a parlé nous avons parlé vous avez parlé ils/elles ont parlé	je parlais tu parlais il/elle/on parlait nous parlions vous parliez ils/elles parlaient	j' avais parlé tu avais parlé il/elle/on avait parlé nous avions parlé vous aviez parlé ils/elles avaient parlé
-ir verbs **finir** (*to finish*) finissant fini	je finis tu finis il/elle/on finit nous finissons vous finissez ils/elles finissent	j' ai fini tu as fini il/elle/on a fini nous avons fini vous avez fini ils/elles ont fini	je finissais tu finissais il/elle/on finissait nous finissions vous finissiez ils/elles finissaient	j' avais fini tu avais fini il/elle/on avait fini nous avions fini vous aviez fini ils/elles avaient fini
-re verbs **perdre** (*to lose*) perdant perdu	je perds tu perds il/elle/on perd nous perdons vous perdez ils/elles perdent	j' ai perdu tu as perdu il/elle/on a perdu nous avons perdu vous avez perdu ils/elles ont perdu	je perdais tu perdais il/elle/on perdait nous perdions vous perdiez ils/elles perdaient	j' avais perdu tu avais perdu il/elle/on avait perdu nous avions perdu vous aviez perdu ils/elles avaient perdu

FUTURE		CONDITIONAL PRESENT		PAST		SUBJUNCTIVE PRESENT		IMPERATIVE
je	parlerai	je	parlerais	j'	aurais parlé	que je	parle	
tu	parleras	tu	parlerais	tu	aurais parlé	que tu	parles	parle
il/elle/on	parlera	il/elle/on	parlerait	il/elle/on	aurait parlé	qu'il/elle/on	parle	
nous	parlerons	nous	parlerions	nous	aurions parlé	que nous	parlions	parlons
vous	parlerez	vous	parleriez	vous	auriez parlé	que vous	parliez	parlez
ils/elles	parleront	ils/elles	parleraient	ils/elles	auraient parlé	qu'ils/elles	parlent	
je	finirai	je	finirais	j'	aurais fini	que je	finisse	
tu	finiras	tu	finirais	tu	aurais fini	que tu	finisses	finis
il/elle/on	finira	il/elle/on	finirait	il/elle/on	aurait fini	qu'il/elle/on	finisse	
nous	finirons	nous	finirions	nous	aurions fini	que nous	finissions	finissons
vous	finirez	vous	finiriez	vous	auriez fini	que vous	finissiez	finissez
ils/elles	finiront	ils/elles	finiraient	ils/elles	auraient fini	qu'ils/elles	finissent	
je	perdrai	je	perdrais	j'	aurais perdu	que je	perde	
tu	perdras	tu	perdrais	tu	aurais perdu	que tu	perdes	perds
il/elle/on	perdra	il/elle/on	perdrait	il/elle/on	aurait perdu	qu'il/elle/on	perde	
nous	perdrons	nous	perdrions	nous	aurions perdu	que nous	perdions	perdons
vous	perdrez	vous	perdriez	vous	auriez perdu	que vous	perdiez	perdez
ils/elles	perdront	ils/elles	perdraient	ils/elles	auraient perdu	qu'ils/elles	perdent	

3. Intransitive verbs conjugated with *être*[1]

INFINITIVE PRESENT PARTICIPLE PAST PARTICIPLE		INDICATIVE PRESENT		PASSÉ COMPOSÉ		IMPERFECT		PLUPERFECT
entrer	j'	entre	je	suis entré(e)	j'	entrais	j'	étais entré(e)
(*to enter*)	tu	entres	tu	es entré(e)	tu	entrais	tu	étais entré(e)
entrant	il/elle/on	entre	il/elle/on	est entré(e)	il/elle/on	entrait	il/elle/on	était entré(e)
entré	nous	entrons	nous	sommes entré(e)s	nous	entrions	nous	étions entré(e)s
	vous	entrez	vous	êtes entré(e)(s)	vous	entriez	vous	étiez entré(e)(s)
	ils/elles	entrent	ils/elles	sont entré(e)s	ils/elles	entraient	ils/elles	étaient entré(e)s

4. Pronominal verbs

INFINITIVE PRESENT PARTICIPLE PAST PARTICIPLE		INDICATIVE PRESENT		PASSÉ COMPOSÉ		IMPERFECT		PLUPERFECT
se laver	je	me lave	je	me suis lavé(e)	je	me lavais	je	m'étais lavé(e)
(*to wash*	tu	te laves	tu	t'es lavé(e)	tu	te lavais	tu	t'étais lavé(e)
oneself)	il/elle/on	se lave	il/elle/on	s'est lavé(e)	il/elle/on	se lavait	il/elle/on	s'était lavé(e)
se lavant	nous	nous lavons	nous	nous sommes lavé(e)s	nous	nous lavions	nous	nous étions lavé(e)s
lavé	vous	vous lavez	vous	vous êtes lavé(e)(s)	vous	vous laviez	vous	vous étiez lavé(e)(s)
	ils/elles	se lavent	ils/elles	se sont lavé(e)s	ils/elles	se lavaient	ils/elles	s'étaient lavé(e)s

[1]Other intransitive verbs conjugated with **être** in compound tenses are **aller, arriver, descendre, devenir, entrer, monter, mourir, naître, partir, passer, rentrer, rester, retourner, revenir, sortir, tomber,** and **venir.** Note that **descendre, monter, passer, retourner,** and **sortir** may sometimes be used as transitive verbs (i.e., with a direct object), in which case they are conjugated with **avoir** in compound tenses.

FUTURE	CONDITIONAL PRESENT	PAST	SUBJUNCTIVE PRESENT	IMPERATIVE
j' entrerai	j' entrerais	je serais entré(e)	que j' entre	
tu entreras	tu entrerais	tu serais entré(e)	que tu entres	entre
il/elle/on entrera	il/elle/on entrerait	il/elle/on serait entré(e)	qu'il/elle/on entre	
nous entrerons	nous entrerions	nous serions entré(e)s	que nous entrions	entrons
vous entrerez	vous entreriez	vous seriez entré(e)(s)	que vous entriez	entrez
ils/elles entreront	ils/elles entreraient	ils/elles seraient entré(e)s	qu'ils/elles entrent	

FUTURE	CONDITIONAL PRESENT	PAST	SUBJUNCTIVE PRESENT	IMPERATIVE
je me laverai	je me laverais	je me serais lavé(e)	que je me lave	
tu te laveras	tu te laverais	tu te serais lavé(e)	que tu te lave	lave-toi
il/elle/on se lavera	il/elle/on se laverait	il/elle/on se serait lavé(e)	qu'il/elle/on se lave	
nous nous laverons	nous nous laverions	nous nous serions lavé(e)s	que nous nous lavions	lavons-nous
vous vous laverez	vous vous laveriez	vous vous seriez lavé(e)(s)	que vous vous laviez	lavez-vous
ils/elles se laveront	ils/elles se laveraient	ils/elles se seraient lavé(e)s	qu'ils/elles se lavent	

5. Irregular verbs

INFINITIVE PRESENT PARTICIPLE PAST PARTICIPLE	INDICATIVE PRESENT	PASSÉ COMPOSÉ	IMPERFECT	PLUPERFECT
aller (*to go*) allant allé	je vais tu vas il/elle/on va nous allons vous allez ils/elles vont	je suis allé(e) tu es allé(e) il/elle/on est allé(e) nous sommes allé(e)s vous êtes allé(e)(s) ils/elles sont allé(e)s	j' allais tu allais il/elle/on allait nous allions vous alliez ils/elles allaient	j' étais allé(e) tu étais allé(e) il/elle/on était allé(e) nous étions allé(e)s vous étiez allé(e)(s) ils/elles étaient allé(e)s
asseoir[2] (*to seat*) asseyant assis	j' assieds tu assieds il/elle/on assied nous asseyons vous asseyez ils/elles asseyent	j' ai assis tu as assis il/elle/on a assis nous avons assis vous avez assis ils/elles ont assis	j' asseyais tu asseyais il/elle/on asseyait nous asseyions vous asseyiez ils/elles asseyaient	j' avais assis tu avais assis il/elle/on avait assis nous avions assis vous aviez assis ils/elles avaient assis
battre (*to beat*) battant battu	je bats tu bats il/elle/on bat nous battons vous battez ils/elles battent	j' ai battu tu as battu il/elle/on a battu nous avons battu vous avez battu ils/elles ont battu	je battais tu battais il/elle/on battait nous battions vous battiez ils/elles battaient	j' avais battu tu avais battu il/elle/on avait battu nous avions battu vous aviez battu ils/elles avaient battu
boire (*to drink*) buvant bu	je bois tu bois il/elle/on boit nous buvons vous buvez ils/elles boivent	j' ai bu tu as bu il/elle/on a bu nous avons bu vous avez bu ils/elles ont bu	je buvais tu buvais il/elle/on buvait nous buvions vous buviez ils/elles buvaient	j' avais bu tu avais bu il/elle/on avait bu nous avions bu vous aviez bu ils/elles avaient bu
conduire (*to lead;* *to drive*) conduisant conduit	je conduis tu conduis il/elle/on conduit nous conduisons vous conduisez ils/elles conduisent	j' ai conduit tu as conduit il/elle/on a conduit nous avons conduit vous avez conduit ils/elles ont conduit	je conduisais tu conduisais il/elle/on conduisait nous conduisions vous conduisiez ils/elles conduisaient	j' avais conduit tu avais conduit il/elle/on avait conduit nous avions conduit vous aviez conduit ils/elles avaient conduit
connaître (*to be* *acquainted*) connaissant connu	je connais tu connais il/elle/on connaît nous connaissons vous connaissez ils/elles connaissent	j' ai connu tu as connu il/elle/on a connu nous avons connu vous avez connu ils/elles ont connu	je connaissais tu connaissais il/elle/on connaissait nous connaissions vous connaissiez ils/elles connaissaient	j' avais connu tu avais connu il/elle/on avait connu nous avions connu vous aviez connu ils/elles avaient connu

[2] **S'asseoir** (pronominal form of **asseoir**) means *to be seated* or *to take a seat*. The imperative forms of **s'asseoir** are **assieds-toi**, **asseyons-nous**, and **asseyez-vous**.

	FUTURE		CONDITIONAL PRESENT		PAST		SUBJUNCTIVE PRESENT	IMPERATIVE
j'	irai	j'	irais	je	serais allé(e)	que j'	aille	
tu	iras	tu	irais	tu	serais allé(e)	que tu	ailles	va
il/elle/on	ira	il/elle/on	irait	il/elle/on	serait allé(e)	qu'il/elle/on	aille	
nous	irons	nous	irions	nous	serions allé(e)s	que nous	allions	allons
vous	irez	vous	iriez	vous	seriez allé(e)(s)	que vous	alliez	allez
ils/elles	iront	ils/elles	iraient	ils/elles	seraient allé(e)s	qu'ils/elles	aillent	
j'	assiérai	j'	assiérais	j'	aurais assis	que j'	asseye	
tu	assiéras	tu	assiérais	tu	aurais assis	que tu	asseyes	assieds
il/elle/on	assiéra	il/elle/on	assiérait	il/elle/on	aurait assis	qu'il/elle/on	asseye	
nous	assiérons	nous	assiérions	nous	aurions assis	que nous	asseyions	asseyons
vous	assiérez	vous	assiériez	vous	auriez assis	que vous	asseyiez	asseyez
ils/elles	assiéront	ils/elles	assiéraient	ils/elles	auraient assis	qu'ils/elles	asseyent	
je	battrai	je	battrais	j'	aurais battu	que je	batte	
tu	battras	tu	battrais	tu	aurais battu	que tu	battes	bats
il/elle/on	battra	il/elle/on	battrait	il/elle/on	aurait battu	qu'il/elle/on	batte	
nous	battrons	nous	battrions	nous	aurions battu	que nous	battions	battons
vous	battrez	vous	battriez	vous	auriez battu	que vous	battiez	battez
ils/elles	battront	ils/elles	battraient	ils/elles	auraient battu	qu'ils/elles	battent	
je	boirai	je	boirais	j'	aurais bu	que je	boive	
tu	boiras	tu	boirais	tu	aurais bu	que tu	boives	bois
il/elle/on	boira	il/elle/on	boirait	il/elle/on	aurait bu	qu'il/elle/on	boive	
nous	boirons	nous	boirions	nous	aurions bu	que nous	buvions	buvons
vous	boirez	vous	boiriez	vous	auriez bu	que vous	buviez	buvez
ils/elles	boiront	ils/elles	boiraient	ils/elles	auraient bu	qu'ils/elles	boivent	
je	conduirai	je	conduirais	j'	aurais conduit	que je	conduise	
tu	conduiras	tu	conduirais	tu	aurais conduit	que tu	conduises	conduis
il/elle/on	conduira	il/elle/on	conduirait	il/elle/on	aurait conduit	qu'il/elle/on	conduise	
nous	conduirons	nous	conduirions	nous	aurions conduit	que nous	conduisions	conduisons
vous	conduirez	vous	conduiriez	vous	auriez conduit	que vous	conduisiez	conduisez
ils/elles	conduiront	ils/elles	conduiraient	ils/elles	auraient conduit	qu'ils/elles	conduisent	
je	connaîtrai	je	connaîtrais	j'	aurais connu	que je	connaisse	
tu	connaîtras	tu	connaîtrais	tu	aurais conduit	que tu	connaisses	connais
il/elle/on	connaîtra	il/elle/on	connaîtrait	il/elle/on	aurait conduit	qu'il/elle/on	connaisse	
nous	connaîtrons	nous	connaîtrions	nous	aurions conduit	que nous	connaissions	connaissons
vous	connaîtrez	vous	connaîtriez	vous	auriez conduit	que vous	connaissiez	connaissez
ils/elles	connaîtront	ils/elles	connaîtraient	ils/elles	auraient conduit	qu'ils/elles	connaissent	

INFINITIVE PRESENT PARTICIPLE PAST PARTICIPLE		INDICATIVE PRESENT		PASSÉ COMPOSÉ		IMPERFECT		PLUPERFECT
courir	je	cours	j'	ai couru	je	courais	j'	avais couru
(*to run*)	tu	cours	tu	as couru	tu	courais	tu	avais couru
courant	il/elle/on	court	il/elle/on	a couru	il/elle/on	courait	il/elle/on	avait couru
couru	nous	courons	nous	avons couru	nous	courions	nous	avions couru
	vous	courez	vous	avez couru	vous	couriez	vous	aviez couru
	ils/elles	courent	ils/elles	ont couru	ils/elles	couraient	ils/elles	avaient couru
craindre	je	crains	j'	ai craint	je	craignais	j'	avais craint
(*to fear*)	tu	crains	tu	as craint	tu	craignais	tu	avais craint
craignant	il/elle/on	craint	il/elle/on	a craint	il/elle/on	craignait	il/elle/on	avait craint
craint	nous	craignons	nous	avons craint	nous	craignions	nous	avions craint
	vous	craignez	vous	avez craint	vous	craigniez	vous	aviez craint
	ils/elles	craignent	ils/elles	ont craint	ils/elles	craignaient	ils/elles	avaient craint
croire	je	crois	j'	ai cru	je	croyais	j'	avais cru
(*to believe*)	tu	crois	tu	as cru	tu	croyais	tu	avais cru
croyant	il/elle/on	croit	il/elle/on	a cru	il/elle/on	croyait	il/elle/on	avait cru
cru	nous	croyons	nous	avons cru	nous	croyions	nous	avions cru
	vous	croyez	vous	avez cru	vous	croyiez	vous	aviez cru
	ils/elles	croient	ils/elles	ont cru	ils/elles	croyaient	ils/elles	avaient cru
devoir	je	dois	j'	ai dû	je	devais	j'	avais dû
(*to have to;*	tu	dois	tu	as dû	tu	devais	tu	avais dû
to owe)	il/elle/on	doit	il/elle/on	a dû	il/elle/on	devait	il/elle/on	avait dû
devant	nous	devons	nous	avons dû	nous	devions	nous	avions dû
dû	vous	devez	vous	avez dû	vous	deviez	vous	aviez dû
	ils/elles	doivent	ils/elles	ont dû	ils/elles	devaient	ils/elles	avaient dû
dire[3]	je	dis	j'	ai dit	je	disais	j'	avais dit
(*to say;*	tu	dis	tu	as dit	tu	disais	tu	avais dit
to tell)	il/elle/on	dit	il/elle/on	a dit	il/elle/on	disait	il/elle/on	avait dit
disant	nous	disons	nous	avons dit	nous	disions	nous	avions dit
dit	vous	dites	vous	avez dit	vous	disiez	vous	aviez dit
	ils/elles	disent	ils/elles	ont dit	ils/elles	disaient	ils/elles	avaient dit
dormir[4]	je	dors	j'	ai dormi	je	dormais	j'	avais dormi
(*to sleep*)	tu	dors	tu	as dormi	tu	dormais	tu	avais dormi
dormant	il/elle/on	dort	il/elle/on	a dormi	il/elle/on	dormait	il/elle/on	avait dormi
dormi	nous	dormons	nous	avons dormi	nous	dormions	nous	avions dormi
	vous	dormez	vous	avez dormi	vous	dormiez	vous	aviez dormi
	ils/elles	dorment	ils/elles	ont dormi	ils/elles	dormaient	ils/elles	avaient dormi

[3] Verbs like **dire: contredire (vous contredisez), interdire (vous interdisez), prédire (vous prédisez)**

[4] Verbs like **dormir: mentir, partir, repartir, sentir, servir, sortir. (Partir, repartir,** and sortir are conjugated with **être.)**

	FUTURE		CONDITIONAL PRESENT			PAST		SUBJUNCTIVE PRESENT	IMPERATIVE
je	courrai	je	courrais	j'	aurais couru	que je	coure	
tu	courras	tu	courrais	tu	aurais couru	que tu	coures	cours
il/elle/on	courra	il/elle/on	courrait	il/elle/on	aurait couru	qu'il/elle/on	coure	
nous	courrons	nous	courrions	nous	aurions couru	que nous	courions	courons
vous	courrez	vous	courriez	vous	auriez couru	que vous	couriez	courez
ils/elles	courront	ils/elles	courraient	ils/elles	auraient couru	qu'ils/elles	courent	
je	craindrai	je	craindrais	j'	aurais craint	que je	craigne	
tu	craindras	tu	craindrais	tu	aurais craint	que tu	craignes	crains
il/elle/on	craindra	il/elle/on	craindrait	il/elle/on	aurait craint	qu'il/elle/on	craigne	
nous	craindrons	nous	craindrions	nous	aurions craint	que nous	craignions	craignons
vous	craindrez	vous	craindriez	vous	auriez craint	que vous	craigniez	craignez
ils/elles	craindront	ils/elles	craindraient	ils/elles	auraient craint	qu'ils/elles	craignent	
je	croirai	je	croirais	j'	aurais cru	que je	croie	
tu	croiras	tu	croirais	tu	aurais cru	que tu	croies	crois
il/elle/on	croira	il/elle/on	croirait	il/elle/on	aurait cru	qu'il/elle/on	croie	
nous	croirons	nous	croirions	nous	aurions cru	que nous	croyions	croyons
vous	croirez	vous	croiriez	vous	auriez cru	que vous	croyiez	croyez
ils/elles	croiront	ils/elles	croiraient	ils/elles	auraient cru	qu'ils/elles	croient	
je	devrai	je	devrais	j'	aurais dû	que je	doive	
tu	devras	tu	devrais	tu	aurais dû	que tu	doives	dois
il/elle/on	devra	il/elle/on	devrait	il/elle/on	aurait dû	qu'il/elle/on	doive	
nous	devrons	nous	devrions	nous	aurions dû	que nous	devions	devons
vous	devrez	vous	devriez	vous	auriez dû	que vous	deviez	devez
ils/elles	devront	ils/elles	devraient	ils/elles	auraient dû	qu'ils/elles	doivent	
je	dirai	je	dirais	j'	aurais dit	que je	dise	
tu	diras	tu	dirais	tu	aurais dit	que tu	dises	dis
il/elle/on	dira	il/elle/on	dirait	il/elle/on	aurait dit	qu'il/elle/on	dise	
nous	dirons	nous	dirions	nous	aurions dit	que nous	disions	disons
vous	direz	vous	diriez	vous	auriez dit	que vous	disiez	dites
ils/elles	diront	ils/elles	diraient	ils/elles	auraient dit	qu'ils/elles	disent	
je	dormirai	je	dormirais	j'	aurais dormi	que je	dorme	
tu	dormiras	tu	dormirais	tu	aurais dormi	que tu	dormes	dors
il/elle/on	dormira	il/elle/on	dormirait	il/elle/on	aurait dormi	qu'il/elle/on	dorme	
nous	dormirons	nous	dormirions	nous	aurions dormi	que nous	dormions	dormons
vous	dormirez	vous	dormiriez	vous	auriez dormi	que vous	dormiez	dormez
ils/elles	dormiront	ils/elles	dormiraient	ils/elles	auraient dormi	qu'ils/elles	dorment	

INFINITIVE PRESENT PARTICIPLE PAST PARTICIPLE	INDICATIVE PRESENT	PASSÉ COMPOSÉ	IMPERFECT	PLUPERFECT
écrire[5] (*to write*) écrivant écrit	j' écris tu écris il/elle/on écrit nous écrivons vous écrivez ils/elles écrivent	j' ai écrit tu as écrit il/elle/on a écrit nous avons écrit vous avez écrit ils/elles ont écrit	j' écrivais tu écrivais il/elle/on écrivait nous écrivions vous écriviez ils/elles écrivaient	j' avais écrit tu avais écrit il/elle/on avait écrit nous avions écrit vous aviez écrit ils/elles avaient écrit
envoyer (*to send*) envoyant envoyé	j' envoie tu envoies il/elle/on envoie nous envoyons vous envoyez ils/elles envoient	j' ai envoyé tu as envoyé il/elle/on a envoyé nous avons envoyé vous avez envoyé ils/elles ont envoyé	j' envoyais tu envoyais il/elle/on envoyait nous envoyions vous envoyiez ils/elles envoyaient	j' avais envoyé tu avais envoyé il/elle/on avait envoyé nous avions envoyé vous aviez envoyé ils/elles avaient envoyé
faire (*to do;* *to make*) faisant fait	je fais tu fais il/elle/on fait nous faisons vous faites ils/elles font	j' ai fait tu as fait il/elle/on a fait nous avons fait vous avez fait ils/elles ont fait	je faisais tu faisais il/elle/on faisait nous faisions vous faisiez ils/elles faisaient	j' avais fait tu avais fait il/elle/on avait fait nous avions fait vous aviez fait ils/elles avaient fait
falloir (*to be* *necessary*) fallu	il faut	il a fallu	il fallait	il avait fallu
lire[6] (*to read*) lisant lu	je lis tu lis il/elle/on lit nous lisons vous lisez ils/elles lisent	j' ai lu tu as lu il/elle/on a lu nous avons lu vous avez lu ils/elles ont lu	je lisais tu lisais il/elle/on lisait nous lisions vous lisiez ils/elles lisaient	j' avais lu tu avais lu il/elle/on avait lu nous avions lu vous aviez lu ils/elles avaient lu
mettre[7] (*to put*) mettant mis	je mets tu mets il/elle/on met nous mettons vous mettez ils/elles mettent	j' ai mis tu as mis il/elle/on a mis nous avons mis vous avez mis ils/elles ont mis	je mettais tu mettais il/elle/on mettait nous mettions vous mettiez ils/elles mettaient	j' avais mis tu avais mis il/elle/on avait mis nous avions mis vous aviez mis ils/elles avaient mis

[5]Verbs like **écrire: décrire**
[6]Verbs like **lire: élire, relire**
[7]Verbs like **mettre: permettre, promettre, remettre**

	FUTURE		CONDITIONAL PRESENT		PAST		SUBJUNCTIVE PRESENT	IMPERATIVE
j'	écrirai	j'	écrirais	j'	aurais écrit	que j'	écrive	
tu	écriras	tu	écrirais	tu	aurais écrit	que tu	écrives	écris
il/elle/on	écrira	il/elle/on	écrirait	il/elle/on	aurait écrit	qu'il/elle/on	écrive	
nous	écrirons	nous	écririons	nous	aurions écrit	que nous	écrivions	écrivons
vous	écrirez	vous	écririez	vous	auriez écrit	que vous	écriviez	écrivez
ils/elles	écriront	ils/elles	écriraient	ils/elles	auraient écrit	qu'ils/elles	écrivent	
j'	enverrai	j'	enverrais	j'	aurais envoyé	que j'	envoie	
tu	enverras	tu	enverrais	tu	aurais envoyé	que tu	envoies	envoie
il/elle/on	enverra	il/elle/on	enverrait	il/elle/on	aurait envoyé	qu'il/elle/on	envoie	
nous	enverrons	nous	enverrions	nous	aurions envoyé	que nous	envoyions	envoyons
vous	enverrez	vous	enverriez	vous	auriez envoyé	que vous	envoyiez	envoyez
ils/elles	enverront	ils/elles	enverraient	ils/elles	auraient envoyé	qu'ils/elles	envoient	
je	ferai	je	ferais	j'	aurais fait	que je	fasse	
tu	feras	tu	ferais	tu	aurais fait	que tu	fasses	fais
il/elle/on	fera	il/elle/on	ferait	il/elle/on	aurait fait	qu'il/elle/on	fasse	
nous	ferons	nous	ferions	nous	aurions fait	que nous	fassions	faisons
vous	ferez	vous	feriez	vous	auriez fait	que vous	fassiez	faites
ils/elles	feront	ils/elles	feraient	ils/elles	auraient fait	qu'ils/elles	fassent	
il	faudra	il	faudrait	il	aurait fallu	qu'il	faille	
je	lirai	je	lirais	j'	aurais lu	que je	lise	
tu	liras	tu	lirais	tu	aurais lu	que tu	lises	lis
il/elle/on	lira	il/elle/on	lirait	il/elle/on	aurait lu	qu'il/elle/on	lise	
nous	lirons	nous	lirions	nous	aurions lu	que nous	lisions	lisons
vous	lirez	vous	liriez	vous	auriez lu	que vous	lisiez	lisez
ils/elles	liront	ils/elles	liraient	ils/elles	auraient lu	qu'ils/elles	lisent	
je	mettrai	je	mettrais	j'	aurais mis	que je	mette	
tu	mettras	tu	mettrais	tu	aurais mis	que tu	mettes	mets
il/elle/on	mettra	il/elle/on	mettrait	il/elle/on	aurait mis	qu'il/elle/on	mette	
nous	mettrons	nous	mettrions	nous	aurions mis	que nous	mettions	mettons
vous	mettrez	vous	mettriez	vous	auriez mis	que vous	mettiez	mettez
ils/elles	mettront	ils/elles	mettraient	ils/elles	auraient mis	qu'ils/elles	mettent	

INFINITIVE PRESENT PARTICIPLE PAST PARTICIPLE		INDICATIVE PRESENT	PASSÉ COMPOSÉ	IMPERFECT	PLUPERFECT
mourir (*to die*) mourant mort	je tu il/elle/on nous vous ils/elles	meurs meurs meurt mourons mourez meurent	je suis mort(e) tu es mort(e) il/elle/on est mort(e) nous sommes mort(e)s vous êtes mort(e)(s) ils/elles sont mort(e)s	je mourais tu mourais il/elle/on mourait nous mourions vous mouriez ils/elles mouraient	j' étais mort(e) tu étais mort(e) il/elle/on était mort(e) nous étions mort(e)s vous étiez mort(e)(s) ils/elles étaient mort(e)s
naître (*to be born*) naissant né	je tu il/elle/on nous vous ils/elles	nais nais naît naissons naissez naissent	je suis né(e) tu es né(e) il/elle/on est né(e) nous sommes né(e)s vous êtes né(e)(s) ils/elles sont né(e)s	je naissais tu naissais il/elle/on naissait nous naissions vous naissiez ils/elles naissaient	j' étais né(e) tu étais né(e) il/elle/on était né(e) nous étions né(e)s vous étiez né(e)(s) ils/elles étaient né(e)s
ouvrir[8] (*to open*) ouvrant ouvert	j' tu il/elle/on nous vous ils/elles	ouvre ouvres ouvre ouvrons ouvrez ouvrent	j' ai ouvert tu as ouvert il/elle/on a ouvert nous avons ouvert vous avez ouvert ils/elles ont ouvert	j' ouvrais tu ouvrais il/elle/on ouvrait nous ouvrions vous ouvriez ils/elles ouvraient	j' avais ouvert tu avais ouvert il/elle/on avait ouvert nous avions ouvert vous aviez ouvert ils/elles avaient ouvert
plaire (*to please*) plaisant plu	je tu il/elle/on nous vous ils/elles	plais plais plaît plaisons plaisez plaisent	j' ai plu tu as plu il/elle/on a plu nous avons plu vous avez plu ils/elles ont plu	je plaisais tu plaisais il/elle/on plaisait nous plaisions vous plaisiez ils/elles plaisaient	j' avais plu tu avais plu il/elle/on avait plu nous avions plu vous aviez plu ils/elles avaient plu
pleuvoir (*to rain*) pleuvant plu	il	pleut	il a plu	il pleuvait	il avait plu
pouvoir (*to be able*) pouvant pu	je tu il/elle/on nous vous ils/elles	peux, je puis peux peut pouvons pouvez peuvent	j' ai pu tu as pu il/elle/on a pu nous avons pu vous avez pu ils/elles ont pu	je pouvais tu pouvais il/elle/on pouvait nous pouvions vous pouviez ils/elles pouvaient	j' avais pu tu avais pu il/elle/on avait pu nous avions pu vous aviez pu ils/elles avaient pu
prendre[9] (*to take*) prenant pris	je tu il/elle/on nous vous ils/elles	prends prends prend prenons prenez prennent	j' ai pris tu as pris il/elle/on a pris nous avons pris vous avez pris ils/elles ont pris	je prenais tu prenais il/elle/on prenait nous prenions vous preniez ils/elles prenaient	j' avais pris tu avais pris il/elle/on avait pris nous avions pris vous aviez pris ils/elles avaient pris

[8]Verbs like **ouvrir: couvrir, découvrir, offrir, souffrir**
[9]Verbs like **prendre: apprendre, comprendre, surprendre**

	FUTURE		CONDITIONAL PRESENT		PAST		SUBJUNCTIVE PRESENT	IMPERATIVE
je	mourrai	je	mourrais	je	serais mort(e)	que je	meure	
tu	mourras	tu	mourrais	tu	serais mort(e)	que tu	meures	meurs
il/elle/on	mourra	il/elle/on	mourrait	il/elle/on	serait mort(e)	qu'il/elle/on	meure	
nous	mourrons	nous	mourrions	nous	serions mort(e)s	que nous	mourions	mourons
vous	mourrez	vous	mourriez	vous	seriez mort(e)(s)	que vous	mouriez	mourez
ils/elles	mourront	ils/elles	mourraient	ils/elles	seraient mort(e)s	qu'ils/elles	meurent	
je	naîtrai	je	naîtrais	je	serais né(e)	que je	naisse	
tu	naîtras	tu	naîtrais	tu	serais né(e)	que tu	naisses	nais
il/elle/on	naîtra	il/elle/on	naîtrait	il/elle/on	serait né(e)	qu'il/elle/on	naisse	
nous	naîtrons	nous	naîtrions	nous	serions né(e)s	que nous	naissions	naissons
vous	naîtrez	vous	naîtriez	vous	seriez né(e)(s)	que vous	naissiez	naissez
ils/elles	naîtront	ils/elles	naîtraient	ils/elles	seraient né(e)s	qu'ils/elles	naissent	
j'	ouvrirai	j'	ouvrirais	j'	aurais ouvert	que j'	ouvre	
tu	ouvriras	tu	ouvrirais	tu	aurais ouvert	que tu	ouvres	ouvre
il/elle/on	ouvrira	il/elle/on	ouvrirait	il/elle/on	aurait ouvert	qu'il/elle/on	ouvre	
nous	ouvrirons	nous	ouvririons	nous	aurions ouvert	que nous	ouvrions	ouvrons
vous	ouvrirez	vous	ouvririez	vous	auriez ouvert	que vous	ouvriez	ouvrez
ils/elles	ouvriront	ils/elles	ouvriraient	ils/elles	auraient ouvert	qu'ils/elles	ouvrent	
je	plairai	je	plairais	j'	aurais plu	que je	plaise	
tu	plairas	tu	plairais	tu	aurais plu	que tu	plaises	plais
il/elle/on	plaira	il/elle/on	plairait	il/elle/on	aurait plu	qu'il/elle/on	plaise	
nous	plairons	nous	plairions	nous	aurions plu	que nous	plaisions	plaisons
vous	plairez	vous	plairiez	vous	auriez plu	que vous	plaisiez	plaisez
ils/elles	plairont	ils/elles	plairaient	ils/elles	auraient plu	qu'ils/elles	plaisent	
il	pleuvra	il	pleuvrait	il	aurait plu	qu'il	pleuve	
je	pourrai	je	pourrais	j'	aurais pu	que je	puisse	
tu	pourras	tu	pourrais	tu	aurais pu	que tu	puisses	
il/elle/on	pourra	il/elle/on	pourrait	il/elle/on	aurait pu	qu'il/elle/on	puisse	
nous	pourrons	nous	pourrions	nous	aurions pu	que nous	puissions	
vous	pourrez	vous	pourriez	vous	auriez pu	que vous	puissiez	
ils/elles	pourront	ils/elles	pourraient	ils/elles	auraient pu	qu'ils/elles	puissent	
je	prendrai	je	prendrais	j'	aurais pris	que je	prenne	
tu	prendras	tu	prendrais	tu	aurais pris	que tu	prennes	prends
il/elle/on	prendra	il/elle/on	prendrait	il/elle/on	aurait pris	qu'il/elle/on	prenne	
nous	prendrons	nous	prendrions	nous	aurions pris	que nous	prenions	prenons
vous	prendrez	vous	prendriez	vous	auriez pris	que vous	preniez	prenez
ils/elles	prendront	ils/elles	prendraient	ils/elles	auraient pris	qu'ils/elles	prennent	

INFINITIVE PRESENT PARTICIPLE	INDICATIVE			
PAST PARTICIPLE	PRESENT	PASSÉ COMPOSÉ	IMPERFECT	PLUPERFECT
recevoir[10]	je reçois	j' ai reçu	je recevais	j' avais reçu
(*to receive*)	tu reçois	tu as reçu	tu recevais	tu avais reçu
recevant	il/elle/on reçoit	il/elle/on a reçu	il/elle/on recevait	il/elle/on avait reçu
reçu	nous recevons	nous avons reçu	nous recevions	nous avions reçu
	vous recevez	vous avez reçu	vous receviez	vous aviez reçu
	ils/elles reçoivent	ils/elles ont reçu	ils/elles recevaient	ils/elles avaient reçu
rire	je ris	j' ai ri	je riais	j' avais ri
(*to laugh*)	tu ris	tu as ri	tu riais	tu avais ri
riant	il/elle/on rit	il/elle/on a ri	il/elle/on riait	il/elle/on avait ri
ri	nous rions	nous avons ri	nous riions	nous avions ri
	vous riez	vous avez ri	vous riiez	vous aviez ri
	ils/elles rient	ils/elles ont ri	ils/elles riaient	ils/elles avaient ri
savoir	je sais	j' ai su	je savais	j' avais su
(*to know*)	tu sais	tu as su	tu savais	tu avais su
sachant	il/elle/on sait	il/elle/on a su	il/elle/on savait	il/elle/on avait su
su	nous savons	nous avons su	nous savions	nous avions su
	vous savez	vous avez su	vous saviez	vous aviez su
	ils/elles savent	ils/elles ont su	ils/elles savaient	ils/elles avaient su
suivre	je suis	j' ai suivi	je suivais	j' avais suivi
(*to follow*)	tu suis	tu as suivi	tu suivais	tu avais suivi
suivant	il/elle/on suit	il/elle/on a suivi	il/elle/on suivait	il/elle/on avait suivi
suivi	nous suivons	nous avons suivi	nous suivions	nous avions suivi
	vous suivez	vous avez suivi	vous suiviez	vous aviez suivi
	ils/elles suivent	ils/elles ont suivi	ils/elles suivaient	ils/elles avaient suivi
tenir[11]	je tiens	j' ai tenu	je tenais	j' avais tenu
(*to hold;*	tu tiens	tu as tenu	tu tenais	tu avais tenu
to keep)	il/elle/on tient	il/elle/on a tenu	il/elle/on tenait	il/elle/on avait tenu
tenant	nous tenons	nous avons tenu	nous tenions	nous avions tenu
tenu	vous tenez	vous avez tenu	vous teniez	vous aviez tenu
	ils/elles tiennent	ils/elles ont tenu	ils/elles tenaient	ils/elles avaient tenu
valoir	je vaux	j' ai valu	je valais	j' avais valu
(*to be*	tu vaux	tu as valu	tu valais	tu avais valu
worth)	il/elle/on vaut	il/elle/on a valu	il/elle/on valait	il/elle/on avait valu
valant	nous valons	nous avons valu	nous valions	nous avions valu
valu	vous valez	vous avez valu	vous valiez	vous aviez valu
	ils/elles valent	ils/elles ont valu	ils/elles valaient	ils/elles avaient valu
venir[12]	je viens	je suis venu(e)	je venais	j' étais venu(e)
(*to come*)	tu viens	tu es venu(e)	tu venais	tu étais venu(e)
venant	il/elle/on vient	il/elle/on est venu(e)	il/elle/on venait	il/elle/on était venu(e)
venu	nous venons	nous sommes venu(e)s	nous venions	nous étions venu(e)s
	vous venez	vous êtes venu(e)(s)	vous veniez	vous étiez venu(e)(s)
	ils/elles viennent	ils/elles sont venu(e)s	ils/elles venaient	ils/elles étaient venu(e)s

[10]Verbs like **recevoir**: apercevoir, décevoir
[11]Verbs like **tenir**: maintenir, obtenir
[12]Verbs like **venir**: devenir, revenir, se souvenir de

FUTURE		CONDITIONAL PRESENT		PAST		SUBJUNCTIVE PRESENT		IMPERATIVE
je	recevrai	je	recevrais	j'	aurais reçu	que je	reçoive	
tu	recevras	tu	recevrais	tu	aurais reçu	que tu	reçoives	reçois
il/elle/on	recevra	il/elle/on	recevrait	il/elle/on	aurait reçu	qu'il/elle/on	reçoive	
nous	recevrons	nous	recevrions	nous	aurions reçu	que nous	recevions	recevons
vous	recevrez	vous	recevriez	vous	auriez reçu	que vous	receviez	recevez
ils/elles	recevront	ils/elles	recevraient	ils/elles	auraient reçu	qu'ils/elles	reçoivent	
je	rirai	je	rirais	j'	aurais ri	que je	rie	
tu	riras	tu	rirais	tu	aurais ri	que tu	ries	ris
il/elle/on	rira	il/elle/on	rirait	il/elle/on	aurait ri	qu'il/elle/on	rie	
nous	rirons	nous	ririons	nous	aurions ri	que nous	riions	rions
vous	rirez	vous	ririez	vous	auriez ri	que vous	riiez	riez
ils/elles	riront	ils/elles	riraient	ils/elles	auraient ri	qu'ils/elles	rient	
je	saurai	je	saurais	j'	aurais su	que je	sache	
tu	sauras	tu	saurais	tu	aurais su	que tu	saches	sache
il/elle/on	saura	il/elle/on	saurait	il/elle/on	aurait su	qu'il/elle/on	sache	
nous	saurons	nous	saurions	nous	aurions su	que nous	sachions	sachons
vous	saurez	vous	sauriez	vous	auriez su	que vous	sachiez	sachez
ils/elles	sauront	ils/elles	sauraient	ils/elles	auraient su	qu'ils/elles	sachent	
je	suivrai	je	suivrais	j'	aurais suivi	que je	suive	
tu	suivras	tu	suivrais	tu	aurais suivi	que tu	suives	suis
il/elle/on	suivra	il/elle/on	suivrait	il/elle/on	aurait suivi	qu'il/elle/on	suive	
nous	suivrons	nous	suivrions	nous	aurions suivi	que nous	suivions	suivons
vous	suivrez	vous	suivriez	vous	auriez suivi	que vous	suiviez	suivez
ils/elles	suivront	ils/elles	suivraient	ils/elles	auraient suivi	qu'ils/elles	suivent	
je	tiendrai	je	tiendrais	j'	aurais tenu	que je	tienne	
tu	tiendras	tu	tiendrais	tu	aurais tenu	que tu	tiennes	tiens
il/elle/on	tiendra	il/elle/on	tiendrait	il/elle/on	aurait tenu	qu'il/elle/on	tienne	
nous	tiendrons	nous	tiendrions	nous	aurions tenu	que nous	tenions	tenons
vous	tiendrez	vous	tiendriez	vous	auriez tenu	que vous	teniez	tenez
ils/elles	tiendront	ils/elles	tiendraient	ils/elles	auraient tenu	qu'ils/elles	tiennent	
je	vaudrai	je	vaudrais	j'	aurais valu	que je	vaille	
tu	vaudras	tu	vaudrais	tu	aurais valu	que tu	vailles	vaux
il/elle/on	vaudra	il/elle/on	vaudrait	il/elle/on	aurait valu	qu'il/elle/on	vaille	
nous	vaudrons	nous	vaudrions	nous	aurions valu	que nous	valions	valons
vous	vaudrez	vous	vaudriez	vous	auriez valu	que vous	valiez	valez
ils/elles	vaudront	ils/elles	vaudraient	ils/elles	auraient valu	qu'ils/elles	vaillent	
je	viendrai	je	viendrais	je	serais venu(e)	que je	vienne	
tu	viendras	tu	viendrais	tu	serais venu(e)	que tu	viennes	viens
il/elle/on	viendra	il/elle/on	viendrait	il/elle/on	serait venu(e)	qu'il/elle/on	vienne	
nous	viendrons	nous	viendrions	nous	serions venu(e)s	que nous	venions	venons
vous	viendrez	vous	viendriez	vous	seriez venu(e)(s)	que vous	veniez	venez
ils/elles	viendront	ils/elles	viendraient	ils/elles	seraient venu(e)s	qu'ils/elles	viennent	

INFINITIVE PRESENT PARTICIPLE PAST PARTICIPLE	INDICATIVE PRESENT	PASSÉ COMPOSÉ	IMPERFECT	PLUPERFECT
vivre (*to live*) vivant vécu	je vis tu vis il/elle/on vit nous vivons vous vivez ils/elles vivent	j' ai vécu tu as vécu il/elle/on a vécu nous avons vécu vous avez vécu ils/elles ont vécu	je vivais tu vivais il/elle/on vivait nous vivions vous viviez ils/elles vivaient	j' avais vécu tu avais vécu il/elle/on avait vécu nous avions vécu vous aviez vécu ils/elles avaient vécu
voir (*to see*) voyant vu	je vois tu vois il/elle/on voit nous voyons vous voyez ils/elles voient	j' ai vu tu as vu il/elle/on a vu nous avons vu vous avez vu ils/elles ont vu	je voyais tu voyais il/elle/on voyait nous voyions vous voyiez ils/elles voyaient	j' avais vu tu avais vu il/elle/on avait vu nous avions vu vous aviez vu ils/elles avaient vu
vouloir (*to wish;* *to want*) voulant voulu	je veux tu veux il/elle/on veut nous voulons vous voulez ils/elles veulent	j' ai voulu tu as voulu il/elle/on a voulu nous avons voulu vous avez voulu ils/elles ont voulu	je voulais tu voulais il/elle/on voulait nous voulions vous vouliez ils/elles voulaient	j' avais voulu tu avais voulu il/elle/on avait voulu nous avions voulu vous aviez voulu ils/elles avaient voulu

6. *-er* Verbs with spelling changes

Note: Certain verbs ending in **-er** require spelling changes. Models for each kind of change are listed here. Stem changes are in boldface type.

INFINITIVE PRESENT PARTICIPLE PAST PARTICIPLE	INDICATIVE PRESENT	PASSÉ COMPOSÉ	IMPERFECT	PLUPERFECT
commencer[13] (*to begin*) **commençant** commencé	je commence tu commences il/elle/on commence nous **commençons** vous commencez ils/elles commencent	j' ai commencé tu as commencé il/elle/on a commencé nous avons commencé vous avez commencé ils/elles ont commencé	je **commençais** tu **commençais** il/elle/on **commençait** nous commencions vous commenciez ils/elles **commençaient**	j' avais commencé tu avais commencé il/elle/on avait commencé nous avions commencé vous aviez commencé ils/elles avaient commencé

[13]Verbs like **commencer**: **dénoncer, divorcer, menacer, placer, prononcer, remplacer, tracer**

	FUTURE		CONDITIONAL PRESENT			PAST		SUBJUNCTIVE PRESENT	IMPERATIVE
je	vivrai	je	vivrais	j'	aurais vécu	que je	vive	
tu	vivras	tu	vivrais	tu	aurais vécu	que tu	vives	vis
il/elle/on	vivra	il/elle/on	vivrait	il/elle/on	aurait vécu	qu'il/elle/on	vive	
nous	vivrons	nous	vivrions	nous	aurions vécu	que nous	vivions	vivons
vous	vivrez	vous	vivriez	vous	auriez vécu	que vous	viviez	vivez
ils/elles	vivront	ils/elles	vivraient	ils/elles	auraient vécu	qu'ils/elles	vivent	
je	verrai	je	verrais	j'	aurais vu	que je	voie	
tu	verras	tu	verrais	tu	aurais vu	que tu	voies	vois
il/elle/on	verra	il/elle/on	verrait	il/elle/on	aurait vu	qu'il/elle/on	voie	
nous	verrons	nous	verrions	nous	aurions vu	que nous	voyions	voyons
vous	verrez	vous	verriez	vous	auriez vu	que vous	voyiez	voyez
ils/elles	verront	ils/elles	verraient	ils/elles	auraient vu	qu'ils/elles	voient	
je	voudrai	je	voudrais	j'	aurais voulu	que je	veuille	
tu	voudras	tu	voudrais	tu	aurais voulu	que tu	veuilles	veuille
il/elle/on	voudra	il/elle/on	voudrait	il/elle/on	aurait voulu	qu'il/elle/on	veuille	
nous	voudrons	nous	voudrions	nous	aurions voulu	que nous	voulions	veuillons
vous	voudrez	vous	voudriez	vous	auriez voulu	que vous	vouliez	veuillez
ils/elles	voudront	ils/elles	voudraient	ils/elles	auraient voulu	qu'ils/elles	veuillent	

	FUTURE		CONDITIONAL PRESENT			PAST		SUBJUNCTIVE PRESENT	IMPERATIVE
je	commencerai	je	commencerais	j'	aurais commencé	que je	commence	
tu	commenceras	tu	commencerais	tu	aurais commencé	que tu	commences	commence
il/elle/on	commencera	il/elle/on	commencerait	il/elle/on	aurait commencé	qu'il/elle/on	commence	
nous	commencerons	nous	commencerions	nous	aurions commencé	que nous	commencions	**commençons**
vous	commencerez	vous	commenceriez	vous	auriez commencé	que vous	commenciez	commencez
ils/elles	commenceront	ils/elles	commenceraient	ils/elles	auraient commencé	qu'ils/elles	commencent	

INFINITIVE PRESENT PARTICIPLE PAST PARTICIPLE		INDICATIVE PRESENT		PASSÉ COMPOSÉ		IMPERFECT		PLUPERFECT ·
manger[14] (*to eat*) **mangeant** mangé	je tu il/elle/on nous vous ils/elles	mange manges mange **mangeons** mangez mangent	j' tu il/elle/on nous vous ils/elles	ai mangé as mangé a mangé avons mangé avez mangé ont mangé	je tu il/elle/on nous vous ils/elles	**mangeais** **mangeais** **mangeait** mangions mangiez **mangeaient**	j' tu il/elle/on nous vous ils/elles	avais mangé avais mangé avait mangé avions mangé aviez mangé avaient mangé
appeler[15] (*to call*) appelant appelé	j' tu il/elle/on nous vous ils/elles	**appelle** **appelles** **appelle** appelons appelez **appellent**	j' tu il/elle/on nous vous ils/elles	ai appelé as appelé a appelé avons appelé avez appelé ont appelé	j' tu il/elle/on nous vous ils/elles	appelais appelais appelait appelions appeliez appelaient	j' tu il/elle/on nous vous ils/elles	avais appelé avais appelé avait appelé avions appelé aviez appelé avaient appelé
essayer[16] (*to try*) essayant essayé	j' tu il/elle/on nous vous ils/elles	**essaie** **essaies** **essaie** essayons essayez **essaient**	j' tu il/elle/on nous vous ils/elles	ai essayé as essayé a essayé avons essayé avez essayé ont essayé	j' tu il/elle/on nous vous ils/elles	essayais essayais essayait essayions essayiez essayaient	j' tu il/elle/on nous vous ils/elles	avais essayé avais essayé avait essayé avions essayé aviez essayé avaient essayé
acheter[17] (*to buy*) achetant acheté	j' tu il/elle/on nous vous ils/elles	**achète** **achètes** **achète** achetons achetez **achètent**	j' tu il/elle/on nous vous ils/elles	ai acheté as acheté a acheté avons acheté avez acheté ont acheté	j' tu il/elle/on nous vous ils/elles	achetais achetais achetait achetions achetiez achetaient	j' tu il/elle/on nous vous ils/elles	avais acheté avais acheté avait acheté avions acheté aviez acheté avaient acheté
préférer[18] (*to prefer*) préférant préféré	je tu il/elle/on nous vous ils/elles	**préfère** **préfères** **préfère** préférons préférez **préfèrent**	j' tu il/elle/on nous vous ils/elles	ai préféré as préféré a préféré avons préféré avez préféré ont préféré	je tu il/elle/on nous vous ils/elles	préférais préférais préférait préférions préfériez préféraient	j' tu il/elle/on nous vous ils/elles	avais préféré avais préféré avait préféré avions préféré aviez préféré avaient préféré

[14]Verbs like **manger: bouger, changer, dégager, engager, exiger, juger, loger, mélanger, nager, obliger, partager, voyager**

[15]Verbs like **appeler: épeler, jeter, projeter, (se) rappeler**

[16]Verbs like **essayer: employer, (s')ennuyer, nettoyer, payer**

[17]Verbs like **acheter: achever, amener, emmener, (se) lever, (se) promener**

[18]Verbs like **préférer: célébrer, considérer, espérer, (s')inquiéter, pénétrer, posséder, répéter, révéler, suggérer**

	FUTURE		CONDITIONAL PRESENT		PAST		SUBJUNCTIVE PRESENT	IMPERATIVE
je	mangerai	je	mangerais	j'	aurais mangé	que je	mange	
tu	mangeras	tu	mangerais	tu	aurais mangé	que tu	manges	mange
il/elle/on	mangera	il/elle/on	mangerait	il/elle/on	aurait mangé	qu'il/elle/on	mange	
nous	mangerons	nous	mangerions	nous	aurions mangé	que nous	mangions	**mangeons**
vous	mangerez	vous	mangeriez	vous	auriez mangé	que vous	mangiez	mangez
ils/elles	mangeront	ils/elles	mangeraient	ils/elles	auraient mangé	qu'ils/elles	mangent	
j'	**appellerai**	j'	**appellerais**	j'	aurais appelé	que j'	**appelle**	
tu	**appelleras**	tu	**appellerais**	tu	aurais appelé	que tu	**appelles**	**appelle**
il/elle/on	**appellera**	il/elle/on	**appellerait**	il/elle/on	aurait appelé	qu'il/elle/on	**appelle**	
nous	**appellerons**	nous	**appellerions**	nous	aurions appelé	que nous	appelions	appelons
vous	**appellerez**	vous	**appelleriez**	vous	auriez appelé	que vous	appeliez	appelez
ils/elles	**appelleront**	ils/elles	**appelleraient**	ils/elles	auraient appelé	qu'ils/elles	**appellent**	
j'	**essaierai**	j'	**essaierais**	j'	aurais essayé	que j'	**essaie**	
tu	**essaieras**	tu	**essaierais**	tu	aurais essayé	que tu	**essaies**	**essaie**
il/elle/on	**essaiera**	il/elle/on	**essaierait**	il/elle/on	aurait essayé	qu'il/elle/on	**essaie**	
nous	**essaierons**	nous	**essaierions**	nous	aurions essayé	que nous	essayions	essayons
vous	**essaierez**	vous	**essaieriez**	vous	auriez essayé	que vous	essayiez	essayez
ils/elles	**essaieront**	ils/elles	**essaieraient**	ils/elles	auraient essayé	qu'ils/elles	**essaient**	
j'	**achèterai**	j'	**achèterais**	j'	aurais acheté	que j'	**achète**	
tu	**achèteras**	tu	**achèterais**	tu	aurais acheté	que tu	**achètes**	**achète**
il/elle/on	**achètera**	il/elle/on	**achèterait**	il/elle/on	aurait acheté	qu'il/elle/on	**achète**	
nous	**achèterons**	nous	**achèterions**	nous	aurions acheté	que nous	achetions	achetons
vous	**achèterez**	vous	**achèteriez**	vous	auriez acheté	que vous	achetiez	achetez
ils/elles	**achèteront**	ils/elles	**achèteraient**	ils/elles	auraient acheté	qu'ils/elles	**achètent**	
je	préférerai	je	préférerais	j'	aurais préféré	que je	**préfère**	
tu	préféreras	tu	préférerais	tu	aurais préféré	que tu	**préfères**	**préfère**
il/elle/on	préférera	il/elle/on	préférerait	il/elle/on	aurait préféré	qu'il/elle/on	**préfère**	
nous	préférerons	nous	préférerions	nous	aurions préféré	que nous	préférions	préférons
vous	préférerez	vous	préféreriez	vous	auriez préféré	que vous	préfériez	préférez
ils/elles	préféreront	ils/elles	préféreraient	ils/elles	auraient préféré	qu'ils/elles	**préfèrent**	

Perfect tenses

In addition to the **passé composé,** French has several other perfect verb tenses (conjugated forms of **avoir** or **être** + the past participle of a verb). Following are the most common perfect tenses.

Le plus-que-parfait (*The Pluperfect*)

The pluperfect tense (also called the past perfect) is formed with the imperfect of the auxiliary verb (**avoir** or **être**) + the past participle of the main verb.

	parler	sortir	se réveiller
je/j'	avais parlé	étais sorti(e)	m'étais réveillé(e)
tu	avais parlé	étais sorti(e)	t'étais réveillé(e)
il/elle/on	avait parlé	était sorti(e)	s'était réveillé(e)
nous	avions parlé	étions sorti(e)s	nous étions réveillé(e)s
vous	aviez parlé	étiez sorti(e)(s)	vous étiez réveillé(e)(s)
ils/elles	avaient parlé	étaient sorti(e)s	s'étaient réveillé(e)s

The pluperfect is used to indicate an action or event that occurred before another past action or event, either stated or implied: *I had already left for the country (when my friends arrived in Paris).*

Quand j'ai téléphoné aux Dupont, ils **avaient** déjà **décidé** d'acheter la ferme.	*When I phoned the Duponts, they had already decided to buy the farm.*
Marie s'**était réveillée** avant moi. Elle **était** déjà **sortie** à sept heures.	*Marie had awakened before me. She had already left by seven o'clock.*

Le futur antérieur (*The Future Perfect*)

The future perfect is formed with the future of the auxiliary verb (**avoir** or **être**) + the past participle of the main verb.

parler	sortir	se réveiller
j' aurai parlé	je serai sorti(e)	je me serai réveillé(e)
tu auras parlé	tu seras sorti(e)	tu te seras réveillé(e)
il/elle/on aura parlé	il/elle/on sera sorti(e)	il/elle/on se sera réveillé(e)
nous aurons parlé	nous serons sorti(e)s	nous nous serons réveillé(e)s
vous aurez parlé	vous serez sorti(e)(s)	vous vous serez réveillé(e)(s)
ils/elles auront parlé	ils/elles seront sorti(e)s	ils/elles se seront réveillé(e)s

The future perfect is used to express a future action that will already have taken place when another future action occurs. The subsequent action is always expressed by the simple future.

Je publierai mes résultats quand j'**aurai terminé** cette expérience.

I'll publish the results when I finish this experiment.

Aussitôt que mes collègues **seront revenus,** ils liront mon rapport.

As soon as my colleagues return, they'll read my report.

Le conditionnel passé (*The Past Conditional*)

The past conditional (or conditional perfect) is formed with the conditional of the auxiliary verb (**avoir** or **être**) + the past participle of the main verb.

parler	sortir	se réveiller
j' aurais parlé	je serais sorti(e)	je me serais réveillé(e)
tu aurais parlé	tu serais sorti(e)	tu te serais réveillé(e)
il/elle/on aurait parlé	il/elle/on serait sorti(e)	il/elle/on se serait réveillé(e)
nous aurions parlé	nous serions sorti(e)s	nous nous serions réveillé(e)s
vous auriez parlé	vous seriez sorti(e)(s)	vous vous seriez réveillé(e)(s)
ils/elles auraient parlé	ils/elles seraient sorti(e)s	ils/elles se seraient réveillé(e)s

The past conditional is used to express an action or event that would have occurred if some set of conditions (stated or implied) had been present: *We would have worried (if we had known).*

USES OF THE PAST CONDITIONAL

The past conditional is used in the main clause of an *if*-clause sentence when the verb of the *if*-clause is in the pluperfect.

Si j'**avais eu** le temps, j'**aurais visité** Nîmes.

If I had had the time, I would have visited Nîmes.

Si les Normands n'**avaient** pas **conquis** l'Angleterre en 1066, l'anglais **aurait été** une langue très différente.

If the Normans had not conquered England in 1066, English would have been a very different language.

The underlying set of conditions (the **if**-clause) is sometimes not stated.

À ta place, j'**aurais parlé** au guide.	*In your place, I would have spoken to the guide.*
Nous **serions allés** au lac.	*We would have gone to the lake.*

THE PAST CONDITIONAL OF *DEVOIR*

The past conditional of **devoir** means *should have* or *ought to have.* It expresses regret about something that did not take place in the past.

J'**aurais dû prendre** l'autre chemin.	*I should have taken the other road.*
Nous **aurions dû acheter** un plan.	*We should have bought a map.*

Le subjonctif passé (*The Past Subjunctive*)

The past subjunctive is formed with the present subjunctive of the auxiliary verb (**avoir** or **être**) + the past participle of the main verb.

PAST SUBJUNCTIVE OF **PARLER**		PAST SUBJUNCTIVE OF **VENIR**	
que j'	**aie parlé**	que je	**sois venu(e)**
que tu	**aies parlé**	que tu	**sois venu(e)**
qu'il/elle/on	**ait parlé**	qu'il/elle/on	**soit venu(e)**
que nous	**ayons parlé**	que nous	**soyons venu(e)s**
que vous	**ayez parlé**	que vous	**soyez venu(e)(s)**
qu'ils/elles	**aient parlé**	qu'ils/elles	**soient venu(e)s**

Je suis content que tu **aies parlé avec Léa.**	*I'm glad you spoke with Léa.*
Il est dommage qu'elle ne **soit** pas encore **venue.**	*It's too bad that she hasn't come yet.*

The past subjunctive is used following the same expressions as the present subjunctive except that it indicates that the action or situation described in the dependent clause occurred *before* the action or situation described in the main clause. Compare these sentences:

Je suis content que tu **viennes.**	*I'm happy that you are coming.*
Je suis content que tu **sois venu(e).**	*I'm happy that you came.*
Je doute qu'ils le **comprennent.**	*I doubt that they understand it.*
Je doute qu'ils l'**aient compris.**	*I doubt that they have understood it.*

Le passé simple

1. The **passé simple** is a past tense often used in literary texts. It is not a conversational tense. Verbs that would be used in the **passé composé** in informal speech or writing are in the **passé simple** in formal writing. You may want to learn to recognize the forms of the **passé simple** for reading purposes. The **passé simple** of regular **-er** verbs is formed by adding the endings **-ai, -as, -a, -âmes, -âtes,** and **-èrent** to the verb stem. The endings for **-ir** and **-re** verbs are: **-is, -is, -it, -îmes, -îtes,** and **-irent.** The endings for **-oir** verbs are: **-us, -us, -ut, -ûmes, -ûtes, -urent.**

parler	finir	perdre	vouloir
je parlai	je finis	je perdis	je voulus
tu parlas	tu finis	tu perdis	tu voulus
il/elle/on parla	il/elle/on finit	il/elle/on perdit	il/elle/on voulut
nous parlâmes	nous finîmes	nous perdîmes	nous voulûmes
vous parlâtes	vous finîtes	vous perdîtes	vous voulûtes
ils/elles parlèrent	ils/elles finirent	ils/elles perdirent	ils/elles voulurent

2. Here are the third-person forms (**il, elle, on; ils, elles**) of some verbs that are irregular in the **passé simple.**

INFINITIVE	PASSÉ SIMPLE
avoir	il eut, ils eurent
dire	il dit, ils dirent
être	il fut, ils furent
faire	il fit, ils firent

Les pronoms

Les pronoms démonstratifs
(*Demonstrative Pronouns*)

Demonstrative pronouns such as *this one* and *that one* refer to a person, thing, or idea that has been mentioned previously. In French, they agree in gender and number with the nouns they replace.

	SINGULAR		PLURAL	
Masculine	**celui**	*this one, that one, the one*	**ceux**	*these, those, the ones*
Feminine	**celle**	*this one, that one, the one*	**celles**	*these, those, the ones*

French demonstrative pronouns cannot stand alone. They must be used:

1. with the suffix **-ci** (to indicate someone or something located close to the speaker) or **-là** (for someone or something more distant from the speaker)

Voici deux affiches. Préférez-vous **celle-ci** ou **celle-là**?	*Here are two posters. Do you prefer this one or that one?*

2. followed by a prepositional phrase (often a construction with **de**)

Quelle époque t'intéresse, **celle** du Moyen Âge ou **celle** de la Renaissance?	*Which period interests you, that of the Middle Ages or that of the Renaissance?*

3. followed by a dependent clause introduced by a relative pronoun

On trouve des villages anciens dans plusieurs parcs: **ceux** qui sont dans le Parc de la Brière sont en ruine; **ceux** qui sont dans les parcs de la Lorraine et du Morvan ont été restaurés.	*One finds very old villages in several parks: Those that are in Brière Park are in ruins; those that are in the Lorraine and Morvan parks have been restored.*

INDEFINITE DEMONSTRATIVE PRONOUNS

Ceci (*this*), **cela** (*that*), and **ça** (*that*, informal) are indefinite demonstrative pronouns; they refer to an idea or thing with no definite antecedent. They do not show gender or number.

Cela (**Ça**) n'est pas important.	*That's not important.*
Regarde **ceci** de près.	*Look at this closely.*
Qu'est-ce que c'est que **ça**?	*What's that?*

Les pronoms relatifs (*Relative Pronouns*)

A. *Ce qui* and *ce que*

Ce qui and **ce que** are indefinite relative pronouns similar in meaning to **la chose qui** (**que**) or **les choses qui** (**que**). The first serves as the subject of a dependent clause, and the second as the object. They refer to an idea or a subject that is unspecified and has neither gender nor number, often expressed as *what*.

—Dites-mois **ce qui** est arrivé au touriste américain.	*Tell me what happened to the American tourist.*
—Je ne sais pas **ce qui** lui est arrivé.	*I don't know what happened to him.*
—Dites-moi **ce que** vous avez fait à Reims.	*Tell me what you did in Reims.*
—Je n'ai pas le temps de vous dire tout **ce qu'**on a fait.	*I don't have time to tell you everything we did.*

B. *Lequel*

Lequel (**laquelle, lesquels, lesquelles**) is the relative pronoun used as an object of a preposition to refer to things and people. **Lequel** and its forms contract with **à** and **de.**

Où est l'agence de voyages **devant laquelle** il attend?	*Where is the travel agency in front of which he's waiting?*
L'hôtel **auquel** j'écris est à la Guadeloupe.	*The hotel to which I am writing is in Guadeloupe.*
Je connais bien l'homme **près duquel** elle est assise.	*I know well the man next to whom she is sitting.*

Les pronoms possessifs (*Possessive Pronouns*)

Possessive pronouns replace nouns that are modified by a possessive adjective or other possessive construction. In English, the possessive pronouns are *mine, yours, his, hers, its, ours,* and *theirs.* In French, the appropriate definite article is always used with the possessive pronoun.

	SINGULAR		PLURAL	
	MASCULINE	*FEMININE*	*MASCULINE*	*FEMININE*
mine	le mien	la mienne	les miens	les miennes
yours	le tien	la tienne	les tiens	les tiennes
his/hers/its	le sien	la sienne	les siens	les siennes
ours	le nôtre	la nôtre	les nôtres	
yours	le vôtre	la vôtre	les vôtres	
theirs	le leur	la leur	les leurs	

POSSESSIVE CONSTRUCTION + *NOUN*		POSSESSIVE PRONOUN
Où sont **leurs bagages?**	→	**Les leurs** sont ici.
C'est **mon frère** là-bas.	→	Ah oui? C'est **le mien** à côté de lui.
La **voiture de Frédérique** est plus rapide que **ma voiture.**	→	Ah oui? **La sienne** est aussi plus rapide que **la mienne.**

Translations of postcards, letters, and e-mail messages

Chapitre 1: opener

Dear Sophie,

Good morning! How is it going?

I'm doing well.

Today is Monday. I am preparing for a biology exam. I must get back to the computer.

See you soon,
Caroline

Correspondance 1

Dear Caroline,

Thanks for the card!

I'm doing so-so. Today is Sunday. In Québec, it's fall and there are still tourists!

Good luck with your exam!

Love and kisses,
Sophie

Chapitre 2: opener

Dear Caroline,

We have a student working as an au pair. She's American, and her name is Lisa. She lives and eats with us. She loves the children, and the children love her. She studies French at Laval University. She plans to visit France. A friend for you, perhaps?

See you soon!

Love and kisses,
Sophie

Correspondance 2

Dear Sophie,

I am perfectly organized now. I eat at the student cafeteria, I work a lot, and I study at the library.

But on the weekend, I don't work. I prefer discussions on the Internet, parties with friends, movies, dancing, and the gym.

Life is beautiful!

Kisses to the whole family,
Your little Caroline

P.S. Give my e-mail address to Lisa. I dream of having an American friend!

Chapitre 3: opener

From: Sophie@image.qu.ca

To: Caroline@universpar.fr

Dear Caroline,

I finally have a computer!

Here is a recent photo of the children. They are beautiful and intelligent! Isabelle is kind and social. She has a lot of friends at school. Jérémie is very serious. He likes books, but he's also a great athlete: He plays soccer!

I am a happy mother and I am doing fine.

Kisses,
Sophie

Correspondance 3

From: Caroline@universpar.fr

To: Sophie@image.qu.ca

Dear Sophie,

E-mail is very efficient, isn't it?

I also am doing well. As always, I am enthusiastic, energetic, and optimistic. I want a change, and I have decided to be elegant.

My new style consists of comfortable but stylish clothes. Today, I'm wearing black boots, a gray skirt, a white blouse, and a polka dot scarf. It's original, don't you think?

But for the moment, I must get back to work. Tomorrow, I have another exam!

Kiss Isabelle and Jérémie for me.

Hugs,
Caroline

Chapitre 4: opener

From: Caroline@universpar.fr

To: Sophie@image.qu.ca

Hi Sophie!

Do you like my "royal" room?

Actually, my "palace" is very modest: a bed, a desk, some bookshelves—all within a space of ten square meters! It's small, but it's charming. The problem is that there is no room to have friends over. But I have a computer, a printer, and a stereo—luxury! Of course, everything is disorganized! When I look for something, I look under the bed. And when are you moving?

Love and kisses to all,
Caroline

Correspondance 4

From: Sophie@image.qu.ca

To: Caroline@universpar.fr

Dear Caroline,

We are moving next week into a new apartment in old Québec. The neighborhood is full of charm: picturesque streets, old churches, beautiful stone houses, monuments built in the 17th century. I feel like I'm in Europe! The children finish school in two weeks. We invite you to come for your vacation! OK?

A thousand kisses,
Sophie

Chapitre 5: opener

Hi Malik!

Thanks for the birthday card. I plan on celebrating the event in Paris, at home, with my family and friends.

How are you? Do you like your new job? How's the weather there? It must be quite an adventure being a tour guide!

Describe your itinerary in Africa for me. What countries are you going to visit?

As for me, I'm traveling in my books and on the Web!

See you soon,
Your friend Michel

Correspondance 5

Dear Michel,

I am going to accompany a group of thirty tourists. Here's our itinerary: a tour in Senegal, then in the Ivory Coast.

Today, I am in Dakar, the capital of Senegal. This evening, I am going to visit my pal who has invited me to dinner at his house. He has seven sisters and two brothers—a family with ten children in all. What responsibility for his parents! But you know, with my tourists, I often wonder if I'm a guide or the father of a large family!

Write if you have the time!

Greetings from your old pal,
Malik

Chapitre 6: opener

Dear Michel,

Being a travel guide is a job not only for an adventurer, but also one for a lover of good food. Today, I am having lunch with my group in an excellent restaurant in Abidjan in the Ivory Coast. It's not a burger-and-fries country here. The menu is exotic. I ordered a local specialty: "macharon" (a type of fish), and to drink, a glass of "lemouroudji" (lime and ginger). It's a culinary adventure!

Until next time,
Malik

Correspondance 6

Hi Malik!

Let's continue the gastronomic chapter. I discovered a little restaurant in my neighborhood in Paris. It's called "Chez Yvette." They offer a complete student meal for 100 francs, everything included: a quarter liter of wine or mineral water, a first course, daily special, salad, cheese, AND desert. What's more, coffee to finish off the meal. It's good traditional French cooking. The problem is that it's always crowded and there is little space. Tonight at 9:00, I am having dinner there with my friend Bénédicte who knows how to appreciate good things! I'd like for you to be my guest one day too.

Well, so long for now,
Michel

Chapitre 7: opener

Dear Malik,

Tonight, I am inviting my friends over for dinner. I'm going to act like a Paul Bocuse and prepare my specialty: coq au vin. What a challenge!

I already went shopping at the market: a beautiful salad as a first course, a small chicken, onions, and aromatic herbs for the main dish. And to top it off, a few good cheeses and seasonal fruits. No cakes: My guests want to watch their waistlines! To drink, I'm going to serve a simple wine that I bought directly from the vineyard.

My friend Bénédicte insists on helping me. I could accept, but . . . no way! I don't want to share this glory!

Wish me good luck,
Michel

Correspondance 7

Dear Michel,

Your Parisian open-air market is very different from the ones in Africa. Here, you must admire the colors: a symphony of blues, yellows, and reds—like fireworks. I love walking around and asking the vendors questions: "What's this weird fruit?" "What is this fish with the blue eyes called?" "What's the name of this cake?"

Around me, women wearing long tunics discuss, taste, bargain, and select. Here is where the real Africa is found.

I'll leave you to dream . . .

Bye!
Malik

Chapitre 8: opener

Hi Michel!

Do you believe in paradise? I do!

For two days, I've been spending my time sunbathing on the beach, a few kilometers from Dakar. When I open my eyes, from behind my sunglasses I see blue (the sea and the sky) and white (the sand). I organized a day of diving for tomorrow. In ten days, I'm leaving on a sailboat with a group of tourists. Then, I'm going to France for a few days by way of Tunisia.

We'll see each other soon,
Malik, the adventurer

Correspondance 8

Malik,

I'm also on vacation. Right now, I'm in Blois with my brother at my grandmother's house.

I arrived two days ago. Today, I ate some big slices of buttered bread, I slept, I went horseback riding, and I read. Yesterday, I went to visit the magnificent château one more time. This summer, I hope to take a big trip—to Africa perhaps. I'm counting on you to show me around.

Call me when you arrive in Paris.

Have a great trip!
Michel

Chapitre 9: opener

Dear Nathalie,

I just bought a car from the 70's: a collector's item!

For a week, I was the happiest man. Unfortunately, my happiness didn't last: I had an accident on the Champs-Élysées. Nothing serious, but my car is in the garage. Since then, I've been in despair and I'm ruined. How am I going to get to the university now? I rarely take public transportation, and I don't know anyone who has a car.

Don't laugh!
Paul

Correspondance 9

My poor Paul!

In my opinion, a tank would be safer and more solid in Paris. Another solution: You could get around by bike. It's inexpensive and ecological. Or you could buy a monthly pass and take the metro or the bus, like everyone else. I bet you have never used public transportation.

A final solution: walking.

It's free and it's great for keeping in shape. I am taking the train to Cannes next week. The festival and its splendors await me. I plan on doing a series of interviews for my newspaper.

I'll keep you posted.
Nathalie

Chapitre 10: opener

Paul!

I just got the interview of the century: Juliette Binoche, in person! She is very beautiful, and moreover, she's nice. She graciously answered all of my questions, and she talked to me about her next film: an exclusive!

I'm the best! My article is going to appear in the magazine *Première*.

Right now I'm preparing an article on new technology: the market of the CD-ROM.

I bought a new computer. We can communicate by e-mail.

I await your news.

Hugs and kisses,
Nathalie

Correspondance 10

From: Paul@universpar.fr

To: Nathalie@media.fr

Dear Nathalie,

Congratulations on your interview with the beautiful Juliette.

I see that you are having fun—good for you. I'm bored to death. It's raining and I'm spending my time in front of the television watching show after show. There's nothing to see at the movies: The good films are coming out in September.

Of course, I have my friends Bénédicte, Michel, and Caroline. But without you, life isn't fun. Come live in Paris. You could work for a newspaper or a television station.

I tried to call, but it was impossible to reach you. It's exasperating! Buy yourself an answering machine or a cell phone!

Will you call me soon?

Big kisses,
Paul

Chapitre 11: opener

From: Nathalie@media.fr

To: Paul@universpar.fr

Paul,

It's true; last week I was difficult to reach. I'm constantly traveling. But journalism means mobility! I don't have a choice, and my career is more important than anything.

This week, for example, I'm preparing an article on the European capitals on the theme of "City Life." Two days ago, I was in Vienna, today I'm in Geneva, and then Madrid and Brussels.

Come join me! We'll spend the weekend together. It will refresh your mind.

Kisses,
Nathalie

Correspondance 11

From: Paul@universpar.fr

To: Nathalie@media.fr

Nathalie,

Do you know that I've finished my reviewing? I'm as free as a bird.

Agreed: I'll meet you in Brussels, the city of chocolate, French fries, and the European Parliament.

Next Sunday I'll be waiting for you in front of the court house at noon, a bouquet of red roses in my right hand, and my left hand will be over my heart. The plan: walks, restaurants, and movies.

Confirm our date by e-mail.
Paul

P.S. By the way, in spite of appearances, I am a romantic . . .

Chapitre 12: opener

From: Paul @universpar.fr

To: Nathalie@media.fr

Dear Nathalie,

Thank you for a really nice weekend. I adored walking with you in the streets of Brussels, and I am ready to start again.

Here's my proposal: next meeting in Paris, Place des Vosges, in front of Victor Hugo's house, in exactly thirteen days, three hours and ten minutes from now (Today's Monday, 8:50).

I promise you magnificent moments. The Marais district is rich in historic monuments; it's always full of surprises and charm. What do you think? Good idea, isn't it!

You'll come, won't you?

Love,
Paul

Correspondance 12

From: Nathalie@media.fr

To: Paul@universpar.fr

My darling Paul,

I am very flattered by your invitation. I would love to stroll down the streets of the Marais in Paris, admire the architecture of centuries past, and see a few exhibits. Frankly, it's tempting.

Unfortunately, I must refuse this Parisian rendez-vous because I'm leaving on an assignment far away. I have to do an article on the francophone islands. Guess where I'm going. To Reunion Island, in the Indian Ocean.

What luck! I have a job that I love! I travel all over the world! I'm young and free: All things are possible.

I'm hoping to be in Paris in a few weeks. Would you pick me up at the airport? I'm dreaming about that beautiful weekend that you proposed to me.

Big kisses from Nathalie, globe-trotting journalist

Chapitre 13: opener

Dear Jérôme,

There's no fun in my life. I'm prisoner to the daily grind and I'm bored to death. I dream of adventure, sunshine, and meeting people. I would like some surprises, some plans, and yet, nothing comes. Maybe I don't know how to entertain myself? Tests, going to the movies, to a restaurant or a night club with friends, dinner with the family. Where's the novelty in all that?

At least you're having fun at Club Med!

Tell me all the details!

Kisses,
Bénédicte

Correspondance 13

My darling Bénédicte,

It's true: When you're a tennis instructor like me, you have fun at Club Med! Here in Martinique, there's no room for routine. I get up early and I go to sleep late. The days are long but well filled and always full of surprises. Meals together, tennis classes, parties: Each moment is an opportunity to meet interesting people and even to fall in love! But more than anything, what I love here are the sports: tennis, swimming, sailing, wind surfing, and in the evening, dancing!

And what about you? Are you feeling better?

Write me!

Your best friend,
Jérôme

Chapitre 14: opener

Dear Bénédicte,

We have fun at Club Med but we work a lot!

This week, I'm organizing a tennis tournament: Every morning I get up at 5:00 to prepare for the matches and to check the condition of the courts.

At 8:00, we begin practicing. At 10:00, the competition begins. At 6:00 PM, I'm exhausted! From 8:00 PM on, you must be up for dinner and then partying.

Like the song says, "Work is health . . . and doing nothing keeps you healthy!"

I'll leave you to meditate on this profound thought.

Kiss, kiss,
Jérôme, tired but happy

Correspondance 14

Dear Jérôme,

After a period of depression, I'm getting into my studies and making some plans. I wouldn't mind finding a small job for next summer. Something original: photographer, pastry chef, tourist guide . . . at Club Med for example!

Is there any work for me in Martinique? Can you send my application to your director? If he's interested, I'll be the happiest in the world! I'm counting on you.

Let me know as soon as possible.

A thousand hugs,
Bénédicte

Chapitre 15: opener

Dear Bénédicte,

Who is going to be very happy and thank her best friend Jérôme?

Who is going to work at Club Med this summer as a photographer?

Who is going to leave for the Antilles with a plane ticket paid for by her employer?

Who is going to live in the Caribbean sun for three months?

You guessed it: It's you. And it's not a joke!

I found you the job of your dreams and you can already start packing your suitcase; don't forget your bathing suits!

You will take pictures at the swimming pool, at the beach, during outdoor activities, and also shows during the evening. A true artist's life!

I hope that you are happy. The whole team is waiting for you!

See you soon,
Jérôme

Correspondance 15

My dear Jérôme,

You are a love! I knew I could count on you! How can I thank you? My head's in the clouds! Soon I will be in Martinique! I'm going to play sports, dance, get a suntan—and of course, take pictures!

While awaiting the big day when I can make your portrait—in color and enlarged—I have a gift for you: It's round, lightweight, elegant, and whimsical. It's a hat that I bought at the flea market.

It will be perfect for our costume parties!

I'll stop my babbling. Tomorrow I have an exam and I want to go to sleep early.

Big kisses,
Bénédicte

Chapitre 16: opener

Dear Jérôme,

I have a big problem: I had an argument with my friend Caroline. Because of a simple political disagreement, she left furious. Since then, I have not heard from her.

Obviously, you are going to tell me that it's better to avoid certain subjects. You're probably right, but I think you should be able to speak openly with your friends.

Personally, I have strong convictions, but I am capable of explaining myself with moderation.

Caroline can't understand the contradiction. Nuclear energy, the environment, sexism, the media, the greenhouse effect: For her, everything is an object for conflict instead of being a subject for discussion.

And what about tolerance?

Fortunately, for a change of subject, I can think about Martinique!

Hugs,
Bénédicte

Correspondance 16

My dear darling,

Calm down! You know your compatriots. They love to discuss, criticize, take issue . . .

A little friendly advice: In the future, it's better to avoid certain heated topics like politics, immigration, unemployment, inequalities, or Social Security. Talk instead about the last little restaurant that you just discovered or about your plans for vacation. No big national or universal issues with narrow-minded people!

As for me, I have an important decision to make: Where am I going to spend the winter season? I have to choose between Polynesia and the French Alps. Otherwise known as a win-win situation.

We'll discuss it in person and you can give me your opinion.

I await your arrival with impatience.

See you very soon,
Jérôme

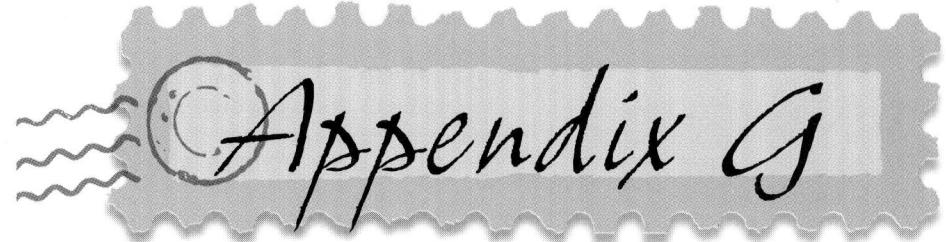

Translations of brief dialogues

CHAPITRE 1
Les articles et les noms: les articles indéfinis
Going Back to School
CHRISTINE: Are you ready to go back to school? ALEX: Yes, in my briefcase, I have a pencil, an eraser, and some notebooks. CHRISTINE: As for me, I have a computer!

CHAPITRE 2
Les articles et les noms: les articles définis
In the University District
Alex, an American student, is visiting the university with Anne, a French student. ANNE: There are the library, the university bookstore, and the student cafeteria. ALEX: Is there also a café? ANNE: Yes, of course. The students like the café. It's the center of university life! ALEX: Is it ever! There are twenty or thirty people here, and only one student in the library!

Les verbes réguliers en *-er*
Meeting of Friends at the Sorbonne
XAVIER: Hi, Françoise! Are you visiting the university? FRANÇOISE: Yes, we're admiring the library right now. This is Paul, from New York, and Mireille, a friend [of mine]. XAVIER: Hello, Paul. Do you speak French? PAUL: Yes, a little bit. XAVIER: Hello, Mireille. Are you a student at the Sorbonne? MIREILLE: Oh, no. I work in the library.

Le verbe *être*
Teamwork
FABRICE: Martine, who's the person at the table? MARTINE: Oh, that's Nicole, a new student. She is Italian. We're in the same biology course. Are you ready to study? FABRICE: And who's that with her? MARTINE: That's Marco, her fiancé. FABRICE: Now, I'm ready. Shall we?

La negation *ne... pas*
The End of a Friendship?
BERNARD: Things aren't great with Martine [and me]. She likes to dance, I don't like dancing. I like to go skiing, and she doesn't like sports. She's studying biology, and I don't like science . . .
MARTINE: Things aren't great with Bernard [and me]. He doesn't like to dance, I like dancing. I don't like skiing, and he likes sports. He's a humanities student, and I don't like literature . . .

CHAPITRE 3
Le verbe *avoir*
A Good Friend
JASMINE: Hello, Florence? Do you have a minute? FLORENCE: Hi, Jasmine! I don't really have time. I need to finish my chemistry. JASMINE: But Florence, we have an appointment with the Italian professor for our oral exam in one hour. FLORENCE: What? But that's not possible. He always has difficult questions to ask me. I'm not at all ready! JASMINE: Listen, you continue studying and I'll call Professor Marchand and tell him that you seem very sick.

Les adjectifs qualificatifs
Computerized Dating Services
He is sociable, charming, serious, good-looking, idealistic and athletic. She is sociable, charming, serious, good-looking, idealistic and athletic. [COMPUTER]: They're hard to please!

Les questions à réponse affirmative ou négative
A Discussion Between Friends
TOURIST: Is this an accident? POLICE OFFICER: No, it's not an accident. TOURIST: Is it a demonstration? POLICE OFFICER: Of course not! TOURIST: So it's a fight? POLICE OFFICER: Not really. It's an animated discussion between friends.

Les prépositions *à* et *de*
Arnaud and Delphine, Two Students
They live in the dormitory. They eat in the cafeteria. They play volleyball in the gym. On the weekend, they play cards with friends. They like talking about professors, the English exam, French literature class, and university life.

CHAPITRE 4
Les articles indéfinis après *ne... pas*
Student Comfort
NATHALIE: Where is the bathroom? ANNE: Sorry, I don't have a toilet in my room. It's in the hallway. NATHALIE: But do you have a shower? ANNE: No; no toilet, no shower, but I do have a little kitchenette and . . . NATHALIE: And a TV? ANNE: No, there's no TV, but I do have a stereo.

Les mots interrogatifs
Room for Rent
MME GÉRARD: Hello, miss. What's your name? AUDREY: Audrey Delorme. MME GÉRARD: Are you a student? AUDREY: Yes. MME GÉRARD: Where do you go to school? AUDREY: At the Sorbonne. MME GÉRARD: That's very good. And what are you studying? AUDREY: Philosophy. MME GÉRARD: Oh, that's serious. How many hours of class do you have? AUDREY: 21 hours per week. MME GÉRARD: So you need an inexpensive room? AUDREY: Yes, that's right. When will the room be available? MME GÉRARD: Today. It's yours.

Les verbes en *-ir*
Down with Term Papers!
Khaled and Naima have term papers in history. KHALED: Which topic are you choosing? NAIMA: I don't know, I'm thinking it over. OK, I'm choosing the first topic— Napoleon's empire. (*Two days later.*) KHALED: Well, are you ready? NAIMA: Wait, I'm finishing up my conclusion, and then I'm coming. And if I manage to get 15 out of 20, we'll have a party!

La place de l'adjectif qualificatif
A New Apartment
CHLOË: I am moving into a new apartment soon. VINCENT: Really? Where exactly? CHLOË: On des Braves Street, in an old building, by the park. VINCENT: Do you like the neighborhood? CHLOË: A lot! There are tall trees and beautiful churches. And the people are nice!

CHAPITRE 5
Les adjectifs possessifs
The House as a Reflection of Social Standing
Marc, a student at the Sorbonne, is taking a brief tour of Paris and the suburbs with his friend Thu. While driving, he points out the different kinds of housing to Thu. My brother-in-law has a lot of money. There's his villa; it's beautiful, isn't it? Our house is small, but comfortable; my family is pretty happy. Out here in the suburbs you see the big housing complexes where families of workers and immigrants mostly live. Their buildings are called HLMs (**habitations à loyer modéré:** *moderate-rent housing*).

Le verbe *aller* et le futur proche
A Model Father
SIMON: Shall we play tennis this afternoon? STÉPHANE: No, I'm going to the zoo with Céline. SIMON: So [how about] tomorrow? STÉPHANE: I'm sorry, but tomorrow I'm going to take Sébastien to the dentist. SIMON: What a model father [you are]!

Le verbe *faire*
A Question of Organization
SANDRINE: Do you and your roommate eat in the student cafeteria? MARION: No, Candice and I are very organized. She does the shopping and I cook. SANDRINE: And who does the dishes? MARION: The dishwasher, of course!

Les verbes en *-re*
Beauregard at the Restaurant
JILL: Do you hear that? GÉRARD: No. What's the matter? JILL: I hear a noise under the table. GENEVIÈVE: Oh, that! That's Beauregard . . . He's waiting for his dinner . . . and he doesn't like to wait . . .

CHAPITRE 6
Les verbes *prendre* et *boire*
At the Restaurant
WAITER: What will you have, sir? Ma'am? JULIETTE: We'll have the chicken with cream and the vegetables. WAITER: And what will you have to drink? JEAN-MICHEL: I'll have a beer, and for the lady, a bottle of mineral water, please.

Les articles partitifs
No Dessert
JULIEN: What are we having to eat today, mommy? MME TESSIER: There's chicken with potatoes. JULIEN: And the chocolate mousse in the fridge, is it for lunch today? MME TESSIER: No, no; the mousse is for this evening. For lunch, there is fruit or coffee ice cream. JULIEN: I don't like ice cream and I don't like fruit! But I love mousse! MME TESSIER: The answer is no!

L'impératif
The Enemy of a Good Meal
FRANÇOIS: Martine, pass me the salt, please . . . (*Martine passes the salad to François.*) FRANÇOIS: No, come on! Use your ears a little . . . I asked you for the salt! MARTINE: François, be a dear—don't talk so loud. I can't hear the television . . .

L'heure
It's seven o'clock. What meal is Vincent having? It's ten thirty. Where is Vincent? It's noon. What meal is he having? It's two fifteen. Where is Vincent? It's three forty-five (a quarter till four). What is he doing? It's eight twenty. Is he having dinner with his family? It's twenty

to twelve. Is he still studying? It's midnight and Vincent is sleeping.

CHAPITRE 7
L'adjectif interrogatif *quel*
Henri Lefèvre, Restaurant Owner in Deauville
Dan Bartell, an American journalist, asks Henri Lefèvre some questions. DAN BARTELL: What is the main difference between traditional cooking and the *nouvelle cuisine*? HENRI LEFÈVRE: The sauces, my friend, the sauces. DAN BARTELL: And which sauces do you make? HENRI LEFÈVRE: I really like to make the traditional sauces like *bordelaise* and *beurre blanc* [white butter]. DAN BARTELL: Which wines do you buy for your restaurant? HENRI LEFÈVRE: I buy mostly red wines from Burgundy and white wines from Anjou.

Les adjectifs démonstratifs
A Dinner with Friends
BRUNO: This roast beef is really delicious! ANNE: Thank you. BRUNO: Can I try a little more of that sauce? ANNE: But of course. MARIE: These green beans, mmm! Where do you do your shopping? ANNE: Rue Contrescarpe. MARIE: Me too. I just love that street, that village-like feeling, those little shops . . .

Les verbes *vouloir, pouvoir* et *devoir*
Le Procope
MARIE-FRANCE: Would you like some coffee? CAROLE: No, thanks, I can't drink coffee. I have to be careful. I have an exam today. If I drink coffee, I'll be too nervous. PATRICK: I drink coffee only on the days when I have exams. It inspires me, the way it inspired Voltaire!

L'expression impersonnelle *il faut*
Danielle and François Invite Some Friends Over Tonight
DANIELLE: What can we make for the main dish? FRANÇOIS: I suggest salmon steaks. DANIELLE: Excellent idea! Do we need to go to the market? FRANÇOIS: We have the salmon. But for this recipe, we also need some fresh cream, chives, and mint. DANIELLE: So we must hurry! Our guests are arriving in less than an hour!

CHAPITRE 8
Quelques verbes irréguliers en *-ir*
The Joy of Nature
STÉPHANE: Where are you going on vacation this summer? ANNE-LAURE: This year we're going to Martinique. We're going to camp in a little village 30 kilometers from Fort-de-France. We'll drink *ti'punch*, go out every night, and sunbathe by the coconut trees. A dream, huh? Come with us. We're leaving August 2. STÉPHANE: No thanks, the sea is not for me. Smelling fish, sleeping with mosquitoes, no way! ROMAIN: You never change, that's for sure. The gen-

tleman needs his creature comforts! Too bad for you! We just love sleeping in the open, feeling the sea breeze, and admiring the stars.

Le passé composé avec l'auxiliaire *avoir*
At the Hotel
GUEST: Good morning, ma'am. I made a reservation for a room for two people. EMPLOYEE: Your name, please? GUEST: Bernard Meunier. EMPLOYEE: Hmm . . . yes, Room 12, on the ground floor. You asked for a room with a view of the sea, is that right? GUEST: Yes, that's right. EMPLOYEE: All right, then, please fill out this card.

Le passé composé avec l'auxiliaire *être*
Sunday Morning Explanations
MME FERRY: I would really like to know where you went last night! And what time did you get home? STÉPHANIE: Not late, Mom. I went out with some friends. We went to have a drink at Laurent's, we stayed there about an hour, then we left to go to the movies. I got back to the house right after the movie. MME FERRY: Are you sure? Because your father got back from the soccer game at 11 and didn't see the car in the garage . . .

Les prépositions devant les noms de lieu
Bruno in the Congo
Bruno is on vacation in the Congo. He has met Kofi. KOFI: Where in France do you come from? BRUNO: From Marseille. KOFI: It must be beautiful there! Tell me, do you have plans for future vacations? BRUNO: Yeah, lots. First, I'm going to Mexico next year with a friend. And in the future I want to go to Russia, Québec, Senegal, and also Asia. KOFI: Which town would you like to live in? BRUNO: Verona, in Italy, so I can find my Juliet.

CHAPITRE 9
Le verbe *conduire*
A Weekend in the Mountains
MARIE-JOSÉE: Shall we go to the mountains this weekend? ALEX: Good idea! That will give me a chance to drive my new convertible! MARIE-JOSÉE: Oh no! You destroy the environment with your car and besides you drive way too fast. Let's go by train! ALEX: But they have built a new expressway. Let's take my car; it will be faster. MARIE-JOSÉE: How many speeding tickets have you gotten lately? ALEX: Oh! What time does the train leave? . . .

Depuis et *pendant*
Auto Racing
JOURNALIST: How long have you been auto racing? DRIVER: I have been competing professionally since 1995. Before [that], I was at the amateur level for three years. JOURNALIST: How long do you train? DRIVER: Usually, I work every

day for seven hours. It's demanding work, but it's also very exciting!

Les adverbes affirmatifs et négatifs

The High-speed Train (TGV)

PATRICIA: Have you taken the TGV yet? FRÉDÉRIC: No, not yet, but I've reserved a seat for next Saturday. I'm going to see my parents in Lyon. PATRICIA: Do you always have to make an advance reservation for the TGV? FRÉDÉRIC: Yes, it's required. I don't like that system at all, because I hate to look ahead; I like to leave at the last minute, I never make plans, and I've never kept an appointment book.

Les pronoms affirmatifs et négatifs

Coin-operated Luggage Lockers

SERGE: Is there something wrong? JEAN-PIERRE: Yes, I'm having trouble with the locker. It doesn't work. SERGE: Oh, that! There's nothing more annoying! JEAN-PIERRE: Everyone always seems to find a locker that works, except me. SERGE: Look, someone is taking their luggage out of one of the lockers. That way, you can be sure that one works. JEAN-PIERRE: Excellent idea!

CHAPITRE 10
L'imparfait

Poor Grandmother!

MME CHABOT: You see, when I was little, television didn't exist. CLÉMENT: So what did you do in the evenings? MME CHABOT: Well, we read, we chatted; our parents told us stories . . . CLÉMENT: Poor Grandmother, it must have been sad not to be able to watch television at night . . .

Les pronoms d'objet direct

The Cossecs Are Moving

THIERRY: What should we do with the TV? MARYSE: We're going to give it to your sister. THIERRY: Okay. And all our books? MARYSE: We're going to mail them. They have a special book rate. THIERRY: You're right. I didn't want to throw them away. And are we going to sell the minitel? MARYSE: Of course not! You *know* that we rent it from France Télécom. We have to return it before the end of the month.

L'accord du participe passé

Opinion of an American TV Viewer in France

REPORTER: Have you watched French television yet? AMERICAN: Yes, I watched it last night. REPORTER: Which shows did you like best? AMERICAN: That's hard to say . . . REPORTER: Don't you think it's very different from American TV? AMERICAN: Well . . . the programs I saw are rather similar . . . *Chicago Hope, The Simpsons* . . . That is, sure, they're different: They're in French!

Les verbes *voir* et *croire*

Where Are the Keys?

MICHAËL: I think I've lost the car keys. VIRGINIE: What? They must be at the restaurant. MICHAËL: You think so? VIRGINIE: I'm not sure, but we can go check. (*At the restaurant.*) MICHAËL: You're right. They're over there on the table. I see them. VIRGINIE: Whew! Well, what do you want to do now? MICHAËL: Let's go see what we can find in the booksellers' stalls.

CHAPITRE 11
Le passé composé et l'imparfait

Casablanca

ALAIN: So, are you going to tell us about your vacation in Morocco? SYLVIE: Well, I left Paris July 23. The weather was terrible: It was cold and raining. Awful! But when I arrived in Casablanca, the sky was bright blue, the sun was shining, the sea was warm . . . RÉMI: Did you like the city? SYLVIE: Yes, a lot. But I wanted to visit a mosque and I couldn't get in. ALAIN: Why? SYLVIE: It was my fault, because I was wearing a miniskirt.

Les pronoms d'objet indirect

A New Park Downtown

RÉGIS: Did you write to the mayor? NICOLE: Yes, I wrote to him. RÉGIS: And he answered you? NICOLE: Yes, he scheduled an appointment with us for tomorrow. RÉGIS: Did he like the idea of creating a new park downtown? NICOLE: He hasn't said anything to me yet. We're going to have to wait until tomorrow.

Les verbs *savoir* et *connaître*

Labyrinth

MARCEL: Taxi! Are you familiar with Vaucouleurs Street? TAXI DRIVER: Of course I know where it is! I know Paris like the back of my hand [literally, like my pocket]! MARCEL: I don't know how you do it. I got lost yesterday in the Île de la Cité. TAXI DRIVER: I know my job; and besides, you know, with a map of Paris it's not that hard!

Les pronouns *y* et *en*

Paris, City of Love

MYRIAM: Have you gone to the Parc Montsouris yet? FABIENNE: No, not yet, but I'm going there Saturday with Vincent. MYRIAM: Vincent? Tell me, how many boyfriends do you have? FABIENNE: Right now I have two. But I'm going to break up with Jean-Marc soon. MYRIAM: Have you talked to Jean-Marc about it? FABIENNE: No, not yet. But I'm seriously thinking about it.

CHAPITRE 12
Les pronoms accentués
Artistic Visits
David is visiting Paris with his parents and his brother. He's telling Géraldine, a Parisian friend, about their activities. GÉRALDINE: David, did you go to the Louvre? DAVID: No, it's too big for me. I prefer the Picasso Museum. GÉRALDINE: Me, too! But did your parents visit the Louvre? DAVID: Them? Yes, they went there several times. But my brother prefers visiting the shops and discos.

La place des pronoms personnels
An Artistic Temperament
Marie wants a box of paint. MARIE: Go on, Mommy, buy it for me! MOTHER: Listen to me carefully. I'm going to buy it for you on the condition that you share it with your sister. Give her half of it. MARIE: I promise [you].

Les verbes suivis d'une préposition
Going to the Movies
FRANÇOISE: I decided to go see Juliette Binoche's latest film this evening. THOMAS: Juliette Binoche!!! My Juliette! I think I forgot to tell you that I was free this evening . . . FRANÇOISE: Oh no! You're still dreaming of meeting her one day! THOMAS: Not at all! I'm only looking to make myself more cultured. FRANÇOISE: Of course! With such noble intentions, I'm not going to stop you from coming!

Les adverbes
Provence
ANNE-LAURE: Tomorrow I'm leaving for Provence. I'm going to make a quick visit to Renoir's house in Cagnes, then to the Matisse Museum in Nice, to the Picasso Museum in Antibes . . . SYLVAIN: Do you travel constantly? ANNE-LAURE: No, not really, but I absolutely want to go to Provence because several French painters lived there. SYLVAIN: And now, what are you doing? ANNE-LAURE: I'm going to see Monet's house at Giverny, in the suburbs of Paris. SYLVAIN: Tell me frankly: Aside from painting, what interests you? ANNE-LAURE: Classical music . . . I like Berlioz a lot.

CHAPITRE 13
Les verbes pronominaux (première partie)
DAMIEN: Madeleine! How are you? VÉRONIQUE: You are mistaken, sir. My name isn't Madeleine. DAMIEN: I'm sorry, miss. I wonder if I haven't met you already . . . VÉRONIQUE: I don't remember having met you. But that's fine . . . My name is Véronique. What's yours? DAMIEN: Damien . . . Would you like to have some coffee perhaps?

Les verbes pronominaux (deuxième partie)
Taking Advantage of the Nice Weather
MAX: Are you leaving? THÉO: Yes, it's nice out and I'm bored here. I'm going to take a walk along the lake. Will you come along? MAX: No, I can't; I have a lot of work. THÉO: Oh, you're making too much of it. Come on, we'll go have some fun! MAX: Some other time. If I stop now, I won't have the courage to finish up later.

Les verbes pronominaux (troisième partie)
The Ideal Couple
THIERRY: You see, for me the ideal couple is Jacquot and Patricia. VALÉRY: Why do you say that? THIERRY: Because they love each other. Every time I see them they gaze lovingly at each other, they kiss, and they say sweet things to each other. They have known each other for ten years and I've never seen them argue.

Les verbes pronominaux (quatrième partie)
A Love Match
SABINE: Tell me, Denis, how did you meet each other? DENIS: We saw each other for the first time in Avignon. VÉRONIQUE: Remember? It was raining, you came into the boutique where I worked and . . . DENIS: And it was love at first sight! We got married that same year.

CHAPITRE 14
Le futur simple (première partie)
His Future
FATHER: He will learn foreign languages and work as a diplomat. MOTHER: No, he will study law and he will be the head of an important company. CHILD: I believe I will be looking for an apartment very soon . . .

Le futur simple (deuxième partie)
A Dream Job
EMPLOYER: You will have two months of vacation per year. APPLICANT: Will I have to come into the office to work? EMPLOYER: Of course not! You will come when you want to. You could also make use of our property on the Cote d'Azur. APPLICANT'S WIFE: Michel, wake up! It's time to go to work!

Les pronoms relatifs
Interviewing the Head of a Business
JOURNALIST: And why do you say that you studied for three years in vain? GENEVIÈVE: Well, because all that time, it was making jewelry that interested me. JOURNALIST: The jewelry you create is made out of natural materials? GENEVIÈVE: Yes. I also design costume jewelry, for magazines, that people can make at home. JOURNALIST: Now, your business makes thousands of pieces of jewelry, three quarters of which go to Japan? GENEVIÈVE: Yes, and I have loads of new projects!

La comparaison de l'adjectif qualificatif
Shopping
Laurence and Franck, newlyweds, are going shopping together for the first time. LAURENCE: Where are we going to

shop? FRANCK: At the Monoprix, of course! It's less expensive and cleaner than Trouvetout. LAURENCE: I hate big discount chains. I prefer to go to the little grocer on Rue Leclerc. The products are more expensive, I agree, but they're fresher. And then it's also more practical: You don't need to take the car. As for friendly service, this grocer is the best in the neighborhood. FRANCK: I agree, sweetheart, but right now the most important thing is to save money.

CHAPITRE 15
Les pronoms interrogatifs
At the Rugby Game
BILL: What are they trying to do? JEAN-PAUL: Well, they're trying to get the ball behind the goal line of the other team. BILL: What are they doing now? JEAN-PAUL: This is called a scrummage. BILL: And what's a scrummage? JEAN-PAUL: That's when several players from each team are clustered around the ball. You see, one of the players got it. BILL: Which one? JEAN-PAUL: Patrick Entat. BILL: What's keeping him from throwing it toward the goal? JEAN-PAUL: The rules of the game, pal! This is rugby; it's not American football.

Le présent du conditionnel
Oh, if I Were Rich . . .
FRANÇOIS: What would you do if you won the lottery? VINCENT: Me? I'd buy an old neighborhood movie theater. I would choose all the films I like and all my friends could get in for free. CHLOË: If I had enough money, I'd settle in the south of France and would spend my time painting. I'd have a big house, and you could both come and see me every weekend.

La comparaison de l'adverbe et du nom
Jazz
JENNIFER: Do you often go to nightclubs on the weekends? BRUNO: No, I go to jazz bars more often than nightclubs. There aren't as many people and I like the music better. JENNIFER: I love jazz, too. I have more records of Duke Ellington than of Madonna. But I listen to jazz more often at my place. When I go to a nightclub, it's to dance, and also because there's more atmosphere.

Les adjectifs et les pronoms indéfinis
Vacation in Martinique
DANIEL: So, what about your vacation in Martinique? NADINE: Everything went very well. We stayed a few days in Fort-de-France, the capital, and then we relaxed at the beach. You know, the people there are very nice, but they all have an accent that we had trouble understanding. Sometimes we had the impression that there were some of them who didn't understand us either. RAPHAËL: And each time they said something, we had to ask them to repeat. It's funny. Certain words are the same as ours, but others are completely different.

CHAPITRE 16
Le subjonctif (première partie)
Vote for Laure!
LAURE: So, you want me to run for the university council! SIMON: Yes, we wish the council would get over its inertia and that the delegates would realize what their political responsibilities are. LAURE: But I already ran without any luck last year. LUC: This year, Laure, we want you to win. And we'll support you to the end.

Le subjonctif (deuxième partie)
The Draft or Voluntary Military Service?
PATRICK FAURE (22): In my opinion, the draft is an anachronism in the nuclear age. GÉRARD BOURRELLY (36): It's possible that young people will become more interested in military service if it gives them professional training. FRANCIS CRÉPIN (25): We have to do away with the draft and set up a career army. CHARLES PALLANCA (18): But if I were a volunteer, I would insist that the salary be at least 1,000 euros a month!

Le subjonctif (troisième partie)
A United Europe
Several French people are expressing their opinions about the political and economic unification of Europe. JEAN-PIERRE (35): I'm glad that France is part of the European Union. ISABELLE (24): We're afraid the nationalists will become violent, like in Bosnia-Herzegovina. CLAUDE (40): I'm sorry the Swiss don't want to be part of Europe. NICOLE (30): I doubt whether Europe can settle the problem of unemployment. MONIQUE (52): I'm furious that the Americans put taxes on European agricultural products.

Le subjonctif (quatrième partie)
Military Interventions
KOFI: Do you believe France should intervene militarily in countries where there are political problems? KARIM: I'm not so sure that's a good solution. KOFI: Why? KARIM: Because I don't think it can change the political situation of those countries.

Answers to Initiation et À l'écoute! activities

CHAPITRE 1

Initiation

1. m'appelle 2. parents 3. sciences 4. intelligent

À l'écoute!

1. c. 2. a 3. d 4. b 5. e

CHAPITRE 2

Initiation

1. V 2. V 3. F 4. F

À l'écoute!

Fatima, Tunisie, espagnol, cinéma
François, Québec (Canada), philosophie, sport
Scott, Angleterre, sociologie, café

CHAPITRE 3

Initiation

1. b 2. c 3. c 4. a

À l'écoute!

A. Patrice is the person on the right
B. 1. b 2. a 3. b 4. b 5. a 6. a

CHAPITRE 4

Initiation

1. cité-U 2. exposé d'anglais 3. 80 francs 4. poche

À l'écoute!

1. b, e, f
2. b, c, g, h

CHAPITRE 5

Initiation

1. F 2. V 3. V 4. F 5. F

À l'écoute!

1. Gérard 2. Géraldine 3. Marie 4. Juliette
5. Laurence 6. Franck 7. Léa

CHAPITRE 6

Initiation

1, 2, 4, 5, 6, 8, 10

À l'écoute!

A. 1. d 2. b 3. a 4. c
B. 3

CHAPITRE 7

Initiation

1. b 2. c 3. a

À l'écoute!

1. a 2. b 3. b 4. a 5. a 6. a

CHAPITRE 8

Initiation

1. V 2. F 3. V 4. F

À l'écoute!

A. 1. V 2. V 3. F 4. F 5. V
B. 1. J-Y 2. J-Y 3. J-Y 4. S 5. S

CHAPITRE 9

Initiation

1. c 2. b 3. c

À l'écoute!

A. 1. a 2. b 3. a 4. b 5. a 6. c
B. 1. F 2. V 3. F 4. F 5. V

CHAPITRE 10

Initiation

1. P 2. B 3. M 4. P 5. B

À l'écoute!

A. 1. c 2. b 3. b
B. 1. F/F 2. F/V 3. F/V

CHAPITRE 11

Initiation
1. a   2. b   3. c   4. d   6. e   5. f

À l'écoute!
A. 1. a   2. b   3. a   4. b   5. b
B.

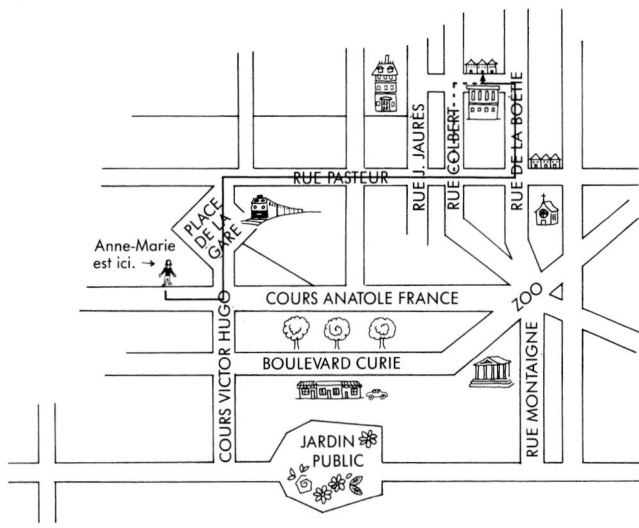

CHAPITRE 12

Initiation
Luxe, calme et volupté; La Danse; Portrait de Madame Matisse

À l'écoute!
A. 1. F   2. V   3. V   4. F   5. F   6. V
B. 1. c   2. b   3. c   4. a   5. c

CHAPITRE 13

Initiation
1. a   2. e   3. c   4. b   5. d

À l'écoute!
A. 5 - 8 - 1 - 7 - 4 - 10 - 3 - 6 - 2 - 9
B. 1. V   2. F   3. F   4. V   5. F   6. V

CHAPITRE 14

Initiation
1. P   2. C   3. P   4. A   5. A

À l'écoute!
A. 1. b   2. c   3. a
B. 1. Annonce numéro 3   2. Annonce numéro 2
3. Annonce numéro 1

CHAPITRE 15

Initiation
1. F   2. V   3. V   4. V   5. F

À l'écoute!
A. 1. b   2. c   3. a   4. b   5. c   6. b   7. a
B. 1. 1er: français; 2e: français; 3e: américain
2. 1er: français; 2e: espagnol; 3e: italien

CHAPITRE 16

Initiation
5. a   3. b   1. c   6. d   4. e   2. f

À l'ècoute!
A. 3, 6, 8, 9, 11, 12
B. 1. d   2. e   3. a   4. b   5. c

Lexiques

Lexique français-anglais

This end vocabulary provides contextual meanings of French words used in this text. It does not include proper nouns (unless presented as active vocabulary or unless the French equivalent is quite different in spelling from English), most abbreviations, exact cognates, most near cognates, past participles used as adjectives if the infinitive is listed, or regular adverbs formed from adjectives listed. Adjectives are listed in the masculine singular form; feminine endings or forms are included when irregular. An asterisk (*) indicates words beginning with an aspirate *h*. Active vocabulary is indicated by the number of the chapter in which it first appears.

ABBREVIATIONS

A. archaic
ab. abbreviation
adj. adjective
adv. adverb
art. article
colloq. colloquial
conj. conjunction
fam. familiar or colloquial
f. feminine noun
Gram. grammatical term

indic. indicative (mood)
inf. infinitive
interj. interjection
interr. interrogative
inv. invariable
irreg. irregular
m. masculine noun
n. noun
neu. neuter
pl. plural

p.p. past participle
prep. preposition
pron. pronoun
Q. Québec usage
s. singular
s.o. someone
s.th. something
subj. subjunctive
tr. fam. very colloquial, slang
v. verb

à *prep.* to; at; in (2); by, on (9); **à bientôt** see you soon (1); **à côté de** beside (4); **à destination de** to, for (9); **à droite (de)** on the right (of) (4); **à gauche (de)** on the left (of) (4); **à l'est/ouest** to the east/west (9); **à l'étranger** abroad, in a foreign country (9); **à l'heure** on time (9); **à pied** on foot (9); **au nord/sud** to the north/south (9); **au printemps** in spring (5); **au revoir** good-bye (1)
abats *m. pl.* giblets, offal
abolir to abolish (16)
abord: d'abord *adv.* first, first of all, at first (11)
abordable *adj.* approachable; reasonable
aboutissement *m.* end, outcome
aboyer (il aboie) to bark (*dog*)
abréviation *f.* abbreviation
abri *m.* shelter; **les sans-abri** *m. pl.* the homeless (16)
absolu *adj.* absolute
abstrait *adj.* abstract
abus *m.* abuse, misuse
académicien(ne) *m., f. member of the* **Académie française**
Académie française *f.* French Academy (*official body that rules on language questions*)

accent *m.* accent; **accent aigu (grave, circonflexe)** acute (grave, circumflex) accent
accentué: pronom accentué *Gram.* tonic or disjunctive pronoun
accepter (de) to accept (to) (12); to agree to
accès *m.* access
accessoire *m.* accessory
accompagner to accompany, go along (with)
accord *m.* agreement; **d'accord** all right, O.K., agreed (2); **être d'accord** to agree, be in agreement
accorder to grant, bestow, confer
accroître (*p.p.* **accru**) *irreg.* to increase, add to
accueil *m.* greeting, welcome; **terre** (*f.*) **(pays [*m.*]) d'accueil** country of settlement (*immigration*)
accueillir *irreg.* to greet, welcome
acculer to drive (*s.o.*) back
achat *m.* purchase
acheter (j'achète) to buy (6)
acquérir (*like* **conquérir**) *irreg.* to acquire
acteur (actrice) *m., f.* actor, actress (12)
actif/ive *adj.* active; working
action *f.* action; gesture
activé *adj.* activated

activité *f.* activity; **activités de plein air** outdoor activities (15)
actualisé *adj.* updated
actualité *f.* piece of news; present-day event
actuel(le) *adj.* present, current
actuellement *adv.* currently, at the present time
adapter to adapt; **s'adapter à** to adapt oneself to
addition *f.* bill, check (*in a restaurant*) (7)
adepte *m., f.* enthusiast, follower
adieu *interj.* good-bye
adjectif *m., Gram.* adjective
admettre (*like* **mettre**) *irreg.* to admit, accept
administratif/ive *adj.* administrative
admirer to admire
adolescent(e) *m., f., adj.* adolescent, teenager
adopter to adopt
adorer to love, adore (2)
adresse *f.* address (10)
adulte *m., f., adj.* adult
adverbe *m., Gram.* adverb
adverse *adj.* opposing; opposite
aérobic *f.* aerobics; **faire de l'aérobic** to do aerobics (5)
aéroport *m.* airport (9)

affaire *f.* affair; business matter; belongings; *pl.* business; **chiffre** (*m.*) **d'affaires** turnover (*in business*); **classe** (*f.*) **affaires** business class (9); **homme (femme) d'affaires** *m., f.* businessman (-woman)
affectueux/euse *adj.* affectionate; fond
affiche *f.* poster; billboard (4)
afficher to post, put up; to display, show; **s'afficher** to be displayed
affirmatif/ive *adj.* affirmative
affirmation *f.* declaration
affirmer to affirm, state
affreux/euse *adj.* awful
afin de *prep.* to, in order to
africain(e) *adj.* African; **Africain(e)** *m., f.* African (*person*)
Afrique *f.* Africa; **Afrique de l'ouest (Afrique occidentale)** West Africa; **Afrique du Nord** North Africa
âge *m.* age; epoch; **moyen âge** *m. s.* Middle Ages (12); **quel âge avez-vous** how old are you
agence *f.* agency; **agence de voyages** travel agency
agenda *m.* engagement book, pocket calendar
agent *m.* agent; **agent de police** police officer (14)
agir to act (4); **il s'agit de** it's about, it's a question of
agité *adj.* agitated, restless
agneau: côte (*f.*) **d'agneau** lamb chop
agréable *adj.* agreeable, pleasant, nice (3)
agricole *adj.* agricultural
agriculteur/trice *m., f.* farmer (14)
ah bon? *interj.* oh really?
aide *f.* help, assistance; **à l'aide de** with the help of
aider to help (12)
aigu: accent (*m.*) **aigu** acute accent (**é**)
aiguille *f.* needle
ail *m.* garlic (7)
ailleurs elsewhere; **d'ailleurs** besides, moreover
aimable *adj.* likable, friendly
aimer to like; to love (2); **aimer bien** to like; **aimer mieux** to prefer (2); **j'aimerais** + *inf.* I would like (*to do s.th.*); **je n'aime... pas du tout** I don't like . . . at all
ainsi *conj.* thus, so; **et ainsi de suite** and so on
air *m.* air; look; tune; **activités** (*f. pl.*) **de plein air** outdoor activities (15); **avoir l'air (de)** to seem, look (3); **de plein**

air outdoor; **en plein air** outdoors, in the open air; **hôtesse** (*f.*) **de l'air** flight attendant (9)
ajouter to add
album *m.* (photo) album; picture book
alcool *m.* alcohol
alcoolisé *adj.* alcoholic
Alger Algiers
Algérie *f.* Algeria (8)
algérien(ne) *adj.* Algerian; **Algérien(ne)** Algerian (*person*)
aligné: faire du patin à roues alignées to do in-line skating
aliment(s) *m.* food, nourishment
alimentaire *adj.* alimentary, pertaining to food
alimentation *f.* food, feeding, nourishment; **magasin** (*m.*) **d'alimentation** food store
allégé *adj.* light, low-fat (*foods*)
Allemagne *f.* Germany (8)
allemand *adj.* German; *m.* German (*language*) (2); **Allemand(e)** *m., f.* German (*person*) (2)
aller *irreg.* to go (5); **aller** + *inf.* to be going (*to do s.th.*) (5); **aller à la pêche** to go fishing (8); **aller mal** to feel bad (ill) (4); **allez-vous-en** go away (13); **allez-y** go ahead; **billet** (*m.*) **aller-retour** round-trip ticket; **ça peut aller** all right, pretty well (1); **ça va** how's it going (1); **ça va bien (mal)** fine (bad[ly]) (things are going well [badly]) (1); **comment allez-vous (comment vas-tu)** how are you (1); **s'en aller** to go away, go off (*to work*) (13); **va-t'en** go away (13)
allô *interj.* hello (*phone greeting*) (10)
allumer to light
alors *adv.* so; then, in that case (4)
alpin *adj.* Alpine; **ski** (*m.*) **alpin** downhill skiing (8)
alpinisme *m.* mountaineering, mountain climbing; **faire de l'alpinisme** to go mountain climbing (8)
amande *f.* almond
ambiance *f.* atmosphere, surroundings
ambitieux/euse *adj.* ambitious
âme *f.* soul; spirit
amélioration *f.* improvement
améliorer to improve, better
amener (**j'amène**) to bring (along)
américain *adj.* American; **à l'américaine** American-style; **Américain(e)** *m., f.* American (*person*) (2)
Amérique *f.* America

ameublement *m. s.* furnishings
ami(e) *m., f.* friend (2); **petit(e) ami(e)** *m., f.* boyfriend, girlfriend
amitié *f.* friendship (13)
amour *m.* love (13); love affair
amoureux/euse *adj.* loving, in love (13); *m., f.* lover, sweetheart, person in love (13); **tomber amoureux/euse (de)** to fall in love (with) (8); **vie** (*f.*) **amoureuse** love life
amphithéâtre (*fam.* **amphi**) *m.* lecture hall, amphitheater (2)
ampoule *f.* light bulb
amusant *adj.* amusing, fun (3)
s'amuser (à) to have fun, have a good time (13)
an *m.* year; **avoir (vingt) ans** to be (twenty) years old (3); **l'an dernier (passé)** last year; **par an** per year, each year
analyser to analyze
ancien(ne) *adj.* old, antique; former (4); ancient
ange *m.* angel; **je suis aux anges** I'm in seventh heaven
anglais *adj.* English; *m.* English (*language*) (2); **Anglais(e)** *m., f.* Englishman (woman) (2)
Angleterre *f.* England (8)
angoissé *adj.* anxious, anxiety-prone
animal *m.* animal; **animal domestique** pet
animateur/trice *m., f.* host, hostess (*radio, TV*); motivator (*in marketing*)
animé *adj.* animated
année *f.* year; **l'année prochaine (dernière [passée])** next (last) year; **les années (cinquante)** the decade (era) of the (fifties) (8)
anniversaire *m.* anniversary; birthday; **bon anniversaire** happy birthday; **carte** (*f.*) **d'anniversaire** birthday card
annonce *f.* announcement, ad; **petites annonces** (classified) ads (10)
annoncer (nous annonçons) to announce, declare; **s'annoncer** to look; to promise to be
annuaire *m.* telephone book (10); **consulter l'annuaire** to look up (a phone number) in the phone book (10)
annuel(le) *adj.* annual
anorak *m.* (ski) jacket, windbreaker (8)
antillais *adj.* West Indian; **Antillais(e)** *m., f.* West Indian (*person*)
Antilles *f. pl.* West Indies
antipathique *adj.* disagreeable, unpleasant (3)

anxieux/euse *adj.* anxious

août August (1)

aperçu *adj.* noticed

apparaître (*like* **connaître**) *irreg.* to appear

appareil *m.* apparatus; device; appliance; telephone (10); **appareil-photo** *m.* (*still*) camera; **qui est à l'appareil** who's calling (10)

apparemment *adv.* apparently

apparence *f.* appearance

apparenté *adj.* related; **mot** (*m.*) apparenté cognate (*word*)

appartement *m.* apartment (4)

appartenir (*like* **tenir**) **à** *irreg.* to belong to

appel *m.* call

appeler (**j'appelle**) to call (10); to name; **comment s'appelle...** what's . . . 's name; **comment vous appelez-vous** (**comment t'appelles-tu**) what's your name (1); **je m'appelle...** my name is . . . (1); **s'appeler** to be named (13)

appétit *m.* appetite; **bon appétit** enjoy your meal

appliquer to apply

apporter to bring, carry; to furnish (7)

apprécier to appreciate, value

apprendre (*like* **prendre**) *irreg.* to learn; to teach (6); **apprendre à** to learn (how) to

approcher to approach

après *prep.* after (2); afterward (5); **après avoir (être) ...** after having . . . ; **d'après** *prep.* according to

après-midi *m. or f.* afternoon; **cet après-midi** this afternoon (5); **de l'après-midi** in the afternoon (6)

arabe *m.* Arabic (*language*)

arachide *f.* peanut(s)

arbre *m.* tree (5)

archéologue *m., f.* archeologist

architecte *m., f.* architect (14)

arène(s) *f.* (*pl.*) arena, bullring (12)

argent *m.* money; silver; **argent liquide** cash (14)

arme *f.* weapon, arm

armée *f.* army; **armée de métier** professional army

armoire *f.* wardrobe; closet (4)

arrêter (de) to stop, cease (12); **s'arrêter** to stop (*oneself*) (13)

arrière *adv.* back; **arrière-grand-parent** *m.* great-grandparent (5)

arrivant(e) *m., f.* newcomer

arrivée *f.* arrival (9)

arriver to arrive, come (3); to happen

arrondissement *m.* district, section (*of Paris*) (11)

art *m.* art; **œuvre** (*f.*) **d'art** work of art (12)

artichaut *m.* artichoke

artifice: feux (*m. pl.*) **d'artifice** fireworks

artisan(e) *m., f.* artisan, craftsperson (14)

artisanal *adj.* craft

artisanat *m.* handicrafts, arts and crafts

artiste *m., f.* artist (12); **artiste-peintre** *m., f.* (artist) painter (14)

Asie *f.* Asia

aspiré *adj.* aspirate

asseoir (*p.p.* **assis**) *irreg.* to seat; **s'asseoir** to sit down

asservi *adj.* enslaved

assez *adv.* somewhat (3); rather, quite; **assez de** *adv.* enough (6)

assiette *f.* plate (6)

assise *f.* foundation

assistance *f.* assistance, help; audience

assisté *adj.* supported, assisted

assister à to attend, go to (*concert, etc.*) (15)

associer to associate

assortiment *m.* assortment

assurance *f.* assurance; insurance; **assurances-automobile** *pl.* car insurance

assurer to insure; to assure; to ensure

atelier *m.* workshop; (*art*) studio

athlète *m., f.* athlete

atmosphère *f.* atmosphere (16)

atout *m.* asset

attacher to attach

attaquer to attack

atteindre (*like* **craindre**) *irreg.* to reach, attain

attendre to wait, wait for (5)

attention *f.* attention; **faire attention (à)** to pay attention (to); to be careful (of), watch out (for) (5)

attentivement *adv.* attentively

attirer to attract

attrait *m.* attraction, lure; charm

attribuer to attribute

auberge *f.* inn; **auberge de jeunesse** youth hostel (9)

aucun(e) (ne... aucun[e]) *adj., pron.* none; no one, not one, not any; anyone; any

auditoire *m.* audience

augmentation *f.* increase (14); **augmentation de salaire** salary raise

augmenter to increase (16)

aujourd'hui *adv.* today (1); nowadays

auprès de *prep.* with, to

aussi *adv.* also; so; as; **aussi... que** as . . . as (14); **moi aussi** me too (3)

aussitôt *conj.* immediately, at once; **aussitôt que** as soon as (14)

autant (de) *adv.* as much, so much, as many, so many; **autant (de)... que** as much (many) . . . as (15)

auteur *m.* author

autobus (*fam.* **bus**) *m.* (*city*) bus (5)

autocar *m.* (*interurban*) bus (9)

automatique *adj.* automatic; **consigne** (*f.*) **automatique** coin locker (9); **guichet** (*m.*) **automatique** automatic teller (14)

automne *m.* autumn, fall; **en automne** in the autumn (5)

automobile (*fam.* **auto**) *f., adj.* automobile, car

autoportrait *m.* self-portrait

autoroute *f.* highway, freeway (9)

autour de *prep.* around

autre *adj., pron.* other (4); another; *m., f.* the other; *pl.* the others, the rest; **autre chose** something else (7); **d'autres** others(s) (15); **entre autres** among other things; **l'autre/les autres** the other(s) (15); **un(e) autre** another (15)

autrefois *adv.* formerly, in the past (11)

autrement *adv.* otherwise; **autrement dit** in other words

Autriche *f.* Austria

auxiliaire *m., Gram.* auxiliary (verb)

avaleur/euse (*m., f.*) **de feu** fire swallower

avance *f.* advance; **à l'avance** beforehand; **en avance** early (6)

avancé *adj.* advanced

avant *adj.* before (*in time*); *prep.* before, in advance of; *m.* front; **avant de** + *inf.* (*prep.*) before; **avant-goût** *m.* foretaste; **avant-hier** *adv.* the day before yesterday (8)

avantage *m.* advantage, benefit

avec *prep.* with (2)

avenir *m.* future (14); **à l'avenir** from now on, in the future (14)

aventure *f.* adventure; **partir à l'aventure** to leave with no itinerary

aventurier/ière *m., f.* adventurer (adventuress)

avion *m.* airplane (9); **billet** (*m.*) **d'avion aller-retour** round-trip plane ticket; **en avion** by plane

avis *m.* opinion; **à votre (ton) avis** in your opinion (11); **changer d'avis** to change one's mind

avocat(e) *m., f.* lawyer (14)
avoir (*p.p.* **eu**) *irreg.* to have (3); **avoir (20) ans** to be (20) years old (3); **avoir besoin de** to need (3); **avoir chaud** to be warm (hot) (3); **avoir confiance en** to have confidence in; **avoir de la chance** to be lucky (3); **avoir de la fièvre** to have a fever; **avoir droit à** to have a right to; **avoir du mal à** to have trouble (difficulty); **avoir envie de** to feel like; to want (3); **avoir faim** to be hungry (3); **avoir froid** to be (feel) cold (3); **avoir honte (de)** to be ashamed (of) (3); **avoir horreur de** to hate; **avoir l'air (de)** to seem, look (like) (3); **avoir le temps (de)** to have the time (to); **avoir lieu** to take place; **avoir mal (à)** to have pain; to hurt (13); **avoir peur (de)** to be afraid (of) (3); **avoir raison** to be right (3); **avoir rendez-vous avec** to have a meeting (date) with (3); **avoir soif** to be thirsty (3); **avoir sommeil** to be sleepy (3); **avoir tort** to be wrong (3); **il n'y a pas de quoi** you're welcome (7); **il y a** there is, there are (1); ago (8); **j'aurai droit à quoi** I'll be entitled to what
avouer to confess, admit
avril April (1)
Azur: Côte (*f.*) **d'Azur** French Riviera

baccalauréat (*fam.* **bac**) *m.* baccalaureate (*French secondary school degree*)
bagages *m. pl.* luggage
bagarre *f.* fight, brawl
baguette (de pain) *f.* French bread, baguette (6)
baie *f.* bay
se baigner to bathe (*oneself*) (13); to swim (13)
bain *m.* bath; swim; **maillot** (*m.*) **de bain** swimsuit (3); **salle** (*f.*) **de bains** bathroom (5)
baiser *m.* kiss
baisse *f.* lowering, reduction
baisser: faire baisser to lower
bal *m.* dance, ball
balade *f., fam.* walk, drive, outing
se balader *fam.* to go for a walk (drive, outing)
baladeur *m.* Walkman
balcon *m.* balcony (5)
balle *f.* (*small*) ball; tennis ball
ballon *m.* (*soccer, basket*) ball; balloon; **ballon à air chaud** hot-air balloon
banane *f.* banana (6)
banc *m.* bench

bancaire *adj.* banking, bank; **carte** (*f.*) **bancaire** bank (ATM) card (14); **compte** (*m.*) **bancaire** bank account
bande *f.* band; group; gang; (*cassette, video*) tape; **bande dessinée** comic strip, cartoon (15); *pl.* comics
banlieue *f.* suburbs (11); **en banlieue** in the suburbs
banque *f.* bank (11)
baptiser to baptize; to name
bar *m.* bar; snack bar; pub
barde *f.* bard (*layer of bacon on a roast*)
barrer to bar, block
barrière *f.* gate, fence; barrier
bas(se) *adj.* low; **à bas...** down with . . . ; **là-bas** *adv.* over there (10); **Pays-Bas** *m. pl.* the Netherlands, Holland
base-ball *m.* baseball; **jouer au base-ball** to play baseball
baser to base; **se baser sur** to be based on
basket-ball (*fam.* **basket**) *m.* basketball; **jouer au basket** to play basketball
bateau *m.* boat (8); **bateau à voile** sailboat (8); **bateau-mouche** *m. tourist boat on the Seine;* **en bateau** by boat, in a boat; **faire du bateau** to go boating
bâtiment *m.* building (11)
bâtir to build (12)
battre (*p.p.* **battu**) *irreg.* to beat; to battle with
bavard *adj.* talkative
bavardage *m.* chattering
bavarder to chat; to talk
bavaroise *f.* mousse (*dessert*)
bavette: bifteck (*m.*) **bavette** sirloin of beef
beau (bel, belle [beaux, belles]) *adj.* handsome; beautiful (3); **à la belle étoile** under the stars; **beau-frère** *m.* brother-in-law; stepbrother (5); **beau-père** *m.* father-in-law; stepfather (5); **belle-mère** *f.* mother-in-law; stepmother (5); **belle-sœur** *f.* sister-in-law; stepsister (5); **il fait beau** it's nice (weather) out (5)
beaucoup (de) *adv.* very much, a lot (1); much, many (6)
beauté *f.* beauty
belge *adj.* Belgian; **Belge** *m., f.* Belgian (*person*)
Belgique *f.* Belgium (8)
bénéficier (de) to profit, benefit (from)
bénévolat *m.* volunteerism
bénévole *m., f., adj.* volunteer
béquille *f.* crutch

béret *m.* beret (3)
besoin *m.* need; **avoir besoin de** to need (3)
bête *f.* animal, beast
beurre *m.* butter
beurré *adj.* buttered
bibliothèque (*fam.* **bibli**) *f.* library (2)
bicyclette *f.* bicycle (8); **faire de la bicyclette** to go bicycling (8)
bien *adv.* well (15); (*fam.*) good, quite; much; comfortable; **aimer bien** to like; **bien sûr** *interj.* of course; **ça va bien** fine (things are going well) (1); **eh bien** *interj.* well; **je vais bien** I'm fine; **s'amuser bien** to have a good time; **s'entendre bien** to get along (well); **très bien** very well (good) (1); **vouloir bien** to be willing; to agree
bien-être *m.* well-being; welfare
bientôt *adv.* soon (5); **à bientôt** *interj.* see you soon (1)
bienvenu(e) *adj., interj.* welcome
bière *f.* beer (6)
bifteck *m.* steak (6)
bijou *m.* jewel (14); piece of jewelry
bilingue *adj.* bilingual
billet *m.* bill (*currency*); ticket (6); **billet aller-retour** round-trip ticket; **billet d'avion (de train)** plane (train) ticket; **composter son billet** to stamp (punch) one's ticket
biologie *f.* biology (2)
biologique *adj.* (*fam.* **bio**) biological; organic
bip *m.* beep (*answering machine*)
biscuit (sec) *m.* cookie
bise *f., fam.* kiss, smack; **faire la bise** to kiss on both cheeks (*in greeting*); (**grosses**) **bises** love and kisses
bisou *m., fam.* kiss (*child's language*); (**gros**) **bisous** love and kisses
bistro(t) *m.* bar, pub; neighborhood restaurant
bizarre: il est bizarre que + *subj.* it's strange (bizarre) that
blague *f.* joke (15)
blanc(he) *adj.* white (3); **coup** (*m.*) **à blanc** blank shot
blancheur *f.* whiteness
bleu *adj.* blue (3)
blond(e) *m., f., adj.* blond (3)
blouson *m.* windbreaker; jacket (3)
bœuf *m.* beef (6); **consommé** (*m.*) **de bœuf** beef consommé; **filet** (*m.*) **de bœuf** beef fillet; **rôti** (*m.*) **de bœuf** roast beef
boire (*p.p.* **bu**) *irreg.* to drink (6)

bois *m.* forest, woods (11); wood

boisson *f.* drink, beverage (6); **boisson gazeuse** soft drink

boîte *f.* box; can; nightclub; **boîte (de conserve)** can (*of food*) (7); **boîte aux lettres** mailbox (10); **boîte de nuit** nightclub; **boîte vocale** voice mail (10)

bol *m.* wide cup; bowl (6)

bon(ne) *adj.* good (4); right, correct; *f.* maid, chambermaid; **ah bon?** oh really?; **bon anniversaire** happy birthday; **bon appétit** enjoy your meal; **bon marché** *adj., inv.* inexpensive; **bonne chance** good luck; **bonne route** have a good trip; **bon voyage** have a good trip; **de bonne heure** early (6); **il est bon que** + *subj.* it's good that (16)

bonbon *m.* (*piece of*) candy

bonheur *m.* happiness

bonjour *interj.* hello, good day (1)

bonsoir *interj.* good evening (1)

bord *m.* board; edge, bank, shore; **à bord** on board; **au bord de** on the banks (shore, edge) of

bordé *adj.* edged, lined

bordelais *adj.* Bordeaux-style

borné *adj.* limited; restricted

Bosnie-Herzégovine *f.* Bosnia-Herzegovina

bottes *f. pl.* boots (3)

boubou *m. long tunic worn by black North Africans*

bouche *f.* mouth (13)

boucher/ère *m., f.* butcher (14)

boucherie *f.* butcher shop (7); **boucherie-charcuterie** *f.* combination butcher and deli

boucler to buckle

bouddhisme *m.* Buddhism

bouger (nous bougeons) to move, budge

bouillabaisse *f. fish chowder typical of southern France*

bouillir to boil; **faire bouillir** to bring to a boil

boulangerie *f.* bakery (7); **boulangerie-pâtisserie** *f.* bakery-pastry shop

boulot *m., fam.* job; work

bouquiniste *m., f.* secondhand bookseller (*especially along the Seine in Paris*)

Bourgogne *f.* Burgundy

bourse (*f.*) **d'études** scholarship, study grant

bout *m.* end; **jusqu'au bout** until the very end

bouteille *f.* bottle (6)

boutique *f.* shop, store

bouton *m.* button; push-button

brancher to connect (up); **se brancher (sur)** to link oneself (with); to go online (on the Web)

bras *m. s.* arm (13)

bref (brève) *adj.* short, brief; *adv.* in short, in brief

Brésil *m.* Brazil (8)

Bretagne *f.* Brittany

breton(ne) *adj.* Breton; **Breton(ne)** *m., f.* Breton (*person*)

bribes *f. pl.* scraps, snippets

bricolage *m.* do-it-yourself, work, puttering around (15)

bricoler to putter around, do odd jobs (15)

brièvement *adv.* briefly

brillant *adj.* brilliant; shining

briller to shine, gleam

bronchite *f.* bronchitis

bronzer to get a suntan (8)

brosse *f.* brush (13); **brosse à dents** toothbrush

brosser to brush; **se brosser les cheveux (les dents)** to brush one's hair (teeth) (13)

brousse *f.* (*African, Australian*) bush (country)

bruit *m.* noise (5)

brûlant *adj.* burning; urgent

brûlé *adj.* burned, burnt; **crème** (*f.*) **brûlée** *custard topped with caramelized sugar*

brumeux/euse *adj.* foggy, misty

brutal *adj.* violent, rough

Bruxelles Brussels

bûche *f.* log; **bûche de Noël** Yule-log (*pastry*)

bûcheron(ne) *m., f.* woodcutter

budget *m.* budget (14); **budget militaire** military budget (16)

buffet (*m.*) **de la gare** train station restaurant (9)

bureau *m.* desk (1); office, study (5); **bureau de change** money exchange (office) (14); **bureau de poste** post office (10); **bureau de tabac** (*government-licensed*) tobacconist

but *m.* goal; objective; **ligne** (*f.*) **de but** goal, goal line (*soccer*)

ça *pron.* this, that; it (7); **ça cloche** things aren't going right; **ça m'est égal** it's all the same to me; **ça peut aller** all right, pretty well (1); **ça va** how's it going (1); **ça va** fine (things are going well) (1); **ça va bien (mal)** things are going well (badly) (1); **comme ci, comme ça** so-so (1)

cabine *f.* cabin; booth; **cabine téléphonique** telephone booth (10)

câble *m.* cable; cable TV; **télévision** (*f.*) **par câble** cable TV

câblé *adj.* wired; equipped for cable TV

cacheter (**je cachette**) to seal (*envelope*)

cadeau *m.* present, gift

cadre *m.* frame; setting, framework; middle (upper) manager (14)

café *m.* café (2); (cup of) coffee (2); coffee-flavored; **café au lait** coffee with milk; **café-tabac** *m.* bar-tobacconist (*government-licensed*) (11)

cafetière *f.* coffeepot, coffeemaker

cahier *m.* notebook (1); workbook

caisse *f.* cash register

calcul *m.* calculation; arithmetic; calculus; **faire des calculs** to do calculations

calculer to calculate, figure; **machine** (*f.*) **à calculer** adding machine

calendrier *m.* calendar

Californie *f.* California

californien(ne) *adj.* Californian

calme *m., adj.* calm (3)

calmer to calm (down)

calorique *adj.* caloric; **très (peu) calorique** high (low) in calories

camarade *m., f.* friend, companion; **camarade de chambre** roommate (3); **camarade de classe** classmate, schoolmate

caméra *f.* movie camera (10); **caméra vidéo** video camera (10)

Cameroun *m.* Cameroon

caméscope *m.* camcorder, video camera (10)

camion *m.* truck (9)

campagne *f.* country(side) (8); campaign; **à la campagne** in the country; **campagne électorale** election campaign; **pain** (*m.*) **de campagne** country-style bread, wheat bread (7); **pâté** (*m.*) **de campagne** terrine, (country-style) pâté (7)

camper to camp

campeur/euse *m., f.* camper

camping *m.* camping (8); **faire du camping** to go camping (8)

Canada *m.* Canada (8)

canadien(ne) *adj.* Canadian; **Canadien(ne)** *m., f.* Canadian (*person*)

canal *m.* channel; canal

canapé *m.* sofa, couch (4)

canard *m.* duck; *tr. fam.* newspaper; **confit** (*m.*) **de canard** duck conserve

canari *m.* canary

candélabre *m.* candelabra

candidat(e) *m., f.* candidate; applicant

candidature *f.* candidacy; **poser sa candidature** to apply (14)

caniche *m.* poodle

capitale *f.* capital (*city*)

car *conj.* for, because

caractère *m.* character (*personality*)

se caractériser to be characterized (distinguished) by

carafe *f.* carafe; pitcher (6)

Caraïbes *f. pl.* Caribbean (*islands*)

caravane *f.* caravan; (camping) trailer

carburateur *m.* carburetor

cardiaque *adj.* cardiac

cardinal: points (*m., pl.*) **cardinaux** compass points, directions

caricaturiste *m., f.* caricaturist, cartoonist

carnaval *m.* carnival

carnet *m.* booklet; **carnet d'adresses** address book; **carnet de chèques** checkbook (14)

carotte *f.* carrot (6)

carreau: à carreaux checkered, checked

carrefour *m.* intersection; crossroads

carrière *f.* career

carte *f.* card (3); menu (7); map (*of region, country*) (11); *pl.* (playing) cards; **carte bancaire** bank (ATM) card (14); **carte d'anniversaire** birthday card; **carte de crédit** credit card (14); **carte d'embarquement** boarding pass (9); **carte d'étudiant** student ID card; **carte d'identité** ID card; **carte postale** postcard (10); **carte routière** road map; **introduire la carte** to insert the card (10); **jouer aux cartes** to play cards (3)

cas *m.* case; **dans ce cas** in this case (situation); **en cas de** in case of; **selon le cas** as the case may be

casque *m.* helmet; **casque d'écoute** headset

casquette *f.* cap; baseball cap (3)

casser to break

casse-tête *m.* puzzle, riddle game

cassette *f.* cassette tape (*video or audio*) (4); **cassette vidéo** *f.* videotape; **lecteur** (*m.*) **de cassettes** cassette deck, cassette player

catégorie *f.* category, class

cathédrale *f.* cathedral (12)

CD: lecteur (*m.*) **de CD** compact disc player (4)

ce (c') (**cet, cette, ces**) *pron., adj.* this, that (7); **c'est un (une)...** it's a . . . ; **cet après-midi (ce matin, ce soir)** this afternoon (morning, evening) (5); **ce week-end** this weekend; **qu'est-ce que c'est** what is it (1); **qui est-ce** who is it (1)

cédérom (CD-ROM) *m.* CD-ROM (10)

cédille *f.* cedilla (**ç**)

ceinture *f.* belt; **ceinture de sécurité** safety belt

cela (ça) *pron.* this, that

célèbre *adj.* famous

célébrer (je célèbre) to celebrate (6)

célibataire *m., f., adj.* single (*person*) (5)

cellulaire *m.* cellular phone (10)

celui (ceux, celle, celles) *pron.* the one, the ones; this one, that one; these, those

cendres *f. pl.* ashes

cendrier *m.* ashtray

censé: être censé(e) faire quelque chose to be supposed to do something

cent *adj.* one hundred

centaine *f.* about one hundred

centime *m.* centime, 1/100th of a French franc (7)

centre *m.* center; **centre d'hébergement** shelter; **centre-ville** *m.* downtown (11)

cependant *conj.* however, nevertheless

céramique *f.* pottery, ceramics

cercle *m.* circle

céréales *f. pl.* cereal; grains

cérémonie *f.* ceremony

certain *adj.* sure; particular; certain (15); *pl., pron.* certain ones, some people; **il est certain que** + *indic.* it's certain that (16)

certificat *m.* certificate, diploma

cesser to stop, cease

c'est-à-dire *conj.* that is to say, I mean

chacun(e) *m., f., pron.* each (one), every one (15)

chaîne *f.* television channel; network (10); **chaîne stéréo** stereo (4)

chaise *f.* chair (1)

chaleur *f.* heat

chaleureux/euse *adj.* warm; friendly

chambre *f.* room; bedroom (4); hotel room; **camarade** (*m., f.*) **de chambre** roommate (3)

champagne *m.* champagne, sparkling wine (*from Champagne*)

champignon *m.* mushroom (6)

champion(ne) *m., f.* champion

chance *f.* luck; possibility; opportunity; **avoir de la chance** to be lucky (3); **bonne chance** good luck; **pas de chance** no luck; **quelle chance** what luck

chandail *m.* sweater

change *m.* currency exchange; **bureau** (*m.*) **de change** money exchange (office) (14); **taux** (*m.*) **de change** exchange rate (14)

changement *m.* change

changer (nous changeons) to change; to exchange (*currency*); **changer d'avis** to change one's mind; **changer de l'argent** to exchange currency

chanson *f.* song; **chanson de variété** popular song (15)

chant *m.* song

chanter to sing

chanteur/euse *m., f.* singer

chantilly *f.* whipped cream; **à la chantilly** with whipped cream

chapeau *m.* hat (3)

chapitre *m.* chapter

chaque *adj.* each, every (15)

charbon *m.* coal; charcoal

charcuterie *f.* deli; cold cuts; pork butcher's shop, delicatessen (7); **boucherie-charcuterie** *f.* combination butcher and deli

chargé (de) *adj.* in charge of, responsible for; heavy, loaded; busy

chargement *m.* loading; shipping; **gare** (*f.*) **de chargement** loading dock

charger (nous chargeons) to load; **charger de** to ask s.o. to do s.th.; **se charger de** to take responsibility for, take care of

charlotte *f.* charlotte (*cake with whipped cream and fruit*)

charmant *adj.* charming (3)

charmer to charm, enchant

charolais *adj.* of (from) Charolais

charte *f.* charter, title

chasse *f.* hunt, hunting

chat(te) *m., f.* cat (4)

châtain *adj.* brown, chestnut-colored (*hair*) (3)

château *m.* castle, chateau (11)

chaud *adj.* warm; hot; **avoir chaud** to be warm (hot) (3); **il fait chaud** it's hot (5)

chauffeur/euse *m., f.* chauffeur; driver; **chauffeur de taxi** taxi(cab) driver

chaussée *f.* pavement; **rez-de-chaussée** *m.* ground floor (5)

chaussettes *f. pl.* socks (3)

chaussures *f. pl.* shoes (3); **chaussures de ski (de montagne)** ski (hiking) boots (8)

chef *m.* leader; head; chef, head cook; **chef d'entreprise** company head, top manager, boss (14)

chef-d'œuvre *m.* (*pl.* **chefs-d'œuvre**) masterpiece (12)

chemin *m.* way (*road*) (11); path; **chemin de fer** railroad

chemise *f.* shirt (3)

chemisier *m.* (*woman's*) shirt, blouse (3)

chèque *m.* check (14); **carnet** (*m.*) **de chèques** checkbook (14); **chèque de voyage** traveler's check; **compte-chèques** *m.* checking account (14); **déposer un chèque** to deposit a check; **encaisser (toucher) un chèque** to cash a check; **faire un chèque** to write a check (14)

cher (chère) *adj.* expensive; dear (3)

chercher to look for (2); to pick up (*a passenger*); **chercher à** to try to (12)

chéri(e) *m., f.* darling

cheval (*pl.* **chevaux**) *m.* horse (8); **à cheval** on horseback; **faire du cheval** to go horseback riding (8)

cheveux *m. pl.* hair (3); **se brosser les cheveux** to brush one's hair (13)

chez at the home (establishment) of (5); **chez moi** at my place

chic *adj., often inv.* chic, stylish

chien(ne) *m., f.* dog (4)

chiffre *m.* number, digit; **chiffre d'affaires** turnover (*in business*); **chiffre record** record number

chimie *f.* chemistry (2)

chimiste *m., f.* chemist

Chine *f.* China (8)

chinois *adj.* Chinese; *m.* Chinese (*language*) (2); **Chinois(e)** *m., f.* Chinese (*person*) (2)

chocolat *m.* chocolate; hot chocolate (6); **éclair** (*m.*) **au chocolat** chocolate eclair; **mousse** (*f.*) **au chocolat** chocolate mousse; **pain** (*m.*) **au chocolat** chocolate croissant

choisir (de) to choose (to) (4)

choix *m.* choice

chômage *m.* unemployment; **taux** (*m.*) **de chômage** unemployment rate (14)

chômeur/euse *m., f.* unemployed person (14)

chose *f.* thing; **autre chose** something else (7); **quelque chose** something (9); **quelque chose (de)** + *adj.* something (15)

chou *m.* cabbage; (*fam.*) darling; **chou-fleur** (*pl.* **choux-fleurs**) *m.* cauliflower

choucroute *f.* sauerkraut

chrétien(ne) *adj.* Christian

chronique *adj.* chronic

chronologique *adj.* chronological

ci: comme ci, comme ça so-so (1); **ci-dessous** *adv.* below; **ci-dessus** *adv.* above, previously

ciboulette *f.* chive(s)

ciel *m.* sky; **gratte-ciel** *m. inv.* skyscraper

cigare *m.* cigar

cils *m. pl.* eyelashes

cinéaste *m., f.* filmmaker (12)

ciné-club *m.* film club

cinéma (*fam.* **ciné**) *m.* movies; movie theater (2)

cinq *adj.* five (1)

cinquante *adj.* fifty (1); **les années** (*f. pl.*) **cinquante** the decade (era) of the fifties

cinquième *adj.* fifth (11)

circonflexe *m.* circumflex (*accent*) (ê)

circonstance *f.* circumstance

circuit *m.* organized tour

circulation *f.* traffic; circulation

circuler to circulate; to travel

ciré *adj.* polished; waxed

cirque *m.* circus

citation *f.* quotation

cité *f.* area in a city; **cité universitaire** (*fam.* **cité-U**) university dormitory (2)

citer to cite, name; to quote

citoyen(ne) *m., f.* citizen (16)

citron *m.* lemon; **citron vert** lime (*fruit*)

civil: état (*m.*) **civil** marital (civil) status

clair *adj.* light, bright; light-colored; clear; evident; **il est clair que** + *indic.* it's clear that (16)

clandestin *adj.* clandestine, secret

clarinette *f.* clarinet

classe *f.* class; classroom; **camarade** (*m., f.*) **de classe** classmate; **classe affaires (économique)** business (tourist) class (9); **première (deuxième [seconde]) classe** first (second) class (9); **salle** (*f.*) **de classe** classroom (1)

classement *m.* classification

classer to classify; to sort; to rate; **se classer** to come in; to rank

classique *adj.* classical (11); classic; **musique** (*f.*) **classique** classical music

clé, clef *f.* key (8); **mot-clé** *m.* key word

client(e) *m., f.* customer, client

clientèle *f.* clientele, customers

climatisé *adj.* air-conditioned

cliquer to click, press

cloche *f.* bell

clocher *fam.* to be cockeyed; to go wrong; **ça cloche** things are going wrong

club *m.* club (*social, athletic*); **ciné-club** *m.* film club

coca *m., fam.* cola drink

cocasse *adj.* comical, funny

cocher to check off (*list*)

coco: lait (*m.*) **de coco** coconut milk

cocotier *m.* coconut tree

cocotte *f.* stewpot, casserole

code *m.* code; **code postal** postal (zip) code

cœur *m.* heart (13); **au cœur de** at the heart (source) of; **par cœur** by heart (12)

coexister to coexist

coffre *m.* trunk (*of car*) (9)

coffret *m.* box; lunch box

coiffeur/euse *m., f.* hairdresser; barber (14)

coiffure *f.* hair style; **salon** (*m.*) **de coiffure** beauty salon

coin *m.* corner (11)

collectif/ive *adj.* collective

collectionner to collect

collège *m.* (French) secondary school

collègue *m., f.* colleague

colocataire *m., f.* housemate, roommate

colocation *f.* house or apartment sharing

Colombie *f.* Colombia; **Colombie-Britannique** *f.* British Columbia

colonie *f.* colony

colonisateur/trice *m., f.* colonizer

colonisé *adj.* colonized

colonne *f.* column

combatif/ive *adj.* fighting, combative

combattre (*like* **battre**) *irreg.* to fight

combien (de) *adv.* how much (1), how many (4); **depuis combien de temps** (for) how long (9); **pendant combien de temps** (for) how long (9)

combiner to combine

comédie *f.* comedy

comédien(ne) *m., f.* actor; comedian

comète *f.* comet

comique *m., f.* comedian, comic; *adj.* funny, comical, comic

commander to order (*in a restaurant*) (6)

comme *adv.* as, like, how; **comme ci, comme ça** so-so (1)

commencement *m.* beginning

commencer (nous commençons) (à) to begin (to) (2); **commencer par** to begin by (*doing s.th.*)

comment *adv.* how; **comment** what, how (1); **comment allez-vous (comment vas-tu)** how are you (1); **comment ça va** how are you, how's it going (1); **comment dit-on... en français** how do you say . . . in French; **comment est-il/elle** what's he (she, it) like; **comment s'appelle-t-il/elle** what's his (her) name; **comment vous appelez-vous (comment t'appelles-tu)** what's your name (1)

commenter to comment on

commerçant(e) *m., f.* shopkeeper (14)

commerce *m.* business (2)

commercial *adj.* commercial, business; **directeur/trice** (*m., f.*) **commercial(e)** business manager (14)

commissariat *m.* police station (11)

commission *f.* commission; errand

commode *f.* chest of drawers (4)

commun *adj.* ordinary, common; shared; **en commun** in common; **transports** (*m. pl.*) **en commun** public transportation

communauté *f.* community

commune *f.* district

communicatif/ive *adj.* communicative

communication *f.* communication; phone call

communiquer to communicate

compact: disque (*m.*) **compact** compact disc

compagnie *f.* company

compagnon/compagne *m., f.* companion

comparaison *f.* comparison

comparer to compare

compartiment *m.* compartment (9)

compatriote *m., f.* fellow countryman (woman)

complément *m.* complement; **pronom** (*m.*) **complément d'objet (in)direct** *Gram.* (in)direct object pronoun

complémentaire *adj.* complementary

complet/ète *adj.* complete; whole

compléter (je complète) to complete, finish

compliqué *adj.* complicated

comportement *m.* behavior

composé *adj.* composed; **passé** (*m.*) **composé** *Gram.* compound past tense

composer to compose; to make up; **composer un numéro** to dial a (phone) number (10)

compositeur/trice *m., f.* composer (12)

composter to stamp (*date*); to punch (*ticket*)

compréhensif/ive *adj.* understanding

compréhension *f.* understanding

comprendre (*like* **prendre**) *irreg.* to understand; to comprise, include (6); **je ne comprends pas** I don't understand (1)

comprimé *m.* tablet, pill

compris *adj.* included (7); **tout compris** all inclusive

comptabilité *f.* accounting

comptable *m., f.* accountant (14); **expert(e)-comptable** *m., f.* certified public accountant

compte *m.* account; **compte bancaire** bank account; **compte-chèques** *m.* checking account (14); **compte d'épargne** savings account (14); **travailler pour (à) son compte** to be self-employed

compter (sur) to plan (on); to intend; to count

concentrer to concentrate

concerner to concern; **en ce qui concerne** concerning

conclu (*p.p. of* **conclure**) *adj.* settled, agreed upon

concours *m.* competition; competitive exam

conçu (*p.p. of* **concevoir**) *adj.* designed, devised

concurrence *f.* competition; trading

concurrent(e) *m., f.* competitor

condamner to condemn

condition *f.* condition; situation; **à condition de** provided, providing

conditionnel *m., Gram.* conditional

conducteur/trice *m., f.* driver (9)

conduire (*p.p.* **conduit**) *irreg.* to drive (9); to take; to lead; **permis** (*m.*) **de conduire** driver's license

confection *f.* making (*clothing*)

conférence *f.* lecture (12); conference

confiance *f.* confidence; **avoir confiance en** to have confidence in; to trust; **faire confiance à** to trust in

confirmer to confirm

confit (*m.*) **de canard** duck conserve

conflit *m.* conflict (16)

confondu *adj.* mixed, confused

conformiste *m., f., adj.* conformist (3)

confort *m.* comfort; amenities

confortable *adj.* comfortable

congé *m.* vacation, leave (*from work*)

Congo *m.* Congo (8); **République** (*f.*) **Démocratique du Congo** Democratic Republic of Congo (8)

congolais *adj.* Congolese; **Congolais(e)** *m., f.* Congolese (*person*)

congrès *m.* meeting, convention

conjugaison *f., Gram.* (verb) conjugation

conjuguer to conjugate

connaissance *f.* knowledge; acquaintance; **faire connaissance** to get acquainted; **faire la connaissance de** to meet (*for the first time*), make the acquaintance of (5)

connaisseur/euse *m., f.* connoisseur

connaître (*p.p.* **connu**) *irreg.* to know; to be familiar with (11); **se connaître** to know one another; to meet

connexion *f.* link, connection

connu *adj.* known; famous

conquérir (*p.p.* **conquis**) *irreg.* to conquer

se consacrer à to devote oneself to

conscience *f.* conscience; **prendre conscience de** to become aware of

conseil *m.* (piece of) advice; council; **donner des conseils à** to give advice to

conseiller (à, de) to advise; to suggest (12)

conseiller/ère (*m., f.*) **d'orientation** guidance counselor

conservation *f.* conserving; preservation (16)

conservatoire *m.* conservatory

conserve *f.* preserve(s), canned food; **boîte** (*f.*) **de conserve** can of food (7)

conserver to conserve, preserve (16)

considération: prendre en considération to take into consideration

considérer (je considère) to consider (6)

consigne *f.* instruction(s); **consigne (automatique)** coin locker (9)

consommateur/trice *m., f.* consumer

consommation *f.* consumption; consumerism

consommé *m.* clear soup, consommé

consommer to consume

conspirer à to conspire to

constamment *adv.* constantly (12)

constater to notice; to remark

constituer to constitute

constructif/ive *adj.* constructive

construire (*like* **conduire**) *irreg.* to construct, build (9)

consulter to consult; **consulter l'annuaire** to look up (a phone number) in the phone book (10)

contacter to contact

conte *m.* tale, story

contempler to contemplate, mediate upon

contemporain *adj.* contemporary
contenir (*like* **tenir**) *irreg.* to contain
content *adj.* happy, pleased; **être content(e) de** + *inf.* to be happy about; **être content(e) que** + *subj.* to be happy that
contenter to please
contenu *m.* content
contester to dispute; to answer
conteur/euse *m., f.* storyteller
continuer (à) to continue (to) (11)
contrairement à contrary to, unlike
contrat *m.* contract
contravention *f.* traffic ticket
contre *prep.* against; **le pour et le contre** the pros and cons; **manifester contre** to demonstrate against (16)
contrôle *m.* control, overseeing; inspection
contrôler to inspect, monitor (16)
contrôleur/euse *m., f.* ticket collector; conductor
convaincant *adj.* convincing
convaincre (*p.p.* **convaincu**) *irreg.* to convince
convenable *adj.* proper; appropriate
convenir (*like* **venir**) *irreg.* to be suitable
convertisseur *m.* converter
convoquer to summon, invite, convene
copain (copine) *m., f., fam.* friend, pal
copier to copy
copieux/euse *adj.* copious, abundant
coq *m.* rooster; **coq au vin** coq au vin (*chicken prepared with red wine*)
coquillages *m. pl.* seashells
corps *m. s.* body (13)
correctement *adv.* correctly
correspondance *f.* correspondence
correspondant(e) *m., f.* newspaper correspondent; *adj.* corresponding
correspondre to correspond
corriger (nous corrigeons) to correct
Corse *f.* Corsica
cosmopolite *adj.* cosmopolitan
costume *m.* (*man's*) suit; costume (3)
costumé: soirée (*f.*) **costumée** costume party
côte *f.* coast; chop (7); rib; rib steak; side; **côte d'agneau (de porc)** lamb (pork) chop; **Côte d'Azur** (French) Riviera; **Côte-d'Ivoire** *f.* Ivory Coast (8)
côté *m.* side; **(d')à côté** (from) next door; **à côté (de)** *prep.* by, near; beside, next to (4); at one's side; **mettre de côté** to set aside
coton *m.* cotton

cou *m.* neck (13)
couchage: sac (*m.*) **de couchage** sleeping bag (8)
couche *f.* layer; stratum; **couche d'ozone** ozone layer
se coucher to go to bed (13)
couchette *f.* berth (*train*) (9)
coucou *interj., fam.* peek-a-boo
coudre (*p.p.* **cousu**) *irreg.* to sew; **machine** (*f.*) **à coudre** sewing machine
coulé *adj.* cast
couleur *f.* color; **de quelle couleur est...** what color is . . . ; **en couleur(s)** in color; colored
coulis *m.* purée
couloir *m.* hall(way) (4)
coup *m.* blow; **coup à blanc** blank shot; **coup de foudre** flash of lightning (13); love at first sight (13); **coup de pouce** little push (in the right direction); **coup de téléphone** telephone call; **tout à coup** *adv.* suddenly (11)
coupe *f.* trophy, cup; ice cream sundae; **Coupe d'Europe** European Cup (*soccer*); **Coupe du Monde** World Cup
couper to cut (off, up); **couper la ligne** to cut off (*phone call*)
cour *f.* court (*legal, royal*)
courage *m.* courage; spirit; **bon courage** cheer up, be brave
courageux/euse *adj.* courageous (3)
couramment *adv.* fluently (12)
courant *adj.* general, everyday; **être au courant de** to be up (to date) with
coureur/euse *m., f.* runner
courir (*p.p.* **couru**) *irreg.* to run (15)
couronne *f.* crown; royalty
couronné *adj.* crowned
courriel *m., fam.* e-mail
courrier *m.* mail; **courrier électronique** e-mail (10)
cours *m.* course (2); class; exchange rate (14); price; **cours du jour** today's exchange rate; **suivre un cours** to take a course
course *f.* race; errand; **faire les courses** to do errands; to shop (5)
court *f.* short (*hair*) (3); *m.* (tennis) court; **à court terme** in the short term (run)
couscous *m.* couscous (*North African cracked-wheat dish*)
couscoussier *m.* couscous pan (*with steamer*)
cousin(e) *m., f.* cousin (5)
coût *m.* cost; **coût de la vie** cost of living (14)

couteau *m.* knife (6)
coûter to cost
couture *f.* sewing; clothes design; **haute couture* high fashion
couturier/ière *m., f.* clothes designer; dressmaker
couvert: mettre le couvert to set the table
couvrir (*like* **ouvrir**) *irreg.* to cover (14)
crabe *m.* crab (*seafood*)
craindre (*p.p.* **craint**) *irreg.* to fear
craquer to crack, snap
cravate *f.* tie (3)
crayon *m.* pencil (1)
créateur/trice *m., f.* creator
créativité *f.* creativity
crèche *f.* day-care center
crédit *m.* credit; **carte** (*f.*) **de crédit** credit card (14)
credo *m.* creed, system of beliefs
créer to create
crème *f.* cream (6); *m.* coffee with cream; **crème fraîche** clotted cream, crème fraîche; **crème glacée** ice cream
crêpe *f.* crepe, French pancake
crevé *adj., fam.* exhausted, wiped out
cri *m.* cry, shout
crier to cry out; to shout
crise *f.* crisis; **crise économique** recession; depression
critique *m., f.* critic
critiquer to criticize
croire (*p.p.* **cru**) (**à**) *irreg.* to believe (in) (10); **croire que** to believe that
croissant *m.* croissant (*roll*) (6)
croyance *f.* belief
crustacé *m.* crustacea, shellfish
cuillère *f.* spoon (6); **cuillère à soupe** soup spoon, tablespoon (6); **petite cuillère** teaspoon
cuir *m.* leather; **en cuir** (*made of*) leather
cuire: faire cuire to cook (*food*)
cuisine *f.* cooking (6); food, cuisine; kitchen (5); **faire la cuisine** to cook (5); **nouvelle cuisine** light (low-fat) cuisine
cuisiner to cook
cuisinette *f.* kitchenette
cuisinier/ière *m., f.* cook, chef
cuisson *f.* cooking (*process*)
cuit *adj.* cooked
culinaire *adj.* culinary, cooking
culotte *f.* breeches
cultivé *adj.* educated; cultured
cultiver to cultivate; to grow (*crops*)

culture *f.* education; culture
culturel(le) *adj.* cultural
curieux/euse *adj.* curious (3)
curiosité *f.* curiosity
curriculum (*m.*) **vitæ** résumé (14)
cybercafé *m.* Web (Internet) café
cyclable: piste (*f.*) **cyclable** bike path
cyclisme *m.* cycling (15)

d'abord *adv.* first, first of all, at first (11)
d'accord *interj.* all right, O.K., agreed (2)
dame *f.* lady, woman; **messieurs dames** *colloq.* ladies and gentlemen
Danemark *m.* Denmark
dangereux/euse *adj.* dangerous
dans *prep.* within, in (2); **dans quatre jours** in four days
danse *f.* dance; dancing
danser to dance (2)
danseur/euse *m., f.* dancer
darne *f.* steak (*fish*)
date *f.* date (*time*); **quelle est la date (d'aujourd'hui)** what's today's date (1)
dater de to date from (12)
d'autres *pron.* others (15)
davantage *adv.* more
de (d') *prep.* of, from, about (2); **de nouveau** again (11); **de rien** not at all; don't mention it; you're welcome (1); **de temps en temps** from time to time (2)
débarquement *m.* debarkation, landing
débarquer to land
débat *m.* debate
débouché *m.* opening, (job) prospect
déboucher to come out, lead to
debout *adj., inv., adv.* standing up
se débrouiller to manage (13)
début *m.* beginning; **au début (de)** in (at) the beginning (of)
débuter to begin, start
décapotable *f.* convertible (*car*)
décembre December (1)
déchets *m. pl.* waste (material) (16); **déchets industriels** industrial waste; debris; **déchets nucléaires** nuclear waste
décidément *adv.* decidedly; definitely
décider (de) to decide (to) (12)
décision *f.* decision; **prendre une décision** to make a decision
déclencher to release, activate
déclin *m.* decline
déconseillé *adj.* not recommended
décoratif/ive *adj.* decorative
décorer (de) to decorate (with)
découler to follow from; to ensue

découper to cut up
découverte *f.* discovery
découvrir (*like* **ouvrir**) *irreg.* to discover (14)
décrire (*like* **écrire**) *irreg.* to describe (10)
décrocher *fam.* to get, receive
défaut *m.* defect, fault
défavoriser to penalize, put at a disadvantage
défendre to defend; to prohibit, disallow
défenseur *m.* defender, champion
défi *m.* challenge
défilé *m.* fashion show
défini: article (*m.*) **défini** *Gram.* definite article
définir to define
dégager (**nous dégageons**) to release; to clear; to bring out
dégâts *m. pl.* damage, harm
dégénérer (**je dégénère**) to degenerate
dégourdir to bring the circulation back to; to warm up
degré *m.* degree
déguiser to disguise
dehors *adv.* outdoors; outside
déjà *adv.* already; ever (9)
déjeuner to have lunch (6); *m.* lunch (6); **petit-déjeuner** breakfast (6)
delà: au-delà de *prep.* beyond
délégué(e) *m., f.* delegate
délice *m.* delight
délicieux/euse *adj.* delicious
délinquance *f.* criminality
demain *adv.* tomorrow (5)
demande (*f.*) **d'emploi** job application (14)
demander (de) to ask (for, to), request (2); **se demander** to wonder (13)
se démarquer (par) to stand out, distinguish oneself
déménager (**nous déménageons**) to move out (*change residence*) (4)
demi *adj.* half; **demi-frère** *m.* half brother; stepbrother (5); **demi-sœur** *f.* half sister; stepsister (5); **et demi(e)** half past (the hour) (6)
démocratie *f.* democracy
démocratique: République (*f.*) **Démocratique du Congo** Democratic Republic of Congo (8)
démolir to demolish, destroy
démonstratif/ive *adj.* demonstrative
dénoncer (**nous dénonçons**) to denounce
dent *f.* tooth (13); **brosse à dents** toothbrush; **se brosser les dents** to brush one's teeth (13)

dentiste *m., f.* dentist (14)
dépannage *m.* emergency repair
départ *m.* departure (9); **point** (*m.*) **de départ** starting point
se dépêcher to hurry (13)
dépendre de to depend on
dépense *f.* expense; spending (14)
dépenser to spend (*money*) (14)
dépit: en dépit de *prep.* in spite of
déporté *adj.* deported
déposer to deposit; **déposer de l'argent (un chèque)** to deposit money (a check) (14); **déposer la monnaie** to deposit change (10)
dépravation *f.* depravity
dépression *f.* depression, breakdown
déprime *f., fam.* blues
déprimé *adj.* depressed
depuis *prep.* since, for (9); **depuis combien de temps...** how long . . . (9); **depuis longtemps** for a long time; **depuis quand...** since when . . . (9)
député *m.* delegate, deputy
déranger (**nous dérangeons**) to disturb, bother
dernier/ière *adj.* last (8); most recent; past; **la dernière fois** the last time; **l'an dernier (l'année dernière)** last year
dernièrement *adv.* recently
se dérouler to take place, happen
derrière *prep.* behind (4)
dès *prep.* from (then on); **dès que** *conj.* as soon as (14)
désaccord *m.* disagreement
désagréable *adj.* disagreeable, unpleasant (3)
désavantage *m.* disadvantage
descendre to go down; to get off (5); to go down (*street, river*); **descendre à (sur)** to go down (*south*) to; **descendre de** to get down (from), get off
déséquilibre *m.* imbalance
désert *m.* desert; wilderness
déserter to desert; to run away
désespéré *adj.* desperate
désespoir *m.* despair, hopelessness
désigner to designate
désir *m.* desire
désirer to desire, want (15)
désolé *adj.* sorry (16); **(je suis) désolé(e)** I'm sorry
désordonné *adj.* disorganized
désordre *m.* disorder, confusion; **en désordre** disorderly; disheveled (4)
désormais *adv.* henceforth
dessin *m.* drawing

dessiné: bande (*f.*) **dessinée** comic strip, cartoon (15); *pl.* comics
dessiner to draw
dessous: ci-dessous *adv.* below
dessus: au-dessus de *prep.* above; **ci-dessus** *adv.* above, previously
destin *m.* destiny
destination *f.* destination; **à destination de** to, for (9); in the direction of; heading for
destinée *f.* destiny, future
détail *m.* detail; **en détail** in detail
détecteur *m.* detector
se détendre to relax (13)
détente *f.* relaxation
déterminer to determine
détester to detest; to hate (2)
détruire (*like* **conduire**) *irreg.* to destroy (9)
dette *f.* debt
deux *adj.* two (1); **tous (toutes) les deux** both (of them)
deuxième *adj.* second (11); **deuxième étage** third floor (*in the U.S.*) (5)
devant *prep.* before, in front of (4)
développé *adj.* developed; industrialized
développement *m.* development (16); developing (*photo*); **pays** (*m.*) **en voie de développement** developing country
développer to develop (16); **se développer** to develop
devenir (*like* **venir**) *irreg.* to become (8)
deviner to guess (12)
devinette *f.* riddle, conundrum
dévoiler to reveal, disclose
devoir (*p.p.* **dû**) *irreg.* to owe; to have to, be obliged to (7); *m.* duty; *m. pl.* homework; **faire ses devoirs** to do one's homework (5); **je devrais** I should (15)
d'habitude *adv.* habitually, usually (5)
diagnostic *m.* diagnosis; prognosis
diapositive *f.* (*photographic*) slide
dictionnaire *m.* dictionary (2)
diététique *adj.* dietetic
Dieu *m.* God; **croire en Dieu** to believe in God
différemment *adv.* differently
différend *m.* disagreement
différent *adj. different* (3)
difficile *adj. difficult* (3)
difficulté *f.* difficulty
diffuser to broadcast; to disseminate
dignité *f.* dignity
diligemment *adv.* diligently
dimanche *m.* Sunday (1)

diminuer to lessen, diminish, lower (16)
dinde *f.* turkey
dîner to dine, have dinner (6); *m.* dinner (6)
diplomate *m., f.* diplomat; *adj.* diplomatic, tactful
diplomatique *adj.* diplomatic (*of the diplomatic corps*)
diplôme *m.* diploma
diplômé(e) *m., f.* graduate; holder of a diploma
dire (*p.p.* **dit**) *irreg.* to say; to tell, relate (10); **c'est-à-dire** that is to say, namely; **entendre dire que** to hear that; **que veut dire...** what does . . . mean; **se dire** to say to one another; **vouloir dire** to mean
direct *adj.* direct; **en direct** live (*broadcasting*); **pronom** (*m.*) **(complément) d'objet direct** *Gram.* direct object pronoun
directeur/trice *m., f.* manager, head (14); **directeur/trice commercial(e)** business manager (14)
direction *f.* direction; steering (*auto*)
directives *f. pl.* rules of conduct, directives
diriger (nous dirigeons) to direct; to govern, control (14)
discothèque (*fam.* **disco**) *f.* discothèque
discours *m.* discourse; speech
discret/ète *adj.* discreet
discuter (de) to discuss
disparaître (*like* **connaître**) *irreg.* to disappear
disparition *f.* disappearance; **en voie de disparition** endangered (*species*)
disponible *adj.* available
dispute *f.* quarrel
se disputer to argue (13)
disque *m.* record, recording (4); **disque compact** compact disc
dissertation *f.* essay, term paper
dissimuler to hide
dissiper to dissipate; to dispel
distance *f.* distance; **mettre à distance** to separate
se distinguer to distinguish oneself
distraction *f.* recreation; entertainment; distraction
se distraire (*p.p.* **distrait**) *irreg.* to have fun, amuse oneself
distribuer to distribute
divers *adj.* varied, diverse (1)
se diversifier to diversify
se divertir to amuse oneself, have a good time

divertissant *adj.* amusing
divisé (par) *adj.* divided (by)
divorcé *adj.* divorced (5)
divorcer (nous divorçons) to get a divorce, divorce
dix *adj.* ten (1); **dix-sept (-huit, -neuf)** *adj.* seventeen (eighteen, nineteen) (1)
dixième *adj.* tenth
dizaine *f.* about ten
docteur *m.* doctor
documentaire *m.* documentary (film)
doigt *m.* finger (13)
domaine *m.* domain; specialty
domestique *m., f.* servant; *adj.* domestic; **animal** (*m.*) **domestique** pet
dominer to dominate
dommage: il est dommage que + *subj.* it's too bad that (16)
donc *conj.* then; therefore (4)
donner to give (2); **donner des conseils** to give advice; **donner rendez-vous à** to make an appointment with; **donner sur** to overlook
dont whose, of whom, of which (14)
dorer: faire dorer to brown (*in cooking*)
dormir *irreg.* to sleep (8)
dortoir *m.* dormitory
dos *m.* back (13); **sac** (*m.*) **à dos** backpack (3)
douane *f.* customs (*at the border*)
doubler to double; to pass (*in a car*)
douche *f.* shower (*bath*) (4); **prendre une douche** to take a shower
se doucher to take a shower (13)
douleur *f.* pain, ache; grief
doute *m.* doubt; **sans doute** probably
douter to doubt (16); **douter de** to be suspicious of
doux (douce) *adj.* sweet; **à feu doux** over a low flame (*cooking*); **petits pois** (*m. pl.*) **doux** sweet peas
douzaine *f.* dozen; about twelve
douze *adj.* twelve (1)
douzième *adj.* twelfth
dramatique: art (*m.*) **dramatique** theater, theater arts
drap *m.* (*bed*) sheet
drapeau *m.* flag
dresser to set up
drogue *f.* drug(s)
droit *m.* law (2); right (*legal*); **droit d'entrée** entrance fee
droit *adj.* right; straight; **Rive** (*f.*) **droite** Right Bank (*in Paris*) (11); **tout droit** *adv.* straight ahead (11)
droite *f.* right, right-hand; **à droite (de)** *prep.* on (to) the right (of) (4)

drôle *adj.* funny, odd (3)
duc *m.* duke
durant *prep.* during
durée *f.* duration, length
durer to last, continue; to endure; to last a long time
dynamique *adj.* dynamic (3)

eau *f.* water (6); **eau minérale** mineral water (6)
ébloui *adj.* dazzled
ébranlé *adj.* shaken, shattered
écart *m.* gap; difference
échange *m.* exchange
échec *m.* failure; *pl.* chess (3)
échouer to fail
éclair *m.* éclair (*pastry*) (7)
éclaircie *f.* clearing (*in weather*)
éclairer to light, illuminate
école *f.* school (10); **école primaire (secondaire)** primary (secondary) school
écolier/ière *m., f.* pupil, schoolchild
écologie *f.* ecology
écologique *adj.* ecological
écologiste *m., f.* ecologist; *adj.* ecological
économe *adj.* thrifty, economical
économie *f.* economics (2); economy; *pl.* savings; **faire des économies** to save (up) money (14)
économique *adj.* economic; financial; economical; **classe** (*f.*) **économique** tourist class (9); **sur le plan économique** economically speaking
économiser to save (*money*)
Écosse *f.* Scotland; **Nouvelle-Écosse** *f.* Nova Scotia
écoute *f.* listening; **à l'écoute** tuning in; **casque** (*m.*) **d'écoute** headset
écouter to listen to (2)
écran *m.* screen (1); monitor; **le petit écran** television
écrevisse *f.* crayfish
écrire (*p.p.* **écrit**) (**à**) *irreg.* to write (to) (10)
écriture *f.* writing; handwriting
écrivain (femme écrivain) *m., f.* writer (12)
écumoire *f.* skimmer (*in cooking*)
édifice *m.* (public) building
éditeur/trice *m., f.* editor; publisher
édition *f.* publishing; edition; **maison** (*f.*) **d'édition** publisher, publishing house
éducatif/ive *adj.* educational
éducation *f.* upbringing; breeding; education

effectuer to carry out, make
effet *m.* effect; **effet de serre** greenhouse effect; **en effet** as a matter of fact, indeed
efficace *adj.* efficient
effort *m.* effort, attempt; **faire des efforts pour** to try (make an effort) to
égal *adj.* equal; **cela (ça) m'est égal** I don't care, it's all the same to me
également *adv.* equally; likewise, also
égaler to equal
église *f.* church (11)
égoïste *adj.* selfish (3)
Égypte *f.* Egypt
eh bien *interj.* well, well then
électeur/trice *m., f.* voter (16)
électoral *adj.* election, electoral
électricité *f.* electricity
électronique: adresse (*f.*) **électronique** e-mail address; **courrier** (*m.*) **électronique** e-mail (10); **message** (*m.*) **électronique** e-mail message (10)
élégant *adj.* elegant (3)
élève *m., f.* pupil, student
élevé *adj.* high; raised, built
éliminé *adj.* eliminated
élire (*like* **lire**) *irreg.* to elect (16)
elle *pron., f. s.* she; her; it; **elle-même** *pron., f. s.* herself (12); **elles** *pron., f. pl.* they; them
élu *adj.* elected
embarquement: carte (*f.*) **d'embarquement** boarding pass (9)
embarquer to embark, get on
embauche *f.* hiring; **entretien** (*m.*) **d'embauche** job interview
embaucher to hire
embouteillage *m.* traffic jam
embrasser to kiss; to embrace; **je t'embrasse** love (*closing of letter*); **s'embrasser** to kiss; to embrace (13)
émérite *adj.* highly skilled; emeritus
émettre (*like* **mettre**) *irreg.* to broadcast
émigré(e) *m., f.* émigré, expatriate
émission *f.* program; broadcast (10)
emménager (nous emménageons) to move in (4)
emmener (j'emmène) to take (*s.o. somewhere*); to take along (12)
empêcher (de) to prevent (from) (12); to preclude
empereur *m.* emperor
emplacement *m.* location
emploi *m.* use; job, position (14); **demande** (*f.*) **d'emploi** job application (14); **offre** (*f.*) **d'emploi** job offer

employé(e) *m., f.* employee (14); white-collar worker; (sales) clerk; **employé(e) de** s.o. employed by
employer (j'emploie) to use; to employ
employeur/euse *m., f.* employer
emporter to take (*s.th. somewhere*); to take out (*food*); to carry away
emprunt *m.* loan (14)
emprunter (à) to borrow (from) (11)
en *prep.* in (2); in, by (9); to; like; in the form of; *pron.* of them; of it; some, any (11); **de temps en temps** from time to time (2); **en automne** in fall (5); **en avance** early (6); **en été** in summer (5); **en face de** across from (4); **en général** in general (2); **en hiver** in winter (5); **en retard** late (6); **qu'en penses-tu** what do you think of that (11)
encadrement *m.* training, supervision; framework
encaisser to cash (*a check*) (11)
encercler to circle, encircle
enchaîné *adj.* chained, fettered
enchanté *adj.* enchanted; pleased (to meet you)
encore *adv.* still (9); again; yet; even; more; **encore de** more; **encore un peu** a little more; **ne... pas encore** not yet (9); **ou encore** or else
encourager (nous encourageons) (à) to encourage (to)
encyclopédie *f.* encyclopedia
endormir (*like* **dormir**) *irreg.* to put to sleep; **s'endormir** to fall asleep (13)
endroit *m.* place, spot (8)
énergie *f.* energy; **énergie nucléaire (solaire)** nuclear (solar) energy (16)
énergique *adj.* energetic
énervant *adj.* aggravating, irritating
enfance *f.* childhood
enfant *m., f.* child (5); **petit-enfant** *m.* grandchild (5)
émérite *adj.* highly skilled; emeritus
enfin *adv.* finally, at last (11)
engagé *adj.* involved, politically active
engagement *m.* (*political*) commitment
engager (nous engageons) to begin, start; **s'engager (dans)** to get involved (*in a public issue*) (16)
énigme *f.* riddle, enigma
enlever (j'enlève) to remove, take off
ennemi(e) *m., f.* enemy
ennui *m.* trouble; problem (9); worry; boredom
ennuyer (j'ennuie) to bother; to bore; **s'ennuyer** to be bored (13); **s'ennuyer à mourir** to be bored to death

ennuyeux/euse *adj.* boring; annoying

énoncé *m.* statement, utterance

enquête *f.* survey, poll

enregistrer to record; to check in

enseignant(e) *m., f.* teacher, instructor

enseignement *m.* teaching; education

enseigner (à) to teach (to) (12)

ensemble *adv.* together; *m.* ensemble; whole

ensoleillé *adj.* sunny

ensuite *adv.* then, next

entendre to hear (5); **entendre dire que** to hear that; **s'entendre (avec)** to get along (with) (13)

entente *f.* (mutual) understanding

enthousiasme *m.* enthusiasm

enthousiaste *adj.* enthusiastic (3)

entier/ière *adj.* entire, whole, complete; **en entier** in its entirety

entourer (de) to surround (with)

entraîner to bring about, lead to; **s'entraîner** to train, work out

entraîneur/euse *m., f.* trainer

entre *prep.* between, among (4)

entrecôte *f.* rib steak

entrée *f.* entrance, entry; admission; first course (*meal*) (7); **droit** (*m.*) **d'entrée** entrance fee

entreprise *f.* business, company (14); **chef** (*m.*) **d'entreprise** company head, top manager, boss (14)

entrer (dans) to enter (8)

entretien *m.* maintenance; conversation; **entretien (d'embauche)** job interview (14)

énumérer (j'énumère) to spell out, recite

envahir to invade

enveloppe *f.* envelope (10)

envers *prep.* toward

envie *f.* desire; **avoir envie de** to want; to feel like (3)

environ *adv.* about, approximately; *m. pl.* environs; **dans les environs** in the vicinity

environnement *m.* environment (16)

environnementaliste *m., f.* environmentaliste

envoyer (j'envoie) to send (10)

éolienne *f.* windmill; windpump

épargne: compte (*m.*) **d'épargne** savings account (14)

épaule *f.* shoulder

épice *f.* spice

épicerie *f.* grocery store (7)

épicier/ière *m., f.* grocer

épinards *m. pl.* spinach

époque *f.* period (*of history*) (12); **à l'époque (de)** at the time (of); **meubles** (*m. pl.*) **d'époque** antique furniture

épouser to marry

époux (épouse) *m., f.* husband; wife; **époux** *m. pl.* married couple

éprouver to feel; to experience

équilibre *m.* equilibrium, balance

équipage *m.* crew

équipe *f.* team (15); **sports** (*m. pl.*) **d'équipe** team sports; **travail** (*m.*) **d'équipe** teamwork

équipé *adj.* equipped

équipement *m.* equipment; gear

s'équiper to equip oneself

équitation *f.* horseback (8); **faire de l'équitation** to go horseback riding

erreur *f.* error; mistake

erroné *adj.* wrong, erroneous

escalade *f.* (mountain) climbing

escalader to climb, scale

escalier *m.* stairs, stairway (5)

escalope *f.* (*veal*) scallop

escargot *m.* snail; escargot (7)

esclavage *m.* slavery

esclave *m., f.* slave

espace *m.* space; **espaces verts** green space

espadrilles *f. pl.* fabric sandals, espadrilles

Espagne *f.* Spain (8)

espagnol *adj.* Spanish; *m.* Spanish (*language*) (2); **Espagnol(e)** *m., f.* Spanish (*person*) (2)

espèces *f. pl.* species

espérer (j'espère) to hope (6)

esprit *m.* mind; spirit; wit

essai *m.* attempt, try; **mariage** (*m.*) **à l'essai** trial marriage

essaimer to spread, expand

essayer (j'essaie) (de) to try (to) (12)

essence *f.* gasoline, gas; **faire le plein (d'essence)** to fill the tank (9)

essentiel(le) *adj.* essential; **il est essentiel que** + *subj.* it's essential that (16)

essentiellement *adv.* largely, mainly

est *m.* east; **à l'est** to the east (9)

estimer to consider; to believe; to estimate (16)

et *conj.* and (2); **et puis** and (then), next (7); **et quart** quarter past the hour; **et vous (et toi)** and you (1)

établir to establish, set up

établissement *m.* establishment

étage *m.* floor (*of building*); **premier (deuxième) étage** second (third) floor (*in the U.S.*) (5)

étagère *f.* shelf; étagère (4)

étape *f.* stage; stopping place

état *m.* state (8); condition; **état civil** marital (civil) status; **États-Unis** *m. pl.* United States (of America) (8); **homme (femme) d'état** statesman (-woman)

été *m.* summer; **en été** in summer (5); **job** (*m.*) **d'été** summer job

étendue *f.* area, expanse

éternité *f.* eternity

étiquette *f.* label

étoile *f.* star; **à la belle étoile** in the open air

étonné *adj.* surprised; astonished (16)

étrange *adj.* strange; **il est étrange que** + *subj.* it's strange that (16)

étranger/ère *adj.* foreign; *m., f.* stranger; foreigner; **à l'étranger** abroad, in a foreign country (9); **langue** (*f.*) **étrangère** foreign language

être (*p.p.* **été**) *irreg.* to be (2); **c'est (ce n'est pas)** it's (it isn't) (1); **comment est-il/elle** what's he/she like; **être en train de** to be in the process of, be in the middle of (15); **il est... heure(s)** it is . . . o'clock (6); **n'est-ce pas** isn't it (so) (3); **nous sommes lundi (mardi...)** it's Monday (Tuesday . . .) (1); **peut-être** *adv.* perhaps, maybe; **quel jour sommes-nous (est-ce)** what day is it (1); **quelle heure est-il** what time is it (6); **qui est-ce** who is it (1)

étude *f.* study; *pl.* studies; **bourse** (*f.*) **d'études** scholarship, study grant; **faire des études** to study

étudiant(e) *m., f., adj.* student (1); **carte** (*f.*) **d'étudiant** student ID card

étudier to study (2)

euh... *interj.* uh . . .

euro *m.* Euro (*European currency*)

Europe *f.* Europe; **coupe** (*f.*) **d'Europe** European Cup (*soccer*)

européen(ne) *adj.* European; **Européen(ne)** *m., f.* European (*person*); **Union** (*f.*) **européenne (UE)** European Union (EU)

eux *pron., m. pl.* them; **eux-mêmes** *pron., m. pl.* themselves (12)

événement *m.* event (12)

évidemment *adv.* evidently, obviously (12)

évident *adj.* obvious, clear; **il est évident que** + *indic.* it is clear that (16)

éviter to avoid

évoluer to evolve, advance, develop

évoquer to evoke, call to mind

exact: oui, c'est exact yes, that's correct

exactement *adv.* exactly

exagérer (j'exagère) to exaggerate

examen (*fam.* **exam**) *m.* test, exam (2); examination; **passer un examen** to take an exam (4); **réussir à un examen** to pass a test

examiner to inspect, examine

exaspérant *adj.* exasperating

excéder (j'excède) to exceed

excentricité *f.* eccentricity

excentrique *adj.* eccentric (3)

excepté *prep.* except

exceptionnel(le) *adj.* exceptional

excès *m.* excess

excitant *adj.* exciting

exclu(e) *m., f.* excluded (*people*)

exclusivement *adv.* exclusively

exclusivité *f.* exclusive rights, coverage

excursion *f.* excursion, outing; **faire une excursion** to go on an outing

s'excuser to apologize (13); **excusez-moi (excuse-moi)** excuse me, pardon me (1)

exemplaire *adj.* exemplary; *m.* copy

exemple *m.* example; **par exemple** for example (16)

exercer (nous exerçons) to exercise, exert (*control, influence*)

exercice *m.* exercise

exigeant *adj.* demanding; difficult

exigence *f.* demand

exiger (nous exigeons) to require; to demand (16)

exister to exist

exode *m.* exodus

expatrié *adj.* expatriated

s'expatrier to leave one's country

expérience *f.* experience; experiment

expert(e) *m., f.* expert; **expert(e)-comptable** *m., f.* certified public accountant

explication *f.* explanation

expliquer to explain

exploité *adj.* exploited

exploiter to make use of, make the most of

explorateur/trice *m., f.* explorer

explorer to explore

exportation *f.* export(s)

s'exporter to be exported

exposé *m.* presentation, exposé

exposer to expose, show; to display

exposition *f.* exhibition; show (12)

expression *f.* expression; term (1); **liberté** (*f.*) **d'expression** freedom of expression (16)

exprimer to express; **exprimer une opinion** to express an opinion (16)

extrait *m.* excerpt; extract

extraordinaire *adj.* extraordinary (3)

extrasensoriel(le) *adj.* extra-sensory

extrêmement *adv.* extremely

fabrication *f.* manufacture, making

fabriquer to manufacture, make

fac *f., fam.* (**faculté**) university department or school

façade *f.* façade, face (*of a building*)

face: en face (de) *prep.* opposite, facing, across from (4); **face à** facing; **face à face** face to face

fâché *adj.* angry (16)

fâcher to anger; **se fâcher** to get angry (13)

fâcheux/euse *adj.* unfortunate; troublesome; **il est fâcheux que** + *subj.* it is unfortunate that (16)

facile *adj.* easy

façon *f.* way, manner, fashion; **de façon (logique)** in a (logical) way

facteur *m.* factor; letter carrier (14)

faculté *f.* ability; (*fam.* **fac**) division (*academic*) (2); **faculté des lettres** School of Arts and Letters; **faculté des sciences** School of Science

faible *adj.* weak; small

faim *f.* hunger; **avoir faim** to be hungry (3)

faire (*p.p.* **fait**) *irreg.* to do; to make (5); to form; to be; **faire attention (à)** to pay attention (to) (5); to watch out (for); **faire baisser** to lower; **faire beau (il fait beau)** to be good weather (it's nice out) (5); **faire bouillir** to boil; **faire chaud (il fait chaud)** to be warm, be hot (out) (it's warm, it's hot) (5); **faire confiance à** to trust; **faire connaissance** to get acquainted (5); **faire cuire** to cook; **faire de la bicyclette** to cycle, go (bi)cycling (8); **faire de l'aérobic** to do aerobics (5); **faire de l'alpinisme** to go mountain climbing (8); **faire de la peinture (de la musique, de la poterie)** to paint (play music, do ceramics); **faire de la planche à voile** to go windsurfing; **faire de la plongée sous-marine** to go skin diving (scuba diving) (8); **faire de la politique** to go in for politics; **faire de la voile** to go sailing (5); **faire de l'équitation** to go horseback riding (8); **faire des économies** to save (up) money (14); **faire des études** to study; **faire des moulinets avec les**

bras to whirl one's arms about; **faire des projets** to make plans; **faire des recherches** to do research; **faire dorer** to brown (*in cooking*); **faire du bateau** to go boating (8); **faire du bruit** to make noise; **faire du camping** to camp, go camping; **faire du cheval** to go horseback-riding (8); **faire du jogging** to run, jog (5); **faire du patin à glace** to go ice-skating; **faire du patin à roues alignées** to do in-line skating; **faire du recyclage** to recycle; **faire du shopping** to go shopping; **faire du ski (alpin)** to ski (5); **faire du ski de fond** to go cross-country skiing; **faire du ski nautique** to go waterskiing; **faire du snowboard** to go snowboarding; **faire du soleil (il fait du soleil)** to be sunny (it's sunny) (5); **faire du sport** to do sports (5); **faire du théâtre** to act; **faire du tourisme** to go sightseeing; **faire du vélo (de montagne)** to go cycling (mountain-biking) (5); **faire du vent (il fait du vent)** to be windy (it's windy) (5); **faire faire** to have done, make (*s.o.*) do (*s.th.*); **faire frais (il fait frais)** to be cool (out) (it's cool) (5); **faire froid (il fait froid)** to be cold (out) (it's cold) (5); **faire grève** to strike, go on strike (16); **faire la bise** to kiss on both cheeks (*in greeting*); **faire la connaissance de** to meet (*for the first time*); **faire la cuisine** to cook (5); **faire la fête** to party; **faire la lessive** to do the laundry (5); **faire la queue** to stand in line (5); **faire la sieste** to take a nap; **faire la vaisselle** to do the dishes (5); **faire le lit** to make the bed; **faire le marché** to do the shopping, go to the market (5); **faire le ménage** to do the housework (5); **faire le plein** to fill it up (gas tank) (9); **faire les courses** to do errands (5); **faire les valises** to pack one's bags; **faire le tour de** to go around; to tour; **faire mauvais (il fait mauvais)** to be bad weather (out) (it's bad out) (5); **faire partie de** to belong to; faire preuve de to show; **faire ses devoirs** to do one's homework (5); **faire son possible** to do one's best; **faire un chèque** to write a check (14); **faire une erreur** to make a mistake; **faire une excursion** to go on an outing; **faire une promenade** to take a walk (5); **faire une randonnée**

(pédestre) to go hiking (8); **faire une réservation** to make a reservation; **faire une visite** to pay a visit; **faire un pique-nique** to go on a picnic; **faire un safari** to go on a safari; **faire un temps pourri** *fam.* to be rotten weather; **faire un tour (en voiture)** to take a walk, take a ride (5); **faire un voyage** to take a trip (5); **quel temps fait-il** how's the weather (5)

fait *m.* fact; *adj.* made; **tout à fait** *adv.* completely, entirely

falloir (*p.p.* **fallu**) *irreg.* to be necessary (16); to be lacking; **il faut** + *inf.* it is necessary to; one needs (7)

fameux/euse *adj.* famous

familial *adj.* family

famille *f.* family (5); **en famille** with one's family; **fonder une famille** to start a family

fanatique (*fam.* **fan**) *m., f.* fan; fanatic, zealot

fanatisme *m.* fanaticism

fantaisie: bijoux (*m. pl.*) **fantaisie** costume jewelry

fantaisiste *adj.* fanciful, whimsical

farine *f.* flour

fascinant *adj.* fascinating

fasciné *adj.* fascinated

fatigant *adj.* tiring

fatigué *adj.* tired (3)

fauché *adj., fam.* broke, without money

faut (il) it is necessary to; one needs

faute *f.* fault, mistake

faux (fausse) *adj.* false (4)

faveur: en faveur de in favor of

favorable: être favorable à to be in favor of (favorably disposed to)

favori(te) *adj.* favorite

félicitations *f. pl.* congratulations

féminin *adj.* feminine

femme *f.* woman (2); wife (5); **femme d'affaires** businesswoman; **femme d'état** stateswoman; **femme écrivain** writer (12); **femme médecin** doctor, physician (14); **femme peintre** painter (12); **femme politique** politician; **femme sculpteur** sculptor (12); **jeune femme** young woman (3)

fenêtre *f.* window (1)

fer *m.* iron; **chemin** (*m.*) **de fer** railroad

ferme *f.* farm

fermer to close

fermeture *f.* closing

fête *f.* holiday; celebration, party; saint's day, name day; *pl.* Christmas season; **faire la fête** to party; **fête des pa-**

trons saint's day; **fête des Rois** Feast of the Magi, Epiphany; **jour** (*m.*) **de fête** holiday

fêter to celebrate; to observe a holiday

feu (*pl.* **feux**) *m.* fire; traffic light; **à feu doux** on low heat (*cooking*); **feux d'artifice** fireworks

feuille *f.* leaf

feuilleté *adj.* flaky (*pastry*)

feuilleton *m.* soap opera

fève *f.* bean

février February (1)

fiançailles *f. pl.* engagement (13)

fiancé(e) *m., f.* fiancé, fiancée

se fiancer (nous nous fiançons) to get engaged (13)

fibre *f.* fiber, filament

fiche *f.* index card; form (to fill out); deposit slip

fier (fière) *adj.* proud (3)

fierté *f.* pride

fièvre *f.* fever

figure *f.* figure, important person

filer to trail, follow

filet *m.* fillet (*fish, meat*) (7); **filet de porc (de bœuf)** pork (beef) fillet

filiale *f.* subsidiary; branch (*office*)

fille *f.* girl; daughter (5); **jeune fille** girl, young lady; **petite-fille** granddaughter (5)

film *m.* movie, film (2)

fils *m.* son (5); **petit-fils** grandson (5)

filtrage *m.* filtration, filtering

fin *f.* end; **à la fin de** at the end of; **en fin d'après-midi** in the late afternoon; *adj.* fine, delicate; **extra-fin** *adj.* superfine; **mi-fin** *adj.* medium-cut (*vegetables*)

finalement *adv.* finally

finance *f.* finance; *pl.* finances

financier/ière *adj.* financial, monetary

finir (de) to finish (4); **finir par** to end (finish) by (*doing s.th.*) (12)

Finlande *f.* Finland

firme *f.* firm, company

fiscalité *f.* tax system, taxes

fixer to fasten; to make firm

flamand *m.* Flemish (*language*)

flâner to stroll (12)

flash (d'informations) *m.* newsbrief

flatté(e) *adj.* flattered

fleur *f.* flower (4); **chou-fleur** *m.* cauliflower; **fleur de lis** fleur de lis, trefoil

fleurette *f.* floret

fleuve *m.* (*large*) river (8)

Floride *f.* Florida

flûte *f.* flute

foie *m.* liver; **pâté** (*m.*) **de foie gras** goose liver pâté

fois *f.* time, occasion; times (*arithmetic*); **à la fois** at the same time; **la première (dernière) fois** the first (last) time; **une fois** once (11); **une fois par semaine** once a week (5)

folklorique *adj.* traditional; folk (*music, etc.*)

fonction *f.* function, use

fonctionnaire *m., f.* civil servant (14)

fonctionner to function, work

fond *m.* bottom; background; **ski** (*m.*) **de fond** cross-country skiing (8)

fondation *f.* founding, inception

fonder to found; **fonder une famille** to start a family

fondue *f.* fondue (*Swiss melted cheese dish*)

fontaine *f.* fountain

fonte *f.* cast iron

football (*fam.* **foot**) *m.* soccer; **football américain** football; **match** (*m.*) **de foot** soccer game

footballeur/euse *m., f.* soccer player

force *f.* strength; **à force de** as a result of; **en force** in force; **force est de** + *inf.* one must

forcément *adv.* necessarily

forcer (nous forçons) to force, compel

forêt *f.* forest (8)

forgé: fer (*m.*) **forgé** wrought iron

formalité *f.* formality

formation *f.* education, training

forme *f.* form; shape; figure; **en (bonne, pleine) forme** physically fit; **en forme de** in the form of; **sous forme de** in the form of

formel(le) *adj.* formal

formellement *adv.* positively, categorically

former to form, shape; to train

formule *f.* formula; plan

formuler to formulate, make up

fort *adj.* strong; heavy; *adv.* strongly; loudly; very (14); **parler fort** to speak loudly

fortifier to fortify

fou (fol, folle) *adj.* crazy, mad; **fou (folle)** *m., f.* insane (crazy) person

foudre *f.* lightning; **coup** (*m.*) **de foudre** flash of lightning (13); love at first sight (13)

foulard *m.* scarf

foule *f.* crowd

fourchette *f.* fork (6)

fournir to furnish, supply

foyer *m.* hearth; home; student residence; **femme** (*f.*) **au foyer** homemaker

frais *m., pl.* expenses, costs (14); **frais de scolarité** school, university (tuition) fees

frais (fraîche) *adj.* cool; fresh; **crème fraîche** clotted cream, crème fraîche; **faire frais (il fait frais)** to be cool (out) (it's cool) (5)

fraise *f.* strawberry (6)

framboise *f.* raspberry

franc *m.* franc (*currency*) (7)

franc(he) *adj.* frank; fruitful; honest

français *adj.* French; *m.* French (*language*); **Français(e)** *m., f.* Frenchman (-woman) (2)

France *f.* France (8)

franchement *adv.* frankly (12)

francophile *m., f.* Francophile (*person who admires France or the French*)

francophone *adj.* French-speaking

francophonie *f.* French-speaking world

frapper to strike

fredonner to hum

freinage *m.* braking (*auto*)

fréquemment *adv.* frequently, often

fréquent *adj.* frequent, common

fréquenter to go to often

frère *m.* brother (5); **beau-frère** brother-in-law (5); **demi-frère** half brother; stepbrother (5)

fricassée *f.* (chicken) stew; fricassee

frigo *m., fam.* fridge, refrigerator

frisé *adj.* curly

frites *f. pl.* French fries (6)

froid *adj.* cold; *m.* cold; **avoir froid** to be cold (3); **faire froid (il fait froid)** to be cold (out) (it's cold) (5)

fromage *m.* cheese (6)

frontière *f.* border

fruit *m.* fruit (6); **jus** (*m.*) **de fruit** fruit juice

fumer to smoke (2)

fumeur/euse *m., f.* smoker; **zone** (*f.*) **fumeurs (non-fumeurs)** smoking (nonsmoking) section (9)

furieux/euse *adj.* furious (16)

futur *m., Gram.* future (*tense*); *adj.* future

gabarit *m.* size, stature

gagner to win; to earn (14)

galerie *f.* gallery; roof rack (*auto*)

galette *f.* pancake; tart, pie

gant *m.* glove

garagiste *m., f.* mechanic, garage owner

garçon *m.* boy; café waiter

garder to keep, retain; **garder la ligne** to keep one's figure

gare *f.* station; train station (9); **buffet** (*m.*) **de la gare** train station restaurant (9); **gare de chargement** loading dock

garer to park; **se garer** to be parked

gaspillage *m.* wasting, waste (16)

gaspiller to waste (16)

gastronome *m., f.* gourmet

gastronomie *f.* gastronomy, good food

gastronomique *adj.* gastronomic

gâteau *m.* cake (6)

gâter to spoil

gauche *adj.* left; *f.* left; **à gauche (de)** *prep.* on the (to the) left (of) (4); **Rive** (*f.*) **gauche** Left Bank (*in Paris*) (11); **se lever du pied gauche** to get up on the wrong side of the bed

gaz *m.* gas

gazeux/euse: boisson (*f.*) **gazeuse** soft drink (6)

gênant *adj.* bothersome, annoying

généalogique *adj.* genealogical; family

général *m., adj.* general; **en général** generally (2); **quartier** (*m.*) **général** headquarters

généraliste *m., f.* general practitioner (MD)

générer (je génère) to generate

généreux/euse *adj.* generous

génétique *adj.* genetic

Genève Geneva

génial *adj.* brilliant, inspired; *fam.* neat, delightful, cool

génie *m.* genius

genou (*pl.* **genoux**) *m.* knee (13)

genre *m.* type, style, kind

gens *m. pl.* people; **jeunes gens** young men; young people

gentil(le) *adj.* nice, pleasant; kind (3)

gentillesse *f.* kindness, niceness

géographie (*fam.* **géo**) *f.* geography (2)

géographique *adj.* geographical

géologie *f.* geology (2)

géométrie *f.* geometry

Géorgie *f.* Georgia

gigantesque *adj.* gigantic

gingembre *m.* ginger

glace *f.* ice cream (6); ice; mirror; **patin** (*m.*) **à glace** ice-skating

glacé: crème (*f.*) **glacée** ice cream

se glisser to slip into

gloire *f.* glory

glorieux/euse *adj.* glorious

glorifier to glorify

gomme *f.* eraser

gommier *m.* gum tree

gorge *f.* throat (13); gorge; **avoir mal à la gorge** to have a sore throat (13)

gothique *adj.* Gothic (12)

gourmand(e) *adj.* gluttonous, greedy; *m., f.* glutton, gourmand

goût *m.* taste; **avant-goût** *m.* foretaste

goûter *m.* afternoon snack (6); *v.* to taste; to eat (7)

goutte *f.* drop (*liquid*)

gouvernement *m.* government (16)

gouverner to rule; to govern

gouverneur *m.* governor

grâce *f.* grace; pardon; **jour** (*m.*) **d'action de grâce** Thanksgiving Day

gramme *m.* gram

grand *adj.* great; large, tall; big (3); **arrière-grand-parent** *m.* great-grandparent; **grandes écoles** *f. pl. French government graduate schools*; **grande surface** *f.* mall; superstore; **grandes vacances** *f. pl.* summer vacation (from school); **grand magasin** *m.* department store; **grand-maman** *f.* grandma, granny; **grand-mère** *f.* grandmother (5); **grand-parent** (*pl.* **grands-parents**) *m.* grandparent (5); **grand-père** *m.* grandfather (5); **Train** (*m.*) **à grande vitesse (TGV)** (*French high-speed*) bullet train

grandeur *f.* size

grandir to grow; to grow up

gras(se) *adj.* fat; oily; rich; **pâté** (*m.*) **de foie gras** goose liver pâté

gratte-ciel *m., inv.* skyscraper

gratuit *adj.* free (*of charge*)

grave *adj.* grave, serious; **accent** (*m.*) **grave** grave accent (**è**)

gravure *f.* printing, engraving

Grèce *f.* Greece (8)

grenouille *f.* frog

grève *f.* strike, walkout; **faire grève** to strike (16)

grille *f.* grid

grillé *adj.* toasted; grilled; broiled

griller: faire griller to broil; to toast

grimpeur/euse *m., f.* climber

grippe *f.* flu, influenza

gris *adj.* gray (3)

gros(se) *adj.* large; fat; thick; **grosses bises (gros bisous)** *fam.* hugs and kisses (*closing of letter*)

grossir to gain weight

guerre *f.* war (16); **Première (Deuxième [Seconde]) Guerre mondiale** First (Second) World War

guichet *m.* (ticket) window (9); counter, booth; **guichet automatique** automatic teller (14)

guide *m., f.* guide; *m.* guidebook; instructions
Guinée *f.* Guinea
guirlande *f.* garland; Christmas lights
guitare *f.* guitar (4); **jouer de la guitare** to play the guitar
Guyane *f.* Guyana
gymnase *m.* gymnasium (2)

s'habiller to get dressed (13)
habit *m.* clothing, dress
habitacle *m.* passenger compartment
habitant(e) *m., f.* inhabitant; resident
habitation *f.* lodging, housing; **habitations à loyer modéré (H.L.M.)** *publicly subsidized apartment blocks (France)*
habiter to live (2)
habitude *f.* habit; **d'habitude** *adv.* usually, habitually (5)
habituel(le) *adj.* usual
*****hacher** to chop (up)
Haïti *m.* Haiti (8)
*****hardi** *adj.* bold, daring
*****haricot** *m.* bean; **haricots** (*pl.*) **mangetout** string beans; sugar peas; **haricots verts** green beans (6)
*****hasard** *m.* chance, luck; **jeux** (*m. pl.*) **de hasard** games of chance (15); **par hasard** by accident, by chance
*****hasardeux/euse** *adj.* dangerous, hazardous
*****hâte** *f.* haste; **à la hâte** hastily
*****haut** *adj.* high; higher; tall; upper; *m.* top; height; **de haut** high (*in measuring*); **du haut de** from the top of; **haute couture** *f.* high fashion; **là-haut** *adv.* up there
*****hauteur** *f.* height
hébergement *m.* lodging, accommodations; shelter
herbe *f.* herb
héritage *m.* legacy, inheritance
héritier *m.* heir
*****héros** *m.* (*f.* **héroïne**) hero, heroine
hésiter (à) to hesitate (to)
heure *f.* hour; time; **à l'heure** on time (9); per hour; **à n'importe quelle heure** at any time; **à quelle heure...** (at) what time . . . (6); **à tout à l'heure** see you soon; **dans une heure** in an hour; **de bonne heure** early (6); **de l'heure** an hour, per hour; **demi-heure** *f.* half hour; **il est... heure(s)** it is . . . o'clock (6); **il est l'heure de** + *inf.* it's time to . . . ; **quelle heure est-il** what time is it (6); **tout à l'heure** in a while (5)

heureusement *adv.* fortunately, luckily
heureux/euse *adj.* happy; fortunate (10)
Hexagone *m.* (metropolitan) France
hier *adv.* yesterday (8); **avant-hier** day before yesterday (8); **hier matin (soir)** yesterday morning (evening)
histoire *f.* history (2); story
historien(ne) *m., f.* historian
historique *adj.* historical (12)
hiver *m.* winter; **en hiver** in the winter
H.L.M. (habitations à loyer modéré) *f. pl. publicly subsidized apartment blocks (France)*
*****homard** *m.* lobster
hommage *m.* homage, respects; **en hommage à** in recognition of
homme *m.* man (2); **homme d'affaires** businessman; **homme politique** politician; **jeune homme** young man (3)
honnête *adj.* honest
honorer to honor
*****honte** *f.* shame; **avoir honte (de)** to be ashamed (of) (3)
hôpital *m.* hospital (11)
horaire *m.* schedule (12)
horodateur *m.* parking meter
horreur *f.* horror; **avoir horreur de** to hate, detest; **j'ai horreur de...** I can't stand . . .
*****hors de** *prep.* outside, beyond
*****hors-d'œuvre** *m., inv.* appetizer (7)
hospitalier/ière *adj.* hospitable
hôtel *m.* hotel (11); **hôtel de ville** town hall, city hall
hôtesse *f.* hostess; **hôtesse de l'air** flight attendant (9)
huile *f.* oil; **huile de tournesol** sunflower seed oil; **huile d'olive** olive oil (7); **sardines** (*f. pl.*) **à l'huile** sardines in oil (7)
*****huit** *adj.* eight (1)
*****huitième** *m.* one-eighth; *adj.* eighth (11)
huître *f.* oyster (7)
humain *adj.* human; *m.* human being; **corps** (*m.*) **humain** human body; **sciences** (*f. pl.*) **humaines** social sciences
humanitaire *adj.* humanitarian
humidité *f.* humidity, dampness
humour *m.* humor
hypocrisie *f.* hypocrisy
hypocrite *adj.* hypocritical (3)

ici *adv.* here (2)
idéal *m.* ideal; *adj.* ideal (3)
idéaliste *m., f.* idealist; *adj.* idealistic (3)
idée *f.* idea

identifier to identify
identité *f.* identity; **carte** (*f.*) **d'identité** ID card
il *pron., m. s.* he; it; there; **il y a** there is/are (1); ago; **il y a** is/are there (1); **il y a...** for (*period of time*); it's been . . . since; **il n'y a pas de quoi** you're welcome (7)
île *f.* island (11)
illustrer to illustrate
ils *pron., m. pl.* they
image *f.* picture, image
imaginer to imagine
imiter to imitate
immédiatement *adv.* immediately
immeuble *m.* apartment or office building (4)
immigré(e) *m., f.* immigrant
imparfait *m., Gram.* imperfect (*verb tense*)
impatience *f.* impatience; **avec impatience** impatiently
impératif *m., Gram.* imperative, command
impératrice *f.* empress
imperméable *m.* raincoat (3)
impersonnel(le) *adj.* impersonal
s'implanter to take hold
impliqué *adj.* implicated, involved
important *adj.* important (3); large, great; **il est important que** + *subj.* it's important that (16)
importer to import; to matter; **n'importe où** anywhere
imposer to impose
impossible *adj.* impossible; **il est impossible que** + *subj.* it's impossible that (16)
impôts *m. pl.* (*direct*) taxes (16)
impressionné *adj.* impressed
impressionnisme *m.* impressionism (*art*)
impressionniste *m., f., adj.* impressionist (*art*)
imprimante *f.* (*computer*) printer
improviste: à l'improviste unexpectedly, without warning
inacceptable *adj.* unacceptable
incarner to embody
inclure (*p.p.* **inclus**) *irreg.* to include
incontestablement *adv.* unquestionably
inconvénient *m.* disadvantage
incorporer to incorporate
incroyable *adj.* unbelievable, incredible
Inde *f.* India
indéfini *adj.* indefinite; **pronom** (*m.*) **indéfini** *Gram.* indefinite pronoun
indéniable *adj.* undeniable

indépendance *f.* independence; **fête** (*f.*) **de l'Indépendance** Independence Day

indépendant *adj.* independent; **travailleur/euse** (*m., f.*) **indépendant(e)** self-employed worker (14)

indicatif *m., Gram.* indicative

indication *f.* instruction(s)

indice *m.* indication, sign

indiquer to show, point out (15)

indirect *adj.* indirect; **pronom d'objet indirect** *Gram.* indirect object pronoun

indispensable *adj.* indispensable; **il est indispensable que** + *subj.* it's indispensable that (16)

individualisé *adj.* individualized

individualiste *adj.* individualistic, nonconformist (3)

industrialisé *adj.* industrialized

industrie *f.* industry

industriel(le) *adj.* industrial (16); **déchets** (*m. pl.*) **industriels** toxic waste (16)

inégalité *f.* inequality

inertie *f.* inertia

inexact *adj.* incorrect

infini *adj.* infinite

infinitif *m., Gram.* infinitive

infirmier/ière *m., f.* (hospital) nurse

influencer (nous influençons) to influence

infographie *f.* computer graphics

informaticien(ne) *m., f.* computer scientist

information *f.* (*fam.* **info**) information; *pl.* news (broadcast); **flash** (*m.*) **d'informations** newsbrief

informatique *f., adj.* computer science (2)

informé *adj.* informed; **bien (mal) informé** well (badly) informed

informel(le) *adj.* informal

informer to inform

ingénieur *m.* engineer (14)

inhabituel(le) *adj.* unusual

initiateur/trice *m., f.* innovator, pioneer

initiative: syndicat (*m.*) **d'initiative** (local) chamber of commerce; tourist information bureau (11)

injuste *adj.* unjust, unfair; **il est injuste que** + *subj.* it's unfair that (16)

inoubliable *adj.* unforgettable

inquiétude *f.* worry

inscription *f.* inscription; matriculation; registration

inscrire (*like* **écrire**) *irreg.* to inscribe; **s'inscrire (à)** to join; to enroll; to register

insister to insist

insolite *adj.* unusual

installation *f.* moving in; installation

installer to install; to set up; **s'installer** to settle down, settle in (13); to settle in (*to a new house*)

instituer to institute, set up

instituteur/trice *m., f.* elementary (primary) school teacher (14)

instructeur *m.* instructor

instrument *m.* instrument; **jouer d'un instrument** to play a musical instrument (3)

insupportable *adj.* unbearable, insufferable

s'intégrer (je m'intègre) (à) to integrate oneself, get assimilated (into)

intellectuel(le) *adj.* intellectual (3); *m., f.* intellectual (*person*)

intelligemment *adv.* intelligently

intempéries *f. pl.* bad weather

intention *f.* intention; meaning; **avoir l'intention de** to intend to

interdiction *f.* prohibition

intéressant *adj.* interesting (3)

intéresser to interest (14); **s'intéresser à** to be interested in

intérêt *m.* interest, concern

interlocuteur/trice *m., f.* speaker, interlocutor

interprète *m., f.* singer, performer

interrogatif/ive *adj., Gram.* interrogative

interroger (sur) (nous interrogeons) to question, ask (about)

intervenir (*like* **venir**) *irreg.* to intervene

intervention *f.* intervention; speech; operation

interview *f.* interview (*journalism*)

interviewé(e) *m., f.* interviewee

interviewer to interview

introduire la carte to insert the card (10)

intrus(e) *m., f.* intruder

inutile *adj.* useless; **il est inutile que** + *subj.* it's useless that (16)

inventaire *m.* inventory

inventer to invent

inverser to reverse

investir to invest; **s'investir** to invest oneself

invité(e) *m., f.* guest, invitee

inviter to invite

ironie *f.* irony

irrégulier/ière *adj.* irregular

irrité *adj.* irritated, sore

islamiste *m., f.* Islamist, Muslim

isolement *m.* isolation, loneliness

issu *adj.* stemming from

Italie *f.* Italy (8)

italien(ne) *adj.* Italian; *m.* Italian (*language*) (2); **Italien(ne)** *m., f.* Italian (*person*) (2)

italique *m.* italic; **en italique** in italics

itinéraire *m.* itinerary

ivoire *m.* ivory; **Côte-d'Ivoire** *f.* Ivory Coast

ivoirien(ne) *adj.* of (from) the Ivory Coast Republic; **Ivoirien(ne)** *m., f.* native (inhabitant) of the Ivory Coast Republic

jamais *adv.* ever; **ne... jamais** *adv.* never (9)

jambe *f.* leg (13)

jambon *m.* ham (6)

janvier January (1)

Japon *m.* Japan (8)

japonais *adj.* Japanese; *m.* Japanese (*language*) (2); **Japonais(e)** *m., f.* Japanese (*person*) (2)

jardin *m.* garden (5)

jardinage *m.* gardening (15); **faire du jardinage** to garden

jaune *adj.* yellow (3)

je (j') *pron., s.* I

jean(s) *m.* (*blue*) jeans (3)

jésuite *adj., m.* Jesuit

jeter (je jette) to throw, throw away; **ne jetez plus** don't throw away any more

jeu (*pl.* **jeux**) *m.* game; game show; **jeu de mots** pun, play on words (15); **jeux de *hasard** games of chance (15); **jeux de société** social games, group games (15)

jeudi *m.* Thursday (1)

jeune *adj.* young (4); *m. pl.* young people, youth; **jeune femme** *f.* young woman (3); **jeune fille** *f.* girl, young lady; **jeune homme** *m.* young man (3); **jeunes gens** *m. pl.* young men; young people; **jeunes mariés** *m. pl.* newlyweds

jeunesse *f.* youth, young people; **auberge** (*f.*) **de jeunesse** youth hostel (9)

job *m.* job; odd job; **job d'été** summer job

Joconde: la Joconde Mona Lisa

jogging *m.* jogging; **faire du jogging** to run, jog (5)

joie *f.* joy

joindre (*p.p.* **joint**) *irreg.* to join; to reach

joint *adj.* connected, reachable

joli *adj.* pretty (4)

jouer to play; **jouer à** to play (*a sport or game*) (3); to play at (*being*); **jouer de** to play (*a musical instrument*) (3); **jouer un rôle** to play a role

jouet *m.* toy

joueur/euse *m., f.* player

jour *m.* day (1); **au jour le jour** from day to day; **chaque jour** every day; **dans quatre jours** in four days (5); **du jour** today's (*menu, exchange rate*); **jour d'action de grâce** Thanksgiving Day; **par jour** per day, each day; **plat** (*m.*) **du jour** today's special (*restaurant*); **quel jour est-ce (aujourd'hui)** what day is it today (1); **quel jour sommes-nous** what day is it (1); **quinze jours** two weeks; **tous les jours** every day (5); **un jour** someday (14)

journal (*pl.* **journaux**) *m.* newspaper, news (10); journal, diary

journaliste *m., f.* reporter, journalist (14)

journée *f.* (*whole*) day (6)

juillet July (1)

juin June (1)

jupe *f.* skirt (3); **minijupe** *f.* miniskirt

jurer to swear

jus *m.* juice; **jus de fruit** fruit juice; **jus d'orange** orange juice (6)

jusqu'à (jusqu'en) *prep.* up to, as far as (11); until

juste *adj.* just; right, exact; *adv.* just, precisely; accurately; **il est juste que** + *subj.* it's fair (equitable) that (16)

justifier to justify

kilo(gramme) (kg) *m.* kilogram (7)

kilomètre (km) *m.* kilometer

kiosque *m.* kiosk; newsstand (10)

la (l') *art., f. s.* the; *pron., f. s.* it, her

là *adv.* there; **là-bas** *adv.* over there (10); **oh, là, là** *interj.* good heavens, my goodness

laboratoire (*fam.* **labo**) *m.* laboratory; **laboratoire de langues** language lab (2)

lac *m.* lake (8); **au bord du lac** on the lakeshore

laisser to let; to leave (*behind*) (7); **laisser** + *inf.* to let, allow

lait *m.* milk (6); **café** (*m.*) **au lait** coffee with hot milk

laitier/ière *adj.* dairy, milk

laitue *f.* lettuce (6)

lampe *f.* lamp (4); flashlight; **lampe torche** flashlight

lancer (nous lançons) to launch; to start up

langue *f.* language; tongue; **laboratoire** (*m.*) **de langues** language lab (2); **langue étrangère** foreign language; **langues vivantes** modern languages

lapin *m.* rabbit

large *adj.* wide; **au large de Dakar** off (of) Dakar

latin: Quartier (*m.*) **latin** Latin Quarter (*in Paris*)

laurier *m.* laurel, bay; **feuille** (*f.*) **de laurier** bay leaf

lavabo *m.* bathroom sink (4)

lave-vaisselle *m.* (*automatic*) dishwasher

laver to wash; **se laver** to wash (*oneself*) (13); **se laver les mains** to wash one's hands

laveuse *f.* washing machine

le (l') *art., m. s.* the; *pron., m. s.* it, him

leçon *f.* lesson

lecteur/trice *m., f.* reader; *m.* disk drive; **lecteur de cassettes** cassette deck; **lecteur de CD** compact disc (CD) player (4)

lecture *f.* reading (15)

légalisation *f.* legalization (16)

légendaire *adj.* legendary

léger (légère) *adj.* light; lightweight; slight; mild

légume *m.* vegetable (6)

lent *adj.* slow

lequel (laquelle, lesquels, lesquelles) *pron.* which one, who, whom, which (15)

les *art., pl., m., f.* the; *pron., pl., m., f.* them

lessive *f.* laundry; **faire la lessive** to do the laundry (5)

lettre *f.* letter (10); *pl.* literature; humanities; **arts** (*m.*) **et lettres** humanities; **boîte** (*f.*) **aux lettres** mailbox (10); **faculté** (*f.*) **des lettres** School of Arts and Letters; **poster une lettre** to mail a letter

leur *adj., m., f.* their; *pron., m., f.* to them; **le/la/les leur(s)** *pron.* theirs

lever (je lève) to raise, lift; **levez la main** raise your hand; **se lever** to get up; to get out of bed (13)

levier *m.* lever

lèvres *f. pl.* lips; **rouge** (*m.*) **à lèvres** lipstick

lézard *m.* lizard

liaison *f.* liaison; love affair

Liban *m.* Lebanon

libanais *adj.* Lebanese; **Libanais(e)** *m., f.* Lebanese (*person*)

libéral *adj.* liberal; **professions** (*f. pl.*) **libérales** professions (*private practice*)

libérer (je libère) to free

liberté *f.* freedom; **liberté d'expression** freedom of expression (16)

librairie *f.* bookstore (2)

libre *adj.* free; available; vacant; **temps** (*m.*) **libre** leisure time; **union** (*f.*) **libre** cohabitation, common-law marriage

Libye *f.* Libya

licence *f.* French university degree (*U.S. bachelor's degree*)

lien *m.* tie, bond, link

lieu *m.* place (2); **au lieu de** *prep.* instead of, in the place of; **avoir lieu** to take place

ligne *f.* line; bus line; figure; **couper la ligne** to cut off (*phone call*); **garder la ligne** to keep one's figure; **ligne de but** goal, goal line

lilas *m. inv.* lilac

limite *f.* limit, deadline; **limite de vitesse** speed limit

limiter to limit

limonade *f.* lemonade; soft drink

linguiste *m., f.* linguist

linguistique *f.* linguistics (2)

liqueur *f.* liquor; liqueur

liquide *m., adj.* liquid; cash; **argent** (*m.*) **liquide** cash (14)

lire (*p.p.* **lu**) *irreg.* to read (10)

lisible *adj.* legible

liste *f.* list

lit *m.* bed (4); **faire son lit** to make one's bed; **wagon-lit** *m.* sleeping car

litre *m.* liter

littéraire *adj.* literary

littérature *f.* literature (2)

livre *m.* book (1)

location *f.* rental

logement *m.* lodging(s), place of residence (4)

logique *m.* logic; *adj.* logical

loi *f.* law

loin *adv.* far; **loin de** *prep.* far from (4)

loisir *m.* leisure; *pl.* leisure activities (15)

Londres London

long(ue) *adj.* long (3); **le long de** (all) along

longtemps *adv.* (for) a long time; **il y a longtemps** a long time ago

lors de at the time of

lorsque *conj.* when

loto *m.* lottery

louer to rent (4); to reserve; **à louer** for rent
Louisiane *f.* Louisiana
lourd *adj.* heavy
loyer *m.* rent (*payment*)
ludique *adj.* playful
lui *pron., m., f.* he; it; to him; to her; to it; **lui-même** *pron., m. s.* himself (12)
lumière *f.* light; **Siècle** (*m.*) **des lumières** Age of Enlightenment
lundi *m.* Monday (1); **le lundi** on Mondays (5)
lune *f.* moon
lunettes *f. pl.* (eye)glasses (8); **lunettes de ski** ski goggles (8); **lunettes de soleil** sunglasses (8)
luxe *m.* luxury
lycée *m.* lycée (*French secondary school*)
lycéen(ne) *m., f.* secondary school student
lyonnais *adj.* of (from) Lyon
lyrique *adj.* lyrical
lys: fleur (*f.*) **de lys** fleur de lis, trefoil

ma *adj., f. s.* my; **pour ma part** in my opinion, as for me (16)
machine *f.* machine; **machine à café** coffeemaker; **machine à calculer** calculator; **machine à coudre** sewing machine
madame (Mme) (*pl.* **mesdames**) *f.* Madam, Mrs. (ma'am) (1)
mademoiselle (Mlle) (*pl.* **mesdemoiselles**) *f.* Miss (1)
magasin *m.* store, shop (7); **grand magasin** department store; **magasin d'alimentation** food store
magazine *m.* (*illustrated*) magazine (4)
Maghreb *m.* Maghreb, North Africa
magique *adj.* magic, magical
magnétoscope *m.* videocassette recorder (VCR) (1)
magnifique *adj.* magnificent (12)
mai May (1)
maillot *m.* jersey, T-shirt; **maillot de bain** swimsuit (3); **maillot jaune** yellow jersey (*worn by current leader in the Tour de France*)
main *f.* hand (13); **sac** (*m.*) **à main** handbag, purse (3); **se laver les mains** to wash one's hands
maintenant *adv.* now (2); **à partir de maintenant** from now on (14)
maintien *m.* keeping, upholding
maire *m.* mayor
mairie *f.* town (city) hall (11)

mais *conj.* but (2); **mais non** (but) of course not; **mais si** of course there is (*affirmative answer to negative question*)
maison *f.* house, home (4); company, firm; **à la maison** at home; **Maison-Blanche** *f.* White House; **maison d'édition** publishing company; **repas** (*m.*) **fait maison** homemade meal
maître / maîtresse *m., f.* master (mistress)
majestueux/euse *adj.* majestic, stately
majeur *adj.* major
majorité *f.* majority
mal *adv.* badly; *m.* evil; pain (*pl.* **maux**); **aller mal** to feel bad (ill); **avoir du mal à** to have trouble (difficulty); **avoir mal (à)** to hurt, have a pain; **avoir mal à la tête (au ventre)** to have a headache (stomachache) (13); **ça va mal** bad(ly) (things are going badly) (1); **pas mal** not bad(ly) (1); **pas mal de** a lot of; **(le) plus mal** worse (worst)
malade *m., f.* sick person; patient; *adj.* sick
maladie *f.* illness, disease; **assurances** (*f. pl.*) **maladie** health insurance
mâle *adj.* male
malgré *prep.* in spite of
malheureusement *adv.* unfortunately; sadly
malheureux/euse *adj.* unhappy; miserable
maltraité *adj.* mistreated
maman *f., fam.* mom, mommy
mamie *f., fam.* grandma
mandat *m.* mandate, term in office
mange-tout: *haricots (*m. pl.*) **mange-tout** string beans; sugar peas
manger (nous mangeons) to eat (2); **salle** (*f.*) **à manger** dining room (5)
mangeur/euse *m., f.* eater
maniable *adj.* easy to handle, manageable
manière *f.* manner, way; **bonnes manières** *f. pl.* good manners
manifestation *f.* (*political*) demonstration; **manifestation sportive** sporting event (15)
manifester (pour, contre) to demonstrate (for, against) (16)
manne *f.* manna, godsend
manque *m.* lack, shortage
manquer to miss
manteau *m.* coat, overcoat (3)
se maquiller to put on makeup (13)

marais *m.* marsh, swamp
marbre *m.* marble
marchand(e) *m., f.* merchant, shopkeeper; **marchand(e) de vin** wine merchant (14)
marchander to bargain
marche *f.* walking (15); step (*stair*)
marché *f.* market; deal, transaction; **bon marché** *adj. inv.* cheap, inexpensive; **faire le marché** to do the shopping, go to the market (5); **marché aux puces** flea market; **marché en plein air** outdoor market
marcher to walk; to work (*machine, object*)
mardi *m.* Tuesday (1)
mari *m.* husband (5)
mariage *m.* marriage; wedding (13); **mariage à l'essai** trial marriage
marié *adj.* married (5); **jeunes (nouveaux) mariés** *m. pl.* newlyweds, newly married couple (13)
se marier (avec) to get married (to) (13)
marin *adj.* maritime, of the sea; **plongée** (*f.*) **sous-marine** skin diving (8)
marmite *f.* soup pot
Maroc *m.* Morocco (8)
marocain *adj.* Moroccan; **Marocain(e)** *m., f.* Moroccan (*person*)
marque *f.* trade name, brand
marquer to mark; to indicate
marrant *adj., fam.* funny, hilarious
marron *adj. inv.* brown (3); *m.* chestnut; **dinde** (*f.*) **aux marrons** turkey with chestnuts
mars March (1)
martiniquais *adj.* Martinican; **Martiniquais(e)** *m., f.* Martinican (*person*)
masculin *adj.* masculine
masque *m.* mask
masqué *adj.* masked
mât *m.* pole, climbing pole
match *m.* game (15); **match de foot(ball) (de rugby)** soccer game (rugby match)
matérialiste *adj.* materialistic
matériau (*pl.* **matériaux**) *m.* material; building material
matériel *m.* material(s); **matériel(le)** *adj.* material
maternel(le) *adj.* maternal; (**école**) (*f.*) **maternelle** nursery school, preschool
maternité *f.* maternity, childbearing
mathématiques (*fam.* **maths**) *f. pl.* mathematics (2)
matière *f.* academic subject (2)

matin *m.* morning; **ce matin** this morning (5); **du matin** in the morning (6); **tous les matins** every morning (10)

matinal *adj.* morning

matinée *f.* morning (*duration*) (8)

mauvais *adj.* bad (4); **il fait mauvais** it's bad (weather) out (5); **le/la plus mauvais(e)** the worst; **plus mauvais(e)** worse

me (m') *pron., s.* me, to me, for me

mécanicien(ne) *m., f.* mechanic

mécanisme *m.* mechanism

médecin (femme médecin) *m., f.* doctor, physician (14); **médecin généraliste** general practitioner

médias *m. pl.* media (16)

médicament *m.* medication; drug

médiéval *adj.* medieval (12)

méditer to meditate

mégalithique *adj.* megalithic

meilleur *adj.* better (14); **le/la/les meilleur(e)(s)** the best

mélange *m.* mixture

mélanger (nous mélangeons) to mix

mêlée *f.* scrum (*rugby*)

membre *m.* member

même *adj.* same; itself; very same; *adv.* even; **en même temps** at the same time; **le/la/les même(s)** the same one(s) (15); **moi-même** *pron.* myself (12); **quand même** anyway, even so

mémoire *m.* memory; *pl.* memoirs

ménage *m.* housekeeping; household; **faire le ménage** to do the housework (5); **scène** (*f.*) **de ménage** domestic squabble

ménager/ère *adj.* household; **tâches** (*m. pl.*) **ménagères** household tasks

mener (je mène) (à) to lead (to)

menthe *f.* mint (*leaves*)

mentionné *adj.* mentioned

menton *m.* chin

menu *m.* menu; fixed-price menu (7)

mer *f.* sea, ocean (8); **au bord de la mer** at the seashore

merci *interj.* thank you (1); **merci beaucoup** thank you very much (1)

mercredi *m.* Wednesday (1)

mère *f.* mother (5); **belle-mère** mother-in-law; stepmother (5); **grand-mère** grandmother (5)

méridien *m.* meridian

mérite *m.* merit, worth

merveille *f.* marvel; **à merveille** *adv.* marvelously

mes *adj., m., f., pl.* my

message (*m.*) **électronique** e-mail message (10)

messager/ère *m., f.* messenger

messe *f.* (*Catholic*) Mass

messieurs dames ladies and gentlemen

mesure *f.* measure; **dans une moindre mesure** to a lesser extent; **prendre des mesures** to take measures; **sur mesure** custom-made

météo *f., fam.* weather forecast (5)

méthode *f.* method

métier *m.* trade, profession (14); **armée** (*f.*) **de métier** professional army

mètre *m.* meter

métro *m.* subway (*train, system*) (9); **station** (*f.*) **de métro** metro station (11)

métropole *m.* metropolis

métropolitain *adj.* metropolitan; from (of) mainland France

mets *m. s.* food, dish

metteur/euse (*m., f.*) **en scène** producer; film or theater director

mettre (*p.p.* **mis**) *irreg.* to place, put (10); to put on (8); to turn on; to take (*time*); to admit, grant; **mettre à mort** to put to death; **mettre en valeur** to emphasize; **mettre la table (le couvert)** to set the table; **mettre ses vêtements** to get dressed; **se mettre à** to begin to (*do s.th.*) (13)

meuble *m.* piece of furniture (5); **meubles d'époque** antique furniture

meublé *adj.* furnished

mexicain *adj.* Mexican; **Mexicain(e)** *m., f.* Mexican (*person*)

Mexico Mexico City

Mexique *m.* Mexico (8)

mi-: (à la) mi-juin (in) mid-June

micro-ordinateur (*fam.* **micro**) *m.* personal computer

midi noon; **Midi** *m. south-central region of France*; **après-midi** *m.* afternoon; **de l'après-midi** in the afternoon (6); **il est midi** it's noon (6)

miel *m.* honey

mien(ne)(s) (le/la/les) *pron., m., f.,* mine

mieux *adv.* better (15); **aimer mieux** to prefer (2); **mieux (le mieux)** better (the best) (15); **il vaut mieux que** + *subj.* it's better that (16); **tant mieux** so much the better (15)

milieu *m.* environment; milieu, setting; middle; **au milieu de** in the middle of

militaire *adj.* military; **budget** (*m.*) **militaire** military budget (16)

militairement *adv.* militarily

militer pour (contre) to militate, argue for (against)

mille *adj.* thousand

millénaire *m.* one thousand; millennium; *adj.* millennial

milliard *m.* billion

milliardaire *m., f.* billionaire

millier *m.* (around) a thousand

mince *adj.* thin; slender

mine *f.* appearance, demeanor; mine; **vous n'avez pas bonne mine** you don't look well

minéral: eau (*f.*) **minérale** mineral water (6)

minier/ière *adj.* mining

minijupe *f.* miniskirt

ministre *m.* minister; **premier ministre** prime minister

minitel *m.* minitel (*French personal communications terminal*) (10)

minuit midnight; **il est minuit** it's midnight (6)

minute *f.* minute; **dans dix minutes** in ten minutes

miraculeux/euse *adj.* miraculous

miroir *m.* mirror (4)

mise *f.* placement; **mise à distance** separating; **mise en circulation** putting into circulation; **mise en place** placement

misère *f.* misery, poverty

missionnaire *m., f.* missionary

mobiliser to mobilize

mobilité *f.* mobility

mode *f.* fashion, style; *m.* form, mode; *adj.* fashionable; **à la mode** in style; **créateur/trice** (*m., f.*) **de mode** fashion designer

modèle *m.* model; pattern

modéré *adj.* moderate; **habitations** (*f. pl.*) **à loyer modéré (H.L.M.)** *publicly subsidized apartment blocks (France)*

modernité *f.* modernity

modeste *adj.* modest, humble (3)

modifié *adj.* modified

moi *pron. s.* I, me; **chez moi** at my place; **excusez-moi** excuse me; **moi aussi** me too (3); **moi-même** *pron.* myself (12); **moi non plus** me neither (3); **selon moi** in my view

moindre *adj.* less, lesser; **dans une moindre mesure** to a lesser extent; **le/la/les moindre(s)** the least

moins *adv.* less; minus; **au moins** at least; **le moins** the least; **moins de...** fewer than (*with numbers*); **moins le**

quart quarter to (the hour) (6); **moins... que** less . . . than (14); **plus ou moins** more or less

mois *m.* month (1); **par mois** per month

moitié *f.* half

moment *m.* moment; **au dernier moment** at the last moment; **au moment de partir** upon leaving; **en ce moment** now, currently; **pour le moment** for the moment

mon *adj., m. s.* my

monde *m.* world (8); people; society; **Coupe du Monde** World Cup (*soccer*); **Tiers-Monde** *m.* Third World; **tour** (*m.*) **du monde** trip around the world; **tout le monde** everybody, everyone (9)

mondial *adj.* world; worldwide; **Première (Deuxième [Seconde]) Guerre** (*f.*) **mondiale** First (Second) World War

moniteur *m.* monitor; screen

monnaie *f.* coins, change (10); currency (*units*); **déposer la monnaie** to deposit change (10)

monsieur (M.) (*pl.* **messieurs**) *m.* Mister; gentleman; sir (1); **croque-monsieur** *m.* grilled cheese and ham sandwich

montagne *f.* mountain (8); **à la montagne** in the mountains; **chaussures** (*f.*) **de montagne** hiking boots (8); **faire du vélo de montagne** to go mountain biking

montant *m.* sum, amount (14); total

monter (dans) to set up, organize; to put on; to carry up; to go up; to climb (into) (8)

montre *f.* watch; wristwatch

montrer to show (3)

moral *m.* morale, spirits

morale *f.* moral philosophy

morceau *m.* piece (7); **morceau de gâteau** piece of cake

morphinique *adj.* containing morphine

mort *f.* death; *adj.* dead; **mettre à mort** to put to death; **mort de fatigue** dead-tired; **nature** (*f.*) **morte** still life

mosaïque *f.* mosaic

mosquée *f.* mosque

mot *m.* word (1); **jeu** (*m.*) **de mots** pun, play on words (15); **mot apparenté** related word, cognate; **mot-clé** *m.* key word

motivation *f.* motive; **lettre** (*f.*) **de motivation** cover letter, letter in support of one's application

motocyclette (*fam.* **moto**) *f.* motorcycle (9)

mouche *f.* fly, housefly; **bateau-mouche** (*pl.* **bateaux-mouches**) *m. tourist boat on the Seine*

moule *f.* mussel (*seafood*)

moulinet: faire des moulinets avec les bras to whirl one's arms about

mourir (*p.p.* **mort**) *irreg.* to die (8); **s'ennuyer à mourir** to be bored to death

mousse (*f.*) **au chocolat** chocolate mousse

moustique *m.* mosquito

mouvement *m.* movement

moyen *m.* mean(s); way; **moyen de transport** means of transportation (9); **un bon (meilleur) moyen** a good (better) way

moyen(ne) *adj.* average; **de taille moyenne** of medium height (3); **Moyen Âge** *m. s.* Middle Ages (12)

moyennant *prep.* in return for (which)

moyenne *f.* average; **en moyenne** on (an) average

muet(te) *adj.* mute

multinationale *f.* multinational (corporation)

multiplier to multiply

mur *m.* wall (4)

musée *m.* museum (11)

musical (*pl.* **musicaux**) *adj.* musical

musicien(ne) *m., f.* musician (12)

musique *f.* music (2); **musique classique** classical music

musulman(e) *m., f.* Muslim

mutation *f.* change, alteration

myrtille *f.* huckleberry; blueberry

mystère *m.* mystery

nacre *f.* mother-of-pearl; *m.* pearly (*color*)

nager (nous nageons) to swim (8)

naïf (naïve) *adj.* naive (3); simple

naissance *f.* birth

naître (*p.p.* **né**) *irreg.* to be born (8)

nappe *f.* tablecloth (6)

narrateur/trice *m., f.* narrator

natal *adj.* native

natation *f.* swimming

nation *f.* nation; **Organisation des Nations Unies (ONU)** United Nations (UN)

nationaliste *m., f.* nationalist; *adj.* nationalistic, nationalist

nationalité *f.* nationality (2)

nature *f.* nature (16); **nature morte** still life

naturel(le) *adj.* natural; **ressources** (*f. pl.*) **naturelles** natural resources (16); **sciences** (*f. pl.*) **naturelles** natural sciences (2)

nautique *adj.* nautical; **ski** (*m.*) **nautique** water-skiing (8)

navarin *m.* stew; lamb stew

naviguer to navigate

ne (n') *adv.* no; not; **ne... aucun(e)** none, not one; **ne... jamais** never, not ever (9); **ne... ni... ni** neither . . . nor; **ne... pas** no; not; **ne... pas du tout** not at all (9); **ne... pas encore** not yet (9); **ne... personne** no one, nobody (9); **ne... plus** no more, no longer (9); **ne... que** only (9); **ne... rien** nothing (9); **n'est-ce pas** isn't it (so), isn't that right (3)

néanmoins *adv.* nevertheless

nécessaire *adj.* necessary; **il est nécessaire que** + *subj.* it's necessary that (16)

nécessité *f.* need

néfaste *adj.* harmful

négatif/ive *adj.* negative

négativement *adv.* negatively

négociateur/trice *m., f.* negotiator

négocier to negotiate

nègre (négresse) *m., f.* Negro (Negress)

négrier/ière: traite (*f.*) **négrière** Negro slave trade

négritude *f.* Negritude (*1930s Black consciousness movement*)

neige *f.* snow

neiger (il neigeait) to snow; **il neige** it's snowing (5)

nerveux/euse *adj.* nervous (3)

net(te) *adj.* clear; net (*price*)

nettoyer (je nettoie) to clean

neuf *adj.* nine (1)

neuf (neuve) *adj.* new, brand-new; **quoi de neuf** what's new

neutre *adj.* neutral

neuvième *adj.* ninth (11)

neveu *m.* nephew (5)

nez *m.* nose (13)

ni *conj.* neither; nor; **ne... ni... ni** neither . . . nor

nièce *f.* niece (5)

niveau *m.* level

noces: voyage (*m.*) **de noces** honeymoon trip

Noël *m.* Christmas; **bûche** (*f.*) **de Noël** Yule-log (*pastry*); **père** (*m.*) **Noël** Santa Claus; **réveillon** (*m.*) **de Noël** midnight Christmas dinner

noir *adj.* black (3)

nom *m.* noun; name; **au nom de** in the name of

nombre *m.* number (1); quantity; **nombres** (*pl.*) **ordinaux** ordinal numbers

nombreux/euse *adj.* numerous; **famille** (*f.*) **nombreuse** large family

nommer to name; to appoint

non *interj.* no; not (1); **moi non plus** me neither (3); **non plus** neither, not . . . either

nord *m.* north; **Amérique** (*f.*) **du Nord** North America; **au nord** to the north (9); **Nord-américain(e)** *m., f.* North American (*person*); **nord-est** *m.* northeast; **nord-ouest** *m.* northwest

normal *adj.* normal; **il est normal que** + *subj.* it's normal that (16)

normalement *adv.* usually

normand *adj.* Norman; **à la normande** in the Norman style

Normandie *f.* Normandy

Norvège *f.* Norway

nos *adj., m., f., pl.* our

notamment *adv.* notably; especially

note *f.* note; grade (*academic*); **bonnes (mauvaises) notes** *pl.* good (bad) grades; **prendre des notes** to take notes

noter to notice; to note, write down

notre *adj., m., f., s.* our

nôtre(s): le/la/les nôtre(s) *pron., m., f.* ours; our own

nourrir to nourish

nourrissant *adj.* nourishing

nourriture *f.* food

nous *pron., pl.* we; us; **nous-mêmes** *pron., pl.* ourselves (12); **nous sommes lundi (mardi...   )** it's Monday (Tuesday . . .) (1); **quel jour sommes-nous** what day is it (1)

nouveau (nouvel, nouvelle [nouveaux, nouvelles]) *adj.* new (3); **à nouveau** once more; **de nouveau** again (11); **Nouveau-Brunswick** *m.* New Brunswick; **Nouveau-Mexique** *m.* New Mexico; **nouveaux mariés** *m. pl.* newlyweds (13); **Nouvel An** *m.* New Year's; **la nouvelle cuisine** *lighter, low-fat cooking style;* **Nouvelle-Écosse** *f.* Nova Scotia; **La Nouvelle-Orléans** New Orleans

nouveauté *f.* novelty

nouvelle *f.* piece of news; short story; *pl.* news, current events; **bonne (mauvaise) nouvelle** good (bad) news

novembre November (1)

nuage *m.* cloud

nuageux/euse *adj.* cloudy; **le temps est nuageux** it's cloudy (5)

nucléaire *adj.* nuclear; **armes** (*f. pl.*) **nucléaires** nuclear weapons; **déchets** (*m. pl.*) **nucléaires** nuclear waste (16); **énergie** (*f.*) **nucléaire** nuclear power (16)

nuit *f.* night (8); **boîte** (*f.*) **de nuit** nightclub, club; **de nuit** at night

nul(le) *adj.,* null; worthless; *fam.* no good

numéro *m.* number (10); **composer un numéro** to dial a number (10); **numéro de téléphone** telephone number (10)

numéroter to number

nuque *f.* nape, back of the neck

nymphéa *m.* white water lily

objectif *m.* goal, objective

objet *m.* object; objective; **pronom** (*m.*) **complément d'objet direct (indirect)** *Gram.* direct (indirect) object pronoun

obligatoire *adj.* obligatory; mandatory; **service** (*m.*) **(militaire) obligatoire** mandatory military service

obligatoirement *adv.* necessarily, obligatorily

obligé *adj.* obliged, required; **être obligé de** to be obliged to

observateur/trice *m., f.* observer

observer to observe

obtenir (*like* **tenir**) *irreg.* to obtain, get (8)

obtention *f.* obtaining; achieving

occasion *f.* opportunity; occasion; bargain

occident *m.* the west

occidental *adj.* (*pl.* **occidentaux**) western, occidental; **Afrique** (*f.*) **occidentale; Virginie-Occidentale** *f.* West Virginia

occupé *adj.* occupied; busy

occuper to occupy; **s'occuper de** to look after, take care of

océan *m.* ocean, sea; **océan Atlantique** Atlantic Ocean

Océanie *f.* Oceania, the South Sea Islands

octobre October (1)

odeur *f.* odor, smell

œil (*pl.* **yeux**) *m.* eye (13)

œuf *m.* egg (6)

œuvre *f.* work; artistic work; **chef-d'œuvre** (*pl.* **chefs-d'œuvre**) *m.* masterpiece (12); ***hors-d'œuvre** *m. inv.* appetizer (7); **œuvre d'art** work of art (12)

officiel(le) *adj.* official

offre *f.* offer; **offre d'emploi** job offer

offrir (*like* **ouvrir**) *irreg.* to offer (14)

oie *f.* goose; **la Mère l'Oie** Mother Goose

oignon *m.* onion (7); **soupe** (*f.*) **à l'oignon** (French) onion soup

olive *f.* olive; **huile** (*f.*) **d'olive** olive oil (7)

ombre *f.* shadow; shade

omelette *f.* omelet

on *pron. s.* one, they, we

oncle *m.* uncle (5)

onze *adj.* eleven (1)

onzième *adj.* eleventh (11)

opéra *m.* opera

opinion *f.* opinion; **exprimer une opinion** to express an opinion (16); **opinion publique** public opinion (16)

opposé *m.* the opposite

opter pour to opt for, choose

optimiste *m., f.* optimist; *adj.* optimistic (3)

orage *m.* storm

orageux/euse *adj.* stormy; **le temps est orageux** it's stormy (5)

orange *adj. inv.* orange (3); *m.* orange (*color*); *f.* orange (*fruit*) (6); **jus** (*m.*) **d'orange** orange juice (6)

orchestre *m.* orchestra; band

ordinaire *adj.* ordinary, regular (3)

ordinal *adj.* ordinal; **nombres** (*m. pl.*) **ordinaux** ordinal numbers

ordinateur *m.* computer (1); **micro-ordinateur** *m.* desktop computer

ordre *m.* order; command; **dans le bon ordre** in the right order; **dans l'ordre chronologique** in chronological order; **en ordre** orderly, neat (4)

oreille *f.* ear (13)

organique *adj.* organic

organiser to organize

organisme *m.* organization, institution; organism

oriental (*pl.* **orientaux**) *adj.* Oriental

orientation *f.* orientation; direction; **conseiller/ère** (*m., f.*) **d'orientation** guidance counselor

s'orienter to orient oneself, get one's bearings

oriflamme *f.* banner, standard (*flag*)

originaire (*adj.*) **de** native to

original (*pl.* **originaux**) *adj.* original; eccentric

originalité *f.* originality, imagination

origine *f.* origin; **d'origine algérienne** of Algerian origin (background); **pays** (*m.*) **d'origine** native country, nationality

orteil *m.* toe

ou *conj.* or; either (2); **ou bien** or else

où *adv.* where (4); *pron.* where, in which, when (14); **où est...** where is . . .

oublier (de) to forget (to) (8)

ouest *m.* west; **Afrique** (*f.*) **de l'ouest** West Africa; **à l'ouest** to the west (9); **nord-ouest** *m.* northwest; **ouest-africain** *adj.* West African; **sud-ouest** *m.* southwest

ouf *interj.* phew, whew

oui *interj.* yes (1)

outil *m.* tool

ouvert *adj.* open; frank

ouverture *f.* opening

ouvrier/ière *m., f.* (*manual*) worker (14)

ouvrir (*p.p.* **ouvert**) *irreg.* to open (14)

ozone: couche (*f.*) **d'ozone** ozone layer

pacifiste *adj.* pacifistic

pager *m.* pager (10)

pain *m.* bread (6); **baguette** (*f.*) **de pain** (French) bread, baguette; **pain au chocolat** chocolate croissant; **pain de campagne** country-style bread, wheat bread (7)

pair: au pair au pair (*child care by foreign student*)

paix *f.* peace

palais *m.* palace (12)

palier *m.* (stair) landing; **voisin(e)** (*m., f.*) **de palier** neighbor living on the same landing

pamplemousse *m.* grapefruit

panne *f.* (*mechanical*) breakdown; **en panne de débouchés** faced with an absence of job openings

panoramique *adj.* with a panoramic view

pantalon *m.* (pair of) pants (3)

papa *m., fam.* dad, daddy

papier *m.* paper

papy *m., fam.* grandpa

Pâques *f. pl.* Easter

paquet *m.* package (10)

par *prep.* by, through, with; **commencer (finir) par** to begin (end up) by; **par avion** air-mail; **par cœur** by heart (12); **par exemple** for example (16); **par *hasard** by chance; **par jour (semaine, etc.)** per day (week, etc.); **par ordre chronologique** in chronological order; **par terre** on the ground (4); **une fois par semaine** once a week (5)

paradis *m.* paradise

paradoxe *m.* paradox

paragraphe *m.* paragraph

paraître (*like* **connaître**) *irreg.* to appear

parapluie *m.* umbrella (8)

parasol *m.* beach umbrella; parasol

parc *m.* park (11)

parce que *conj.* because (4)

parcourir (*like* **courir**) *irreg.* to cover, travel; to skim

parcours *m.* distance, journey, course

pardon *interj.* pardon (me) (1)

parent(e) *m., f.* parent; relative (5); **arrière-grand-parent** *m.* great-grandparent (5); **grand-parent** grandparent (5); **parent(e) proche** close relative

parenthèse *f.* parenthesis; **entre parenthèses** in parentheses

paresseux/euse *adj.* lazy (3)

parfait *adj.* perfect

parfois *adv.* sometimes (9)

parfum *m.* perfume; flavor

parier to bet, wager

parisien(ne) *adj.* Parisian (3); **Parisien(ne)** *m., f.* Parisian (*person*)

parking *m.* parking lot

parlement *m.* parliament

parler (à, de) to speak (to, of) (2); to talk (2); *m.* speech

parmi *prep.* among

parole *f.* word

parquet *m.* wooden (parquet) floor

part *f.* share, portion; **à part** besides; separately; **c'est de la part de X** X is calling; **de ma part** for me, on my behalf; **pour ma part** in my opinion, as for me (16); **quelque part** somewhere

partager (nous partageons) to share

partenaire *m., f.* partner

partenariat *m.* partnership

parti *m.* (*political*) party (16)

participant(e) *m., f.* participant

participe *m., Gram.* participle

participer à to participate in

particulier/ière *adj.* particular, special

partie *f.* part; **faire partie de** to be part of

partir (*like* **dormir**) **(à, pour, de)** *irreg.* to leave (for, from) (8); **à partir de** *prep.* starting from; **à partir de maintenant** from now on (14); **partir à l'aventure** to leave with no itinerary; **partir en vacances** to leave on vacation

partitif/ive *adj., Gram.* partitive

partout *adv.* everywhere (11)

parvenir (*like* **venir**) **à** *irreg.* to succeed in

pas (ne... pas) not; **ne... pas du tout** not at all (9); **ne... pas encore** not yet (9); **n'est-ce pas** isn't it (so) (3); **pas à pas** step-by-step; **pas du tout** not at all; **pas mal** not bad(ly) (1)

passage *m.* passage; passing; **lieu** (*m.*) **de passage** crossing point, passageway

passager/ère *m., f.* passenger (9)

passant(e) *m., f.* passerby

passé *m.* past; *adj.* past, gone, last (8); **l'année** (*f.*) **passée** last year; **participe** (*m.*) **passé** *Gram.* past participle; **passé composé** *Gram.* compound past tense; **passé simple** *Gram.* past tense (*literary*)

passeport *m.* passport

passer to pass, spend (*time*) (6); to put through to (*by phone*); to show, play (*a film, record*) **passer (par)** to pass (by, through) (8); **passer les vacances** to spend one's vacation; **passer un examen** to take an exam (4); **qu'est-ce qui se passe** what's happening, what's going on (15); **se passer** to happen, take place (15); to go

passe-temps *m. inv.* pastime, hobby (15)

passionné(e) *m., f.* enthusiast; *adj.* enthusiastic; passionate

se passionner pour to be excited about

pasteur *m.* (*Protestant*) minister

pâté *m.* liver paste, pâté; **pâté de campagne** (country-style) pâté (7); **pâté de foie gras** goose liver pâté

pâtes *f. pl.* pasta, noodles

patience *f.* patience; **avoir de la patience** to be patient; **perdre patience** to lose patience

patient *m., f.* (*hospital*) patient; *adj.* patient (3)

patienter to wait (patiently)

patin *m.* skate, ice skate; **faire du patin à glace** to go ice-skating; **faire du patin à roues alignées** to do in-line skating

patiner to skate

pâtisserie *f.* pastry; pastry shop (7); **boulangerie-pâtisserie** *f.* bakery-pastry shop

pâtissier/ière *m., f.* pastry shop owner; pastry chef

patrie *f.* native land

patrimoine *m.* legacy; heritage (12)

patron(ne) *m., f.* boss, employer; **fête** (*f.*) **des patrons** saint's day

pause *f.* pause, break

pauvre *adj.* poor; unfortunate (3)

pavillon *m.* house, lodge

payé *adj.* paid, paying

payer (je paie) to pay, pay for (10)

pays *m.* country, nation (2); **pays en voie de développement** developing nation; **Pays-Bas** *m. pl.* Netherlands, Holland

paysage *m.* landscape; scenery

paysan(ne) *m., f.* peasant, farmworker

pêche *f.* peach; fishing (15); **aller à la pêche** to go fishing (8)

pêcheur/euse *m., f.* fisherman (woman)

pédagogique *adj.* pedagogical, teaching

pédestre *adj.* pedestrian; **randonnée** (*f.*) **pédestre** hike; hiking

peigne *m.* comb (13)

se peigner to comb one's hair (13)

peindre (*like* **craindre**) *irreg.* to paint (12)

peintre (femme peintre) *m., f.* painter (12); **artiste** (*m., f.*) **peintre** painter (*fine arts*) (14)

peinture *f.* painting (12); paint(s); **faire de la peinture** to paint

pendant *prep.* for, during (9); **pendant combien de temps...** (for) how long . . . (9); **pendant les vacances** during vacation; **pendant que** *conj.* while

pénible *adj.* painful; hard, difficult

Pennsylvanie *f.* Pennsylvania

pensée *f.* thought; idea

penser to think; to reflect; to expect, intend; **je ne pense pas** I don't think so; **penser** + *inf.* to plan on (*doing s.th.*); **penser à** to think of, think about (11); **penser de** to think of, have an opinion about (11); **qu'en penses-tu** what do you think about it (11); **que pensez-vous de...** what do you think of . . . (11)

penseur/euse *m., f.* thinker

perception (*f.*) **extrasensorielle** extrasensory perception (ESP)

perdre to lose; to waste (5); **perdre patience** to lose patience; **se perdre** to get lost (13)

père *m.* father (5); **beau-père** father-in-law; stepfather (5); **grand-père** grandfather (5)

perfectionner to perfect

péril *m.* danger; **mettre en péril** to endanger

période *f.* period (*of time*)

permanence: en permanence *adv.* permanently

permettre (*like* **mettre**) **(de)** *irreg.* to permit, allow, let (12)

permis *m.* permit, license; **permis de conduire** driver's license; **permis de travail** work permit

perruque *f.* wig

persévérant *adj.* persevering, dogged

personnage *m.* (*fictional*) character; personality, celebrity

personnalisé *adj.* personalized

personnalité *f.* personality

personne *f.* person (3); **ne... personne** nobody, no one (9)

personnel(le) *adj.* personal

personnellement *adv.* personally (16)

perspective *f.* view; perspective

persuader to persuade, convince

pessimiste *adj.* pessimistic (3)

pétanque *f.* bocce ball, lawn bowling (*southern France*) (15)

petit *adj.* little; short (3); very young; *m. pl.* young ones; little ones; **petit(e) ami(e)** *m., f.* boyfriend, girlfriend; **petit-déjeuner** *m.* breakfast (6); **petit écran** *m.* television set; **petite cuillère** *f.* teaspoon; **petite-fille** *f.* granddaughter (5); **petit-enfant** *m.* grandchild (5); **petites annonces** *f. pl.* classified ads (10); **petit-fils** *m.* grandson (5); **petit matin** early morning; **petits pois** *m. pl.* peas; **un petit peu** a little (bit)

peu *adv.* little; few; not very; hardly (3); **à peu près** *adv.* nearly; **encore un peu** a little more; **il est peu probable que** + *subj.* it's doubtful that (16); **peu à peu** little by little; **peu calorique** low in calories; **peu de** few (6); **un peu** a little (3); **un peu (de)** a little (of) (6)

peuple *m.* nation; people (*of a country*)

peur *f.* fear; **avoir peur (de)** to be afraid (of) (3)

peut-être *adv.* perhaps, maybe (5)

pharaon *m.* Pharaoh

pharmacie *f.* pharmacy, drugstore (11)

pharmacien(ne) *m., f.* pharmacist (14)

phénomène *m.* phenomenon

philanthrope *m., f.* philanthropist

philosophe *m., f.* philosopher

philosophie (*fam.* **philo**) *f.* philosophy (2)

philosophique *adj.* philosophical

photocopieur *m.* photocopy machine (10)

photographe *m., f.* photographer

photo(graphie) *f.* picture, photograph; **appareil-photo** *m.* (*still*) camera; **prendre des photos** to take photos

photographique *adj.* photographic

phrase *f.* sentence

physique *f.* physics (2)

piano *m.* piano; **jouer du piano** to play the piano

pièce *f.* piece; room (*of a house*) (5); coin; **monter une pièce** to put on a play; **pièce de collection** collector's item; **pièce de monnaie** coin; **pièce de théâtre** (*theatrical*) play (12)

pied *m.* foot (13); **à pied** on foot (9); **se lever du pied gauche** to get up on the wrong side of the bed

piège *f.* trap, trick

pierre *f.* stone

pilote *m., f.* pilot (9); driver

pique-nique *m.* picnic (15); **faire un pique-nique** to go on a picnic

pique-niquer to have a picnic

pire *adj.* worse (14); **le/la/les pire(s)** the worst

pis *adv.* worse; **le pis** the worst; **tant pis** too bad (15)

piscine *f.* swimming pool (11)

piste *f.* path, trail; course; slope; **piste cyclable** bicycle path

pittoresque *adj.* picturesque

place *f.* place; position; (public) square (11); seat (12); **à votre (ta) place** in your place, if I were you (15); **mise** (*f.*) **en place** placement

placer (nous plaçons) to place, put

plage *f.* beach (8); **serviette** (*f.*) **de plage** beach towel (8)

plaidoyer *m.* defense, plea

plaine *f.* plain

plaire (*p.p.* **plu**) **à** *irreg.* to please; **en français, s'il vous plaît** in French, please; **s'il te (vous) plaît** *interj.* please (1)

plaisir *m.* pleasure

plan *m.* plan; diagram; map (*of a city*) (11); **sur le plan économique** economically speaking

planche *f.* board; **faire de la planche à voile** to windsurf; **planche à voile** windsurfer (8)

plancher *m.* floor

planète *f.* planet

planifier to plan

plante *f.* plant

planteur *m.* planter, plantation owner

plaque *f.* package (*of frozen food*); **plaque tournante** linchpin; hub

plaquer to tackle (*U.S. football*)

plat *m.* dish (*type of food*); course (*meal*) (7); **plat de résistance** main course, dish; **plat du jour** today's special (*restaurant*); **plat principal** main course (7)

plein (de) *adj.* full (of); complete; **activités** (*f. pl.*) **de plein air** outdoor activities (15); **faire le plein** to fill it up (*gas tank*) (9); **marché** (*m.*) **en plein air** outdoor market; **plein de** a lot of

pleurer to cry, weep

pleuvoir (*p.p.* **plu**) *irreg.* to rain (8); **il pleut** it's raining (5)

plombier *m.* plumber (14)

plongée *f.* diving; **faire de la plongée sous-marine** to go skin diving (scuba diving) (8)

plonger (**nous plongeons**) to dive, plunge

pluie *f.* rain

plupart: la plupart (de) most (of), the majority (of) (12)

pluriel *m.*, *Gram.* plural

plus (de) *adv.* more; plus; **de plus en plus** more and more; **en plus** in addition; **le/la/les plus** + *adj.* most; **le plus** + *adv.* most; **moi non plus** me neither; **ne... plus** no longer, no more (9); **plus... que** more . . . than (14); **plus tard** later

plusieurs (de) *adj., pron.* several (of) (15)

plutôt *adv.* instead; rather

poche *f.* pocket

poème *m.* poem (12)

poésie *f.* poetry (12)

poète (poétesse) *m., f.* poet (12)

poétique *adj.* poetic, poetry

point *m.* point; spot; **être sur le point de** + *inf.* to be on the verge of; **point de départ** starting point; **point de rencontre** meeting point; **point cardinal** compass point; **point de vue** point of view; **point fort** strong point

pointillisme *m.* pointillism (*style of painting*)

poire *f.* pear (6)

pois *m. pl.* peas; dots; **à pois** polka-dotted; **petits pois** peas

poisson *m.* fish (6)

poissonnerie *f.* fish market (7)

poivrade: sauce (*f.*) **poivrade** vinaigrette dressing with pepper

poivre *m.* pepper (6); **steak** (*m.*) **au poivre** pepper steak

poivrer to pepper

poivron *m.* bell pepper

poli *adj.* polite; polished

police *f.* police; **agent** (*m.*) **de police** police officer (14); **poste** (*m.*) **de police** police station (11)

policier/ière *adj.* pertaining to the police; *m.* police officer; **roman** (*m.*) **policier** detective novel

politicien(ne) *m., f.* politician (16)

politique *f.* politics; policy (16); *adj.* political; **faire de la politique** to go in for politics; **homme (femme) politique** *m., f.* politician

polluant *adj.* polluting

polluer to pollute (16)

Polynésie (*f.*) **française** French Polynesia

pomme *f.* apple; **jus** (*m.*) **de pomme** apple juice; **pomme de terre** potato (6); **tarte** (*f.*) **aux pommes** apple tart

populaire *adj.* popular; common; of the people

popularité *f.* popularity

porc *m.* pork (6); **côte** (*f.*) **de porc** pork chop

portable *m.* cellular phone (10)

porte *f.* door (1); stop, exit (*metro*)

porter to wear; to carry (3); **prêt-à-porter** *m.* ready-to-wear (*clothing*)

porto *m.* port (*wine*)

Portugal *m.* Portugal (8)

poser to put (down); to state, pose; to ask; **poser sa candidature** to apply; to run (*for office*) (14); **poser une question** to ask a question (11)

positif/ive *adj.* positive

positionnement *m.* positioning

posséder (**je possède**) to possess

possesseur/euse *m., f.* owner

possessif/ive *adj.* possessive

possession *f.* possession; **prendre possession de** to take possession of

possibilité *f.* possibility

possible *adj.* possible; **aussi souvent que possible** as often as possible; **faire son possible** to do one's best; **il est possible que** + *subj.* it's possible that (16)

postal *adj.* postal, post; **carte** (*f.*) **postale** postcard (10); **code** (*m.*) **postal** postal code, zip code

poste *m.* position; employment; *f.* post office; postal service (10); **bureau** (*m.*) **de poste** post office (10); **poste** (*m.*) **de police** police station (11); **poste** (*m.*) **de télévision** TV set (5)

poster to mail (10)

postuler to apply (*for a job*)

poterie *f.* pottery

pouce *m.* thumb; inch; **coup** (*m.*) **de pouce** little push (in the right direction)

poule *f.* hen

poulet *m.* chicken (6)

pour *prep.* for, in order to (2); **le pour et le contre** the pros and cons; **manifester pour** to demonstrate for (16); **pour ma part** in my opinion, as for me (16); **pour que** + *subj.* in order to

pourboire *m.* tip, gratuity (7)

pourcentage *m.* percentage

pourquoi *adv., conj.* why (4)

pourri: faire un temps pourri *fam.* to be rotten weather

poursuivre (*like* **suivre**) *irreg.* to pursue (12)

pousser to push

pouvoir (*p.p.* **pu**) *irreg.* to be able to, can (7); *m.* power, strength; **ça peut aller** all right, pretty well (1); **il se peut que** + *subj.* it's possible that (16); **je pourrais** I could (7)

pratique *adj.* practical; *f.* practice; use; **travaux** (*m. pl.*) **pratiques** hands-on learning

pratiquer to play, perform (*sport, activity*)

préavis: sans donner de préavis without notice

précédent *adj.* preceding

précéder (**je précède**) to precede

précieusement *adv.* preciously

précipiter to rush, hurry

précision *f.* precision; piece of information

prédiction *f.* prediction, forecast

prédilection *f.* partiality, predilection

prédire (*like* **dire, vous prédisez**) *irreg.* to predict, foretell

préférable *adj.* preferable, more advisable; **il est préférable que** + *subj.* it's preferable that (16)

préféré *adj.* favorite, preferred (5)

préférence *f.* preference; **de préférence** preferably

préférer (**je préfère**) to prefer, like better (6)

préfrit *adj.* pre-fried

premier/ière *adj.* first (11); *f.* opening night, premiere; **première classe** *f.* first class (9); **premier étage** *m.* second floor (*in the U.S.*) (5); **le premier janvier** the first of January; **premier ministre** *m.* prime minister

prendre (*p.p.* **pris**) *irreg.* to take; to have (to eat, to drink); to order (6); **prendre au sérieux** to take seriously; **prendre conscience de** to realize, become aware of; **prendre des notes** to take notes; **prendre des vacances** to take vacation; **prendre du temps** to take a long time; **prendre l'avion** to take a plane; **prendre possession de** to take possession of; **prendre rendez-vous** to make an appointment (date); **prendre son temps** to take one's time; **prendre une douche** to take a shower; **prendre une photo** to take a photo; **prendre un repas** to have a meal; **prendre un verre** *fam.*

to have a drink; **se prendre pour** to believe oneself to be

prénom *m.* first name, Christian name

préoccupé *adj.* worried, preoccupied

préoccuper to concern; **se préoccuper de** to concern, preoccupy oneself with; to worry about

préparatifs *m. pl.* preparations

préparer to prepare (5); **préparer un examen** to study for an exam; **se préparer (à)** to prepare oneself, get ready (for) (13)

près (de) *adv.* near, close to (4); **à peu près** nearly; **tout près** very near

présent *m.* present (*time*); *adj.* present; **à présent** now, at the present time

présentement *adv.* presently, currently

présenter to present; to introduce; to put on (*a performance*); **je vous (te) présente...** I want you to meet . . . ; **se présenter** to run for office

préserver to preserve

président(e) *m., f.* president

présidentiel(le) *adj.* presidential

présider to preside

presque *adv.* almost, nearly

presse *f.* press (*media*)

pressé *adj.* in a hurry, rushed

prestigieux/ieuse *adj.* prestigious

prêt *adj.* ready (3)

prétendre to claim (to be)

prétentieux/euse *adj.* pretentious

prêter (à) to lend (to) (11)

preuve *f.* proof; **faire preuve de** to show

prévision *f.* prediction

prévoir (*like* **voir**) *irreg.* to foresee, anticipate

prévu *adj.* expected, anticipated; **comme prévu** as planned

prier to pray; to beg, entreat; to ask (*s.o.*); **je vous (t')en prie** please; you're welcome (7)

primaire *adj.* primary; **école** (*f.*) **primaire** primary school

principal *adj.* principal, main, most important; **plat** (*m.*) **principal** main course (7)

printanier/ière *adj.* spring(like); with vegetables (*in cooking*)

printemps *m.* spring; **au printemps** in the spring (5)

prise *f.* taking

prisme *m.* prism

prisonnier/ière *m., f.* prisoner

privé *adj.* private

privilégié *adj.* privileged

privilégier to favor

prix *m.* price (7); prize

probabilité *f.* probability

probable *adj.* probable; **il est peu probable que** + *subj.* it's doubtful that (16); **il est probable que** + *indic.* it's probable that (16)

problématique *f.* problem, issue

problème *m.* problem (16)

procédé *m.* process, method

processus *m.* process

prochain *adj.* next; **à la prochaine** until next time; **la rentrée prochaine** beginning of next academic year; **la semaine prochaine** next week (5)

prochainement *adv.* soon, shortly

proche (de) *adj., adv.* near, close; *m. pl.* close relatives; **futur** (*m.*) **proche** *Gram.* immediate (near) future

producteur/trice *m., f.* producer

produire (*like* **conduire**) *irreg.* to produce (9)

produit *m.* product

professeur (*fam.* **prof**) *m.* professor, instructor (*male or female*) (1)

professionnel(le) *adj.* professional

profil *m.* profile; outline; cross section

profiter de to take advantage of, profit from; **profitez-en donc** take advantage of it

profiterole *f.* profiterole (*small cream puff*)

profond *adj.* deep

profondément *adv.* deeply, profoundly

programme *m.* program; agenda

programmer to program

progrès *m.* progress

projection *f.* projection, showing

projet *m.* project; *pl.* plans (5); **projets d'avenir** future plans

prolifération *f.* proliferation (16)

promenade *f.* walk; ride; **faire une promenade** to take a walk (5)

promener (je promène) to take out walking, take for a walk; **se promener** to go for a walk (drive, ride), take a walk (13)

promesse *f.* promise

promettre (*like* **mettre**) **(de)** *irreg.* to promise (to)

promotion *f.* promotion; sale, store special; **en promotion** on special

promouvoir (*p.p.* **promu**) *irreg.* to promote

pronom *m., Gram.* pronoun; **pronom accentué (indéfini, interrogatif, personnel, relatif)** *Gram.* disjunctive, tonic (indefinite, interrogative, personal, relative) pronoun; **pronom complément d'objet direct (indirect)** *Gram.* direct (indirect) object pronoun

pronominal *adj., Gram.* pronominal; **verbe** (*m.*) **pronominal** *Gram.* pronominal (reflexive) verb

prononcé *adj.* pronounced

propagation *f.* spread

propos *m.* talk; utterance; **à propos** by the way; **à propos de** about

proposer to propose

proposition *f.* proposal

propre *adj.* own; clean; **propre à** characteristic of

propriétaire *m., f.* owner; landlord

propriété *f.* property

prospectus *m.* handbill, leaflet

protéger (je protège, nous protégeons) to protect (16)

prouver to prove

provenir (*like* **venir**) *irreg.* to come (descend) from

provision *f.* supply; *pl.* groceries

provoquer to provoke

proximité *f.* proximity, closeness; **à proximité de** near

psychologie (*fam.* **psycho**) *f.* psychology (2)

psychologique *adj.* psychological

psychologue *m., f.* psychologist

public (publique) *adj.* public (11); **opinion** (*f.*) **publique** public opinion (16); *m.* public; audience

publicité (*fam.* **pub**) *f.* commercial, advertisement; advertising (10)

publier to publish

puce *f.* flea; **marché** (*m.*) **aux puces** flea market

puériculteur/trice *m., f.* daycare teacher, nursery nurse

puis *adv.* then, next (11); besides (7); **et puis** and then; and besides (7)

puissance *f.* power, strength

puissant *adj.* powerful; **tout-puissant** *adj.* all-powerful

pull-over (*fam.* **pull**) *m.* sweater (3)

pur *adj.* pure

purée *f.* purée; *adj.* mashed (*vegetables*)

pureté *f.* purity

quai *m.* quay; platform (*train station*) (9)

qualificatif/ive *adj.* qualifying

qualité *f.* quality; characteristic

quand *adv., conj.* when (4); **depuis quand** since when (9); **quand même** even though; anyway

quantité *f.* quantity

quarante *adj.* forty (1)

quart *m.* quarter; fourth; quarter of an hour; **et quart** quarter past (the hour) (6); **moins le quart** quarter to (the hour) (6); **un quart de vin** a quarter liter carafe of wine

quartier *m.* quarter, neighborhood (2); **quartier général** headquarters; **Quartier latin** Latin Quarter (district) (*in Paris*)

quasi-totalité *f.* nearly all

quatorze *adj.* fourteen (1)

quatorzième *adj.* fourteenth

quatre *adj.* four (1); **quatre-vingts** eighty

quatrième *adj.* fourth

que (qu') what (4); that, which; whom (14); **ne... que** *adv.* only (9); **parce que** because (4); **qu'en penses-tu** what do you think of that (11); **que pensez-vous de...** what do you think about . . . (11); **qu'est-ce que** what (*object*) (4); **qu'est-ce que c'est** what is it (1); **qu'est-ce qui** what (*subject*) (15); **qu'est-ce qui se passe** what's happening, what's going on (15); **que veut dire...** what does . . . mean

Québec *m.* Québec (8)

québécois *m.* Quebecois (*language*); *adj.* from (of) Québec; **Québécois(e)** *m., f.* Quebecois

quel(le)(s) *interr. adj.* what, which (7); what a; **à quelle heure** (at) what time (6); **quel âge avez-vous** how old are you; **quel jour sommes-nous (est-ce)** what day is it (1); **quelle est la date** what is the date (1); **quelle heure est-il** what time is it (6); **quel temps fait-il** how's the weather (5)

quelque(s) *adj.* some, any; a few (15); **quelque chose** *pron.* something (9); **quelque chose (de)** + *adj.* something (15); **quelque part** *adv.* somewhere

quelquefois *adv.* sometimes (2)

quelques-uns/unes *pron., pl.* some, a few (15)

quelqu'un *pron., neu.* someone, somebody (9)

question *f.* question; **poser une question (à)** to ask a question (11)

quête *f.* quest, search

queue *f.* line (*of people*); **faire la queue** to stand in line (5)

qui *pron.* who, whom (4); who, that, which (14); **qu'est-ce qui** what (*subject*); **qui est à l'appareil** who's calling (10); **qui est-ce** who is it (1); **qui est-ce que** whom (*object*) (15); **qui est-ce qui** who (*subject*)

quiche *f.* quiche (*egg custard pie*); **quiche lorraine** egg custard pie with bacon

quinze *adj.* fifteen (1); **quinze jours** two weeks

quinzième *adj.* fifteenth

quitter to leave (*s.o. or someplace*) (8); **se quitter** to separate, leave one another

quoi (à quoi, de quoi) *pron.* which (15); what (4); **à quoi sert-il** what is it for; **il n'y a pas de quoi** you're welcome (7); **j'aurai droit à quoi** I'll be entitled to what; **n'importe quoi** anything; no matter what

quotidien(ne) *adj.* daily, everyday (13); **dépenses** (*f. pl.*) **du quotidien** everyday living expenses

racine *f.* root

racisme *m.* racism

raconter to tell, relate (11)

rage: faire rage to rage; to be fierce

ragoût *m.* meat stew, ragout

raide *adj.* stiff; straight (*hair*) (3)

raideur *f.* stiffness

raison *f.* reason; **avoir raison** to be right (3)

raisonnable *adj.* reasonable; rational (3)

raisonneur/euse *adj.* argumentative; reasoning

rallonger (nous rallongeons) to prolong, lengthen

ramener (je ramène) to bring back

randonnée *f.* hike; **faire une randonnée (pédestre)** to go hiking (8)

rang *m.* rank, ranking

rapide *adj.* rapid, fast

rapidement *adv.* quickly

rappeler (je rappelle) to remind; **se rappeler** to recall, remember (13)

rapport *m.* relation; **rapports** (*pl.*) **familiaux** family relationships

rapporter to bring back; to return; to report

rapprocher to relate; **se rapprocher (de)** to draw nearer (to)

rarement *adv.* rarely (2)

raser to raze, demolish; **se raser** to shave (oneself) (13)

rater to miss, not find

rationnellement *adv.* reasonably, rationally

rattraper to recapture

rayé *adj.* striped

réactionnaire *adj.* reactionary, very conservative

réagir to react

réaliser to carry out, fulfill; to create

réaliste *adj.* realistic (3)

réalité *f.* reality; **en réalité** actually

rebondir to bounce (back)

récemment *adv.* recently, lately (12)

récent *adj.* recent, new, late

réception *f.* hotel (lobby) desk

recette *f.* recipe

recevoir (*p.p.* **reçu**) *irreg.* to receive

rechange: ampoule (*f.*) **de rechange** spare lightbulb

recherche *f.* (*piece of*) research; search; **à la recherche de** in search of; **faire des recherches** to do research

recherché *adj.* sought after

réclamer to call for, demand

récolte *f.* harvest

récolter to harvest

recommandation *f.* recommendation

recommander to recommend

recommencer (nous recommençons) to start again

reconnaître (*like* **connaître**) *irreg.* to recognize (16)

reconnu *adj.* known, recognized

recours: avoir recours à to have recourse, turn to

reçu *m.* receipt (14)

recueil *m.* collection (12)

récupérer (je récupère) to recover, get back

recyclage *m.* recycling (16)

recycler to recycle (16)

rédacteur/trice *m., f.* writer; editor

rédaction *f.* writing, preparing (*documents*)

rédiger (nous rédigeons) to write, write up, compose

redoutable *adj.* formidable, fearsome

réduction *f.* reduction; discount

réduire (*like* **conduire**) *irreg.* to reduce (9)

réduit *adj.* reduced; discounted

réel(le) *adj.* real, actual

référence *f.* reference

réfléchir (à) to reflect (upon); to think (about) (4)

reflet *m.* reflection

refléter (je reflète) to reflect, mirror

réflexion *f.* reflection, thought

réforme *f.* reform (16)

réformer to reform

reformuler to reformulate

refrain *m.* chorus, refrain

refuser (de) to refuse (to) (12)

se régaler to feast on, treat oneself

regarder to look at, watch (2); **se regarder** to look at oneself, look at each other (13)

régime *m.* diet; régime (7)

régional (*pl.* **régionaux**) *adj.* local, of the district

règle *f.* rule

régler (je règle) to regulate, adjust; to settle

règne *m.* reign

regretter to regret, be sorry (16)

regrouper to regroup

régulier/ière *adj.* regular

régulièrement *adv.* regularly

reine *f.* queen (12)

rejoindre (*like* **craindre**) *irreg.* to (re)join

réjouissance *f.* rejoicing

relatif/ive *adj.* relative; **pronom** (*m.*) **relatif** *Gram.* relative pronoun

relation *f.* relation; relationship; **en relation avec** in contact with

relativement *adv.* relatively

relier to tie, link

religieux/euse *adj.* religious

reliure *f.* bookbinding

remarquable *adj.* remarkable

remarquer to notice

remède *m.* remedy; treatment

remercier (de) to thank (for); **(je ne sais pas) comment vous (te) remercier** I don't know how to thank you

remettre (*like* **mettre**) *irreg.* to hand in; to replace; to deliver

remplacer (nous remplaçons) to replace

rempli *adj.* filled, full

remplir to fill (in, out, up)

rémunéré *adj.* compensated, paid

Renaissance *f.* Renaissance (12)

rencontre *f.* meeting, encounter (13); **point** (*m.*) **de rencontre** meeting point

rencontrer to meet, encounter; **se rencontrer** to meet; to get together (13)

rendez-vous *m.* meeting, appointment; date (13); meeting place; **avoir rendez-vous avec** to have a meeting (date) with (3); **donner rendez-vous à** to make an appointment with

rendre to give (back), return; to hand in (5); to render, make; **rendre visite à** to visit (*s.o.*) (5); **se rendre à** to go to

renouveler (je renouvelle) to renew

renseignement *m.* (*piece of*) information

se renseigner sur to make inquiries about

rentrée *f.* going back to school; **rentrée prochaine** beginning of next academic year

rentrer to return, go home (8)

réparer to repair

repartir (*like* **partir**) *irreg.* to leave (again)

répartition *f.* dividing up; distribution

repas *m.* meal (6); **repas fait maison** homemade meal

repérer (je repère) to spot, locate, find

répéter (je répète) to repeat; **répétez (répète)** repeat (1)

répondeur (téléphonique) *m.* answering machine (10)

répondre (à) to answer, respond (5)

réponse *f.* answer, response

reportage *m.* reporting; commentary

reposant *adj.* restful

reposer to put down, set down; **se reposer** to rest (13)

reprendre (*like* **prendre**) *irreg.* to take (up) again; to have more (*food*)

représentatif/ive *adj.* representative

représenter to represent

république *f.* republic; **République Démocratique du Congo** Democratic Republic of Congo (8)

répudié *adj.* repudiated, renounced

réputé *adj.* famous

réservation *f.* reservation; **faire une réservation** to make a reservation

réservé (à) *adj.* reserved (for)

réserver to reserve; to keep in store

résidence *f.* residence; apartment building; **résidence universitaire** dormitory building

résider to reside

résistance: plat (*m.*) **de résistance** main dish, course

résolument *adv.* resolutely, steadfastly

résoudre (*p.p.* **résolu**) *irreg.* to solve, resolve

respecter to respect, have regard for

respectueux/euse *adj.* respectful

respirer to breathe

responsabilité *f.* responsibility

responsable *m., f.* supervisor; staff member; *adj.* responsible

ressemblance *f.* resemblance

ressembler à to resemble; **se ressembler** to look alike, be similar

ressource *f.* resource; **ressources naturelles** natural resources (16)

restaurant *m.* restaurant (2); **restaurant universitaire** (*fam.* **le resto-U; le R.U.**) university cafeteria (2)

restaurateur/trice *m., f.* restaurant owner

restauration *f.* restoration; restaurant business

reste *m.* rest, remainder

rester to stay, remain (5); to be remaining; **il nous reste encore...** we still have . . .

restreint *adj.* limited, restrained

résultat *m.* result

résulter de to stem from, result from

résumé *m.* summary, résumé

rétablir to reestablish

retard *m.* delay; **en retard** late (6)

retirer to withdraw (14); to derive, gain

retour *m.* return; **au retour** upon returning; **billet** (*m.*) **aller-retour** round-trip ticket

retourner to return; to go back (8)

retransmission *f.* broadcast; rebroadcast

rétroprojecteur *m.* overhead projector (1)

retrouver to find (again); to regain; **se retrouver** to meet (again)

réunion *f.* meeting; reunion

se réunir to get together; to hold a meeting

réussir (à) to succeed (at), be successful (in); to pass (*a test*) (4)

réussite *f.* success, accomplishment

rêve *m.* dream; **un emploi** (*m.*) **de rêve** a "dream" job

réveil *m.* alarm clock (4)

réveiller to wake, awaken (*s.o.*); **se réveiller** to awaken, wake up (13)

Réveillon *m. Christmas Eve (New Year's Eve) dinner*

revendication *f.* demand; claim

revenir (*like* **venir**) *irreg.* to return; to come back (*someplace*) (8)

revenus *m. pl.* personal income

rêver (de, à) to dream; to dream (about, of) (2)

réviser to review, revise

révision *f.* review; revising

revivre (*like* **vivre**) *irreg.* to relive

revoir (*like* **voir**) *irreg.* to see again (10); **au revoir** good-bye (1)

révolte *f.* rebellion, revolt

révolutionnaire *adj.* revolutionary

révolutionner to revolutionize

revue *f.* magazine; review; journal (10)

rez-de-chaussée *m.* ground floor, first floor (5)

rhume *m.* (head) cold

riche *adj.* rich (3)

richesse *f.* wealth

rideau (*pl.* **rideaux**) *m.* curtain (4)

rien (**ne... rien**) *pron.* nothing (9); **de rien** not at all, don't mention it; you're welcome (1)

rigoler *fam.* to amuse, entertain; to be kidding

rire (*p.p.* **ri**) *irreg.* to laugh (15); *m.* laughter

risque *m.* risk

rissoler to brown (*cooking*)

rive *f.* (river)bank; **Rive gauche (droite)** the Left (Right) Bank (*in Paris*) (11)

rivière *f.* river, tributary

riz *m.* rice

robe *f.* dress (3)

roi *m.* king (12); **fête** (*f.*) **des Rois** Feast of the Magi, Epiphany

rôle *m.* part, character, role; **à tour de rôle** in turn, by turns; **jouer le rôle de** to play the part of

romain *adj.* Roman (12)

roman *m.* novel (10); **roman de science-fiction**; science fiction novel; **roman policier** detective novel

romancier/ière *m., f.* novelist

romantique *m., f., adj.* romantic

romantisme *m.* romanticism

rompre (avec) (*p.p.* **rompu**) *irreg.* to break (with)

rond *adj.* round; (smoke) ring

rose *adj.* pink (3); *f.* rose

rôti *m.* roast (7)

roue *f.* wheel; **faire du patin à roues alignées** to do in-line skating

rouge *adj.* red (3); **rouge** (*m.*) **à lèvres** lipstick

roulé *adj.* rolled (up)

rouler to travel (*in a car*) (9); to roll (along)

route *f.* road, highway (8); **en route** on the way, en route

routier/ière *adj.* (pertaining to the) road; **carte** (*f.*) **routière** road map; **sécurité** (*f.*) **routière** highway safety

routinier/ière *adj.* routine, following a routine

roux (rousse) *m., f.* redhead; *adj.* red-headed; red (*hair*) (3)

rubrique *f.* headline; section

rue *f.* street (4)

ruine *f.* ruin; decay; collapse

ruiné *adj.* ruined

russe *adj.* Russian; *m.* Russian (*language*); **Russe** *m., f.* Russian (*person*) (2)

Russie *f.* Russia (8)

rythme *m.* rhythm

sa *adj., f. s.* his; her; its; one's

sable *m.* sand

sac *m.* sack; bag; handbag; **sac à dos** backpack (3); **sac à main** handbag (3); **sac de couchage** sleeping bag (8)

sachet *m.* packet

sacré *adj.* sacred; *fam.* darn

sage *m.* wise man; *adj.* good, well-behaved

saignant *adj.* rare (*meat*)

saison *f.* season

saisonnier/ière *adj.* seasonal

salade *f.* salad; lettuce (6)

salaire *m.* salary (14)

salarié: travailleur/euse (*m., f.*) **salarié(e)** salaried worker (14)

saler to salt

salle *f.* room; auditorium; **salle à manger** dining room (5); **salle de bains** bathroom (5); **salle de classe** classroom (1); **salle de séjour** living room (5); **salle de sports** gymnasium

salon *m.* salon; living room; **salon de coiffure** hairdresser, beauty salon

saltimbanque *m., f.* acrobat; traveling performer

saluer to greet

salut *m.* health; *interj.* hi; bye (1)

salutation *f.* greeting

samedi *m.* Saturday (1)

sandales *f. pl.* sandals (3)

sans *prep.* without; **sans-abri** *m. pl.* homeless (*people*) (16); **sans doute** probable

santé *f.* health (13); **à votre (ta) santé** *interj.* cheers, to your health

sardines (*f. pl.*) **(à l'huile)** sardines (in oil) (7)

satisfaisant *adj.* satisfying

satisfait *adj.* satisfied; pleased

sauce *f.* sauce; gravy; salad dressing

saucisse *f.* sausage (7)

saucisson *m.* (hard) salami

sauf *prep.* except

saumon *m.* salmon (7); **darne** (*f.*) **de saumon** salmon steak

sauté *adj.* pan-fried, sautéed

sauver to save, rescue (16)

savane *f.* savanna

savoir (*p.p.* **su**) *irreg.* to know (how) (11)

scandaleux/euse *adj.* scandalous

scène *f.* stage; scenery; scene; **scène de ménage** domestic squabble

science *f.* science; **faculté** (*f.*) **des sciences** School of Science; **science-fiction** science fiction; **sciences humaines** humanities; **sciences naturelles** natural sciences (2)

scientifique *m., f.* scientist; *adj.* scientific

scolaire *adj.* pertaining to schools, school, academic; **frais** (*m. pl.*) **scolaires** tuition, fees; **zone** (*f.*) **scolaire** school zone

scolarité: frais (*m. pl.*) **de scolarité** tuition, fees

scrupuleusement *adj.* scrupulously

sculpteur (femme sculpteur) *m., f.* sculptor (12)

se (s') *pron.* oneself; himself; herself; itself; themselves; to oneself, etc.; each other

sec (sèche) *adj.* dry; **biscuit** (*m.*) **sec** cookie, wafer

second(e) *adj.* second; **seconde classe** second class; **Seconde Guerre** (*f.*) **mondiale** Second World War

secondaire *adj.* secondary; **école** (*f.*) **secondaire** secondary school

secours *m. s.* help, assistance; **trousse** (*f.*) **de secours** first aid kit

secrétaire *m., f.* secretary (14)

section *f.* section; division

sécurité *f.* safety; **ceinture** (*f.*) **de sécurité** safety belt; **sécurité routière** highway safety; **sécurité sociale** Social Security

séduire (*like* **conduire**) *irreg.* to charm, win over; to seduce

seize *adj.* sixteen (1)

seizième *adj.* sixteenth

séjour *m.* stay, sojourn; **salle** (*f.*) **de séjour** living room (5)

sel *m.* salt (6)

sélectionner to select

selon *prep.* according to; **selon moi** according to me, I think (16)

semaine *f.* week (1); **la semaine prochaine (passée)** next (last) week (5); **toutes les semaines** every week (10); **une fois par semaine** once a week (5)

semblable (à) *adj.* like, similar (to)

sembler to seem; to appear; **il semble que** + *subj.* it seems that (16)

semestre *m.* semester

sénateur *m.* senator

Sénégal *m.* Senegal (8)

sénégalais *adj.* Senegalese; **Sénégalais(e)** *m., f.* Senegalese (*person*)

sens *m.* meaning; sense; way, direction; **bon sens** common sense; **dans ce sens** to that end (effect)

sensoriel(le) *adj.* sensory; **perception**

(f.) extrasensorielle extra-sensory perception

sentiment *m.* feeling

sentir (*like* **dormir**) *irreg.* to feel, sense; to smell (8); **sentir bon (mauvais)** to smell good (bad); **se sentir** to feel

séparé *adj.* separated

sept *adj.* seven (1)

septembre September (1)

septième *adj.* seventh

série *f.* series

sérieusement *adv.* seriously

sérieux/euse *adj.* serious (3); **prendre au sérieux** to take seriously

serre *f.* greenhouse; **effet** (*m.*) **de serre** greenhouse effect

serré *adj.* tight, snug

serveur/euse *m., f.* bartender; waiter, waitress (7)

service *m.* favor; service; military service; serve (*tennis*); **station-service** *f.* service station (9)

serviette *f.* napkin (6); towel; briefcase; schoolbag; **serviette de plage** beach towel (8)

servir (*like* **dormir**) *irreg.* to serve (8); **à quoi sert-il** what is it for; **servir à** to be of use in, be used for

ses *adj. m., f. pl.* his; her; its; one's

seul *adj.* alone; single

seulement *adv.* only (9)

sexisme *m.* sexism (16)

short *m.* (*pair of*) shorts (3)

si *adv.* so (very); so much; yes (*response to negative question*) (9); **si (s')** *conj.* if; whether (4); **même si** even if; **s'il vous (te) plaît** please (1)

sida (SIDA) *m.* AIDS

siècle *m.* century (12); **Siècle des lumières** Age of Enlightenment

siège *m.* seat; place; headquarters

sien: le/la/les sien(ne)(s) *pron., m., f.* his/hers

sieste *f.* nap; **faire la sieste** to take a nap

signe *m.* sign, gesture

signer to sign

signifier to mean

silencieux/euse *adj.* silent

simplement *adv.* simply

sincère *adj.* sincere (3)

sincérité *f.* sincerity

se singulariser to distinguish oneself

singulier/ière *adj.* singular; *m., Gram.* singular (*form*)

sinon *prep.* if not; otherwise

situer to situate, find; **se situer** to be situated; to be located

sixième *adj.* sixth

ski *m.* skiing; ski (8); **chaussures** (*f. pl.*) **de ski** ski boots (8); **faire du ski** to ski (5); **lunettes** (*f. pl.*) **de ski** ski goggles (8); **ski alpin** downhill skiing (8); **ski de fond** cross-country skiing (8); **ski nautique** water-skiing (8); **station** (*f.*) **de ski** ski resort

skier to ski (2)

skieur (skieuse) *m., f.* skier

SNCF (Société nationale des chemins de fer français) *f. French national train system*

snob *adj. inv.* snobbish (3)

snowboard: faire du snowboard to go snowboarding

sociabilité *f.* sociability

sociable *adj.* sociable (3)

social *adj.* social; **sécurité** (*f.*) **sociale** Social Security; **siège** (*m.*) **social** head office, headquarters

société *f.* society; organization; company (14); **jeux** (*m. pl.*) **de société** social games, group games (15)

sociologie (*fam.* **socio**) *f.* sociology (2)

sœur *f.* sister (5); **belle-sœur** sister-in-law (5); **demi-sœur** half-sister; stepsister

soi (soi-même) *pron., neu.* oneself (12); **chez soi** at one's own place, home

soif *f.* thirst; **avoir soif** to be thirsty (3)

soigner to take care of; to treat (14)

soigneusement *adv.* carefully

soin *m.* care; **avec soin** carefully

soir *m.* evening; **ce soir** tonight, this evening (5); **ce soir-là** that evening; **demain (hier) soir** tomorrow (yesterday) evening; **du soir** in the evening, at night (6); **le lundi (le vendredi) soir** on Monday (Friday) evenings (5)

soirée *f.* party (3); evening (8)

soit: quel(le)(s) que soit (soient) whatever may be

soixante *adj.* sixty (1)

sol: sous-sol *m.* basement, cellar (5)

solaire *adj.* solar; **énergie** (*f.*) **solaire** solar energy (16)

solde *f.* (*soldier's*) pay, wages

sole *f.* sole (*fish*) (7)

soleil *m.* sun; **faire du soleil (il fait du soleil)** to be sunny (out) (it's sunny) (5); **le roi Soleil** the Sun King (Louis XIV); **lunettes** (*f. pl.*) **de soleil** sunglasses (8)

solidaire *adj.* showing solidarity, loyal

solide *adj.* solid, sturdy

solitaire *adj.* solitary; single; alone (3)

sombre *adj.* dark; gloomy

sommeil *m.* sleep; **avoir sommeil** to be sleepy (3); **le plein sommeil** deep in sleep

sommet *m.* summit, top

somptueux/euse *adj.* sumptuous

son *adj., m. s.* his; her; its; one's

sonate *f.* sonata

sondage *m.* opinion poll (16)

sonner to ring (*telephone*)

sonnette *f.* bell; doorbell

sonore *adj.* sound

sophistiqué *adj.* sophisticated

sorte *f.* sort, kind; manner

sortie *f.* exit; going out; evening out

sortir (*like* **dormir**) *irreg.* to leave; to take out; to go out (8)

sot(te) *adj.* stupid, foolish

souci *m.* care, worry

se soucier de to worry about

soudain *adv.* suddenly (11)

souffrir (*like* **ouvrir**) *irreg.* to suffer (14)

souhait *m.* wish, desire

souhaiter to wish, desire (16)

souk *m. North African market*

soulagement *m.* relief

soulager (nous soulageons) to relieve

soulever (je soulève) to excite; to bring up

souligner to underline, emphasize

soupe *f.* soup; **cuillère** (*f.*) **à soupe** tablespoon, soupspoon (6)

sourcil *m.* eyebrow

souris *f.* mouse (1)

sournois *adj.* sly, shifty

sous *prep.* under, beneath (4); in (*rain, sun*); **sous (la) forme de** in the form of

sous-marin *adj.* underwater; *m.* submarine; **plongée** (*f.*) **sous-marine** skin diving, scuba diving (8)

sous-sol *m.* basement, cellar (5)

soutenir (*like* **tenir**) *irreg.* to support (16); to assert

soutien *m.* support

souvenir *m.* memory, recollection; souvenir

se souvenir (*like* **venir**) **de** *irreg.* to remember (13)

souvent *adv.* often (2)

spécial (*pl.* **spéciaux**) *adj.* special

spécialisé *adj.* specialized

spécialiste (en) *m., f.* specialist (in)

spécialité *f.* specialty (*in cooking*)

spectacle *m.* show; performance (15)

spectaculaire *adj.* spectacular

spectateur/trice *m., f.* viewer, spectator

spirituel(le) *adj.* spiritual; witty

splendeur *f.* splendor

sport *m.* sport(s) (2); **faire du sport** to do (participate in) sports (5); **magasin** (*m.*) **de sports** sporting goods store; **salle** (*f.*) **de sports** gym

sportif/ive *adj.* athletic; sports-minded (3); **manifestation** (*f.*) **sportive** sporting event (15)

squelette *m.* skeleton

stade *m.* stadium

stage *m.* training course; practicum, internship

standardiste *m., f.* switchboard operator

station *f.* resort (*vacation*); station; **station de métro** subway station (11); **station de ski** ski resort; **station-service** *f.* service station, garage (9)

stationnement *m.* parking

statut *m.* status

steak *m.* (beef) steak; **steak au poivre** pepper steak; **steak frites** steak with French fries

stéréo *adj. m., f.* stereo(phonic); **chaîne** (*f.*) **stéréo** stereo (4)

stéréotypé *adj.* stereotyped

steward *m.* flight attendant, steward (9)

stipuler to stipulate

stratégie *f.* strategy

studieux/ieuse *adj.* studious

studio *m.* studio apartment

stupide *adj.* stupid; foolish; **il est stupide que** + *subj.* it's idiotic that (16)

style *m.* style; **style de vie** lifestyle

stylo *m.* pen (1)

subjonctif *m., Gram.* subjunctive (*mood*)

substantif *m., Gram.* noun, substantive

substituer to substitute

subventionner to support, back (*financially*)

succès *m.* success; **à succès** successful

successeur *m.* successor

succession *f.* series, succession

sucre *m.* sugar (6)

sud *m.* south; **Amérique** (*f.*) **du Sud** South America; **au sud** to the south (9); **sud-est (-ouest)** southeast (-west)

Suède *f.* Sweden

suggérer (**je suggère**) to suggest

se suicider to commit suicide

Suisse *f.* Switzerland (8); **suisse** *adj.* Swiss; **Suisse** *m., f.* Swiss (*person*)

suite: et ainsi de suite and so on; **tout de suite** immediately (5)

suivant *adj.* following

suivi (de) *adj.* followed (by)

suivre (*p.p.* **suivi**) *irreg.* to follow; to take (*a class, a course*) (12)

sujet *m.* subject; topic

super *adj. inv., fam.* super, fantastic

supérieur *adj.* superior; upper

supermarché *m.* supermarket

supplément *m.* supplement, addition; supplementary charge

supplémentaire *adj.* supplementary, additional

supportable *adj.* bearable, tolerable

supposer to suppose

supprimer to abolish, suppress

sur *prep.* on, on top (of) (4); over; out of; about; **donner sur** to overlook

sûr *adj.* sure, certain (16); safe; **bien sûr** of course; **il est sûr que** + *indic.* it is certain that (16)

surchargé *adj.* overloaded

sûrement *adv.* definitely, certainly

surface *f.* surface; **grande surface** shopping mall, superstore

surgelé *adj.* frozen

surnom *m.* name, family name

surprenant *adj.* surprising

surpris *adj.* surprised (16)

surtout *adv.* especially; above all (10)

survenir (*like* **venir**) *irreg.* to happen

survêtement *m.* track suit, sweat suit

suspect(e) *m., f.* suspect

symbole *m.* symbol

symboliser to symbolize

sympathique (*fam., inv.* **sympa**) *adj.* nice, friendly (3)

symphonie *f.* symphony

syndicat (*m.*) **d'initative** (local) chamber of commerce, tourist information bureau (11)

synonyme *m.* synonym; *adj.* synonymous

système *m.* system

ta *adj., f. s., fam.* your

tabac *m.* tobacco; **bureau** (*m.*) **de tabac** (*licensed*) tobacco store; **café-tabac** *m.* bar-tobacconist (11)

table *f.* table (1); **à table** at (to) the table

tableau *m.* (chalk)board (1); painting (12); chart

tablette *f.* bar (*of chocolate*)

tâche *f.* task

taille *f.* waist; build; size; **de taille moyenne** of medium height (3)

tailleur *m.* (*woman's*) suit (3)

talonnade *f.* heel; back-heel (*rugby, soccer*)

tambour *m.* drum

tant *adj.* so much; so many; **tant de** so many, so much; **tant mieux** so much the better (15); **tant pis** too bad (15)

tante *f.* aunt (5)

taper to type

tapis *m.* rug (4)

tapisserie *f.* tapestry

tard *adv.* late; **il est tard** it's late; **plus tard** later

tarif *m.* tariff; fare, price

tarifaire *adj.* tariff

tarte *f.* tart; pie (6); **tarte aux pommes** apple tart

tartine *f. bread and butter sandwich*

tas: des tas de lots of, piles of

tasse *f.* cup (6)

taux *m.* rate; **taux de change** exchange rate (14); **taux de chômage** unemployment rate (14)

taxe *f.* indirect tax

taxi *m.* taxi; **chauffeur** (*m.*) **de taxi** cab driver

te (t') *pron., s., fam.* you; to you, for you; **s'il te plaît** please (1)

technicien(ne) *m., f.* technician

technique *f.* technique; *adj.* technical

technologie *f.* technology

tee-shirt (*pl.* **tee-shirts**) *m.* T-shirt (3)

tel(le) *adj.* such; **tel père, tel fils** like father, like son

télécarte *f.* telephone calling card (10)

télécopieur *m.* fax machine

téléphone *m.* telephone *f.* (4); **numéro** (*m.*) **de téléphone** telephone number (10)

téléphoner (à) to phone, telephone (3); **se téléphoner** to call one another

téléphonique: cabine (*f.*) **téléphonique** phone booth (10); **répondeur** (*m.*) **téléphonique** (telephone) answering machine (10)

téléspectateur/trice *m., f.* television viewer

téléviseur *m.* television set (10)

télévision (*fam.* **télé**) *f.* television (2); **poste** (*m.*) **de télévision** TV set

tellement *adv.* so; so much

témoin *m.* witness; **être témoin de** to witness

tempérament *m.* temperament, personality

température *f.* temperature

temporaire *adj.* temporary

temporel(le) *adj.* temporal, pertaining to time

temps *m.* time; weather (5); *Gram.* tense; **avoir le temps de** to have time to; **depuis combien de temps** since when, how long (9); **de temps en temps** from time to time (2); **en même temps** at

the same time; **en temps de pluie** in rainy weather; **faire un temps pourri** to be rotten weather; **il est temps de** it's time to; **le temps est nuageux** it's cloudy (5); **le temps est orageux** it's stormy (5); **passer du temps** to spend time; **pendant combien de temps...** (for) how long . . . (9); **perdre du temps** to waste time; **prendre le temps (de)** to take the time (to); **quel temps fait-il** how's the weather (5); **temps libre** leisure time; **tout le temps** always, the whole time
tendance *f.* tendency; trend; **avoir tendance à** to have a tendency to
tendre *adj.* tender, sensitive; soft
tenir (*p.p.* **tenu**) *irreg.* to hold; to keep; **tenir aù courant** to keep up to date; **tenir un journal** to keep a diary
tennis *m.* tennis; *pl.* tennis shoes (3); **court** (*m.*) **de tennis** tennis court; **jouer au tennis** to play tennis
tentant *adj.* tempting
tente *f.* tent (8)
tenter (de) to try, attempt (to)
terme *m.* term; expression; **à court (long) terme** in the short (long) run
terminer to end; to finish
terrain *m.* field; ground; **terrain** (*m.*) **de camping** campground; **tout-terrain** *adj.* all-terrain
terrasse *f.* terrace, patio (5)
terre *f.* land; earth; the planet Earth; **par terre** on the ground (4); **pomme** (*f.*) **de terre** potato (6)
terrine *f.* (*type of*) pâté, terrine
tes *adj., m., f. pl., fam.* your
tête *f.* head (13); **avoir mal à la tête** to have a headache (13); **casse-tête** *m.* puzzle; **tête-à-tête** tête-à tête, intimate conversation
texte *m.* text; passage; **traitement** (*m.*) **de texte** word processing (10)
TGV (Train à grande vitesse) *m.* (*French high-speed*) bullet train
thé *m.* tea (6)
théâtre *m.* theater; **faire du théâtre** to act, do theater; **pièce** (*f.*) **de théâtre** (*theatrical*) play (12)
théorie *f.* theory
ticket *m.* ticket (*subway, movie*)
tiède *adj.* lukewarm, tepid
tiens *interj.* well, well (*expresses surprise*); you don't say; **ah, tiens** oh, there's
tiers *m.* one-third; *adj.* third; **Tiers-Monde** *m.* Third World

tigre *m.* tiger
timbre *m.* stamp; postage stamp (10)
timide *adj.* shy; timid
tiré (de) *adj.* drawn, adapted (from)
titre *m.* title; degree
toi *pron., s., fam.* you; **et toi** and you (1); **toi-même** *pron.* yourself (12)
toilettes *f. pl.* bathroom, toilet (4); **faire sa toilette** to wash up
toit *m.* roof
tomate *f.* tomato (6)
tombe *f.* tomb, grave
tomber to fall (8); **tomber amoureux/euse (de)** to fall in love (with) (8)
ton *adj., m. s., fam.* your; **à ton avis** in your opinion (11)
tondeuse *f.* lawn mower
tondre to mow (*lawn*)
torche: lampe (*f.*) **torche** flashlight
tort *m.* wrong; **avoir tort** to be wrong (3)
se tortiller to twist, wriggle
tôt *adv.* early; **il est tôt** it's early
totalité *f.* totality, entire amount
touche *f.* key (*keyboard*); stroke
toucher (à) to touch; to concern; to cash (*a check*) (14)
toujours *adv.* always (2); still
tour *f.* tower (11); *m.* walk, ride; turn; tour; trick; **à tour de rôle** in turn, by turns; **faire le tour de** to go around, take a tour of; **faire un tour (en voiture)** to take a walk (ride) (5)
tourisme *m.* tourism; **faire du tourisme** to go sightseeing
touriste *m., f.* tourist
touristique *adj.* tourist
tourmenté *adj.* uneasy; tortured
tournant: plaque (*f.*) **tournante** linchpin; hub
tourner (à) to turn (11)
tournesol *m.* sunflower; **huile** (*f.*) **de tournesol** sunflower seed oil
tournoi *m.* tournament
tousser to cough
tout(e) (*pl.* **tous, toutes**) *adj., pron.* all, every (10); everything (9); each; any; **tout** *adv.* wholly, entirely, quite, very, all; **à tout à l'heure** see you soon; **en tout** altogether, in all; **haricots** (*m. pl.*) **mange-tout** green beans; sugar peas; **je n'aime pas du tout...** I don't like . . . at all; **ne... pas du tout** not at all (9); **pas du tout** not at all; **tous ensemble** all together; **tous (toutes) les deux** both (of them); **tous les jours** every day (5); **tous les matins** every

morning (10); **tout à coup** suddenly (11); **tout à fait** completely, entirely; **tout à l'heure** in a while (5); **tout de suite** immediately (5); **tout droit** *adv.* straight ahead (11); **toute la matinée (la journée, la soirée)** all morning (day, evening); **toutes les deux heures** every two hours; **toutes les semaines** every week (10); **tout le monde** everybody, everyone (9); **tout le temps** always, the whole time; **tout-puissant** *adj.* all-powerful; **tout-terrain** *adj.* all-terrain (*vehicle*); **tout va bien** everything is going well
toutefois *adv.* however
tracasserie *f.* harassment, hassle
tracer (nous traçons) to draw; to trace out
tracteur *m.* tractor
traditionnel(le) *adj.* traditional
traduction *f.* translation
traduire (*like* **conduire**) *irreg.* to translate (9)
train *m.* train (9); **billet** (*m.*) **de train** train ticket; **en train** by train; **être en train de** to be in the process of (15); **prendre le train** to take the train; **Train à grande vitesse (TGV)** (*French high-speed*) bullet train; **train-train** (*m.*) **quotidien** daily grind, routine
traite *f.* trade; slave trade
traité *adj.* treated, dealt with
traitement *m.* treatment; **traitement de texte** word processing (10)
traiter de to deal with
traiteur *m.* caterer, deli owner; delicatessen
trajet *m.* trip; distance
tranche *f.* slice (7); block, slab
trancher to slice, cut up
tranquille *adj.* quiet, calm
tranquillité *f.* tranquillity; calm
transformer to transform, change
translucide *adj.* translucent
transmettre (*like* **mettre**) *irreg.* to transmit, convey
transport(s) *m.* transportation; **moyen** (*m.*) **de transport** means of transportation (9); **transports en commun** public transportation
transporter to carry, transport
trapéziste *m., f.* trapeze artist
travail (*pl.* **travaux**) *m.* work (2); project; job; employment; **langue** (*f.*) **de travail** working language; **travail d'équipe** teamwork; **travaux** (*pl.*) **pratiques** hands-on (practical) work

travailler to work (2); **travailler à (pour) son compte** to be self-employed

travailleur/euse *m., f.* worker (14); *adj.* hardworking (3); **travailleur/euse indépendant(e)** self-employed worker (14); **travailleur/euse salarié(e)** salaried worker (14)

travers: à travers *prep.* through

traverser to cross (9)

treize *adj.* thirteen (1)

treizième *adj.* thirteenth

tréma *m.* dieresis, umlaut (ë)

tremplin *m.* diving board; springboard

trentaine *f.* approximately thirty

trente *adj.* thirty (1)

très *adv.* very; most; very much; **très bien** very well (good) (1); **très bien, merci** very well, thank you; **très (peu) calorique** high (low) in calories

trésor *m.* treasure

trésorier/ière *m., f.* treasurer

trimestre *m.* trimester; quarter (*academic*)

triomphe *m.* triumph, success

triompher to triumph

triste *adj.* sad

trois *adj.* three (1)

troisième *adj.* third

tromper to deceive; **se tromper (de)** to make a mistake; to be wrong (13)

trompette *f.* trumpet

trop (de) *adv.* too; too much (of); too many (of) (6)

trophée *m.* trophy

troubler to trouble, disturb

troupeau *m.* herd

trousse *f.* case; kit; **trousse de secours** first-aid kit

trouver to find (2); to deem; to like; **se trouver** to be located (situated, found) (11)

truffe *f.* truffle

truite *f.* trout

tu *pron., s., fam.* you

tuer to kill

Tunisie *f.* Tunisia (8)

tunisien(ne) *adj.* Tunisian; **Tunisien(ne)** *m., f.* Tunisian (*person*)

turc (turque) *adj.* Turkish

type *m.* type, kind; *fam.* guy, fellow

typique *adj.* typical

un(e) (*pl.* **des**) *art., adj., pron.* one (1); **un(e) autre** another (15); **une fois** once (11); **une fois par semaine** once a week (5); **un jour** someday (14); **un peu** a little (3); **un peu (de)** a little (of) (6)

unanime *adj.* unanimous

uni *adj.* united; plain, solid (*color*); **États-Unis** *m. pl.* United States; **Organisation des Nations Unies (ONU)** United Nations

union *f.* union; marriage; **Union européenne (UE)** European Union (EU); **union libre** living together, common-law marriage

unique *adj.* only, sole

s'unir to unite

unité *f.* unity; unit; department

univers *m.* universe

universel(le) *adj.* universal

universitaire *adj.* (*of or belonging to the*) university; **cité** (*f.*) **universitaire** (*fam.* **cité-U**) university dormitory; **résidence** (*f.*) **universitaire** dormitory; **restaurant** (*m.*) **universitaire** (*fam.* **le resto-U, le R.U.**) university cafeteria (2)

université *f.* university (2)

urbain *adj.* urban, city

urgent *adj.* urgent; **il est urgent que +** *subj.* it's urgent that (16)

usage *m.* use; custom

utile *adj.* useful; **il est utile que +** *subj.* it's useful that (16)

utilisation *f.* use

utiliser to use, utilize

utilité *f.* use; utility, usefulness

vacances *f. pl.* vacation (5); **grandes vacances** *pl.* summer vacation; **partir (aller) en vacances** to leave on vacation; **passer les vacances** to spend one's vacation; **pendant les vacances** during vacation

vachement *adv., fam.* very, tremendously

vague *f.* (ocean) wave; **nouvelle vague** new wave (*trend*)

vaisselle *f.* dishes; **faire la vaisselle** to wash (do) the dishes (5)

valeur *f.* value; worth

valise *f.* suitcase (8); **faire sa valise** to pack one's bag

vallée *f.* valley

valoir (*p.p.* **valu**) *irreg.* to be worth (16); **il vaut mieux que +** *subj.* it is better that (16)

vanille *f.* vanilla

vaniteux/euse *adj.* vain

variante *f.* variation

varier to vary; to change

variété *f.* variety, type; **chanson** (*f.*) **de variété** popular song (15)

Varsovie *f.* Warsaw

vaste *adj.* vast; wide, broad

va-t-en *fam.* get going, go away (13)

veau *m.* veal; calf; **escalope** (*f.*) **de veau** veal scaloppini

vedette *f.* star, celebrity (*male or female*)

végétarien(ne) *m., f., adj.* vegetarian

véhicule *m.* vehicle

veille *f.* the day (evening) before; eve

vélo *m., fam.* bike; **à/en vélo** by bike; **faire du vélo** to go cycling (5)

vendeur/euse *m., f.* salesperson

vendre to sell (5); **à vendre** for sale

vendredi *m.* Friday (1); **le vendredi soir** on Friday evenings (5)

venir (*p.p.* **venu**) *irreg.* to come (8); **venir de +** *inf.* to have just (*done s.th.*) (8)

vent *m.* wind; **faire du vent (il fait du vent)** to be windy (it's windy) (5)

vente *f.* sale

venter to be windy; **il vente** it's windy (5)

ventre *m.* abdomen, belly; stomach (13)

verbe *m.* verb; language

vérifier to verify

véritable *adj.* true; real

vérité *f.* truth

verre *m.* glass (6); **prendre un verre** *fam.* to have a drink; **un verre de** a glass of

verrouillable *adj.* lockable

vers *prep.* around, about (*with time expressions*); toward, to; about

version *f.* version; **en version originale** original version, not dubbed (*movie*)

vert *adj.* green (3); (*politically*) "green"; **citron** (*m.*) **vert** lime (*fruit*); *****haricots** (*m. pl.*) **verts** green beans (6); **espace** (*m.*) **vert** grassy (wooded) area; **poivron** (*m.*) **vert** green (bell) pepper; **tourisme** (*m.*) **vert** ecotourism

veste *f.* sports coat, blazer (3); **veste de montagne** hiking (ski) jacket

veston *m.* suit jacket (3)

vêtement *m.* garment; *pl.* clothes, clothing

viande *f.* meat (6)

vibrer to vibrate

victime *f.* victim (*male or female*)

victoire *f.* victory

vide *adj.* empty

vidéo *f., fam.* video(cassette); *adj.* video; **caméra** (*f.*) **vidéo** video camera; **cassette** (*f.*) **vidéo** videocassette

vidéothèque *f.* video store

vie *f.* life (2); **coût** (*m.*) **de la vie** cost of living (14)

vietnamien(ne) *adj.* Vietnamese

vieux (vieil, vieille) *adj.* old (4); **mon vieux (ma vieille)** old friend, buddy

vif (vive) *adj.* lively; bright

villa *f.* bungalow; single-family house; villa

ville *f.* city (1); **centre-ville** *m.* downtown (11); **en ville** in town, downtown

vin *m.* wine (6); **coq** (*m.*) **au vin** coq au vin (*chicken prepared with red wine*); **marchand(e)** (*m., f.*) **de vin** wine merchant (14)

vingt *adj.* twenty (1); **vingt et un (vingt-deux...**) *adj.* twenty-one (twenty-two . . .) (1)

vingtième *adj.* twentieth

violet(te) *adj.* purple, violet (3); *m.* violet (*color*)

violon *m.* violin

Virginie *f.* Virginia; **Virginie-Occidentale** West Virginia

visa *m.* visa; signature

visage *m.* face (13)

vis-à-vis (de) *adv.* opposite, facing; toward

visibilité *f.* visibility

visionnaire *m., f.* visionary

visionner to watch, view

visite *f.* visit (2); **faire une visite** to pay a visit; **rendre visite à** to visit (*s.o.*) (11)

visiter to visit (*a place*) (2); **je peux la visiter** I may (may I) visit it

visiteur/euse *m., f.* visitor

vitæ: curriculum (*m.*) **vitæ** résumé (14)

vite *adv.* quickly, fast, rapidly; **il faut faire vite** we have to move fast; **venez vite** come quickly

vitesse *f.* speed; **limite** (*f.*) **de vitesse** speed limit; **Train** (*m.*) **à grande vitesse (TGV)** (*French high-speed train*) bullet train

vitrine *f.* display window, store window

vivant *adj.* living; **langues** (*f. pl.*) **vivantes** modern languages

vive... *interj.* long live . . .

vivre (*p.p.* **vécu**) *irreg.* to live (12); **facile (difficile) à vivre** easy (hard) to live with; **vive le professeur** *interj.* long live (hurrah for) the professor

vocabulaire *m.* vocabulary

vocal: boîte (*f.*) **vocale** voice mail (10)

voici *prep.* here is/are (2)

voie *f.* way, road; course; lane; railroad track; **pays** (*m.*) **en voie de développement** developing nation

voilà *prep.* there is/are (2)

voile *f.* sail; **bateau** (*m.*) **à voile** sailboat (8); **faire de la voile** to go sailing (5); **planche** (*f.*) **à voile** windsurfer

voilier *m.* sailboat

voir (*p.p.* **vu**) *irreg.* to see (10)

voire *adv.* indeed

voisin(e) *m., f.* neighbor; **voisin(e) de palier** neighbor living on the same landing

voiture *f.* car, automobile (4); train car; **faire un tour en voiture** to take a ride (5); **voiture-restaurant** *f.* dining car (*train*)

voix *f.* voice

vol *m.* flight (9)

volant: objet (*m.*) **volant non identifié (O.V.N.I.)** unidentified flying object (UFO), flying saucer

volcan *m.* volcano

voler to fly; to steal; **qui vole un œuf vole un bœuf** once a thief always a thief

volley-ball (*fam.* **volley**) *m.* volleyball; **jouer au volley** to play volleyball

volontaire *m., f., adj.* volunteer

volonté *f.* will, willingness

volupté *f.* voluptuous pleasure

vos *adj., m., f. pl.* your

voter to vote

votre *adj., m., f.* your; **à votre avis** in your opinion (11)

vôtre(s): le/la/les vôtres *pron., m., f.* yours; *pl.* your close friends, relatives

vouloir (*p.p.* **voulu**) *irreg.* to wish, want (7); **je voudrais** I would like (6); **que veut dire...** what does . . . mean; **vouloir bien** to be willing; to agree (7); **vouloir dire** to mean (7)

vous *pron.* you; yourself; to you; **chez vous** where you live, your place; **et**

vous and you (1); **s'il vous plaît** please (1); **vous-même** *pron.* yourself (12)

voyage *m.* trip; **agence** (*f.*) **de voyages** travel agency; **bon voyage** *interj.* have a good trip; **chèque** (*m.*) **de voyage** traveler's check; **faire un voyage** to take a trip (5); **partir (s'en aller) en voyage** to leave on a trip; **projets** (*m. pl.*) **de voyage** travel plans

voyager (nous voyageons) to travel (8)

voyageur/euse *m., f.* traveler

voyant(e) *m., f.* fortune-teller, medium

vrai *adj.* true, real (4); **il est vrai que +** *indic.* it's true that (16)

vue *f.* view; panorama; sight; **en vue de** with a view toward; **point** (*m.*) **de vue** point of view

wagon *m.* train car (9); **wagon-lit** *m.* sleeping car; **wagon-restaurant** *m.* dining car

Wallonie *f.* Wallonia (*French-speaking Belgium*)

W.-C. *f. pl.* rest room, toilet (4)

Web *m.* Web (10)

week-end *m.* weekend; **ce week-end** this weekend (5); **le week-end** on weekends (5)

xénophobie *f.* xenophobia

y *pron.* there (11); **il y a** there is (are) (1); ago (8); **il n'y a pas de...** there isn't (aren't) . . . ; **qu'est-ce qu'il y a dans...** what's in . . . ; **y a-t-il...** is (are) there . . .

yeux (*pl.* (3) of **œil**) *m.* eyes (13)

zèbre *m.* zebra

zéro *m.* zero

zone *f.* zone, area; **zone fumeurs (non-fumeurs)** smoking (nonsmoking) area (9)

zoologique *adj.* zoological; **jardin** (*m.*) **zoologique** (*fam.* **zoo**) zoological gardens, zoo

Lexique anglais-français

This English-French end vocabulary includes the words in the active vocabulary lists of all chapters. See the introduction to the *Lexique français-anglais* for a list of abbreviations used.

abdomen ventre *m.* (13)
able: to be able pouvoir (*irreg.*) (7)
abolish abolir (16)
about (*with time expressions*) vers (6)
abroad à l'étranger (9)
accept accepter (de) (12)
accident accident *m.* (16)
accomplish réussir (4)
according to selon (16)
account compte *m.* (14); **checking ac-count** compte-chèques *m.* (14); **sav-ings account** compte d'épargne (14)
accountant comptable *m., f.* (14)
acquaintance: to make the acquain-tance (of) faire la connaissance (de) (5)
across from en face de (4)
act *v.* agir (4)
activities (leisure) loisirs *m. pl.* (15); **outdoor activities** activités (*f.*) de plein air
actor acteur *m.,* actrice *f.* (12)
address adresse *f.* (10)
adore adorer (2)
ads (classified) petites annonces *f. pl.* (10)
advertisement, advertising publicité *f.* (10)
advise conseiller (à, de) (15)
aerobics aérobic *f.* (5); **to do aerobics** faire de l'aérobic (5)
afraid: to be afraid of avoir peur de (3)
after après (2, 5)
afternoon après-midi *m.* (5); **afternoon snack** goûter *m.* (6); **this afternoon** cet après-midi (5)
afterward après (5)
again de nouveau (11)
age âge *n. m.;* **Middle Ages** le Moyen Âge (12)
ago il y a (8)
agree vouloir (*irreg.*) bien (7)
agreeable agréable (3)
agreed d'accord (2)
ahead: straight ahead tout droit (11)
airplane avion *m.* (9)
airport aéroport *m.* (9)

alarm clock réveil *m.* (4)
Algeria Algérie *f.* (8)
all *adj., pron.* tout, toute, tous, toutes (9); **All right.** Ça peut aller. (1); **not at all** ne... pas du tout (9)
allow (to) permettre (de) (12)
almost presque (6)
already déjà (9)
also aussi
always toujours (2)
American (*person*) Américain(e) *m., f.* (2)
amount montant *m.* (14)
amusing amusant(e) (3)
and et (2); **And you?** Et vous?/Et toi? (1)
angry fâché(e) (16); **to get angry** se fâcher (13)
another un(e) autre (15)
answer *v.* répondre à (5); **answering machine** répondeur *m.* (téléphonique) (10)
Antilles (*islands*) Antilles *f. pl.*
antique *adj.* ancien(ne) (4)
apartment appartement *m.;* **apartment building** immeuble *m.* (4)
apologize s'excuser (13)
apparatus appareil *m.* (10)
appetizer *hors-d'œuvre *m. inv.* (7)
apple pomme *f.* (7)
application (job) demande (*f.*) d'emploi (14)
apply (*for a job*) poser sa candidature (14)
appointment: to have an appointment avoir (*irreg.*) rendez-vous (3)
April avril (1)
architect architecte *m., f.* (14)
area: smoking, nonsmoking area zone (*f.*) (non-)fumeurs (9)
arena arènes *f. pl.* (12)
argue se disputer (13)
arm bras *m.* (13)
around (*with time expressions*) vers (6)
arrival arrivée *f.* (9)
arrive arriver (3)
art (work of) œuvre (*f.*) (d'art) (12)
artisan artisan(e) *m., f.* (14)
artist artiste *m., f.* (14)

as . . . as aussi... que (14); **as much (many) . . . as** autant (de)... que (15); **as soon as** dès que (14), aussitôt que (14); **as far as** jusqu'à (11); **as for me** pour ma part (16)
ashamed: to be ashamed avoir (*irreg.*) honte (3)
ask (for) demander; **ask a question** poser une question (12)
asleep: to fall asleep s'endormir (*irreg.*) (13)
at à (2)
athletic sportif/ive (3)
atmosphere atmosphère *f.* (16)
attend assister à (15)
attendant (flight) hôtesse (*f.*) de l'air (9), steward *m.* (9)
attention: to pay attention (to) faire (*irreg.*) attention (à) (5)
August août (1)
aunt tante *f.* (5)
automatic teller guichet (*m.*) automa-tique (14)
automobile voiture *f.* (4)
autumn automne *m.;* **in autumn** en au-tomne (5)
awaken se réveiller (13)

back dos *m.* (13)
backpack sac (*m.*) à dos (3)
bad mauvais(e) *adj.* (4); **bad(ly)** mal *adv.;* **it's bad (out)** il fait mauvais (5); **not bad(ly)** pas mal (1); **things are going badly** ça va mal (1); **to feel bad (ill)** aller (*irreg.*) mal (5); **Too bad!** Dommage! (16)
bag: sleeping bag sac (*m.*) de couchage (8)
baguette baguette (*f.*) (de pain) (6)
bakery boulangerie *f.* (7)
balcony balcon *m.* (5)
ball: bocce ball pétanque *f.* (15)
bank banque *f.* (11); **bank (ATM) card** carte (*f.*) bancaire (14); **the Left Bank** (*in Paris*) Rive (*f.*) gauche (11); **the Right Bank** (*in Paris*) Rive (*f.*) droite (11)

bar-tobacconist café-tabac *m.* (11)
basement sous-sol (*m.*) (5)
bathe se baigner (13)
bathroom salle (*f.*) de bains (5); **bathroom sink** lavabo *m.* (4)
be être (*irreg.*) (2); **here is/are** voici (2); **How are you?** Comment allez-vous?/ Comment vas-tu? (1); **it's a . . .** c'est un (une)... (1); **there is/are** il y a; voilà; **to be in the middle (the process) of** être en train de (15)
beach plage *f.* (8); **beach towel** serviette (*f.*) de plage (8)
beans: green beans *haricots (*m. pl.*) verts (6)
beautiful beau, bel, belle (beaux, belles) (3)
because parce que (4)
become devenir (*irreg.*) (8)
bed lit *m.* (4); **to go to bed** se coucher (13)
bedroom chambre *f.* (4)
beef bœuf *m.* (6)
beer bière *f.* (6)
begin commencer (2); **to begin to** (*do s.th.*) se mettre (*irreg.*) à (+ *inf.*) (13)
behind derrière (4)
Belgium Belgique *f.* (8)
believe croire (*irreg.*) (10); estimer (16); **to believe in (that)** croire à, en (que)
beret béret *m.* (3)
berth couchette *f.* (9)
beside à côté de (4)
best le mieux *adv.* (15); le/la/les meilleur(e) (s) *adj.*
better meilleur(e) *adj.*; mieux *adv.* (15); **it is better that** il vaut mieux que + *subj.* (16)
between entre (4)
bicycle bicyclette *f.* (8), vélo *m.*; **to go bicycling** faire (*irreg.*) de la bicyclette, du vélo (5)
big grand(e) (3)
bill (*in a restaurant*) addition *f.* (7); (*currency*) billet *m.*
biology biologie *f.* (2)
black noir(e) (3)
blackboard tableau (noir) *m.* (1); **go to the board** allez au tableau
blazer veste *f.* (3)
blond(e) blond(e) (3)
blouse chemisier *m.* (3)
blue bleu(e) (3)
boarding pass carte (*f.*) d'embarquement (9)
boat bateau *m.* (8); **sailboat** bateau à voile (8)

bocce ball pétanque *f.* (15)
body corps *m.* (13)
book livre *m.* (1); **telephone book** annuaire *m.* (10)
bookstore librairie *f.* (2)
booth (telephone) cabine (*f.*) téléphonique (10)
boots bottes *f. pl.* (3); **hiking boots** chaussures (*f. pl.*) de montagne (8); **ski boots** chaussures (*f. pl.*) de ski (8)
bore: to be bored s'ennuyer (13)
born: to be born naître (*irreg.*) (8)
borrow (from) emprunter (à) (11)
boss chef (*m.*) d'entreprise (14)
bottle *n.* bouteille *f.* (6)
boulevard boulevard *m.* (11)
bowling (lawn) pétanque *f.* (15)
brave courageux/euse (3)
Brazil Brésil *m.* (8)
bread pain *m.* (6); **country-style wheat bread** pain de campagne (7)
breakfast petit-déjeuner *m.* (6)
bring apporter (7); **to bring** (*s.o. somewhere*) amener
broadcast émission *n. f.* (10); **to broadcast** retransmettre (*irreg.*)
brother frère *m.* (5); **brother-in-law** beau-frère *m.* (5)
brown châtain(s) (*hair*); marron *inv.* (3)
brush (one's hair, teeth) se brosser (les cheveux, les dents) (13); brosse *n. f.* (13)
budget budget *m.* (14)
build bâtir (3)
building bâtiment *m.* (1); immeuble (*office, apartment*) *m.* (4)
bus (*city*) autobus *m.* (5); (*interurban*) autocar *m.*
business commerce *m.* (2); **business class** classe (*f.*) affaires (9); **business manager** directeur/trice commercial(e) (14)
but mais (2)
butcher boucher/ère *m., f.* (14); **butcher shop** boucherie *f.* (7); **pork butcher's shop** charcuterie *f.* (7)
butter beurre *m.* (6)
buy *v.* acheter (6)
by à (2); en (2); par

café café *m.* (2)
cafeteria (university) restaurant (*m.*) universitaire (resto-U, R.U.) (2)
cake gâteau *m.* (6)
call *v.* appeler (10); **telephone calling card** télécarte *f.* (10); **Who's calling?** Qui est à l'appareil? (10)

calm calme (3)
camera (video) caméra *f.* (10), caméscope *m.* (10)
camping camping *m.* (8)
can (*to be able*) pouvoir (*irreg.*) (7); **I could** je pourrais
can (of food) boîte (*f.*) (de conserve) (7)
Canada Canada *m.* (8)
cap casquette *f.* (3)
car voiture *f.* (4); **train car** wagon *m.* (9)
carafe carafe *f.* (6)
card carte *f.* (3); **bank (ATM) card** carte bancaire (14); **credit card** carte de crédit (14); **play cards** jouer aux cartes (3)
careful: to be careful faire (*irreg.*) attention (à) (5)
Caribbean Islands Antilles *f. pl.* (1)
carrier (letter) facteur *m.* (14)
carrot carotte *f.* (6)
carry apporter (7); porter (3)
cartoon bande (*f.*) dessinée (15)
case: in that case alors (4)
cash argent (*m.*) liquide (14); **to cash** (*a check*) toucher (14), encaisser (11)
cassette tape cassette *f.* (4)
castle château *m.* (11)
cathedral cathédrale *f.* (12)
CD player platine (*f.*) laser, lecteur (*m.*) de CD (4)
CD-ROM cédérom, CD-ROM *m.* (10)
celebrate fêter, célébrer (6)
cent (*1/100th of a franc*) centime *m.* (7)
century siècle *m.* (12)
certain certain(e) (16); sûr(e) (16)
chair chaise *f.* (1)
chalkboard tableau (noir) *m.* (1)
chance: games of chance jeux (*m. pl.*) de hasard (15)
change monnaie *n. f.* (10)
channel (*television*) chaîne *f.* (10)
chateau château *m.* (11)
check (*in a restaurant*) addition *f.* (7); (*bank*) chèque *m.*(14); **checkbook** carnet (*m.*) de chèques (14); **checking account** compte-chèques *m.* (14); **to write a check** faire (*irreg.*) un chèque (14); **to cash a check** toucher un chèque (14), encaisser (11) un chèque
cheese fromage *m.* (6)
chemistry chimie *f.* (2)
chess échecs *m. pl.* (3)
chest (of drawers) commode *f.* (4)
chestnut (*hair color*) châtain (3)
chicken poulet *m.* (6)
child enfant *m., f.* (5)

China Chine *f.* (8)
Chinese (*person*) Chinois(e) (2); (*language*) chinois *m.* (2)
chocolate chocolat *m.* (6)
choose choisir (4)
chop (*meat*) côte *n. f.* (7)
church (*Catholic*) église *f.* (11)
citizen citoyen(ne) (16)
city ville *f.* (2)
civil servant fonctionnaire *m., f.* (14)
class (business) classe (*f.*) affaires (9); **tourist class** classe économique (9); **first class** première classe (9)
classical classique (2)
classified ads petites annonces *f. pl.* (10)
classroom salle (*f.*) de classe (1)
clear *adj.* clair(e) (16)
clerk (sales) employé(e) (14)
climb *v.* monter (8)
clock (alarm) réveil *m.* (4)
close to près de (4)
closet armoire *f.* (4)
cloudy: it's cloudy le temps est nuageux (5)
coat manteau *m.* (3); **sports coat** veste *f.* (3)
coffee (cup of) un café *m.* (2)
coin locker consigne *f.* (automatique) (9)
cold froid *m.*; **it's cold** il fait froid (5); **to be cold** avoir (*irreg.*) froid (3)
collection collection *f.* (15); recueil *m.* (12)
comb peigne *n. m.* (13); **to comb one's hair** se peigner (13)
come venir (*irreg.*) (8); **to come back to** (*someplace*) revenir (*irreg.*) (8)
commercial publicité *n. f.* (10)
compact disc (CD) player platine (*f.*) laser, lecteur (*m.*) de CD (4)
company entreprise *f.* (14); société *f.* (14); **company head** chef (*m.*) d'entreprise (14)
compartment (*train*) compartiment *m.* (9)
composer compositeur/trice (12)
computer ordinateur *m.* (1); **computer science** informatique *f.* (2)
concern *v.* toucher
conflict conflit *n. m.* (16)
conformist conformiste (3)
Congo (Republic Democratic of) la République Démocratique du Congo *m.* (8)
conservation conservation *f.* (16)
conserve conserver (16)
consider estimer (16)
constantly constamment (12)
construct construire (*irreg.*) (9)

continue continuer (11)
cooking cuisine *f.* (6); **to cook** faire (*irreg.*) la cuisine (5)
cool *adj.* frais (fraîche); **it's cool** il fait frais (5)
corner coin *m.* (11)
cost of living coût (*m.*) de la vie (14)
costs frais *m. pl.* (14)
country (*nation*) pays *m.* (2); **country(side)** campagne *f.* (8)
courageous courageux/euse (3)
course (*academic*) cours *m.* (2); **course** (*meal*) plat *m.* (7); **first course** entrée *f.* (7); **main course** plat (*m.*) principal (7)
cousin cousin(e) (5)
cover *v.* couvrir (*irreg.*) (14)
craftsperson artisan(e) (14)
crayfish écrevisse *f.* (7)
cream crème *f.* (6); **ice cream** glace *f.* (6)
credit card carte (*f.*) de crédit (14)
croissant croissant *m.* (6)
cross traverser (9); **cross-country skiing** ski (*m.*) de fond (8)
cup tasse *f.* (6); **cup of coffee** un café *m.* (2); **wide cup** bol *m.* (6)
curtain rideau *m.* (4)
cycling cyclisme *m.* (15); vélo *m.*; **to go cycling** faire (*irreg.*) du vélo (5)

daily quotidien(ne) (13)
dance *v.* danser
date (from) *v.* dater (de) (12); **to have a date** avoir (*irreg.*) rendez-vous (3); **What is the date?** Quelle est la date? (1)
daughter fille *f.* (5)
day jour *m.* (1); **whole day** journée *f.* (7); **every day** tous les jours (5); **the day before yesterday** avant-hier (8); **What day is it?** Quel jour sommes-nous? (1)
dear cher (chère) (3)
decade: the decade of (the fifties) les années (cinquante) *f. pl.* (8)
December décembre (1)
decide décider (de) (12)
delay retard *n. m.* (9)
delicatessen charcuterie *f.* (7)
demand *v.* exiger (16)
demonstrate (for/against) manifester (pour/contre) (16)
dentist dentiste *m., f.* (14)
departure départ *m.* (9)
deposit (change) *v.* déposer (14) (la monnaie) (10)
describe décrire (*irreg.*) (10)

desire *v.* désirer (15); souhaiter (16)
desk bureau *m.* (1)
dessert dessert *m.* (6)
destroy détruire (*irreg.*) (9)
detest détester (2)
develop développer (16)
development développement *m.* (16)
dial (a number) composer (un numéro) (10)
dictionary dictionnaire *m.* (2)
die mourir (*irreg.*) (8)
diet régime *n. m.* (7)
different différent(e) (3)
difficult difficile (3)
dine dîner (6)
dining room salle (*f.*) à manger (5)
dinner dîner *m.* (6); **to have dinner** dîner (6)
direct *v.* diriger (14)
disagreeable désagréable (3)
discover découvrir (*irreg.*) (14)
dishes vaisselle *f.*; **to do the dishes** faire (*irreg.*) la vaisselle (5)
district quartier *m.* (2); arrondissement *m.* (11)
division (*academic*) faculté *f.* (2)
divorced divorcé(e) (5)
do faire (*irreg.*) (5); **do-it-yourself work** bricolage *m.* (15)
doctor médecin (femme médecin) (14)
dog chien(ne) (4)
door porte *f.* (1)
dormitory cité (*f.*) universitaire (cité-U) (2)
doubt *v.* douter (16)
downhill skiing ski (*m.*) alpin (8)
downtown centre-ville *m.* (11)
drawers (chest of) commode *f.* (4)
dream (of) *v.* rêver (de) (2)
dress robe *f.* (3); **to dress up in disguise** se déguiser; **to get dressed** s'habiller (13)
drink (soft) boisson (*f.*) gazeuse (6); **to drink** boire (*irreg.*) (6)
drive *v.* conduire (*irreg.*) (9)
driver conducteur/trice (9)
drugstore pharmacie *f.* (11)
during pendant (9)
dynamic dynamique (3)

each (one) chacun(e) *pron.* (15); chaque *adj.* (15)
ear oreille *f.* (13)
early de bonne heure (6); tôt (6); en avance (6)
earn gagner (14)
east est *m.*; **to the east** à l'est (9)

easy facile (3)

eat manger (2); **I like to eat** je suis gourmand(e)

eccentric excentrique (3)

eclair éclair (*pastry*) *m.* (7)

economics économie *f.* (2)

egg œuf *m.* (6)

eight *huit (1)

eighteen dix-huit (1)

eighth le/la *huitième (11)

elect élire (*irreg.*) (16)

eleven onze (1)

eleventh le/la onzième (11)

else (something) autre chose (7)

e-mail courrier (*m.*) électronique (10); **e-mail message** message (*m.*) électronique (10)

employee employé(e) (14); **s.o. employed (by)** employé(e) (de) (14)

encounter rencontre *n. f.* (13); **to encounter** rencontrer (13)

end by (*doing s.th.*) finir par (12)

energy énergie *f.* (16); **nuclear/solar energy** énergie (*f.*) nucléaire/solaire (16)

engage: to get engaged se fiancer (13)

engagement fiançailles *f. pl.*

engineer ingénieur *m.* (14)

England Angleterre *f.* (8)

English (*person*) Anglais(e) (2); (*language*) anglais *m.* (2); **English-speaking** anglophone

enough (of) assez de (6)

enter entrer (8)

enthusiastic enthousiaste (3)

envelope enveloppe *f.* (10)

environment environnement *m.* (16)

era: the era of (the fifties) les années (cinquante) *f. pl.* (8)

errands courses *f. pl.*; **to do errands** faire (*irreg.*) les courses (5)

especially surtout (10)

essential essentiel(le) (16)

establishment: at the establishment of chez (5)

estimate *v.* estimer (16)

evening soir *m.* (6); **entire evening** soirée *f.* (8); **good evening** bonsoir (1); **in the evening** du soir (6); **Monday/ Friday evenings** le lundi/le vendredi soir; **this evening** ce soir

event événement *m.* (12); **sporting event** manifestation (*f.*) sportive (15)

ever déjà (9)

every tout, toute, tous, toutes (10); **every day** tous les jours (5, 10); **every week** toutes les semaines (10)

everybody tout le monde (9)

everyday quotidien(ne) (13)

everyone tout le monde (9)

everything tout (9)

everywhere partout (11)

evidently évidemment (12)

exam examen *m.* (2); **to take an exam** passer un examen (4)

example: for example par exemple (16)

exchange rate cours (*m.*) (14), taux (*m.*) de change (14); **money exchange (office)** bureau (*m.*) de change (14)

excuse (oneself) s'excuser (13); **excuse me** excusez-moi (1)

exhibit exposition *f.* (12)

expense dépense *f.* (14); **expenses** frais *m. pl.* (14)

expensive cher (chère) (3)

express an opinion exprimer une opinion (16)

expression: freedom of expression liberté (*f.*) d'expression (13)

eye œil *m.* (*pl.* yeux) (13)

face visage *n. m.* (13)

fair *adj.* juste (16)

fall automne *n.m.* (5); **in fall** en automne (5)

fall *v.* tomber (8); **fall in love** tomber amoureux/euse (13)

false faux (fausse) (4)

familiar: to be familiar with connaître (*irreg.*) (11)

family famille *f.* (5)

far from loin de (4)

farmer agriculteur/trice (14)

father père *m.* (5); **father-in-law** beau-père *m.* (5)

favorite préféré(e) (5)

February février (1)

feel sentir (*irreg.*) (8); **to feel bad** aller (*irreg.*) mal (5); **to feel like** avoir (*irreg.*) envie de (3)

few: a few *adj.* quelques; quelques-uns/unes *pron.* (9)

fifteen quinze (1)

fifth le/la cinquième (11)

fifty cinquante (1)

fillet (*beef, fish, etc.*) filet *m.* (7)

fill it up faire (*irreg.*) le plein (9)

film film *m.* (2)

filmmaker cinéaste *m., f.* (12)

finally enfin (11)

find *v.* trouver (2)

fine bien (15); ça va bien (1)

finger doigt *m.* (13)

finish finir de (+ *inf.*) (4); **to finish by** (*doing s.th.*) finir par (+ *inf.*) (12)

first d'abord *adv.* (11); premier/ière *adj.* (11); **first of all (at first)** d'abord (11)

fish poisson *m.* (6); **fish store** poissonnerie *f.* (7); **fishing** pêche *f.* (15); **to go fishing** aller (*irreg.*) à la pêche (8)

five cinq (1)

fixed price menu menu *m.* (7)

flash of lightning coup (*m.*) de foudre (13)

flight vol *m.* (9); **flight attendant** hôtesse (*f.*) de l'air (9); **steward** *m.* (9)

floor: ground floor rez-de-chaussée *m.* (5); **second floor** premier étage *m.* (5); **third floor** deuxième étage *m.* (5)

flower fleur *f.* (4)

fluently couramment (12)

follow suivre (*irreg.*) (12)

food cuisine *f.* (6)

foot pied *m.* (13); **on foot** à pied (9)

for pour (2); (*time*) depuis (9), pendant (9); (*flight*) à destination de (9); **for example** par exemple (16)

foreign: in a foreign country à l'étranger (9); **foreign language** langue (*f.*) étrangère (2)

forest bois *m.* (11); forêt *f.* (8)

forget (to) oublier (de) (8)

fork fourchette *f.* (6)

former ancien(ne) (4)

formerly autrefois (11)

fortunate heureux/euse (10)

forty quarante (1)

found: to be found se trouver (13)

four quatre (1)

fourteen quatorze (1)

fourth le/la quatrième (11); **one-fourth** quart *m.* (6)

franc franc (*currency*) *m.* (7)

France France *f.* (8)

freedom (of expression) liberté (*f.*) (d'expression) (16)

French (*person*) Français(e) (2); (*language*) français *m.*; **French fries** frites *f. pl.* (6); **French-speaking** francophone; **in French, please** en français, s'il vous plaît (1)

fresh frais (fraîche) (5)

Friday vendredi *m.* (1)

friend ami(e) (2)

friendship amitié *f.* (13)

fries frites *f. pl.* (6)

from de (2); **from time to time** de temps en temps (2); **from now on** à l'avenir (14), à partir de maintenant (14)

front: in front of devant (4)

fruit fruit *m.* (6); **fruit juice** jus (*m.*) de fruit (6)

fun *adj.* amusant(e) (3); **to have fun** s'amuser (à) (13)

funny drôle (3)
furious furieux/euse (16)
furniture (piece of) meuble *m.* (5)
future avenir *m.* (14); **in the future** à l'avenir (14)

game (*sport*) match (15); **games of chance** jeux (*m. pl.*) de hasard (15); **group, social games** jeux (*m. pl.*) de société (15)
garden jardin *n. m.* (5)
gardening jardinage *m.* (15)
garlic ail *m.* (15)
generally en général (2)
geography géographie *f.* (2)
geology géologie *f.* (2)
German (*person*) Allemand(e) (2); (*language*) allemand *m.* (2)
Germany Allemagne *f.* (8)
get obtenir (*irreg.*) (8); **Get going!** Va-t'en! (13); **to get along (with)** s'entendre (avec) (13); **to get off, down from** descendre (de) (5); **to get up** se lever (13)
girl jeune fille *f.* (3)
give donner (2); **to give back** rendre (5)
glass verre *m.* (6); **(eye)glasses** lunettes *f. pl.* (8)
go: to go aller (*irreg.*) (5); **things are going well** ça va (1); **Go away/Get going** Allez-vous-en (Va-t'en!) (13); **How's it going?** Ça va? (1); **to be going** (*to do s.th.*) aller + *inf.* (5); **to go back** retourner (8); **to go down** descendre (5); **to go fishing** aller à la pêche (8); **to go home** rentrer (8); **to go off, go away** (*to work*) s'en aller (*irreg.*) (13); **to go out** sortir (de) (8); **to go to** se rendre à; **to go up** monter (8); **What's going on?** Qu'est-ce qui se passe? (15)
goggles: ski goggles lunettes (*f. pl.*) de ski (8)
good bien *adv.* (15); bon(ne) *adj.* (4); **good-bye** au revoir (1); **good day** bonjour (1); **good evening** bonsoir (1); **that's good** tant mieux (15)
Gothic gothique (12)
government gouvernement *m.* (16)
grandchild petit-enfant *m.* (5)
granddaughter petite-fille *f.* (5)
grandfather grand-père *m.* (5)
grandmother grand-mère *f.* (5)
grandparent grand-parent (5)
grandson petit-fils *m.* (5)
gray gris(e) (3)
great formidable; bravo; excellent (4)
great-grandparent arrière-grand-parent *m.* (5)

Greece Grèce *f.* (8)
green vert(e) (3); **green beans** *haricots (*m. pl.*) verts (6)
grocery store épicerie *f.* (7)
ground: on the ground par terre (4); **ground floor** rez-de-chaussée *m.* (5)
group games jeux (*m. pl.*) de société (15)
guess *v.* deviner (12)
guitar guitare *f.* (4)
gymnasium gymnase *m.* (2)

habitually d'habitude (5)
hair cheveux *m. pl.* (3)
hairdresser coiffeur/euse (14)
Haiti Haïti *m.* (8)
half demi(e) (6); **half brother** demi-frère *m.* (5); **half past the hour** et demi(e) (6); **half sister** demi-sœur *f.* (5)
hall couloir *m.* (4); **lecture hall** amphithéâtre *m.* (2); **town hall** mairie *f.* (11)
ham jambon *m.* (6)
hand main *f.* (13); **hand in** rendre (5)
handbag sac (*m.*) à main (3)
handsome beau, bel, belle (3)
happen se passer (15); **What's happening?** Qu'est-ce qui se passe? (15)
happy heureux/euse (10)
hardly peu (3)
hardworking travailleur/euse (3)
hat chapeau *m.* (3)
have avoir (*irreg.*) (3); **to have** (*to eat; to order*) prendre (*irreg.*) (6); **to have to** devoir (*irreg.*) (7)
head tête *f.* (13); directeur/trice (14); **company head** chef (*m.*) d'entreprise (14)
health santé *f.* (13)
hear entendre (5)
heart cœur *m.* (13); **by heart** par cœur (12)
height: medium height de taille moyenne (3)
hello bonjour (1); (*telephone*) allô (10)
help *v.* aider (14)
here ici (1); **here is/are** voici (2)
heritage patrimoine *m.* (12)
hi salut (1)
highway autoroute *f.* (9)
hike randonnée *n. f.* (8); **hiking boots** chaussures (*f. pl.*) de montagne (8); **to go hiking** faire (*irreg.*) une randonnée
hire embaucher (14)
historical historique *f.* (13)
history histoire *f.* (2)
hobby passe-temps *m.* (15)
holiday fête *f.* (1)

home maison *f.* (4); **at the home of** chez (5); **to go home** rentrer (8)
homeless sans-abri *m., f.* (16)
homework devoirs *m. pl.*; **to do homework** faire (*irreg.*) ses devoirs (5)
hope *v.* espérer (6)
horse cheval *m.* (8); **to go horseback riding** faire (*irreg.*) du cheval (8)
hospital hôpital *m.* (9)
hostel: youth hostel auberge (*f.*) de jeunesse (9)
hot chaud (3); **it's hot** il fait chaud (5); **to be hot** avoir (*irreg.*) chaud (3)
hotel hôtel *m.* (9)
hour heure *f.* (6); **quarter before the hour** moins le quart (6)
house maison *f.* (4)
housework: to do the housework faire (*irreg.*) le ménage (5)
how comment (1); **How are you?** Comment allez-vous? Comment vas-tu? (1); **How much is it?** C'est combien? (1); **how many . . .** combien (de)... ; **How's it going?** Ça va? (1)
hungry: to be hungry avoir (*irreg.*) faim (4)
hurry *v.* se dépêcher (13)
hurt *v.* avoir (*irreg.*) mal (à) (13)
husband mari *m.* (5)

ice cream glace *f.* (6)
idealistic idéaliste (3)
if si; **if I were you** à ta (votre) place (15)
immediately tout de suite (5)
impatient impatient(e) (3)
important important(e) (3)
impossible: it is impossible il est impossible (16)
in à (2); en (2); dans; **in French** en français; **in order to** pour (4); **in four days** dans quatre jours (5); **in the afternoon** de l'après-midi (6)
include comprendre (*irreg.*) (6)
increase augmentation *n. f.* (14)
indispensable indispensable (16)
individualistic individualiste (3)
industrial industriel(le) (16)
inflation inflation *f.* (16)
information: tourist information bureau syndicat (*m.*) d'initiative (11)
insert: to insert the card introduire (*irreg.*) la carte (10)
inspect contrôler (16)
instructor professeur *m., f.* (1)
intellectual intellectuel(le) (3)
intelligent intelligent(e) (3)
interest *v.* intéresser (14)
interesting intéressant(e) (3)

interview (job) entretien *m.* (14)
involve: to get involved (in) (*a public issue, cause*) s'engager (dans) (16)
island île *f.* (11)
isn't it so? n'est-ce pas? (3)
it's a . . . c'est un (une)... (1)
Italian (*person*) Italien(ne) (2); (*language*) italien *m.*(2)
Italy Italie *f.* (8)
Ivory Coast Côte-d'Ivoire *f.*

jacket (ski) anorak *m.* (8); **suit jacket** veston *m.* (3)
January janvier (1)
Japan Japon *m.* (8)
Japanese (*person*) Japonais(e) (2); (*language*) japonais *m.* (2)
jeans jean *m.* (3)
jewel bijou *m.* (14)
jog faire (*irreg.*) du jogging (5)
joke blague *n. f.* (15)
juice (orange) jus (*m.*) (d'orange) (6)
July juillet (1)
June juin (1)
just juste; **to have just done *s.th.*** venir (*irreg.*) de + *inf.* (8)

key clé, clef *f.* (8)
kilo kilogramme *m.* (7)
kiosk kiosque *m.* (10)
kiss *v.* s'embrasser (13)
kitchen cuisine *f.* (5, 6)
knee genou *m.* (*pl.* genoux) (13)
knife couteau *m.* (6)
know connaître (*irreg.*) (11); **to know (how)** savoir (*irreg.*) (11); **I don't know** je ne sais pas

lake lac *m.* (8)
lamp lampe *f.* (4)
language (foreign) langue (*f.*) (étrangère) (2)
last dernier/ière (8); passé(e) (8)
late en retard (6); tard
laugh *v.* rire (*irreg.*) (15)
laundry: do the laundry faire (*irreg.*) la lessive (5)
law droit *m.* (2)
lawn bowling pétanque *f.* (15)
lawyer avocat(e) (14)
lazy paresseux/euse (3)
learn apprendre (*irreg.*) (à) (6)
leave (for, from) partir (*irreg.*) (à, de) (8); **to leave** (*behind*) laisser (7); **to leave** (*go out*) sortir (*irreg.*) (8); **to leave** (*s.o. or someplace*) quitter (8)

lecture conférence *f.* (12); **lecture hall** amphithéâtre *m.* (2)
left: on the left à gauche (4); **the Left Bank** (*in Paris*) Rive (*f.*) gauche (11)
leg jambe *f.* (13)
legacy patrimoine *m.* (12)
legalization légalisation *f.* (16)
leisure (activities) loisirs *m. pl.* (15)
lend (to) prêter (à) (11)
less . . . than moins... que (14)
letter lettre *f.* (10); **letter carrier** facteur *m.* (14)
lettuce salade *f.* (6)
library bibliothèque *f.* (2)
life vie *f.* (2)
lightning: flash of lightning coup (*m.*) de foudre (13)
like aimer (2); **I would like** (*to do s.th.*) je voudrai (+ *inf.*) (6), j'aimerais (+ *inf.*); **to like better** aimer mieux (2)
likeable sympa(thique) (13)
likely probable (16)
line: to stand in line faire (*irreg.*) la queue (5)
linguistics linguistique *f.* (2)
listen écouter (2)
literature littérature *f.* (2)
little: a little (of) un peu (de) (3)
live habiter (2); vivre (*irreg.*); **long live (hurray for) . . .** vive...
living: cost of living coût (*m.*) de la vie (14); **living room** salle (*f.*) de séjour (5)
loaf (of bread) baguette (*f.*) (de pain) (6)
loan emprunt *m.* (14)
locate: to be located se trouver (11, 13)
locker (coin) consigne (*f.*) automatique (9)
lodging logement *m.* (4)
long long(ue) (3); **long live (hurray for) . . .** vive...
longer: no longer ne... plus (9)
look (at) regarder (8); **to look (like)** avoir (*irreg.*) l'air (de) (3); **to look at oneself, look at each other** se regarder (13); **to look for** chercher (2); **to look up** (*a phone number*) consulter l'annuaire (10)
lose perdre (5); **to get lost** se perdre (13)
lot: a lot (of) beaucoup (de) (1,6)
love *v.* adorer (2); aimer (2); amour *n. m.* (13); **love at first sight** coup (*m.*) de foudre (13); **lover; loving** amoureux/euse (13); **to fall in love** tomber amoureux/euse (8, 13)

lucky: to be lucky avoir (*irreg.*) de la chance (8)
lunch déjeuner *m.* (6); **to have lunch** déjeuner (6)

ma'am Madame (Mme) (1)
machine: answering machine répondeur (*m.*) téléphonique (10)
magazine (*illustrated*) magazine *m.* (4, 10); (*journal*) revue *f.* (10)
magnificent magnifique (12)
mail *v.* poster (10)
mailbox boîte (*f.*) aux lettres (10)
majority: the majority of la plupart de (12, 16)
make faire (*irreg.*) (5)
makeup: to put on makeup se maquiller (13)
man homme *m.* (2); **young man** jeune homme *m.* (13)
manager directeur/trice *m., f.* (14); **middle/senior manager** cadre *m.* (14); **top manager** chef (*m.*) d'entreprise (14)
many: how many . . . combien (de)... (1, 4)
map plan (*city*) *m.* (11); carte (*of a region, country*) *f.* (11)
March mars (1)
market marché *m.*; **to go to the market** faire (*irreg.*) le marché (5)
marriage mariage *m.* (13)
married marié(e) (5); **to get married** se marier (avec) (13)
Martinique Martinique *f.* (1)
masterpiece chef-d'œuvre *m.* (*pl.* chefs-d'œuvre) (12)
mathematics (math) mathématiques (maths) *f. pl.* (2)
May mai (1)
maybe peut-être (5)
me: as for me pour ma part (16); **me too** moi aussi (3); **me neither** moi non plus (3)
meal repas *m.* (6)
mean *v.* vouloir (*irreg.*) dire (7); **What does . . . mean?** Que veut dire... ?
meat viande *f.* (6)
media médias *m. pl.* (16)
medieval médiéval(e) (12)
medium: of medium height de taille moyenne (3)
meet se rencontrer (13); **to meet (for the first time)** faire (*irreg.*) la connaissance (de)
meeting rencontre *f.* (13); **to have a meeting** avoir (*irreg.*) rendez-vous (3)

mention: don't mention it de rien (1, 7)
menu carte *f.* (7); **fixed price menu** menu *m.* (7)
merchant (wine) marchand(e) (de vin) (14)
messy en désordre (4)
metro station station (*f.*) de métro (11)
Mexico Mexique *m.* (8)
middle: Middle Ages Moyen Âge *m. s.* (12); **to be in the middle of** être (*irreg.*) en train de (15)
midnight: it is midnight il est minuit (6)
military budget budget (*m.*) militaire (16)
milk lait *m.* (6)
Minitel Minitel *m.* (10)
mirror miroir *m.* (4)
Miss Mademoiselle (Mlle) (1)
mixture mélange *m.* (7)
Monday lundi *m.* (1); **it's Monday** nous sommes lundi
money argent *m.*; **money exchange (office)** bureau (*m.*) de change (14)
monitor *v.* contrôler (16)
month mois *m.* (1)
monument monument *m.* (11)
more . . . than plus... que (14); **no more** ne... plus (9)
morning matin *m.*; **entire morning** matinée *f.* (8); **in the morning** du matin (6); **this morning** ce matin (5)
Morocco Maroc *m.* (8)
most (of) la plupart (de) (12, 16)
mother mère *f.* (5)
mother-in-law belle-mère *f.* (5)
motorcycle motocyclette, moto *f.* (9)
mountain montagne *f.* (8); **to go mountain climbing** faire (*irreg.*) de l'alpinisme (8)
mouse souris *f.* (1)
mouth bouche *f.* (13)
move in emménager (4)
move out déménager (4)
movie film *m.* (2); **movie theater; movies** cinéma *m.* (2)
Mr. Monsieur (M.) (1)
Mrs. Madame (Mme) (1)
much bien *adv.*; **as much/many . . . as** autant (de)... que (15); **too much** trop de (6); **very much** beaucoup (1, 6)
municipal municipal(e) (11)
museum musée *m.* (11)
mushroom champignon *m.* (6)
music musique *f.* (2)

musician musicien(ne) (12)
myself moi-même (12)

naive naïf (naïve) (3)
named: to be named s'appeler (13); **my name is . . .** je m'appelle... (10); **What's your name?** Comment vous appelez-vous? Comment t'appelles-tu? (10)
napkin serviette *f.* (6)
natural naturel(le); **natural resources** ressources (*f. pl.*) naturelles (16)
nature nature *f.* (16)
necessary nécessaire; **it is necessary that** il est nécessaire que + *subj.* (16); **to be necessary** falloir (*irreg.*) (7)
neck cou *m.* (13)
necktie cravate *f.* (3)
need *v.* avoir (*irreg.*) besoin de (3); **one needs** il faut (7); il est nécessaire de (16); on a besoin de + *inf.*
neighbor voisin(e) (4)
neighborhood quartier *m.* (2)
nephew neveu *m.* (5)
nervous nerveux/euse (3)
network chaîne *f.* (10)
never ne... jamais (9)
new nouveau, nouvel, nouvelle (3)
Newfoundland Terre-Neuve *f.*
newlyweds nouveaux mariés *m. pl.* (13)
New Orleans La Nouvelle-Orléans
newspaper (news) journal *m.* (*pl.* journaux) (10)
newsstand kiosque *m.* (10)
next ensuite, puis *adv.* (11); prochain(e) *adj.*; **next week** la semaine prochaine (5); **next to** à côté de (4)
nice beau (*weather*) (5); gentil(le) (3); agréable (3); sympathique (sympa) (3); **it's nice (out)** il fait beau (5)
niece nièce *f.* (5)
night nuit *f.* (8); **at night** du soir (6)
nine neuf (1)
nineteen dix-neuf (1)
ninth le/la neuvième (11)
no non; **no longer, no more** ne... plus (9); **no one, nobody** ne... personne (9)
noise bruit *m.* (5)
nonsmoking area zone (*f.*) non-fumeurs (9)
noon midi (6)
normal normal(e) (3)
north nord *m.*; **to the north** au nord (9)
nose nez *m.* (13)

not (at all) ne... pas (du tout) (9); **not bad(ly)** pas mal (1); **not very** peu (3); **not yet** ne... pas encore (9)
notebook cahier *m.* (1)
nothing ne... rien (9)
Nova Scotia Nouvelle-Écosse *f.*
novel roman *m.* (10)
November novembre (1)
now maintenant (2); **from now on** à l'avenir (14)
nuclear energy énergie (*f.*) nucléaire (16)
number (telephone) numéro (*m.*) (de téléphone) (10); **to dial a number** composer un numéro (10)

obliged: to be obliged to devoir (*irreg.*) (7)
obtain obtenir (*irreg.*) (8)
ocean mer *f.* (8)
o'clock: It is . . . o'clock il est... heures (6)
October octobre (1)
odd drôle (3)
of de (2); **of course (not)** bien sûr que oui (non); **of them (of it)** en; **of which** dont (14)
offer *v.* offrir (*irreg.*) (14)
office bureau *m.* (5)
officer (police) agent (*m.*) de police (14)
often souvent (2)
oil (olive) huile (*f.*) (d'olive) (7)
okay d'accord (2)
old ancien(ne) (4); vieux, vieil, vieille (4)
on (top of) sur (4); **on the ground** par terre (4)
once une fois (11); **all at once** tout d'un coup (11); **once a week** une fois par semaine (5)
one un(e) (1)
onion oignon *m.* (7)
only ne... que (9); seulement (9)
open *v.* ouvrir (*irreg.*) (14)
opinion: in my opinion pour ma part (16); à mon avis; **in your opinion** à votre (ton) avis (11); **public opinion** opinion (*f.*) publique (16); **to express an opinion** exprimer une opinion (16); **to have an opinion about** penser de (11)
optimistic optimiste (13)
or ou (2)
orange orange *inv.* (3)
order: in order/orderly en ordre (4); **in order to** pour (2); **to order** commander (6), prendre (*irreg.*) (*in a restaurant*) (6)

other autre (4); **others** d'autres (15); **the other(s)** le/la/les autre(s) (15)

outdoors de plein air; **outdoor activities** activités (*f.*) de plein air (15)

outside dehors

owe devoir (*irreg.*) (7)

oyster huître *f.* (7)

package paquet *m.* (10)

pager pager *m.* (10)

pain: to have pain avoir (*irreg.*) mal (à) (3)

paint *v.* peindre (*irreg.*) (12)

painter artiste-peintre *m., f.* (14); peintre (femme peintre) (12)

painting peinture *f.* (12); tableau *m.* (12)

palace palais *m.* (12)

pants pantalon *m.* (3)

pardon (me) pardon (1)

Parisian parisien(ne) (3)

park parc *n. m.* (11)

party soirée *f.* (3); **political party** parti *m.* (16)

pass (*time*) passer (6); **boarding pass** carte (*f.*) d'embarquement (9); **to pass** (*a test*) réussir à (4); **to pass by** passer par (8)

passenger passager/ère (9)

past passé *n. m.* (8)

pastry, pastry shop pâtisserie *f.* (7)

pâté (country-style) pâté (*m.*) (de campagne) (7)

patient *adj.* patient(e) (3)

patrimony patrimoine *m.* (12)

pay *v.* payer (10); **pay attention (to)** faire (*irreg.*) attention (à) (5)

pear poire *f.* (6)

pen stylo *m.* (1)

pencil crayon *m.* (1)

pepper poivre *m.* (6)

performance spectacle *m.* (15)

period (*of history*) époque *f.* (12)

permit (to) *v.* permettre (*irreg.*) (de) (12)

person personne *f.* (3)

personally personnellement (16)

pessimistic pessimiste (3)

pharmacist pharmacien(ne) (14)

pharmacy pharmacie *f.* (11)

philosophy philosophie *f.* (2)

phone *v.* téléphoner (à) (3); **phone book** annuaire *m.* (10)

photocopy machine photocopieur *m.* (10)

physics physique *f.* (2)

picnic pique-nique *m.* (15)

pie tarte *f.* (6)

piece morceau *m.* (7); **piece of furniture** meuble *m.* (5)

pilot *n.* pilote *m., f.* (9)

pink rose (3)

place endroit *n. m.* (8); lieu *n. m.* (2); **place of residence** logement *m.* (4); **to place (put)** mettre (*irreg.*) (10)

plan on (*doing s.th.*) penser (+ *inf.*); **plans** projets *m. pl.* (5)

plate assiette *f.* (6)

platform (*train station*) quai *m.* (9)

play (*theater*) pièce (*f.*) de théâtre (12, 15); **to play** (*a musical instrument*) jouer de (3); **to play** (*a sport or game*) jouer à (3)

player (cassette, CD) lecteur (*m.*) (de cassettes, de CD) (4)

pleasant gentil(le) (3); agréable (3)

please *interj.* s'il vous (te) plaît (1); **pleased** content(e)

plumber plombier *m.* (14)

poem poème *m.* (12)

poet poète *m.*, poétesse *f.* (12)

poetry poésie *f.* (12)

point out indiquer (15)

police officer agent (*m.*) de police (14); **police station** commissariat *m.* (11), poste (*m.*) de police (11)

policy politique *f.* (16)

politely poliment (12)

political party parti *m.* (16)

politician politicien(ne) (16)

politics politique *f.* (16)

pollute polluer (16)

pollution pollution *f.* (16)

pool (swimming) piscine *f.* (11)

poor pauvre (3)

popular song chanson (*f.*) de variété (15)

pork porc *m.* (6); **pork butcher's shop (delicatessen)** charcuterie *f.* (7)

Portugal Portugal *m.* (8)

possible possible; **it is possible that** il est possible que + *subj.* (16), il se peut que + *subj.* (16)

post office poste *f.* (10); bureau (*m.*) de poste (10)

postcard carte (*f.*) postale (10)

poster affiche *f.* (4)

potato pomme (*f.*) de terre

practical pratique

prefer aimer mieux (2); préférer (6)

preferable préférable (16)

preferred préféré(e) (5)

prepare préparer (5)

pretty joli(e) (4)

prevent (from) empêcher (de) (12, 16)

price prix *m.* (7); **fixed price menu** menu *m.* (7)

primary school teacher instituteur/trice *m., f.* (14)

problem ennui *m.* (9); problème *m.* (16)

process: to be in the process of être (*irreg.*) en train de (15)

produce *v.* produire (*irreg.*) (9)

professor professeur *m., f.* (1)

program (*TV, radio*) émission *f.* (10)

projector (overhead) rétroprojecteur *m.* (1)

proliferation prolifération *f.* (16)

protect protéger (16)

protection protection *f.* (16)

proud fier (fière) (3)

psychology psychologie *f.* (2)

public public (publique) (11); **public opinion** opinion (*f.*) publique (16)

pun jeu (*m.*) de mots (15)

pursue poursuivre (*irreg.*) (12)

put (on) mettre (*irreg.*) (8)

putter (around) bricoler (15); **puttering (around)** bricolage *m.* (15)

quarter (*one-fourth*) quart *m.* (6); **quarter to the hour** moins le quart (6); **quarter past the hour** et quart (6); **quarter** (*district*) quartier *m.* (2)

Quebec (*city*) Québec (8); **of, from Quebec** Québécois(e); **Quebec** (*province*) Québec *m.*

queen reine *f.* (12)

question: I have a question j'ai une question; **to ask a question** poser une question (à) (11)

quiet tranquille *adj.* (4); silence *n. m.*

radio radio *f.* (2)

rain *v.* pleuvoir (*irreg.*) (8); **it's raining** il pleut (5)

raincoat imperméable *m.* (3)

raise *v.* augmenter (16); **raise your hand** levez la main

rarely rarement (2)

rate (of exchange) cours *m.* (14), taux (*m.*) de change (14); **(of unemployment)** taux de chômage (14)

read lire (*irreg.*) (10); **reading** lecture *f.* (15)

ready prêt(e) (3); **to get ready** se préparer (13)

realistic réaliste (3)

really vraiment (12); **oh, really** ah, bon

reasonable raisonnable (3)

receipt reçu *m.* (14)

recognize reconnaître (*irreg.*) (16)

record disque *n. m.* (4)

recycle recycler (16)

recycling recyclage *m.* (16)
red rouge; **red** (*hair*) roux (rousse) (3)
redheaded roux (rousse) (3)
reform réforme *f.* (16)
refuse (to) refuser (de) (12)
regret *v.* regretter (16)
relate (*tell*) raconter (1)
relax se détendre (13)
relieved soulagé(e) (16)
remain rester (5)
remember se rappeler (13); se souvenir (*irreg.*) (de) (13)
Renaissance Renaissance *f.* (12)
rent *v.* louer (4)
repeat répéter (1)
reporter journaliste *m., f.* (14)
require exiger (16)
rescue *v.* sauver (16)
residence: university residence complex cité (*f.*) universitaire (cité-U) (2)
resource: natural resources ressources (*f. pl.*) naturelles (16)
rest *v.* se reposer (13)
restaurant restaurant *m.* (2)
résumé curriculum (*m.*) vitæ (C.V.) (14)
return (give back) rendre, retourner (8); (*go home*) rentrer (8); (*come back to someplace*) revenir (*irreg.*) (8)
review revue *n. f.* (10)
ride tour *n. m.;* **to take a ride** faire (*irreg.*) un tour (en voiture) (5)
right: on (to) the right à droite (4, 11): **the Right Bank** (*in Paris*) Rive (*f.*) droite (11); **to be right** avoir (*irreg.*) raison (3)
river fleuve *m.* (8)
road route *f.* (8)
roast rôti *m.* (7)
Roman romain(e) (12)
room pièce *f.* (5); (*bedroom*) chambre *f.* (4, 5)
roommate camarade (*m., f.*) de chambre (3, 4)
rug tapis *m.* (4)
run courir (*irreg.*) (15); faire (*irreg.*) du jogging (5)
Russia Russie *f.* (8)
Russian (*person*) Russe *m., f.* (2)

sailboat bateau (*m.*) à voile (8)
sailing voile *f.;* **to go sailing** faire (*irreg.*) de la voile (5)
salad salade *f.* (6)
salami saucisson *m.* (7)
salaried worker travailleur/euse salarié(e) (14)

salary salaire *m.* (14)
salmon saumon *m.* (7)
salt sel *m.* (6)
same même; **the same one(s)** le/la/les même(s) (15)
sandals sandales *f. pl.* (3)
sardines (in oil) sardines (*f. pl.*) (à l'huile) (7)
Saturday samedi *m.* (1)
sausage saucisse *f.* (7)
save (*rescue*) sauver (16); **savings account** compte (*m.*) d'épargne (14); **to save (up) money** faire (*irreg.*) des économies (14)
say dire (*irreg.*) (10); **How do you say "Cheers" in French?** Comment dit-on «Cheers» en français?
schedule horaire *m.* (12)
school école *f.* (10); **primary school teacher** instituteur/trice (14)
screen écran *m.* (1)
sculptor sculpteur (femme sculpteur) (14)
sculpture sculpture *f.* (14)
sea mer *f.* (8)
season saison *f.* (5)
seat (*theater*) place *f.* (12)
second le/la deuxième (11); **second floor** premier étage *m.* (5)
secretary secrétaire *m., f.* (14)
section (*of Paris*) arrondissement *m.* (11)
see voir (*irreg.*) (10); **see you soon** à bientôt (5); **to see again** revoir (*irreg.*) (10)
seems: it seems that il semble que + *subj.* (16); **to seem** avoir (*irreg.*) l'air de (3)
self-employed worker travailleur/euse indépendant(e) (14)
sell vendre (5)
send envoyer (10)
Senegal Sénégal *m.* (8)
sense *v.* sentir (*irreg.*) (8)
September septembre (1)
serious sérieux/euse (3)
serve servir (*irreg.*) (8)
set (*TV*) poste (*m.*) de télévision (5)
settle (down, in) s'installer (13)
seven sept (1)
seventeen dix-sept (1)
several plusieurs (15)
sexism sexisme *m.* (16)
shave *v.* se raser (13)
shelf étagère *f.* (4)
shirt chemise *f.* (3)
shoes chaussures *f. pl.* (3); **tennis shoes** tennis *m. pl.* (3)

shop (*store*) magasin *m.* (7); **butcher shop** boucherie *f.* (7); **pastry shop** pâtisserie *f.* (7)
shopkeeper commerçant(e) (14)
shopping: to do the shopping faire (*irreg.*) le marché (5)
short court(e) (*hair*) (3); petit(e) (*person*) (3)
shorts short *m.* (3)
show spectacle *n. m.* (15); **to show** indiquer (15); montrer (3)
shower douche *f.* (4); **to take a shower** se doucher (13)
since depuis (9); **since when** depuis quand (9)
sincere sincère (3)
sing chanter
single (*person*) célibataire *m., f.* (5, 13)
sir Monsieur (M.) (1)
sister sœur *f.* (5); **sister-in-law** belle-sœur *f.* (5)
sit down asseyez-vous (assieds-toi)
situate: to be situated se trouver (11, 13)
six six (1)
sixteen seize (1)
sixty soixante (1)
ski ski *n. m.* (8); **ski boots** chaussures (*f. pl.*) de ski (8); **ski goggles** lunettes (*f. pl.*) de ski (8); **ski jacket** anorak *m.* (8); **to ski** faire (*irreg.*) du ski (5), skier (2)
skiing ski *m.;* **cross-country skiing** ski de fond (8); **downhill skiing** ski alpin (8); **to go skiing** faire (*irreg.*) du ski (5); **waterskiing** ski nautique (8)
skin diving plongée (*f.*) sous-marine; **to go skin diving** faire (*irreg.*) de la plongée sous-marine (8)
skirt jupe *f.* (3)
sleep *v.* dormir (*irreg.*) (8)
sleeping bag sac (*m.*) de couchage (8)
sleepy: to be sleepy avoir (*irreg.*) sommeil (3)
slice tranche *f.* (7)
small petit(e) (3)
smell sentir (*irreg.*) (8)
smoke fumer (2)
smoker fumeur/euse (9)
smoking area zone (*f.*) fumeurs (9)
snack: afternoon snack goûter *m.* (6)
snob snob (3)
snow neige *n. f.;* **to snow** neiger; **it's snowing** il neige (5)
so alors; **so-so** comme ci, comme ça (1); **so (very)** si
sociable sociable (3)

social games jeux (*m. pl.*) de société (15)

sociology sociologie *f.* (2)

socks chaussettes *f. pl.* (3)

sofa canapé *m.* (4)

solar energy énergie (*f.*) solaire (16)

sole (*fish*) sole *f.* (7)

some en *pron.* (11); quelques-uns/unes *pron.* (15); quelques *adj.* (15)

someday un jour (14)

someone quelqu'un (de) (15)

something quelque chose (de) (9); **something else** autre chose (7)

sometimes parfois (9); quelquefois (2)

somewhat assez (3)

son fils *m.* (5)

song (popular) chanson (*f.*) de variété (15)

soon bientôt (5); **as soon as** aussitôt que (14); dès que (14); **see you soon** à bientôt (1)

sorry désolé(e) (16); **to be sorry** regretter (16)

source source *f.* (16)

south sud *m.*; **to the south** au sud (9)

Spain Espagne *f.* (8)

Spanish (*person*) Espagnol(e) *m., f.* (2); (*language*) espagnol *m.* (2)

speak parler (2)

spend (*money*) dépenser (14); (*time*) passer (6)

spoon (soup) cuillère (*f.*) (à soupe) (6)

sport(s) sport *m.* (2); **sports coat** veste *f.* (3); **sporting event** manifestation (*f.*) sportive (15); **sports-minded** sportif/ive (*irreg.*); **to do sports** faire (*irreg.*) du sport (5)

spring printemps *m.*; **in spring** au printemps (5)

square (*in city*) place *f.* (11)

stairway escalier *m.* (5)

stamp timbre *m.* (10)

stand: I can't stand . . . j'ai horreur de... ; **to stand in line** faire (*irreg.*) la queue (5)

state état *m.* (8); **United States** États-Unis *m. pl.* (8)

station (subway) station (*f.*) de métro (11); **police station** commissariat *m.* (11); poste (*m.*) de police (11); **train station** gare *f.* (9); **service station** station-service *f.* (9)

stay *v.* rester (5)

steak bifteck *m.* (6)

stepbrother demi-frère *m.* (5)

stepfather beau-père *m.* (5)

stepmother belle-mère *f.* (5)

stepsister demi-sœur *f.* (5)

stereo chaîne (*f.*) stéréo (4)

steward, stewardess steward *m.* (9), hôtesse (*f.*) de l'air (9)

still encore (9)

stomach ventre *m.* (13)

stop *v.* arrêter (de) (12); s'arrêter (13)

store magasin *m.* (7); **fish store** poissonnerie *f.* (7); **grocery store** épicerie *f.* (7)

stormy: it's stormy le temps est orageux (5)

straight (*hair*) raide (3); **straight ahead** tout droit (11)

strange étrange

stranger étranger/ère (2)

strawberry fraise *f.* (6)

street rue *f.* (4)

strike: to strike faire (*irreg.*) grève (16)

stroll *v.* flâner (12)

student étudiant(e) (1)

study étudier (2)

suburbs banlieue *f.* (11)

subway métro *m.* (9); **subway station** station (*f.*) de métro (11)

succeed réussir (à) (4)

success réussite *f.*

suddenly soudain (11); tout à coup (11)

suffer souffrir (*irreg.*) (14)

sugar sucre *m.* (6)

suit (*man's*) costume *m.* (3); (*woman's*) tailleur *m.* (3); **suit jacket** veston *m.* (3)

suitcase valise *f.* (8)

sum montant *m.* (14)

summer été *m.*; **in summer** en été (5)

sun soleil *m.*; **it's sunny** il fait du soleil (5)

Sunday dimanche *m.* (1)

sunglasses lunettes (*f. pl.*) de soleil (8)

suntan: to get a suntan bronzer (8)

support *v.* soutenir (*irreg.*) (16)

sure sûr(e) (16)

surprised étonné(e) (16); surpris(e) (16)

survey sondage *n. m.* (16)

sweater pull-over *m.* (3)

sweetheart amoureux/euse (13)

swim *v.* nager (8); se baigner (13)

swimming pool piscine *f.* (11)

swimsuit maillot (*m.*) de bain (3)

Switzerland Suisse *f.* (8)

table table *f.* (1)

take prendre (*irreg.*) (6); **to take** (*a course*) suivre (*irreg.*) (12); **to take** (*s.o.*) emmener (12, 15); **to take a ride** faire (*irreg.*) un tour (5); **to take a**

shower se doucher (13); **to take a trip** faire (*irreg.*) un voyage (5); **to take a walk** faire (*irreg.*) un tour (5); se promener (13); **to take an exam** passer un examen (4); **to take place** se passer (15)

tall grand(e) (3)

tape (cassette) cassette *f.* (4)

taste *v.* goûter (7)

taxes impôts *m. pl.* (16)

tea thé *m.* (6)

teach enseigner (à); apprendre (à) (12, 14)

teacher professeur *m.* (1); **primary school teacher** instituteur/trice (14)

team équipe *f.* (15)

telephone téléphone *n. m.* (4); appareil *n. m.*; **telephone book** annuaire *m.* (10); **telephone booth** cabine (*f.*) téléphonique (10); **telephone calling card** télécarte *f.* (10); **telephone number** numéro (*m.*) de téléphone (10); **to telephone** téléphoner à (3)

television télévision *f.* (2); **TV set** poste (*m.*) de télé (5); téléviseur (10); **television channel** chaîne *f.* (10)

tell dire (*irreg.*) (10); raconter (11)

teller: automatic teller guichet (*m.*) automatique (14)

ten dix (1)

tennis shoes tennis *m. pl.* (3)

tent tente *f.* (8)

terrace terrasse *f.* (5)

test examen *m.* (2); **to pass a test** réussir à un examen (4)

thank you (very much) merci (beaucoup) (1); **to thank** remercier; **I don't know how to thank you** je ne sais pas comment vous (te) remercier

that cela (ça); que (4, 14), qui *rel. pron.* (4, 14); ce, cet, cette, ces *demonstrative adj.* (7)

theater (*movie*) cinéma *m.* (2)

then (and) (et) alors (4); ensuite; puis (11); **well then** eh bien...

there là *adv.*; y *pron.* (11); **is/are there . . .** il y a... (1); **there is/are** voilà (2); il y a; **over there** là-bas (10)

therefore alors (4); donc (4)

think (about) réfléchir (à) (4); **to think (of, about)** penser (à) (11); **to think (have an opinion) about** penser de (11); **What do you think about . . . ?** Que pensez-vous (penses-tu) de... ? (11); **What do you think of that?** Qu'en pensez-vous (penses-tu)? (11)

third floor deuxième étage *m.* (5)

thirsty: to be thirsty avoir (*irreg.*) soif (3)

thirteen treize (1)
thirty trente (1)
this cela (ça); ce, cet, cette, ces (7)
three trois (1)
throat gorge *f.* (13)
Thursday jeudi *m.* (1)
ticket billet *m.* (6); **ticket window** guichet *m.* (9)
tidy en ordre (4)
tie (*necktie*) cravate *f.* (3)
time fois (*f.*); heure *f.*; temps *m.* (5); **from time to time** de temps en temps (2, 11); **not on time** en retard (6); **on time** à l'heure (9); **to pass, spend time** passer du temps (6); **What time is it?** Quelle heure est-il? (6); **the time is . . . o'clock** il est... heures (6); **At what time . . . ?** À quelle heure... ? (6)
tip pourboire *n. m.* (7)
tired fatigué(e) (3)
to à (3); (*flight*) à destination de (9)
tobacconist (bar) café-tabac *m.* (11)
today aujourd'hui (1)
tomato tomate *f.* (6)
tomorrow demain (5)
too: too bad dommage *interj.* (16); **too much of, too many of** trop de (6); **me too** moi aussi (3)
tooth dent *f.* (13)
top: on top sur (4)
tourist class classe (*f.*) économique (9); **tourist information bureau** syndicat (*m.*) d'initiative (11)
towel: beach towel serviette (*f.*) de plage (8)
tower tour *f.* (11)
town hall mairie *f.* (11)
trade métier *n. m.* (14)
train train *m.* (9); **train car** wagon *m.* (9); **train station** gare *f.* (9)
translate traduire (*irreg.*) (9)
transportation transports *m. pl.*; **means of transportation** moyen (*m.*) de transport (9)
travel *v.* voyager (8); (*in a car*) rouler (9)
treat *v.* soigner (14)
tree arbre *m.* (5)
trip voyage *m.*; **to take a trip** faire (*irreg.*) un voyage (5)
trouble ennui *m.*; **to have trouble (in)** avoir (*irreg.*) du mal (à)
truck camion *m.* (9)
true vrai(e) (4)
trunk coffre *m.* (9)
try (to) essayer (de) (14); chercher (à) (12)

T-shirt tee-shirt *m.* (3)
Tuesday mardi *m.* (1)
Tunisia Tunisie *f.* (8)
turn *v.* tourner (11)
TV (set) poste (*m.*) de télévision (5); téléviseur *m.* (10)
twelve douze (1)
twenty vingt (1): **twenty-one** vingt et un (1); **twenty-two** vingt-deux (1)
two deux (1)

ugly laid(e) (4)
umbrella parapluie *m.* (8)
uncle oncle *m.* (5)
under sous (4)
understand comprendre (*irreg.*) (6); **I don't understand** je ne comprends pas (1)
unemployment chômage *m.*; **unemployment rate** taux (*m.*) de chômage (14); **unemployed person** chômeur/euse (14)
unfair injuste, pas juste
unfortunate fâcheux/euse; pauvre (3)
United States États-Unis *m. pl.* (8)
university université *f.* (2); **university dormitory** cité universitaire (cité-U) *f.*; **university cafeteria** restaurant (*m.*) universitaire (resto-U, R.U.) (2)
unjust injuste (16)
unlikely peu probable (16)
until jusqu'à (11)
up to jusqu'à (11)
urgent urgent(e) (16)
useful utile (16)
useless inutile (16)
usually d'habitude (5)

vacation vacances *f. pl.* (5); **during vacation** pendant les vacances
VCR magnétoscope *m.* (1, 10)
vegetable légume *m.* (6)
very très (1); fort *adv.* (14); **not very** peu (3); **very much** beaucoup (1); **very well, good** très bien (1)
violet violet(te) (3)
visit visite *n. f.* (2); **to visit** (*a place*) visiter (2); **to visit** (*s.o.*) rendre visite à (11)
voice mail boîte (*f.*) vocale (10)
voter électeur/trice (16)

wait (for) attendre (5)
waiter, waitress serveur/euse (7)
wake up se réveiller (13)
walk promenade *n. f.*; tour *n. m.*; **to take a walk** se promener (15); faire

(*irreg.*) un tour/une promenade (5); **walking** marche *f.* (15)
wall mur *m.* (4)
want avoir (*irreg.*) envie de (3); désirer (15); vouloir (*irreg.*) (7)
war guerre *f.* (16)
ward (*of Paris*) arrondissement *m.* (11)
wardrobe armoire *f.* (4)
warm: to be warm avoir (*irreg.*) chaud (3)
wash (*oneself*) se laver (13)
waste gaspillage *n. m.* (16); (*material*) déchet *n. m.* (16); **to waste** perdre (5); gaspiller (16)
watch *v.* regarder (2); **to watch out (for)** faire (*irreg.*) attention (à) (5)
water (mineral) eau (*f.*) (minérale) (6); **waterskiing** ski (*m.*) nautique (8)
way (*road*) chemin *m.* (11)
wear porter (3)
weather temps *m.* (5); **weather forecast** météo *f.* (5) **How's the weather?** Quel temps fait-il? (5); **it's bad (nice) weather** il fait mauvais (beau) (5)
Web Web *m.* (10)
Wednesday mercredi *m.* (1)
week semaine *f.* (1); **every week** toutes les semaines (10); **next week** la semaine prochaine (5); **once a week** une fois par semaine (5)
weekend: this weekend ce week-end (5); **on weekends** le week-end (6)
welcome: you're welcome de rien (1, 7); il n'y a pas de quoi (7); je vous en prie (7)
well bien *adv.* (15); **pretty well** ça peut aller (1); **things are going well** ça va bien (1); **very well, good** très bien (1); **well, then** eh bien...
west ouest *m.*; **to the west** à l'ouest (9)
what que (4); qu'est-ce que (1); qu'est-ce qui (15); quoi (4, 15); quel(le) (7); **What?** Comment? (1, 4), **What is it?** Qu'est-ce que c'est? (4)
when quand (4); lorsque; où *relative pron.* (4); **since when** depuis quand (9)
where où (4)
which lequel, laquelle, lesquels, lesquelles (15); que, qui *relative pron.* (4); quel, quelle, quels, quelles *interr. adj.* (7); **of which** dont (14)
while: in a while tout à l'heure (5)
white blanc(he) (3); **white-collar worker** employé(e) (14)
who qui (4); qui est-ce qui (14); **Who is it?** Qui est-ce? (1, 2)

whom qui (4); qui est-ce que; que (14); **of whom** dont (14)

whose dont (14)

why pourquoi (4)

wife femme *f.* (5)

willing: to be willing vouloir (*irreg.*) bien (7)

win *v.* gagner (14)

wind vent *m.*; **it's windy** il fait du vent (5)

windbreaker blouson *m.* (3)

window fenêtre *f.* (1); **(ticket) window** guichet *m.* (9)

windsurfing planche (*f.*) à voile (8)

wine vin *m.* (6); **wine merchant** marchand (*m.*) de vin (14)

winter hiver *m.*; **in winter** en hiver (5)

wish *v.* souhaiter (16)

with avec (2)

withdraw retirer (14)

woman femme *f.* (2); **young woman** jeune femme *f.*

wonder se demander (13)

wood(s) bois *m.* (11); forêt *f.* (8)

word mot *m.* (1); **word processing** traitement (*m.*) de texte (10)

work travail *n. m.* (2); **to work** travailler (2); (*machine or object*) marcher; **do-it-yourself work** bricolage *m.* (15); **work (of art)** œuvre (*f.*) (d'art)

worker travailleur/euse (14); (*manual*) ouvrier/ière (14); **salaried worker** travailleur/euse salarié(e) (14); **self-employed worker** travailleur/euse indépendant(e) (14); **white-collar worker** employé(e) (14)

world monde *m.* (8)

worse pire (14)

worth: to be worth valoir (*irreg.*) (16)

write (to) écrire (*irreg.*) (à) (10)

writer écrivain (femme écrivain) (12)

wrong: to be wrong avoir (*irreg.*) tort (3); se tromper (13)

year an *m.* (1); **entire year** année *f.*; **to be (20) years old** avoir (*irreg.*) (20) ans (3)

yellow jaune (3)

yes oui (1); si (*response to negative question*) (9)

yesterday hier (8) **the day before yesterday** avant-hier (8)

yet: not yet ne... pas encore (9)

you: and you et vous (et toi) (1)

young *adj.* jeune (4); **young man** jeune homme *m.* (3); **young lady** jeune fille *f.* (3); **young people** jeunesse *f.*

youth jeunesse *f.*; **youth hostel** auberge (*f.*) de jeunesse (9)

Zaire la République Démocratique du Congo (2)

Indices

Index

This index is divided into two parts: Part I (Grammar) covers topics in grammar, structure, and usage; Part II (Topics) lists cultural, functional (**En société** and **Mots–clés**), and vocabulary topics treated in the text. Topics in Part II appear as groups; they are not cross-referenced. See Appendix A for general definitions of grammatical terms, presented with examples.

Part I: Grammar

Part II: Topics

Credits

Photo Credits

Page 2 © Comstock; *4* (*Sophie*) © Owen Franken; *4* (*Malik*) © S. Errington/The Hutchison Library; *4* (*Nathalie*) © Owen Franken; *4* (*Jérome*) © Charles Gupton; *14* (*right*) © Superstock; *14* (*left*) © Giraudon/Art Resource; *15* © Owen Franken; *26* © Divisions des Archives, Université Laval, Québec; *42* (*right*) Photo by David Heald. © The Solomon R. Guggenheim Foundation, New York. © 1996 Artists Rights Society, NY/ADAGP, Paris; *42* (*left*) © Gerald Schachmes/Sygma; *43* © David R. Frazier/Photo Researchers; *56* © Trevor Bondervd/First Light; *69* © Owen Franken; *70* (*right*) © Giraudon/Art Resource; *70* (*left*) Coco Chanel © Horst P. Horst. Courtesy Staley-Wise Gallery; *71* © 98 M.G. Perrelli SIE Production/RM2129-TSM-12688; *75* © Owen Franken; *86* © Giraudon/Art Resource; *91* © Owen Franken; *98* (*left*) © Bibliothèque Nationale de France, Paris. Photograph © Giraudon/Art Resource; *98* (*right*) © Chad Ehlers/First Light; *99* © Mia & Klaus Matthes/Superstock; *107* © Andrew Brilliant; *108* © Francis G. Mayer/Corbis; *112* Pierre Auguste Renoir, Madame Georges Charpentier and Her Children, 1878. Oil on canvas 60 1/2 × 74 7/8. The Metropolitan Museum of Art, New York. Wolfe Fund, Catharine Lorillard Wolfe Collection, 1907; *115* © Owen Franken; *126* (*left*) © Owen Franken/Sygma; *126* (*right*) © Peter Menzel/Material World; *127* © Owen Franken; *134* © Bill Bachmann/PhotoEdit; *140* © Betty Press/Panos Pictures; *146* Gault Millau; *147* © Owen Franken; *148* © Owen Franken; *154* (*right*) Paul Cézanne, Still Life ca. 1900. Oil on canvas 18 × 21 5/8". The National Gallery of Art, Washington. Gift of the W. Averell Harriman Foundation in memory of Marie N. Harriman; *154* (*left*) © Michel Ginies/Sipa Press; *155* © Owen Franken; *163* (*left*) © Owen Franken; *163* (*right*) © Owen Franken; *168* © Owen Franken; *178* © Owen Franken; *180* (*left*) © Denarnaud/Sipa Press; *180* (*right*) © Betty Press/Panos Pictures; *181* © Betty Press/Panos Pictures; *182* © Owen Franken; *192* The Hutchison Library; *195* © Monkmeyer Press/Rogers; *98* (*top*) Courtesy of IBM Archives; *198* (*left center*) Roger-Viollet, Paris; *198* (*bottom*) The Bettmann Archive; *206* © Eric A. Wessman/Stock Boston; *207* © PhotoEdit; *208* (*left*) Courtesy Présence Africaine, Paris; *208* (*right*) © Owen Franken; *209* © Adam Woolfitt/Woodfin Camp & Associates; *212* © Owen Franken; *217* © Rachèle Lamontagne; *219* © A. Allstock Publiphoto; *224* © Owen Franken; *236* (*left*) © Roger-Viollet, Paris; *236* (*right*) © Owen Franken; *237* © Owen Franken; *238* © Owen Franken; *245* © Bery Goldberg; *248* © Owen Franken; *252* © Benainous-Duclos/Gamma

Liaison; *261* © Owen Franken; *267* © Owen Franken; *268* (*left*) © Beneteau-Cariou/M.P./Gamma Liaison; *268* (*right*) © Peter Miller/The Image Bank; *269* © Owen Franken; *274* © Owen Franken; *276* Leimdorfer/REA/Saba; *280* © Lee Snider/The Image Works; *289* © Owen Franken; *290* © Frank Pennington/Unicorn Stock Photos; *293* © Owen Franken; *294* (*right*) Raoul Dufy, *La vie en rose*, 1931. Musée d'art moderne de la ville de Paris. © 1996 Artists Rights Society, N.Y./SPADEM, Paris; *294* (*left*) © Lipnitzki-Viollet, Paris; *295* © Steve Vidler/Superstock; *296* © Corbis/Lawrence Manning; *297* © Jacques Guillard/Scope; *299* © Giraudon/Art Resource; *304* © Doug Armand/Tony Stone Images; *306* © Eric Ben/Sipa Press; *310* © Margo Granitsas/The Image Works; *311* © Corbis/Archivo Iconografico, S.A.; *312* (*top*) © Jahan/Explorer; *312* (*bottom*) © E. Poupinet/Explorer; *313* (*left*) © Owen Franken; *313* (*right*) © Desmond/Monkmeyer Press; *314* (*top right*) © M. Antman/The Image Works; *314* (*left*) © 1997 Comstock; *314* (*bottom right*) © Steve Vidler/Superstock; *316* © Thomas Craig/The Picture Cube; *318* Vincent Van Gogh, *Self-Portrait*, 1889. Musée d'Orsay, Paris. Photograph by Erich Lessing/Art Resource; *319* © Owen Franken; *326* (*right*) © Benoit Roland/The Image Works; *326* (*left*) © J.P. Laffont/Sygma; *327* © Stuart Cohen/The Image Works; *331* © Michael Busselle/Tony Stone Images; *334* Claude Monet, detail from *Waterlilies*. Orangerie, Paris. Photograph © Giraudon/Art Resource; *340* © Owen Franken; *344* © Owen Franken; *352* (*right*) © Kit Kittle; *352* (*left*) © Lauros-Giradon/Art Resource; *353* © Ulrike Welsch; *357* © Nik Wheeler/Black Star; *358* © C. Osborne/Photo Researchers; *360* © Paul & Linda Marie Ambrose/FPG; *364* © Bill Bachmann/The Image Works; *370* © Owen Franken; *371* © Christopher Bissell/Tony Stone Images; *374* © Owen Franken; *377* © Owen Franken; *378* (*right*) © Giraudon/Art Resource; *378* (*left*) © S. Bassouls/Sygma; *379* © Owen Franken; *384* © Bruce Paton/Panos Pictures; *390* © Beryl Goldberg; *396* © Mike Yamashita/Woodfin Camp & Associates; *399* © Owen Franken; *401* © Mark Antman/The Image Works; *409* © Owen Franken; *410* (*left*) © Photo News/Gamma Liaison; *410* (*right*) © Erich Lessing/Art Resource, NY; *411* © Sylvain Grandadam/Tony Stone Images; *415* © Dourdin/Photo Researchers; *421* © Tom Hanson/Gamma Liaison; *426* © Lapi-Viollet, Paris; *433* © Facelly/Sipa Press; *438* © Noel Quidu/Gamma Liaison; *442* (*left*) AKG London; *442* (*right*) © Claude Rives/Gamma Liaison; *443* © Stevens/Gamma Liaison; *451* © L'Express/Rick Ridgeway

Illustrations

Interior illustrators were David Bohn, Axelle Fortier, Lori Heckleman, El-lan Sasaki, and Katherine Tillotson.

Realia Credits

Page 9 © Pro-Artis; *22* (*top*) Hachette Filipacchi Associés, Levallois-Perret Cx, France; (*bottom right*) Hachette Filipacchi Associés, Levallois-Perret Cx, France; (*bottom left*) *Quo*, 11/19/98. Used by permission of SUZUKI

Literary Credits

Notes

Notes

Notes

Notes

Alphabet de l'association phonétique internationale (API)

Voyelles

[i]   il, ami
[e]   clé, aller, chez, musée
[ɛ]   lait, merci, fête
[a]   ami, patte
[ɑ]   pas, pâte
[ɔ]   port, donner
[o]   mot, dôme, eau
[u]   genou, roue
[y]   rue, vêtu
[ø]   peu, deux
[ə]   premier
[œ]   peur, meuble
[ɛ̃]   brin, plein, bain
[ɑ̃]   sans, vent
[ɔ̃]   bon, ombre
[œ̃]   lundi, brun, parfum

Consonnes

[p]   petit, groupe
[t]   trop, vite
[k]   cou, que, lac, képi
[b]   bien, table
[d]   dent, aide
[g]   gris, bague, guide
[f]   frère, neuf, photo
[s]   salut, celui, leçon, dessous, grosse
[ʃ]   chat, vache, schéma
[v]   vous, laver
[z]   zéro, maison
[ʒ]   je, geste
[l]   lent, sol
[r]   rue, finir
[m]   mot, flamme
[n]   nous, animal
[ɲ]   agneau, montagne
[ŋ]   (emprunt à l'anglais) camping
[']   (pas de liaison ni d'élision) héros, onze

Semi-consonnes

[j]   yeux, travail, pied
[w]   oui, joie
[ɥ]   huile, bruit